THÉATRE CHOISI
DE
PIERRE CORNEILLE

NOUVELLE ÉDITION
AVEC NOTICES, NOTES ET INDEX

PAR

FÉLIX HÉMON

INSPECTEUR DE L'ACADÉMIE DE PARIS

A LA MÊME LIBRAIRIE

COURS DE LITTÉRATURE

Par Félix HÉMON
INSPECTEUR DE L'ACADÉMIE DE PARIS

Tome I. — La Chanson de Roland. — Joinville. — Montaigne. — Corneille. Un très fort volume in-12, relié percaline............ 4 "

Tome II. — La Fontaine. — Molière. Un très fort volume in-12, relié percaline............ 4 "

Tome III. — Boileau. — Racine. Un très fort vol. in-12, rel. percaline. 4 50

Tome IV. — Pascal. — Mᵐᵉ de Sévigné. — La Bruyère — Un très fort volume in-12, relié percaline............ 4 "

On vend séparément cartonné : Chanson de Roland, 75 c. — Joinville, 60 c. — Montaigne, 1 fr. 25. — Corneille, 2 fr. 50. — La Fontaine, 1 fr. — Molière, 2 fr. 75. — Boileau, 1 fr. 50. — Racine, 3 fr. 50. — Pascal, 1 fr. 25. — Mᵐᵉ de Sévigné, 1 fr. — La Bruyère, 1 fr. 75. — Fénelon, 2 fr.

THÉATRE DE PIERRE CORNEILLE

ÉDITION NOUVELLE
AVEC DES ÉTUDES SUR TOUTES LES TRAGÉDIES ET LES COMÉDIES
Par Félix HÉMON

4 vol. in-12, brochés............ 12 fr.
— reliés toile, dans un étui............ 16 fr.

Cette édition contient toutes les œuvres dramatiques : les unes en entier, les autres analysées et résumées avec de nombreux extraits. Nous donnons ci-dessous le sommaire de cette édition.

Tome I. — Avertissement général. — Biographie de Corneille, étude d'ensemble sur son œuvre. — Étude sur les comédies. — Étude sur Médée. — Livres consultés et cités. — Le Cid.

Tome II. — I. Horace. — II. Cinna. — III Polyeucte.

Tome III. — I. Pompée. — II. Le Menteur. — III. Rodogune.

Tome IV. — Théodore. — Héraclius. — Andromède. — Don Sanche d'Aragon. — Nicomède. — Pertharite. — Œdipe. — La Toison d'Or. — Sertorius. — Othon. — Agésilas. — Attila. — Tite et Bérénice. — Psyché. — Pulchérie. — Suréna.

Toutes les pièces contenues dans les trois premiers volumes, plus **Nicomède** *et* **Don Sanche d'Aragon**, *se vendent séparément.* 1 fr. *l'une.*

Le Cid............ 1 fr. 50

Études littéraires et morales, 1ʳᵉ série, par Félix Hémon. in-12, br. 3 50

Œuvres diverses de La Fontaine, en dehors des fables, par Félix Hémon. 1 vol. in-12, relié toile............ 2 50

Le même, in-8°, avec un portrait de La Fontaine, broché............ 3 "

Montaigne. — De l'Institution des enfants, avec notes, par Félix Hémon, in-12, cart............ 1 "

— De l'Amitié, par le même, in-12, cart............ " 60

Buffon. — Œuvres choisies, précédées du discours qui a obtenu le prix d'éloquence décerné par l'Académie française en 1878, par Félix Hémon, in-12, cart............ 2 75

— Discours sur le style, avec notes, par le même, in-12, cart..... " 50

8°Yf
864

THÉATRE CHOISI

DE

PIERRE CORNEILLE

PARIS. — IMP. FERD. IMBERT, 7, RUE DES CANETTES.

THÉATRE CHOISI

DE

PIERRE CORNEILLE

NOUVELLE ÉDITION
AVEC NOTICES, NOTES ET INDEX

PAR

FELIX HÉMON

INSPECTEUR DE L'ACADÉMIE DE PARIS

PARIS
LIBRAIRIE CH. DELAGRAVE
15, RUE SOUFFLOT, 15

1897

AVERTISSEMENT

Le *Théâtre choisi de P. Corneille* que nous présentons aujourd'hui au public condense en un volume les quatre volumes publiés à cette même librairie il y a dix ans. Les Introductions ont été ramenées à la proportion de courtes notices ; les notes réduites à l'essentiel. En revanche, un Index de la langue de Corneille, en rendant inutiles beaucoup des notes de l'ancienne édition, donne à la nouvelle sa physionomie particulière : sans prétentions à la science érudite, il est scientifique pourtant dans le vrai sens du mot. S'il n'est pas aussi étendu que les Lexiques de MM. Marty-Laveaux et Godefroy, il est, dans son genre, aussi complet, du moins en ce qui concerne les sept pièces insérées dans le volume présent : il néglige, d'une part, beaucoup d'expressions cornéliennes qui ne se rencontrent pas dans ces pièces ; de l'autre, beaucoup d'expressions qui s'y rencontrent, mais ne paraissent pas assez exceptionnelles pour être relevées. Sur beaucoup de points il abrège et simplifie le travail des lexicographes ; sur un assez

VIE ET ŒUVRES DE PIERRE CORNEILLE

(1606-1684),

I

La jeunesse et les débuts. (1606-1636.)

1606. (6 juin). Corneille naît à Rouen, de René Corneille, maître des eaux et forêts, et de Marthe le Pesant de Boisguilbert.
1624. Avocat au Parlement de Normandie.
1629. *Mélite*, comédie, dédiée à M. de Liancourt.
1632. *Clitandre*, tragi-comédie, dédiée au duc de Longueville.
1633. *La Veuve*, comédie dédiée, à Mme de la Maisonfort.
— *La Galerie du Palais*, comédie.
1634. *La Suivante*, comédie.
1635. *La Place Royale*, comédie.
— Corneille fait partie des Cinq Auteurs groupés autour de Richelieu, et collabore à la *Comédie des Tuileries*.
— *Médée*, tragédie.
1636. *L'Illusion comique*, tragi-comédie.

II

Les triomphes incontestés.

(1636-1645.)

1636. *Le Cid*, tragédie.
1636-1638. Querelle du *Cid*.
1639. Naissance de Racine.
1640. *Horace*, tragédie, dédiée au cardinal de Richelieu.
— *Cinna*, tragédie, dédiée à M. de Montoron.
— Corneille épouse Marie de Lampérière, fille du lieutenant général des Andelys.

grand nombre d'autres, il le précise et le complète.

On a tenu à joindre, au quatuor consacré des pièces classiques, des pièces moins inattaquables peut-être, mais aussi dignes d'être étudiées, et non moins utiles pour la connaissance du génie cornélien : *Pompée*, *Rodogune*, *Nicomède*. Mais on a dû en payer l'adjonction du sacrifice de *Don Sanche* et du *Menteur*. Ce n'est pas sans peine que nous nous sommes décidés à écarter ce *Don Sanche d'Aragon* dont nous venons de publier une édition rajeunie, grossie d'un Appendice qui en renouvelle l'étude, et ce *Menteur*, qu'on trouvera aussi publié à part dans notre collection. Mais, pour la tragi-comédie, *le Cid* et *Nicomède* suffisaient; et, puisqu'il fallait choisir, à une comédie dont on ne peut guère étudier dans les classes que deux ou trois morceaux charmants, nous avons préféré des pièces qui permettent de suivre, de 1636 à 1650, les transformations diverses du génie tragique de Pierre Corneille.

THÉATRE CHOISI

DE

PIERRE CORNEILLE

NOUVELLE ÉDITION
AVEC NOTICES, NOTES ET INDEX

PAR

FELIX HÉMON

INSPECTEUR DE L'ACADÉMIE DE PARIS

PARIS
LIBRAIRIE CH. DELAGRAVE
15, RUE SOUFFLOT, 15

1897

PARIS. — IMP. FERD. IMBERT, 7, RUE DES CANETTES.

THÉATRE CHOISI

DE

PIERRE CORNEILLE

AVERTISSEMENT

Le *Théâtre choisi de P. Corneille* que nous présentons aujourd'hui au public condense en un volume les quatre volumes publiés à cette même librairie il y a dix ans. Les Introductions ont été ramenées à la proportion de courtes notices; les notes réduites à l'essentiel. En revanche, un Index de la langue de Corneille, en rendant inutiles beaucoup des notes de l'ancienne édition, donne à la nouvelle sa physionomie particulière : sans prétentions à la science érudite, il est scientifique pourtant dans le vrai sens du mot. S'il n'est pas aussi étendu que les Lexiques de MM. Marty-Laveaux et Godefroy, il est, dans son genre, aussi complet, du moins en ce qui concerne les sept pièces insérées dans le volume présent : il néglige, d'une part, beaucoup d'expressions cornéliennes qui ne se rencontrent pas dans ces pièces; de l'autre, beaucoup d'expressions qui s'y rencontrent, mais ne paraissent pas assez exceptionnelles pour être relevées. Sur beaucoup de points il abrège et simplifie le travail des lexicographes ; sur un assez

1641. Corneille collabore à la *Guirlande de Julie.*
1643. *Polyeucte,* tragédie, dédiée à la Reine régente.
1643-1644. *Pompée,* tragédie, dédiée à Mazarin.
— *Le Menteur,* comédie.
— *La Suite du Menteur,* comédie.
— *Rodogune,* tragédie, dédiée à Condé.

III
Les succès contestés et les échecs.
(1645-1652.)

1645. *Théodore,* tragédie.
1647. *Héraclius,* tragédie, dédiée au chancelier Séguier; succès.
— Corneille remplace Maynard à l'Académie.
1649. Corneille collabore au *Triomphe de Louis le Juste.*
— *La Poésie à la Peinture,* poème.
1650. Procureur syndic des états de Normandie.
— *Andromède,* pièce à grand spectacle; succès.
— *Don Sanche d'Aragon,* comédie héroïque, dédiée à M. de Zuylichem; succès partagé.
1651. *Nicomède,* tragédie; succès.
— Traduction des vingt premiers chapitres de l'*Imitation.*
1652. *Pertharite, roi des Lombards;* échec complet.

IV
La retraite et la rentrée au théâtre.
(1652-1659.)

1652. Au lendemain de *Pertharite,* Corneille quitte le théâtre et se retire à Rouen.
1652-1656. Traduction de l'*Imitation de Jésus-Christ,* dédiée au pape Alexandre VII.
1659. Corneille rentre au théâtre avec *OEdipe,* tragédie, dédiée au surintendant Fouquet; succès. — Molière donne *les Précieuses ridicules.*

V

La seconde manière tragique de Corneille.

(1659-1666.)

1660. *La Toison d'or*, pièce à grand spectacle, avec prologue.
— Corneille publie une édition de ses Œuvres.
1662. *Sertorius*, tragédie. — Molière donne *l'École des femmes.*
1663. *Sophonisbe*, tragédie.
— *Remerciement au Roi,* pour une pension.
1664. *Othon*, tragédie. — Racine fait représenter la *Thébaïde.*
1665. *Louanges de la Sainte Vierge.* — Racine donne l'*Alexandre ;* Molière, *don Juan.*

VI

La décadence.

(1666-1674).

1666. *Agésilas*, tragédie. — Molière, *le Misanthrope.*
1667. *Attila*, tragédie. — Racine, *Andromaque ;* Molière, *Tartufe.*
1667-1668. *Au Roi sur son retour de Flandre, sur sa conquête de la Franche-Comté.* — Racine, *les Plaideurs ;* Molière, *l'Avare.*
1669. Racine, *Britannicus.*
1670. Traduction de l'*Office de la Vierge.*
— *Tite et Bérénice*, tragédie. — Racine : *Bérénice ;* Molière : *le Bourgeois gentilhomme.*
1671. *Psyché*, en collaboration avec Molière et Quinault.
1672. *Pulchérie*, tragédie. — Racine, *Bajazet.*
1673. Racine, *Mithridate ;* Molière, *le Malade imaginaire.*
1674. *Suréna*, tragédie. — Racine, *Iphigénie.*

VII

Les dernières années.

(1674-1684.)

1676. *Au Roi sur Cinna, Pompée, Horace, Sertorius, OEdipe, Rodogune qu'il a fait représenter de suite devant lui à Versailles, en octobre* 1676.
1677. *Sur les victoires du roi.* — Racine : *Phèdre.*
1678. *Au Roi sur la paix de* 1678.
1680. *A Monseigneur sur son mariage.*
1684. (Nuit du 30 septembre au 1er octodre 1684), mort de Pierre Corneille.

LE CID

NOTICE

I

On n'est pas d'accord sur l'origine de ces noms et surnoms sonores, qu'aux jours de bataille, avec une jactance castillane, Rodrigue jetait à l'ennemi :

Yo soy Ruy Diaz el Cid Campeador de Bibar.

Ruy Diaz est une abréviation de Rodrigo, fils de Diego, et le vieux Diego est maître du château fort de Bibar ou Bivar. On sait aussi que *Cid* est le *Sidi* des Arabes, qui disent encore *Seid* pour dire « seigneur », et que Rodrigue fut salué de ce titre par les rois maures qu'il avait vaincus. Il se l'appropria si bien qu'il s'appelle lui-même souvent *Mio Cid*, mon Cid ; c'est ainsi que le désignent d'ordinaire, dans leurs récits, les chroniqueurs et les poètes. Mais d'où vient cet autre titre magnifique : *Campeador ?* En général, on admet que le *campeador*, c'est l'homme des combats singuliers. *Campus* aurait, en ce cas, le sens de *champ clos*, qu'il a eu en effet autrefois.

Qu'il faille placer en 1026, ou en 1045, la naissance du fils de Diego Laynez et de Tereza Rodriguez, il est certain que Rodrigue mourut en 1099. Au château de Bivar, près de Bur-

tou... un peu. On se représente volontiers le Cid debout sur son rocher de Teruel, d'où il brave à la fois la cour, qui le regrette et le craint, et la tribu des Almoravides, dont il arrête l'invasion.

D'ailleurs, c'est surtout par leurs dernières années que les grands hommes s'imposent au souvenir de la postérité. Quoi qu'on fasse, le vrai Cid sera toujours le souverain de Valence, conquise sur les musulmans par la ruse et par la force, après une famine épouvantable et un plus épouvantable massacre, conquise pour Rodrigue lui-même, qui n'en offrit au roi que la suzeraineté nominale, mais arrachée enfin aux infidèles. Depuis la prise de Valence jusqu'à sa mort, pendant cinq années, il règne en paix sur sa conquête ; il semble la défendre encore après sa mort, et c'est seulement en 1102 que la vaillante Chimène sort de Valence, emportant avec elle les restes encore redoutés de son mari. Dans cette dernière période, la plus éclatante de sa vie, le Cid a eu, dirait-on, la claire conscience de sa mission vraie. La force des choses avait fait de lui le grand reconquéreur du sol espagnol, le *reconquistador*. Chasser les Arabes d'Espagne, tel était le projet hardi qu'il conçut, que la mort l'empêcha d'exécuter, mais qui suffit pour donner un sens et une véritable unité à cette vie, si incertaine pourtant et si contradictoire.

En résumé, le Cid de l'histoire est un capitaine heureux et intrépide, mais peu scrupuleux et souvent cruel, un brûleur de Maures, qui rançonne à l'occasion les chrétiens. Le Cid de la légende perd bientôt cette rudesse féroce, et n'est plus qu'un admirable soldat. Le Cid de l'histoire fait ses propres affaires en faisant celles de son pays. Le Cid de la légende songe avant tout à la patrie, mais sans s'oublier. Indépendant jusqu'à être gênant parfois, le Cid de l'histoire fait sentir aux rois le poids de son altière protection. On comprend presque leur ingratitude ; on ne la comprend plus dès qu'il s'agit du Cid légendaire, calomnié par les barons, persécuté par les rois qu'il continue à servir dans sa disgrâce, terrible aux grands, doux aux petits. Enfin le Cid de l'histoire est médiocrement orthodoxe ; il pille les égli-

gos, il fut élevé en soldat par son père, qui avait vaillamment servi le roi Ferdinand Ier. C'est sous ce roi qu'il fit ses premières armes contre les rois maures, que tout d'abord il semble avoir servis lui-même sans scrupule, mais qu'il contraignit à se déclarer tributaires de la Castille pour le royaume de Saragosse. Jusque-là, il est moins un héros chrétien qu'un condottiere au service d'un prince dont il épouse les intérêts et défend la cause juste ou injuste. Il avait protégé Ferdinand contre son frère, Ramire d'Aragon, qui l'attaquait injustement; mais, lorsque Sanche le Fort a succédé à Ferdinand, il l'aide, contre toute justice, à s'approprier la part de ses frères Garcie et Alphonse. Don Sanche meurt, assassiné par un traître devant Zamora, qu'il voulait arracher à sa sœur, l'infante Urraque. Alphonse devenait roi par la mort de Sanche. Plus que tout autre, Rodrigue devait tenir à ménager le nouveau souverain. Jamais, au contraire, on ne le vit plus arrogant. C'est lui qui, s'érigeant en chef des nobles et des soldats, contraint Alphonse à prêter par trois fois, devant les autels, le serment qu'il n'a pas armé la main de l'assassin, et l'irrite par son insistance, mais aussi l'effraye par sa hauteur, puisque Alphonse lui donne en mariage la fille de Diego, comte d'Orviedo, Ximena, sa cousine. Voilà un nouveau Cid, un faiseur de rois, égal sinon supérieur aux maîtres qu'il sert.

Voici maintenant un Cid persécuté, qui devient sans peine un héros populaire. On ne peut nier qu'Alphonse n'eût des motifs sérieux de rancune; mais cette rancune devait paraître à la foule moins celle d'un roi offensé que celle d'un rival jaloux. Exilé, Rodrigue grandit encore, comme Achille retiré sous sa tente; comme Achille aussi, il a l'amer plaisir de voir qu'on ne peut vaincre sans lui. Seulement, il ne se condamne pas au repos, et pendant qu'Alphonse se fait battre par les infidèles, il les bat pour son propre compte, ou les aide à se battre entre eux. Ce qu'il y eut d'équivoque et d'égoïste dans l'attitude du Cid exilé, le peuple n'a pas voulu se le rappeler. Il n'a pas voulu savoir que Rodrigue avait mis son épée tour à tour au service des princes chrétiens et des princes arabes, les protégeant et les trahissant

ses comme les mosquées, sans préférence. C'est un « démon » que redoutent les deux partis. Le Cid de la légende finit presque en saint.

Il est fort loin encore d'être « le bon Cid » dans la *Chronique rimée*, fragment épique du xii⁰ ou du xiii⁰ siècle. Le sujet y est réduit à des proportions mesquines. De quoi s'agit-il? De troupeaux enlevés par le comte don Gomez de Gormas à Diego Laynez absent, et de la revanche de Diego, qui ravage les terres de l'agresseur, et enlève à son tour ses troupeaux, ses vassaux, ses lavandières. C'est pour ce beau motif que s'engage le combat de cent contre cent où Rodrigue, âgé de moins de treize ans, tue le comte père de Chimène. Chimène est attristée, mais non pas surprise outre mesure du malheur qui la frappe : elle sait en quel temps elle vit et se désole surtout de rester sans défenseur. Si elle a recours au roi, ce n'est pas qu'elle poursuive une vengeance implacable ; car dès que le roi hésite à la satisfaire, elle prend son parti avec décision : « Donnez-moi pour mari Rodrigue, celui qui a tué mon père. » Rodrigue n'est encore qu'un enfant, mais il promet d'être un homme, et c'est d'un homme que Chimène a besoin pour la protéger.

Mandés à la cour, don Diègue et son fils s'arment et se font suivre d'une escorte de trois cents amis. Quel courtisan que Rodrigue! Il ne consent à baiser la main du roi que sur l'ordre de son père, et il le fait d'un tel air que le roi, épouvanté, s'écrie : « Retire-toi, Rodrigue, laisse-moi ; va-t'en ailleurs, démon, car tu as, avec les gestes d'un homme, les mouvements d'un lion furieux. » Marié de force, il déclare devant le Christ qu'il ne verra sa femme qu'après avoir remporté cinq victoires en bon combat. Qu'on ne croie pas que le roi s'irrite ; il est « émerveillé » d'une si précoce assurance.

Mais ce « démon » sait pratiquer la charité chrétienne. Seul il s'approche d'un lépreux dont tous s'écartent avec horreur, et qui gît enfoncé dans un marécage ; il le relève, le fait monter en croupe derrière lui, partage avec lui son repas et son lit. La récompense ne se fait pas attendre : pendant son sommeil, ce mendiant lui apparaît sous les traits de saint Lazare et prophétise sa gloire future. Si l'on met à part cet épisode, on ne voit guère le progrès accompli de l'histoire à la légende. Chimène n'est qu'entrevue. Son dédaigneux fiancé n'est qu'un jeune batailleur. Mais un rayon chrétien vient d'en haut, et ce dur visage en est comme attendri. C'est le premier degré de l'idéalisation.

Au contraire, les sentiments tendres surabondent dans le *Poëme du Cid*, longue composition de près de quatre mille vers, dont le début manque. Le héros s'est humanisé, mais aussi peut-être un peu amolli. Il a le don des larmes faciles. Il pleure sur sa maison qu'il va quitter pour l'exil ; il pleure sur les siens qui vivront éloignés du plus tendre des époux et des pères. Encore cette première partie du poème repose-t-elle sur un fait réel, l'exil de Rodrigue. Mais la seconde nous introduit en pleine fantaisie. Rentré en grâce près du roi, Rodrigue a marié ses deux filles, dona Elvire et dona Sol, aux infants de Carrion, princes orgueilleux, mais vils. Leur lâcheté ne tarde pas à paraître au grand jour : un lion échappé leur cause une puérile frayeur. Le Cid, aux pieds de qui il se couche, le ramène dans sa cage, paisible et lui rendant caresses pour caresses. « La foule resta stupéfaite et étourdie à un tel spectacle, ne songeant pas qu'ils étaient deux lions, mais que le Cid était le plus brave des deux. » Raillés et humiliés, les infants se vengent comme ils peuvent se venger, lâchement : ils font fouetter jusqu'au sang les filles du Cid, attachées aux arbres d'une forêt. La colère du père outragé éclate, formidable, dans les plaintes qu'il porte aux pieds du roi, dans l'acte d'accusation qu'il dresse, au sein des Cortès réunies, contre ses gendres indignes. Mais il se contient et se borne à réclamer le jugement de Dieu. Vaincus par ses champions, les infants sont punis et chassés. Quant aux filles du Cid, elles sont demandées en mariage par les infants de Navarre et d'Aragon. Cet affront ne sert donc qu'à grandir encore le Cid, ancêtre de rois futurs.

Le *Romancero* a plus de valeur historique et poétique, et Corneille l'a consulté certainement. Ce recueil de romances espagnols (1) comprend des chants et des fragments

---

1. Le mot *romance* est masculin en espagnol.

épiques, réunis au XVIe siècle un peu à l'aventure. A lire certains romances, il semble que le Cid soit le plus docile des sujets. Mais, exilé par son roi, ce vassal peu flexible se redresse et devient le représentant de l'immuable justice. Toutes ses conquêtes, il les donne au roi ; il accable de présents le monarque ingrat, dont il veut à la fois être la victime et le bienfaiteur. Mais qu'Alphonse lui rende sa faveur, il posera ses conditions, en homme qui se sait nécessaire.

Le caractère de l'homme a plus d'unité que celui du sujet : l'honneur de la famille outragé, le père faisant appel à son fils pour le venger, la vengeance suivant de près l'affront, quoi de plus simple, de plus naturellement héroïque ? Aussi est-ce la partie du *Romancero* qui semble le moins altérée. La scène où le père déshonoré éprouve ses fils et la scène de la provocation sont d'une sauvage grandeur. Mais, dans le *Romancero*, Rodrigue n'aime pas Chimène, ou, du moins, ne l'aime pas avant de se voir contraint à tuer son père. L'amour ne semble naître qu'une fois le mariage décidé. En revanche un sentiment presque nouveau se révèle chez le Cid légendaire : la piété du chrétien. Dans son testament, où il lègue une partie de ses biens aux pauvres, il recommande son âme à Dieu et le supplie de la recevoir dans son royaume. Depuis longtemps il s'est préparé à la mort. Comme il a toujours combattu pour le christianisme contre les musulmans, il est sans inquiétude, et il n'a point tort, puisque saint Pierre lui-même vient lui annoncer que son heure est venue. Même après qu'il n'est plus, son cadavre, déposé à Saint-Pierre de Cardègne, fait des miracles.

II

Corneille semble n'avoir puisé qu'à deux sources, au *Romancero* et aux *Mocedades del Cid* (1), pièce en trois jour-

---

1. *Los Mocedades del Cid*, l'Enfance du Cid, ou plutôt, les Prouesses du Cid, car la seconde partie va fort au delà de la jeunesse de Rodrigue. M. Mérimée en a donné une excellente édition chez Privat, Toulouse.

nées et huit tableaux, composée vers 1618 par un poète de Valence, Guilhem de Castro y Bellvis (1567-1630), et complétée quelques années plus tard par une suite, dont le caractère est plus historique que dramatique. La première partie de cette vaste composition se termine en effet au mariage de Rodrigue et de Chimène; la seconde comprend le règne de don Sanche, ce terrible élève de don Diègue, le siège de Zamora, où éclate la fière indépendance de Rodrigue, et où don Sanche trouve une mort tragique. Avec Castro, pourtant, Corneille cite, au début de son *Avertissement*, l'histoire du jésuite espagnol Mariana (1), dont Castro lui-même a pu s'inspirer, car c'est dans l'histoire de Mariana qu'apparaît pour la première fois l'idée, si féconde en beaux effets dramatiques, de l'amour qui unit Rodrigue à Chimène.

Comparer la pièce de Castro à la pièce de Corneille ce serait développer le mot si juste de Sainte-Beuve : « Partout Corneille a rationalisé, intellectualisé la pièce espagnole, variée, amusante, éparse, bigarrée; il a mis les seuls sentiments aux prises. » Ce qui revient à dire que Corneille a réduit l'épopée dramatique du poète espagnol aux proportions d'un drame resserré et condensé; — que, par suite, il a tout simplifié, sacrifiant à l'intérêt d'une action que contraint la règle des vingt-quatre heures, non seulement certaines situations plus éclatantes qu'utiles, mais encore certains caractères qui ne semblent pas absolument indispensables, comme ceux de la reine, du prince royal, de l'infante même, dont la figure est chez lui beaucoup plus effacée, n'inventant, en somme, que le personnage de don Sanche, et ne l'inventant que pour mieux faire ressortir le personnage de Rodrigue, pour mieux accélérer la crise et préparer le dénouement; — que tout, sous sa main, a pris une forme abstraite; que l'analyse morale s'est substituée au spectacle extérieur, à tel point que le lieu de la scène, si précis chez le poète espagnol, est presque toujours indéterminé chez le poète français, plus psychologue qu'artiste; — qu'enfin, tandis que Castro se plaît à multiplier les peintures

---

1. Juan de Mariana (1537-1624), célèbre par sa théorie du régicide, exposée dans son *De rege et de regis institutione* (1599), naquit à Talavera. Son histoire latine, publiée de 1592 à 1595, a été traduite en 1725, par le P. Charenton.

pittoresques, à combiner les antithèses, à raffiner les madrigaux, dans un rythme sonore et léger qui se prête mal à l'expression des grands sentiments, son rival, maniant sans effort le grave alexandrin, dédaigne les frivolités de la galanterie pour glorifier l'amour vrai, et n'a souci de nous peindre que l'héroïsme humain s'exaltant dans l'accomplissement du devoir.

La PREMIÈRE JOURNÉE des *Mocedades*, la seule qui ne dure vraiment qu'un jour, comprend quatre scènes principales. Rodrigue est armé chevalier dans la chapelle royale de Saint-Jacques, à Burgos. Le roi lui donne sa propre cuirasse, l'infante lui chausse les éperons, et, déjà rivale de Chimène, qui assiste à la cérémonie, sent naître en son âme une tendre admiration pour le jeune héros. En plein conseil royal, éclate la querelle de don Gormas et de don Diègue, et c'est devant le roi que don Diègue reçoit le soufflet fameux; puis l'agresseur se fraye un passage, l'épée à la main, à travers les gardes qui essayent en vain de l'arrêter, et le roi, qui a donné l'ordre de le saisir, donne l'ordre trop prudent de ne pas le poursuivre.

Dans la salle d'armes du château de don Diègue les frères de Rodrigue s'entretiennent avec le nouveau chevalier. Don Diègue entre, les écarte, détache du mur la grande épée du maure Mudarra, qu'il fait effort pour manier, mais qui, trop lourde, l'entraîne après elle. C'est alors que, ne pouvant se venger lui-même, il cherche des vengeurs en ses fils : aux deux premiers il serre rudement les os de la main, mais il ne leur arrache qu'un cri de douleur; à Rodrigue il mord le doigt et arrache un cri de colère : « Lâchez-moi, mon père, lâchez-moi à la malheure! Lâchez : si vous n'étiez pas mon père, je vous donnerais un soufflet. — Et ce ne serait pas le premier! — Comment? — Fils de mon âme, voilà le ressentiment que j'adore, voilà la colère qui me plaît, la vaillance que je bénis! » Et d'un côté il lui montre sa joue meurtrie, de l'autre il lui remet l'épée de Mudarra.

Comme la querelle, le duel se passe au grand jour et devant tous. Don Gormas, chez Castro, loin d'être seul, se promène, en compagnie d'officiers, d'amis et de domestiques, sur la place où s'ouvrent le palais du roi et la maison de don Diègue. Toujours aussi arrogant, il menace Rodrigue de « mille coups de pied ». Don Diègue n'est pas loin non plus, soutient du geste son fils hésitant, s'impatiente de ses retards, et crie : « Les longs discours émoussent l'épée. » Enfin, Chimène et l'infante, de la fenêtre du palais, sont témoins de tout ; l'une s'efforce de contenir son fiancé menaçant, et reçoit dans ses bras son père blessé à mort ; l'autre arrive à temps pour sauver Rodrigue, serré de près par les gens du comte.

Deuxième journée. — Six scènes. — Chimène et don Diègue se rencontrent aux pieds du roi, l'une pour réclamer le châtiment de Rodrigue, l'autre pour plaider sa cause ; l'une porte à la main un mouchoir teint du sang de son père, testament d'un nouveau genre où elle voit écrite la volonté du mort ; l'autre apparaît la face rougie de ce même sang, avec lequel il a lavé — littéralement — la place du soufflet reçu. Dans le *Romancero*, les démarches de Chimène et de don Diègue étaient isolées.

La première entrevue. C'est la scène où Corneille semble avoir suivi de plus près les traces de son modèle.

Dans un lieu désert, près de Burgos, pendant la nuit, don Diègue attend son fils, qui tarde à venir au rendez-vous. Il s'inquiète déjà, lorsqu'un galop de cheval se fait entendre au loin. Rodrigue et son père s'embrassent.

Les deux scènes suivantes ont été retranchées par Corneille : elles formaient un spectacle pittoresque, mais n'apportaient rien d'essentiel à la peinture de l'âme humaine. Dans la première, retirée en son château de plaisance, du haut de son balcon, l'infante engage un galant entretien avec Rodrigue, qui va combattre les Maures. Dans la seconde, les monts d'Oca sont le théâtre de la bataille attendue ; mais cette bataille, qu'on nous passe l'expression, nous est servie par tranches. Première tranche : Un roi maure se présente, traînant à sa suite ses prisonniers ; il est atteint et vaincu. Seconde tranche : Rodrigue se met à la poursuite des quatre autres rois. Troisième tranche : Le combat qui se livre nous est raconté par un berger facétieux et peureux, proche parent de Sancho Pança, et qui, du sommet d'un arbre où il est réfugié, regarde au loin la mêlée; car, ainsi qu'il le remarque, ces sortes de choses demandent à être vues de haut. Le récit de Rodrigue en remplace un autre encore, celui qu'un prince maure prisonnier fait, avant l'arrivée du vainqueur, dans le palais du roi, car le poète espagnol n'a pas jugé qu'un récit fût suffisant.

TROISIÈME JOURNÉE. — La troisième journée semble la plus vide de choses. Si l'on met à part l'épisode, emprunté aux anciens poèmes, du lépreux soigné par Rodrigue et en qui se révèle le bienheureux Lazare, si l'on écarte le personnage assez peu intéressant de don Martin Gonzalez, champion de l'Aragon, qui dispute la ville de Calahorra aux Castillans plus encore que Chimène à Rodrigue, que reste-t-il? D'abord, une troisième démarche de Chimène — une par journée! — lasse notre attention, que Corneille a plus discrètement ménagée. Le seul caractère qui nous inspire une réelle sympathie est celui de don Diègue : il sait à quelle épreuve don Arias va soumettre Chimène; il entend le récit de la mort de Rodrigue, fait par un domestique dont Corneille nous a délivrés. Le récit est inventé, il le sait; pourtant il s'émeut : « Ces nouvelles, quoique je les sache fausses, m'arrachent des larmes. » — Un moment trahie par son émotion, Chimène s'est bientôt ressaisie; le combat singulier entre Rodrigue et Martin Gonzalez est décidé. Elle confie à Elvire ses regrets et ses craintes. Mais où donc est Rodrigue, ce Rodrigue dont l'apparition soudaine ouvre la première scène du cinquième acte, la plus originale du drame cornélien? Il ne paraît que dans la dernière scène, et de quelle façon! Chimène vient d'être soumise à une nouvelle épreuve : on lui a successivement annoncé la victoire du champion aragonais et l'arrivée d'un chevalier qui porte la tête de Rodrigue; elle a tout d'abord affecté de se réjouir, puis son désespoir a éclaté. C'est à ce moment que Rodrigue intervient pour tout expliquer : « Tout ce que j'ai fait annoncer, c'est que d'Aragon un chevalier venait pour offrir en hommage à Chimène la tête de Rodrigue. Or, ce sont là toutes choses bien vraies, car je viens d'Aragon, et je ne viens pas sans ma tête. » Ainsi le drame finit presque en farce.

Il est superflu d'ajouter que le roi se hâte d'unir les deux amants, et que Chimène, désarmée, se rend : trois ans écoulés depuis la mort de son père lui permettent d'accepter sans honte un dénouement prévu, qu'elle a tout fait pour retarder.

A tout prendre, ce n'était point le premier venu que ce fier et un peu rude Guilhem de Castro, capitaine de cavaliers gardes-côtes, gentilhomme besoigneux, chargé de famille, et qui écrivait pour vivre. Seulement, il arrivait vingt ans après le *Don Quichotte*, qui parodiait si gaiement les anciens romans de chevalerie, et la pièce de ce provincial parut démodée à Madrid. Au contraire, c'était un fort médiocre poète que Juan Bautista Diamante, chevalier de l'ordre de Saint-Jean de Jérusalem, grâce à Philippe IV, qu'il était chargé d'amuser et qui fut peut-être son collaborateur. C'est la légende du Cid qui tenta surtout Diamante : dans *El Cerco de Zamora*, il célébra les exploits du Cid déjà mûr et aguerri; mais le premier exploit du jeune Rodrigue, chanté par Castro et Corneille, il voulut le chanter à son tour dans *El honrador de su padre*, le fils qui honore son père en le vengeant. Longtemps ignorée, cette pièce eût sans doute continué de l'être, si Voltaire ne l'eût découverte juste au moment où il venait de publier son Commentaire sur Corneille (1764). Ce fut pour lui comme une révélation; aussitôt, au lieu de soumettre un doute au public, il prononce avec autorité le jugement définitif : « Nous avions toujours cru que le *Cid* de Guilhem de Castro était la seule tragédie que les Espagnols eussent donnée sur ce sujet intéressant; cependant il y avait encore un autre *Cid*, qui avait été représenté sur le théâtre de Madrid avec autant de succès que celui de Guilhem (1). » Et il ne craignait pas d'affirmer que cet autre *Cid* était antérieur de quelques années à celui de Castro. Cette affirmation peu bienveillante devint dès lors article de foi, et passa dans les ouvrages les plus sérieux, dans le *Siècle de Louis XIV*, dans la nouvelle édition du Commentaire sur Corneille (1774).

C'est en 1823 qu'Angliviel de la Beaumelle, signala l'erreur jusqu'alors accréditée. Depuis, on a établi que Diamante était

---

1. *Gazette littéraire*, 12 août 1764, article intitulé : *Anecdotes sur le Cid*.

né en 1626, et qu'il n'avait commencé à écrire pour le théâtre que vers l'âge de trente ans : or, il n'avait que dix ans quand le *Cid* français triompha, et c'est le *Cid* français qu'il imita, non le *Cid* espagnol, qu'il semble n'avoir pas connu. Que reste t-il donc de l'accusation étourdiment soulevée par Voltaire ? Un fait curieux, mais des plus honorables pour Corneille : l'imitateur de Castro a été imité à son tour par Diamante ; le poète qui s'est inspiré des auteurs espagnols a mérité qu'on s'inspirât de lui en Espagne. A partir de 1636, il n'y eut plus qu'un *Cid*, et c'est le sien.

III

Depuis longtemps Corneille subissait, comme la plupart de ses contemporains, l'influence de la littérature espagnole : celles de ses œuvres qui précèdent le *Cid* en font foi. C'est dire que nous faisons un cas médiocre de l'anecdote citée partout : si l'on en croit le P. de Tournemine, c'est M. de Chalon, secrétaire des commandements de la reine mère, retiré à Rouen dans sa vieillesse, qui aurait conseillé à Corneille d'étudier les Espagnols. Même si l'on accepte sans réserve ce témoignage, il faut supposer que l'entretien de Corneille avec M. de Chalon est antérieur à l'*Illusion comique*, pièce déjà tout espagnole (1636) ; il faut expliquer ensuite comment Corneille passa, la même année, de l'*Illusion* au *Cid*, et faire honneur de ce brusque progrès beaucoup plus à son génie qu'à l'intervention de M. de Chalon. W. Schlegel nous semble avoir dit sur ce point le mot juste et décisif. « Le génie de Corneille avait des traits de ressemblance avec le génie espagnol. On peut regarder ce poète comme un Espagnol élevé sur les bords de la Seine (1). »

Il n'est pas téméraire de supposer qu'à l'engouement pour les choses d'Espagne le *Cid* dut une partie de son succès près des contemporains, malgré la guerre qui opposait l'Espagne à la France, ou peut-être à cause d'elle. En Espagne, d'ailleurs, comme en France, régnait la religion du point d'honneur. Dès

---

1. W. Schlegel, *Cours de littérature dramatique*, t. II.

le xvie siècle, Brantôme en avait résumé les règles, on serait tenté de dire les dogmes, dans un *Discours sur les duels*. Mais on sait quels excès amenèrent au xviie siècle la réaction dont Richelieu se fit l'instrument redoutable. Henri IV avait, dès 1602, interdit le duel sous peine de mort, et constitué un tribunal d'honneur, composé de maréchaux de France, dont la sentence — toujours sous peine de mort — devait être observée. C'est que le mal exigeait un remède énergique : de 1598 à 1607, suivant Lestoile, il n'y eut pas moins de sept à huit mille gentilshommes tués dans des affaires d'honneur. En vingt ans, l'on compta plus de huit mille lettres de grâce accordées à des duellistes dont l'adversaire avait succombé. Lorsqu'il arriva au pouvoir (1624), Richelieu semblait n'avoir qu'à suivre l'exemple de Luynes, qui avait tenu la main à la ferme exécution des édits contre le duel. Il avait vu périr, dans une de ces rencontres hasardeuses, son frère aîné, le marquis de Richelieu. Puis, le scandale s'étalait aux yeux de tous; on se battait de jour, sur les places publiques; on s'y battait de nuit, aux flambeaux. En 1626, Richelieu faisait demander au roi par l'assemblée des notables le renouvellement de l'édit d'Henri IV, ou plutôt son aggravation; car l'édit précédent autorisait le duel en certains cas, sur demande reconnue légitime, tandis que l'édit de mars 1626, auquel le roi s'engagea solennellement à ne pas déroger, non seulement maintenait la peine de mort pour quiconque aurait donné la mort, ou se serait rendu coupable de récidive, comme « appelant », mais encore n'admettait aucune exception, et privait tout duelliste de toutes ses charges et pensions, avec bannissement pour trois ans et confiscation du tiers des biens, sans préjudice de peines plus sévères, en cas de faute plus grave. On eut le tort de ne pas prendre assez au sérieux l'édit nouveau. Le comte de Montmorency-Boutteville, spadassin titré, dont la conscience était déjà chargée d'une trentaine de duels, revint de Bruxelles, où il s'était réfugié, pour se battre à Paris, en plein midi. Il avait pour second le comte des Chapelles; tous deux tuèrent leurs adversaires. Arrêtés aussitôt, ils furent condamnés par le Parlement. En vain les Montmorency, les Condé, le duc d'Orléans intervinrent; Richelieu écrivit au roi un éloquent réquisitoire contre ces « gladiateurs à gages ». Louis XIII se montra inflexible, et les deux [seuls] coupables furent décapités en place de Grève 21 juin 1627. Il n'y avait pas dix ans que cette tragédie s'était dénouée, lorsque Corneille composa le *Cid*.

« Depuis quinze jours, écrivait Chapelain, le 22 janvier 1637, le public a été diverti du *Cid* et des deux *Sosies* à un point de satisfaction qui ne se peut exprimer. » Si l'on se reporte à la date de cette lettre, le *Cid* n'aurait été représenté qu'au début de l'année 1637. Mais il n'est pas sûr que le chiffre de « quinze jours » soit ici d'une exactitude mathématique. D'autre part, les frères Parfaict ne sont pas moins affirmatifs : « *Le Cid* fut représenté vers la fin de novembre 1636. » Il semble bien qu'il faille prendre un moyen terme, soit la fin de décembre 1636, car le privilège de la première édition est du 21 janvier 1637 et l'achevé d'imprimer du 23 mars. En tout cas, il est certain que la pièce fut jouée d'abord sur le théâtre du Marais.

« Il est malaisé, dit Pellisson, de s'imaginer avec quelle approbation cette pièce fut reçue de la cour et du public. On ne se pouvait lasser de la voir, on n'entendait autre chose dans les compagnies, chacun en savait quelque partie par cœur, on la faisait apprendre aux enfants et en plusieurs endroits de la France, il était passé en proverbe de dire : « Cela est beau comme le *Cid* (1). » — « Jamais pièce de théâtre, dit à son tour Fontenelle, n'eut un si grand succès. Je me souviens d'avoir vu en ma vie un homme de guerre et un mathématicien, qui de toutes les comédies du monde ne connaissaient que le *Cid*. L'horrible barbarie où ils vivaient n'avait pu empêcher le nom du *Cid* d'aller jusqu'à eux. Corneille avait dans son cabinet cette pièce traduite en toutes les langues de l'Europe, hormis l'esclavonne et la turque. Elle était en allemand, en anglais, en flamand, et, par une exactitude flamande, on l'avait rendue vers par vers ; elle était en italien, et, ce qui est plus étonnant, en espagnol. Les Espagnols avaient bien voulu copier eux-mêmes une copie dont l'original leur appar-

---

1. *Histoire de l'Académie.*

tenait. » Enfin, les frères Parfait, fidèles échos d'une tradition encore récente, écrivent (1) : Semblable à un coup de foudre, la première représentation du *Cid* causa une surprise universelle, répandit une consternation générale parmi les auteurs dramatiques, et fit connaître les sublimes talents de M. Corneille, qui dès ce moment fut reconnu le maître de tous ceux qu'il avait regardés comme ses rivaux. »

La « consternation » des rivaux ne tarda pas à se tourner en aigreur jalouse. A leur suite, ou peut-être à leur tête, Richelieu, d'abord bienveillant pour le poète, dont il avait fait représenter deux fois l'œuvre au palais Cardinal, sentit ses inquiétudes s'éveiller, et la querelle du *Cid* s'ouvrit. Si l'on élague quelques épisodes de peu d'importance, cette guerre de pamphlets peut se diviser en quatre périodes (2).

Pendant la première période, fort courte, Corneille jouit en paix de sa victoire incontestée ; le bruit des applaudissements couvre les murmures des envieux. On n'ose pas prendre ouvertement parti contre le triomphateur ; du regard on interroge le cardinal, qui lui-même hésite.

Dès que paraît la trop fière *Excuse à Ariste*, l'occasion qu'on cherchait est trouvée. Alors commence une période beaucoup plus tumultueuse, une mêlée véritable, où le Franc-Comtois Mairet *(L'auteur du vrai Cid espagnol à son traducteur français)* précède le matamore Georges de Scudéry *(Observations sur le Cid)*, après qui se glisse l'obscur Claveret.

La paix, une paix toute relative, semble renaître lorsque Scudéry porte le débat devant l'Académie, et que Corneille accepte, de guerre lasse, le jugement de ce tribunal littéraire. Mais, un peu apaisé au dehors, le trouble s'introduit dans le sein même de l'Académie, et c'est seulement après de laborieux efforts qu'elle met au jour les *Sentiments de l'Académie française sur la tragi-comédie du Cid*, rédigés par Chapelain.

Dans l'intervalle de ces longues tergiversations, les hostilités avaient repris, plus vives que jamais. Pour y mettre

---

1. *Histoire du théâtre français*, t. VI, p. 92.
2. On trouvera le détail de cette histoire dans notre édition du *Cid* on y trouvera aussi une histoire du *Cid* jusqu'à nos jours.

fin, il fallut que le cardinal lui-même intervînt par l'intermédiaire de Boisrobert et imposât le silence aux combattants, que l'autorité de Balzac, favorable à Corneille, n'avait pu réconcilier.

La querelle du *Cid* occupa donc toute l'année 1637, car la lettre décisive de Boisrobert à Mairet est du 5 octobre 1637 ; elle est définitivement close par la publication des *Sentiments de l'Académie*, qui parurent au plus tard dans les premiers jours de l'année 1638. Par malheur, Corneille se taisait en même temps que ses adversaires, et l'on sait qu'il se tut longtemps.

A MADAME DE COMBALET [1]

Madame,

Ce portrait vivant que je vous offre représente un héros assez reconnaissable aux lauriers dont il est couvert. Sa vie a été une suite continuelle de victoires; son corps, porté dans son armée, a gagné des batailles après sa mort ; et son nom, au bout de six cents ans, vient encore triompher en France. Il y a trouvé une réception trop favorable pour se repentir d'être sorti de son pays, et d'avoir appris à parler une autre langue que la sienne. Ce succès a passé mes plus ambitieuses espérances, et m'a surpris d'abord; mais il a cessé de m'étonner depuis que j'ai vu la satisfaction que vous avez témoignée quand il a paru devant vous. Alors j'ai osé me promettre de lui tout ce qui en est arrivé, et j'ai cru qu'après les éloges dont vous l'avez honoré, cet applaudissement universel ne lui pouvait manquer. Et véritablement, Madame, on ne peut douter avec raison de ce que vaut une chose qui a le bonheur de vous plaire : le jugement que vous en faites est la marque assurée de son prix, et comme vous donnez toujours libéralement aux véritables beautés l'estime qu'elles méritent, les fausses n'ont jamais le pouvoir de vous éblouir.

---

1. Marie-Madeleine de Vignerot, veuve du marquis du Roure de Combalet, tué en 1621 devant Montauban, était fille de René de Vignerot, seigneur de Pont-Courley, et de Françoise du Plessis, sœur du cardinal. Son oncle lu fit obtenir la charge de dame d'honneur de la reine. Elle mourut en 1675. C'est en 1638 que Richelieu acheta pour elle le duché-pairie d'Aiguillon.

Mais votre générosité ne s'arrête pas à des louanges stériles (1) pour les ouvrages qui vous agréent : elle prend plaisir à s'étendre utilement sur ceux qui les produisent, et ne dédaigne point d'employer en leur faveur ce grand crédit que votre qualité et vos vertus vous ont acquis. J'en ai ressenti des effets qui me sont trop avantageux pour m'en taire, et je ne vous dois pas moins de remercîments pour moi que pour le Cid. C'est une reconnaissance qui m'est glorieuse, puisqu'il m'est impossible de publier que je vous ai de grandes obligations sans publier en même temps que vous m'avez assez estimé pour vouloir que je vous en eusse. Aussi, Madame, si je souhaite quelque durée pour cet heureux effort de ma plume, ce n'est point pour apprendre mon nom à la postérité, mais seulement pour laisser des marques éternelles de ce que je vous dois, et faire lire à ceux qui naîtront dans les autres siècles la protestation que je fais d'être toute ma vie,

Madame,

Votre très humble, très obéissant
et très obligé serviteur,

P. Corneille.

---

1. Ce mot nous gâte cette dédicace, la plus mesurée parmi celles de Corneille.

AVERTISSEMENT

MARIANA

Historia de España, l. IX, c. v.

« Avia pocos dias antes hecho campo con don Gomez, conde
« de Gormaz. Venciòle, y diòle la muerte. Lo que resultò
« desde caso, fué que casò con doña Ximena, hija y heredera
« del mismo conde. Ella misma requirio al rey que se le
« diesse por marido (ca estaba muy prendada de sus partes)
« ó le castigasse conforme á las leyes, por la muerte que dió,
« a su padre. Hizóse el casamiento, que a todos estaba a
« cuento, con el qual pór el gran dote de su esposa, que se
« allegó al estado que el tenia de su padre, se aumentó en
« poder y riquezas (1). »

Voilà ce qu'a prêté l'histoire à D. Guilhem de Castro, qui a
mis ce fameux événement sur le théâtre avant moi. Ceux qui
entendent l'espagnol y remarqueront deux circonstances : l'une,
que Chimène, ne pouvant s'empêcher de reconnaître et d'ai-

1 « Il avait eu peu de jours auparavant un duel avec don Gomez, comte de Gormaz. Il le vainquit et lui donna la mort. Le résultat de cet événement fut qu'il se maria avec dona Chimène, fille et héritière de ce seigneur. Elle-même demanda au roi qu'il le lui donnât pour mari (car elle était fort éprise de ses qualités) ou qu'il le châtiàt conformément aux lois, pour avoir donné la mort à son père. Le mariage, qui agréait à tous, s'accomplit ; ainsi, grâce à la dot considérable de son épouse, qui s'ajouta aux biens qu'il tenait de son père, il grandit en pouvoir et en richesses. »

je veux dire en italien, flamand et anglais, sont d'assez glorieuses apologies contre tout ce qu'on a dit. Je n'y ajouterai pour toute chose qu'environ une douzaine de vers espagnols qui semblent faits exprès pour la défendre. Ils sont du même auteur qui l'a traitée avant moi, don Guilhem de Castro, qui, dans une autre comédie qu'il intitule *Engañarse engañando* (1), fait dire à une princesse du Béarn :

A mirar
Bien el mundo, que el tener
Apetitos que vencer,
Y ocasiones que dexar.

Examinan el valor
En la mujer, yo dixera
Lo que siento, porque fuera
Luzimiento de mi honor.

Pero malicias fundadas
En honras mal entendidas,
De tentaciones vencidas
Hacen culpas declaradas :

Y asi, la que el desear
Con el resistir apunta,
Vence dos veces, si junta
Con el resistir el callar (2).

C'est, si je ne me trompe, comme agit Chimène dans mon ouvrage, en présence du roi et de l'infante. Je dis en présence du roi et de l'infante, parce que, quand elle est seule, ou avec sa confidente, ou avec son amant, c'est une autre

---

1. *Engañarse engañando*, se tromper en trompant.
2. « Si le monde a raison de dire que ce qui éprouve le mérite d'une femme, c'est d'avoir des désirs à vaincre, des occasions à rejeter, je n'aurais ici qu'à exprimer ce que je sens : mon honneur n'en deviendrait que plus éclatant. Mais une malignité qui se prévaut de notions d'honneur mal entendues convertit volontiers en un aveu de faute ce qui n'est que la tentation vaincue. Dès lors, la femme qui désire et qui résiste également vaincra deux fois, si en résistant elle sait encore se taire. »

mer les belles qualités qu'elle voyait en don Rodrigue, quoiqu'il eût tué son père *(estaba prendada de sus partes),* alla proposer elle-même au roi cette généreuse alternative, ou qu'il le lui donnât pour mari, ou qu'il le fît punir suivant les lois ; l'autre, que ce mariage se fît au gré de tout le monde *(a todos estaba a cuento).* Deux chroniques du Cid ajoutent qu'il fut célébré par l'archevêque de Séville, en présence du roi et de toute sa cour ; mais je me suis contenté du texte de l'historien, parce que toutes les deux ont quelque chose qui sent le roman et peuvent ne persuader pas davantage que (1) celles que nos Français ont faites de Charlemagne et de Roland. Ce que j'ai rapporté de Mariana suffit pour faire voir l'état qu'on fit (2) de Chimène et de son mariage dans son siècle même, où elle vécut en un tel éclat, que les rois d'Aragon et de Navarre tinrent à honneur d'être ses gendres, en épousant ses deux filles. Quelques-uns ne l'ont pas si bien traitée dans le nôtre ; et, sans parler de ce qu'on a dit de la Chimène du théâtre, celui qui a composé l'histoire d'Espagne en français l'a notée (3), dans son livre, de s'être tôt et aisément consolée de la mort de son père, et a voulu taxer de légèreté une action qui fut imputée à grandeur de courage par ceux qui en furent les témoins. Deux romances espagnols, que je vous donnerai ensuite de cet avertissement, parlent encore plus en sa faveur. Ces sortes de petits poëmes sont comme des originaux décousus de leurs anciennes histoires ; et je serais ingrat envers la mémoire de cette héroïne, si, après l'avoir fait connaître en France, et m'y être fait connaître par elle, je ne tâchais de la tirer de la honte qu'on lui a voulu faire, parce qu'elle a passé par mes mains. Je vous donne donc ces pièces justificatives de la réputation où elle a vécu, sans dessein de justifier la façon dont je l'ai fait parler français. Le temps l'a fait pour moi, et les traductions qu'on en a faites en toutes les langues qui servent aujourd'hui à la scène et chez tous les peuples où l'on voit des théâtres,

---

1. *Davantage que celles,* tournure condamnée aujourd'hui par les grammairiens, mais très usitée au XVIIIe aussi bien qu'au XVIIe siècle.
2. Sur *faire état* pour *faire cas,* voyez les vers 515 et 538 d'*Horace.*
3. *L'a notée,* l'a blâmée ; c'est le sens du latin *notare,* flétrir. Il s'agit ici de l'*Histoire générale d'Espagne,* par Loys de Mayerne : Turquet, Lyon, 1587

Cid en ont jugé suivant leur sentiment ou non, ni même que je veuille dire qu'ils en aient bien ou mal jugé, mais seulement que ce n'a jamais été de mon consentement qu'ils en ont jugé, et que peut-être je l'aurai justifié sans beaucoup de peine, si la même raison qui les a fait parler ne m'avait obligé à me taire. Aristote ne s'est pas expliqué si clairement dans sa *Poétique*, que nous n'en puissions faire ainsi que les philosophes, qui le tirent chacun à leur parti dans leurs opinions contraires; et comme c'est un pays inconnu pour beaucoup de monde, les plus zélés partisans du *Cid* en ont cru ses censeurs sur leur parole, et se sont imaginé avoir pleinement satisfait à toutes leurs objections, quand ils ont soutenu qu'il importait peu qu'il fût selon les règles d'Aristote, et qu'Aristote en avait fait pour son siècle et pour les Grecs, et non pas pour le nôtre et pour des Français.

Cette seconde erreur, que mon silence a affermie, n'est pas moins injurieuse à Aristote qu'à moi. Ce grand homme a traité la poétique avec tant d'adresse et de jugement, que les préceptes qu'il nous a laissés sont de tous les temps et de tous les peuples; et, bien loin de s'amuser au détail des bienséances et des agréments, qui peuvent être divers, selon que ces deux circonstances sont diverses, il a été droit aux mouvements de l'âme, dont la nature ne change point. Il a montré quelles passions la tragédie doit exciter dans celle de ses auditeurs; il a cherché quelles conditions sont nécessaires et aux personnes qu'on introduit, et aux événements qu'on représente, pour les y faire naître; il en a laissé des moyens qui auraient produit leur effet partout dès la création du monde, et qui seront capables de le reproduire encore partout, tant qu'il y aura des théâtres et des acteurs; et pour le reste, que les lieux et les temps peuvent changer, il l'a négligé, et n'a pas même prescrit le nombre des actes, qui n'a été réglé que par Horace beaucoup après lui (1).

Et certes, je serais le premier qui condamnerait le *Cid*, s'il péchait contre ces grandes et souveraines maximes que nous tenons de ce philosophe; mais, bien loin d'en demeurer d'ac-

---

1. *Art poétique*, v. 189 et 190.

chose. Ses mœurs sont inégalement égales, pour parler en termes de notre Aristote, et changent suivant les circonstances des lieux, des personnes, des temps et des occasions, en conservant toujours le même principe.

Au reste, je me sens obligé de désabuser le public de deux erreurs qui s'y sont glissées touchant cette tragédie, et qui semblent avoir été autorisées par mon silence. La première est que j'aye convenu de juges touchant son mérite, et m'en sois rapporté au sentiment de ceux qu'on a priés d'en juger. Je m'en tairais encore, si ce faux bruit n'avait été jusque chez M. de Balzac dans sa province, ou, pour me servir de ses paroles mêmes, dans son désert, et si je n'en avais vu depuis peu les marques dans cette admirable lettre qu'il a écrite sur ce sujet, et qui ne fait pas la moindre richesse des deux derniers trésors qu'il nous a donnés (1). Or, comme tout ce qui part de sa plume regarde toute la postérité, maintenant que mon nom est assuré de passer jusqu'à elle dans cette lettre incomparable, il me serait honteux qu'il y passât avec cette tache et qu'on pût à jamais me reprocher d'avoir compromis de ma réputation (2).

C'est une chose qui jusqu'à présent est sans exemple ; et de tous ceux qui ont été attaqués comme moi, aucun que je sache n'a eu assez de faiblesse pour convenir d'arbitres avec ses censeurs ; et s'ils ont laissé tout le monde dans la liberté publique d'en juger, ainsi que j'ai fait, c'a été sans s'obliger, non plus que moi, à en croire personne. Outre que, dans la conjoncture où étaient lors les affaires du *Cid*, il ne fallait pas être grand devin pour prévoir ce que nous en avons vu arriver. A moins que d'être tout à fait stupide, on ne pouvait pas ignorer que, comme les questions de cette nature ne concernent ni la religion ni l'Etat, on en peut décider par les règles de la prudence humaine, aussi bien que par celles du théâtre, et tourner sans scrupule le sens du bon Aristote du côté de la politique (3). Ce n'est pas que je sache si ceux qui ont jugé du

---

1. Corneille fait allusion ici aux *Lettres choisies du sieur de Balzac,* 1647.
2. *Compromettre de,* exposer sa dignité à recevoir une diminution.
3. Du côté de la politique de celui qui interprète le texte d'Aristote du côté de ses opinions et de ses intérêts, comme l'explique l'éd. Régnier.

cord, j'ose dire que cet heureux poème n'a si extraordinairement réussi que parce qu'on y voit les deux maîtresses conditions (permettez-moi cette épithète) que demande ce grand maître aux excellentes tragédies, et qui se trouvent si rarement assemblées dans un même ouvrage, qu'un des plus doctes commentateurs (1) de ce divin traité qu'il en a fait, soutient que toute l'antiquité ne les a vues se rencontrer que dans le seul *OEdipe*. La première est que celui qui souffre et est persécuté ne soit ni tout méchant ni tout vertueux, mais un homme plus vertueux que méchant, qui, par quelque trait de faiblesse humaine qui ne soit pas un crime, tombe dans un malheur qu'il ne mérite pas ; l'autre, que la persécution et le péril ne viennent point d'un ennemi, ni d'un indifférent, mais d'une personne qui doive aimer celui qui souffre, et en être aimée. Et voilà, pour en parler pleinement, la véritable et seule cause de tout le succès du *Cid*, en qui l'on ne peut méconnaître ces deux conditions, sans s'aveugler soi-même pour lui faire injustice. J'achève donc en m'acquittant de ma parole ; et, après vous avoir dit en passant ces deux mots pour le *Cid* du théâtre, je vous donne, en faveur de la Chimène de l'histoire, les deux romances que je vous ai promis.

ROMANCE PRIMERO (2)

Delante el rey de Leon
Doña Ximena una tarde
Se pone á pedir justicia
Por la muerte de su padre.

---

1. Il s'agit de Robortello, qui, en 1548, donna à Florence une édition de la *Poétique* d'Aristote, avec plusieurs dissertations critiques.
2. Devant le roi de Léon doña Chimène vient un soir demander justice, touchant la mort de son père. — « Elle demande justice contre le Cid, don
« Rodrigue de Bivar, qui la rendit orpheline lorsqu'elle était encore tout
« enfant. — Si j'ai ou non raison, vous le savez de reste, ô roi Ferdinand ;
« car les affaires d'honneur ne se peuvent cacher. — Chaque jour qui luit je
« vois le cruel qui s'est repu de mon sang, comme un loup, chevauchant à
« cheval sous mes yeux pour ajouter à mon chagrin. — Ordonnez-lui, bon
« roi, car vous le pouvez, qu'il ne rôde pas sans cesse dans ma rue, car un
« homme de grande valeur ne doit pas se venger sur des femmes. — Que
« si mon père outragea le sien, il a bien vengé son père, et il lui doit suffire
« qu'une mort ait payé son honneur. — Je suis placée sous votre protection,

Para contra el Cid la pide,
Don Rodrigo de Bivare,
Que huerfana la dexó,
Niña, y de muy poca edade.

« Si tengo razon, ó non,
Bien, rey, lo alcanzas y sabes,
Que los negocios de honra
No pueden disimularse.

Cada dia que amanece,
Veo al lobo de mi sangre,
Caballero en un caballo,
Por darme mayor pesare.

Mandale, buen rey, pues puedes,
Que no me ronde mi calle,
Que no se venga en mujeres
El hombre que mucho vale.

Si mi padre afrentó al suyo,
Bien ha vengado à su padre,
Que si honras pagaron muertes,
Para su disculpa basten.

Encomendada me tienes,
No consientas que me agravien,
Que el que à mi se fiziere,
A tu corona se faze. »

— « Calledes, doña Ximena,
Que me dades pena grande,
Que yo daré buen remedio
Para todos vuestros males.

« ne souffrez pas que l'on m'insulte : car tout outrage que l'on me fait, on le
« fait à votre couronne. » — « Taisez-vous, dona Chimène; car vous m'affli-
« gez grandement, et je vous trouverai un bon remède à tous vos maux.
« Je ne puis faire aucun tort au Cid, car il est un homme qui vaut beau-
« coup : il me défend mes royaumes, et je veux qu'il me les garde. Mais
« je ferai avec lui un arrangement qui ne vous sera pas mauvais; je lui
« demanderai sa parole pour qu'il se marie avec vous. » — Chimène demeura
« contente de la grâce qui lui était accordée, et que celui qui l'avait rendue
« orpheline devint son soutien. »

HÉMON. — CORNEILLE.   2

EXAMEN

Ce poème a tant d'avantages du côté du sujet et des pensées brillantes dont il est semé, que la plupart de ses auditeurs n'ont pas voulu voir les défauts de sa conduite, et ont laissé enlever leurs suffrages au (1) plaisir que leur a donné sa représentation. Bien que ce soit celui de tous mes ouvrages réguliers où je me suis permis le plus de licence, il passe encore pour le plus beau auprès de ceux qui ne s'attachent pas à la dernière sévérité des règles; et, depuis cinquante ans (2) qu'il tient sa place sur nos théâtres, l'histoire ni l'effort de l'imagination n'y ont rien fait voir qui en ait effacé l'éclat. Aussi a-t-il les deux grandes conditions que demande Aristote aux tragédies parfaites, et dont l'assemblage se rencontre si rarement chez les anciens et chez les modernes ; il les assemble même plus fortement et plus noblement que les espèces que pose ce philosophe. Une maîtresse que son devoir force à poursuivre la mort de son amant, qu'elle tremble d'obtenir, a les passions plus vives et plus allumées que tout ce qui peut se passer entre un mari et sa femme, une mère et son fils, un frère et sa sœur ; et la haute vertu dans un naturel sensible à ces passions, qu'elle dompte sans les affaiblir, et à qui elle laisse toute leur force pour en triompher plus glorieusement, a quelque chose de plus touchant, de plus élevé et de plus aimable que cette médiocre bonté (3), capable d'une faiblesse, et même d'un crime, où nos

1. *Au plaisir*, par le plaisir.
2. C'est le chiffre rond; en 1682, il n'y a que quarante-six ans écoulés depuis 1636.
3. *Cette médiocre bonté.* Toute la différence entre Corneille et Racine est là.

anciens étaient contraints d'arrêter le caractère le plus parfait des rois et des princes dont ils faisaient leurs héros, afin que ces taches et ces forfaits, défigurant ce qu'ils leur laissaient de vertu, s'accommodassent au goût et aux souhaits de leurs spectateurs, et fortifiassent l'horreur qu'ils avaient conçue de leur domination et de la monarchie.

Rodrigue suit ici son devoir sans rien relâcher de sa passion. Chimène fait la même chose à son tour, sans laisser ébranler son dessein par la douleur où elle se voit abîmée par là; et si la présence de son amant lui fait faire quelque faux pas, c'est une glissade (1) dont elle se relève à l'heure même; et non seulement elle connaît si bien sa faute, qu'elle nous en avertit; mais elle fait un prompt désaveu de tout ce qu'une vue si chère lui a pu arracher. Il n'est pas besoin qu'on lui reproche qu'il lui est honteux de souffrir l'entretien de son amant après qu'il a tué son père; elle avoue que c'est la seule prise que la médisance aura sur elle. Si elle s'emporte jusqu'à lui dire qu'elle veut bien qu'on sache qu'elle l'adore et le poursuit, ce n'est point une résolution si ferme qu'elle l'empêche de cacher son amour de tout son possible lorsqu'elle est en la présence du Roi. S'il lui échappe de l'encourager au combat contre don Sanche par ces paroles :

Sors vainqueur d'un combat dont Chimène est le prix,

elle ne se contente pas de s'enfuir de honte au même moment; mais sitôt qu'elle est avec Elvire, à qui elle ne déguise rien de ce qui se passe dans son âme, et que la vue de ce cher objet ne lui fait plus de violence, elle forme un souhait plus raisonnable, qui satisfait sa vertu et son amour tout ensemble, et demande au ciel que ce combat se termine

Sans faire aucun des deux ni vaincu ni vainqueur.

Si elle ne dissimule point qu'elle penche du côté de Rodri-

---

1. Corneille est ici trop scrupuleux et calomnie lui-même sa Chimène.

gue, de peur d'être à don Sanche, pour qui elle a de l'aversion, cela ne détruit point la protestation qu'elle a faite un peu auparavant que, malgré la loi de ce combat, et les promesses que le Roi a faites à Rodrigue, elle lui fera mille autres ennemis, s'il en sort victorieux. Ce grand éclat même qu'elle laisse faire à son amour après qu'elle le croit mort, est suivi d'une opposition vigoureuse à l'exécution de cette loi qui la donne à son amant; et elle ne se tait qu'après que le Roi l'a différée, et lui a laissé lieu d'espérer qu'avec le temps il y pourra survenir quelque obstacle. Je sais bien que le silence passe d'ordinaire pour une marque de consentement; mais quand les rois parlent, c'en est une de contradiction : on ne manque jamais à leur applaudir quand on entre dans leurs sentiments; et le seul moyen de leur contredire avec le respect qui leur est dû, c'est de se taire, quand leurs ordres ne sont pas si pressants qu'on ne puisse remettre à s'excuser de leur obéir lorsque le temps en sera venu, et conserver cependant une espérance légitime d'un empêchement qu'on ne peut encore déterminément prévoir (1).

Il est vrai que, dans ce sujet, il faut se contenter de tirer Rodrigue de péril, sans le pousser jusqu'à son mariage avec Chimène. Il est historique, et a plu en son temps; mais bien sûrement il déplairait au nôtre, et j'ai peine à voir que Chimène y consente chez l'auteur espagnol, bien qu'il donne plus de trois ans de durée à la comédie qu'il en a faite. Pour ne pas contredire l'histoire, j'ai cru ne me pouvoir dispenser d'en jeter quelque idée, mais avec incertitude de l'effet; et ce n'était que par là que je pouvais accorder la bienséance du théâtre avec la vérité de l'événement.

Les deux visites que Rodrigue fait à sa maîtresse ont quelque chose qui choque cette bienséance de la part de celle qui les souffre; la rigueur du devoir voulait qu'elle refusât de lui parler, et s'enfermât dans son cabinet au lieu de l'écouter; mais permettez-moi de dire, avec un des premiers esprits de notre siècle, « que leur conversation est remplie de si beaux sentiments, que plusieurs n'ont pas connu ce défaut, et que

---

1. *Déterminément prévoir*, prévoir avec précision.

ceux qui l'ont connu l'ont toléré. » J'irai plus outre, et dirai que presque tous ont souhaité que ces entretiens se fissent; et j'ai remarqué aux premières représentations qu'alors que ce malheureux amant se présentait devant elle, il s'élevait un certain frémissement dans l'assemblée, qui marquait une curiosité merveilleuse, et un redoublement d'attention pour ce qu'ils avaient à se dire dans un état si pitoyable. Aristote dit « qu'il y a des absurdités qu'il faut laisser dans un poème, quand on peut espérer qu'elles seront bien reçues; et il est du devoir du poète, en ce cas, de les couvrir de tant de brillants, qu'elles puissent éblouir (1) ». Je laisse au jugement de mes auditeurs si je me suis assez bien acquitté de ce devoir pour justifier par là ces deux scènes. Les pensées de la première des deux sont quelquefois trop spirituelles pour partir de personnes fort affligées; mais, outre que je n'ai fait que la paraphrase de l'espagnol, si nous ne nous permettions quelque chose de plus ingénieux que le cours ordinaire de la passion, nos poèmes ramperaient souvent, et les grandes douleurs ne mettraient dans la bouche de nos acteurs que des exclamations et des hélas. Pour ne déguiser rien, cette offre que fait Rodrigue de son épée à Chimène, et cette protestation de se laisser tuer par don Sanche, ne me plairaient pas maintenant. Ces beautés étaient de mise en ce temps-là, et ne le seraient plus en celui-ci. La première est dans l'original espagnol, et l'autre est tirée sur ce modèle. Toutes les deux ont fait leur effet en ma faveur; mais je ferais scrupule d'en étaler de pareilles à l'avenir sur notre théâtre (2).

J'ai dit ailleurs ma pensée touchant l'infante et le Roi (3); il reste néanmoins quelque chose à examiner sur la manière dont ce dernier agit, qui ne paraît pas assez vigoureuse, en ce qu'il ne fait pas arrêter le comte après le soufflet donné, et n'envoie pas des gardes à don Diègue et à son fils. Sur quoi on peut considérer que don Fernand étant le premier roi de Cas-

---

1. *Poétique*, ch. XXIV.
2. « Cela veut dire qu'à cinquante ou soixante ans on se ferait scrupule, pour de bonnes raisons, de recommencer ce qu'on osait à trente. » (Sainte-Beuve, *Nouveaux lundis*, VII.)
3. *Discours sur le poème dramatique.*

tille, et ceux qui en avaient été maîtres auparavant lui n'ayant eu titre que de comtes, il n'était peut-être pas assez absolu sur les grands seigneurs de son royaume pour le pouvoir faire. Chez don Guilhem de Castro, qui a traité ce sujet avant moi, et qui devait connaître mieux que moi quelle était l'autorité de ce premier monarque de son pays, le soufflet se donne en sa présence et en celle de deux ministres d'État, qui lui conseillent, après que le comte s'est retiré fièrement et avec bravade, et que don Diègue a fait la même chose en soupirant, de ne le pousser point à bout, parce qu'il a quantité d'amis dans les Asturies qui se pourraient révolter et prendre parti avec les Maures dont son État est environné. Ainsi il se résout d'accommoder l'affaire sans bruit, et recommande le secret à ses deux ministres, qui ont été seuls témoins de l'action. C'est sur cet exemple que je me suis cru bien fondé à le faire agir plus mollement qu'on ne ferait en ce temps-ci, où l'autorité royale est plus absolue. Je ne pense pas non plus qu'il fasse une faute bien grande de ne jeter point l'alarme, de nuit, dans sa ville, sur l'avis incertain qu'il a du dessein des Maures, puisqu'on faisait bonne garde sur les murs et sur le port; mais il est inexcusable de n'y donner aucun ordre après leur arrivée, et de laisser tout faire à Rodrigue. La loi du combat, qu'il propose à Chimène avant que de le permettre à don Sanche contre Rodrigue, n'est pas si injuste que quelques-uns ont voulu le dire, parce qu'elle est plutôt une menace pour la faire dédire de la demande de ce combat, qu'un arrêt qu'il lui veuille faire exécuter. Cela paraît en ce qu'après la victoire de Rodrigue il n'en exige pas précisément l'effet de sa parole, et la laisse en état d'espérer que cette condition n'aura point de lieu.

Je ne puis dénier que la règle des vingt et quatre heures presse trop les incidents de cette pièce. La mort du comte et l'arrivée des Maures s'y pouvaient entresuivre d'aussi près qu'elles font, parce que cette arrivée est une surprise qui n'a point de communication ni de mesures à prendre avec le reste; mais il n'en va pas ainsi du combat de don Sanche, dont le Roi était le maître, et pouvait lui choisir un autre temps que deux heures après la fuite des Maures. Leur défaite avait assez fatigué Rodrigue toute la nuit pour mériter deux ou trois jours de repos ; et même il y avait quelque apparence qu'il n'en était pas échappé sans blessures, quoique je n'en aie rien dit, parce qu'elles n'auraient fait que nuire à la conclusion de l'action.

Cette même règle presse aussi trop Chimène de demander justice au Roi la seconde fois. Elle l'avait fait le soir d'auparavant, et n'avait aucun sujet d'y retourner le lendemain matin pour en importuner le Roi, dont elle n'avait encore aucun lieu de se plaindre, puisqu'elle ne pouvait encore dire qu'il lui eût manqué de promesse. Le roman lui aurait donné sept ou huit jours de patience avant que de l'en presser de nouveau; mais les vingt et quatre heures ne l'ont pas permis : c'est l'incommodité de la règle.

Passons à celle de l'unité de lieu, qui n'a pas donné moins de gêne en cette pièce. Je l'ai placée dans Séville, bien que don Fernand n'en ait jamais été le maître ; et j'ai été obligé à cette falsification, pour former quelque vraisemblance à la descente des Maures, dont l'armée ne pouvait venir si vite par terre que par eau. Je ne voudrais pas assurer toutefois que le flux de la mer monte effectivement jusque-là ; mais, comme dans notre Seine il fait encore plus de chemin qu'il ne lui en faut faire sur le Guadalquivir pour battre les murailles de cette ville, cela peut suffire à fonder quelque probabilité parmi nous, pour ceux qui n'ont point été sur le lieu même.

Cette arrivée des Maures ne laisse pas d'avoir ce défaut que j'ai remarqué ailleurs (1), qu'ils se présentent d'eux-mêmes sans être appelés dans la pièce directement ou indirectement par aucun acteur du premier acte. Ils ont plus de justesse dans l'irrégularité de l'auteur espagnol : Rodrigue, n'osant plus se montrer à la cour, les va combattre sur la frontière, et ainsi le premier acteur les va chercher, et leur donne place dans le poème ; au contraire de ce qui arrive ici, où ils semblent se venir faire de fête (2), exprès pour en être battus,

---

1. Dans le *Discours du poème dramatique*.
2. *Se faire de fête*, c'est faire comme si on était d'une fête, intervenir sans

et lui donner moyen de rendre à son roi un service d'importance, qui lui fasse obtenir sa grâce. C'est une seconde incommodité de la règle dans cette tragédie.

Tout s'y passe donc dans Séville, et garde ainsi quelque espèce d'unité de lieu en général; mais le lieu en particulier change de scène, et tantôt c'est le palais du Roi, tantôt l'appartement de l'infante, tantôt la maison de Chimène, et tantôt une rue ou place publique. On le détermine aisément pour les scènes détachées; mais pour celles qui ont leur liaison ensemble, comme les quatre dernières du premier acte, il est malaisé d'en choisir un qui convienne à toutes. Le comte et don Diègue se querellent au sortir du palais; cela se peut passer dans une rue; mais, après le soufflet reçu, don Diègue ne peut pas demeurer en cette rue à faire ses plaintes, attendant que son fils survienne, qu'il ne soit tout aussitôt environné de peuple, et ne reçoive l'offre de quelques amis. Ainsi il serait plus à propos qu'il se plaignît dans sa maison, où le met l'Espagnol, pour laisser aller ses sentiments en liberté; mais, en ce cas, il faudrait délier les scènes comme il a fait. En l'état où elles sont ici, on peut dire qu'il faut quelquefois aider au théâtre, et suppléer favorablement ce qui ne s'y peut représenter. Deux personnes s'y arrêtent pour parler, et quelquefois il faut présumer qu'ils marchent, ce qu'on ne peut exposer sensiblement à la vue, parce qu'ils échapperaient aux yeux avant que d'avoir pu dire ce qu'il est nécessaire qu'ils fassent savoir à l'auditeur. Ainsi, par une fiction de théâtre, on peut s'imaginer que don Diègue et le comte, sortant du palais du roi, avancent toujours en se querellant, et sont arrivés devant la maison de ce premier lorsqu'il reçoit le soufflet qui l'oblige à y entrer pour y chercher du secours. Si cette fiction poétique ne vous satisfait point, laissons-le dans la place publique, et disons que le concours du peuple autour de lui après cette offense, et les offres de service que lui font les premiers amis qui s'y rencontrent, sont des circonstances que le roman ne doit pas oublier; mais que ces menues actions ne servant de rien à la principale, il n'est pas

---

avoir été appelé : « Les armées ne manquent pas de gens qui aiment à se faire de fête et à s'empresser. » (Saint-Simon.)

besoin que le poète s'en embarrasse sur la scène. Horace l'en dispense par ces vers :

Hoc amet, hoc spernat promissi carminis auctor;
Pleraque negligat (1).

Et ailleurs :

Semper ad eventum festinet (2).

C'est ce qui m'a fait négliger, au troisième acte, de donner à don Diègue, pour aide à chercher son fils, aucun des cinq cents amis qu'il avait chez lui. Il y a grande apparence que quelques-uns d'eux l'y accompagnaient, et même que quelques autres le cherchaient pour lui d'un autre côté ; mais ces accompagnements inutiles de personnes qui n'ont rien à dire, puisque celui qu'ils accompagnent a seul tout l'intérêt à l'action, ces sortes d'accompagnements, dis-je, ont toujours mauvaise grâce au théâtre, et d'autant plus que les comédiens n'emploient à ces personnages muets que leurs moucheurs de chandelles et leurs valets, qui ne savent quelle posture tenir.

Les funérailles du comte étaient encore une chose fort embarrassante, soit qu'elles se soient faites avant la fin de la pièce, soit que le corps ait demeuré en présence, dans son hôtel, attendant qu'on y donnât ordre. Le moindre mot que j'en eusse laissé dire, pour en prendre soin, eût rompu toute la chaleur de l'attention, et rempli l'auditeur d'une fâcheuse idée. J'ai cru plus à propos de les dérober à son imagination par mon silence, aussi bien que le lieu précis de ces quatre grandes scènes du premier acte dont je viens de parler ; et je

---

1. Citation peu exacte. Horace dit aux vers 44 et 45 de l'*Art poétique* :

Pleraque differat et præsens in tempus omittat;
Hoc amet, hoc spernat promissi carminis auctor.

(Que, pour le moment, le poète écarte beaucoup de détails ; voilà ce que doit aimer, ce que doit négliger l'auteur d'un poème promis au public.)

2. Le texte latin donne *festinat*. (*Art poétique*, v. 148.) « Que toujours il se hâte vers le dénouement. »

m'assure que cet artifice m'a si bien réussi, que peu de personnes ont pris garde à l'un ni à l'autre, et que la plupart des spectateurs, laissant emporter leurs esprits à ce qu'ils ont vu et entendu de pathétique en ce poème, ne se sont point avisés de réfléchir sur ces deux considérations.

J'achève par une remarque sur ce que dit Horace, que ce qu'on expose à la vue touche bien plus que ce qu'on apprend que par un récit (1).

C'est sur quoi je me suis fondé pour faire voir le soufflet que reçoit don Diègue, et cacher aux yeux la mort du comte, afin d'acquérir et conserver à mon premier acteur l'amitié des auditeurs, si nécessaire pour réussir au théâtre. L'indignité d'un affront fait à un vieillard chargé d'années et de victoires, les jette aisément dans le parti de l'offensé; et cette mort qu'on vient dire au roi tout simplement, sans aucune narration touchante, n'excite point en eux la commisération qu'y eût fait naître le spectacle de son sang, et ne leur donne aucune aversion pour ce malheureux amant, qu'ils ont vu forcé, par ce qu'il devait à son honneur, d'en venir à cette extrémité, malgré l'intérêt et la tendresse de son amour.

1. Allusion à ces deux vers de l'*Art poétique* :
Segnius irritant animos demissa per aurem
Quam quæ sunt oculis subjecta fidelibus...

PERSONNAGES.

Don FERNAND (1), premier roi de Castille.
Doña URRAQUE, infante de Castille.
Don DIÈGUE, père de don Rodrigue.
Don GOMÈS, comte de Gormas, père de Chimène.
Don RODRIGUE, amant de Chimène.
Don SANCHE, amoureux (2) de Chimène.
Don ARIAS, } gentilshommes castillans.
Don ALONSE,
CHIMÈNE, fille de don Gomès.
LÉONOR, gouvernante de l'infante.
ELVIRE, gouvernante de Chimène.
UN PAGE de l'infante.

La scène est à Séville (3).

---

1. Ferdinand Ier, dit le Grand, mourut en 1065, après avoir régné trente ans en Castille, et vingt-huit ans dans le royaume de Léon.
2. On voit la différence que Corneille établit entre l'*amant*, qui est aimé, et l'*amoureux*, qui joue un rôle sacrifié.
3. Séville ne fut reconquise sur les Maures que cent ans après l'époque du *Cid*. Corneille, dans l'*Examen* de sa tragédie, justifie cet anachronisme volontaire, que ses censeurs n'avaient pas remarqué.

LE CID

TRAGÉDIE

ACTE PREMIER

SCÈNE I

CHIMÈNE, ELVIRE (1)

CHIMÈNE

Elvire, m'as-tu fait un rapport bien sincère ?
Ne déguises-tu rien de ce qu'a dit mon père ?

ELVIRE

Tous mes sens à moi-même en sont encor charmés :
Il estime Rodrigue autant que vous l'aimez,
Et, si je ne m'abuse à lire dans son âme, 5
Il vous commandera de répondre à sa flamme.

---

1. Au XVIIIe siècle, on retrancha les deux premières scènes pour faire commencer la pièce à la scène de la querelle. Il était nécessaire de les rétablir, d'abord par respect pour le texte de Corneille, ensuite dans l'intérêt même du drame, car rien n'est plus juste que la remarque de Voltaire : « Peut-on s'intéresser à la querelle du comte et de don Diègue, si l'on n'est pas instruit des amours de leurs enfants ? L'affront que Gormas fait à don Diègue est un coup de théâtre, quand on espère qu'ils vont conclure le mariage de Chimène avec Rodrigue. »

2. *A lire*, en lisant. Voyez ce tour employé aux vers 78, 327, 434, 1488.

CHIMÈNE

Dis-moi donc, je te prie, une seconde fois,
Ce qui te fait juger qu'il approuve mon choix :
Apprends-moi de nouveau quel espoir j'en dois prendre ;
Un si charmant discours ne se peut trop entendre ; 10
Tu ne peux trop promettre aux feux de notre amour
La douce liberté de se montrer au jour.
Que t'a-t-il répondu sur la secrète brigue
Que font auprès de toi don Sanche et don Rodrigue ?
N'as-tu point trop fait voir quelle inégalité 15
Entre ces deux amants me penche d'un côté ?

ELVIRE

Non ; j'ai peint votre cœur dans une indifférence
Qui n'enfle d'aucun d'eux ni n'abat l'espérance,
Et, sans les voir d'un œil trop sévère, ou trop doux,
Attend l'ordre d'un père à choisir un époux. 20
Ce respect l'a ravi, sa bouche et son visage
M'en ont donné sur l'heure un digne témoignage,
Et, puisqu'il vous en faut encor faire un récit,
Voici d'eux et de vous ce qu'en hâte il m'a dit :
« Elle est dans le devoir ; tous deux sont dignes d'elle, 25
Tous deux formés d'un sang noble, vaillant, fidèle,
Jeunes, mais qui font lire aisément dans leurs yeux
L'éclatante vertu de leurs braves aïeux.
Don Rodrigue, surtout, n'a trait en son visage
Qui d'un homme de cœur ne soit la haute image, 30
Et sort d'une maison si féconde en guerriers
Qu'ils y prennent naissance au milieu des lauriers.
La valeur de son père, en son temps sans pareille,

---

13. *La secrète brigue*, les menées secrètes des deux prétendants auprès d'Elvire, « gouvernante » de Chimène, c'est-à-dire suivante de tragédie.
16. Voyez au vers 1701 un autre exemple de *pencher* pris activement.
20. *A choisir*, pour choisir. *A*, dans le sens de *pour* avec l'infinitif, n'est pas moins fréquent chez Corneille et ses contemporains que *à* pour *en* suivi du participe présent. Voyez les vers 1419, 982, 1080.

Tant qu'a duré sa force, a passé pour merveille ;
Ses rides sur son front ont gravé ses exploits, 35
Et nous disent encor ce qu'il fut autrefois.
Je me promets du fils ce que j'ai vu du père,
Et ma fille, en un mot, peut l'aimer et me plaire. »
Il allait au conseil, dont l'heure qui pressait
A tranché ce discours qu'à peine il commençait ; 40
Mais, à ce peu de mots, je crois que sa pensée
Entre vos deux amants n'est pas fort balancée.
Le Roi doit à son fils élire un gouverneur,
Et c'est lui que regarde un tel degré d'honneur :
Ce choix n'est pas douteux, et sa rare vaillance 45
Ne peut souffrir qu'on craigne aucune concurrence.
Comme ses hauts exploits le rendent sans égal,
Dans un espoir si juste il sera sans rival ;
Et, puisque don Rodrigue a résolu son père
Au sortir du conseil à proposer l'affaire, 50
Je vous laisse à juger s'il prendra bien son temps,
Et si tous vos désirs seront bientôt contents.

CHIMÈNE

Il semble toutefois que mon âme troublée
Refuse cette joie, et s'en trouve accablée.
Un moment donne au sort des visages divers, 55
Et, dans ce grand bonheur, je crains un grand revers.

ELVIRE

Vous verrez cette crainte heureusement déçue.

---

35. Voyez la parodie que Racine fit de ce vers dans ses *Plaideurs* (154).
43. *Élire, eligere*, choisir, peu usité aujourd'hui en ce sens.
44. *C'est lui que regarde*, c'est à lui que revient cette charge.
49. Au vers 389 on verra un autre exemple de *résoudre*, verbe actif.
50. *L'affaire*, ce terme familier, Corneille l'employait dans les circonstances les plus tragiques. Le vieil Horace s'écrie :

Sire, j'en ai trop dit, mais *l'affaire* vous touche. (1727.)

55. *Des visages*, des aspects divers. « La plupart des choses du monde ayant deux *visages*, sont trouvées ou bonnes ou mauvaises, selon qu'elles sont considérées. » (Malherbe, *Lettre à la princesse de Conti*, 2 mars 1614.)

CHIMÈNE

Allons, quoi qu'il en soit, en attendre l'issue.

SCÈNE II

LÉONOR, L'INFANTE, LE PAGE

L'INFANTE

Page, allez avertir Chimène de ma part
Qu'aujourd'hui pour me voir elle attend un peu tard, 60
Et que mon amitié se plaint de sa paresse.

(Le page rentre.)

LÉONOR

Madame, chaque jour même désir vous presse,
Et dans son entretien je vous vois chaque jour
Demander en quel point se trouve son amour.

L'INFANTE

Ce n'est pas sans sujet : je l'ai presque forcée 65
A recevoir les traits dont son âme est blessée.
Elle aime don Rodrigue, et le tient de ma main,
Et par moi don Rodrigue a vaincu son dédain ;
Ainsi de ces amants ayant formé les chaînes,
Je dois prendre intérêt à voir finir leurs peines. 70

LÉONOR

Madame, toutefois, parmi leurs bons succès,

---

57. *Déçue* se dirait aujourd'hui moins d'une crainte que d'une espérance.
Peut-être verrez-vous votre *crainte déçue*.
(Molière, *Femmes savantes*, IV, 6.)

63. *Dans son entretien,* tour bref et vif, pour : quand vous vous entretenez avec elle.

66. Dans la langue de la galanterie au XVIIe siècle, *blessé* se dit de l'amour en particulier, mais aussi en général de toutes les passions.

71. *Succès,* on le voit, se disait alors de tout résultat et l'on pouvait dire sans pléonasme *bon succès,* parce qu'on disait aussi *mauvais succès.*

Vous montrez un chagrin qui va jusqu'à l'excès.
Cet amour, qui tous deux les comble d'allégresse,
Fait-il de ce grand cœur la profonde tristesse,
Et ce grand intérêt que vous prenez pour eux 75
Vous rend-il malheureuse, alors qu'ils sont heureux ?
Mais je vais trop avant, et deviens indiscrète.

L'INFANTE

Ma tristesse redouble à la tenir secrète.
Écoute, écoute enfin comme j'ai combattu,
Écoute quels assauts brave encor ma vertu. 80
L'amour est un tyran qui n'épargne personne :
Ce jeune cavalier, cet amant que je donne,
Je l'aime.

LÉONOR
Vous l'aimez !

L'INFANTE
Mets la main sur mon cœur,
Et vois comme il se trouble au nom de son vainqueur,
Comme il le reconnaît !

LÉONOR
Pardonnez-moi, Madame, 85
Si je sors du respect pour blâmer cette flamme,
Une grande princesse à ce point s'oublier
Que d'admettre en son cœur un simple cavalier !
Et que dirait le Roi ? que dirait la Castille ?
Vous souvient-il encor de qui vous êtes fille ? 90

---

75. *Prendre intérêt pour*, où nous disons *prendre intérêt à*.
80. *Vertu* a ici et en maint endroit le sens latin de *force d'âme*.
82. Ce mot de *cavalier*, dit M. Marty-Laveaux, était encore assez nouveau à l'époque où Corneille écrivait ses comédies. L'usage s'établit bientôt d'écrire *cavalier* partout où l'on écrivait auparavant *chevalier*, et la tyrannie de cet usage détermina Corneille, dès 1637, dans son édition in-8° du *Cid*, à mettre *cavalier* dans tous les endroits où il avait imprimé d'abord *chevalier* dans l'édition in-4°.
88. *A ce point que;* dans ces tournures, *que* disparaît aujourd'hui.

ACTE I, SCÈNE II

L'INFANTE

Il m'en souvient si bien que j'épandrai mon sang
Avant que je m'abaisse à démentir mon rang.
Je te répondrais bien que dans les belles âmes
Le seul mérite a droit de produire des flammes,
Et, si ma passion cherchait à s'excuser, 95
Mille exemples fameux pourraient l'autoriser ;
Mais je n'en veux point suivre où ma gloire s'engage ;
Si j'ai beaucoup d'amour, j'ai bien plus de courage,
Et je me dis toujours qu'étant fille de roi,
Tout autre qu'un monarque est indigne de moi. 100
Quand je vis que mon cœur ne se pouvait défendre,
Moi-même je donnai ce que je n'osais prendre.
Je mis, au lieu de moi, Chimène en ses liens,
Et j'allumai leurs feux pour éteindre les miens.
Ne t'étonne donc plus si mon âme gênée 105
Avec impatience attend leur hyménée :
Tu vois que mon repos en dépend aujourd'hui.
Si l'amour vit d'espoir, il périt avec lui :
C'est un feu qui s'éteint faute de nourriture,
Et, malgré la rigueur de ma triste aventure, 110
Si Chimène a jamais Rodrigue pour mari,
Mon espérance est morte, et mon esprit guéri.
　Je souffre cependant un tourment incroyable :
Jusques à cet hymen Rodrigue m'est aimable ;
Je travaille à le perdre, et le perds à regret, 115
Et de là prend son cours mon déplaisir secret.

---

91. Faut-il croire, avec Littré, qu'*épandre* indique, dans l'action, une sorte d'ordre et d'arrangement qui n'est pas dans *répandre* ? Épandre est souvent, au XVIIe siècle, un simple synonyme de *répandre*.
97. *Ma gloire*, mon orgueil et mon honneur, le sentiment que j'ai de mon devoir. Chimène et l'infante, comme la plupart des héroïnes cornéliennes, useront et abuseront de ce mot. *S'engage*, soit engagée, compromise.
98. *Courage*, chez les tragiques, est synonyme de *cœur*.
105. *Gêner*, c'est proprement mettre à la gêne, à la torture. Le verbe *gêner*, comme le mot *gêne*, a perdu aujourd'hui beaucoup de sa force.
116. *De là prend son cours*, là est la source de mon chagrin, car le mot *déplaisir*, lui aussi, avait un sens très fort.

Je vois avec chagrin que l'amour me contraigne
A pousser des soupirs pour ce que je dédaigne ;
Je sens en deux partis mon esprit divisé :
Si mon courage est haut, mon cœur est embrasé ; 120
Cet hymen m'est fatal, je le crains et souhaite :
Je n'ose en espérer qu'une joie imparfaite.
Ma gloire et mon amour ont pour moi tant d'appas
Que je meurs s'il s'achève ou ne s'achève pas.

LÉONOR

Madame, après cela je n'ai rien à vous dire, 125
Sinon que de vos maux avec vous je soupire :
Je vous blâmais tantôt, je vous plains à présent.
Mais, puisque, dans un mal si doux et si cuisant,
Votre vertu combat et son charme et sa force,
En repousse l'assaut, en rejette l'amorce, 130
Elle rendra le calme à vos esprits flottants.
Espérez donc tout d'elle et du secours du temps ;
Espérez tout du Ciel : il a trop de justice
Pour laisser la vertu dans un si long supplice.

L'INFANTE

Ma plus douce espérance est de perdre l'espoir. 135

LE PAGE

Par vos commandements Chimène vous vient voir.

---

120. Ici, à *courage* est opposé *cœur*, c'est-à-dire qu'à la hauteur de la raison est opposée la violence de la passion. *Embrasé*, mot emprunté à la phraséologie galante du temps.
121. « L'usage, dit l'Académie, veut que l'on répète l'article *le*, d'autant plus que les deux verbes sont de signification fort différente. »
130. Une *amorce*, c'est un *appât*, au propre et au figuré ; au XVIIe siècle, on disait *amorce* de tout ce qui peut amorcer, attirer, séduire.
131. *Vos esprits*, pluriel fréquent chez Corneille. Ce vers est presque mot à mot reproduit dans *Cinna* (1015).
135. « Ce vers, si je ne me trompe, n'est pas loin du galimatias, » dit Scudéry. L'Académie dit au contraire : « Ce vers est beau, et l'observateur l'a mal repris, pour ce qu'elle ne pouvait rien espérer de plus avantageux pour sa guérison que de voir Rodrigue tellement lié à Chimène, qu'elle n'eût plus lieu d'espérer sa possession. » Mais l'Académie ne s'attache qu'au sentiment, et Scudéry critique l'affectation de la forme.

L'INFANTE, *à Léonor*

Allez l'entretenir en cette galerie.

LÉONOR

Voulez-vous demeurer dedans la rêverie?

L'INFANTE

Non, je veux seulement, malgré mon déplaisir,
Remettre mon visage un peu plus à loisir.   140
Je vous suis.
    Juste Ciel, d'où j'attends mon remède,
Mets enfin quelque borne au mal qui me possède,
Assure mon repos, assure mon honneur.
Dans le bonheur d'autrui je cherche mon bonheur :
Cet hyménée à trois également importe ;   145
Rends son effet plus prompt, ou mon âme plus forte.
D'un lien conjugal joindre ces deux amants,
C'est briser tous mes fers, et finir mes tourments.
Mais je tarde un peu trop : allons trouver Chimène,
Et par son entretien soulager notre peine.   150

SCÈNE III

LE COMTE, DON DIÈGUE

LE COMTE

Enfin vous l'emportez, et la faveur du roi
Vous élève en un rang qui n'était dû qu'à moi :

---

138. « Corneille, comme tous ses contemporains, employait très fréquemment *dedans* en guise de préposition; du reste, Vaugelas, qui condamnait cet emploi du mot, le permettait aux poètes; mais bientôt les grammairiens n'admirent plus aucune exception. Notre poète ne fut pas sourd à l'avis des grammairiens; mais ici pour lui la tâche était grande; il ne s'agissait pas d'un seul vers à changer, et il recula parfois devant des modifications trop profondes. Malgré beaucoup de retouches, il a laissé subsister cette tournure bien plus fréquemment qu'il ne l'a supprimée, et, chose plus remarquable, il lui est même arrivé de s'en servir dans de nouveaux ouvrages après l'avoir effacée dans les anciens. » (Marty-Laveaux.)

Il vous fait gouverneur du prince de Castille.

D. DIÈGUE

Cette marque d'honneur qu'il met dans ma famille
Montre à tous qu'il est juste, et fait connaître assez 155
Qu'il sait récompenser les services passés.

LE COMTE

Pour grands que soient les rois, ils sont ce que nous
[sommes :
Ils peuvent se tromper comme les autres hommes,
Et ce choix sert de preuve à tous les courtisans
Qu'ils savent mal payer les services présents. 160

D. DIÈGUE

Ne parlons plus d'un choix dont votre esprit s'irrite :
La faveur l'a pu faire autant que le mérite ;
Mais on doit ce respect au pouvoir absolu
De n'examiner rien quand un roi l'a voulu.
A l'honneur qu'il m'a fait ajoutez-en un autre ; 165
Joignons d'un sacré nœud ma maison à la vôtre :
Vous n'avez qu'une fille, et moi je n'ai qu'un fils ;
Leur hymen nous peut rendre à jamais plus qu'amis :
Faites-nous cette grâce, et l'acceptez pour gendre.

LE COMTE

A des partis plus hauts ce beau fils doit prétendre, 170
Et le nouvel éclat de votre dignité
Lui doit enfler le cœur d'une autre vanité.

---

153. Don Sanche, prince de Castille, l'aîné des trois fils de Ferdinand Ier le Grand. Il régna plus tard de 1065 à 1073, sous le nom de Sanche II le Fort, et, après avoir dépouillé ses frères, il périt assassiné devant Zamora, qu'il voulait enlever à sa sœur, l'infante Urraca, celle dont Corneille fait revivre le nom. La charge de gouverneur d'un tel prince ne devait pas être fort enviable, si nous en croyons Guilhem de Castro, qui, dans son drame, s'est plu à nous peindre les fureurs précoces du jeune don Sanche.

157. *Pour grands que*, si grands que, quelque grands qu'ils soient.

166. *D'un sacré nœud ;* cette construction de l'adjectif avant le substantif est fréquente chez les tragiques :

Au nom du *sacré nœud* qui me lie avec vous... (*Esther*, III, 1.)

Exercez-la, Monsieur, et gouvernez le Prince;
Montrez-lui comme il faut régir une province,
Faire trembler partout les peuples sous sa loi, 175
Remplir les bons d'amour et les méchants d'effroi.
Joignez à ces vertus celles d'un capitaine :
Montrez-lui comme il faut s'endurcir à la peine,
Dans le métier de Mars se rendre sans égal,
Passer les jours entiers et les nuits à cheval, 180
Reposer tout armé, forcer une muraille,
Et ne devoir qu'à soi le gain d'une bataille.
Instruisez-le d'exemple et rendez-le parfait,
Expliquant à ses yeux vos leçons par l'effet.

D. DIÈGUE

Pour s'instruire d'exemple, en dépit de l'envie, 185
Il lira seulement l'histoire de ma vie.
Là, dans un long tissu de belles actions,
Il verra comme il faut dompter des nations,
Attaquer une place, ordonner une armée,
Et sur de grands exploits bâtir sa renommée. 190

LE COMTE

Les exemples vivants sont d'un autre pouvoir;
Un prince dans un livre apprend mal son devoir.
Et qu'a fait après tout ce grand nombre d'années,
Que ne puisse égaler une de mes journées?
Si vous fûtes vaillant, je le suis aujourd'hui, 195
Et ce bras du royaume est le plus ferme appui.
Grenade et l'Aragon tremblent quand ce fer brille;
Mon nom sert de rempart à toute la Castille :

---

174. Vaugelas condamnait *comme* pour *comment*, mais seulement pour *comment* interrogatif.

184. *L'effet*, c'est la réalité opposée aux *leçons*, c'est-à-dire aux paroles, qui restent vaines si elles ne sont pas suivies d'action. Il est à peine besoin de remarquer que tout ce passage est ironique : le comte exige précisément de don Diègue ce que don Diègue est hors d'état de faire.

191. *D'un autre*, d'un tout autre, d'un bien plus grand pouvoir. C'est que, suivant la Rochefoucauld, « rien n'est si contagieux que l'exemple ». (*Maximes*, 230.)

Sans moi, vous passeriez bientôt sous d'autres lois,
Et vous auriez bientôt vos ennemis pour rois. 200
Chaque jour, chaque instant, pour rehausser ma gloire,
Met lauriers sur lauriers, victoire sur victoire.
Le Prince, à mes côtés, ferait dans les combats
L'essai de son courage à l'ombre de mon bras ;
Il apprendrait à vaincre en me regardant faire, 205
Et, pour répondre en hâte à son grand caractère,
Il verrait...

D. DIÈGUE

Je le sais, vous servez bien le Roi :
Je vous ai vu combattre et commander sous moi.
Quand l'âge dans mes nerfs a fait couler sa glace,
Votre rare valeur a bien rempli ma place ; 210
Enfin, pour épargner les discours superflus,
Vous êtes aujourd'hui ce qu'autrefois je fus.
Vous voyez toutefois qu'en cette concurrence
Un monarque entre nous met quelque différence.

LE COMTE

Ce que je méritais, vous l'avez emporté. 215

D. DIÈGUE

Qui l'a gagné sur vous l'avait mieux mérité.

LE COMTE

Qui peut mieux l'exercer en est bien le plus digne.

D. DIÈGUE

En être refusé n'en est pas un bon signe.

LE COMTE

Vous l'avez eu par brigue, étant vieux courtisan.

D. DIÈGUE

L'éclat de mes hauts faits fut mon seul partisan. 220

---

220. Remarquez ce mot de *partisan* appliqué à une chose. Corneille a retrouvé les mêmes accents pour se rendre justice à lui-même :
  Je ne dois qu'à moi seul toute ma renommée...
  Et mes vers en tous lieux sont *mes seuls partisans*. (*Excuse à Ariste*.)

LE COMTE
Parlons-en mieux, le Roi fait honneur à votre âge.
D. DIÈGUE
Le Roi, quand il en fait, le mesure au courage.
LE COMTE
Et par là cet honneur n'était dû qu'à mon bras
D. DIÈGUE
Qui n'a pu l'obtenir ne le méritait pas.
LE COMTE
Ne le méritait pas ! Moi ?
D. DIÈGUE
Vous.
LE COMTE
Ton impudence, 225
Téméraire vieillard, aura sa récompense.

(Il lui donne un soufflet.)

D. DIÈGUE, *mettant l'épée à la main*
Achève, et prends ma vie après un tel affront,
Le premier dont ma race ait vu rougir son front.
LE COMTE
Et que penses-tu faire avec tant de faiblesse ?
D. DIÈGUE
O Dieu ! ma force usée en ce besoin me laisse ! 230
LE COMTE
Ton épée est à moi ; mais tu serais trop vain
Si ce honteux trophée avait chargé ma main.
Adieu. Fais lire au Prince, en dépit de l'envie,
Pour son instruction, l'histoire de ta vie :

---

230. *Besoin* équivaut à *circonstance critique*.

D'un insolent discours ce juste châtiment 235
Ne lui servira pas d'un petit ornement.

SCÈNE IV

D. DIÈGUE

O rage ! ô désespoir ! ô vieillesse ennemie !
N'ai-je donc tant vécu que pour cette infamie ?
Et ne suis-je blanchi dans les travaux guerriers
Que pour voir en un jour flétrir tant de lauriers ? 240
Mon bras, qu'avec respect toute l'Espagne admire,
Mon bras, qui tant de fois a sauvé cet empire,
Tant de fois affermi le trône de son roi,
Trahit donc ma querelle, et ne fait rien pour moi ?
O cruel souvenir de ma gloire passée ! 245
Œuvre de tant de jours en un jour effacée !
Nouvelle dignité fatale à mon bonheur !
Précipice élevé d'où tombe mon honneur !
Faut-il de votre éclat voir triompher le comte,
Et mourir sans vengeance, ou vivre dans la honte ? 250
Comte, sois de mon prince à présent gouverneur :
Ce haut rang n'admet point un homme sans honneur ;
Et ton jaloux orgueil, par cet affront insigne,
Malgré le choix du Roi, m'en a su rendre indigne.
Et toi, de mes exploits glorieux instrument, 255
Mais d'un corps tout de glace inutile ornement,
Fer jadis tant à craindre, et qui dans cette offense

---

239. *Blanchi*, qui sera pris au propre au vers 711, a ici le sens figuré de *vieilli*, comme dans *Cinna* : « dans la pourpre *blanchi* » (995).

244. *Trahit ma querelle*, fait défaut à ma cause, manque à ma défense. *Querelle* a souvent ce sens chez les tragiques ; voyez le vers 1443.

Voilà donc quels vengeurs s'arment pour ta *querelle* !
(Racine, *Athalie*, 1118.)

255. Dans l'espagnol, don Diègue n'a point d'épée, mais un simple bâton qu'il brise dans son indignation, et c'est à ce bâton qu'il s'adresse : « Va-t'en, bâton brisé, qui n'as pu servir de soutien ni à mon honneur, ni à ma colère ! »

M'as servi de parade et non pas de défense,
Va, quitte désormais le dernier des humains,
Passe, pour me venger, en de meilleures mains. 260

SCÈNE V

D. DIÈGUE, D. RODRIGUE

D. DIÈGUE

Rodrigue, as-tu du cœur ?

D. RODRIGUE

      Tout autre que mon père
L'éprouverait sur l'heure.

D. DIÈGUE

       Agréable colère !
Digne ressentiment à ma douleur bien doux !
Je reconnais mon sang à ce noble courroux ;
Ma jeunesse revit en cette ardeur si prompte. 265
Viens, mon fils, viens, mon sang, viens réparer ma honte ;
Viens me venger.

D. RODRIGUE

  De quoi ?

D. DIÈGUE

      D'un affront si cruel
Qu'à l'honneur de tous deux il porte un coup mortel :
D'un soufflet. L'insolent en eût perdu la vie ;
Mais mon âge a trompé ma généreuse envie, 270
Et ce fer, que mon bras ne peut plus soutenir,
Je le remets au tien pour venger et punir.
Va contre un arrogant éprouver ton courage :

---

264. *Mon sang*, ma race. Dans la *Toison d'or*, le vieil Aète s'écrie (V. 4) :
  A ce digne courroux je reconnais ma fille.

Ce n'est que dans le sang qu'on lave un tel outrage;
Meurs ou tue. Au surplus, pour ne te point flatter, 275
Je te donne à combattre un homme à redouter :
Je l'ai vu, tout couvert de sang et de poussière,
Porter partout l'effroi dans une armée entière.
J'ai vu par sa valeur cent escadrons rompus,
Et, pour t'en dire encor quelque chose de plus, 280
Plus que brave soldat, plus que grand capitaine,
C'est...

D. RODRIGUE

De grâce, achevez.

D. DIÈGUE

Le père de Chimène.

D. RODRIGUE

Le...

D. DIÈGUE

Ne réplique point, je connais ton amour;
Mais qui peut vivre infâme est indigne du jour.
Plus l'offenseur est cher, et plus grande est l'offense. 285
Enfin, tu sais l'affront, et tu tiens la vengeance :
Je ne dis plus rien. Venge-moi, venge-toi,
Montre-toi digne fils d'un père tel que moi.
Accablé des malheurs où le destin me range,
Je vais les déplorer : va, cours, vole, et nous venge. 290

---

274. Chez Castro, c'est au propre qu'il lave son affront dans le sang de son adversaire, et qu'avec ce sang il efface la trace du soufflet sur sa joue.

285. « L'observateur a quelque fondement en sa répréhension, de dire que ce mot *offenseur* n'est pas en usage; toutefois, étant à souhaiter qu'il y fût, pour opposer à *offensé*, cette hardiesse n'est pas condamnable. » (Académie.) Dans le Dictionnaire de l'Académie (1694) le mot est, en effet admis. En tout cas, c'est une erreur de croire, avec le P. Bonhours et M. Aimé Martin, qu'*offenseur* soit de l'invention de Corneille.

286. *Tu tiens la vengeance* signifie non pas : tu as ta vengeance toute prête, mais plutôt : tu tiens l'instrument de ta vengeance. Ce n'est que la traduction libre de l'espagnol : « Voilà l'offense, voici l'épée. »

SCÈNE VI

D. RODRIGUE

Percé jusques au fond du cœur
D'une atteinte imprévue aussi bien que mortelle,
Misérable vengeur d'une juste querelle,
Et malheureux objet d'une injuste rigueur,
Je demeure immobile, et mon âme abattue   295
    Cède au coup qui me tue.
Si près de voir mon feu récompensé,
    O Dieu, l'étrange peine !
En cet affront mon père est l'offensé,
Et l'offenseur, le père de Chimène !   300

    Que je sens de rudes combats !
Contre mon propre honneur mon amour s'intéresse :
Il faut venger un père, et perdre une maîtresse ;
L'un m'anime le cœur, l'autre retient mon bras.
Réduit au triste choix, ou de trahir ma flamme,   305
    Ou de vivre en infâme,
  Des deux côtés mon mal est infini.
    O Dieu, l'étrange peine !
Faut-il laisser un affront impuni ?   310
Faut-il punir le père de Chimène ?

    Père, maîtresse, honneur, amour,
Noble et dure contrainte, aimable tyrannie,
Tous mes plaisirs sont morts, ou ma gloire ternie :
L'un me rend malheureux, l'autre indigne du jour.

---

291. « Les stances de Rodrigue, où son esprit délibère entre son amour et son devoir, ont ravi toute la cour et tout Paris. » (D'Aubignac.) Fénelon, dans sa *Lettre à l'Académie*, les critique bien sévèrement.

302. *S'intéresser contre*, c'est prendre des sentiments contraires à quelque chose ou à quelqu'un.

Cher et cruel espoir d'une âme généreuse, 315
  Mais ensemble amoureuse,
Digne ennemi de mon plus grand bonheur,
  Fer, qui causes ma peine,
M'es-tu donné pour venger mon honneur?
M'es-tu donné pour perdre ma Chimène? 320

  Il vaut mieux courir au trépas.
Je dois à ma maîtresse aussi bien qu'à mon père :
J'attire en me vengeant sa haine et sa colère ;
J'attire ses mépris en ne me vengeant pas.
A mon plus doux espoir l'un me rend infidèle, 325
  Et l'autre, indigne d'elle.
Mon mal augmente à le vouloir guérir ;
  Tout redouble ma peine.
Allons, mon âme ; et, puisqu'il faut mourir,
Mourons du moins sans offenser Chimène. 330

  Mourir sans tirer ma raison !
Rechercher un trépas si mortel à ma gloire !
Endurer que l'Espagne impute à ma mémoire
D'avoir mal soutenu l'honneur de ma maison !
Respecter un amour dont mon âme égarée 335
  Voit la perte assurée !
N'écoutons plus ce penser suborneur,

---

316. *Ensemble*, tout ensemble, en même temps.
322. Littré cite un exemple de *devoir à* pris absolument pour *être obligé envers quelqu'un* : « Ressouvenez-vous que, hors d'ici, je ne *dois* plus qu'à mon honneur. » (*Don Juan*, III, 5.)
331. *Sans tirer ma raison*. sans me venger. « Une des locutions où apparaît le mieux l'aisance heureuse qu'on avait dans la vieille bonne langue de varier et de nuancer l'expression, c'est la locution *tirer raison* et *faire raison*. On disait, comme aujourd'hui, *tirer raison*, mais on disait encore, avec l'adjectif possessif, *tirer sa raison*, *avoir sa raison*. (Godefroy.)
337. *Penser*, infinitif pris substantivement, hellénisme qui semble avoir vieilli de bonne heure, car plusieurs des vers de Corneille où figure ce mot ont été retouchés par lui. *Suborneur* sera encore pris adjectivement au vers 835. La Fontaine a dit « un mot *suborneur* ». Aujourd'hui, *suborneur* n'est plus que substantif, synonyme de *séducteur*.

Qui ne sert qu'à ma peine.
Allons, mon bras, sauvons du moins l'honneur,
Puisqu'aussi bien il faut perdre Chimène. 340

Oui, mon esprit s'était déçu.
Je dois tout à mon père avant qu'à ma maîtresse :
Que je meure au combat, ou meure de tristesse,
Je rendrai mon sang pur comme je l'ai reçu.
Je m'accuse déjà de trop de négligence : 345
Courons à la vengeance ;
Et, tout honteux d'avoir tant balancé,
Ne soyons plus en peine,
Puisqu'aujourd'hui mon père est l'offensé,
Si l'offenseur est le père de Chimène. 350

ACTE DEUXIÈME

SCÈNE I

D. ARIAS, LE COMTE

LE COMTE

Je l'avoue entre nous, mon sang un peu trop chaud
S'est trop ému d'un mot, et l'a porté trop haut ;

---

344. « L'Observateur n'a pas bien repris cet endroit, car métaphoriquement le sang qui a été reçu des aïeux est souillé par les mauvaises actions. Et ce vers est fort beau. » (Académie.)

352. *Le porter trop haut* était une locution toute faite, comme *le prendre trop haut, le prendre mal.* « Cela fut cause qu'il commença de se relever plus que de coutume, de *le porter plus haut* qu'il ne voulait, abusé des vaines espérances qu'il se donnait. » (D'Urfé, *Astrée*, II, 6.)

Mais, puisque c'en est fait, le coup est sans remède.

D. ARIAS

Qu'aux volontés du Roi ce grand courage cède :
Il y prend grande part, et son cœur irrité 355
Agira contre vous de pleine autorité.
Aussi vous n'avez point de valable défense :
Le rang de l'offensé, la grandeur de l'offense,
Demandent des devoirs et des submissions
Qui passent le commun des satisfactions. 360

LE COMTE

Le Roi peut à son gré disposer de ma vie.

D. ARIAS

De trop d'emportement votre faute est suivie.
Le Roi vous aime encore ; apaisez son courroux.
Il a dit : « Je le veux ; » désobéirez-vous ?

LE COMTE

Monsieur, pour conserver tout ce que j'ai d'estime, 365
Désobéir un peu n'est pas un si grand crime ;
Et, quelque grand qu'il soit, mes services présents
Pour le faire abolir sont plus que suffisants.

D. ARIAS

Quoi qu'on fasse d'illustre et de considérable,

---

359. Vers la fin de sa carrière littéraire, dans les *Offices de la Vierge*, Corneille écrit *soumission*. Jusqu'alors il a employé de préférence la forme toute latine *submission*. « L'orthographe *submission*, dit Marty-Laveaux, était loin d'être la plus suivie. Nicot (1606) écrit *soubmission*, Furetière (1690) et l'Académie (1694) *sousmission*. Quant à Richelet (1680), qui s'attache à simplifier l'orthographe et à la rapprocher de la prononciation, il donne *soumission*.
360. *Qui passent*, qui dépassent, surpassent. « Il *passe le commun* des amants. » (*Psyché*, IV, 2.) — *Des satisfactions*, des réparations d'honneur.
365. *Tout ce que j'ai d'estime*, passivement, pour : tout ce qu'on m'accorde d'estime, ma bonne réputation tout entière. Dans ses *Remarques de certains noms qui ont tout ensemble une signification active et une passive*, Vaugelas l'observe : « *Estime* se dit, et de l'estime que l'on a de moi, et de l'estime que j'ai d'un autre. »
368. On lit dans la première édition du Dictionnaire de l'Académie (1694) : « *Abolir un crime* se dit lorsque le prince, par des lettres qu'il donne, remet d'autorité absolue la peine d'un crime qui n'est pas rémissible par les ordonnances. » Ce sont ces lettres qu'on appelle *lettres d'abolition*

ACTE II, SCÈNE I

Jamais à son sujet un roi n'est redevable. 37
Vous vous flattez beaucoup, et vous devez savoir
Que qui sert bien son roi ne fait que son devoir.
Vous vous perdrez, Monsieur, sur cette confiance.

LE COMTE

Je ne vous en croirai qu'après l'expérience.

D. ARIAS

Vous devez redouter la puissance d'un roi. 373

LE COMTE

Un jour seul ne perd pas un homme tel que moi.
Que toute sa grandeur s'arme pour mon supplice,
Tout l'Etat périra, s'il faut que je périsse.

D. ARIAS

Quoi! vous craignez si peu le pouvoir souverain...

LE COMTE

D'un sceptre qui, sans moi, tomberait de sa main? 380
Il a trop d'intérêt lui-même en ma personne,
Et ma tête en tombant ferait choir sa couronne.

D. ARIAS

Souffrez que la raison remette vos esprits.
Prenez un bon conseil.

LE COMTE

Le conseil en est pris.

D. ARIAS

Que lui dirai-je enfin? je lui dois rendre compte. 385

LE COMTE

Que je ne puis du tout consentir à ma honte.

---

373. *Sur cette confiance*, si vous vous reposez sur cette confiance.
382. Corneille ne fait aucune distinction entre *choir* et *tomber*, qui encore aujourd'hui sont synonymes, malgré les distinctions imaginées depuis. Seulement *choir* a vieilli. Voyez le vers 521.
384. *Prendre un conseil*, prendre une résolution, *capere consilium*.

D. ARIAS

Mais songez que les rois veulent être absolus.

LE COMTE

Le sort en est jeté, Monsieur, n'en parlons plus.

D. ARIAS

Adieu donc, puisqu'en vain je tâche à vous résoudre :
Avec tous vos lauriers, craignez encor le foudre. 390

LE COMTE

Je l'attendrai sans peur.

D. ARIAS

Mais non pas sans effet.

LE COMTE

Nous verrons donc par là don Diègue satisfait.

(Il est seul.)

Qui ne craint point la mort ne craint point les menaces ;
J'ai le cœur au-dessus des plus fières disgrâces ;
Et l'on peut me réduire à vivre sans bonheur, 395
Mais non pas me résoudre à vivre sans honneur.

SCÈNE II.

LE COMTE, D. RODRIGUE

D. RODRIGUE

A moi, Comte, deux mots.

---

389. Corneille et Racine emploient *tâcher à* de préférence à *tâcher de*.
390. *Avec tous vos lauriers*, malgré tous vos lauriers ; les anciens croyaient que le laurier garantissait de la foudre, comme on le voit par le vers 1680 d'*Horace*. Onze ans après le *Cid*, Vaugelas écrira : « Le mot *foudre* est un de ces noms substantifs que l'on fait masculins ou féminins, comme on veut. On dit donc également bien *le foudre* et *la foudre*, quoique la langue française ait une particulière inclination au genre féminin. » Pourtant, Corneille, qui avait écrit d'abord : *la foudre* (1637-56), corrigea son vers en 1660, et écrivit *le foudre*. A-t-il pressenti, comme le pense Marty-Laveaux, la règle posée en 1672 par Ménage : « Dans le figuré, il est toujours masculin ; dans le propre, on le fait aujourd'hui le plus souvent féminin ? » En général, Corneille fait *foudre* du masculin au figuré. Mais il continue aussi à écrire çà et là *le foudre* pour *la foudre*, au propre.

LE COMTE
Parle.

D. RODRIGUE
Ote-moi d'un doute.
Connais-tu bien don Diègue ?

LE COMTE
Oui.

D. RODRIGUE
Parlons bas, écoute.
Sais-tu que ce vieillard fut la même vertu,
La vaillance et l'honneur de son temps ? Le sais-tu ?   400

LE COMTE
Peut-être.

D. RODRIGUE
Cette ardeur que dans les yeux je porte,
Sais-tu que c'est son sang ? Le sais-tu ?

LE COMTE
Que m'importe ?

D. RODRIGUE
A quatre pas d'ici je te le fais savoir.

LE COMTE
Jeune présomptueux !

D. RODRIGUE
Parle sans t'émouvoir.

---

399. *La même vertu,* la vertu même, comme au vers 1388. Dans *Médée* II, 2), on trouve les deux formes réunies en un seul vers.

Ah ! *l'innocence même et la même candeur !*

402. « Une ardeur ne peut être appelée *sang*, par métaphore ni autrement. » (Académie.) « Si un homme pouvait dire de lui qu'il a de l'ardeur dans les yeux, y aurait-il une faute à dire que cette ardeur vient de son père, que c'est le sang de son père? N'est-ce pas le sang qui, plus ou moins animé, rend les yeux vifs ou éteints ? » (Voltaire.) Dans la *Toison d'or,* le vieil Aète s'écrie en contemplant Médée triomphante :

C'est mon sang dans ses yeux, c'est son aïeul qui brille (V. 4).

Je suis jeune, il est vrai, mais aux âmes bien nées 405
La valeur n'attend point le nombre des années.

LE COMTE

Te mesurer à moi ! Qui t'a rendu si vain,
Toi qu'on n'a jamais vu les armes à la main ?

D. RODRIGUE

Mes pareils à deux fois ne se font pas connaître,
Et pour leurs coups d'essai veulent des coups de maître. 410

LE COMTE

Sais-tu bien qui je suis ?

D. RODRIGUE

Oui ; tout autre que moi
Au seul bruit de ton nom pourrait trembler d'effroi.
Les palmes dont je vois ta tête si couverte
Semblent porter écrit le destin de ma perte.
J'attaque en téméraire un bras toujours vainqueur ; 415
Mais j'aurai trop de force, ayant assez de cœur.
A qui venge son père il n'est rien impossible.
Ton bras est invaincu, mais non pas invincible.

405. *Bien nées*, généreuses, car *généreux* (*genus*, *generosus*, γένος, εὐγένης), c'est tout à la fois l'homme de grande naissance et de grand cœur.
406. Du Vair, cité par Marty-Laveaux, dit dans sa quatorzième harangue funèbre : « La vertu aux âmes héroïques n'attend pas les années ; elle fait ses progrès tout à coup. » Corneille avait plutôt sous les yeux le *Romancero*, où, dans cette même situation, Rodrigue n'hésite pas davantage : car dès l'enfance, le vaillant hidalgo est tout préparé à mourir pour les occasions d'honneur. C'est ce qu'il redira plus tard en ce beau vers :

Le corps attend les ans, mais l'âme est toute prête. (*Attila*, 581.)

417. A qui possède un charme il n'est rien d'impossible.
(Rotrou, *Heureux naufrage*, III, 4.)

La devise de Jacques Cœur était : « A vaillant cœur rien impossible. » *Rien impossible*, et non *rien d'impossible*. Corneille employait les deux tournures, que Vaugelas autorisait également, tout en préférant *rien de* avant l'adjectif.
418. A l'inverse de Furetière, qui condamne le mot *invaincu* et le juge à peine supportable en poésie par opposition à *invincible*, Voltaire écrit : « Ce mot *invaincu* n'a point été employé par les autres écrivains ; je n'en vois aucune raison ; il signifie autre chose qu'*indompté* : un pays est indompté, un guerrier est invaincu. » Ce mot n'est pas, comme le pensent Voltaire et Guizot, inventé par Corneille.

LE COMTE

Ce grand cœur qui paraît aux discours que tu tiens,
Par tes yeux, chaque jour, se découvrait aux miens ; 420
Et, croyant voir en toi l'honneur de la Castille,
Mon âme avec plaisir te destinait ma fille.
Je sais ta passion, et suis ravi de voir
Que tous ses mouvements cèdent à ton devoir,
Qu'ils n'ont point affaibli cette ardeur magnanime, 425
Que ta haute vertu répond à mon estime,
Et que, voulant pour gendre un cavalier parfait,
Je ne me trompais point au choix que j'avais fait.
Mais je sens que pour toi ma pitié s'intéresse ;
J'admire ton courage, et je plains ta jeunesse. 430
Ne cherche point à faire un coup d'essai fatal ;
Dispense ma valeur d'un combat inégal ;
Trop peu d'honneur pour moi suivrait cette victoire :
A vaincre sans péril, on triomphe sans gloire.
On te croirait toujours abattu sans effort, 435
Et j'aurais seulement le regret de ta mort.

D. RODRIGUE

D'une indigne pitié ton audace est suivie !
Qui m'ose ôter l'honneur craint de m'ôter la vie ?

LE COMTE

Retire-toi d'ici.

D. RODRIGUE

Marchons sans discourir.

LE COMTE

Es-tu si las de vivre ?

D. RODRIGUE

As-tu peur de mourir ? 440

LE COMTE

Viens, tu fais ton devoir, et le fils dégénère
Qui survit un moment à l'honneur de son père.

442. On remarquera la tournure, familière à Corneille, de *qui* séparé de son antécédent. Cf. *Cinna*, 1725 ; *Pompée*, 1592.

SCÈNE III.

L'INFANTE, CHIMÈNE, LÉONOR

L'INFANTE

Apaise, ma Chimène, apaise ta douleur :
Fais agir ta constance en ce coup de malheur.
Tu reverras le calme après ce faible orage ; 445
Ton bonheur n'est couvert que d'un peu de nuage,
Et tu n'as rien perdu pour le voir différer.

CHIMÈNE

Mon cœur outré d'ennuis n'ose rien espérer.
Un orage si prompt, qui trouble une bonace,
D'un naufrage certain nous porte la menace : 450
Je n'en saurais douter, je péris dans le port.
J'aimais, j'étais aimée, et nos pères d'accord,
Et je vous en contais la charmante nouvelle
Au malheureux moment que naissait leur querelle,
Dont le récit fatal, sitôt qu'on vous l'a fait, 455
D'une si douce attente a ruiné l'effet.
Maudite ambition, détestable manie,
Dont les plus généreux souffrent la tyrannie !
Honneur impitoyable à mes plus chers désirs,
Que tu vas me coûter de pleurs et de soupirs ! 460

L'INFANTE

Tu n'as dans leur querelle aucun sujet de craindre :
Un moment l'a fait naître, un moment va l'éteindre.

448. *Outré d'ennuis*, accablé de tristesse. On sait combien s'est affaibli ce mot *d'ennui* qui, chez les tragiques, équivaut souvent à *désespoir*.
449. La *bonace*, c'est proprement l'état des flots tranquilles ou apaisés. Bien que Littré cite un exemple de *bonace* dans Saint-Simon, il est certain que le mot avait vieilli même avant la fin du xviie siècle.
457. *Manie* a longtemps eu le sens du grec μανία, égarement, au physique et au moral.

Elle a fait trop de bruit pour ne pas s'accorder,
Puisque déjà le roi les veut accommoder ;
Et tu sais que mon âme, à tes ennuis sensible, 465
Pour en tarir la source y fera l'impossible.

CHIMÈNE

Les accommodements ne font rien en ce point :
De si mortels affronts ne se réparent point.
En vain on fait agir la force ou la prudence :
Si l'on guérit le mal, ce n'est qu'en apparence. 470
La haine que les cœurs conservent au dedans
Nourrit des feux cachés, mais d'autant plus ardents.

L'INFANTE

Le saint nœud qui joindra don Rodrigue et Chimène
Des pères ennemis dissipera la haine,
Et nous verrons bientôt votre amour le plus fort 475
Par un heureux hymen étouffer ce discord.

CHIMÈNE

Je le souhaite ainsi plus que je ne l'espère :
Don Diègue est trop altier, et je connais mon père.
Je sens couler des pleurs que je veux retenir ;
Le passé me tourmente, et je crains l'avenir. 480

L'INFANTE

Que crains-tu ? d'un vieillard l'impuissante faiblesse ?

CHIMÈNE

Rodrigue a du courage.

---

463. La locution *s'accorder*, *être accordé*, être terminé par un accord, par une réconciliation, a vieilli.
464. *Les veut accommoder*, veut les réconcilier.
472. C'est à peu près ce que dit à Médée sa nourrice, dans Sénèque :

.... *Gravia quisquis vulnera*
Patiente et æquo mutus animo pertulit,
Referre potuit. Ira quæ tegitur nocet. (Sénèque, *Médée.*)

476. *Discord*, désaccord, différend, se retrouvera au vers 1612. Vaugelas le range parmi « ces mots que l'on emploie en vers et non pas en prose ».

L'INFANTE

Il a trop de jeunesse

CHIMÈNE

Les hommes valeureux le sont du premier coup.

L'INFANTE

Tu ne dois pas pourtant le redouter beaucoup :
Il est trop amoureux pour te vouloir déplaire, 485
Et deux mots de ta bouche arrêtent sa colère.

CHIMÈNE

S'il ne m'obéit point, quel comble à mon ennui !
Et s'il peut m'obéir, que dira-t-on de lui ?
Etant né ce qu'il est, souffrir un tel outrage !
Soit qu'il cède ou résiste au feu qui me l'engage, 490
Mon esprit ne peut qu'être ou honteux ou confus
De son trop de respect, ou d'un juste refus.

L'INFANTE

Chimène a l'âme haute, et, quoiqu'intéressée,
Elle ne peut souffrir une lâche pensée ;
Mais si jusques au jour de l'accommodement 495
Je fais mon prisonnier de ce parfait amant,
Et que j'empêche ainsi l'effet de son courage,
Ton esprit amoureux n'aura-t-il point d'ombrage ?

CHIMÈNE

Ah ! Madame, en ce cas, je n'ai plus de souci.

---

489. *Étant né ce qu'il est*, étant d'une si haute naissance.

  Je ne puis jeter l'œil sur *ce que je suis née*
  Sans voir que de périls suivront cet hyménée. (*Tite*, 1123.)

493. *Quoiqu'intéressée*, quoiqu'elle ait grand intérêt à l'heureux dénouement de la querelle. Il est rare qu'*intéressé* soit pris ainsi absolument.

498. *Esprit* est ici pour *cœur*, comme au vers 1165.

SCÈNE IV

L'INFANTE, CHIMÈNE, LÉONOR, LE PAGE

L'INFANTE

Page, cherchez Rodrigue, et l'amenez ici. 500

LE PAGE

Le comte de Gormas et lui...

CHIMÈNE

Bon Dieu ! je tremble.

L'INFANTE

Parlez.

LE PAGE

De ce palais ils sont sortis ensemble.

CHIMÈNE

Seuls ?

LE PAGE

Seuls, et qui semblaient tout bas se quereller.

CHIMÈNE

Sans doute ils sont aux mains, il n'en faut plus parler.
Madame, pardonnez à cette promptitude. 505

SCÈNE V

L'INFANTE, LÉONOR

L'INFANTE

Hélas ! que dans l'esprit je sens d'inquiétude !
Je pleure ses malheurs, son amant me ravit ;

---

504. *Il n'en faut plus parler* semble bizarre, mais est expliqué par le vers suivant et par le prompt départ de Chimène. De quoi parlaient-elles ? Du résultat possible de la querelle. Maintenant la réalité n'est que trop certaine ; aux paroles doivent succéder les actes.

4.

Mon repos m'abandonne, et ma flamme revit.
Ce qui va séparer Rodrigue de Chimène
Fait renaître à la fois mon espoir et ma peine ; 510
Et leur division, que je vois à regret,
Dans mon esprit charmé jette un plaisir secret.

LÉONOR

Cette haute vertu qui règne dans votre âme
Se rend-elle sitôt à cette lâche flamme ?

L'INFANTE

Ne la nomme point lâche, à présent que chez moi, 515
Pompeuse et triomphante, elle me fait la loi :
Porte-lui du respect, puisqu'elle m'est si chère.
Ma vertu la combat, mais malgré moi j'espère ;
Et d'un si fol espoir mon cœur mal défendu
Vole après un amant que Chimène a perdu. 520

LÉONOR

Vous laissez choir ainsi ce glorieux courage,
Et la raison chez vous perd ainsi son usage ?

L'INFANTE

Ah ! qu'avec peu d'effet on entend la raison,
Quand le cœur est atteint d'un si charmant poison !
Et lorsque le malade aime sa maladie, 525
Qu'il a peine à souffrir que l'on y remédie !

LÉONOR

Votre espoir vous séduit, votre mal vous est doux ;
Mais enfin ce Rodrigue est indigne de vous.

L'INFANTE

Je ne le sais que trop ; mais, si ma vertu cède,
Apprends comme l'amour flatte un cœur qu'il possède. 530

---

512. Sentiment compliqué ; mais, s'il faut en croire La Rochefoucauld, « dans l'adversité de nos meilleurs amis nous trouvons toujours quelque chose qui ne nous déplaît pas ». (*Maximes*, DXXV.)
516. Le sens de *pompeuse* n'est pas fort éloigné du sens de *triomphante*. Étymologiquement *pompe*, πομπή, *pompa*, c'est l'appareil du triomphe.

Si Rodrigue une fois sort vainqueur du combat,
Si dessous sa valeur ce grand guerrier s'abat,
Je puis en faire cas, je puis l'aimer sans honte.
Que ne fera-t-il point, s'il peut vaincre le comte?
J'ose m'imaginer qu'à ses moindres exploits   535
Les royaumes entiers tomberont sous ses lois;
Et mon amour flatteur déjà me persuade
Que je le vois assis au trône de Grenade,
Les Maures subjugués trembler en l'adorant,
L'Aragon recevoir ce nouveau conquérant,   540
Le Portugal se rendre, et ses nobles journées
Porter delà les mers ses hautes destinées,
Du sang des Africains arroser ses lauriers;
Enfin, tout ce qu'on dit des plus fameux guerriers,
Je l'attends de Rodrigue après cette victoire,   545
Et fais de son amour un sujet de ma gloire.

LÉONOR

Mais, Madame, voyez où vous portez son bras,
Ensuite d'un combat qui peut-être n'est pas.

L'INFANTE

Rodrigue est offensé, le comte a fait l'outrage;
Ils sont sortis ensemble : en faut-il davantage?   550

LÉONOR

Eh bien! ils se battront, puisque vous le voulez.
Mais Rodrigue ira-t-il si loin que vous allez?

---

532. *Dessous*, préposition pour *sous*, se retrouvera au vers 1527. On a déjà vu des exemples de *dessus*, pour *sur*, et de *dedans*, pour *dans*. Vaugelas n'admettait *dessous* que comme adverbe, et dans ses derniers ouvrages Corneille l'emploie rarement dans l'acception condamnée.

541. *Journée* a le sens de *bataille*, comme au vers 194. Dans ses *Discours sur Tite-Live* Machiavel, cité par Lacurne, parle de ces « conflits champêtres que l'on nomme aujourd'hui *journées* à la mode française, et que les Italiens appellent *faits d'armes* ».

547. *Où*, à quoi, jusqu'où, jusqu'à quels exploits, sans doute imaginaires, puisqu'on ne sait même pas si le duel a eu lieu. Léonor se raille doucement de ce que Sainte-Beuve appelle « le pot au lait de l'infante ».

L'INFANTE

Que veux-tu ? Je suis folle, et mon esprit s'égare :
Tu vois par là quels maux cet amour me prépare.
Viens dans mon cabinet consoler mes ennuis, 555
Et ne me quitte point dans le trouble où je suis.

SCÈNE VI

D. FERNAND, D. ARIAS, D. SANCHE

D. FERNAND

Le comte est donc si vain et si peu raisonnable !
Ose-t-il croire encor son crime pardonnable ?

D. ARIAS

Je l'ai de votre part longtemps entretenu ;
J'ai fait mon pouvoir, Sire, et n'ai rien obtenu. 560

D. FERNAND

Justes cieux ! Ainsi donc un sujet téméraire
A si peu de respect et de soin de me plaire !
Il offense don Diègue et méprise son roi !
Au milieu de ma cour il me donne la loi !
Qu'il soit brave guerrier, qu'il soit grand capitaine, 565
Je saurai bien rabattre une humeur si hautaine,
Fût-il la valeur même et le dieu des combats,
Il verra ce que c'est que de n'obéir pas.
Quoi qu'ait pu mériter une telle insolence,
Je l'ai voulu d'abord traiter sans violence ; 570
Mais, puisqu'il en abuse, allez dès aujourd'hui,
Soit qu'il résiste ou non, vous assurer de lui.

D. SANCHE

Peut-être un peu de temps le rendrait moins rebelle :

---

555. « Je vous apprends, si vous ne le savez pas, que ce que l'on appelle *cabinet* chez les grands sont des antichambres où plusieurs personnes se peuvent, en divers endroits, entretenir ensemble de leurs affaires les plus secrètes. » (De Visé, *Défense du* Sertorius *de M. de Corneille.*)
560. *Faire son pouvoir*, c'est faire son possible.

On l'a pris tout bouillant encor de sa querelle ;
Sire, dans la chaleur d'un premier mouvement, 575
Un cœur si généreux se rend malaisément.
Il voit bien qu'il a tort, mais une âme si haute
N'est pas sitôt réduite à confesser sa faute.

D. FERNAND

Don Sanche, taisez-vous, et soyez averti
Qu'on se rend criminel à prendre son parti. 580

D. SANCHE

J'obéis, et me tais ; mais de grâce encor, Sire,
Deux mots en sa défense.

D. FERNAND

Et que pouvez-vous dire ?

D. SANCHE

Qu'une âme accoutumée aux grandes actions
Ne se peut abaisser à des submissions :
Elle n'en conçoit point qui s'expliquent sans honte, 585
Et c'est à ce mot seul qu'a résisté le comte.
Il trouve en son devoir un peu trop de rigueur,
Et vous obéirait s'il avait moins de cœur.
Commandez que son bras, nourri dans les alarmes,
Répare cette injure à la pointe des armes ; 590
Il satisfera, Sire, et, vienne qui voudra,
Attendant qu'il l'ait su, voici qui répondra.

D. FERNAND

Vous perdez le respect, mais je pardonne à l'âge,
Et j'excuse l'ardeur en un jeune courage.
Un roi, dont la prudence a de meilleurs objets, 595

---

584. *Submissions*, pour *soumissions*, comme au vers 359.
589. *Bras* est souvent pris au figuré en parlant du courage d'un guerrier ; par suite, du guerrier lui-même. *Un bras nourri dans les alarmes* signifie donc : un soldat élevé au milieu des combats.
591. *Satisfaire*, pris absolument, pour *donner satisfaction*, réparer.
592. *Attendant*, en attendant que... L'indication d'un jeu de scène serait nécessaire, car don Sanche doit porter la main à la garde de son épée.

Est meilleur ménager du sang de ses sujets :
Je veille pour les miens, mes soucis les conservent,
Comme le chef a soin des membres qui le servent.
Ainsi votre raison n'est pas raison pour moi :
Vous parlez en soldat; je dois agir en roi ; 600.
Et quoi qu'on veuille dire, et quoi qu'il ose croire,
Le comte à m'obéir ne peut perdre sa gloire.
D'ailleurs l'affront me touche : il a perdu d'honneur
Celui que de mon fils j'ai fait le gouverneur.
S'attaquer à mon choix, c'est se prendre à moi-même, 605
Et faire un attentat sur le pouvoir suprême.
N'en parlons plus. Au reste, on a vu dix vaisseaux
De nos vieux ennemis arborer les drapeaux ;
Vers la bouche du fleuve ils ont osé paraître.

D. ARIAS

Les Maures ont appris par force à vous connaître, 610
Et, tant de fois vaincus, ils ont perdu le cœur
De se plus hasarder contre un si grand vainqueur.

D. FERNAND

Ils ne verront jamais sans quelque jalousie
Mon sceptre, en dépit d'eux, régir l'Andalousie,
Et ce pays si beau, qu'ils ont trop possédé, 615
Avec un œil d'envie est toujours regardé.
C'est l'unique raison qui m'a fait dans Séville
Placer depuis dix ans le trône de Castille,
Pour les voir de plus près, et d'un ordre plus prompt
Renverser aussitôt ce qu'ils entreprendont. 620

D. ARIAS

Ils savent, aux dépens de leurs plus dignes têtes,

---

596. *Ménager* est d'un emploi rare dans la tragédie.
598. Aux vers 727 et 1372, on verra encore *chef* pour *tête*. Ce mot commençait à vieillir; il est vrai que l'Académie affirme qu'il « n'est point tant hors d'usage que Scudéry le dit ».
612. *Plus* construit souvent par Corneille dans le sens de *désormais*.
621. *De leurs plus dignes têtes*, de leurs chefs les plus valeureux.

Combien votre présence assure vos conquêtes :
Vous n'avez rien à craindre.

D. FERNAND

Et rien à négliger :
Le trop de confiance attire le danger ;
Et vous n'ignorez pas qu'avec fort peu de peine   625
Un flux de pleine mer jusqu'ici les amène.
Toutefois j'aurais tort de jeter dans les cœurs,
L'avis étant mal sûr, de paniques terreurs.
L'effroi que produirait cette alarme inutile
Dans la nuit qui survient troublerait trop la ville.   630
Faites doubler la garde aux murs et sur le port :
C'est assez pour ce soir.

SCÈNE VII

D. FERNAND, D. SANCHE, D. ALONSE

D. ALONSE

Sire, le comte est mort :
Don Diègue, par son fils, a vengé son offense.

D. FERNAND

Dès que j'ai su l'affront j'ai prévu la vengeance,
Et j'ai voulu dès lors prévenir ce malheur.   635

D. ALONSE

Chimène à vos genoux apporte sa douleur ;
Elle vient toute en pleurs vous demander justice.

D. FERNAND

Bien qu'à ses déplaisirs mon âme compatisse,

---

628. On a donné plusieurs explications du mot *panique* ; vraisemblablement, il vient de ces courses nocturnes du dieu Pan, qui troublait, dit-on les esprits. Il est aujourd'hui plus usité comme substantif.

Ce que le comte a fait semble avoir mérité
Ce digne châtiment de sa témérité. 640
Quelque juste pourtant que puisse être sa peine,
Je ne puis sans regret perdre un tel capitaine.
Après un long service à mon État rendu,
Après son sang pour moi mille fois répandu,
A quelque sentiment que son orgueil m'oblige, 645
Sa perte m'affaiblit, et son trépas m'afflige.

SCÈNE VIII

D. FERNAND, D. DIÈGUE, CHIMÈNE, D. SANCHE, D. ARIAS, D. ALONSE

CHIMÈNE

Sire, Sire, justice !

D. DIÈGUE

Ah ! Sire, écoutez-nous.

CHIMÈNE

Je me jette à vos pieds.

D. DIÈGUE

J'embrasse vos genoux.

CHIMÈNE

Je demande justice.

D. DIÈGUE

Entendez ma défense.

CHIMÈNE

D'un jeune audacieux punissez l'insolence : 650
Il a de votre sceptre abattu le soutien,
Il a tué mon père.

---

643. *Un long service ;* on n'emploierait plus guère le singulier en ce sens. *Après un service rendu, après son sang répandu,* construction familière à Corneille, et dont on verra des exemples aux vers 1208 et 1523.

D. DIÈGUE
Il a vengé le sien.

CHIMÈNE
Au sang de ses sujets un roi doit la justice.

D. DIÈGUE
Pour la juste vengeance il n'est point de supplice.

D. FERNAND
Levez-vous l'un et l'autre, et parlez à loisir. 655
Chimène, je prends part à votre déplaisir;
D'une égale douleur je sens mon âme atteinte.
Vous parlerez après; ne troublez pas sa plainte.

CHIMÈNE
Sire, mon père est mort; mes yeux ont vu son sang
Couler à gros bouillons de son généreux flanc; 660
Ce sang qui tant de fois garantit vos murailles,
Ce sang qui tant de fois vous gagna des batailles,
Ce sang qui, tout sorti, fume encor de courroux
De se voir répandu pour d'autres que pour vous,
Qu'au milieu des hasards n'osait verser la guerre, 665
Rodrigue en votre cour vient d'en couvrir la terre.
J'ai couru sur le lieu, sans force et sans couleur :
Je l'ai trouvé sans vie. Excusez ma douleur,
Sire, la voix me manque à ce récit funeste;
Mes pleurs et mes soupirs vous diront mieux le reste. 670

D. FERNAND
Prends courage, ma fille, et sache qu'aujourd'hui
Ton roi te veut servir de père au lieu de lui.

CHIMÈNE
Sire, de trop d'honneur ma misère est suivie.
Je vous l'ai déjà dit, je l'ai trouvé sans vie;

---

665. *Hasards*, périls, comme *hasarder* signifiait : exposer au péril.
667. *Sans couleur*, pâle d'effroi. Voyez les vers 1124 et 1342.

SCÈNE II

D. SANCHE, CHIMÈNE, ELVIRE

D. SANCHE

Oui, Madame, il vous faut de sanglantes victimes :
Votre colère est juste, et vos pleurs légitimes ;
Et je n'entreprends pas, à force de parler, 775
Ni de vous adoucir, ni de vous consoler.
Mais, si de vous servir je puis être capable,
Employez mon épée à punir le coupable ;
Employez mon amour à venger cette mort :
Sous vos commandements mon bras sera trop fort. 780

CHIMÈNE

Malheureuse !

D. SANCHE

De grâce, acceptez mon service.

CHIMÈNE

J'offenserais le Roi, qui m'a promis justice.

D. SANCHE

Vous savez qu'elle marche avec tant de langueur
Qu'assez souvent le crime échappe à sa longueur ;
Son cours lent et douteux fait trop perdre de larmes. 785
Souffrez qu'un cavalier vous venge par les armes :
La voie en est plus sûre, et plus prompte à punir.

CHIMÈNE

C'est le dernier remède ; et, s'il y faut venir,
Et que de mes malheurs cette pitié vous dure,

---

783. *Elle* se rapporte au nom indéterminé *justice*, sans article. « Le pronom, écrit pourtant Vaugelas, est comme une chose fixe et adhérente, et le nom sans article ou avec un article indéfini est comme une chose vague et en l'air où rien ne se peut attacher. »

Je cherche le trépas après l'avoir donné.
Mon juge est mon amour, mon juge est ma Chimène ;
Je mérite la mort de mériter sa haine.
Et j'en viens recevoir, comme un bien souverain, 755
Et l'arrêt de sa bouche, et le coup de sa main.

ELVIRE

Fuis plutôt de ses yeux, fuis de sa violence ;
A ses premiers transports dérobe ta présence :
Va, ne t'expose point aux premiers mouvements
Que poussera l'ardeur de ses ressentiments. 760

D. RODRIGUE

Non, non, ce cher objet à qui j'ai pu déplaire
Ne peut pour mon supplice avoir trop de colère ;
Et j'évite cent morts qui me vont accabler,
Si pour mourir plus tôt je puis la redoubler.

ELVIRE

Chimène est au palais, de pleurs toute baignée, 765
Et n'en reviendra point que bien accompagnée.
Rodrigue, fuis, de grâce, ôte-moi de souci.
Que ne dira-t-on point si l'on te voit ici ?
Veux-tu qu'un médisant, pour comble à sa misère,
L'accuse d'y souffrir l'assassin de son père ? 770
Elle va revenir ; elle vient, je la voi :
Du moins pour son honneur, Rodrigue, cache-toi.

---

760. *Pousser des mouvements* semble bizarre ; mais il ne faut pas oublier que les poètes employaient le mot *mouvement* dans le sens de : sentiment passionné qui se manifeste au dehors par un transport violent. *Pousser*, appliqué à ces mouvements impétueux, n'est pas rare chez Corneille.
762. C'est-à-dire : ne peut avoir un trop ardent désir de me punir.
764. *La* se rapporte à *colère*.
766. *N'en reviendra point que*, n'en reviendra point sans être bien accompagnée. Vaugelas et Ménage critiquent cette tournure, forme de négation particulièrement énergique, que Corneille n'abandonna point.
767. *Oter de* est souvent employé par Corneille pour *tirer de*.
    Souffrez que j'aille ôter mon maître de souci. (*Galerie*, 1088.)
771. *Voi*, sans *s*, comme au vers 851. Cette suppression de *s* finale à la première personne du présent de l'indicatif dans les verbes de la troisième ou de la quatrième conjugaison est familière à Corneille, et à tous ses contemporains.

ACTE TROISIÈME

SCÈNE I

D. RODRIGUE, ELVIRE

ELVIRE
Rodrigue, qu'as-tu fait ? Où viens-tu, misérable ?
D. RODRIGUE
Suivre le triste cours de mon sort déplorable.
ELVIRE
Où prends-tu cette audace et ce nouvel orgueil
De paraître en ces lieux que tu remplis de deuil ?
Quoi ! viens-tu jusqu'ici braver l'ombre du comte ?   745
Ne l'as-tu pas tué ?
D. RODRIGUE
    Sa vie était ma honte :
Mon honneur de ma main a voulu cet effort.
ELVIRE
Mais chercher ton asile en la maison du mort !
Jamais un meurtrier en fit-il son refuge ?
D. RODRIGUE
Et je n'y viens aussi que m'offrir à mon juge.   750
Ne me regarde plus d'un visage étonné :

---

751. *Étonné*, très fort alors, a beaucoup perdu de son énergie étymologique, *attonitus*, frappé de la foudre : « Mon Dieu, pourquoi vois-je devant moi ce visage dont vous *étonnez* les réprouvés ? » (Bossuet, *Premier sermon pour le Vendredi saint.*)

Et conservez pour vous le bras qui peut servir.
Aux dépens de mon sang satisfaites Chimène :
Je n'y résiste point, je consens à ma peine ; 730
Et, loin de murmurer d'un rigoureux décret,
Mourant sans déshonneur, je mourrai sans regret.

D. FERNAND

L'affaire est d'importance, et, bien considérée,
Mérite en plein conseil d'être délibérée.
Don Sanche, remettez Chimène en sa maison ; 735
Don Diègue aura ma cour et sa foi pour prison.
Qu'on me cherche son fils. Je vous ferai justice.

CHIMÈNE

Il est juste, grand Roi, qu'un meurtrier périsse.

D. FERNAND

Prends du repos, ma fille, et calme tes douleurs.

CHIMÈNE

M'ordonner du repos, c'est croître mes malheurs. 740

---

735. *Remettre* a ici le sens de *reconduire*.
736. *Ma cour et sa foi*, alliance hardie de deux expressions, prises l'une au propre, l'autre au figuré, comme dans le vers de Victor Hugo :
   Debout dans sa montagne et dans sa liberté.
740. *Croître*, pris activement pour *accroître*, comme aux vers 862 et 1383. Vaugelas condamne cet emploi, mais constate que les poètes « s'émancipent » jusqu'à méconnaître la distinction entre *accroître*, actif, et *croître*, neutre. Le Dictionnaire de l'Académie autorise l'emploi actif de *croître* en poésie. Rotrou a imité cette belle scène dans *Venceslas*, IV, 5.

Vous serez libre alors de venger mon injure. 790

D. SANCHE

C'est l'unique bonheur où mon âme prétend,
Et, pouvant l'espérer, je m'en vais trop content.

SCÈNE III

CHIMÈNE, ELVIRE

CHIMÈNE

Enfin je me vois libre, et je puis sans contrainte
De mes vives douleurs te faire voir l'atteinte ;
Je puis donner passage à mes tristes soupirs ; 795
Je puis t'ouvrir mon âme et tous mes déplaisirs.
  Mon père est mort, Elvire, et la première épée
Dont s'est armé Rodrigue, a sa trame coupée.
Pleurez, pleurez, mes yeux, et fondez-vous en eau !
La moitié de ma vie a mis l'autre au tombeau, 800
Et m'oblige à venger, après ce coup funeste,
Celle que je n'ai plus sur celle qui me reste.

ELVIRE

Reposez-vous, Madame.

CHIMÈNE

Ah ! que mal à propos
Dans un malheur si grand tu parles de repos !

---

798. *A sa trame coupée*, a coupé sa trame, sa vie ; voyez *Horace*, 161. Le régime *la trame* est placé entre le verbe auxiliaire et le participe, avec accord du participe ; c'était une construction ancienne et familière, qui pourtant déjà tendait à disparaître.

  Quel dieu de ce désordre a ma maison *remplie?* (Rotrou, *Sosies*, IV, 2.)

801. *Funeste* a ici toute l'énergie de son sens étymologique, *funus*.
802. Il faut reconnaître, avec l'Académie, qu'il y a « quelque confusion » en ce passage. Chimène veut dire : Rodrigue (la moitié de ma vie) a tué mon père (l'autre moitié), et m'oblige ainsi à venger mon père (celle que je n'ai plus) sur mon fiancé (celle qui me reste). Au reste, Corneille n'a fait qu'imiter ici l'espagnol.

Par où sera jamais ma douleur apaisée, 805
Si je ne puis haïr la main qui l'a causée ?
Et que dois-je espérer qu'un tourment éternel,
Si je poursuis un crime, aimant le criminel ?

ELVIRE

Il vous prive d'un père, et vous l'aimez encore ?

CHIMÈNE

C'est peu de dire aimer, Elvire : je l'adore ; 810
Ma passion s'oppose à mon ressentiment ;
Dedans mon ennemi je trouve mon amant,
Et je sens qu'en dépit de toute ma colère,
Rodrigue dans mon cœur combat encor mon père :
Il l'attaque, il le presse, il cède, il se défend, 815
Tantôt fort, tantôt faible, et tantôt triomphant ;
Mais, en ce dur combat de colère et de flamme,
Il déchire mon cœur sans partager mon âme ;
Et, quoi que mon amour ait sur moi de pouvoir,
Je ne consulte point pour suivre mon devoir : 820
Je cours sans balancer où mon honneur m'oblige.
Rodrigue m'est bien cher, son intérêt m'afflige ;
Mon cœur prend son parti ; mais, malgré son effort,
Je sais ce que je suis, et que mon père est mort.

ELVIRE

Pensez-vous le poursuivre ?

---

807. *Qu'un tourment*, sinon un tourment.
817. *Ce dur combat* n'est pas harmonieux ; *colère* s'oppose mal à *flamme*, et l'on ne voit pas d'abord qu'il s'agit du combat que le devoir livre à la passion.
819. « Cette façon de parler n'est pas française ; il fallait dire : quelque pouvoir que mon amour ait sur moi. » (Académie.) « Cet arrêt ne peut être ratifié : la tournure est logique et bonne. » (Littré.) Voyez les vers 843, 929, 945. Comme le fait observer M. Godefroy, c'est un pur latinisme.
820. *Je ne consulte point*, je ne délibère pas pour..., je n'hésite pas à...
822. Chimène veut dire : ce qui m'afflige, c'est la part que Rodrigue prend à cette funeste affaire, la façon dont son intérêt y est engagé. Racine fait dire à Andromaque, qui défend son fils :

Est-ce mon *intérêt* qui le rend criminel ? (*Andromaque*, 276.)

5.

CHIMÈNE

Ah! cruelle pensée! 825
Et cruelle poursuite où je me vois forcée!
Je demande sa tête, et crains de l'obtenir :
Ma mort suivra la sienne, et je le veux punir.

ELVIRE

Quittez, quittez, Madame, un dessein si tragique;
Ne vous imposez point de loi si tyrannique. 830

CHIMÈNE

Quoi! mon père étant mort, et presque entre mes bras,
Son sang criera vengeance, et je ne l'orrai pas!
Mon cœur, honteusement surpris par d'autres charmes,
Croira ne lui devoir que d'impuissantes larmes!
Et je pourrai souffrir qu'un amour suborneur 835
Sous un lâche silence étouffe mon honneur!

ELVIRE

Madame, croyez-moi, vous serez excusable
D'avoir moins de chaleur contre un objet aimable;
Contre un amant si cher vous avez assez fait;
Vous avez vu le Roi; n'en pressez point l'effet, 840
Ne vous obstinez point en cette humeur étrange.

CHIMÈNE

Il y va de ma gloire, il faut que je me venge;
Et, de quoi que nous flatte un désir amoureux,
Toute excuse est honteuse aux esprits généreux.

ELVIRE

Mais vous aimez Rodrigue, il ne vous peut déplaire. 845

---

832. Et le peuple, qui tremble aux frayeurs de la guerre,
Si ce n'est pour danser, n'orra plus de tambours. (Malherbe.)

835. *Suborneur*, voyez le vers 337.

838. *Chaleur*, dans la langue cornélienne, se dit de tout emportement passionné; voyez les vers 873 et 1253.

840. C'est-à-dire : ne hâtez pas la réalisation de ses promesses.

CHIMÈNE

Je l'avoue.

ELVIRE

Après tout, que pensez-vous donc faire ?

CHIMÈNE

Pour conserver ma gloire et finir mon ennui,
Le poursuivre, le perdre, et mourir après lui.

SCÈNE IV

D. RODRIGUE, CHIMÈNE, ELVIRE

D. RODRIGUE

Eh bien ! sans vous donner la peine de poursuivre,
Assurez-vous l'honneur de m'empêcher de vivre.   850

CHIMÈNE

Elvire, où sommes-nous ? et qu'est-ce que je voi ?
Rodrigue en ma maison ! Rodrigue devant moi !

D. RODRIGUE

N'épargnez point mon sang : goûtez sans résistance
La douceur de ma perte et de votre vengeance.

CHIMÈNE

Hélas !

D. RODRIGUE

Écoute-moi.

CHIMÈNE

Je me meurs.

D. RODRIGUE

           Un moment.   855

CHIMÈNE

Va, laisse-moi mourir.

D. RODRIGUE

Quatre mots seulement :
Après, ne me réponds qu'avecque cette épée.

CHIMÈNE

Quoi ! du sang de mon père encor toute trempée !

D. RODRIGUE

Ma Chimène...

CHIMÈNE

Ote-moi cet objet odieux,
Qui reproche ton crime et ta vie à mes yeux.   860

D. RODRIGUE

Regarde-le plutôt pour exciter ta haine,
Pour croître ta colère et pour hâter ma peine.

CHIMÈNE

Il est teint de mon sang.

D. RODRIGUE

Plonge-le dans le mien,
Et fais-lui perdre ainsi la teinture du tien.

CHIMÈNE

Ah ! quelle cruauté, qui tout en un jour tue   865
Le père par le fer, la fille par la vue !
Ote-moi cet objet, je ne le puis souffrir :
Tu veux que je t'écoute, et tu me fais mourir !

D. RODRIGUE

Je fais ce que tu veux, mais sans quitter l'envie

---

857. *Avecque*, pour *avec*. Vaugelas et Ménage autorisaient *avecque* devant une consonne ; mais Corneille est un des poètes qui l'emploient le plus rarement au XVIIe siècle, et qui préfèrent, même avec une consonne, *avec*, seul usité de nos jours.

864. Corneille est le premier, dans son *Examen*, à juger ces pointes « trop spirituelles pour partir de personnes affligées ». Plus spirituels encore sont les amants de Castro, qui se renvoient de jolis concetti.

De finir par tes mains ma déplorable vie ; 870
Car enfin n'attends pas de mon affection
Un lâche repentir d'une bonne action.
L'irréparable effet d'une chaleur trop prompte
Déshonorait mon père, et me couvrait de honte.
Tu sais comme un soufflet touche un homme de cœur ; 875
J'avais part à l'affront, j'en ai cherché l'auteur :
Je l'ai vu, j'ai vengé mon honneur et mon père ;
Je le ferais encor si j'avais à le faire.
Ce n'est pas qu'en effet contre mon père et moi
Ma flamme assez longtemps n'ait combattu pour toi ; 880
Juge de son pouvoir : dans une telle offense,
J'ai pu délibérer si j'en prendrais vengeance.
Réduit à te déplaire, ou souffrir un affront,
J'ai pensé qu'à son tour mon bras était trop prompt ;
Je me suis accusé de trop de violence ; 885
Et ta beauté sans doute emportait la balance,
A moins que d'opposer à tes plus forts appas
Qu'un homme sans honneur ne te méritait pas ;
Que, malgré cette part que j'avais en ton âme,
Qui m'aima généreux me haïrait infâme ; 890
Qu'écouter ton amour, obéir à sa voix,
C'était m'en rendre indigne, et diffamer ton choix.
Je te le dis encore ; et, quoique j'en soupire,
Jusqu'au dernier soupir je veux bien le redire :
Je t'ai fait une offense, et j'ai dû m'y porter 895
Pour effacer ma honte, et pour te mériter ;
Mais, quitte envers l'honneur, et quitte envers mon père,
C'est maintenant à toi que je viens satisfaire :

887. *A moins que d'opposer... que...*, tour elliptique, pour : si je n'avais opposé au souvenir de ta beauté *cette pensée* que...

892. *Diffamer*, déshonorer ; en général, ce verbe a pour régime un nom de personne. Mais parfois aussi, au XVIe et au XVIIe siècle, le régime est un nom de chose : « Aristide, par sa pauvreté, a *diffamé* et rendu odieuse la justice. » (Amyot.)

C'est pour t'offrir mon sang qu'en ce lieu tu me vois.
J'ai fait ce que j'ai dû, je fais ce que je dois. 900
Je sais qu'un père mort t'arme contre mon crime ;
Je ne t'ai pas voulu dérober ta victime :
Immole avec courage au sang qu'il a perdu
Celui qui met sa gloire à l'avoir répandu.

CHIMÈNE

Ah ! Rodrigue, il est vrai, quoique ton ennemie, 905
Je ne puis te blâmer d'avoir fui l'infamie ;
Et, de quelque façon qu'éclatent mes douleurs,
Je ne t'accuse point, je pleure mes malheurs.
Je sais ce que l'honneur, après un tel outrage,
Demandait à l'ardeur d'un généreux courage : 910
Tu n'as fait le devoir que d'un homme de bien ;
Mais aussi, le faisant, tu m'as appris le mien.
Ta funeste valeur m'instruit par ta victoire ;
Elle a vengé ton père, et soutenu ta gloire :
Même soin me regarde, et j'ai, pour m'affliger, 915
Ma gloire à soutenir, et mon père à venger.
Hélas ! ton intérêt ici me désespère :
Si quelque autre malheur m'avait ravi mon père,
Mon âme aurait trouvé dans le bien de te voir
L'unique allègement qu'elle eût pu recevoir ; 920
Et contre ma douleur j'aurais senti des charmes,
Quand une main si chère eût essuyé mes larmes.
Mais il me faut te perdre après l'avoir perdu ;
Cet effort sur ma flamme à mon honneur est dû ;
Et cet affreux devoir, dont l'ordre m'assassine, 925

911. *Tu n'as fait le devoir que*, pour : tu n'as fait que le devoir.
912. La Médée de la *Toison d'or* dira de même à Jason :
    Je ferai mon devoir comme tu fais le tien :
    L'honneur doit m'être cher, si ta gloire t'est chère.
    Je ne trahirai pas mon pays ni mon père. (II, 2.)
921. Ce vers serait peu net, si l'on ne se souvenait que *charmes* était alors plus rapproché de son sens étymologique *carmen*, enchantement.
925. *Assassiner* est ici pris figurément dans un sens familier au XVIIᵉ siè-

Me force à travailler moi-même à ta ruine.
Car enfin n'attends pas de mon affection
De lâches sentiments pour ta punition.
De quoi qu'en ta faveur notre amour m'entretienne,
Ma générosité doit répondre à la tienne :   930
Tu t'es, en m'offensant, montré digne de moi ;
Je me dois, par ta mort, montrer digne de toi.

D. RODRIGUE

Ne diffère donc plus ce que l'honneur t'ordonne :
Il demande ma tête, et je te l'abandonne ;
Fais-en un sacrifice à ce noble intérêt :   935
Le coup m'en sera doux, aussi bien que l'arrêt.
Attendre après mon crime une lente justice,
C'est reculer ta gloire autant que mon supplice ;
Je mourrai trop heureux, mourant d'un coup si beau.

CHIMÈNE

Va, je suis ta partie, et non pas ton bourreau.   940
Si tu m'offres ta tête, est-ce à moi de la prendre ?
Je la dois attaquer, mais tu dois la défendre ;
C'est d'un autre que toi qu'il me faut l'obtenir,
Et je dois te poursuivre, et non pas te punir.

D. RODRIGUE

De quoi qu'en ma faveur notre amour t'entretienne,   945
Ta générosité doit répondre à la mienne ;
Et pour venger un père emprunter d'autres bras,
Ma Chimène, crois-moi, c'est n'y répondre pas.
Ma main seule du mien a su venger l'offense,
Ta main seule du tien doit prendre la vengeance.   950

cle, même avec un nom de chose pour sujet. Corneille écrit : « Le bonheur m'*assassine* » (*Othon*, 222); « ce penser m'*assassine* » (*Suréna*, 1539).
940. *Ta partie*, terme de droit; la partie adverse était la personne qui plaidait contre une autre. Il est assez rare que ce mot soit pris au figuré. *Et non pas ton bourreau* : si je plaide contre toi, je ne suis point obligée de te frapper moi-même. Ce vers est cité par Ménage dans ses *Observations*, pour prouver qu'on dit *bourreau* même en parlant d'une femme.

CHIMÈNE

Cruel, à quel propos sur ce point t'obstiner ?
Tu t'es vengé sans aide, et tu m'en veux donner !
Je suivrai ton exemple, et j'ai trop de courage
Pour souffrir qu'avec toi ma gloire se partage.
Mon père et mon honneur ne veulent rien devoir   955
Aux traits de ton amour, ni de ton désespoir.

D. RODRIGUE

Rigoureux point d'honneur ! Hélas ! quoi que je fasse,
Ne pourrai-je à la fin obtenir cette grâce ?
Au nom d'un père mort, ou de notre amitié,
Punis-moi par vengeance, ou du moins par pitié.   960
Ton malheureux amant aura bien moins de peine
A mourir par ta main qu'à vivre avec ta haine.

CHIMÈNE

Va, je ne te hais point.

D. RODRIGUE

Tu le dois.

CHIMÈNE

Je ne puis.

D. RODRIGUE

Crains-tu si peu le blâme, et si peu les faux bruits ?
Quand on saura mon crime, et que ta flamme dure,   965
Que ne publieront point l'envie et l'imposture ?
Force-les au silence, et, sans plus discourir,
Sauve ta renommée en me faisant mourir.

CHIMÈNE

Elle éclate bien mieux en te laissant la vie,
Et je veux que la voix de la plus noire envie   970
Élève au ciel ma gloire, et plaigne mes ennuis,
Sachant que je t'adore, et que je te poursuis.

---

959. *Notre amitié*, notre amour. Racine emploie souvent ce mot discret.

Va-t'en, ne montre plus à ma douleur extrême
Ce qu'il faut que je perde, encore que je l'aime.
Dans l'ombre de la nuit cache bien ton départ. 975
Si l'on te voit sortir, mon honneur court hasard :
La seule occasion qu'aura la médisance,
C'est de savoir qu'ici j'ai souffert ta présence ;
Ne lui donne point lieu d'attaquer ma vertu.

D. RODRIGUE

Que je meure !

CHIMÈNE

Va-t'en.

D. RODRIGUE

A quoi te résous-tu ? 980

CHIMÈNE

Malgré des feux si beaux qui troublent ma colère,
Je ferai mon possible à bien venger mon père ;
Mais, malgré la rigueur d'un si cruel devoir,
Mon unique souhait est de ne rien pouvoir.

D. RODRIGUE

O miracle d'amour !

CHIMÈNE

O comble de misères ! 985

D. RODRIGUE

Que de maux et de pleurs nous coûteront nos pères!

CHIMÈNE

Rodrigue, qui l'eût cru ?...

D. RODRIGUE

Chimène, qui l'eût dit ?...

---

976. *Court hasard*, est en péril.

CHIMÈNE

Que notre heur fût si proche, et sitôt se perdît?...

D. RODRIGUE

Et que, si près du port, contre toute apparence,
Un orage si prompt brisât notre espérance ? 990

CHIMÈNE

Ah ! mortelles douleurs !

D. RODRIGUE

Ah ! regrets superflus !

CHIMÈNE

Va-t'en, encore un coup, je ne t'écoute plus.

D. RODRIGUE

Adieu : je vais traîner une mourante vie,
Tant que par ta poursuite elle me soit ravie.

CHIMÈNE

Si j'en obtiens l'effet, je t'engage ma foi 995
De ne respirer pas un moment après toi.
Adieu. Sors, et surtout garde bien qu'on te voie.

ELVIRE

Madame, quelques maux que le ciel nous envoie...

CHIMÈNE

Ne m'importune plus, laisse-moi soupirer ;
Je cherche le silence et la nuit pour pleurer. 1000

---

988. Après Vaugelas, La Bruyère (*De quelques usages*) regrettait la disparition de ce mot si français, *heur*, qui a fait *bonheur* et qui subsiste encore aujourd'hui dans la locution *heur et malheur*. On le retrouvera au vers 1035. Vers la fin du xviie siècle, il avait vieilli.

994. *Tant que,* jusqu'à ce que. Au vers 893, Corneille avait corrigé cette locution, qu'il maintient ici. L'Académie l'avait condamnée, mais sans s'apercevoir qu'elle s'en était servie elle-même.

997. *Garde que,* prends garde que, comme au vers 1685, mais sans *ne*.

SCÈNE V

D. DIÈGUE, *seul.*

Jamais nous ne goûtons de parfaite allégresse :
Nos plus heureux succès sont mêlés de tristesse ;
Toujours quelques soucis en ces événements
Troublent la pureté de nos contentements.
Au milieu du bonheur mon âme en sent l'atteinte :   1005
Je nage dans la joie, et je tremble de crainte.
J'ai vu mort l'ennemi qui m'avait outragé,
Et je ne saurais voir la main qui m'a vengé.
En vain je m'y travaille, et d'un soin inutile,
Tout cassé que je suis, je cours toute la ville :   1010
Ce peu que mes vieux ans m'ont laissé de vigueur
Se consume sans fruit à chercher ce vainqueur.
A toute heure, en tous lieux, dans une nuit si sombre,
Je pense l'embrasser, et n'embrasse qu'une ombre ;
Et mon amour, déçu par cet objet trompeur,   1015
Se forme des soupçons qui redoublent ma peur.
Je ne découvre point de marque de sa fuite ;
Je crains du comte mort les amis et la suite ;
Leur nombre m'épouvante, et confond ma raison.
Rodrigue ne vit plus, ou respire en prison.   1020
Justes cieux ! me trompé-je encore à l'apparence,
Ou si je vois enfin mon unique espérance ?
C'est lui, n'en doutons plus ; mes vœux sont exaucés,

1004. *Nos contentements.* Corneille, on le sait, aime ces pluriels abstraits. Au reste, il s'est peut-être ici souvenu des vers célèbres de Lucrèce :

.... *Medio de fonte leporum*
Surgit amari aliquid, quod in ipsis floribus angat.

1009. *Se travailler à une chose,* c'est s'y appliquer avec ardeur.

Plus l'esprit *s'y travaille,* et plus il s'y confond. (*Imitation,* IV, 2227.

Soin a souvent, au XVIIᵉ siècle, le sens de *souci,* préoccupation.

1022. *Ou si* était souvent construit ainsi, après une phrase interrogative.

Tombé-je dans l'erreur, *ou si* j'en vais sortir ? (*Othon,* 717.)

Littré prouve que ce tour a pour lui l'autorité des meilleurs écrivains.

Ma crainte est dissipée, et mes ennuis cessés.

SCÈNE VI
D. DIÈGUE, D. RODRIGUE

D. DIÈGUE

Rodrigue, enfin le Ciel permet que je te voie ! 1025

D. RODRIGUE

Hélas !

D. DIÈGUE

Ne mêle point de soupirs à ma joie ;
Laisse-moi prendre haleine afin de te louer.
Ma valeur n'a point lieu de te désavouer :
Tu l'as bien imitée, et ton illustre audace
Fait bien revivre en toi les héros de ma race : 1030
C'est d'eux que tu descends, c'est de moi que tu viens :
Ton premier coup d'épée égale tous les miens,
Et d'une belle ardeur ta jeunesse animée
Par cette grande épreuve atteint ma renommée.
Appui de ma vieillesse et comble de mon heur, 1035
Touche ces cheveux blancs à qui tu rends l'honneur ;
Viens baiser cette joue, et reconnais la place
Où fut empreint l'affront que ton courage efface.

D. RODRIGUE

L'honneur vous en est dû : je ne pouvais pas moins,
Étant sorti de vous et nourri par vos soins. 1040
Je m'en tiens trop heureux, et mon âme est ravie
Que mon coup d'essai plaise à qui je dois la vie ;
Mais, parmi vos plaisirs, ne soyez point jaloux
Si je m'ose à mon tour satisfaire après vous.
Souffrez qu'en liberté mon désespoir éclate ; 1045

1040. *Sorti*, né de vous. (Cf. *le Menteur*, 755, 1502, 1516.) *Nourri*, élevé, comme au vers 589.

Assez et trop longtemps votre discours le flatte.
Je ne me repens point de vous avoir servi ;
Mais rendez-moi le bien que ce coup m'a ravi.
Mon bras, pour vous venger, armé contre ma flamme,
Par ce coup glorieux m'a privé de mon âme ; 1050
Ne me dites plus rien ; pour vous j'ai tout perdu :
Ce que je vous devais, je vous l'ai bien rendu.

D. DIÈGUE

Porte, porte plus haut le fruit de ta victoire :
Je t'ai donné la vie, et tu me rends ma gloire ;
Et d'autant que l'honneur m'est plus cher que le jour, 1055
D'autant plus maintenant je te dois de retour.
Mais d'un cœur magnanime éloigne ces faiblesses :
Nous n'avons qu'un honneur, il est tant de maîtresses !
L'amour n'est qu'un plaisir, l'honneur est un devoir.

D. RODRIGUE

Ah ! que me dites-vous ?

D. DIÈGUE

Ce que tu dois savoir. 1060

D. RODRIGUE

Mon honneur offensé sur moi-même se venge,
Et vous m'osez pousser à la honte du change !
L'infamie est pareille, et suit également
Le guerrier sans courage et le perfide amant.
A ma fidélité ne faites point d'injure ; 1065
Souffrez-moi généreux sans me rendre parjure :

1046. *Le flatte*, essaye d'adoucir mon désespoir.

1053. C'est-à-dire : relève, fais mieux valoir. Voltaire critique *porter haut* pris dans le sens d'*exalter*. Le grec Ἐπὶ μεῖζον αἴρειν, le latin *altius erigere, extollere*, ne peuvent-ils pas nous aider à mieux comprendre l'expression de Corneille ?

1055. Remarquez la construction *d'autant que... d'autant plus...*, pour : je te dois d'autant plus de retour que...

1058. Comparez *Polyeucte*, 390, *Horace*, IV, 3, et *Mithridate*, 1400.

1062. *Change* pour *changement*, surtout en amour. Ménage approuvait ce mot en poésie ; Montaigne en avait fait usage en prose ; mais la critique de l'Académie indique que ce sens commençait à tomber en désuétude.

Mes liens sont trop forts pour être ainsi rompus ;
Ma foi m'engage encor si je n'espère plus,
Et, ne pouvant quitter ni posséder Chimène,
Le trépas que je cherche est ma plus douce peine.   1070

D. DIÈGUE

Il n'est pas temps encor de chercher le trépas :
Ton prince et ton pays ont besoin de ton bras.
La flotte qu'on craignait, dans ce grand fleuve entrée,
Vient surprendre la ville et piller la contrée.
Les Mores vont descendre, et le flux et la nuit   1075
Dans une heure à nos murs les amènent sans bruit.
La cour est en désordre, et le peuple en alarmes :
On n'entend que des cris, on ne voit que des larmes.
Dans ce malheur public mon bonheur a permis
Que j'ai trouvé chez moi cinq cents de mes amis,   1080
Qui, sachant mon affront, poussés d'un même zèle,
Se venaient tous offrir à venger ma querelle.
Tu les as prévenus ; mais leurs vaillantes mains
Se tremperont bien mieux au sang des Africains.
Va marcher à leur tête où l'honneur te demande ;   1085
C'est toi que veut pour chef leur généreuse bande.

1073. Ce grand fleuve, c'est le Guadalquivir, l'ancien Bétis, qui précisément s'appelle en arabe *Oued-el-Kébir*, c'est-à-dire *le grand fleuve*. Il passe à Séville, située sur la rive gauche, à 76 kilomètres de San-Lucar de Barameda, où le fleuve se jette dans l'Océan.

1080. *Que j'ai trouvé;* on écrirait aujourd'hui : Que j'aie trouvé. — Cinq cents amis réunis par « bonheur », c'est-à-dire par hasard, l'invraisemblance remarquée par Scudéry n'est-elle pas un peu forte? Elle l'est moins si l'on se place au point de vue des mœurs primitives ; dans la *Chronique rimée*, trois cents gentilshommes accompagnent don Diègue et son fils chez le roi ; ils sont déjà cinq cents (et cinq cents *parents*) chez Castro ; mais Don Diègue les avait convoqués pour honorer son fils exilé. Seulement l'exil, la longue marche contre les Maures, à travers les monts Alpujarras, les combats successifs, tout cela eût gêné Corneille, que tyrannisait la règle des vingt-quatre heures.

1086. Il semble que *bande*, dès lors, se soit dit surtout d'une troupe irrégulière. Toutefois Littré prouve que *bande* s'est dit longtemps et peut se dire encore de toute espèce de troupe. Et, en effet, ce n'étaient pas des troupes irrégulières que ces vieilles bandes espagnoles dont Bossuet, dans le récit de la bataille de Rocroy, glorifie la valeur disciplinée.

De ces vieux ennemis va soutenir l'abord ;
Là, si tu veux mourir, trouve une belle mort ;
Prends-en l'occasion, puisqu'elle t'est offerte ;
Fais devoir à ton roi son salut à ta perte ; 1090
Mais reviens-en plutôt les palmes sur le front.
Ne borne pas ta gloire à venger un affront ;
Porte-la plus avant : force par ta vaillance
Ce monarque au pardon, et Chimène au silence.
Si tu l'aimes, apprends que revenir vainqueur 1095
C'est l'unique moyen de regagner son cœur.
Mais le temps est trop cher pour le perdre en paroles ;
Je t'arrête en discours, et je veux que tu voles !
Viens, suis-moi, va combattre, et montrer à ton roi
Que ce qu'il perd au comte il le recouvre en toi. 1100

ACTE QUATRIÈME

SCÈNE I

CHIMÈNE, ELVIRE

CHIMÈNE

N'est-ce point un faux bruit ? Le sais-tu bien, Elvire ?

ELVIRE

Vous ne croiriez jamais comme chacun l'admire,

1087. Au vers 1106, *abord* sera pris dans son sens propre, *action d'aborder;* ici il signifie *attaque.*
1097. Les moments sont trop chers pour les perdre en paroles.
(Racine, *Bajazet*, V, 4.)
1100. *Au comte,* dans le comte, en le perdant.

Et porte jusqu'au ciel, d'une commune voix,
De ce jeune héros les glorieux exploits.
Les Mores devant lui n'ont paru qu'à leur honte ; 1105
Leur abord fut bien prompt, leur fuite encor plus prompte.
Trois heures de combat laissent à nos guerriers
Une victoire entière et deux rois prisonniers ;
La valeur de leur chef ne trouvait point d'obstacles.

CHIMÈNE

Et la main de Rodrigue a fait tous ces miracles ? 1110

ELVIRE

De ses nobles efforts ces deux rois sont le prix ;
Sa main les a vaincus, et sa main les a pris.

CHIMÈNE

De qui peux-tu savoir ces nouvelles étranges ?

ELVIRE

Du peuple, qui partout fait sonner ses louanges,
Le nomme de sa joie et l'objet et l'auteur, 1115
Son ange tutélaire et son libérateur.

CHIMÈNE

Et le roi, de quel œil voit-il tant de vaillance ?

ELVIRE

Rodrigue n'ose encor paraître en sa présence ;
Mais don Diègue ravi lui présente enchaînés,
Au nom de ce vainqueur, ces captifs couronnés, 1120
Et demande pour grâce à ce généreux prince
Qu'il daigne voir la main qui sauve la province.

CHIMÈNE

Mais n'est-il point blessé ?

1113. *Ces nouvelles étranges,* extraordinaires, ces « miracles »; le sens d'*étrange* s'est affaibli depuis; voyez les vers 298 et 841.
1114. *Fait sonner ses louanges,* c'est-à-dire tout à la fois, au propre, fait retentir ses éloges et, figurément, exalte ses exploits.
1122. *La province,* c'est l'État tout entier.

ELVIRE

Je n'en ai rien appris.
Vous changez de couleur! Reprenez vos esprits.

CHIMÈNE

Reprenons donc aussi ma colère affaiblie : 1125
Pour avoir soin de lui faut-il que je m'oublie ?
On le vante, on le loue, et mon cœur y consent !
Mon honneur est muet, mon devoir impuissant !
Silence, mon amour, laisse agir ma colère :
S'il a vaincu deux rois, il a tué mon père ; 1130
Ces tristes vêtements, où je lis mon malheur,
Sont les premiers effets qu'ait produit sa valeur,
Et, quoi qu'on die ailleurs d'un cœur si magnanime,
Ici tous les objets me parlent de son crime.

Vous qui rendez la force à mes ressentiments, 1135
Voiles, crêpes, habits, lugubres ornements,
Pompe que me prescrit sa première victoire,
Contre ma passion soutenez bien ma gloire,
Et, lorsque mon amour prendra trop de pouvoir,
Parlez à mon esprit de mon triste devoir ; 1140
Attaquez sans rien craindre une main triomphante.

ELVIRE

Modérez ces transports, voici venir l'Infante.

1132. Toutes les éditions portent *qu'ait produit*, sans accord ; ni Scudéry, ni l'Académie ne critiquèrent le manque d'accord du participe. Ce n'était pas une licence poétique, qui, d'ailleurs, ici eût été inutile. Dans *Cinna*, v. 174, Corneille écrivait : les misères qu'ont *enduré* nos pères ; dans *le Menteur*, v. 1212, « ceux que le ciel a *joint* », rimant avec *point*. Vaugelas, Ménage, Bouhours admettaient que le participe restât indéclinable quand il était suivi d'autres mots, et spécialement quand le verbe précède son nominatif.

1133. *Die*, ancien subjonctif pour *dise*. Corneille emploie fréquemment, dans le corps même du vers, cette forme archaïque que Vaugelas ne proscrivait pas, mais que Thomas Corneille corrigea plus tard partout où il le put.

1137. *Pompe* signifiait tout appareil joyeux ou lugubre. Il y a ici une ironie amère : voilà les ornements que lui impose la victoire de Rodrigue.

SCÈNE II

L'INFANTE, CHIMÈNE, LÉONOR, ELVIRE

L'INFANTE

Je ne viens pas ici consoler tes douleurs ;
Je viens plutôt mêler mes soupirs à tes pleurs.

CHIMÈNE

Prenez bien plutôt part à la commune joie, 1145
Et goûtez le bonheur que le ciel vous envoie,
Madame : autre que moi n'a droit de soupirer.
Le péril dont Rodrigue a su nous retirer,
Et le salut public que vous rendent ses armes,
A moi seule aujourd'hui souffrent encor les larmes. 1150
Il a sauvé la ville, il a servi son roi,
Et son bras valeureux n'est funeste qu'à moi.

L'INFANTE

Ma Chimène, il est vrai qu'il a fait des merveilles.

CHIMÈNE

Déjà ce bruit fâcheux a frappé mes oreilles,
Et je l'entends partout publier hautement 1155
Aussi brave guerrier que malheureux amant.

L'INFANTE

Qu'a de fâcheux pour toi ce discours populaire ?
Ce jeune Mars qu'il loue a su jadis te plaire :
Il possédait ton âme, il vivait sous tes lois,
Et vanter sa valeur, c'est honorer ton choix. 1160

CHIMÈNE

Chacun peut la vanter avec quelque justice ;
Mais pour moi sa louange est un nouveau supplice.
On aigrit ma douleur en l'élevant si haut :

1147. *Autre que moi*, nul autre que moi. Voyez *Horace*, 547.

Je sens ce que je perds quand je vois ce qu'il vaut.
Ah ! cruels déplaisirs à l'esprit d'une amante ! 1165
Plus j'apprends son mérite, et plus mon feu s'augmente ;
Cependant mon devoir est toujours le plus fort,
Et, malgré mon amour, va poursuivre sa mort.

L'INFANTE

Hier, ce devoir te mit en une haute estime ;
L'effort que tu te fis parut si magnanime, 1170
Si digne d'un grand cœur, que chacun à la cour
Admirait ton courage, et plaignait ton amour.
Mais croirais-tu l'avis d'une amitié fidèle ?

CHIMÈNE

Ne vous obéir pas me rendrait criminelle.

L'INFANTE

Ce qui fut juste alors ne l'est plus aujourd'hui. 1175
Rodrigue maintenant est notre unique appui,
L'espérance et l'amour d'un peuple qui l'adore,
Le soutien de Castille, et la terreur du More.
Le Roi même est d'accord de cette vérité
Que ton père en lui seul se voit ressuscité ; 1180
Et, si tu veux enfin qu'en deux mots je m'explique,
Tu poursuis en sa mort la ruine publique.
Quoi ! pour venger un père est-il jamais permis
De livrer sa patrie aux mains des ennemis ?
Contre nous ta poursuite est-elle légitime, 1185
Et, pour être punis, avons-nous part au crime ?
Ce n'est pas qu'après tout tu doives épouser
Celui qu'un père mort t'obligeait d'accuser ;
Je te voudrais moi-même en arracher l'envie :
Ote-lui ton amour, mais laisse-nous sa vie. 1190

CHIMÈNE

Ah ! ce n'est pas à moi d'avoir tant de bonté ;

1170. On disait *se faire un effort* où nous dirions faire un effort sur soi.

Le devoir qui m'aigrit n'a rien de limité.
Quoique pour ce vainqueur mon amour s'intéresse,
Quoiqu'un peuple l'adore, et qu'un roi le caresse,
Qu'il soit environné des plus vaillants guerriers, 1195
J'irai sous mes cyprès accabler ses lauriers.

L'INFANTE

C'est générosité, quand pour venger un père
Notre devoir attaque une tête si chère ;
Mais c'en est une encor d'un plus illustre rang,
Quand on donne au public les intérêts du sang. 1200
Non, crois-moi, c'est assez que d'éteindre ta flamme ;
Il sera trop puni, s'il n'est plus dans ton âme.
Que le bien du pays t'impose cette loi :
Aussi bien, que crois-tu que t'accorde le Roi ?

CHIMÈNE

Il peut me refuser, mais je ne puis me taire. 1205

L'INFANTE

Pense bien, ma Chimène, à ce que tu veux faire.
Adieu. Tu pourras seule y songer à loisir.

CHIMÈNE

Après mon père mort, je n'ai point à choisir.

1198. *Une tête si chère*, hellénisme et latinisme ; cet hémistiche reparaîtra au vers 1726 ; on le retrouve aussi dans *Rodogune* (784).
      J'ignore le destin *d'une tête si chère*. (Racine, *Phèdre*, I. 1.)
  1199. *Rang* est ici pris au figuré dans le sens *d'importance*.
  1200. *Donner à*, sacrifier à, comme le latin *condonare*. « Qu'ils *donnent* leurs passions, leurs querelles, leurs vengeances et leurs ambitions *au bien de la France*. » (Lettres missives de Henri IV, 4 mars 1592.) *Au public*, à la chose publique, à l'intérêt public.
  1208. *Après mon père mort*, après la mort de mon père ; voyez les vers 644 et 1523. Quelques vers plus bas, Corneille dira : le pays délivré, mon sceptre affermi, les Mores défaits... ne sont point...

SCÈNE III

D. FERNAND, D. DIÈGUE, D. ARIAS, D. RODRIGUE,
D. SANCHE

D. FERNAND

Généreux héritier d'une illustre famille,
Qui fut toujours la gloire et l'appui de Castille, 1210
Race de tant d'aïeux en valeur signalés,
Que l'essai de la tienne a sitôt égalés,
Pour te récompenser ma force est trop petite,
Et j'ai moins de pouvoir que tu n'as de mérite.
Le pays délivré d'un si rude ennemi, 1215
Mon sceptre dans ma main par la tienne affermi,
Et les Mores défaits, avant qu'en ces alarmes
J'eusse pu donner ordre à repousser leurs armes,
Ne sont point des exploits qui laissent à ton roi
Le moyen ni l'espoir de s'acquitter vers toi. 1220
Mais deux rois, tes captifs, feront ta récompense.
Ils t'ont nommé tous deux leur Cid en ma présence :
Puisque Cid en leur langue est autant que seigneur,
Je ne t'envierai pas ce beau titre d'honneur.
Sois désormais le Cid : qu'à ce grand nom tout cède, 1225
Qu'il comble d'épouvante et Grenade et Tolède,

1210. On a vu, au vers 882, que Corneille supprime parfois l'article devant
e nom commun; à plus forte raison le supprime-t-il devant le nom propre.
1211. Race pour *descendant; soboles, progenies*.
1217. *Alarmes*, émotion causée par l'attaque imprévue de l'ennemi. C'est
le sens vrai du mot; on disait : sonner l'alarme, ou sonner à l'arme.
1220. Vers pour *envers*, très fréquent chez Corneille. Littré remarque
que *vers* et *envers* sont étymologiquement le même mot, et que les meilleurs auteurs ont employé l'un pour l'autre.
1222. « Corneille tire ce nom et l'origine qu'il lui donne de Guilhem de
Castro. *Cid*, forme vulgaire, est une corruption de *Seyid*, seigneur.
Tous les princes de la famille royale des Almohades et plusieurs de la
famille des Almoravides portaient ce titre d'honneur. » (Marty-Laveaux.)
1223. *Est autant*, est la même chose, a le même sens, la même valeur.
1224. *Envier* ne signifie pas ici *être jaloux de*, mais refuser. C'est un
latinisme très fréquent chez Corneille et chez Racine.

Et qu'il marque à tous ceux qui vivent sous mes lois
Et ce que tu me vaux, et ce que je te dois.

D. RODRIGUE

Que Votre Majesté, Sire, épargne ma honte.
D'un si faible service elle fait trop de compte, 1230
Et me force à rougir devant un si grand roi
De mériter si peu l'honneur que j'en reçoi.
Je sais trop que je dois au bien de votre empire
Et le sang qui m'anime, et l'air que je respire,
Et, quand je les perdrai pour un si digne objet, 1235
Je ferai seulement le devoir d'un sujet.

D. FERNAND

Tous ceux que ce devoir à mon service engage
Ne s'en acquittent pas avec même courage,
Et lorsque la valeur ne va point dans l'excès,
Elle ne produit point de si rare succès. 1240
Souffre donc qu'on te loue, et de cette victoire
Apprends-moi plus au long la véritable histoire.

D. RODRIGUE

Sire, vous avez su qu'en ce danger pressant
Qui jeta dans la ville un effroi si puissant,
Une troupe d'amis, chez mon père assemblée, 1245
Sollicita mon âme encor toute troublée...
Mais, Sire, pardonnez à ma témérité,
Si j'osai l'employer sans votre autorité :
Le péril approchait, leur brigade était prête ;

1229. « Cela ne signifie rien, car *honte* n'est pas bien pour *pudeur* ou *modestie*. » (Académie.) Vaugelas écrit pourtant dans ses *Remarques* : « *Honte* est un mot équivoque, qui veut dire la bonne ou mauvaise honte, au lieu que *pudeur* ne signifie jamais que la bonne honte. »

1239. *Dans l'excès*, jusqu'au plus haut point. Don Fernand veut donc dire : lorsque la valeur n'est point extraordinaire.

1246. *Solliciter* a ici un sens analogue au latin *sollicitare*, qui signifie *tenter*, par suite : entraîner par l'attrait d'une proposition.

1249. « Cinq cents hommes est un trop grand nombre pour ne l'appeler que *brigade*, » écrit Scudéry, qui le prend de haut avec Corneille, ignorant des choses militaires. L'Académie répond : « Le mot de *brigade* se

Me montrant à la cour, je hasardais ma tête, 1250
Et, s'il fallait la perdre, il m'était bien plus doux
De sortir de la vie en combattant pour vous.

D. FERNAND

J'excuse ta chaleur à venger ton offense,
Et l'État défendu me parle en ta défense.
Crois que dorénavant Chimène a beau parler, 1255
Je ne l'écoute plus que pour la consoler.
Mais poursuis.

D. RODRIGUE

    Sous moi donc cette troupe s'avance,
Et porte sur le front une mâle assurance.
Nous partîmes cinq cents, mais, par un prompt renfort,
Nous nous vîmes trois mille en arrivant au port, 1260
Tant, à nous voir marcher avec un tel visage,
Les plus épouvantés reprenaient de courage!
J'en cache les deux tiers, aussitôt qu'arrivés,
Dans le fond des vaisseaux qui lors furent trouvés ;
Le reste, dont le nombre augmentait à toute heure, 1265
Brûlant d'impatience, autour de moi demeure,
Se couche contre terre, et, sans faire aucun bruit,
Passe une bonne part d'une si belle nuit.
Par mon commandement la garde en fait de même,
Et, se tenant cachée, aide à mon stratagème, 1270
Et je feins hardiment d'avoir reçu de vous
L'ordre qu'on me voit suivre, et que je donne à tous.

peut prendre pour un plus grand nombre que de cinq cents. Il est vrai qu'en terme de guerre on n'appelle *brigade* que ce qui est pris d'un plus grand corps, et quelquefois on peut appeler *brigade* la moitié d'une armée, que l'on détache pour quelque effet ; mais en terme de poésie on prend *brigade* pour *troupe* de quelque façon que ce soit. »

1254. C'est à peu près ce que dit le roi Tulle au Ve acte d'*Horace*.

1263. « *Aussitôt qu'arrivés* est bien plus fort, plus énergique, plus beau en poésie que cette expression, aussi languissante que régulière, *aussitôt qu'ils furent arrivés*. » Voltaire a raison, mais l'usage lui a donné tort.

1264. *Lors* pour *alors* ; ce mot n'est plus guère employé que s'il est suivi de *que*, ou dans les locutions : dès lors, pour lors, lors de... C'était déjà la règle posée par Vaugelas.

Cette obscure clarté qui tombe des étoiles
Enfin avec le flux nous fait voir trente voiles ;
L'onde s'enfle dessous, et, d'un commun effort, 1275
Les Mores et la mer montent jusques au port.
On les laisse passer ; tout leur paraît tranquille :
Point de soldats au port, point aux murs de la ville.
Notre profond silence abusant leurs esprits,
Ils n'osent plus douter de nous avoir surpris. 1280
Ils abordent sans peur, ils ancrent, ils descendent,
Et courent se livrer aux mains qui les attendent.
Nous nous levons alors, et tous en même temps
Poussons jusques au ciel mille cris éclatants.
Les nôtres à ces cris de nos vaisseaux répondent ; 1285
Ils paraissent armés, les Mores se confondent,
L'épouvante les prend à demi descendus ;
Avant que de combattre, ils s'estiment perdus.
Ils couraient au pillage, et rencontrent la guerre ;
Nous les pressons sur l'eau, nous les pressons sur terre, 1290
Et nous faisons courir des ruisseaux de leur sang,
Avant qu'aucun résiste ou reprenne son rang.
Mais bientôt, malgré nous, leurs princes les rallient,
Leur courage renaît, et leurs terreurs s'oublient :
La honte de mourir sans avoir combattu 1295
Arrête leur désordre, et leur rend leur vertu.
Contre nous de pied ferme ils tirent leurs alfanges,

1286. *Se confondent* se dit, au propre, du désordre matériel que la brusque apparition des Espagnols jette parmi les Mores, et peut-être aussi, au figuré, du trouble moral qui les égare.
1288. *Avant que de combattre* pour *avant de combattre*. Au vers 1334, Corneille écrira, au contraire, *avant que sortir*.
1297. *Var.* Corneille avait écrit d'abord :
  Contre nous de pied ferme ils tirent leurs épées ;
  Des plus braves soldats les trames sont coupées. (1637-63.)
C'est seulement à partir de 1664 qu'il substitua *alfanges* à *épées*. « Voltaire, voulant employer ce mot dans *l'Orphelin de la Chine* (I, 3) :
  De nos honteux soldats les alfanges errantes
  A genoux ont jeté leurs armes impuissantes,
a commis une méprise : *alfange* est un vieux mot tiré de l'arabe, qui

De notre sang au leur font d'horribles mélanges,
Et la terre, et le fleuve, et leur flotte, et le port,
Sont des champs de carnage où triomphe la mort. 1300
   O combien d'actions, combien d'exploits célèbres
Sont demeurés sans gloire au milieu des ténèbres,
Où chacun, seul témoin des grands coups qu'il donnait,
Ne pouvait discerner où le sort inclinait !
J'allais de tous côtés encourager les nôtres, 1305
Faire avancer les uns, et soutenir les autres,
Ranger ceux qui venaient, les pousser à leur tour,
Et ne l'ai pu savoir jusques au point du jour.
Mais enfin sa clarté montre notre avantage ;
Le More voit sa perte, et perd soudain courage, 1310
Et, voyant un renfort qui nous vient secourir,
L'ardeur de vaincre cède à la peur de mourir.
Ils gagnent leurs vaisseaux, ils en coupent les câbles,
Poussent jusques aux cieux des cris épouvantables,
Font retraite en tumulte, et sans considérer 1315
Si leurs rois avec eux peuvent se retirer.
Pour souffrir ce devoir leur frayeur est trop forte :
Le flux les apporta, le reflux les remporte.
Cependant que leurs rois, engagés parmi nous,
Et quelque peu des leurs, tous percés de nos coups 1320
Disputent vaillamment et vendent bien leur vie.
A se rendre moi-même en vain je les convie :
Le cimeterre au poing, ils ne m'écoutent pas ;
Mais, voyant à leurs pieds tomber tous leurs soldats,
Et que seuls désormais en vain ils se défendent, 1325
Ils demandent le chef : je me nomme, ils se rendent.
Je vous les envoyai tous deux en même temps,

signifie *épée*. Voltaire, curieux apparemment de faire usage de ce mot étranger, parce qu'il est sonore, l'a détourné de son acception, et l'a employé pour *phalange, bataillon.* » (La Haye.)
1304. *Où le sort inclinait,* de quel côté penchait la fortune, latinisme.
1319. *Cependant que* pour *pendant que* a été condamné par Vaugelas ; mais Corneille n'a jamais renoncé à cette tournure.

Et le combat cessa, faute de combattants.
C'est de cette façon que, pour votre service...

SCÈNE IV

D. FERNAND, D. DIÈGUE, D. RODRIGUE, D. ARIAS, D. SANCHE, D. ALONSE

D. ALONSE

Sire, Chimène vient vous demander justice. 1330

D. FERNAND

La fâcheuse nouvelle et l'importun devoir !
Va, je ne la veux pas obliger à te voir.
Pour tous remercîments il faut que je te chasse ;
Mais, avant que sortir, viens, que ton roi t'embrasse.
(D. Rodrigue rentre.)

D. DIÈGUE

Chimène le poursuit, et voudrait le sauver. 1335

D. FERNAND

On m'a dit qu'elle l'aime, et je vais l'éprouver.
Montrez un œil plus triste.

SCÈNE V

D. FERNAND, D. DIÈGUE, D. ARIAS, D. SANCHE, D. ALONSE, CHIMÈNE, ELVIRE

D. FERNAND

Enfin soyez contente,
Chimène, le succès répond à votre attente :

1330. C'est la seconde et dernière démarche de Chimène ; il y en a trois chez Castro.
1339. *Avoir le dessus de* était déjà moins usité qu'*avoir le dessus sur*.

Si de nos ennemis Rodrigue a le dessus,
Il est mort à nos yeux des coups qu'il a reçus ; 1340
Rendez grâces au ciel qui vous en a vengée.
    (A D. Diègue.)
Voyez comme déjà sa couleur est changée.

D. DIÈGUE

Mais voyez qu'elle pâme, et d'un amour parfait
Dans cette pâmoison, Sire, admirez l'effet :
Sa douleur a trahi les secrets de son âme, 1345
Et ne vous permet plus de douter de sa flamme.

CHIMÈNE

Quoi ! Rodrigue est donc mort ?

D. FERNAND

Non, non, il voit le jour,
Et te conserve encore un immuable amour :
Calme cette douleur qui pour lui s'intéresse.

CHIMÈNE

Sire, on pâme de joie ainsi que de tristesse : 1350
Un excès de plaisir nous rend tous languissants,
Et quand il surprend l'âme, il accable les sens.

D. FERNAND

Tu veux qu'en ta faveur nous croyions l'impossible ?
Chimène, ta douleur a paru trop visible

CHIMÈNE

Eh bien ! Sire, ajoutez ce comble à mon malheur ; 1355
Nommez ma pâmoison l'effet de ma douleur :
Un juste déplaisir à ce point m'a réduite.
Son trépas dérobait sa tête à ma poursuite ;
S'il meurt des coups reçus pour le bien du pays,
Ma vengeance est perdue, et mes desseins trahis ; 1360

1343. Quoi qu'en dise Voltaire, on peut employer *pâmer* neutralement.
1351. *Tous languissants;* voyez le vers 347. Ménage combattait au XVIIe siècle la règle de *tout* adverbe invariable, établie par Vaugelas, et aujourd'hui admise.

Une si belle fin m'est trop injurieuse.
Je demande sa mort, mais non pas glorieuse,
Non pas dans un éclat qui l'élève si haut,
Non pas au lit d'honneur, mais sur un échafaud;
Qu'il meure pour mon père, et non pour la patrie; 1365
Que son nom soit taché, sa mémoire flétrie.
Mourir pour le pays n'est pas un triste sort,
C'est s'immortaliser par une belle mort.
 J'aime donc sa victoire, et je le puis sans crime;
Elle assure l'État, et me rend ma victime, 1370
Mais noble, mais fameuse entre tous les guerriers,
Le chef, au lieu de fleurs, couronné de lauriers;
Et pour dire en un mot ce que j'en considère,
Digne d'être immolée aux mânes de mon père...
 Hélas, à quel espoir me laissé-je emporter! 1375
Rodrigue de ma part n'a rien à redouter.
Que pourraient contre lui des larmes qu'on méprise?
Pour lui tout votre empire est un lieu de franchise;
Là, sous votre pouvoir, tout lui devient permis;
Il triomphe de moi comme des ennemis. 1380
Dans leur sang répandu la justice étouffée
Aux crimes du vainqueur sert d'un nouveau trophée :
Nous en croissons la pompe, et le mépris des lois
Nous fait suivre son char au milieu de deux rois.

D. FERNAND

Ma fille, ces transports ont trop de violence : 1385
Quand on rend la justice, on met tout en balance.

1361. *M'est trop injurieuse;* me fait trop de tort, en le dérobant au châtiment que je réclame pour lui. *Injurieux* a ici le sens latin d'*injuste*.
1364. *Au lit d'honneur,* au champ d'honneur, en combattant. Cf. *Horace*, II, 3.
  Mourir pour sa patrie est un sort plein d'appas
  Pour quiconque à des fers préfère le trépas. (*Œdipe*, II, 3.)
1370. *Elle assure,* elle fortifie, affermit l'État.
1378. *Un lieu de franchise,* c'était proprement un lieu où les criminels jouissaient du droit d'asile.
1382. *Sert d'un nouveau trophée;* nous dirions : sert de nouveau trophée.

On a tué ton père : il était l'agresseur;
Et la même équité m'ordonne la douceur.
Avant que d'accuser ce que j'en fais paraître,
Consulte bien ton cœur : Rodrigue en est le maître, 1390
Et ta flamme en secret rend grâces à ton roi
Dont la faveur conserve un tel amant pour toi.

CHIMÈNE

Pour moi! mon ennemi! l'objet de ma colère!
L'auteur de mes malheurs! l'assassin de mon père!
De ma juste poursuite on fait si peu de cas 1395
Qu'on me croit obliger en ne m'écoutant pas!
  Puisque vous refusez la justice à mes larmes,
Sire, permettez-moi de recourir aux armes;
C'est par là seulement qu'il a su m'outrager,
Et c'est aussi par là que je me dois venger. 1400
A tous vos cavaliers je demande sa tête :
Oui, qu'un d'eux me l'apporte, et je suis sa conquête;
Qu'ils le combattent, Sire, et, le combat fini,
J'épouse le vainqueur, si Rodrigue est puni.
Sous votre autorité souffrez qu'on le publie. 1405

D. FERNAND

Cette vieille coutume, en ces lieux établie,
Sous couleur de punir un injuste attentat,
Des meilleurs combattants affaiblit un État.
Souvent de cet abus le succès déplorable
Opprime l'innocent et soutient le coupable : 1410
J'en dispense Rodrigue : il m'est trop précieux
Pour l'exposer aux coups d'un sort capricieux,
Et, quoi qu'ait pu commettre un cœur si magnanime,
Les Mores, en fuyant, ont emporté son crime.

1407. *Sous couleur*, sous prétexte; chez Corneille comme chez Racine, une *couleur*, c'est une vaine raison et parfois un mensonge spécieux.
1408. *Affaiblit de*, affaiblit un Etat en lui faisant perdre ses meilleurs combattants; M. Godefroy cite des exemples de cette ancienne locution.

D. DIÈGUE

Quoi, Sire! pour lui seul vous renversez des lois 1415
Qu'a vu toute la cour observer tant de fois!
Que croira votre peuple et que dira l'envie,
Si sous votre défense il ménage sa vie,
Et s'en fait un prétexte à ne paraître pas
Où tous les gens d'honneur cherchent un beau trépas? 1420
De pareilles faveurs terniraient trop sa gloire :
Qu'il goûte sans rougir les fruits de sa victoire.
Le comte eut de l'audace, il l'en a su punir :
Il l'a fait en brave homme, et le doit maintenir.

D. FERNAND

Puisque vous le voulez, j'accorde qu'il le fasse ; 1425
Mais d'un guerrier vaincu mille prendraient la place,
Et le prix que Chimène au vainqueur a promis
De tous mes cavaliers ferait ses ennemis.
L'opposer seul à tous serait trop d'injustice :
Il suffit qu'une fois il entre dans la lice. 1430
  Choisis qui tu voudras, Chimène, et choisis bien ;
Mais après ce combat ne demande plus rien.

D. DIÈGUE

N'excusez point par là ceux que son bras étonne :
Laissez un champ ouvert, où n'entrera personne.
Après ce que Rodrigue a fait voir aujourd'hui, 1435
Quel courage assez vain s'oserait prendre à lui ?
Qui se hasarderait contre un tel adversaire ?
Qui serait ce vaillant ou bien ce téméraire ?

D. SANCHE

Faites ouvrir le champ : vous voyez l'assaillant ;
Je suis ce téméraire, ou plutôt ce vaillant. 1440
  Accordez cette grâce à l'ardeur qui me presse,

1424. *En brave homme*, en homme brave. Cf. *Nicomède*, 275.
1430. Le *camp*, ou *camp clos*, c'était le champ clos, la lice. Le *champ* était ouvert, quand ses barrières laissaient passer les combattants.

Madame : vous savez quelle est votre promesse.

D. FERNAND

Chimène, remets-tu ta querelle en sa main ?

CHIMÈNE

Sire, je l'ai promis.

D. FERNAND

Soyez prêt à demain.

D. DIÈGUE

Non, Sire, il ne faut pas différer davantage : 1445
On est toujours tout prêt quand on a du courage.

D. FERNAND

Sortir d'une bataille et combattre à l'instant !

D. DIÈGUE

Rodrigue a pris haleine en vous la racontant.

D. FERNAND

Du moins une heure ou deux je veux qu'il se délasse.
Mais de peur qu'en exemple un tel combat ne passe, 1450
Pour témoigner à tous qu'à regret je permets
Un sanglant procédé qui ne me plut jamais,
De moi ni de ma cour il n'aura la présence.

(A don Arias.)

Vous seul des combattants jugerez la vaillance :
Ayez soin que tous deux fassent en gens de cœur, 1455
Et, le combat fini, m'amenez le vainqueur.
Qui qu'il soit, même prix est acquis à sa peine :

1448. « Je me suis toujours repenti d'avoir fait dire au roi, dans le *Cid*, qu'il voulait que Rodrigue se délassât une heure ou deux après la défaite des Maures avant que de combattre don Sanche. Je l'avais fait pour montrer que la pièce était dans les vingt-quatre heures ; et cela n'a servi qu'à avertir les spectateurs de la contrainte avec laquelle je l'y ai réduite. Si j'avais fait résoudre ce combat sans en désigner l'heure, peut-être n'y aurait-on pas pris garde. » (*Discours de la tragédie.*)

1455. *Fassent en gens de cœur*, se battent en hommes de cœur.

1457. Il est curieux que Corneille ait préféré *qui qu'il soit*, rare déjà de son temps, à *quel qu'il soit*, qui entrait aussi bien dans le vers.

Je le veux de ma main présenter à Chimène,
Et que pour récompense il reçoive sa foi.

CHIMÈNE

Quoi! Sire, m'imposer une si dure loi ! 1460

D. FERNAND

Tu t'en plains; mais ton feu, loin d'avouer ta plainte,
Si Rodrigue est vainqueur, l'accepte sans contrainte.
Cesse de murmurer contre un arrêt si doux :
Qui que ce soit des deux, j'en ferai ton époux.

ACTE CINQUIÈME

SCÈNE I

D. RODRIGUE, CHIMÈNE

CHIMÈNE

Quoi ! Rodrigue, en plein jour ! D'où te vient cette audace ?
[1465
Va, tu me perds d'honneur ; retire-toi, de grâce.

D. RODRIGUE

Je vais mourir, Madame, et vous viens en ce lieu,

1461. *Loin d'avouer*, d'approuver, d'autoriser. La passion de Chimène désavoue la plainte que son devoir lui impose.

1464. *Qui que ce soit des deux* que mon sang ait fait naître,
    Ou laisse-moi le perdre, ou fais-le-moi connaître. (*Héraclius*, 1379.)

ACTE V, SCÈNE I 113

Avant le coup mortel, dire un dernier adieu.
Cet immuable amour qui sous vos lois m'engage
N'ose accepter ma mort sans vous en faire hommage. 1470

CHIMÈNE

Tu vas mourir !

D. RODRIGUE

Je cours à ces heureux moments
Qui vont livrer ma vie à vos ressentiments.

CHIMÈNE

Tu vas mourir ! Don Sanche est-il si redoutable
Qu'il donne l'épouvante à ce cœur indomptable ?
Qui t'a rendu si faible, ou qui le rend si fort ? 1475
Rodrigue va combattre, et se croit déjà mort !
Celui qui n'a pas craint les Mores ni mon père,
Va combattre don Sanche et déjà désespère !
Ainsi donc au besoin ton courage s'abat !

D. RODRIGUE

Je cours à mon supplice, et non pas au combat ; 1480
Et ma fidèle ardeur sait bien m'ôter l'envie,
Quand vous cherchez ma mort, de défendre ma vie.
J'ai toujours même cœur, mais je n'ai point de bras
Quand il faut conserver ce qui ne vous plaît pas ;
Et déjà cette nuit m'aurait été mortelle, 1485
Si j'eusse combattu pour ma seule querelle :
Mais, défendant mon roi, son peuple et mon pays,
A me défendre mal je les aurais trahis.
Mon esprit généreux ne hait pas tant la vie
Qu'il en veuille sortir par une perfidie. 1490
Maintenant qu'il s'agit de mon seul intérêt,
Vous demandez ma mort, j'en accepte l'arrêt.
Votre ressentiment choisit la main d'un autre,
Je ne méritais pas de mourir de la vôtre :

1479. *Au besoin*, c'est-à-dire : dans l'occasion où la nécessité presse.

On ne me verra point en repousser les coups ; 1495
Je dois plus de respect à qui combat pour vous,
Et, ravi de penser que c'est de vous qu'ils viennent,
Puisque c'est votre honneur que ses armes soutiennent,
Je vais lui présenter mon estomac ouvert,
Adorant en sa main la vôtre qui me perd. 1500

CHIMÈNE

Si d'un triste devoir la juste violence,
Qui me fait, malgré moi, poursuivre ta vaillance,
Prescrit à ton amour une si forte loi
Qu'il te rend sans défense à qui combat pour moi,
En cet aveuglement ne perds pas la mémoire 1505
Qu'ainsi que de ta vie il y va de ta gloire,
Et que, dans quelque éclat que Rodrigue ait vécu,
Quand on le saura mort, on le croira vaincu.

Ton honneur t'est plus cher que je ne te suis chère,
Puisqu'il trempe tes mains dans le sang de mon père, 1510
Et te fait renoncer, malgré ta passion,
A l'espoir le plus doux de ma possession :
Je t'en vois cependant faire si peu de compte
Que sans rendre combat tu veux qu'on te surmonte !
Quelle inégalité ravale ta vertu ? 1515
Pourquoi ne l'as-tu plus, ou pourquoi l'avais-tu ?
Quoi ! n'es-tu généreux que pour me faire outrage ?
S'il ne faut m'offenser, n'as-tu point de courage,
Et traites-tu mon père avec tant de rigueur,
Qu'après l'avoir vaincu tu souffres un vainqueur ? 1520
Va, sans vouloir mourir, laisse-moi te poursuivre,
Et défends ton honneur, si tu ne veux plus vivre.

1499. *Mon estomac ouvert*, ma poitrine découverte. Cf. *Rodogune*, 1619.
    1514. *Sans rendre combat*, sans livrer combat. M. Godefroy cite de nombreux exemples de cette locution au xvi⁰ siècle.
    1515. *Inégalité*, manque de suite dans le caractère ou les idées et la conduite. — *Ravale ta vertu*, déprime, abat ton courage.
    1517. *Outrage* n'a pas ici le sens d'*affront*, qui serait faible. Etymologiquement, un *outrage*, c'est tout ce qui outrepasse les bornes.

D. RODRIGUE

Après la mort du comte et les Mores défaits,
Faudrait-il à ma gloire encor d'autres effets ?
Elle peut dédaigner le soin de me défendre : 1525
On sait que mon courage ose tout entreprendre,
Que ma valeur peut tout, et que, dessous les cieux,
Auprès de mon honneur rien ne m'est précieux.
Non, non, en ce combat, quoi que vous veuilliez croire,
Rodrigue peut mourir sans hasarder sa gloire, 1530
Sans qu'on l'ose accuser d'avoir manqué de cœur,
Sans passer pour vaincu, sans souffrir un vainqueur.
On dira seulement : « Il adorait Chimène ;
Il n'a pas voulu vivre, et mériter sa haine ;
Il a cédé lui-même à la rigueur du sort 1535
Qui forçait sa maîtresse à poursuivre sa mort :
Elle voulait sa tête, et son cœur magnanime,
S'il l'en eût refusée, eût pensé faire un crime.
Pour venger son honneur il perdit son amour,
Pour venger sa maîtresse il a quitté le jour, 1540
Préférant, quelque espoir qu'eût son âme asservie,
Son honneur à Chimène, et Chimène à sa vie. »
Ainsi donc vous verrez ma mort en ce combat,
Loin d'obscurcir ma gloire, en rehausser l'éclat ;
Et cet honneur suivra mon trépas volontaire, 1545
Que tout autre que moi n'eût pu vous satisfaire.

CHIMÈNE

Puisque, pour t'empêcher de courir au trépas,
Ta vie et ton honneur sont de faibles appas,
Si jamais je t'aimai, cher Rodrigue, en revanche,
Défends-toi maintenant pour m'ôter à don Sanche ; 1550
Combats pour m'affranchir d'une condition
Qui me donne à l'objet de mon aversion.

1541. *Asservi*, en parlant de l'esclavage amoureux.

Te dirai-je encor plus ? va, songe à ta défense,
Pour forcer mon devoir, pour m'imposer silence ;
Et, si tu sens pour moi ton cœur encore épris, 1555
Sors vainqueur d'un combat dont Chimène est le prix.
Adieu. Ce mot lâché me fait rougir de honte.

D. RODRIGUE, *seul*

Est-il quelque ennemi qu'à présent je ne dompte ?
Paraissez, Navarrais, Mores et Castillans,
Et tout ce que l'Espagne a nourri de vaillants ; 1560
Unissez-vous ensemble et faites une armée
Pour combattre une main de la sorte animée :
Joignez tous vos efforts contre un espoir si doux ;
Pour en venir à bout, c'est trop peu que de vous.

SCÈNE II

L'INFANTE

T'écouterai-je encor, respect de ma naissance, 1565
    Qui fais un crime de mes feux ?
T'écouterai-je, amour, dont la douce puissance
Contre ce fier tyran fait révolter mes vœux ?
    Pauvre princesse, auquel des deux
    Dois-tu prêter obéissance ? 1570
Rodrigue, ta valeur te rend digne de moi ;
Mais, pour être vaillant, tu n'es pas fils de roi.

Impitoyable sort, dont la rigueur sépare
    Ma gloire d'avec mes désirs !

1554. *Pour forcer mon devoir*, pour en triompher, comme au vers 1624.
1559. « Je ne sais pourquoi on supprime ce morceau dans les représentations. *Paraissez, Navarrais*, était passé en proverbe. Cet enthousiasme de valeur et d'espérance messied-il au Cid encouragé par sa maîtresse ? » (Voltaire.) Ce morceau n'est plus, et ne saurait être supprimé au théâtre; Rodrigue, qui attendait ce mot de Chimène, peut-il rester silencieux ?
1572. *Pour être vaillant*, parce que tu es, bien que tu sois vaillant.

Est-il dit que le choix d'une vertu si rare 1575
Coûte à ma passion de si grands déplaisirs ?
  O cieux ! à combien de soupirs
  Faut-il que mon cœur se prépare,
Si jamais il n'obtient sur un si long tourment
Ni d'éteindre l'amour, ni d'accepter l'amant ? 1580

Mais c'est trop de scrupule, et ma raison s'étonne
  Du mépris d'un si digne choix :
Bien qu'aux monarques seuls ma naissance me donne,
Rodrigue, avec honneur je vivrai sous tes lois.
  Après avoir vaincu deux rois, 1585
  Pourrais-tu manquer de couronne ?
Et ce grand nom de Cid, que tu viens de gagner,
Ne fait-il pas trop voir sur qui tu dois régner ?

Il est digne de moi, mais il est à Chimène ;
  Le don que j'en ai fait me nuit. 1590
Entre eux la mort d'un père a si peu mis de haine
Que le devoir du sang à regret le poursuit :
  Ainsi n'espérons aucun fruit
  De son crime, ni de ma peine,
Puisque, pour me punir, le destin a permis 1595
Que l'amour dure même entre deux ennemis.

SCÈNE III

L'INFANTE, LÉONOR.

L'INFANTE

Où viens-tu, Léonor ?

LÉONOR

  Vous applaudir, Madame,

1579. *S'il n'obtient sur un si long tourment de* revient à dire : si d'un si long tourment (par un si long tourment) il n'obtient l'avantage de...

Sur le repos qu'enfin a retrouvé votre âme.

L'INFANTE

D'où viendrait ce repos dans un comble d'ennui ?

LÉONOR

Si l'amour vit d'espoir et s'il meurt avec lui, 1600
Rodrigue ne peut plus charmer votre courage.
Vous savez le combat où Chimène l'engage ;
Puisqu'il faut qu'il y meure ou qu'il soit son mari,
Votre espérance est morte et votre esprit guéri.

L'INFANTE

Ah ! qu'il s'en faut encor !

LÉONOR

Que pouvez-vous prétendre ? 1605

L'INFANTE

Mais plutôt quel espoir me pourrais-tu défendre ?
Si Rodrigue combat sous ces conditions,
Pour en rompre l'effet j'ai trop d'inventions.
L'amour, ce doux auteur de mes cruels supplices,
Aux esprits des amants apprend trop d'artifices. 1610

LÉONOR

Pourrez-vous quelque chose, après qu'un père mort
N'a pu dans leurs esprits allumer de discord ?
Car Chimène aisément montre par sa conduite
Que la haine aujourd'hui ne fait pas sa poursuite.
Elle obtient un combat, et, pour son combattant, 1615
C'est le premier offert qu'elle accepte à l'instant.
Elle n'a point recours à ces mains généreuses
Que tant d'exploits fameux rendent si glorieuses ;
Don Sanche lui suffit, et mérite son choix
Parce qu'il va s'armer pour la première fois. 1620

1601. *Charmer votre courage*, séduire votre cœur.
1605. *Prétendre* était alors actif et synonyme de *réclamer, ambitionner*.

Elle aime en ce duel son peu d'expérience ;
Comme il est sans renom, elle est sans défiance,
Et sa facilité vous doit bien faire voir
Qu'elle cherche un combat qui force son devoir,
Qui livre à son Rodrigue une victoire aisée, 1625
Et l'autorise enfin à paraître apaisée.

L'INFANTE

Je le remarque assez, et toutefois mon cœur
A l'envi de Chimène adore ce vainqueur.
A quoi me résoudrai-je, amante infortunée ?

LÉONOR

A vous mieux souvenir de qui vous êtes née : 1630
Le Ciel vous doit un roi, vous aimez un sujet !

L'INFANTE

Mon inclination a bien changé d'objet.
Je n'aime plus Rodrigue, un simple gentilhomme ;
Non, ce n'est plus ainsi que mon amour le nomme.
Si j'aime, c'est l'auteur de tant de beaux exploits, 1635
C'est le valeureux Cid, le maître de deux rois.

Je me vaincrai pourtant, non de peur d'aucun blâme,
Mais pour ne troubler pas une si belle flamme ;
Et, quand pour m'obliger on l'aurait couronné,
Je ne veux point reprendre un bien que j'ai donné. 1640
Puisqu'en un tel combat sa victoire est certaine,
Allons encore un coup le donner à Chimène.
Et toi, qui vois les traits dont mon cœur est percé,
Viens me voir achever comme j'ai commencé.

SCÈNE IV
CHIMÈNE, ELVIRE

CHIMÈNE

Elvire, que je souffre ! et que je suis à plaindre ! 1645

1628. *A l'envi de Chimène*, autant et plus que Chimène. « Il y a des pertes triomphantes *à l'envy des victoires*. » (Montaigne.)

Je ne sais qu'espérer, et je vois tout à craindre.
Aucun vœu ne m'échappe où j'ose consentir ;
Je ne souhaite rien sans un prompt repentir.
A deux rivaux pour moi je fais prendre les armes :
Le plus heureux succès me coûtera des larmes, 1650
Et, quoi qu'en ma faveur en ordonne le sort,
Mon père est sans vengeance, ou mon amant est mort.

ELVIRE

D'un et d'autre côté je vous vois soulagée :
Ou vous avez Rodrigue, ou vous êtes vengée ;
Et, quoi que le destin puisse ordonner de vous, 1655
Il soutient votre gloire, et vous donne un époux.

CHIMÈNE

Quoi ! l'objet de ma haine, ou bien de ma colère !
L'assassin de Rodrigue, ou celui de mon père !
De tous les deux côtés on me donne un mari
Encor tout teint du sang que j'ai le plus chéri ; 1660
De tous les deux côtés mon âme se rebelle :
Je crains plus que la mort la fin de ma querelle.
Allez, vengeance, amour, qui troublez mes esprits,
Vous n'avez point pour moi de douceurs à ce prix.
Et toi, puissant moteur du destin qui m'outrage, 1665
Termine ce combat sans aucun avantage,
Sans faire aucun des deux ni vaincu, ni vainqueur.

ELVIRE

Ce serait vous traiter avec trop de rigueur.

1653. *D'un et d'autre côté*, de l'un et de l'autre côté ; cette omission de l'article est fréquente chez Corneille. Cf. *Horace*, 808.
1661. *Se rebelle*, se révolte ; voyez *Polyeucte*, 1070.

    Si contre cet arrêt le siècle *se rebelle*,
    A la prospérité d'abord il en appelle. (Boileau, *Art poétique*, III.)

1662. *La fin de ma querelle*, la fin du combat qui doit décider de ma cause.
1663. C'est le même mouvement que dans *Polyeucte* (IV, 2) :

    Allez, honneurs, plaisirs, qui me livrez la guerre.

1665. *Puissant moteur*, terme un peu vague, mais à dessein. On parlait rarement de Dieu dans les tragédies. Voyez *Cinna*, 1749 :

Ce combat pour votre âme est un nouveau supplice,
S'il vous laisse obligée à demander justice, 1670
A témoigner toujours ce haut ressentiment,
Et poursuivre toujours la mort de votre amant.
Madame, il vaut bien mieux que sa rare vaillance,
Lui couronnant le front, vous impose silence,
Que la loi du combat étouffe vos soupirs, 1675
Et que le Roi vous force à suivre vos désirs.

CHIMÈNE

Quand il sera vainqueur, crois-tu que je me rende?
Mon devoir est trop fort, et ma perte trop grande;
Et ce n'est pas assez, pour leur faire la loi,
Que celle du combat et le vouloir du Roi. 1680
Il peut vaincre don Sanche avec fort peu de peine,
Mais non pas avec lui la gloire de Chimène;
Et, quoi qu'à sa victoire un monarque ait promis,
Mon honneur lui fera mille autres ennemis.

ELVIRE

Gardez, pour vous punir de cet orgueil étrange, 1685
Que le ciel à la fin ne souffre qu'on vous venge.
Quoi! vous voulez encor refuser le bonheur
De pouvoir maintenant vous taire avec honneur?
Que prétend ce devoir, et qu'est-ce qu'il espère?
La mort de votre amant vous rendra-t-elle un père? 1690
Est-ce trop peu pour vous que d'un coup de malheur?
Faut-il perte sur perte, et douleur sur douleur?
Allez, dans le caprice où votre humeur s'obstine,
Vous ne méritez pas l'amant qu'on vous destine,
Et nous verrons du Ciel l'équitable courroux 1695
Vous laisser, par sa mort, don Sanche pour époux.

1679. « On peut bien dire *faire la loi à un devoir* pour dire *le surmonter*, mais non pas *à une perte*. » (Académie.)

1680. *Vouloir* pour *volonté*, sorte d'hellénisme, très fréquent chez Corneille. Vaugelas proscrit ce mot de la prose; Voltaire constate qu'il n'est plus en usage; nous l'employons pourtant encore.

1696. Elvire, suivante de tragédie, tient presque à Chimène le langage que, dans le *Tartufe* (II, 3), Dorine tient à Marianne.

CHIMÈNE

Elvire, c'est assez des peines que j'endure.
Ne les redouble point par ce funeste augure :
Je veux, si je le puis, les éviter tous deux ;
Sinon, en ce combat Rodrigue a tous mes vœux : 1700
Non qu'une folle ardeur de son côté me penche ;
Mais, s'il était vaincu, je serais à don Sanche :
Cette appréhension fait naître mon souhait.
Que vois-je, malheureuse ? Elvire, c'en est fait.

SCÈNE V
D. SANCHE, CHIMÈNE, ELVIRE

D. SANCHE

Obligé d'apporter à vos pieds cette épée... 1705

CHIMÈNE

Quoi ? du sang de Rodrigue encor toute trempée ?
Perfide, oses-tu bien te montrer à mes yeux,
Après m'avoir ôté ce que j'aimais le mieux ?
Éclate, mon amour, tu n'as plus rien à craindre :
Mon père est satisfait, cesse de te contraindre. 1710
Un même coup a mis ma gloire en sûreté,
Mon âme au désespoir, ma flamme en liberté.

D. SANCHE

D'un esprit plus rassis...

CHIMÈNE

Tu me parles encore,
Exécrable assassin d'un héros que j'adore ?
Va, tu l'as pris en traître : un guerrier si vaillant 1715
N'eût jamais succombé sous un tel assaillant.

1705. On peut accorder aux critiques de l'Académie que la méprise est trop prolongée chez Corneille ; mais elle produit des effets si dramatiques et si décisifs qu'on oublie cette légère invraisemblance.
1706. Ce vers répète le vers 858.

N'espère rien de moi, tu ne m'as point servie :
En croyant me venger, tu m'as ôté la vie.

D. SANCHE

Étrange impression, qui, loin de m'écouter...

CHIMÈNE

Veux-tu que de sa mort je t'écoute vanter ? 1720
Que j'entende à loisir avec quelle insolence
Tu peindras son malheur, mon crime et ta vaillance ?

SCÈNE VI

D. FERNAND, D. DIÈGUE, D. ARIAS, D. SANCHE,
D. ALONSE, CHIMÈNE, ELVIRE

CHIMÈNE

Sire, il n'est plus besoin de vous dissimuler
Ce que tous mes efforts ne vous ont pu celer.
J'aimais, vous l'avez su ; mais, pour venger mon père, 1725
J'ai bien voulu proscrire une tête si chère :
Votre Majesté, Sire, elle-même a pu voir
Comme j'ai fait céder mon amour au devoir.
Enfin Rodrigue est mort, et sa mort m'a changée
D'implacable ennemie en amante affligée. 1730
J'ai dû cette vengeance à qui m'a mise au jour,
Et je dois maintenant ces pleurs à mon amour.
Don Sanche m'a perdue en prenant ma défense,
Et du bras qui me perd je suis la récompense !
   Sire, si la pitié peut émouvoir un roi, 1735

1718. « Cette scène semble avoir fourni à Racine l'idée de l'admirable dialogue d'Oreste et d'Hermione dans *Andromaque*, acte V, scène III. » (Marty-Laveaux.) Comparez aussi à cette explosion d'une passion longtemps contenue la scène où Camille laisse éclater son amour et sa douleur. Mais la passion de Camille n'a jamais connu la contrainte austère du devoir.

1720. *Je t'écoute vanter*, je t'écoute te vanter, ellipse familière à Corneille et aux tragiques du temps. Voyez *Menteur*, 914, *Cinna*, 19, *Horace*, 1846.

De grâce, révoquez une si dure loi ;
Pour prix d'une victoire où je perds ce que j'aime,
Je lui laisse mon bien ; qu'il me laisse à moi-même ;
Qu'en un cloître sacré je pleure incessamment,
Jusqu'au dernier soupir, mon père et mon amant. 1740

D. DIÈGUE

Enfin elle aime, Sire, et ne croit plus un crime
D'avouer par sa bouche un amour légitime.

D. FERNAND

Chimène, sors d'erreur, ton amant n'est pas mort,
Et don Sanche vaincu t'a fait un faux rapport.

D. SANCHE

Sire, un peu trop d'ardeur malgré moi l'a déçue : 1745
Je venais du combat lui raconter l'issue.
Ce généreux guerrier dont son cœur est charmé :
« Ne crains rien, m'a-t-il dit, quand il m'a désarmé :
Je laisserais plutôt la victoire incertaine
Que de répandre un sang hasardé pour Chimène ; 1750
Mais, puisque mon devoir m'appelle auprès du Roi,
Va de notre combat l'entretenir pour moi,
De la part du vainqueur lui porter ton épée. »
Sire, j'y suis venu : cet objet l'a trompée ;
Elle m'a cru vainqueur, me voyant de retour, 1755
Et soudain sa colère a trahi son amour
Avec tant de transport et tant d'impatience,
Que je n'ai pu gagner un moment d'audience.
  Pour moi, bien que vaincu, je me répute heureux ;
Et, malgré l'intérêt de mon cœur amoureux, 1760

1740. A la fin de *la Place Royale*, Corneille laisse prévoir le même dénouement : Angélique se retirera dans un couvent pour ne pas appartenir à un amant indigne. Mais Rodrigue est plus digne que jamais de Chimène.
1758. Je n'ai pu obtenir un moment d'attention. « Cette matière est digne de *l'audience* que nous donne Votre Majesté. » (Bossuet, *Parole de Dieu*.)
1759. *Je me répute*, je me tiens pour, moins fréquent que *réputer*, actif.

Perdant infiniment, j'aime encor ma défaite
Qui fait le beau succès d'une amour si parfaite.

D. FERNAND

Ma fille, il ne faut point rougir d'un si beau feu,
Ni chercher les moyens d'en faire un désaveu.
Une louable honte en vain t'en sollicite :   1765
Ta gloire est dégagée et ton devoir est quitte ;
Ton père est satisfait, et c'était le venger
Que mettre tant de fois ton Rodrigue en danger.
Tu vois comme le Ciel autrement en dispose ;
Ayant tant fait pour lui, fais pour toi quelque chose, 1770
Et ne sois point rebelle à mon commandement,
Qui te donne un époux aimé si chèrement.

SCÈNE VII

D. FERNAND, D. DIÈGUE, D. ARIAS, D. RODRIGUE.
D. ALONSE, D. SANCHE, L'INFANTE, CHIMÈNE, LÉONOR,
ELVIRE

L'INFANTE

Sèche tes pleurs, Chimène, et reçois sans tristesse
Ce généreux vainqueur des mains de ta princesse.

D. RODRIGUE

Ne vous offensez point, Sire, si devant vous   1775
Un respect amoureux me jette à ses genoux.
Je ne viens point ici demander ma conquête :

1762. Corneille faisait d'abord indifféremment *amour* du masculin ou du féminin : Racine et Molière de même. Vaugelas ne se prononçait pas, mais penchait pour le féminin ; Ménage préfère au contraire le masculin, et le masculin l'emporte dès lors. Bien qu'il ait corrigé plusieurs vers où *amour* était féminin, Corneille en a maintenu intacts beaucoup d'autres, tant dans ses premiers que dans ses derniers ouvrages.

1766. On a vu, au vers 897, *quitte* employé en parlant des personnes ; ici, il se dit d'une chose, comme dans *Pertharite* (1639) :
   Crois-moi quelque tendresse encor pour mon vrai sang,
   Et que vers Gundobert je crois ton *serment quitte*.

Je viens tout de nouveau vous apporter ma tête,
Madame; mon amour n'emploiera point pour moi
Ni la loi du combat, ni le vouloir du Roi. 1780
Si tout ce qui s'est fait est trop peu pour un père,
Dites par quels moyens il faut vous satisfaire.
Faut-il combattre encor mille et mille rivaux,
Aux deux bouts de la terre étendre mes travaux,
Forcer moi seul un camp, mettre en fuite une armée, 1785
Des héros fabuleux passer la renommée?
Si mon crime par là se peut enfin laver,
J'ose tout entreprendre, et puis tout achever;
Mais, si ce fier honneur, toujours inexorable,
Ne se peut apaiser sans la mort du coupable, 1790
N'armez plus contre moi le pouvoir des humains :
Ma tête est à vos pieds, vengez-vous par vos mains.
Vos mains seules ont droit de vaincre un invincible;
Prenez une vengeance à tout autre impossible.
Mais, du moins, que ma mort suffise à me punir; 1795
Ne me bannissez point de votre souvenir;
Et, puisque mon trépas conserve votre gloire,
Pour vous en revancher, conservez ma mémoire,
Et dites quelquefois, en déplorant mon sort :
« S'il ne m'avait aimée, il ne serait pas mort. » 1800

CHIMÈNE

Relève-toi, Rodrigue. Il faut l'avouer, Sire,
Je vous en ai trop dit pour m'en pouvoir dédire.

1780. *N'emploiera point ni...ni.* Aujourd'hui, nous supprimerions la négation avec *ni;* mais Bossuet, Molière et les meilleurs auteurs écrivaient ainsi :

Mais l'un *ni* l'autre enfin n'était *point* nécessaire. (Racine, *Bajazet*, 981.)
Je n'ai *point* exigé *ni* serments *ni* promesses. (Boileau, *Lutrin*, II.)

1784. *Mes travaux*, mes exploits guerriers.
1798. *Pour vous en revancher*, pour en prendre votre revanche. Littré cite des exemples de ce mot chez Pascal, La Fontaine, Saint-Simon, Vauvenargues. Voltaire écrivait pourtant : « Le mot *revancher* est devenu bas; on dirait aujourd'hui : pour vous en récompenser. » Etranges vicissitudes de la langue ! *se récompenser* d'une chose, pour *s'en dédommager*, a également vieilli.

Rodrigue a des vertus que je ne puis haïr ;
Et, quand un roi commande, on lui doit obéir.
Mais, à quoi que déjà vous m'ayez condamnée, 1805
Pourrez-vous à vos yeux souffrir cet hyménée ?
Et, quand de mon devoir vous voulez cet effort,
Toute votre justice en est-elle d'accord ?
Si Rodrigue à l'État devient si nécessaire,
De ce qu'il fait pour vous dois-je être le salaire, 1810
Et me livrer moi-même au reproche éternel
D'avoir trempé mes mains dans le sang paternel ?

D. FERNAND

Le temps assez souvent a rendu légitime
Ce qui semblait d'abord ne se pouvoir sans crime.
Rodrigue t'a gagnée, et tu dois être à lui ; 1815
Mais, quoique sa valeur t'ait conquise aujourd'hui,
Il faudrait que je fusse ennemi de ta gloire
Pour lui donner sitôt le prix de sa victoire.
Cet hymen différé ne rompt point une loi
Qui, sans marquer de temps, lui destine ta foi : 1820
Prends un an, si tu veux, pour essuyer tes larmes.
  Rodrigue, cependant il faut prendre les armes.
Après avoir vaincu les Mores sur nos bords,
Renversé leurs desseins, repoussé leurs efforts,
Va jusqu'en leur pays leur reporter la guerre, 1825
Commander mon armée, et ravager leur terre.
A ce seul nom de Cid ils trembleront d'effroi ;
Ils t'ont nommé seigneur, et te voudront pour roi.
Mais, parmi tes hauts faits, sois-lui toujours fidèle ;

1807. Il semble étrange qu'on dise d'une chose au singulier qu'elle est *d'accord*. Littré remarque qu'on dit bien, comme Molière, dans *le Mariage forcé* : « Tout est *d'accord*, » et que cette façon très commune de parler suffit à justifier Corneille.

1815. *Gagner* avec un nom de personne pour régime, *conquérir*. Voir *Rodogune*, 1044.

1822. *Cependant*, en attendant.

Reviens-en, s'il se peut, encor plus digne d'elle ; 1830
Et par tes grands exploits fais-toi si bien priser
Qu'il lui soit glorieux alors de t'épouser.

D. RODRIGUE

Pour posséder Chimène, et pour votre service,
Que peut-on m'ordonner que mon bras n'accomplisse ?
Quoi qu'absent de ses yeux il me faille endurer, 1835
Sire, ce m'est trop d'heur de pouvoir espérer.

D. FERNAND

Espère en ton courage, espère en ma promesse ;
Et, possédant déjà le cœur de ta maîtresse,
Pour vaincre un point d'honneur qui combat contre toi,
Laisse faire le temps, ta vaillance et ton roi. 1840

1835. Les meilleurs auteurs disaient *absent de quelqu'un* :
Un esprit amoureux, *absent de ce* qu'il aime. (*Veuve*, 346.)

1840. Ce dénouement, si c'en est un, est rappelé par celui de la *Sophonisbe* de Corneille. Après la mort de l'héroïne carthaginoise, Lélius songe à marier Eryxe, reine africaine, à Massinissa. Eryxe hésite, et Lélius, aussi discret que don Fernand, conclut le drame par ce vers :

Madame, encore un coup, laissons-en faire au temps.

FIN

HORACE

NOTICE

I

Par une sorte de coquetterie légitime, Corneille fait précéder le texte d'*Horace*, dans les éditions de 1648-1656, des extraits du premier livre de Tite-Live. On les trouvera plus loin. Sauf quelques variantes de peu d'importance, le récit de Denys d'Halicarnasse (III, 1) et de Florus (I, 3) ne diffère pas de celui de Tite-Live. L'étude de la narration oratoire, déjà toute dramatique, de Tite-Live, est donc une préface nécessaire à l'étude du drame de Corneille. On peut remarquer qu'elle s'ouvre par un rapide exposé des causes qui firent éclater la guerre, une guerre presque civile, entre les Albains et les Romains. « Albe, la mère de Rome, disent les chants dont les beaux récits de Tite-Live sont encore l'écho lointain, Albe était peu à peu devenue étrangère à sa colonie, et de mutuels pillages amenèrent la guerre (1). » Que Tite-Live, historien romain, ait mis tous les torts du côté d'Albe, on ne saurait s'en étonner ; au fond, il sent bien que Metius a raison d'écarter les vains prétextes et de voir dans une ambition rivale la vraie cause d'une hostilité à laquelle la ruine de l'une ou l'autre ville pouvait seule mettre fin. Si l'on oubliait cette communauté d'origine, ces liens de tout genre qui unissaient deux peuples voisins et parents, on comprendrait mal une tragédie dont le principal intérêt vient précisément de là.

On ne s'est pas contenté d'affirmer que le combat des Horaces et des Curiaces symbolise la lutte implacable d'Albe et de

---

1. Duruy, *Histoire romaine*, tome I.

Rome; on a été jusqu'à le réduire à l'état de pure allégorie, dénuée de toute réalité historique, même de toute vraisemblance. Aussi sceptique, mais plus systématique que les Français Levesque et de Beaufort, l'historien allemand Niebuhr, dès le début du xixe siècle, retrouvait dans ces légendes historiques de l'ancienne Rome la trace visible de chants nationaux disparus. Les belles pages de Tite-Live ne seraient donc que le lointain ressouvenir d'une cantilène épique, mal à propos déguisée en récit authentique et précis. Notre Michelet, son disciple sur ce point, érigeait en dogme cette hypothèse; il admirait, avec un enthousiasme rétrospectif, ce « chant tout barbare » et remarquait même qu'ici « la rudesse du génie national a repoussé les embellissements des Grecs(1) ».

Avouons que Tite-Live semble donner raison d'avance à Niebuhr et à Michelet, lui qui, dès le début, confesse l'incertitude de cette histoire, lui qui ne sait même pas si les Horaces étaient les champions de Rome ou d'Albe. L'histoire pourtant raconte que le combat dont Corneille a tiré un si merveilleux parti se livra l'an 83 de Rome, 670 ans avant Jésus-Christ, sur la voie Appienne, dans un pré situé à mi-chemin d'Albe, à cinq milles de Rome. Le peuple avait gardé, longtemps après, la mémoire de cet événement décisif; il montrait, ici, près de la porte Capène, deux grands tombeaux de forme pyramidale, dans le goût étrusque, les tombeaux des deux Horaces; là, le Poteau de la sœur, *tigillum sororis*, auquel Horace devait être attaché et sous lequel il passa, comme sous un joug; souvent refait, mais toujours conservé religieusement, ce poteau existait encore au quatrième siècle de notre ère.

En tout cas, Corneille n'a jamais mis en doute la réalité de la tradition. Aussi respecta-t-il le récit de Tite-Live dans ses traits généraux. Il est vrai qu'au cinquième acte, trop docile esclave de l'unité de lieu, il a dû laisser dans le lointain le peuple, ce personnage collectif et gênant, pour faire juger le jeune Horace, dans la maison de son père, par le roi seul, à peine entouré de quelques comparses. Mais cette légère inexac-

---

1. Michelet, *Histoire romaine*.

titude historique n'a guère plus d'importance que l'anachronisme du vieil Horace s'agenouillant, au même acte, devant le roi. C'est l'esprit de Tite-Live qu'il s'est assimilé, non pas seulement dans ce cinquième acte, qu'on a jugé parfois plus historique que dramatique, mais dans le corps entier d'une tragédie dominée par une double majesté, celle de la puissance divine, celle de l'autorité paternelle.

A tous les actes de la vie civile et publique préside une divinité protectrice ou menaçante, dont il faut se conserver la faveur ou désarmer le courroux. Les sacrifices, sans cesse multipliés, sont un tribut qu'on lui doit et qu'elle attend : c'est pour consulter la volonté divine que le combat est suspendu ; c'est parce que la volonté divine a prononcé que le combat s'engage. Si voisine qu'elle soit du fatalisme, cette foi n'annihile pas la volonté humaine. Appuyée précisément sur la religion, — puisque le père est avant tout le représentant de la religion domestique, — l'autorité paternelle nous apparaît comme sacrée. « Rien, dans notre société moderne, ne peut nous donner une idée de cette puissance paternelle. Dans cette antiquité, le père n'est pas seulement l'homme fort qui protège et qui a aussi le pouvoir de se faire obéir ; il est le prêtre, il est l'héritier du foyer, le continuateur des aïeux, la tige des descendants, le dépositaire des rites mystérieux du culte et des formules secrètes de la prière. Toute la religion réside en lui... Le droit de justice que le père exerçait dans sa maison était complet et sans appel. Il pouvait condamner à mort, comme faisait le magistrat dans la cité ; aucune autorité n'avait le droit de modifier ses arrêts (1). » Le fils était donc, selon le terme juridique, *in manu, in potestate patris*, et, tant que son père vivait, il restait en puissance, quels que fussent d'ailleurs son âge et sa dignité. C'est seulement après la mort du père qu'il commence de s'appartenir à lui-même, *sui juris fit*. Jusque-là, il ne peut ni posséder ou gagner par lui-même, puisqu'il est dans la main d'un autre, ni tester, puisqu'il ne possède rien, et qu'au contraire il est possédé. Cette toute-puissance du père, maître et justicier, ne se laisse guère entrevoir, dans le

1. Fustel de Coulange, *la Cité antique*, II, 8.

récit de Tite-Live, que vers la fin, alors que le vieil Horace déclare juste le meurtre de Camille et proteste qu'il l'eût vengée lui-même sur son fils, si elle n'eût pas été coupable. Chez Corneille, au contraire, elle est au premier plan; le tragique français a trouvé moyen d'être ici plus Romain que Tite-Live.

Par sa simplicité même, le texte de Tite-Live semble devoir être une gêne plutôt qu'un secours pour un auteur dramatique, et l'on ne voit pas bien tout d'abord comment celui-ci pourra soutenir l'intérêt d'une action dont un récit doit être l'âme. Corneille accepte le récit; mais il n'a garde de lui laisser la forme d'une narration historique: il l'accommode au théâtre, le coupe, en prolonge l'intérêt qu'il suspend, en double l'effet par une admirable péripétie. De même, pour la peinture des caractères, il s'empare des données de Tite-Live, mais les complète et y découvre des ressources imprévues. C'est lui-même qui l'observe : « Les oppositions des sentiments de la nature aux emportements de la passion ou à la sévérité du devoir forment de puissantes agitations, qui sont reçues de l'auditoire avec plaisir... Horace et Curiace ne seraient point à plaindre s'ils n'étaient point amis et beaux-frères (1). » Voilà le grand ressort qui fait mouvoir l'action tout entière. Si le caractère de Sabine prête à la critique, combien dramatique est la situation que crée ce nouveau personnage! et combien l'union déjà réalisée entre les deux familles est plus émouvante que l'union projetée de l'histoire! Par suite, le caractère du jeune Horace est mieux mis en lumière : il n'est plus seulement le Romain, le citoyen, le soldat farouche, *ferox juvenis*, que Rome domine et écrase un peu, dont on nous montre la valeur sur le champ de bataille, la cruauté, insuffisamment expliquée, après la victoire. Comme on nous l'a fait voir de plus près, entouré des siens, qui s'opposent à lui et rehaussent encore son sauvage héroïsme, nous sommes mieux préparés, non sans doute à justifier, mais à comprendre son fratricide. En un mot Tite-Live ne nous montre que la patrie; près de la patrie, Corneille nous montre la famille, source d'émotions non moins profondes.

1. *Discours de la tragédie.*

II

Il est curieux que le premier devancier de Corneille ait été le satirique et licencieux Pierre Arétin, et surtout que cet écrivain ait traité gravement ce grave sujet. Sa tragédie d'*Orazia* (la sœur d'Horace), imprimée à Venise en 1546, est mal nommée, puisque la sœur d'Horace meurt dès le troisième acte ; et le chœur des Vertus, qui, à la fin de chaque acte, chante quelque moralité, ne contribue pas à l'animer. D'ailleurs, elle ressemble assez peu à l'*Horace* de Corneille.

Dès le début de l'acte I, les noms des six combattants, choisis par Albe et Rome, sont connus. Au moment où le vieil Horace, à l'acte II, sort du temple, Tatius, chevalier romain, vient lui annoncer la victoire de son fils, et lui fait un long récit du combat. Ici encore, les événements semblent se précipiter avec une brusquerie peu dramatique, puisque, dès le second acte, l'action principale touche à sa fin. L'acte III est celui du fratricide. Les deux derniers actes correspondent au cinquième acte d'*Horace*. Nommés par le roi pour décider si Horace est coupable de meurtre, les duumvirs ne peuvent que le condamner. Le licteur s'avance donc vers le meurtrier, qui s'écrie : « J'en appelle au peuple. » Dès lors cesse la magistrature des duumvirs. Convoqué par le roi, le peuple entend tour à tour et le plaidoyer du vieux Publius Horatius, qui offre de mourir pour son fils, et les réponses qu'y font plusieurs citoyens, et l'orgueilleuse déclaration du meurtrier lui-même, qui refuse d'accepter le sacrifice paternel, satisfait de mourir, puisqu'il meurt couvert de gloire. C'est vers le pardon que l'assemblée incline enfin, mais Horace absous devra passer sous le joug la tête voilée. Si bénigne que soit cette condamnation, le jeune héros n'en est pas moins indigné ; il maltraite le licteur qui s'approche. Sans doute il ne céderait pas, si Jupiter, apparu tout à coup au milieu des éclairs, ne lui ordonnait d'obéir.

En réalité, Corneille n'eut, du moins sur la scène française, qu'un devancier : c'est un certain Pierre de Laudun d'Aigaliers, auteur d'un *Art poétique* et de deux tragédies : la première, *Dioclétian*, raconte le martyre de saint Sébastien ; la seconde, *Horace trigémine* (les trois Horaces), se compose de trois parties gauchement reliées entre elles : 1º le combat des Horaces et des Curiaces, épisode héroïque traité en style pittoresque ; qu'on en juge par ce vers souvent cité :

Çà, çà, tue, tue, tue ! — Çà, çà, çà, tue, tue, pif, paf.

2º Le procès du « sorricide » et son acquittement ; — 3º La mort de Tullus Hostilius, qui, coupable d'avoir fait écarteler le chef des Albains, Metius Suffetius, est foudroyé « avec son gentilhomme ». On a critiqué la duplicité d'action de la tragédie cornélienne ; mais que dire de l'action triple et du double dénouement de l'*Horace trigémine* ?

Ce serait faire injure à Corneille que d'insister sur cette comparaison ; mais le troisième de ses devanciers est plus digne d'être nommé à côté de lui. C'est à soixante ans (1662) que l'infatigable Lope de Vega publia *el Honrado hermano*, dont M. Saint-Marc Girardin écrit : « Nous ne sommes occupés que de filles qu'on veut faire religieuses, de femmes déguisées en cavaliers, de ruses pour enlever la fille sous les yeux mêmes du père, toutes scènes de comédie. Pourquoi les personnages qui figurent dans ces scènes de comédie s'appellent-ils les Horaces et les Curiaces ? Je n'en sais rien en vérité. Ils pourraient aussi bien s'appeler don Gusman, don Pèdre, don Gomez. L'histoire n'y perdrait rien ; car l'histoire n'est pour rien dans tout cela. » C'est une *tragi-comédie* terminée par le mariage d'Horace, qui est absous par le peuple. C'est pourtant la pièce de Lope de Vega qui semble avoir inspiré à Corneille l'idée de rajeunir un sujet où aucun écrivain, depuis Tite-Live, n'avait encore imprimé cette marque personnelle et durable qui décourage les imitateurs.

Qu'on s'en afflige ou qu'on y applaudisse, *Horace* marque une date dans l'histoire de l'art dramatique. Ce jour-là, Corneille restreignait volontairement le champ illimité du drame ; ce jour-là, il créait la tragédie classique, telle que nous la concevons encore, telle que nous l'étudions dans son passé un peu lointain, telle que Racine et Voltaire l'acceptèrent de ses mains et la firent fleurir. *Horace*, Corneille se plaît à le remarquer, est au nombre des pièces fort rares qu'il a pu réduire à la rigueur de l'unité du lieu (1). Tout s'y passe en effet dans la salle d'une même maison. La vraisemblance en souffre bien quelque peu ; mais quoi! « Les femmes ont tant d'amitié l'une pour l'autre et des intérêts si conjoints qu'elles peuvent être toujours ensemble (2). » C'est de ces petites raisons que se paye le grand Corneille ; nous aurions mauvaise grâce à les juger puériles.

D'après divers indices, on peut supposer que Corneille avait conçu dès 1637 l'idée d'*Horace*. Et pourtant, ce n'est qu'au début de 1640 qu'*Horace* fut représenté, probablement à l'hôtel de Bourgogne. Dans une lettre du 9 mars 1640, Chapelain écrit à Balzac : « Pour le combat des Horaces, ce ne sera pas sitôt que vous le verrez, pour ce qu'il n'a encore été représenté qu'une fois devant Son Éminence, et que, devant que d'être publié, il faut qu'il serve six mois de gagne-pain aux comédiens. » D'où vient ce long retard ? Une autre lettre du même Chapelain à Balzac, mais qui nous reporte à la date du 15 janvier 1639, nous indiquera l'une des causes, peut-être la cause principale, de ce silence prolongé : « Corneille est ici depuis trois jours, et d'abord m'est venu faire un éclaircissement sur le livre de l'Académie pour ou plutôt contre *le Cid*, m'accusant, et non sans raison, d'en être le principal auteur. Il ne fait plus rien, et Scudéry a du moins gagné cela, en le querellant, qu'il l'a rebuté du métier et lui a tari sa veine. Je l'ai, autant que j'ai pu, réchauffé et encouragé à se venger, et de Scudéry et de sa protectrice, en faisant quelque nouveau *Cid* qui attire encore les suffrages de tout le monde, et qui montre que l'art n'est pas ce qui fait la beauté ; mais il n'y a pas moyen de l'y résoudre, et il ne parle plus que de règles et que des choses qu'il eût pu répondre aux académiciens, s'il n'eût point craint de choquer les puissances, mettant, au reste, Aristote entre les auteurs apocryphes lorsqu'il ne s'accommode pas à ses imaginations. »

---

1. *Discours de la tragédie.* — *Discours des trois unités.* Il n'y cite que trois pièces réunissant ces conditions : *Horace*, *Polyeucte*, et *Pompée*.
2. *Discours des trois unités.*

Cette lettre est précieuse à plus d'un égard : d'abord parce qu'elle nous montre, trois ans après *le Cid*, Corneille encore découragé des attaques envieuses qu'il a eu à subir ; ensuite, parce qu'elle nous apprend à quel point le préoccupent ces fameuses règles dont s'autorisent ses adversaires. Ce découragement si prolongé nous explique l'apparition tardive d'*Horace* ; cette préoccupation des règles nous avertit que le poète fera, cette fois, effort pour s'y conformer. Seulement, Chapelain se trompe quand il croit cet abattement irrémédiable ; ce n'est qu'une crise d'où le génie de Corneille sortira mûri et fortifié.

D'autres préoccupations, plus pénibles encore, nous font mieux comprendre cette lassitude morale d'un grand homme en proie aux mille petites misères de la vie matérielle. Corneille venait de perdre son père : aux embarras que causa le règlement de la succession se joignirent les difficultés irritantes d'un procès. On sait quelles fonctions Corneille exerçait depuis une dizaine d'années à la table de marbre des Eaux et Forêts de Rouen. Ces fonctions, chèrement payées, étaient plus honorables que lucratives. Et voici que la nomination d'un certain François Hays comme second avocat du roi au même siège réduisait de moitié les profits de la charge acquise par le poète. Corneille était avocat et Normand : il plaida comme plaident volontiers ses personnages. Son plaidoyer *pro domo sua* eut-il le même succès que celui du vieil Horace ? On ne sait ; mais le procès, nous dit-on, fut longtemps pendant et nécessita de nombreuses démarches.

C'est seulement en 1641 que fut publiée, à Paris, chez Augustin Courbé, la première édition d'*Horace*, in-4°, avec privilège du roi. Est-ce la fière attitude de Corneille qui découragea les critiques ? ou plutôt n'est-ce pas pour les contraindre au silence qu'il dédia sa pièce au cardinal de Richelieu, dont il oublie les injustes tracasseries pour ne se rappeler que les « bienfaits » ? Assurément il exagère la reconnaissance quand il reconnaît devoir à son redoutable protecteur tout ce qu'il est, et la modestie, quand il lui présente timidement sa Muse comme une « Muse de province ». On s'est trop habitué peut-être à identifier Corneille avec les héros cornéliens, et l'on a un peu oublié le Normand madré, qui, à de certains moments, se laisse entrevoir à côté de Rodrigue ou d'Horace. Il lisait son *Horace* à un public choisi (1). Chez qui ? Chez Rotrou peut-être, le seul qui eût défendu le *Cid* ? Non, mais chez l'abbé de Boisrobert, qui l'avait parodié. Et quels auditeurs assistaient à cette lecture ? Précisément ceux dont Corneille avait intérêt à prévenir l'hostilité déjà éprouvée : Claude de l'Estoile, que Corneille avait déjà rencontré dans la commission des cinq auteurs, et qui avait la réputation de connaître à fond les règles ; le docte Chapelain, le dogmatique abbé d'Aubignac, théoricien estimable de la tragédie et mauvais tragique, mais mauvais dans les règles. Chez tous, le respect, au moins apparent, des règles était égal au dévouement pour le cardinal ; double raison pour que Corneille ménageât cet étrange aréopage.

Quels sentiments fit naître cette lecture, nous le savons par l'aveu même des principaux auditeurs. Chapelain critiquait la fin de la pièce, brutale et froide à son jugement, et démontrait « par le menu » à Corneille comment il eût dû s'y prendre (2). Pour d'Aubignac, il louait la narration coupée du combat, l'invention du caractère de Sabine, bien imaginé pour introduire les passions d'une femme à côté de celles d'une amante, la manière émouvante et rapide dont l'action est engagée. Mais il signalait l'inutilité de l'oracle, qui ne fait point le nœud de la pièce, et dont les spectateurs ne se donnent pas la peine de pénétrer le sens. Le discours de Valère au cinquième acte lui semblait froid, inutile et odieux : car, dans le cours de la pièce, Valère n'avait point paru touché d'un si grand amour pour Camille : «Selon l'humeur des Français, il devrait chercher une plus noble voie pour venger sa maîtresse, et nous souffririons plus volontiers qu'il étranglât Horace que de lui faire un procès (3). » Sait-on quelle péripétie il avait imaginé de substituer au meurtre de Camille, dont son humanité était blessée ? « La mort de Camille par la main d'Horace, son frère, n'a pas été approuvée au théâtre, bien que ce soit une aven-

---

1. *Troisième dissertation concernant le poème dramatique en forme de remarques sur la tragédie de M. Corneille intitulée* L'ŒDIPE, par l'abbé d'Aubignac.
2. Lettre de Chapelain à Balzac, 17 novembre 1640.
3. *Pratique du théâtre*, de l'abbé d'Aubignac, II, 13, 79 ; IV, 3, 5.

ture véritable, et j'avais été d'avis, pour sauver en quelque sorte l'histoire et tout ensemble la bienséance de la scène, que cette fille désespérée, voyant son frère l'épée à la main, se fût précipitée dessus ; ainsi elle fût morte par la main d'Horace, et lui eût été digne de compassion, comme un malheureux innocent. L'histoire et le théâtre auraient été d'accord (1). » Étrange accord, et qui n'épargnerait pas à Horace l'odieux d'une action dont il aurait déjà conçu la pensée, sans avoir le temps de l'accomplir !

Dans son examen, Corneille raille ceux qui voudraient faire prendre à un Romain « le procédé de France » et l'habiller à la française. Mais alors il défendait avec opiniâtreté son sentiment, et allait jusqu'à dire à Chapelain « qu'en matière d'avis il craignait toujours qu'on ne les lui donnât par envie et pour détruire ce qu'il avait bien fait. Puis, craignant d'avoir blessé un arbitre aussi redoutable, il déclarait se rendre à son opinion, et l'assurait qu'il changerait son cinquième acte, mais ne le changeait pas. Toujours ce même mélange de prudence et de fierté.

1. Lettre de Chapelain à Balzac, 17 novembre 1640.

A MONSEIGNEUR

LE CARDINAL DUC DE RICHELIEU

Monseigneur,

Je n'aurais jamais eu la témérité de présenter à Votre Éminence ce mauvais portrait d'Horace, si je n'eusse considéré qu'après tant de bienfaits que j'ai reçus d'elle (1), le silence où mon respect m'a retenu jusqu'à présent passerait pour ingratitude, et que, quelque juste défiance que j'aie de mon travail, je dois avoir encore plus de confiance en votre bonté. C'est d'elle que je tiens tout ce que je suis (2), et ce n'est pas sans rougir que, pour toute reconnaissance, je vous fais un présent si peu digne de vous et si peu proportionné à ce que je vous dois. Mais, dans cette condition, qui m'est commune avec tous ceux qui écrivent, j'ai cet avantage qu'on ne peut, sans quelque injustice, condamner mon choix, et que ce généreux Romain, que je mets aux pieds de Votre Éminence, eût pu paraître devant elle avec moins de honte, si les forces de l'artisan eussent répondu à la dignité de la matière. J'en ai pour garant l'auteur dont je l'ai tirée, qui commence à décrire cette fameuse histoire par ce glorieux éloge, « qu'il n'y a presque aucune chose plus noble dans toute l'antiquité ». Je voudrais que ce qu'il a dit de l'action se pût dire de la peinture que j'en ai faite, non pour en tirer plus de vanité, mais seulement pour vous offrir quelque chose un peu moins indigne de vous être offert. Le sujet était capable de plus de grâces, s'il eût été

---

1. Les bienfaits se réduisaient à une pension de 500 écus.
2. Est-ce une amende honorable de l'*Excuse à Ariste*? Corneille y disait fièrement :

   Je ne dois qu'à moi seul toute ma renommée.

traité d'une main plus savante ; mais du moins il a reçu de la mienne toutes celles qu'elle était capable de lui donner, et qu'on pouvait raisonnablement attendre d'une muse de province(1), qui, n'étant pas assez heureuse pour jouir souvent des regards de Votre Éminence, n'a pas les mêmes lumières à se conduire qu'ont celles qui en sont continuellement éclairées. Et certes, Monseigneur, ce changement visible qu'on remarque en mes ouvrages depuis que j'ai l'honneur d'être à Votre Éminence (2), qu'est-ce autre chose qu'un effet des grandes idées qu'elle m'inspire, quand elle daigne souffrir que je lui rende mes devoirs? et à quoi peut-on attribuer ce qui s'y mêle de mauvais, qu'aux teintures grossières que je reprends quand je demeure abandonné à ma propre faiblesse? Il faut, Monseigneur, que tous ceux qui donnent leurs veilles au théâtre publient hautement avec moi que nous vous avons deux obligations très signalées : l'une, d'avoir ennobli le but de l'art; l'autre, de nous en avoir facilité les connaissances. Vous avez ennobli le but de l'art, puisqu'au lieu de celui de plaire au peuple que nous prescrivent nos maîtres et dont les deux plus honnêtes gens de leur siècle, Scipion et Lælie, ont autrefois protesté de se contenter (3), vous nous avez donné celui de vous plaire et de vous divertir ; et qu'ainsi nous ne rendons pas un petit service à l'État, puisque, contribuant à vos divertissements, nous contribuons à l'entretien d'une santé qui lui est si précieuse et si nécessaire (4). Vous nous en avez facilité les connaissances, puisque nous n'avons plus besoin d'autre étude pour les acquérir que d'attacher nos yeux sur Votre Éminence, quand elle honore de sa présence et de son attention le récit de nos poèmes. C'est là que, lisant sur son visage ce qui lui plaît et ce qui ne lui plaît pas, nous nous instruisons avec certitude de ce qui est bon et de ce qui est mauvais, et tirons des règles infaillibles de ce qu'il faut suivre et de ce qu'il faut

---

1. Corneille habitait alors Rouen ; il ne se fixa à Paris qu'en 1662.
2. *Être à quelqu'un*, c'était le seul moyen alors d'être quelque chose, du moins pour ceux dont le talent formait la principale richesse.
3. *Les deux plus honnêtes gens*, les deux hommes de l'esprit le plus poli. Corneille admet comme démontrée la collaboration de Scipion et de Lélius avec Térence et fait ici allusion au prologue de l'*Andrienne*.
4. Richelieu, déjà malade à ce moment, devait mourir deux ans après.

éviter; c'est là que j'ai souvent appris en deux heures ce que mes livres n'eussent pu m'apprendre en dix ans; c'est là que j'ai puisé ce qui m'a valu l'applaudissement du public ; et c'est là qu'avec votre faveur j'espère puiser assez pour être un jour une œuvre digne de vos mains. Ne trouvez donc pas mauvais, Monseigneur, que pour vous remercier de ce que j'ai de réputation, dont je vous suis entièrement redevable, j'emprunte quatre vers d'un autre Horace (1) que celui que je vous présente, et que je vous exprime par eux les plus véritables sentiments de mon âme :

Totum muneris hoc tui est,
Quod monstror digito prætereuntium,
Scenæ non levis artifex :
Quod spiro et placeo, si placeo, tuum est (2).

Je n'ajouterai qu'une vérité à celle-ci, en vous suppliant de croire que je suis et serai toute ma vie, très passionnément,

MONSEIGNEUR,

De Votre Éminence,

Le très humble, très obéissant
et très fidèle serviteur.

CORNEILLE.

1. Jeu de mots puéril, qui rapproche le meurtrier de Camille et le favori de Mécène.
2. « C'est à toi, à toi seul que je dois cette gloire, d'être montré au doigt par les passants, comme un poète dont l'art triomphe au théâtre ; grâce à toi, je vis et je plais, si l'on peut dire que je plaise. »
Il y a, dans le texte d'Horace (*Odes*, IV, 3), non pas *scenæ non levis artifex*, mais *romanæ fidicen lyræ*. Corneille a modifié la citation de manière à pouvoir se l'appliquer.

TITUS LIVIUS

(XXIII.)... Bellum utrinque summa ope parabatur, civili simillimum bello, prope inter parentes natosque ; Trojanam utramque prolem, quum Lavinium ab Troja, ab Lavinio Alba, ab Albanorum stirpe regum oriundi Romani essent. Eventus tamen belli minus miserabilem dimicationem fecit, quod nec acie certatum est, et tectis modo dirutis alterius urbis, duo populi in unum confusi sunt. Albani priores ingenti exercitu in agrum romanum impetum fecere. Castra ab urbe haud plus quinque millia passuum locant, fossa circumdant : fossa Cluilia ab nomine ducis per aliquot secula appellata est, donec cum re nomen quoque vetustas abolevit. In his castris Cluilius, albanus rex, moritur ; dictatorem Albani Metium Suffetium creant. Interim Tullus, ferox præcipue morte regis, magnmque Deorum numen, ab ipso capite orsum, in omne nomen albanum expetiturum pœnas ob bellum impium dictitans, nocte, præteritis hostium castris, infesto exercitu in agrum

XXIII... Des deux côtés, on se préparait avec la plus grande activité à la guerre. C'était presque une guerre civile, car les enfants, en quelque sorte, allaient combattre contre leurs pères. En effet, le sang troyen coulait dans les veines des deux peuples. Lavinium était sortie de Troie ; Albe de Lavinium, et les Romains de la race des rois d'Albe. Cependant, l'événement rendit cette lutte moins déplorable : il n'y eut pas de bataille rangée ; il n'y eut de détruit que les maisons de l'une des deux villes ; les deux peuples se confondirent en un seul. Les Albains avaient pris les devants et fait irruption sur le territoire de Rome avec une armée immense. Ils posent leur camp à cinq milles seulement de la ville et l'entourent d'un fossé qui, pendant plusieurs siècles, conserva le nom du général albain Cluilius. Le temps a fini par effacer et la trace du travail et son nom. Dans ce camp, les Albains perdent leur roi Cluilius ; ils créent un dictateur, Metius Suffetius. Cependant Tullus, enhardi encore par la mort du roi, publiait que la vengeance des dieux avait commencé par ce roi pour faire tomber ensuite sur tout le peuple le châtiment d'une guerre impie. A la faveur de la nuit, il tourne le camp ennemi et s'avance vers le territoire d'Albe avec une armée menaçante. Cette manœuvre tire Metius de sa posi-

albanum pergit. Ea res abstativis excivit Metium; is ducit exercitum quam proxime ad hostem potest; inde legatum præmissum nuntiare Tullo jubet, priusquam dimicent, opus esse colloquio : si secum congressus sit, satis scire ea se allaturum, quæ nihilo minus ad rem romanam, quam ad albanam pertineant. Haud aspernatus Tullus, tametsi vana afferrebantur, suos in aciem educit; exeunt contra et Albani. Postquam instructi utrinque stabant, cum paucis procerum in medium duces procedunt. Ibi infit Albanus injurias, et non redditas res ex fœdere quæ repetitæ sunt, et : « Ego regem nostrum Cluilium causam hujusce esse belli audisse videor, nec te dubito, Tulle, eadem præ te ferre. Sed si vera potius quam dictu speciosa dicenda sunt, cupido imperii duos cognatos vicinosque populos ad arma stimulat; neque recte an perperam interpretor : fuerit ista ejus deliberatio qui bellum suscepit; me Albani gerendo bello ducem creavere. Illud te, Tulle, monitum velim : etrusca res quanta circa nos teque maxime sit, quo propior es Etruscis, hoc magis scis ; multum illi terra, plurimum mari pollent. Memor esto, jam quum signum pugnæ dabis, has duas acies spectaculo fore, ut fessos confectosque, simul victorem ac victum aggrediantur. Itaque, si nos Dii amant, quoniam non contenti libertate certa, in dubiam imperii servitiique aleam imus, ineamus aliquam viam, qua utri utris imperent, sine magna clade,

tion. Il s'approche le plus qu'il peut de l'ennemi, puis envoie un héraut demander à Tullus une entrevue avant le combat : s'il s'y rend, il peut être assuré d'entendre des propositions dans l'intérêt de Rome non moins que dans celui d'Albe. Tullus ne refuse pas, bien que persuadé de l'inutilité de cet entretien. Il range ses soldats en bataille; les Albains en font autant. Les deux armées ainsi sous les armes, les chefs s'avancent avec une escorte d'officiers. Le général albain parle le premier : « D'injustes attaques, le refus de rendre le butin aux termes du traité, telles sont les causes qu'il me semble avoir entendu donner à cette guerre par notre roi Cluilius, et celles que tu dois alléguer, Tullus, je n'en doute pas. Mais laissons les vains prétextes, et disons la vérité : c'est une ambition rivale qui met aux prises deux peuples voisins et parents. Est-ce à raison? est-ce à tort? Je ne l'examine pas; ce soin regardait celui qui a entrepris la guerre. Moi, les Albains ne m'ont élu chef que pour la bien conduire. Ce que je veux, Tullus, c'est t'avertir d'une chose : l'Etrurie qui nous environne est bien menaçante, tu le sais mieux que nous, toi qui en es plus près. Puissante sur terre, elle l'est encore plus sur mer. Souviens-toi, quand tu donneras le signal du combat, qu'elle aura l'œil fixé sur nos deux armées, prête à fondre sur les deux peuples fatigués de la lutte ou accablés, sur les vainqueurs comme sur les vaincus. Aussi, puisque, non con-

sine multo sanguine utriusque populi decerni possit. » Haud displicet res Tullo, quamquam tum indole animi, tum spe victoriæ, ferocior erat. Quærentibus utrinque ratio initur, cui et fortuna ipsa præbuit materiam.

(XXIV.) Forte in duobus tum exercitibus erant tergemini fratres, nec ætate, nec viribus dispares. Horatios Curiatiosque fuisse satis constat, NEC FERME RES ANTIQUA ALIA EST NOBILIOR ; tamen in re tam clara nominum error manet, utrius populi Horatii, utrius Curiatii fuerint. Auctores utroque trahunt ; plures tamen invenio, qui Romanos Horatios vocent : hos ut sequar, inclinat animus. Cum tergiminis agunt reges, ut pro sua quisque patria dimicet ferro : ibi imperium fore, unde victoria fuerit. Nihil recusatur, tempus et locus convenit. Priusquam dimicarent fœdus ictum inter Romanos et Albanos est his legibus : ut cujus populi cives eo certamine vicissent, is alteri populo cum bona pace imperitaret...

(XXV.) Fœdere icto, tergemini, sicut convenerat, arma capiunt. Quum sui utrosque adhortarentur, Deos patrios, patriam ac parentes, quidquid civium domi, quidquid in exercitu sit, illorum tunc arma, illorum intueri manus, feroces et suopte ingenio, et pleni adhortantium vocibus, in medium in-

---

tents d'une liberté assurée, nous courons la c ance de devenir esclaves dans l'espoir d'une domination incertaine, cherchons, avec l'aide des dieux, quelque moyen de décider entre les deux peuples sans qu'il en coûte à tous les deux bien des pertes et des flots de sang. » Cette proposition ne déplut pas à Tullus, bien que son audace fût encore accrue par l'espoir de la victoire. Les deux chefs cherchaient un moyen d'exécuter ce projet ; la fortune le leur fournit d'elle-même.

XXIV. Il y avait alors, dans chacune des deux armées, trois frères du même âge et de la même force, les Horaces et les Curiaces ; leur nom est bien connu, et, dans l'antiquité, il n'y a guère d'événement plus fameux. Cependant sur un détail de cette histoire si répandue plane encore quelque incertitude. Les Horaces étaient-ils Romains ou bien les Curiaces ? On ne sait. Les auteurs sont partagés ; le plus grand nombre cependant veulent que les Horaces soient Romains, et j'incline vers cette opinion. Chacun des rois charge les trois frères de s'armer et de combattre pour la patrie ; l'empire restera où aura été la victoire. Tout est accepté : on s'accorde sur l'heure du combat. Avant que la lutte s'engageât, un traité fut conclu entre les Romains et les Albains : celui des deux peuples dont les soldats seraient vainqueurs devait gouverner l'autre, mais sans l'opprimer...

XXV. Le traité conclu de chaque côté, les trois frères prennent les armes, comme il est convenu. Chaque peuple exhortait ses combattants, leur rappelant que les dieux de la patrie, la patrie elle-même, leurs parents, tout ce que la ville, tout ce que l'armée contenait de citoyens avait en ce

ter duas acies procedunt. Consederant utriuque pro castris duo exercitus, periculi magis præsentis, quam curæ expertes : quippe imperium agebatur, in tam paucorum virtute atque fortuna positum. Itaque erecti suspensique in minime gratum spectaculum animo intenduntur. Datur signum ; infestisque armis, velut acies, terni juvenes, magnorum exercituum animos gerentes, concurrunt. Nec his, nec illis periculum suum ; sed publicum imperium servitiumque obversatur animo, futuraque ea deinde patriæ fortuna, quam ipsi fecissent. Ut primo statim concursu increpuere arma, micantesque fulsere gladii, horror ingens spectantes perstringit, et neutro inclinata spe, torpebat vox spiritusque. Consertis deinde manibus, quum jam non motus tantum corporum, agitatioque anceps telorum armorumque, sed vulnera quoque et sanguis spectaculo essent, duo Romani, super alium alius, vulneratis tribus Albanis, exspirantes corruerunt. Ad quorum casum quum clamasset gaudio albanus exercitus, romanas legiones jam spes tota, nondum tamen cura deseruerat, exanimes vice unius, quem tres Curiatii circumsteterant. Forte is integer fuit, ut universis solus nequaquam par, sic adversus singulos ferox. Ergo ut segregaret pugnam eorum, capessit fugam, ita ratus secuturos, ut quemque vulnere affectum corpus si-

moment les yeux fixés sur leurs armes et sur leurs bras. Leur ardeur naturelle encore enflammée par ces encouragements, ils s'avancent entre les deux armées. Les soldats s'étaient rangés devant chaque camp à l'abri du danger, mais non de l'inquiétude. Aussi, palpitants d'espoir et de crainte, ils sont tout entiers à ce spectacle plein d'angoisse. Le signal est donné. Les six guerriers, les armes en avant, s'abordent de front, comme le feraient deux bataillons. Deux grandes armées ne s'élancent pas avec plus d'animation. Ni les uns ni les autres ne songent à leur propre danger ; ils ne voient que le pays asservi ou triomphant, et la fortune à venir de leur patrie, qui sera ce qu'ils vont la faire. Lorsqu'au premier choc les armes ont retenti et que les épées ont brillé au soleil, tous les spectateurs frissonnent de crainte ; l'incertitude encore complète ferme toutes les bouches, arrête toutes les respirations. La lutte s'engage ; ce n'étaient pas seulement les mouvements du corps, le choc des armes qui fixaient les regards, mais déjà des blessures et du sang, lorsque, devant les trois Albains blessés, deux Romains tombent, expirant l'un sur l'autre. A cette vue, l'armée albaine a poussé un cri de joie. Les légions romaines n'ont plus d'espoir ; mais elles s'intéressent encore à la lutte, car elles tremblent pour ce guerrier seul qu'enveloppent les trois Curiaces. Heureusement, il n'avait aucune blessure, et, trop faible pour eux tous, il était redoutable pour chacun séparément. Afin donc de diviser leur attaque, il prend la fuite, persuadé qu'ils le suivront à d'inégales distances, selon la gravité de leurs blessures. Déjà il était assez loin du théâtre du combat, lorsque, regardant derrière

neret. Jam aliquantum spatii ex eo loco ubi pugnatum est aufugerat, quum respiciens videt magnis intervallis sequentes, unum haud procul ab sese abesse. In eum magno impetu rediit; et dum albanus exercitus inclamat Curiatiis, uti opem ferant fratri, jam Horatius, cæso hoste victor, secundam pugnam petebat. Tunc clamore, qualis ex insperato faventium solet, Romani adjuvant militem suum ; et ille defungi prælio festinat. Prius itaque quam alter, qui nec procul aberat, consequi posset, et alterum Curiatium conficit. Jamque æquato Marte singuli supererant, sed nec spe, nec viribus pares : alterum intactum ferro corpus, et geminata victoria ferocem in certamen tertium dabant ; alter fessum vulnere, fessum cursu trahens corpus, victusque fratrum ante se strage, victori objicitur hosti. Nec illud prælium fuit. Romanus exsultans : « Duos, inquit, fratrum manibus dedi : tertium causæ belli hujusce, ut Romanus Albano imperet, dabo. » Male sustinenti arma gladium superne jugulo defigit, jacentem spoliat. Romani ovantes ac gratulantes Horatium accipiunt : eo majore cum gaudio, quo prope metum res fuerat. Ad sepulturam inde suorum nequaquam paribus animis vertuntur : quippe imperio alteri aucti, alteri ditionis alienæ facti. Sepulcra exstant, quo quisque loco cecidit : duo romana

---

lui, il les voit à des distances bien inégales en effet. L'un d'eux n'était pas loin ; il se retourne et fond sur lui avec impétuosité. L'armée albaine criait encore aux Curiaces de secourir leur frère, qu'Horace vainqueur l'avait immolé et courait vers un second ennemi. Un cri, tel qu'en arrache un triomphe inespéré, part de l'armée romaine et encourage le guerrier ; il se hâte d'en finir ; avant d'être rejoint par le troisième Curiace, qui n'est pas éloigné, il tue le second. Dès lors, ils étaient un contre un ; le nombre était le même, mais non pas la confiance et la force. L'un n'avait pas une blessure ; fier de ses deux victoires, il s'avançait, assuré de la troisième ; l'autre, fatigué par sa blessure, haletant et épuisé par la course, et vaincu d'avance par la défaite de ses frères, ne fit que s'offrir au fer du vainqueur. Ce ne fut pas un combat. Le Romain triomphant s'écrie : « J'en ai immolé deux aux mânes de mes frères ; le troisième, je l'immole aux intérêts dont doit décider cette guerre, afin que Rome règne sur Albe. » A peine son ennemi soutenait-il ses armes ; il lui plonge son épée dans la gorge et le dépouille renversé à terre. Les Romains accueillent Horace avec des cris de joie et de triomphe. L'allégresse était d'autant plus vive qu'on avait désespéré du succès. Les deux peuples s'occupent alors d'ensevelir leurs morts, mais avec des dispositions d'esprit bien différentes, puisque l'un devenait maître et l'autre sujet. Les tombeaux subsistent à l'endroit où tombèrent les combattants. Ceux des deux Romains sont ensemble du côté d'Albe ; ceux des trois Albains sont plus près de Rome, mais éloignés les uns des autres, à l'endroit où a eu lieu chaque combat.

uno loco propius Albam, tria albana Romam versus ; sed distantia locis, et ut pugnatum est.

(XXVI.) Priusquam inde digrederentur, roganti Metio ex fœdere icto quid imperaret, imperat Tullus uti juventutem in armis habeat: usurum se eorum opera, si bellum cum Veientibus foret. Ita exercitus inde domos abducti. Princeps Horatius ibat, tergemina spolia præ se gerens, cui soror virgo, quæ desponsata uni ex Curiatiis fuerat, obviam ante portam Capenam fuit; cognitoque super humeros fratris paludamento sponsi, quod ipsa confecerat, solvit crines, et flebiliter nomine sponsum mortuum appellat. Movet feroci juveni animum comploratio sororis in victoria sua tantoque gaudio publico. Stricto itaque gladio, simul verbis increpans, transfigit puellam. « Abi hinc cum immaturo amore ad sponsum, inquit, oblita fratrum mortuorum vivique, oblita patriæ. Sic eat quæcumque Romana lugebit hostem. » Atrox visum id facinus patribus plebique, sed recens meritum facto obstabat: tamen raptus in jus ad Regem. Rex, ne ipse tam tristis ingratique ad vulgus judicii, aut secundum judicium supplicii auctor esset, concilio populi advocato : « Duumviros, inquit, qui Horatio perduellionem judicent secundum legem facio. » Lex horrendi carminis erat : « Duumviri perduellionem judicent. Si a duumviris provocarit, provocatione certato; si vincent, caput obnubito, infelici arbori reste suspendito, verberato, vel

---

XXVI. Avant de se séparer, Metius demande, aux termes du traité, les ordres de Tullus. Tullus lui ordonne de tenir ses soldats sous les armes; il s'en servira s'il a à faire la guerre aux Véiens. Les deux armées rentrèrent ainsi dans leur ville. A la tête des Romains marchait Horace, précédé des dépouilles des trois vaincus. Sa sœur, fiancée à l'un des Curiaces, était venue à sa rencontre près de la porte Capène. En reconnaissant sur les épaules de son frère la cotte d'armes qu'elle avait tissue de ses mains pour son fiancé, elle s'arrache les cheveux et, avec des cris lamentables, appelle son Curiace, qui n'est plus. Le farouche orgueil du jeune homme s'irrite de ces plaintes, qui troublent sa victoire et la joie si vive de tout un peuple; il tire son épée et perce la jeune fille en lui disant, dans sa colère : « Va avec ton amour sacrilège, va retrouver ton fiancé, toi qui oublies tes frères morts, ton frère vivant, ta patrie. Ainsi périsse toute femme qui pleurera un ennemi de Rome ! » Cette conduite parut bien cruelle au sénat et au peuple; mais le service récent d'Horace atténuait l'effet de son crime. On le mène cependant au tribunal du roi. Tullus, pour s'épargner l'odieux d'une sentence si terrible qui devait mécontenter la multitude et du supplice qui devait suivre, convoque le peuple : « Je nomme des duumvirs, dit-il, pour juger le crime d'Horace selon la loi. » Les dispositions de cette loi étaient effrayantes : Que les duumvirs

intra pomœrium, vel extra pomœrium. » Hac lege duumviri creati, qui se absolvere non rebantur ea lege, ne innoxium quidem, posse. Quum condemnassent, tum alter ex his: « P. Horati, tibi perduellionem judico, inquit. I, lictor, colliga manus. » Accesserat lictor, injiciebatque laqueum : tum Horatius, auctore Tullo, clemente legis interprete : « Provoco, » inquit. Ita de provocatione certatum ad populum est. Moti homines sunt in eo judicio, maxime P. Horatio patre proclamante se filiam jure cæsam judicare : ni ita esset, patrio jure in filium animadversurum fuisse. Orabat deinde, ne se, quem paulo ante cum egregia stirpe conspexissent, orbum liberis facerent. Inter hæc senex, juvenem amplexus, spolia Curiatiorum fixa eo loco, qui nunc Pila Horatia appellatur, ostentans : « Hunccine, aiebat, quem modo decoratum ovantemque victoria incedentem vidistis, Quirites, eum sub furca vinctum inter verbera et cruciatus videre potestis? quod vix Albanorum oculi tam deforme spectaculum ferre possent. I, lictor, colliga manus, quæ paulo ante armatæ imperium populo romano pepererunt. I, caput obnube liberatoris urbis hujus ; arbori infelici suspende ; verbera, vel intra pomœrium, modo inter illam pilam et spolia hostium, vel extra pomœrium, modo inter sepulcra Curiatiorum. Quo enim ducere hunc juvenem potestis, ubi non sua decora eum a tanta fœditate supplicii vindicent? »

prononcent sur le crime ; si l'accusé en appelle, qu'il soit prononcé sur cet appel. Si l'arrêt est confirmé, qu'on voile la tête du condamné, qu'on le suspende à l'arbre fatal, qu'on le batte de verges, soit dans l'enceinte, soit hors de l'enceinte de la ville. Les duumvirs, d'après cette loi, n'auraient pas cru pouvoir absoudre même un meurtre involontaire ; ils condamnèrent Horace. « Horace, dit l'un d'eux, je te déclare coupable ; licteur, attache-lui les mains. » Le licteur s'était approché, et déjà il passait la corde. « J'en appelle, » s'écrie Horace, sur le conseil de Tullus, qui voulait le voir user du bénéfice de la loi. L'appel est donc porté devant le peuple. Tous les cœurs étaient émus, surtout lorsqu'on entendit le père d'Horace s'écrier qu'à ses yeux sa fille avait subi un juste châtiment. Innocente, il l'eût vengée lui-même ; armé de ses droits de père, il eût sévi contre son fils. Puis il conjurait le peuple, qui l'avait vu naguère entouré d'une si belle famille, de ne pas le priver de son dernier enfant. Et alors le vieillard, d'une main tenant son fils sur sa poitrine, de l'autre montrant les dépouilles des Curiaces attachées à l'endroit nommé aujourd'hui Pilier des Horaces : « Quoi ! s'écriait-il, ce guerrier que vous avez vu tout à l'heure s'avancer glorieux et triomphant, pourrez-vous, Romains, le voir lié à un poteau, expirant sous les verges et dans les tortures ? Spectacle horrible que supporteraient à peine les yeux des Albains ! Va, licteur, attache ces mains qui, tout à l'heure victorieuses, ont donné l'em-

Non tulit populus nec patris lacrymas, nec ipsius parem in omni periculo animum; absolveruntque admiratione magis virtutis quam jure causæ. Itaque, ut cædes manifesta aliquo tamen piaculo lueretur, imperatum patri, ut filium expiaret pecunia publica. Is, quibusdam piacularibus sacrificiis factis, quæ deinde genti Horatiæ tradita sunt, transmisso per viam tigillo, capite adoperto, velut sub jugum misit juvenem. Id hodie quoque publice semper refectum manet : Sororium Tigillum vocant. Horatiæ sepulcrum, quo loco corruerat icta, constructum est saxo quadrato.

pire au peuple romain! Voile la tête du libérateur de Rome! Suspends-le à l'arbre fatal! Frappe-le de verges dans l'enceinte de Rome, si tu veux, mais que ce soit près de ces trophées et de ces dépouilles, ou hors de l'enceinte, mais que ce soit entre les tombeaux des Curiaces. Car en quel lieu conduire ce héros, où les monuments de sa gloire ne protestent pas contre l'ignominie de son supplice? » Le peuple ne put tenir contre les larmes du père et l'intrépidité du fils, insensible à de si grands dangers. Horace fut absous, grâce à l'admiration qu'inspirait son courage plutôt qu'à la bonté de sa cause. Toutefois, comme un meurtre commis au grand jour demandait quelque expiation, on exigea du père qu'il purifiât son fils par des cérémonies dont le trésor public fit les frais. Après quelques sacrifices expiatoires, qui se sont conservés depuis dans la famille des Horaces, il éleva en travers du chemin un soliveau, espèce de joug sous lequel il fit passer le jeune homme, la tête voilée. Ce soliveau, entretenu aux frais de l'État, subsiste encore aujourd'hui ; on l'appelle le Soliveau de la sœur. On éleva à la fille d'Horace, à l'endroit même où elle avait reçu le coup mortel, un tombeau en pierre de taille. (*Traduction de M. Gaucher, Hachette.*)

EXAMEN

C'est une croyance assez générale que cette pièce pourrait passer pour la plus belle des miennes, si les derniers actes répondaient aux premiers. Tous veulent que la mort de Camille en gâte la fin, et j'en demeure d'accord ; mais je ne sais si tous en savent la raison. On l'attribue communément à ce qu'on voit cette mort sur la scène ; ce qui serait plutôt la faute de l'actrice que la mienne, parce que, quand elle voit son frère mettre l'épée à la main, la frayeur, si naturelle au sexe, lui doit faire prendre la fuite, et recevoir le coup derrière le théâtre, comme je le marque dans cette impression. D'ailleurs, si c'est une règle de ne le point ensanglanter, elle n'est pas du temps d'Aristote, qui nous apprend que pour émouvoir puissamment il faut de grands déplaisirs, des blessures et des morts en spectacle (1). Horace ne veut pas que nous y hasardions les événements trop dénaturés, comme de Médée qui tue ses enfants (2) ; mais je ne vois pas qu'il en fasse une règle générale pour toutes sortes de morts, ni que l'emportement d'un homme passionné pour sa patrie, contre une sœur qui la maudit en sa présence avec des imprécations horribles, soit de même nature que la cruauté de cette mère. Sénèque l'expose aux yeux du peuple, en dépit d'Horace ; et, chez Sophocle, Ajax ne se cache point au spectateur lorsqu'il se tue. L'adoucissement que j'apporte dans le second de ces discours (3) pour rectifier la mort de Clytemnestre ne peut

---

1. *Poétique*, ch. XI.
2. *Art poétique*, 1185.
3. Dans le *Discours sur la tragédie*, Corneille voudrait qu'Oreste tuât volontairement Égisthe et involontairement sa mère Clytemnestre, qui se serait jetée entre Égisthe et lui.

être propre ici à celle de Camille. Quand elle s'enferrerait d'elle-même par désespoir en voyant son frère l'épée à la main, ce frère ne laisserait pas d'être criminel de l'avoir tirée contre elle, puisqu'il n'y a point de troisième personne sur le théâtre à qui il pût adresser le coup qu'elle recevrait, comme peut faire Oreste à Égisthe. D'ailleurs l'histoire est trop connue pour retrancher le péril qu'il court d'une mort infâme après l'avoir tuée; et la défense que lui prête son père pour obtenir sa grâce n'aurait plus de lieu, s'il demeurait innocent. Quoi qu'il en soit, voyons si cette action n'a pu causer la chute (1) de ce poème que par là, et si elle n'a point d'autre irrégularité que de blesser les yeux.

Comme je n'ai point accoutumé de dissimuler mes défauts, j'en trouve ici deux ou trois assez considérables. Le premier est que cette action, qui devient la principale de la pièce, est momentanée et n'a point cette juste grandeur que lui demande Aristote et qui consiste en un commencement, un milieu et une fin. Elle surprend tout d'un coup; et toute la préparation que j'y ai donnée par la peinture de la vertu farouche d'Horace, et par la défense qu'il fait à sa sœur de regretter qui que ce soit, de lui ou de son amant, qui meure au combat, n'est point suffisante pour faire attendre un emportement si extraordinaire et servir de commencement à cette action.

Le second défaut est que cette mort fait une action double, par le second péril où tombe Horace après être sorti du premier. L'unité de péril d'un héros dans la tragédie fait l'unité d'action; et quand il en est garanti, la pièce est finie, si ce n'est que la sortie même de ce péril l'engage si nécessairement dans un autre, que la liaison et la continuité des deux n'en fasse qu'une action; ce qui n'arrive point ici, où Horace revient triomphant, sans aucun besoin de tuer sa sœur, ni même de parler à elle; et l'action serait suffisamment terminée à sa victoire. Cette chute d'un péril en l'autre, sans nécessité, fait ici un effet d'autant plus mauvais que d'un péril public, où il y va de tout l'État, il tombe en un péril particulier, où il n'y va que de sa vie, et pour dire encore plus, d'un

---

1. Le mot *chute* est exagéré ; voyez la notice.

péril illustre, où il ne peut succomber que glorieusement, en un péril infâme, dont il ne peut sortir sans tache. Ajoutez, pour troisième imperfection, que Camille, qui ne tient que le second rang dans les trois premiers actes et y laisse le premier à Sabine, prend le premier en ces deux derniers, où cette Sabine n'est plus considérable, et qu'ainsi, s'il y a égalité dans les mœurs, il n'y en a point dans la dignité des personnages, où se doit étendre ce précepte d'Horace (1) :

Servetur ad imum
Qualis ab incepto processerit, et sibi constet.

Ce défaut en Rodélinde a été une des principales causes du mauvais succès de *Pertharite* (2), et je n'ai point encore vu sur nos théâtres cette inégalité de rang en un même acteur, qui n'ait produit un très méchant effet. Il serait bon d'en établir une règle inviolable.

Du côté du temps, l'action n'est point trop pressée et n'a rien qui ne me semble vraisemblable. Pour le lieu, bien que l'unité y soit exacte, elle n'est pas sans quelque contrainte. Il est constant qu'Horace et Curiace n'ont point de raison de se séparer du reste de la famille pour commencer le second acte ; et c'est une adresse de théâtre de n'en donner aucune, quand on n'en peut donner de bonnes. L'attachement de l'auditeur à l'action présente souvent ne lui permet pas de descendre à l'examen sévère de cette justesse, et ce n'est pas un crime que de s'en prévaloir pour l'éblouir, quand il est malaisé de le satisfaire.

Le personnage de Sabine est assez heureusement inventé, et trouve sa vraisemblance aisée dans le rapport à l'histoire, qui marque assez d'amitié et d'égalité entre les deux familles pour avoir pu faire cette double alliance.

Elle ne sert pas davantage à l'action que l'infante à celle du *Cid*, et ne fait que se laisser toucher diversement, comme elle,

---

1. *Art poétique*, vers 126 et 127 : « Que jusqu'à la fin il demeure tel qu'il s'est présenté au début, et qu'il reste d'accord avec lui-même. »
2. On sait combien cet échec affecta Corneille, qui se tint pendant sept ans éloigné du théâtre (1652-1659).

à la diversité des événements. Néanmoins on a généralement approuvé celle-ci, et condamné l'autre. J'en ai cherché la raison, et j'en ai trouvé deux. L'une est la liaison des scènes, qui semble, s'il m'est permis de parler ainsi, incorporer Sabine dans cette pièce, au lieu que, dans *le Cid*, toutes celles de l'infante sont détachées et paraissent hors œuvre :

...*Tantum series juncturaque pollet (1)*!

L'autre, qu'ayant une fois posé Sabine pour femme d'Horace, il est nécessaire que tous les incidents de ce poëme lui donnent les sentiments qu'elle en témoigne avoir, par l'obligation qu'elle a de prendre intérêt à ce qui regarde son mari et ses frères; mais l'infante n'est point obligée d'en prendre aucun en ce qui touche le Cid ; et si elle a quelque inclination secrète pour lui, il n'est point besoin qu'elle en fasse rien paraître, puisqu'elle ne produit aucun effet.

L'oracle qui est proposé au premier acte trouve son vrai sens à la conclusion du cinquième. Il semble clair d'abord, et porte l'imagination à un sens contraire ; et je les aimerais mieux de cette sorte sur nos théâtres que ceux qu'on fait entièrement obscurs, parce que la surprise de leur véritable effet en est plus belle. J'en ai usé ainsi encore dans l'*Andromède* et dans l'*Œdipe*. Je ne dis pas la même chose des songes, qui peuvent faire encore un grand ornement dans la protase (2), pourvu qu'on ne s'en serve pas souvent. Je voudrais qu'ils eussent l'idée de la fin véritable de la pièce, mais avec quelque confusion qui n'en permît pas l'intelligence entière. C'est ainsi que je m'en suis servi deux fois, ici et dans *Polyeucte*, mais avec plus d'éclat et d'artifice dans ce dernier poëme, où il marque toutes les particularités de l'événement, qu'en celui-ci, où il ne fait qu'exprimer une ébauche tout à fait informe de ce qui doit arriver de funeste.

Il passe pour constant que le second acte est un des plus pathétiques qui soient sur la scène, et le troisième un des plus artificieux. Il est soutenu de la seule narration de la moitié du

---

1. Horace, *Art poétique*, vers 242 : « Tant ont de force la suite et la liaison. »
2. La protase, c'est l'exposition.

combat des trois frères, qui est coupée très heureusement pour laisser Horace le père dans la colère et le déplaisir, et lui donner ensuite un beau retour à la joie dans le quatrième. Il a été à propos, pour le jeter dans cette erreur, de se servir de l'impatience d'une femme qui suit brusquement sa première idée, et présume le combat achevé parce qu'elle a vu deux des Horaces par terre, et le troisième en fuite. Un homme, qui doit être plus posé et plus judicieux, n'eût pas été propre à donner cette fausse alarme : il eût dû prendre plus de patience, afin d'avoir plus de certitude de l'événement, et n'eût pas été excusable de se laisser emporter si légèrement par les apparences à présumer le mauvais succès d'un combat dont il n'eût pas vu la fin.

Bien que le roi n'y paraisse qu'au cinquième, il y est mieux dans sa dignité que dans *le Cid*, parce qu'il a intérêt pour tout son État dans le reste de la pièce ; bien qu'il n'y parle point, il ne laisse pas d'y agir comme roi. Il vient dans ce cinquième comme roi qui veut honorer par cette visite un père dont les fils lui ont conservé sa couronne et acquis celle d'Albe au prix de leur sang. S'il y fait l'office de juge, ce n'est que par accident ; et il le fait dans ce logis même d'Horace, par la seule contrainte qu'impose la règle de l'unité de lieu. Tout ce cinquième est encore une des causes du peu de satisfaction que laisse cette tragédie ; il est tout en plaidoyers, et ce n'est pas là la place des harangues ni des longs discours ; ils peuvent être supportés en un commencement de pièce, où l'action n'est pas encore échauffée ; mais le cinquième acte doit plus agir que discourir. L'attention de l'auditeur, déjà lassée, se rebute de ces conclusions qui traînent et tirent la fin en longueur.

Quelques-uns (1) ne veulent pas que Valère y soit un digne accusateur d'Horace, parce que dans la pièce il n'a pas fait voir assez de passion pour Camille ; à quoi je réponds que ce n'est pas à dire qu'il n'en eût une très forte, mais qu'un amant mal voulu ne pouvait se montrer de bonne grâce à sa maîtresse dans le jour qui la rejoignait à un amant aimé. Il n'y avait point de place pour lui au premier acte, et encore moins

---

1. Surtout l'abbé d'Aubignac, à qui Corneille répond en plusieurs endroits de cet *Examen*.

au second; il fallait qu'il tînt son rang à l'armée pendant le troisième; et il se montre au quatrième, sitôt que la mort de son rival fait quelque ouverture à son espérance : il tâche à gagner les bonnes grâces du père par la commission qu'il prend du roi de lui apporter les glorieuses nouvelles de l'honneur que ce prince lui veut faire; et par occasion il lui apprend la victoire de son fils, qu'il ignorait. Il ne manque pas d'amour durant les trois premiers actes, mais d'un temps propre à le témoigner; et dès la première scène de la pièce, il paraît bien qu'il rendait assez de soins à Camille, puisque Sabine s'en alarme pour son frère. S'il ne prend pas le procédé de France, il faut considérer qu'il est Romain, et dans Rome, où il n'aurait pu entreprendre un duel contre un autre Romain sans faire un crime d'État, et que j'en aurais fait un de théâtre, si j'avais habillé un Romain à la française.

PERSONNAGES

TULLE, roi de Rome.
LE VIEIL HORACE, chevalier romain.
HORACE, son fils.
CURIACE, gentilhomme d'Albe, amant de Camille.
VALÈRE, chevalier romain, amoureux de Camille.
SABINE, femme d'Horace et sœur de Curiace.
CAMILLE, amante de Curiace et sœur d'Horace.
JULIE, dame romaine, confidente de Sabine et de Camille.
FLAVIAN, soldat de l'armée d'Albe.
PROCULE, soldat de l'armée de Rome.

La scène est à Rome, dans une salle de la maison d'Horace.

HORACE

ACTE PREMIER

SCÈNE I

SABINE, JULIE

SABINE

Approuvez ma faiblesse, et souffrez ma douleur ;
Elle n'est que trop juste en un si grand malheur :
Si près de voir sur soi fondre de tels orages,
L'ébranlement sied bien aux plus fermes courages,
Et l'esprit le plus mâle et le plus abattu   5
Ne saurait sans désordre exercer sa vertu.
Quoique le mien s'étonne à ces rudes alarmes,
Le trouble de mon cœur ne peut rien sur mes larmes,
Et, parmi les soupirs qu'il pousse vers les cieux,
Ma constance du moins règne encor sur mes yeux.   10
Quand on arrête là les déplaisirs d'une âme,
Si l'on fait moins qu'un homme, on fait plus qu'une femme.
Commander à ses pleurs en cette extrémité,
C'est montrer, pour le sexe, assez de fermeté.

JULIE

C'en est peut-être assez pour une âme commune   15

---

4. Cet emploi d'*ébranlement*, pris absolument et au figuré, est rare.
6. *Exercer sa vertu, virtutem suam exercere*, expression toute latine pour : faire preuve de son énergie en agissant, en dominant le *désordre* intérieur.
8. Expression contournée pour dire : ne peut m'arracher des larmes.
14. Dans l'*Examen*, Corneille a employé encore *le sexe* pour *les femmes*.

Il a pour tout *le sexe* une haine fatale. (Racine, *Phèdre*, III, I.)

Qui du moindre péril se fait une infortune ;
Mais de cette faiblesse un grand cœur est honteux ;
Il ose espérer tout dans un succès douteux.
Les deux camps sont rangés au pied de nos murailles ;
Mais Rome ignore encor comme on perd des batailles. 20
Loin de trembler pour elle, il lui faut applaudir ;
Puisqu'elle va combattre, elle va s'agrandir.
Bannissez, bannissez une frayeur si vaine,
Et concevez des vœux dignes d'une Romaine.

SABINE

Je suis Romaine, hélas ! puisqu'Horace est Romain ; 25
J'en ai reçu le titre en recevant sa main ;
Mais ce nœud me tiendrait en esclave enchaînée,
S'il m'empêchait de voir en quels lieux je suis née.
Albe, où j'ai commencé de respirer le jour,
Albe, mon cher pays, et mon premier amour, 30
Lorsqu'entre nous et toi je vois la guerre ouverte,
Je crains notre victoire autant que notre perte.
  Rome, si tu te plains que c'est là te trahir,
Fais-toi des ennemis que je puisse haïr.
Quand je vois, de tes murs, leur armée et la nôtre, 35
Mes trois frères dans l'une et mon mari dans l'autre,
Puis-je former des vœux, et, sans impiété,
Importuner le ciel pour ta félicité ?
Je sais que ton État, encore en sa naissance,
Ne saurait, sans la guerre, affermir sa puissance ; 40
Je sais qu'il doit s'accroître, et que tes grands destins
Ne le borneront pas chez les peuples latins ;
Que les dieux t'ont promis l'empire de la terre,
Et que tu n'en peux voir l'effet que par la guerre.

---

29. On dit plutôt aujourd'hui *commencer à* que *commencer de*, et déjà Vaugelas condamnait cette seconde tournure ; mais l'Académie l'autorise. — *Respirer le jour*, pour respirer l'air de la vie, voir la lumière. Les anciens confondaient volontiers l'air et la lumière du jour.

Bien loin de m'opposer à cette noble ardeur, 45
Qui suit l'arrêt des dieux et court à ta grandeur,
Je voudrais déjà voir tes troupes couronnées
D'un pas victorieux franchir les Pyrénées.
Va jusqu'en l'Orient pousser tes bataillons,
Va sur les bords du Rhin planter tes pavillons, 50
Fais trembler sous tes pas les colonnes d'Hercule ;
Mais respecte une ville à qui tu dois Romule.
Ingrate, souviens-toi que du sang de ses rois
Tu tiens ton nom, tes murs, et tes premières lois.
Albe est ton origine ; arrête, et considère 55
Que tu portes le fer dans le sein de ta mère.
Tourne ailleurs les efforts de tes bras triomphants :
Sa joie éclatera dans l'heur de ses enfants,
Et, se laissant ravir à l'amour maternelle,
Ses vœux seront pour toi, si tu n'es plus contre elle. 60

JULIE

Ce discours me surprend, vu que, depuis le temps
Qu'on a contre son peuple armé nos combattants,
Je vous ai vu pour elle autant d'indifférence
Que si d'un sang romain vous aviez pris naissance.
J'admirais la vertu qui réduisait en vous 65
Vos plus chers intérêts à ceux de votre époux ;
Et je vous consolais au milieu de vos plaintes,
Comme si notre Rome eût fait toutes vos craintes.

SABINE

Tant qu'on ne s'est choqué qu'en de légers combats,
Trop faibles pour jeter un des partis à bas, 70

---

47. *Couronnées*, absolument, pour couronnées des lauriers de la victoire.
52. On sait que Romulus avait pour aïeul un roi d'Albe, Numitor. — Corneille aime à franciser les noms latins ; dans *Horace* même il appellera Tulle le roi Tullus Hostilius ; dans *Cinna* et ailleurs, il dit Agrippe, Brute, Caligule, Cassie, Cinne, Décie, Sexte, Pompone, Rutile, etc.
71. *Flatter, adoucir.* Cf. *Cid*, 1046.
    Bérénice d'un mot *flatterait* mes douleurs. (Racine, *Bérénice*, III, 2.)

Tant qu'un espoir de paix a pu flatter ma peine,
Oui, j'ai fait vanité d'être toute Romaine.
Si j'ai vu Rome heureuse avec quelque regret,
Soudain j'ai condamné ce mouvement secret,
Et si j'ai ressenti, dans ses destins contraires, 75
Quelque maligne joie en faveur de mes frères,
Soudain, pour l'étouffer, rappelant ma raison,
J'ai pleuré quand la gloire entrait dans leur maison.
Mais aujourd'hui qu'il faut que l'une ou l'autre tombe,
Qu'Albe devienne esclave ou que Rome succombe, 80
Et qu'après la bataille il ne demeure plus
Ni d'obstacle aux vainqueurs ni d'espoir aux vaincus,
J'aurais pour mon pays une cruelle haine,
Si je pouvais encore être toute Romaine,
Et si je demandais votre triomphe aux dieux, 85
Au prix de tant de sang qui m'est si précieux.
Je m'attache un peu moins aux intérêts d'un homme.
Je ne suis point pour Albe, et ne suis plus pour Rome;
Je crains pour l'une et l'autre en ce dernier effort,
Et serai du parti qu'affligera le sort. 90
Égale à tous les deux jusques à la victoire,
Je prendrai part aux maux, sans en prendre à la gloire,
Et je garde, au milieu de tant d'âpres rigueurs,
Mes larmes aux vaincus et ma haine aux vainqueurs.

JULIE

Qu'on voit naître souvent de pareilles traverses, 95
En des esprits divers, des passions diverses !

---

90. *Affliger* a ici le sens très énergique du latin *affligere*, abattre, précipiter à terre; ce sens s'est beaucoup affaibli depuis.

91. « *Égale à* n'est pas français en ce sens: l'auteur veut dire *juste envers tous les deux;* car Sabine doit être juste, et non pas indifférente. » (Voltaire.) C'est le contraire qui est vrai: il s'agit ici de neutralité entre les deux partis; le sens de *justice* dérive du sens d'*impartialité*.

95. Chez les écrivains du xviie siècle, une traverse, c'est une difficulté, un obstacle qui *traverse* une destinée ou une entreprise. Le sens est: des mêmes malheurs naissent souvent, quand les esprits sont différents, des sentiments opposés.

Et qu'à nos yeux Camille agit bien autrement !
Son frère est votre époux, le vôtre est son amant;
Mais elle voit d'un œil bien différent du vôtre
Son sang dans une armée et son amour dans l'autre. 100
　Lorsque vous conserviez un esprit tout romain,
Le sien irrésolu, le sien tout incertain
De la moindre mêlée appréhendait l'orage,
De tous les deux partis détestait l'avantage,
Au malheur des vaincus donnait toujours ses pleurs, 105
Et nourrissait ainsi d'éternelles douleurs.
Mais hier, quand elle sut qu'on avait pris journée,
Et qu'enfin la bataille allait être donnée,
Une soudaine joie, éclatant sur son front...

SABINE

Ah ! que je crains, Julie, un changement si prompt ! 110
Hier, dans sa belle humeur, elle entretint Valère :
Pour ce rival, sans doute, elle quitte mon frère;
Son esprit, ébranlé par les objets présents,
Ne trouve point d'absent aimable après deux ans.
Mais excusez l'ardeur d'une amour fraternelle ; 115
Le soin que j'ai de lui me fait craindre tout d'elle :
Je forme des soupçons d'un trop léger sujet;
Près d'un jour si funeste on change peu d'objet;
Les âmes rarement sont de nouveau blessées,
Et dans un si grand trouble on a d'autres pensées : 120
Mais on n'a pas aussi de si doux entretiens,
Ni de contentements qui soient pareils aux siens.

JULIE

Les causes, comme à vous, m'en semblent fort obscures :
Je ne me satisfais d'aucunes conjectures.

---

104. *De tous les deux partis* (comme au vers 396, *de tous les deux côtés*), des deux partis. — *Détester, detestari*, maudire, comme au vers 790.
116. *Le soin que j'ai de lui*, le souci que m'inspirent ses intérêts.
124. *Se satisfaire de*, dans le sens passif, pour : être satisfait de. — « Quelques personnes, dit M. Marty-Laveaux, doutent si *aucun, aucune*, avec

C'est assez de constance, en un si grand danger, 125
Que de le voir, l'attendre, et ne point s'affliger ;
Mais certes c'en est trop d'aller jusqu'à la joie.

SABINE

Voyez qu'un bon génie à propos nous l'envoie.
Essayez sur ce point à la faire parler ;
Elle vous aime assez pour ne vous rien celer : 130
Je vous laisse.
   Ma sœur, entretenez Julie ;
J'ai honte de montrer tant de mélancolie,
Et mon cœur, accablé de mille déplaisirs,
Cherche la solitude à cacher ses soupirs.

SCÈNE II

CAMILLE, JULIE.

CAMILLE

Qu'elle a tort de vouloir que je vous entretienne ! 135
Croit-elle ma douleur moins vive que la sienne,
Et que, plus insensible à de si grands malheurs,
A mes tristes discours je mêle moins de pleurs ?
De pareilles frayeurs mon âme est alarmée ;
Comme elle je perdrai dans l'une et l'autre armée. 140
Je verrai mon amant, mon plus unique bien,
Mourir pour son pays ou détruire le mien,

---

la négation, peuvent être employés au pluriel. Il est plus ordinaire de mettre le singulier ; mais, comme rien n'empêche de nier la pluralité, aussi bien qu'on nie l'unité, rien non plus ne peut faire condamner les phrases où *aucun* est au pluriel. »

128. *Voyez que*, pour *voyez comme*. « Ce tour a vieilli, dit Voltaire ; c'est un malheur pour la langue ; il est vif et naturel, et mérite, je crois, d'être imité. » — *Un bon génie*, une circonstance favorable.

129. Comme le remarque Palissot, l'usage permettait également *essayer à* et *essayer de*, puisque Corneille eût pu employer *de* sans nuire à la quantité.

134. *A cacher*, pour *cacher*, *ad celandum*, latinisme.

141. « *Plus unique* ne peut se dire : *unique* n'admet ni de *plus* ni de *moins*. » (Voltaire.) Littré cite Bossuet : « Il n'y a qu'à considérer avec

Et cet objet d'amour devenir, pour ma peine,
Digne de mes soupirs ou digne de ma haine.
Hélas !

JULIE

   Elle est pourtant plus à plaindre que vous : 145
On peut changer d'amant, mais non changer d'époux.
Oubliez Curiace, et recevez Valère,
Vous ne tremblerez plus pour le parti contraire,
Vous serez toute nôtre, et votre esprit remis
N'aura plus rien à perdre au camp des ennemis. 150

CAMILLE

Donnez-moi des conseils qui soient plus légitimes,
Et plaignez mes malheurs sans m'ordonner des crimes.
Quoiqu'à peine à mes maux je puisse résister,
J'aime mieux les souffrir que de les mériter.

JULIE

Quoi ! vous appelez crime un change raisonnable ? 155

CAMILLE

Quoi ! le manque de foi vous semble pardonnable ?

JULIE

Envers un ennemi qui peut nous obliger ?

CAMILLE

D'un serment solennel qui peut nous dégager ?

JULIE

Vous déguisez en vain une chose trop claire ;
Je vous vis encore hier entretenir Valère ; 160
Et l'accueil gracieux qu'il recevait de vous

---

attention les paroles de Jésus-Christ dans leur tout et ensuite l'une après l'autre ; c'est ce que je ferai dans ce discours *plus uniquement* que jamais. » (*Deuxième instruction pastorale sur les promesses de Jésus-Christ.*)

149. *Remis,* tranquille, reposé : c'est le latin *remissus.*

155. *Change,* changement d'affection, inconstance. Voyez le vers 816.

157. *Obliger,* sens propre du latin *obligare,* lier, attacher. *Dégager,* délier, détacher, fait antithèse à *obliger.*

Lui permet de nourrir un espoir assez doux.

CAMILLE

Si je l'entretins hier et lui fis bon visage,
N'en imaginez rien qu'à son désavantage;
De mon contentement un autre était l'objet : 165
Mais, pour sortir d'erreur, sachez-en le sujet.
Je garde à Curiace une amitié trop pure
Pour souffrir plus longtemps qu'on m'estime parjure.
Il vous souvient qu'à peine on voyait de sa sœur
Par un heureux hymen mon frère possesseur, 170
Quand, pour comble de joie, il obtint de mon père
Que de ses chastes feux je serais le salaire.
Ce jour nous fut propice et funeste à la fois;
Unissant nos maisons, il désunit nos rois;
Un même instant conclut notre hymen et la guerre; 175
Fit naître notre espoir, et le jeta par terre,
Nous ôta tout, sitôt qu'il nous eut tout promis,
Et, nous faisant amants, il nous fit ennemis.
Combien nos déplaisirs parurent lors extrêmes !
Combien contre le ciel il vomit de blasphèmes, 180
Et combien de ruisseaux coulèrent de mes yeux !
Je ne vous le dis point : vous vîtes nos adieux.
Vous avez vu depuis les troubles de mon âme;
Vous savez pour la paix quels vœux a faits ma flamme,
Et quels pleurs j'ai versés à chaque événement, 185
Tantôt pour mon pays, tantôt pour mon amant.
Enfin mon désespoir, parmi ces longs obstacles,
M'a fait avoir recours à la voix des oracles.
Écoutez si celui qui me fut hier rendu
Eut droit de rassurer mon esprit éperdu. 190
Ce Grec si renommé, qui, depuis tant d'années,
Au pied de l'Aventin prédit nos destinées,

---

175. *Conclure* se dit de toute chose qu'on achève; c'est un latinisme.
190. *Eut droit de*, pour : *eut lieu de, fut capable de*.

Lui qu'Apollon jamais n'a fait parler à faux,
Me promit, par ces vers, la fin de mes travaux :
« Albe et Rome demain prendront une autre face : 195
Tes vœux sont exaucés ; elles auront la paix,
Et tu seras unie avec ton Curiace,
Sans qu'aucun mauvais sort t'en sépare jamais. »
 Je pris sur cet oracle une entière assurance ;
Et, comme le succès passait mon espérance, 200
J'abandonnai mon âme à des ravissements
Qui passaient les transports des plus heureux amants.
Jugez de leur excès : je rencontrai Valère,
Et, contre sa coutume, il ne put me déplaire.
Il me parla d'amour sans me donner d'ennui : 205
Je ne m'aperçus pas que je parlais à lui ;
Je ne lui pus montrer de mépris ni de glace :
Tout ce que je voyais me semblait Curiace.
Tout ce qu'on me disait me parlait de ses feux,
Tout ce que je disais l'assurait de mes vœux. 210
Le combat général aujourd'hui se hasarde ;
J'en sus hier la nouvelle, et je n'y pris pas garde ;
Mon esprit rejetait ces funestes objets,
Charmé des doux pensers d'hymen et de la paix.
La nuit a dissipé des erreurs si charmantes ; 215
Mille songes affreux, mille images sanglantes,
Ou plutôt mille amas de carnage et d'horreur,
M'ont arraché ma joie et rendu ma terreur :
J'ai vu du sang, des morts, et n'ai rien vu de suite ;
Un spectre, en paraissant, prenait soudain la fuite ; 220
Ils s'effaçaient l'un l'autre ; et chaque illusion

---

194. *Travaux*, peines, souffrances, épreuves, sens du latin *labores*.
206. Il y a dans Corneille de nombreux exemples de cette construction du pronom personnel destinée à attirer l'attention. Cf. *Rodogune*, 1285.
207. *Glace*, froideur, très usité au XVIIe siècle :
    Sa prison a rendu le peuple *tout de glace*. (*Sertorius*, 1081.)
219. *De suite*, suivant un certain ordre ; rien de suivi.

Redoublait mon effroi par sa confusion.

JULIE

C'est en contraire sens qu'un songe s'interprète.

CAMILLE

Je le dois croire ainsi, puisque je le souhaite :
Mais je me trouve enfin, malgré tous mes souhaits, 225
Au jour d'une bataille, et non pas d'une paix.

JULIE

Par là finit la guerre, et la paix lui succède.

CAMILLE

Dure à jamais le mal, s'il y faut ce remède !
Soit que Rome y succombe, ou qu'Albe ait le dessous,
Cher amant, n'attends plus d'être un jour mon époux. 230
Jamais, jamais ce nom ne sera pour un homme
Qui soit ou le vainqueur ou l'esclave de Rome.
  Mais quel objet nouveau se présente en ces lieux ?
Est-ce toi, Curiace ? en croirai-je mes yeux ?

SCÈNE III

CURIACE, CAMILLE, JULIE.

CURIACE

N'en doutez point, Camille, et revoyez un homme 235
Qui n'est ni le vainqueur ni l'esclave de Rome.
Cessez d'appréhender de voir rougir mes mains
Du poids honteux des fers ou du sang des Romains.

---

230. *N'attends plus de*, ne t'attends plus à. « *N'attendez pas de* le trouver sans imperfection. » (Fénelon, *Télémaque*, XII.)

234. Selon une convention du théâtre d'alors, le tutoiement entre amants n'était pas réciproque ; Camille tutoie Curiace, qui ne la tutoiera pas.

238. « *Rougir* est employé ici en deux acceptions différentes. Les mains *rouges de sang;* elles ne sont rouges en un autre sens que quand elles sont meurtries par le poids des fers; mais cette figure ne manque pas de justesse, parce qu'en effet il y a de la rougeur dans l'un et l'autre cas. » (Voltaire.)

J'ai cru que vous aimiez assez Rome et la gloire
Pour mépriser ma chaîne et haïr ma victoire ; 240
Et, comme également, en cette extrémité,
Je craignais la victoire et la captivité...

CAMILLE

Curiace, il suffit ; je devine le reste :
Tu fuis une bataille à tes vœux si funeste,
Et ton cœur, tout à moi, pour ne me perdre pas, 245
Dérobe à ton pays le secours de ton bras.
Qu'un autre considère ici ta renommée,
Et te blâme, s'il veut, de m'avoir trop aimée ;
Ce n'est point à Camille à t'en mésestimer :
Plus ton amour paraît, plus elle doit t'aimer ; 250
Et, si tu dois beaucoup aux lieux qui t'ont vu naître,
Plus tu quittes pour moi, plus tu le fais paraître.
Mais as-tu vu mon père ? et peut-il endurer
Qu'ainsi dans sa maison tu t'oses retirer ?
Ne préfère-t-il point l'État à sa famille ? 255
Ne regarde-t-il point Rome plus que sa fille ?
Enfin notre bonheur est-il bien affermi ?
T'a-t-il vu comme gendre, ou bien comme ennemi ?

CURIACE

Il m'a vu comme gendre, avec une tendresse
Qui témoignait assez une entière allégresse ; 260
Mais il ne m'a point vu, par une trahison,
Indigne de l'honneur d'entrer dans sa maison.
Je n'abandonne point l'intérêt de ma ville ;
J'aime encor mon honneur en adorant Camille.
Tant qu'a duré la guerre, on m'a vu constamment 265
Aussi bon citoyen que véritable amant ;

---

249. « *Mésestimer*, c'est accorder une estime moindre qu'il ne faut ; *mépriser*, c'est accorder un prix moindre qu'il ne faut. Ces deux mots sont donc très voisins ; ils ne se distinguent que par la nuance entre *estime* et *prix*. » (Littré.)

256. *Regarder* a ici le sens du latin *respicere*, ou de *spectare*, au figuré.

D'Albe avec mon amour j'accordais la querelle ;
Je soupirais pour vous en combattant pour elle,
Et, s'il fallait encor que l'on en vînt aux coups,
Je combattrais pour elle en soupirant pour vous. 270
Oui, malgré les désirs de mon âme charmée,
Si la guerre durait, je serais dans l'armée.
C'est la paix qui chez vous me donne un libre accès,
La paix à qui nos feux doivent ce beau succès.

CAMILLE

La paix ! Et le moyen de croire un tel miracle ? 275

JULIE

Camille, pour le moins, croyez-en votre oracle,
Et sachons pleinement par quels heureux effets
L'heure d'une bataille a produit cette paix.

CURIACE

L'aurait-on jamais cru ? déjà les deux armées,
D'une égale chaleur au combat animées, 280
Se menaçaient des yeux, et, marchant fièrement,
N'attendaient, pour donner, que le commandement,
Quand notre dictateur devant les rangs s'avance,
Demande à votre prince un moment de silence,
Et, l'ayant obtenu : « Que faisons-nous, Romains, 285
Dit-il, et quel démon nous fait venir aux mains ?
Souffrons que la raison éclaire enfin nos âmes.
Nous sommes vos voisins, nos filles sont vos femmes,
Et l'hymen nous a joints par tant et tant de nœuds,
Qu'il est peu de nos fils qui ne soient vos neveux. 290
Nous ne sommes qu'un sang et qu'un peuple en deux villes ;

---

267. *J'accordais,* je mettais d'accord, je conciliais la querelle, la cause.
282. *Donner,* pris neutralement pour : charger dans un combat.

Enfin, Horace seul est partout où l'on donne. (Du Ryer, *Scévole,* I, 3.)

286. Littré cite un grand nombre d'auteurs où *démon* est pris pour : la cause de l'inspiration, des impulsions bonnes ou mauvaises.
290. *Neveux,* sens très usité au XVII⁰ siècle, du latin *nepotes.*

Pourquoi nous déchirer par des guerres civiles,
Où la mort des vaincus affaiblit les vainqueurs,
Et le plus beau triomphe est arrosé de pleurs ?
Nos ennemis communs attendent avec joie   295
Qu'un des partis défaits leur donne l'autre en proie,
Lassé, demi-rompu, vainqueur, mais, pour tout fruit,
Dénué d'un secours par lui-même détruit.
Ils ont assez longtemps joui de nos divorces ;
Contre eux dorénavant joignons toutes nos forces,   300
Et noyons dans l'oubli ces petits différends
Qui de si bons guerriers font de mauvais parents.
Que si l'ambition de commander aux autres
Fait marcher aujourd'hui vos troupes et les nôtres,
Pourvu qu'à moins de sang nous voulions l'apaiser,   305
Elle nous unira, loin de nous diviser.
Nommons des combattants pour la cause commune :
Que chaque peuple aux siens attache sa fortune ;
Et, suivant ce que d'eux ordonnera le sort,
Que le parti plus faible obéisse au plus fort ;   310
Mais sans indignité pour des guerriers si braves :
Qu'ils deviennent sujets sans devenir esclaves,
Sans honte, sans tribut, et sans autre rigueur
Que de suivre en tous lieux les drapeaux du vainqueur :
Ainsi nos deux États ne feront qu'un empire. »   315
Il semble qu'à ces mots notre discorde expire :
Chacun, jetant les yeux dans un rang ennemi,
Reconnaît un beau-frère, un cousin, un ami.

---

297. *Rompu* a ici le sens de *défait*, mis en déroute. « Un soldat romain devait ou vaincre ou mourir : par cette maxime, les armées romaines, quoique défaites ou *rompues*, combattaient et se ralliaient jusqu'à la dernière extrémité. » (Bossuet, *Discours sur l'histoire universelle*, III.)
299. *Divorce* (divortium, diverterc) se dit proprement des dissensions entre parents, et, par extension, entre amis. Il y a ici un souvenir précis de la fraternité des cités latines confédérées sur le mont Albain.
305. *A moins de sang*, avec moins de sang.
311. *Indignité*, outrage, mépris, déshonneur :

Il me fera raison de cette *indignité*. (Rotrou, *Vencéslas*, I, 1.)

Ils s'étonnent comment leurs mains, de sang avides,
Volaient, sans y penser, à tant de parricides, 320
Et font paraître un front couvert tout à la fois
D'horreur pour la bataille, et d'ardeur pour ce choix.
Enfin l'offre s'accepte, et la paix désirée
Sous ces conditions est aussitôt jurée :
Trois combattront pour tous ; mais, pour les mieux choi-
[sir, 325
Nos chefs ont voulu prendre un peu plus de loisir ;
Le vôtre est au sénat, le nôtre dans sa tente.

CAMILLE

O dieux, que ce discours rend mon âme contente !

CURIACE

Dans deux heures au plus, par un commun accord,
Le sort de nos guerriers réglera notre sort. 330
Cependant tout est libre, attendant qu'on les nomme.
Rome est dans notre camp, et notre camp dans Rome.
D'un et d'autre côté l'accès étant permis,
Chacun va renouer avec ses vieux amis.
Pour moi, ma passion m'a fait suivre vos frères, 335
Et mes désirs ont eu des succès si prospères
Que l'auteur de vos jours m'a promis à demain
Le bonheur sans pareil de vous donner la main.
Vous ne deviendrez pas rebelle à sa puissance ?

CAMILLE

Le devoir d'une fille est dans l'obéissance. 340

320. *Sans y penser*, se rapportant à *mains*, est une hardiesse poétique.— « On ne se sert pas seulement du mot *parricide* pour signifier celui qui a tué son père, mais pour tous ceux qui commettent des crimes énormes et dénaturés de cette espèce, tellement qu'on le dira aussi bien de celui qui aura tué sa mère, son prince ou trahi sa patrie, que d'un autre qui aurait tué son père : car tout cela tient lieu de père. » (Vaugelas, *Remarques*.)

331. *Tout est libre*, toutes les communications sont libres entre les deux peuples. Voyez *le Cid*, 502.

338. « M. Corneille, dit Ménage, a introduit dans nos poèmes dramatiques cette façon de parler, afin de diversifier, comme je lui ai ouï dire, les mots de mariage, de marier et d'épouser, qui se rencontrent souvent dans ces sortes de poèmes et qui ne sont pas fort nobles. »

CURIACE

Venez donc recevoir ce doux commandement
Qui doit mettre le comble à mon contentement.

CAMILLE

Je vais suivre vos pas, mais pour revoir mes frères,
Et savoir d'eux encor la fin de nos misères.

JULIE

Allez, et cependant au pied de nos autels   345
J'irai rendre pour vous grâces aux immortels.

ACTE DEUXIÈME

SCÈNE I

HORACE, CURIACE

CURIACE

Ainsi Rome n'a point séparé son estime;
Elle eût cru faire ailleurs un choix illégitime.
Cette superbe ville en vos frères et vous
Trouve les trois guerriers qu'elle préfère à tous,   350
Et son illustre ardeur d'oser plus que les autres,
D'une seule maison brave toutes les nôtres.
Nous croirons, à la voir tout entière en vos mains,

---

341. Ce vers et le précédent se retrouvent à un mot près dans *le Menteur*, acte V, sc. 7.
347. *Séparer* est ici pris au sens propre pour : désunir ce qui est joint. Rome aurait pu ne choisir que l'un des Horaces; elle les réunit dans la même estime confiante.

Que, hors les fils d'Horace, il n'est point de Romains.
Ce choix pouvait combler trois familles de gloire, 355
Consacrer hautement leurs noms à la mémoire;
Oui, l'honneur que reçoit la vôtre par ce choix
En pouvait à bon titre immortaliser trois;
Et, puisque c'est chez vous que mon heur et ma flamme
M'ont fait placer ma sœur, et choisir une femme, 360
Ce que je vais vous être, et ce que je vous suis,
Me font y prendre part autant que je le puis.
Mais un autre intérêt tient ma joie en contrainte,
Et parmi ses douceurs mêle beaucoup de crainte :
La guerre en tel éclat a mis votre valeur 365
Que je tremble pour Albe, et prévois son malheur.
Puisque vous combattez, sa perte est assurée;
En vous faisant nommer, le destin l'a jurée :
Je vois trop dans ce choix ses funestes projets,
Et me compte déjà pour un de vos sujets. 370

HORACE

Loin de trembler pour Albe, il vous faut plaindre Rome,
Voyant ceux qu'elle oublie et les trois qu'elle nomme.
C'est un aveuglement pour elle bien fatal
D'avoir tant à choisir, et de choisir si mal.
Mille de ses enfants, beaucoup plus dignes d'elle, 375
Pouvaient bien mieux que nous soutenir sa querelle.
Mais, quoique ce combat me promette un cercueil,
La gloire de ce choix m'enfle d'un juste orgueil;
Mon esprit en conçoit une mâle assurance :
J'ose espérer beaucoup de mon peu de vaillance; 380
Et, du sort envieux quels que soient les projets,
Je ne me compte point pour un de vos sujets.

356. *Mémoire*, souvenir de la postérité comme dans le cri fameux d'Auguste : « O siècles, ô mémoire! » (*Cinna*, 1697.)

377. *Cercueil*, au figuré, pour *mort* :
Ce frère et ton espoir vont entrer au *cercueil*. (*Héraclius*, 1001.)

ACTE II, SCÈNE I

Rome a trop cru de moi; mais mon âme ravie
Remplira son attente, ou quittera la vie.
Qui veut mourir ou vaincre est vaincu rarement : 385
Ce noble désespoir périt malaisément.
Rome, quoi qu'il en soit, ne sera point sujette
Que mes derniers soupirs n'assurent ma défaite.

CURIACE

Hélas! c'est bien ici que je dois être plaint!
Ce que veut mon pays, mon amitié le craint. 390
Dures extrémités, de voir Albe asservie,
Ou sa victoire au prix d'une si chère vie,
Et que l'unique bien où tendent ses désirs
S'achète seulement par vos derniers soupirs!
Quels vœux puis-je former, et quel bonheur attendre? 395
De tous les deux côtés j'ai des pleurs à répandre;
De tous les deux côtés mes désirs sont trahis.

HORACE

Quoi! vous me pleureriez mourant pour mon pays!
Pour un cœur généreux ce trépas a des charmes :
La gloire qui le suit ne souffre point de larmes, 400
Et je le recevrais en bénissant mon sort,
Si Rome et tout l'État perdaient moins en ma mort.

CURIACE

A vos amis pourtant permettez de le craindre;
Dans un si beau trépas, ils sont les seuls à plaindre :
La gloire en est pour vous, et la perte pour eux; 405
Il vous fait immortel, et les rend malheureux.
On perd tout quand on perd un ami si fidèle.
Mais Flavian m'apporte ici quelque nouvelle.

---

383. *Trop croire de quelqu'un*, c'est trop présumer de lui.
388. *Que*, sans que; c'est le *quin* des Latins.

10.

SCÈNE II

HORACE, CURIACE, FLAVIAN

CURIACE

Albe de trois guerriers a-t-elle fait le choix?

FLAVIAN

Je viens pour vous l'apprendre.

CURIACE

Eh bien! qui sont les trois? 410

FLAVIAN

Vos deux frères et vous.

CURIACE

Qui?

FLAVIAN

Vous et vos deux frères.
Mais pourquoi ce front triste et ces regards sévères?
Ce choix vous déplaît-il?

CURIACE

Non, mais il me surprend;
Je m'estimais trop peu pour un honneur si grand.

FLAVIAN

Dirai-je au dictateur, dont l'ordre ici m'envoie, 415
Que vous le recevez avec si peu de joie?
Ce morne et froid accueil me surprend à mon tour.

CURIACE

Dis-lui que l'amitié, l'alliance et l'amour
Ne pourront empêcher que les trois Curiaces
Ne servent leur pays contre les trois Horaces. 420

---

411. Ce coup de théâtre a plusieurs fois été comparé à celui de *Cinna* (I, 4), alors qu'Evandre annonce aux conjurés qu'Auguste les mande à son palais.

FLAVIAN
Contre eux! Ah! c'est beaucoup me dire en peu de mots.
CURIACE
Porte-lui ma réponse, et nous laisse en repos.

SCÈNE III
HORACE, CURIACE

CURIACE
Que désormais le ciel, les enfers, et la terre
Unissent leurs fureurs à nous faire la guerre;
Que les hommes, les dieux, les démons, et le sort   425
Préparent contre nous un général effort;
Je mets à faire pis, en l'état où nous sommes,
Le sort et les démons, et les dieux, et les hommes :
Ce qu'ils ont de cruel, et d'horrible, et d'affreux,
L'est bien moins que l'honneur qu'on nous fait à tous
[deux. 430

HORACE
Le sort, qui de l'honneur nous ouvre la barrière,
Offre à notre constance une illustre matière :
Il épuise sa force à former un malheur,
Pour mieux se mesurer avec notre valeur;
Et, comme il voit en nous des âmes peu communes, 435
Hors de l'ordre commun il nous fait des fortunes.
Combattre un ennemi pour le salut de tous,
Et contre un inconnu s'exposer seul aux coups,

---

425.   Que la terre et le ciel, ennemis de nos flammes,
        Unissent leurs fureurs pour désunir nos âmes!
                        (Rotrou, *Hypocondriaque*, I, 1.)

426. *Général effort*, cette construction de l'adjectif avant le substantif n'est pas rare au xviie siècle: on disait *natale province, sacré nœud*, etc.
427. *Je mets à faire pis*, je défie de faire pis. On disait également : mettre quelqu'un à pis ou au pis faire.

        Ils me feront plaisir; je les mets *à pis faire*. (*Plaideurs*, II, 3.)

D'une simple vertu c'est l'effet ordinaire ;
Mille déjà l'ont fait, mille pourraient le faire. 440
Mourir pour le pays est un si digne sort
Qu'on briguerait en foule une si belle mort.
Mais vouloir au public immoler ce qu'on aime,
S'attacher au combat comme un autre soi-même,
Attaquer un parti qui prend pour défenseur 445
Le frère d'une femme et l'amant d'une sœur,
Et, rompant tous ces nœuds, s'armer pour la patrie
Contre un sang qu'on voudrait racheter de sa vie,
Une telle vertu n'appartenait qu'à nous.
L'éclat de son grand nom lui fait peu de jaloux, 450
Et peu d'hommes au cœur l'ont assez imprimée
Pour oser aspirer à tant de renommée.

CURIACE

Il est vrai que nos noms ne sauraient plus périr.
L'occasion est belle : il nous la faut chérir.
Nous serons les miroirs d'une vertu bien rare ; 455
Mais votre fermeté tient un peu du barbare.
Peu, même des grands cœurs, tireraient vanité
D'aller par ce chemin à l'immortalité :
A quelque prix qu'on mette une telle fumée,
L'obscurité vaut mieux que tant de renommée. 460
   Pour moi, je l'ose dire, et vous l'avez pu voir,
Je n'ai point consulté pour suivre mon devoir ;
Notre longue amitié, l'amour, ni l'alliance,
N'ont pu mettre un moment mon esprit en balance ;

---

443. *Public*, dans le sens de *peuple*, intérêt public, chose publique, a vieilli. Cf. *le Cid*, 1200.

451. *Au cœur*, dans le cœur ; c'est un latinisme, *virtus animo impressa*. Cf. le vers 1504.

455. « *Miroir* se dit figurément en morale de ce qui nous représente quelque chose ou qui la met comme devant nos yeux : c'est un miroir de vertu, miroir de patience. » (*Dictionnaire* de Furetière.)

Médée est un *miroir* de vertu signalée. (*Médée*, 385.)

462. *Consulter*, délibérer, examiner, hésiter. Cf. *le Cid*, 820.

Et puisque, par ce choix, Albe montre en effet 465
Qu'elle m'estime autant que Rome vous a fait,
Je crois faire pour elle autant que vous pour Rome ;
J'ai le cœur aussi bon, mais enfin je suis homme.
Je vois que votre honneur demande tout mon sang,
Que tout le mien consiste à vous percer le flanc ; 470
Près d'épouser la sœur, qu'il faut tuer le frère,
Et que pour mon pays j'ai le sort si contraire.
Encor qu'à mon devoir je coure sans terreur,
Mon cœur s'en effarouche, et j'en frémis d'horreur ;
J'ai pitié de moi-même, et jette un œil d'envie 475
Sur ceux dont notre guerre a consumé la vie,
Sans souhait toutefois de pouvoir reculer.
Ce triste et fier honneur m'émeut sans m'ébranler :
J'aime ce qu'il me donne, et je plains ce qu'il m'ôte,
Et si Rome demande une vertu plus haute, 480
Je rends grâces aux dieux de n'être pas Romain,
Pour conserver encor quelque chose d'humain.

HORACE

Si vous n'êtes Romain, soyez digne de l'être ;
Et si vous m'égalez, faites-le mieux paraître.
La solide vertu dont je fais vanité 485
N'admet point de faiblesse avec sa fermeté ;
Et c'est mal de l'honneur entrer dans la carrière
Que, dès le premier pas, regarder en arrière.
Notre malheur est grand, il est au plus haut point : 490
Je l'envisage entier ; mais je n'en frémis point.
Contre qui que ce soit que mon pays m'emploie,

---

465. *En effet* n'est point un remplissage ; le mot *effet*, réalité, s'opposait à *apparence*. *En effet* signifie : comme son choix le fait paraître.

466. Nous retrouverons au vers 604 cette tournure très française, qui permettait de remplacer par *faire* un verbe précédemment exprimé, en lui donnant le même régime qu'à ce verbe.

472. Forcé de défendre mon pays, j'ai le malheur de le défendre contre vous.

473. *Encor que* et *encor*, sans *e*, condamnés par Vaugelas, dans ses *Remarques*, ont survécu ; mais la tournure *encor que* a un peu vieilli.

J'accepte aveuglément cette gloire avec joie :
Celle de recevoir de tels commandements
Doit étouffer en nous tous autres sentiments.
Qui, près de le servir, considère autre chose, 495
A faire ce qu'il doit lâchement se dispose.
Ce droit saint et sacré rompt tout autre lien.
Rome a choisi mon bras, je n'examine rien.
Avec une allégresse aussi pleine et sincère
Que j'épousai la sœur, je combattrai le frère, 500
Et, pour trancher enfin ces discours superflus,
Albe vous a nommé, je ne vous connais plus.

CURIACE

Je vous connais encore, et c'est ce qui me tue ;
Mais cette âpre vertu ne m'était pas connue ;
Comme notre malheur, elle est au plus haut point : 505
Souffrez que je l'admire, et ne l'imite point.

HORACE

Non, non, n'embrassez pas de vertu par contrainte ;
Et, puisque vous trouvez plus de charme à la plainte,
En toute liberté goûtez un bien si doux.
Voici venir ma sœur pour se plaindre avec vous ; 510
Je vais revoir la vôtre, et résoudre son âme
A se bien souvenir qu'elle est toujours ma femme,
A vous aimer encor, si je meurs par vos mains,
Et prendre en son malheur des sentiments romains.

---

499. *Allégresse* serait presque odieux, si ce mot pouvait être traduit par *joie vive*, comme de nos jours; au xviie siècle, il se rapprochait davantage de son étymologie latine, *alacritas*, rapidité, décision hardie et prompte.

502. L'acteur Baron mettait, dit-on, une nuance d'émotion contenue et bientôt réprimée dans ce vers fameux.

510. « Voltaire a condamné la locution *voici venir*, mais à tort; en effet, elle est correcte : car *voici* est pour *vois ci*, et *voir* se construit avec l'infinitif. De plus, elle est appuyée par l'usage des bons auteurs. » (Littré.)

SCÈNE IV

HORACE, CURIACE, CAMILLE.

HORACE

Avez-vous su l'état qu'on fait de Curiace, 515
Ma sœur ?

CAMILLE

Hélas ! mon sort a bien changé de face.

HORACE

Armez-vous de constance, et montrez-vous ma sœur ;
Et si, par mon trépas, il retourne vainqueur,
Ne le recevez point en meurtrier d'un frère,
Mais en homme d'honneur qui fait ce qu'il doit faire, 520
Qui sert bien son pays, et sait montrer à tous,
Par sa haute vertu, qu'il est digne de vous.
Comme si je vivais, achevez l'hyménée.
Mais si ce fer aussi tranche sa destinée,
Faites à ma victoire un pareil traitement : 525
Ne me reprochez point la mort de votre amant.
Vos larmes vont couler, et votre cœur se presse ;
Consumez avec lui toute cette faiblesse,
Querellez ciel et terre, et maudissez le sort ;
Mais, après le combat, ne pensez plus au mort. 530

(A Curiace.)

Je ne vous laisserai qu'un moment avec elle ;
Puis nous irons ensemble où l'honneur nous appelle.

---

515. *Faire état de*, faire cas, comme au vers 538.
518. *Retourner*, pris absolument, où nous mettrions *revenir*.

Le soleil baisse fort, et je suis étonné
Que mon valet encor ne soit pas *retourné*. (Molière, *le Fâcheux*, II, 1.)

527. *Se presse*, se serre, est oppressé par la douleur : « Vous savez ce qui m'arrive : c'est que je pleure, et mon cœur *se presse* si étrangement, que je lui fais signe de la main de se taire. » (Mme de Sévigné, *Lettre* 105.)
528. C'est-à-dire : abandonnez-vous librement à cette tristesse, soulagez votre cœur en pleurant.

SCÈNE V

CURIACE, CAMILLE

CAMILLE

Iras-tu, Curiace ? et ce funeste honneur
Te plaît-il aux dépens de tout notre bonheur ?

CURIACE

Hélas ! je vois trop bien qu'il faut, quoi que je fasse, 535
Mourir, ou de douleur, ou de la main d'Horace.
Je vais, comme au supplice, à cet illustre emploi ;
Je maudis mille fois l'état qu'on fait de moi ;
Je hais cette valeur qui fait qu'Albe m'estime :
Ma flamme au désespoir passe jusques au crime : 540
Elle se prend au ciel, et l'ose quereller :
Je vous plains, je me plains : mais il faut y aller.

CAMILLE

Non, je te connais mieux : tu veux que je te prie,
Et qu'ainsi mon pouvoir t'excuse à ta patrie.
Tu n'es que trop fameux par tes autres exploits ; 545
Albe a reçu par eux tout ce que tu lui dois.
Autre n'a mieux que toi soutenu cette guerre ;
Autre de plus de morts n'a couvert notre terre ;
Ton nom ne peut plus croître, il ne lui manque rien ;
Souffre qu'un autre ici puisse ennoblir le sien. 550

CURIACE

Que je souffre à mes yeux qu'on ceigne une autre tête
Des lauriers immortels que la gloire m'apprête,
Ou que tout mon pays reproche à ma vertu

---

540. Vaugelas condamne *jusques à* et même tout emploi de *jusques*. On continua cependant à écrire *jusques à*, même en prose. Nous dirions plutôt *passer jusques, aller jusqu'à*.
544. Pour *envers, auprès de* : « Vous m'excuserez à lui si je ne lui écris, car le messager part. » (Malherbe, *Lettre à Peiresc*, 13 février 1611.)

Qu'il aurait triomphé si j'avais combattu,
Et que sous mon amour ma valeur endormie 555
Couronne tant d'exploits d'une telle infamie !
Non, Albe, après l'honneur que j'ai reçu de toi,
Tu ne succomberas, ni vaincras que par moi.
Tu m'as commis ton sort, je t'en rendrai bon compte :
Je vivrai sans reproche, ou périrai sans honte. 560

CAMILLE

Quoi ! tu ne veux pas voir qu'ainsi tu me trahis !

CURIACE

Avant que d'être à vous, je suis à mon pays.

CAMILLE

Mais te priver pour lui toi-même d'un beau-frère,
Ta sœur de son mari !

CURIACE

           Telle est notre misère :
Le choix d'Albe et de Rome ôte toute douceur 565
Aux noms jadis si doux de beau-frère et de sœur.

CAMILLE

Tu pourras donc, cruel, me présenter sa tête,
Et demander ma main pour prix de ta conquête ?

CURIACE

Il n'y faut plus penser : en l'état où je suis,
Vous aimer sans espoir, c'est tout ce que je puis. 570
Vous en pleurez, Camille ?

CAMILLE

           Il faut bien que je pleure :

---

558. *Ni vaincras*, sans *ne*, latinisme, *nec vinces*, tour infiniment plus léger que le *ni ne* exigé par la grammaire moderne.
559. *Commettre, committere*, encore un latinisme, pour *confier*.
571. Qu'avez-vous ? vous pleurez ? (*Bajazet*, III, 4.)
   Ah ! prince. — Vous pleurez ! ah ! ma chère princesse !
                                    (*Britannicus*, V, 1.)
  Que vois-je ? quel discours ! ma fille, vous pleurez. (*Iphigénie*, IV, 4.)
Zaïre, vous pleurez ! (Voltaire, *Zaïre*, IV, 2.)

Mon insensible amant ordonne que je meure ;
Et, quand l'hymen pour nous allume son flambeau,
Il l'éteint de sa main pour m'ouvrir le tombeau.
Ce cœur impitoyable à ma perte s'obstine, 575
Et dit qu'il m'aime encor alors qu'il m'assassine.

CURIACE

Que les pleurs d'une amante ont de puissants discours !
Et qu'un bel œil est fort avec un tel secours !
Que mon cœur s'attendrit à cette triste vue !
Ma constance contre elle à regret s'évertue. 580
N'attaquez plus ma gloire avec tant de douleurs,
Et laissez-moi sauver ma vertu de vos pleurs ;
Je sens qu'elle chancelle et défend mal la place.
Plus je suis votre amant, moins je suis Curiace :
Faible d'avoir déjà combattu l'amitié, 585
Vaincrait-elle à la fois l'amour et la pitié ?
Allez, ne m'aimez plus, ne versez plus de larmes,
Ou j'oppose l'offense à de si fortes armes ;
Je me défendrai mieux contre votre courroux,
Et, pour le mériter, je n'ai plus d'yeux pour vous. 590
Vengez-vous d'un ingrat, punissez un volage.
Vous ne vous montrez point sensible à cet outrage !
Je n'ai plus d'yeux pour vous, vous en avez pour moi !
En faut-il plus encor ? je renonce à ma foi.
Rigoureuse vertu dont je suis la victime, 595
Ne peux-tu résister sans le secours d'un crime ?

CAMILLE

Ne fais point d'autre crime, et j'atteste les dieux
Qu'au lieu de t'en haïr, je t'en aimerai mieux.

577. Rien n'est plus éloquent que les pleurs d'une femme.
(Rotrou, *Laure persécutée,* 1.)
Ce vers peut nous aider à comprendre le vers de Corneille : *avoir de puissants discours* : en effet, c'est être éloquent, avoir du pouvoir sur l'âme.
585. Tournure remarquable pour : affaibli déjà pour avoir combattu.

Oui, je te chérirai, tout ingrat et perfide,
Et cesse d'aspirer au nom de fratricide. 600
Pourquoi suis-je Romaine, ou que n'es-tu Romain?
Je te préparerais des lauriers de ma main,
Je t'encouragerais au lieu de te distraire,
Et je te traiterais comme j'ai fait mon frère.
Hélas! j'étais aveugle en mes vœux aujourd'hui; 605
J'en ai fait contre toi quand j'en ai fait pour lui.
Il revient: quel malheur, si l'amour de sa femme
Ne peut non plus sur lui que le mien sur ton âme!

SCÈNE VI
HORACE, SABINE, CURIACE, CAMILLE.

CURIACE

Dieux! Sabine le suit! Pour ébranler mon cœur,
Est-ce peu de Camille? y joignez-vous ma sœur? 610
Et, laissant à ses pleurs vaincre ce grand courage,
L'amenez-vous ici chercher même avantage?

SABINE

Non, non, mon frère, non; je ne viens en ce lieu
Que pour vous embrasser, et pour vous dire adieu.
Votre sang est trop bon, n'en craignez rien de lâche, 615
Rien dont la fermeté de ces grands cœurs se fâche:
Si ce malheur illustre ébranlait l'un de vous,

---

599. *Tout ingrat*, bien qu'ingrat :
Nos pères, *tout* grossiers, l'avaient beaucoup meilleur. (*Misanthrope*, I, 3.)
600. Vaugelas déclarait que le mot *fratricide* n'était pas français; le mot de *parricide* suffisait à tout. Chapelain admettait *fratricide*.
603. *Distraire*, détourner, sens du latin *distrahere*.
608. *Non plus, pas plus*, était ainsi construit par les meilleurs écrivains.
« Comme une aigle qu'on voit tomber si sûrement sur sa proie qu'on ne peut éviter ses ongles, *non plus* que ses yeux. » (Bossuet, *Oraison funèbre de Condé*.)
..... Ses plus proches voisins
Ne s'en sentaient *non plus* que les Américains. (La Fontaine, *Fables*, VI, 4.)
610. *Y* se disait fort bien pour *à lui, à elle* :
Oui, oui, je te renvoie à l'auteur des Satires.
— Je t'y renvoie aussi. (*les Femmes savantes*, III, 5.)

Je le désavouerais pour frère et pour époux.
Pourrai-je toutefois vous faire une prière
Digne d'un tel époux, et digne d'un tel frère ? 620
Je veux d'un coup si noble ôter l'impiété,
A l'honneur qui l'attend rendre sa pureté,
La mettre en son état sans mélange de crimes ;
Enfin, je veux vous faire ennemis légitimes.
Du saint nœud qui vous joint je suis le seul lien ; 625
Quand je ne serai plus, vous ne vous serez rien.
Brisez votre alliance, et rompez-en la chaîne ;
Et, puisque votre honneur veut des effets de haine,
Achetez par ma mort le droit de vous haïr.
Albe le veut, et Rome ; il faut leur obéir. 630
Qu'un de vous deux me tue, et que l'autre me venge ;
Alors votre combat n'aura plus rien d'étrange,
Et du moins l'un des deux sera juste agresseur,
Ou pour venger sa femme, ou pour venger sa sœur.
Mais quoi ! vous souilleriez une gloire si belle, 635
Si vous vous animiez par quelque autre querelle :
Le zèle du pays vous défend de tels soins ;
Vous feriez peu pour lui, si vous vous étiez moins ;
Il lui faut, et sans haine, immoler un beau-frère.
Ne différez donc plus ce que vous devez faire ; 640
Commencez par sa sœur à répandre son sang ;
Commencez par sa femme à lui percer le flanc ;
Commencez par Sabine à faire de vos vies
Un digne sacrifice à vos chères patries :
Vous êtes ennemis en ce combat fameux, 645
Vous d'Albe, vous de Rome, et moi de toutes deux.
Quoi ! me réservez-vous à voir une victoire
Où, pour haut appareil d'une pompeuse gloire,

638. *Si vous vous étiez moins*, si vous étiez moins unis par l'alliance et l'amitié. Cf. le vers 699.
648. *Appareil* était pris pour les préparatifs, les ornements d'une cérémonie, quelle qu'en soit la nature. Le vers revient à dire : pour magnifique ornement d'une cérémonie triomphale.

Je verrai les lauriers d'un frère ou d'un mari
Fumer encor d'un sang que j'aurai tant chéri? 650
Pourrai-je entre vous deux régler alors mon âme,
Satisfaire aux devoirs et de sœur et de femme,
Embrasser le vainqueur en pleurant le vaincu?
Non, non, avant ce coup Sabine aura vécu :
Ma mort le préviendra, de qui que je l'obtienne; 655
Le refus de vos mains y condamne la mienne.
Sus donc, qui vous retient? Allez, cœurs inhumains,
J'aurai trop de moyens pour y forcer vos mains;
Vous ne les aurez point au combat occupées,
Que ce corps au milieu n'arrête vos épées; 660
Et, malgré vos refus, il faudra que leurs coups
Se fassent jour ici pour aller jusqu'à vous.

HORACE

O ma femme!

CURIACE

O ma sœur!

CAMILLE

Courage! ils s'amollissent.

SABINE

Vous poussez des soupirs, vos visages pâlissent:
Quelle peur vous saisit? Sont-ce là ces grands cœurs, 665
Ces héros qu'Albe et Rome ont pris pour défenseurs?

HORACE

Que t'ai-je fait, Sabine? et quelle est mon offense
Qui t'oblige à chercher une telle vengeance?
Que t'a fait mon honneur? et par quel droit viens-tu

---

656. Puisque vous me refusez vos mains, c'est la mienne qui me frappera.
657. *Sus* (*sursum* ou *super*) ne se trouve plus guère chez les écrivains postérieurs à Corneille — *Qui*, quelle chose; c'est le *quid* interrogatif latin.
660. *Que ne*, sans que, *quin* en latin. — *Au milieu* est un peu elliptique; on attendrait un participe : se jetant, se plaçant, *in medio stans*.
662. *Ici*, jusqu'à ma poitrine (que Sabine montre). Cf. Racine, *Iphigénie* (III, 5, et IV, 6).

Avec toute ta force attaquer ma vertu ? 670
Du moins contente-toi de l'avoir étonnée,
Et me laisse achever cette grande journée.
Tu me viens de réduire en un étrange point.
Aime assez ton mari pour n'en triompher point.
Va-t'en, et ne rends plus la victoire douteuse ; 675
La dispute déjà m'en est assez honteuse.
Souffre qu'avec honneur je termine mes jours.

SABINE

Va, cesse de me craindre : on vient à ton secours.

SCÈNE VII

LE VIEIL HORACE, HORACE, CURIACE, SABINE, CAMILLE.

LE VIEIL HORACE

Qu'est-ce ci, mes enfants ? écoutez-vous vos flammes,
Et perdez-vous encor le temps avec des femmes ? 680
Prêts à verser du sang, regardez-vous des pleurs ?
Fuyez, et laissez-les déplorer leurs malheurs.
Leurs plaintes ont pour vous trop d'art et de tendresse ;
Elles vous feraient part enfin de leur faiblesse,
Et ce n'est qu'en fuyant qu'on pare de tels coups. 685

SABINE

N'appréhendez rien d'eux, ils sont dignes de vous.
Malgré tous nos efforts, vous en devez attendre

---

671. *Étonner* (cf. v. 932 et 964) a ici le sens très fort du latin *attonitus*. « On le vit *étonner* de ses regards étincelants ceux qui échappaient à ses coups. » (Bossuet, *Oraison funèbre de Condé*.) Cf. le *Cid*, 1433.
673. *Me réduire en un étrange point*, à une étrange situation.
676. *La dispute de la victoire* qu'Horace veut remporter sur lui-même ; c'est déjà trop pour lui d'avoir hésité.
679. Une scène de *Polyeucte* (IV, 6) commence aussi par ces mots : « Qu'est-ce ci, Fabian ? » — « *Qu'est-ce ci, qu'est ceci*, il ne faut pas confondre ces deux locutions. *Qu'est-ce ci* veut dire : qu'y a-t-il ici ? que se passe-t-il ici ? Mais *qu'est ceci* veut dire : quelle chose est ceci, la chose dont on parle, que l'on montre. » (Littré.)
685. Plus tard, Corneille reprendra cette pensée dans *Polyeucte* (I, 1).

Ce que vous souhaitez et d'un fils et d'un gendre ;
Et, si notre faiblesse ébranlait leur honneur,
Nous vous laissons ici pour leur rendre du cœur.   690
　　Allons, ma sœur, allons, ne perdons plus de larmes ;
Contre tant de vertus ce sont de faibles armes.
Ce n'est qu'au désespoir qu'il nous faut recourir.
Tigres, allez combattre, et nous, allons mourir.

SCÈNE VIII
LE VIEIL HORACE, HORACE, CURIACE.

HORACE

Mon père, retenez des femmes qui s'emportent,   695
Et, de grâce, empêchez surtout qu'elles ne sortent.
Leur amour importun viendrait avec éclat
Par des cris et des pleurs troubler notre combat ;
Et ce qu'elles nous sont ferait qu'avec justice
On nous imputerait ce mauvais artifice :   700
L'honneur d'un si beau choix serait trop acheté
Si l'on nous soupçonnait de quelque lâcheté.

LE VIEIL HORACE

J'en aurai soin. Allez, vos frères vous attendent ;
Ne pensez qu'aux devoirs que vos pays demandent.

CURIACE

Quel adieu vous dirai-je ? et par quels compliments...   705

LE VIEIL HORACE

Ah ! n'attendrissez point ici mes sentiments :
Pour vous encourager ma voix manque de termes :
Mon cœur ne forme point de pensers assez fermes ;
Moi-même en cet adieu j'ai les larmes aux yeux.
Faites votre devoir, et laissez faire aux dieux.   710

---

695. *S'emporter*, se laisser aller à des paroles, à des actes violents.
698. Souvenir d'un épisode récent, où l'on avait vu les Sabines intervenir entre leurs maris et leurs pères sur le champ de bataille.
699. *Nous*, à nous, pour nous, les liens qui nous unissent. *Avec justice* ne semble pas exact ; car on n'aurait raison qu'en apparence.

ACTE TROISIÈME

SCÈNE I

SABINE

Prenons parti, mon âme, en de telles disgrâces ;
Soyons femme d'Horace, ou sœur des Curiaces ;
Cessons de partager nos inutiles soins ;
Souhaitons quelque chose, et craignons un peu moins.
Mais, las ! quel parti prendre en un sort si contraire ? 715
Quel ennemi choisir, d'un époux ou d'un frère ?
La nature ou l'amour parle pour chacun d'eux,
Et la loi du devoir m'attache à tous les deux.
Sur leurs hauts sentiments réglons plutôt les nôtres ;
Soyons femme de l'un ensemble et sœur des autres ; 720
Regardons leur honneur comme un souverain bien ;
Imitons leur constance, et ne craignons plus rien.
La mort qui les menace est une mort si belle
Qu'il en faut sans frayeur attendre la nouvelle.
N'appelons point alors les destins inhumains ; 725
Songeons pour quelle cause, et non par quelles mains ;
Revoyons les vainqueurs, sans penser qu'à la gloire
Que toute leur maison reçoit de leur victoire ;
Et, sans considérer aux dépens de quel sang

---

711. *Prendre parti*, se décider, choisir entre deux partis opposés :
Faites, *prenez parti*, que rien ne vous arrête. (*le Misanthrope*, IV, 3.)

726. Il y a ici un verbe sous-entendu. Ce vers sera repris et retourné au vers 752.

727. *Qu'à la gloire*, à autre chose qu'à la gloire. Cf. *le Cid*, 807.

Leur vertu les élève en cet illustre rang, 730
Faisons nos intérêts de ceux de leur famille :
En l'une je suis femme, en l'autre je suis fille,
Et tiens à toutes deux par de si forts liens
Qu'on ne peut triompher que par les bras des miens.
Fortune, quelques maux que ta rigueur m'envoie, 735
J'ai trouvé les moyens d'en tirer de la joie,
Et puis voir aujourd'hui le combat sans terreur,
Les morts sans désespoir, les vainqueurs sans horreur.
  Flatteuse illusion, erreur douce et grossière,
Vain effort de mon âme, impuissante lumière, 740
De qui le faux brillant prend droit de m'éblouir,
Que tu sais peu durer, et tôt t'évanouir !
Pareille à ces éclairs qui, dans le fort des ombres,
Poussent un jour qui fuit et rend les nuits plus sombres,
Tu n'as frappé mes yeux d'un moment de clarté 745
Que pour les abîmer dans plus d'obscurité.
Tu charmais trop ma peine, et le ciel, qui s'en fâche,
Me vend déjà bien cher ce moment de relâche.
Je sens mon triste cœur percé de tous les coups
Qui m'ôtent maintenant un frère ou mon époux. 750
Quand je songe à leur mort, quoi que je me propose,
Je songe par quels bras, et non pour quelle cause,
Et ne vois les vainqueurs en leur illustre rang
Que pour considérer aux dépens de quel sang.

730. *Rang*, place qu'une personne tient dans l'estime des hommes.
    Et je ne puis gagner dans son perfide cœur
    D'autre *rang* que celui de son persécuteur (*Andromaque*, II, 5).
734. Le vers 758 répétera ces vers, en les modifiant. Ce monologue comprend deux couplets symétriques.
741. « *Qui*, au génitif, datif et ablatif, en l'un et l'autre nombre, ne s'attribue jamais qu'aux personnes. » (Vaugelas, *Remarques*.) On voit que Corneille ne se conformait pas à cette règle, établie d'ailleurs postérieurement. — *Prend droit de*, usurpe le droit de, prétend m'éblouir.
744. *Poussent*, lancent, font briller une lueur éphémère. Ce verbe était employé au XVIIᵉ siècle dans une foule d'acceptions où il semble étrange aujourd'hui : comme « pousser des harmonies » (*le Menteur*, I, 5).
748. *Relâche*, répit, intervalle dans un état douloureux. Cf. *Polyeucte*, II, 3.
751. *Proposer*, sens de *pro ponere*, placer devant les yeux, au figuré.

La maison des vaincus touche seule mon âme ; 755
En l'une je suis fille, en l'autre je suis femme,
Et tiens à toutes deux par de si forts liens
Qu'on ne peut triompher que par la mort des miens.
C'est là donc cette paix que j'ai tant souhaitée !
Trop favorables dieux, vous m'avez écoutée ! 760
Quels foudres lancez-vous quand vous vous irritez,
Si même vos faveurs ont tant de cruautés ?
Et de quelle façon punissez-vous l'offense,
Si vous traitez ainsi les vœux de l'innocence ?

SCÈNE II

SABINE, JULIE.

SABINE

En est-ce fait, Julie ? et que m'apportez-vous ? 765
Est-ce la mort d'un frère, ou celle d'un époux ?
Le funeste succès de leurs armes impies
De tous les combattants a-t-il fait des hosties ?
Et, m'enviant l'horreur que j'aurais des vainqueurs,
Pour tous tant qu'ils étaient demande-t-il mes pleurs ? 770

JULIE

Quoi, ce qui s'est passé, vous l'ignorez encore ?

---

758. Dans toute la première partie du xvıı⁰ siècle, ces refrains étaient à la mode ; Corneille en use ici, comme dans *le Cid* (I, 6 ; III, 4), mais avec discrétion. Son ami Rotrou en abuse parfois ; c'est ainsi que chaque acte de sa *Belle Alphrède* se termine par le même vers, volontairement répété.
768. *Hostie*, victime. Cf. *Polyeucte*, 1720.
  Frappons, voilà l'*hostie*, et l'occasion presse.
    (Cyrano de Bergerac, *Agrippine*, IV, 4.)
Ce vers, s'il faut en croire La Monnoye, indigna fort de pieux et naïfs auditeurs, qui se levèrent en tumulte et s'écrièrent : « Oh ! le méchant ! oh ! l'athée ! comme il parle du Saint-Sacrement ! Il veut tuer Notre-Seigneur ! » Cette anecdote, probablement arrangée, prouverait d'abord que Cyrano avait la réputation de libre penseur ; ensuite que l'emploi figuré du mot *hostie* n'était déjà plus fréquent.
769. *M'enviant*, me refusant, latinisme. Cf. *le Cid*, 1224.

SABINE

Vous faut-il étonner de ce que je l'ignore?
Et ne savez-vous point que de cette maison
Pour Camille et pour moi l'on fait une prison?
Julie, on nous renferme, on a peur de nos larmes; 775
Sans cela, nous serions au milieu de leurs armes,
Et, par les désespoirs d'une chaste amitié,
Nous aurions des deux camps tiré quelque pitié.

JULIE

Il n'était pas besoin d'un si tendre spectacle;
Leur vue à leur combat apporte assez d'obstacle. 780
Sitôt qu'ils ont paru prêts à se mesurer,
On a dans les deux camps entendu murmurer:
A voir de tels amis, des personnes si proches,
Venir pour leur patrie aux mortelles approches,
L'un s'émeut de pitié, l'autre est saisi d'horreur, 785
L'autre d'un si grand zèle admire la fureur;
Tel porte jusqu'aux cieux leur vertu sans égale,
Et tel l'ose nommer sacrilège et brutale.
Ces divers sentiments n'ont pourtant qu'une voix:
Tous accusent leurs chefs, tous détestent leur choix; 790
Et, ne pouvant souffrir un combat si barbare,
On s'écrie, on s'avance, enfin on les sépare.

SABINE

Que je vous dois d'encens, grands dieux, qui m'exaucez!

JULIE

Vous n'êtes pas, Sabine, encore où vous pensez;
Vous pouvez espérer, vous avez moins à craindre; 795

---

781. *Prêts à*, pour *près de;* voyez le vers 681.
783. *Proches, approches*, rime peu correcte, si l'on s'en rapporte au jugement de Malherbe, qui proscrivait la rime de deux mots de racine identique. — *Aux mortelles approches*, ce pluriel abstrait est peu net; nous dirions : à l'approche de la mort, mais non : en venir à l'approche.
De ce triste entretien détournons *les approches.* (Racine, *Iphigénie*, III, 7.)

Mais il vous reste encore assez de quoi vous plaindre.
En vain d'un sort si triste on les veut garantir ;
Ces cruels généreux n'y peuvent consentir :
La gloire de ce choix leur est si précieuse
Et charme tellement leur âme ambitieuse, 800
Qu'alors qu'on les déplore ils s'estiment heureux,
Et prennent pour affront la pitié qu'on a d'eux.
Le trouble des deux camps souille leur renommée :
Ils combattront plutôt et l'une et l'autre armée,
Et mourront par les mains qui leur font d'autres lois, 805
Que pas un d'eux renonce aux honneurs d'un tel choix.

SABINE

Quoi ! dans leur dureté ces cœurs d'acier s'obstinent !

JULIE

Oui, mais d'autre côté les deux camps se mutinent,
Et leurs cris, des deux parts poussés en même temps,
Demandent la bataille, ou d'autres combattants. 810
La présence des chefs à peine est respectée,
Leur pouvoir est douteux, leur voix mal écoutée ;
Le roi même s'étonne, et, pour dernier effort :
« Puisque chacun, dit-il, s'échauffe en ce discord,
Consultons des grands dieux la majesté sacrée, 815
Et voyons si ce change à leurs bontés agrée.
Quel impie osera se prendre à leur vouloir,
Lorsqu'en un sacrifice ils nous l'auront fait voir ? »

---

798. *Généreux* est pris ici substantivement. Corneille dit : « perfide généreux » (*Héraclius*, 1865), «. de vrais généreux. » (*Sophonisbe*, 1127.)
801. On dit rarement *déplorer quelqu'un;* voyez pourtant le vers 1344.

Infortunés tous deux, depuis qu'on vous *déplore*.
(Racine, *Thébaïde*, V, 2.)

803. Les vers 799-806, pourraient être mis entre guillemets ; ce sont les paroles des Horaces et des Curiaces que Julie rapporte.
806. *Plutôt*, d'où dépend *que*, est trop loin et devrait être répété.
814. *Discord*. « C'est un de ces mots que l'on emploie en vers, et non pas en prose, dont le nombre n'est pas grand. » (Vaugelas, *Remarques*.) Selon Thomas Corneille, *discord* est « entièrement hors d'usage ». Ce mot marque une nuance intermédiaire entre *discorde*, plus fort, et *désaccord*, plus faible.

Il se tait, et ces mots semblent être des charmes ;
Même aux six combattants ils arrachent les armes, 820
Et ce désir d'honneur, qui leur ferme les yeux,
Tout aveugle qu'il est, respecte encor les dieux.
Leur plus bouillante ardeur cède à l'avis de Tulle ;
Et, soit par déférence, ou par un prompt scrupule,
Dans l'une et l'autre armée on s'en fait une loi, 825
Comme si toutes deux le connaissaient pour roi.
Le reste s'apprendra par la mort des victimes.

SABINE

Les dieux n'avoueront point un combat plein de crimes :
J'en espère beaucoup, puisqu'il est différé,
Et je commence à voir ce que j'ai désiré. 830

SCÈNE III

CAMILLE, SABINE, JULIE.

SABINE

Ma sœur, que je vous die une bonne nouvelle.

CAMILLE

Je pense la savoir, s'il faut la nommer telle ;
On l'a dite à mon père, et j'étais avec lui ;
Mais je n'en conçois rien qui flatte mon ennui :
Ce délai de nos maux rendra leurs coups plus rudes ; 835
Ce n'est qu'un plus long terme à nos inquiétudes ;
Et tout l'allégement qu'il en faut espérer,
C'est de pleurer plus tard ceux qu'il faudra pleurer.

SABINE

Les dieux n'ont point en vain inspiré ce tumulte.

---

819. *Charme* a ici le sens étymologique *(carmen)* d'enchantement.
826. « *Connaître* ne veut pas dire *reconnaître* », observe Voltaire. Il le voulait dire alors, et Corneille en use fréquemment en ce sens.
828. *N'avoueront point*, n'approuveront pas ; voyez le vers 1587.
831. *Die*, ancien subjonctif pour *dise*. Cf. *le Cid*, 1133.

CAMILLE

Disons plutôt, ma sœur, qu'en vain on les consulte. 840
Ces mêmes dieux à Tulle ont inspiré ce choix,
Et la voix du public n'est pas toujours leur voix ;
Ils descendent bien moins dans de si bas étages
Que dans l'âme des rois, leurs vivantes images,
De qui l'indépendante et sainte autorité 845
Est un rayon secret de leur divinité.

JULIE

C'est vouloir sans raison vous former des obstacles
Que de chercher leur voix ailleurs qu'en leurs oracles ;
Et vous ne vous pouvez figurer tout perdu
Sans démentir celui qui vous fut hier rendu. 850

CAMILLE

Un oracle jamais ne se laisse comprendre :
On l'entend d'autant moins que plus on croit l'entendre,
Et, loin de s'assurer sur un pareil arrêt,
Qui n'y voit rien d'obscur doit croire que tout l'est.

SABINE

Sur ce qu'il fait pour nous prenons plus d'assurance, 855
Et souffrons les douceurs d'une juste espérance.
Quand la faveur du ciel ouvre à demi ses bras,
Qui ne s'en promet rien ne la mérite pas ;
Il empêche souvent qu'elle ne se déploie,
Et, lorsqu'elle descend, son refus la renvoie. 860

CAMILLE

Le ciel agit sans nous en ces événements,

---

843. *Dans de si bas étages*, dans des conditions si basses. Molière a dit : « ceux du plus haut étage » (*le Misanthrope*, II, 3), pour : les grands ; et Bossuet (*Anonc.*, 2) : « *le plus bas étage* de l'univers ».
852. Corneille a répété ces vers dans sa *Psyché*.
857. Les bras de la faveur du ciel, métaphore que l'esprit a peine à concevoir. Mais on sait par *Polyeucte* combien ces questions de la grâce préoccupaient Corneille, élève des jésuites, et par suite partisan de la « grâce suffisante », c'est-à-dire, en somme, de la liberté humaine, dont le « refus » indolent « renvoie » souvent la grâce divine au ciel d'où elle est descendue. Que Sabine soit savante en ces choses, on peut s'en étonner ; mais, dans *Œdipe*, c'est Thésée qui opposera les doctrines alors en conflit.

Et ne les règle point dessus nos sentiments.

JULIE

Il ne vous a fait peur que pour vous faire grâce.
Adieu : je vais savoir comme enfin tout se passe.
Modérez vos frayeurs : j'espère à mon retour 865
Ne vous entretenir que de propos d'amour,
Et que nous n'emploîrons la fin de la journée
Qu'aux doux préparatifs d'un heureux hyménée.

SABINE

J'ose encor l'espérer.

CAMILLE

Moi, je n'espère rien.

JULIE

L'effet vous fera voir que nous en jugeons bien. 870

SCÈNE IV

SABINE, CAMILLE

SABINE

Parmi nos déplaisirs souffrez que je vous blâme :
Je ne puis approuver tant de trouble en votre âme ;
Que feriez-vous, ma sœur, au point où je me vois,
Si vous aviez à craindre autant que je le dois,
Et si vous attendiez de leurs armes fatales 875
Des maux pareils aux miens et des pertes égales ?

CAMILLE

Parlez plus sainement de vos maux et des miens :
Chacun voit ceux d'autrui d'un autre œil que les siens ;
Mais, à bien regarder ceux où le ciel me plonge,
Les vôtres auprès d'eux vous sembleront un songe. 880
  La seule mort d'Horace est à craindre pour vous.
Des frères ne sont rien à l'égal d'un époux ;

---

882. *A l'égal de*, en comparaison de.

L'hymen qui nous attache en une autre famille
Nous détache de celle où l'on a vécu fille ;
On voit d'un œil divers des nœuds si différents,   885
Et pour suivre un mari l'on quitte ses parents.
Mais, si près d'un hymen, l'amant que donne un père
Nous est moins qu'un époux, et non pas moins qu'un frère ;
Nos sentiments entre eux demeurent suspendus,
Notre choix impossible, et nos vœux confondus.   890
Ainsi, ma sœur, du moins vous avez dans vos plaintes
Où porter vos souhaits et terminer vos craintes ;
Mais, si le ciel s'obstine à nous persécuter,
Pour moi j'ai tout à craindre, et rien à souhaiter.

SABINE

Quand il faut que l'un meure, et par les mains de l'autre,   895
C'est un raisonnement bien mauvais que le vôtre.
Quoique ce soient, ma sœur, des nœuds bien différents,
C'est sans les oublier qu'on quitte ses parents :
L'hymen n'efface point ces profonds caractères ;
Pour aimer un mari, l'on ne hait pas ses frères.   900
La nature en tout temps garde ses premiers droits ;
Aux dépens de leur vie on ne fait point de choix ;
Aussi bien qu'un époux ils sont d'autres nous-mêmes,
Et tous maux sont pareils alors qu'ils sont extrêmes.
Mais l'amant qui vous charme et pour qui vous brûlez   905
Ne vous est, après tout, que ce que vous voulez ;
Une mauvaise humeur, un peu de jalousie,
En fait assez souvent passer la fantaisie.
Ce que peut le caprice, osez-le par raison,
Et laissez votre sang hors de comparaison.   910
C'est crime qu'opposer les liens volontaires

---

883. *Attacher en* pour *à*, c'est non seulement *unir*, mais fixer.
899. *Caractères,* marques distinctives, profondément gravées.
909. *Le caprice,* la passion ; le sens de ce mot s'est affaibli.
910. *Hors de comparaison,* absolument : ne comparez pas à l'affection naturelle pour la famille l'affection volontaire pour un fiancé.

A ceux que la naissance a rendus nécessaires.
Si donc le ciel s'obstine à nous persécuter,
Seule j'ai tout à craindre, et rien à souhaiter ;
Mais, pour vous, le devoir vous donne, dans vos plaintes, 915
Où porter vos souhaits et terminer vos craintes.

CAMILLE

Je le vois bien, ma sœur, vous n'aimâtes jamais :
Vous ne connaissez point ni l'amour ni ses traits ;
On peut lui résister quand il commence à naître,
Mais non pas le bannir quand il s'est rendu maître, 920
Et que l'aveu d'un père, engageant notre foi,
A fait de ce tyran un légitime roi :
Il entre avec douceur, mais il règne par force ;
Et, quand l'âme une fois a goûté son amorce,
Vouloir ne plus aimer, c'est ce qu'elle ne peut, 925
Puisqu'elle ne peut plus vouloir que ce qu'il veut ;
Ses chaînes sont pour nous aussi fortes que belles.

SCÈNE V

LE VIEIL HORACE, SABINE, CAMILLE.

LE VIEIL HORACE

Je viens vous apporter de fâcheuses nouvelles,
Mes filles ; mais en vain je voudrais vous celer
Ce qu'on ne vous saurait longtemps dissimuler : 930
Vos frères sont aux mains ; les dieux ainsi l'ordonnent.

---

916. Ces quatre derniers vers répètent, en les retournant contre Camille, les vers que Camille a prononcés (891-895).

918. « On ne met jamais ni *pas* ni *point* devant les deux *ni*. Mais il faut se rappeler que *non* et *ne* étaient dans l'origine les seuls adverbes français servant à nier, et que *pas* et *point*, qui sont devenus l'accompagnement nécessaire de *ne*, n'étaient destinés dans le principe qu'à renforcer cette particule, sans avoir par eux-mêmes aucun sens négatif, et signifiaient simplement la valeur d'un pas, d'un point. » (Marty-Laveaux.)

SABINE

Je veux bien l'avouer, ces nouvelles m'étonnent,
Et je m'imaginais dans la divinité
Beaucoup moins d'injustice et bien plus de bonté.
Ne nous consolez point : contre tant d'infortune 935
La pitié parle en vain, la raison importune.
Nous avons en nos mains la fin de nos douleurs,
Et qui veut bien mourir peut braver les malheurs.
Nous pourrions aisément faire en votre présence
De notre désespoir une fausse constance ; 940
Mais, quand on peut sans honte être sans fermeté,
L'affecter au dehors, c'est une lâcheté ;
L'usage d'un tel art, nous le laissons aux hommes,
Et ne voulons passer que pour ce que nous sommes.
Nous ne demandons point qu'un courage si fort 945
S'abaisse, à notre exemple, à se plaindre du sort.
Recevez sans frémir ces mortelles alarmes ;
Voyez couler nos pleurs sans y mêler vos larmes ;
Enfin, pour toute grâce, en de tels déplaisirs,
Gardez votre constance, et souffrez nos soupirs. 950

LE VIEIL HORACE

Loin de blâmer les pleurs que je vous vois répandre,
Je crois faire beaucoup de m'en pouvoir défendre,
Et céderais peut-être à de si rudes coups,
Si je prenais ici même intérêt que vous.
Non qu'Albe par son choix m'ait fait haïr vos frères : 955
Tous trois me sont encor des personnes bien chères ;
Mais enfin l'amitié n'est pas du même rang,

---

937. *En nos mains*, à notre disposition; *in manu, in promptu habemus*.
938. Rotrou avait dit, avant Corneille, presque dans les mêmes termes:
   Celui qui peut mourir, peut vaincre tous malheurs.
                                       (*Belle Alphrède*, I, 4.)
   Qui veut bien mourir, qui a la ferme volonté de mourir.
952. Dans *Iphigénie* (I, 5), Ulysse dit par une réminiscence évidente de Corneille :
   Loin de blâmer vos pleurs, je suis près de pleurer.

Et n'a point les effets de l'amour ni du sang ;
Je ne sens point pour eux la douleur qui tourmente
Sabine comme sœur, Camille comme amante : 960
Je puis les regarder comme nos ennemis,
Et donne sans regret mes souhaits à mes fils.
Ils sont, grâces aux dieux, dignes de leur patrie ;
Aucun étonnement n'a leur gloire flétrie,
Et j'ai vu leur honneur croître de la moitié 965
Quand ils ont des deux camps refusé la pitié.
Si par quelque faiblesse ils l'avaient mendiée,
Si leur haute vertu ne l'eût répudiée,
Ma main bientôt sur eux m'eût vengé hautement
De l'affront que m'eût fait ce mol consentement. 970
Mais lorsqu'en dépit d'eux on en a voulu d'autres,
Je ne le cèle point, j'ai joint mes vœux aux vôtres.
Si le ciel pitoyable eût écouté ma voix,
Albe serait réduite à faire un autre choix ;
Nous pourrions voir tantôt triompher les Horaces 975
Sans voir leurs bras souillés du sang des Curiaces,
Et de l'événement d'un combat plus humain
Dépendrait maintenant l'honneur du nom romain.
La prudence des dieux autrement en dispose ;
Sur leur ordre éternel mon esprit se repose : 980
Il s'arme en ce besoin de générosité,
Et du bonheur public fait sa félicité.
Tâchez d'en faire autant pour soulager vos peines,
Et songez toutes deux que vous êtes Romaines :
Vous l'êtes devenue, et vous l'êtes encor ; 985
Un si glorieux titre est un digne trésor.

964. Aux vers 1616 et 1655 on retrouvera cette tournure. Voyez la note du *Cid*, v. 798. — *Étonnement*, épouvante. Cf. le vers 671.
970. *Mol* était employé, même quand l'hiatus n'était pas à craindre
S'il pardonne, il est *mol*; s'il se venge, barbare. (Rotrou, *Venceslas*, I, 4.)
973. *Pitoyable*, enclin à la pitié, et non pas qui inspire la pitié.
977. *Événement*, résultat bon ou mauvais, *eventus* :
L'honneur de l'entreprise est dans *l'événement*. (Rotrou, *Antigone*.)

Un jour, un jour viendra que par toute la terre
Rome se fera craindre à l'égal du tonnerre,
Et que, tout l'univers tremblant dessous ses lois,
Ce grand nom deviendra l'ambition des rois : 990
Les dieux à notre Énée ont promis cette gloire.

SCÈNE VI

LE VIEIL HORACE, SABINE, CAMILLE, JULIE.

LE VIEIL HORACE

Nous venez-vous, Julie, apprendre la victoire?

JULIE

Mais plutôt du combat les funestes effets :
Rome est sujette d'Albe, et vos fils sont défaits;
Des trois les deux sont morts, son époux seul vous
reste. [995

LE VIEIL HORACE

Oh! d'un triste combat effet vraiment funeste!
Rome est sujette d'Albe, et, pour l'en garantir,
Il n'a pas employé jusqu'au dernier soupir!
Non, non, cela n'est point, on vous trompe, Julie;
Rome n'est point sujette, ou mon fils est sans vie : 1000
Je connais mieux mon sang, il sait mieux son devoir.

JULIE

Mille, de nos remparts, comme moi l'ont pu voir.
Il s'est fait admirer tant qu'ont duré ses frères :
Mais, comme il s'est vu seul contre trois adversaires,

---

987. *Que*, pour *où; dies veniet quum*. Cf. *le Cid*, 454.
991. Souvenir du premier chant de *l'Énéide*, où Jupiter, pour calmer les craintes de Vénus, lui dévoile la grandeur future de Rome.
995. *Les deux*, sans substantif, par opposition au troisième qui reste.
  Les quatre contenaient quatre chœurs de musique. (*le Menteur*, 265.)
1003. *Durer* s'emploie peu en parlant des personnes. Bossuet pourtant écrit : « Son fils ne *dura* guère. » (*Histoire universelle*, I, 7.)

Près d'être enfermé d'eux, sa fuite l'a sauvé. 1005

LE VIEIL HORACE

Et nos soldats trahis ne l'ont point achevé !
Dans leurs rangs à ce lâche ils ont donné retraite !

JULIE

Je n'ai rien voulu voir après cette défaite.

CAMILLE

O mes frères !

LE VIEIL HORACE

Tout beau, ne les pleurez pas tous :
Deux jouissent d'un sort dont leur père est jaloux. 1010
Que des plus nobles fleurs leur tombe soit couverte ;
La gloire de leur mort m'a payé de leur perte :
Ce bonheur a suivi leur courage invaincu
Qu'ils ont vu Rome libre autant qu'ils ont vécu,
Et ne l'auront point vue obéir qu'à son prince, 1015
Ni d'un État voisin devenir la province.
Pleurez l'autre, pleurez l'irréparable affront
Que sa fuite honteuse imprime à notre front ;
Pleurez le déshonneur de toute notre race
Et l'opprobre éternel qu'il laisse au nom d'Horace. 1020

JULIE

Que vouliez-vous qu'il fît contre trois ?

LE VIEIL HORACE

Qu'il mourût !
Ou qu'un beau désespoir alors le secourût !
N'eût-il que d'un moment reculé sa défaite,
Rome eût été du moins un peu plus tard sujette ;
Il eût avec honneur laissé mes cheveux gris, 1025
Et c'était de sa vie un assez digne prix.

1005. *Près d'être enfermé d'eux*, près d'être cerné par eux.
1015. *Qu'à son prince*, sinon à son prince ; voyez le vers 727.

Il est de tout son sang comptable à sa patrie ;
Chaque goutte épargnée a sa gloire flétrie ;
Chaque instant de sa vie, après ce lâche tour,
Met d'autant plus ma honte avec la sienne au jour. 1030
J'en romprai bien le cours, et ma juste colère,
Contre un indigne fils usant des droits d'un père,
Saura bien faire voir, dans sa punition,
L'éclatant désaveu d'une telle action.

SABINE

Écoutez un peu moins ces ardeurs généreuses, 1035
Et ne nous rendez point tout à fait malheureuses.

LE VIEIL HORACE

Sabine, votre cœur se console aisément ;
Nos malheurs jusqu'ici vous touchent faiblement.
Vous n'avez point encor de part à nos misères :
Le ciel vous a sauvé votre époux et vos frères ; 1040
Si nous sommes sujets, c'est de votre pays.
Vos frères sont vainqueurs quand nous sommes trahis,
Et, voyant le haut point où leur gloire se monte,
Vous regardez fort peu ce qui nous vient de honte.
Mais votre trop d'amour pour cet infâme époux 1045
Vous donnera bientôt à plaindre comme à nous.
Vos pleurs en sa faveur sont de tristes défenses ;

1028. Sur cet accord du participe, voyez la note du vers 964.
1029. *Lâche tour*, que Voltaire juge trivial, mais que relève l'accent du vieil Horace, se retrouve dans *Don Sanche* (V, vi,) et *Nicomède* (v. 1074.)
1031. *Le cours*, la durée de sa vie.
1032. « Le père de famille avait sur les siens droit de justice. Ce droit de justice que le chef de famille exerçait dans sa maison était complet et sans appel. Il pouvait condamner à mort, comme faisait le magistrat dans la cité. Aucune autorité n'avait le droit de modifier ses arrêts. » (Fustel de Coulanges, *La Cité antique*.)
1043. *Se monte* ne se dirait plus aujourd'hui comme s'élève, s'accroît.

A moi ? mes vanités jusque-là ne *se montent*. (*Suivante*, III, 6.)

1046. *A plaindre*, à vous plaindre ; il semble qu'il manque un complément ; mais il y a des exemples de cette construction chez Garnier, Malherbe et Corneille.

O nouveau sujet de pleurer et de *plaindre* ! (*Médée*, 1310.)

J'atteste des grands dieux les suprêmes puissances
Qu'avant ce jour fini ces mains, ces propres mains,
Laveront dans son sang la honte des Romains. 1050

SABINE

Suivons-le promptement, la colère l'emporte.
Dieux ! verrons-nous toujours des malheurs de la sorte ?
Nous faudra-t-il toujours en craindre de plus grands,
Et toujours redouter la main de nos parents ?

ACTE QUATRIÈME

SCÈNE I

LE VIEIL HORACE, CAMILLE.

LE VIEIL HORACE

Ne me parlez jamais en faveur d'un infâme : 1055
Qu'il me fuie à l'égal des frères de sa femme.
Pour conserver un sang qu'il tient si précieux,
Il n'a rien fait encor s'il n'évite mes yeux.
Sabine y peut mettre ordre, ou derechef j'atteste
Le souverain pouvoir de la troupe céleste... 1060

CAMILLE

Ah ! mon père, prenez un plus doux sentiment :
Vous verrez Rome même en user autrement,

Et, de quelque malheur que le ciel l'ait comblée,
Excuser la vertu sous le nombre accablée.

LE VIEIL HORACE

Le jugement de Rome est peu pour mon regard, 1065
Camille; je suis père, et j'ai mes droits à part.
Je sais trop comme agit la vertu véritable :
C'est sans en triompher que le nombre l'accable,
Et sa mâle vigueur, toujours en même point,
Succombe sous la force, et ne lui cède point. 1070
Taisez-vous, et sachons ce que nous veut Valère.

SCÈNE II

LE VIEIL HORACE, VALÈRE, CAMILLE.

VALÈRE

Envoyé par le roi pour consoler un père,
Et pour lui témoigner...

LE VIEIL HORACE

N'en prenez aucun soin :
C'est un soulagement dont je n'ai pas besoin,
Et j'aime mieux voir morts que couvert d'infamie 1075
Ceux que vient de m'ôter une main ennemie.
Tous deux pour leur pays sont morts en gens d'honneur;
Il me suffit.

VALÈRE

Mais l'autre eut un rare bonheur;
De tous les trois chez vous il doit tenir la place.

LE VIEIL HORACE

Que n'a-t-on vu périr en lui le nom d'Horace! 1080

1063. Bossuet, dans la même phrase, emploie *combler* en bonne et mauvaise part. « Horace, *comblé* tout ensemble, et d'honneur pour avoir vaincu les Curiaces, et de honte pour avoir tué sa sœur. » (*Histoire universelle*, IIIᵉ partie.)

1065. *Pour mon regard*, à mes regards, à mes yeux, en ce qui me concerne.

ACTE IV, SCÈNE II

VALÈRE

Seul vous le maltraitez après ce qu'il a fait.

LE VIEIL HORACE

C'est à moi seul aussi de punir son forfait.

VALÈRE

Quel forfait trouvez-vous en sa bonne conduite?

LE VIEIL HORACE

Quel éclat de vertu trouvez-vous en sa fuite?

VALÈRE

La fuite est glorieuse en cette occasion. 1085

LE VIEIL HORACE

Vous redoublez ma honte et ma confusion.
Certes, l'exemple est rare et digne de mémoire,
De trouver dans la fuite un chemin à la gloire.

VALÈRE

Quelle confusion, et quelle honte à vous
D'avoir produit un fils qui nous conserve tous, 1090
Qui fait triompher Rome et lui gagne un empire?
A quels plus grands honneurs faut-il qu'un père aspire?

LE VIEIL HORACE

Quels honneurs, quel triomphe, et quel empire enfin,
Lorsqu'Albe sous ses lois range notre destin?

VALÈRE

Que parlez-vous ici d'Albe et de sa victoire? 1095
Ignorez-vous encor la moitié de l'histoire?

LE VIEIL HORACE

Je sais que par sa fuite il a trahi l'État.

VALÈRE

Oui, s'il eût en fuyant terminé le combat:

1083. *Bonne conduite* paraît faible; mais on sait que *bon* équivaut chez Corneille à noble, généreux; voyez les vers 468, 615, 1698.
1091. *Un empire*, on attend plutôt : l'empire, la suprématie sur Albe.

Mais on a bientôt vu qu'il ne fuyait qu'en homme
Qui savait ménager l'avantage de Rome. 1100

LE VIEIL HORACE

Quoi! Rome donc triomphe?

VALÈRE

Apprenez, apprenez
La valeur de ce fils qu'à tort vous condamnez.
Resté seul contre trois, mais, en cette aventure,
Tous trois étant blessés, et lui seul sans blessure,
Trop faible pour eux tous, trop fort pour chacun d'eux, 1105
Il sait bien se tirer d'un pas si dangereux :
Il fuit pour mieux combattre, et cette prompte ruse
Divise adroitement trois frères qu'elle abuse.
Chacun le suit d'un pas ou plus ou moins pressé,
Selon qu'il se rencontre ou plus ou moins blessé ; 1110
Leur ardeur est égale à poursuivre sa fuite ;
Mais leurs coups inégaux séparent leur poursuite.
Horace, les voyant l'un de l'autre écartés,
Se retourne, et déjà les croit demi-domptés ;
Il attend le premier, et c'était votre gendre. 1115
L'autre, tout indigné qu'il ait osé l'attendre,
En vain en l'attaquant fait paraître un grand cœur ;
Le sang qu'il a perdu ralentit sa vigueur.
Albe à son tour commence à craindre un sort contraire ;
Elle crie au second qu'il secoure son frère : 1120
Il se hâte et s'épuise en efforts superflus ;
Il trouve, en les joignant, que son frère n'est plus.

CAMILLE

Hélas!

VALÈRE

Tout hors d'haleine il prend pourtant sa place,

1112. *Leurs coups inégaux* veut dire non pas, activement, les coups qu'ils portent, mais, passivement, ceux qu'ils ont reçus ; c'est la traduction du mot de Tite-Live, « ut quemque vulnere affectum corpus sineret. »

1123. Le long silence de Camille, interrompu par cette seule exclamation,

Et redouble bientôt la victoire d'Horace :
Son courage sans force est un débile appui ; 1125
Voulant venger son frère, il tombe auprès de lui.
L'air résonne des cris qu'au ciel chacun envoie ;
Albe en jette d'angoisse, et les Romains de joie.
  Comme notre héros se voit près d'achever,
C'est peu pour lui de vaincre, il veut encor braver : 1130
« J'en viens d'immoler deux aux mânes de mes frères ;
Rome aura le dernier de mes trois adversaires :
C'est à ses intérêts que je vais l'immoler, »
Dit-il ; et tout d'un temps on le voit y voler.
La victoire entre eux deux n'était pas incertaine : 1135
L'Albain, percé de coups, ne se traînait qu'à peine,
Et, comme une victime aux marches de l'autel,
Il semblait présenter sa gorge au coup mortel.
Aussi le reçoit-il, peu s'en faut, sans défense,
Et son trépas de Rome établit la puissance. 1140

LE VIEIL HORACE

O mon fils ! ô ma joie ! ô l'honneur de nos jours !
O d'un État penchant inespéré secours !
Vertu digne de Rome, et sang digne d'Horace !
Appui de ton pays, et gloire de ta race !
Quand pourrai-je étouffer dans tes embrassements 1145
L'erreur dont j'ai formé de si faux sentiments ?
Quand pourra mon amour baigner avec tendresse
Ton front victorieux de larmes d'allégresse ?

VALÈRE

Vos caresses bientôt pourront se déployer ;
Le roi dans un moment vous le va renvoyer, 1150

était soutenu bien dramatiquement par Mlle Rachel, affaissée sur son fauteuil, presque sans connaissance, le regard fixe, le geste incertain.
1124. *Redouble la victoire, geminata victoria.*
1129. *Achever*, absolument et sans régime, comme *braver*.
1134. *Tout d'un temps*, en même temps, aussitôt ; voyez le vers 1776.
1148. Comparez le langage que tient don Diègue à Rodrigue, acte III, scène 6, du *Cid*.

Et remet à demain la pompe qu'il prépare
D'un sacrifice aux dieux pour un bonheur si rare :
Aujourd'hui seulement on s'acquitte vers eux
Par des chants de victoire et par de simples vœux.
C'est où le roi le mène, et tandis il m'envoie 1155
Faire office vers vous de douleur et de joie ;
Mais cet office encor n'est pas assez pour lui ;
Il y viendra lui-même, et peut-être aujourd'hui :
Il croit mal reconnaître une vertu si pure,
Si de sa propre bouche il ne vous en assure, 1160
S'il ne vous dit chez vous combien vous doit l'État.

LE VIEIL HORACE

De tels remercîments ont pour moi trop d'éclat,
Et je me tiens déjà trop payé par les vôtres
Du service d'un fils et du sang des deux autres.

VALÈRE

Il ne sait ce que c'est d'honorer à demi, 1165
Et son sceptre arraché des mains de l'ennemi
Fait qu'il tient cet honneur qu'il lui plaît de vous faire
Au-dessous du mérite et du fils et du père.
Je vais lui témoigner quels nobles sentiments
La vertu vous inspire en tous vos mouvements, 1170
Et combien vous montrez d'ardeur pour son service.

LE VIEIL HORACE

Je vous devrai beaucoup pour un si bon office.

SCÈNE III

LE VIEIL HORACE, CAMILLE.

LE VIEIL HORACE

Ma fille, il n'est plus temps de répandre des pleurs :

1155. *Tandis*, pendant ce temps ; cet emploi adverbial de *tandis* était blâmé dès 1647 par Vaugelas, dans ses *Remarques*. Corneille n'a pas cessé de s'en servir, même après que la règle eut été formulée.

Tandis, tu peux donc vivre en d'éternels supplices ? (*Clitandre*, II, 5.)

1165. Vaugelas prescrivait de dire *ce que c'est que*.

Il sied mal d'en verser où l'on voit tant d'honneurs.
On pleure injustement des pertes domestiques,　　1175
Quand on en voit sortir des victoires publiques.
Rome triomphe d'Albe, et c'est assez pour nous;
Tous nos maux à ce prix doivent nous être doux.
En la mort d'un amant vous ne perdez qu'un homme
Dont la perte est aisée à réparer dans Rome;　　1180
Après cette victoire, il n'est point de Romain
Qui ne soit glorieux de vous donner la main.
Il me faut à Sabine en porter la nouvelle;
Ce coup sera sans doute assez rude pour elle,
Et ses trois frères morts par la main d'un époux　　1185
Lui donneront des pleurs bien plus justes qu'à vous;
Mais j'espère aisément en dissiper l'orage,
Et qu'un peu de prudence aidant son grand courage
Fera bientôt régner sur un si noble cœur
Le généreux amour qu'elle doit au vainqueur.　　1190
Cependant, étouffez cette lâche tristesse;
Recevez-le, s'il vient, avec moins de faiblesse;
Faites-vous voir sa sœur, et qu'en un même flanc
Le ciel vous a tous deux formés d'un même sang.

SCÈNE IV

CAMILLE

Oui, je lui ferai voir, par d'infaillibles marques,　　1195
Qu'un véritable amour brave la main des Parques,
Et ne prend point de lois de ces cruels tyrans
Qu'un astre injurieux nous donne pour parents.

1175. *Domestique*, qui est de la maison. Corneille dit de même « un crime domestique » (*Polyeucte*, 1026), « un nœud domestique » (*Othon*, 881).

1180. Il faut descendre à Fabian, confident de Sévère, pour trouver l'équivalent de ces paroles du vieil Horace, belles par le sentiment, mais blessantes dans la forme. Cf. *Polyeucte*, II, 1.

1182. *De vous donner la main*, de vous épouser; voyez la note du vers 338.

1186. *Lui donneront*, lui causeront des pleurs.

1187. *J'espère en dissiper l'orage*, l'orage de ses pleurs, de son désespoir.

1198. *Astre injurieux*, destinée injuste, parce que, selon la croyance ancienne, les astres présidaient à la destinée.

Tu blâmes ma douleur, tu l'oses nommer lâche !
Je l'aime d'autant plus que plus elle te fâche, 1200
Impitoyable père, et par un juste effort
Je la veux rendre égale aux rigueurs de mon sort.

En vit-on jamais un dont les rudes traverses
Prissent en moins de rien tant de faces diverses ?
Qui fut doux tant de fois, et tant de fois cruel, 1205
Et portât tant de coups avant le coup mortel ?
Vit-on jamais une âme en un jour plus atteinte
De joie et de douleur, d'espérance et de crainte,
Asservie en esclave à plus d'événements,
Et le piteux jouet de plus de changements ? 1210
Un oracle m'assure, un songe me travaille ;
La paix calme l'effroi que me fait la bataille ;
Mon hymen se prépare, et presque en un moment
Pour combattre mon frère on choisit mon amant ;
Ce choix me désespère, et tous le désavouent ; 1215
La partie est rompue, et les dieux la renouent ;
Rome semble vaincue, et, seul des trois Albains,
Curiace en mon sang n'a point trempé ses mains.
O dieux ! sentais-je alors des douleurs trop légères
Pour le malheur de Rome et la mort de deux frères ? 1220
Et me flattais-je trop quand je croyais pouvoir
L'aimer encor sans crime et nourrir quelque espoir ?
Sa mort m'en punit bien, et la façon cruelle
Dont mon âme éperdue en reçoit la nouvelle :
Son rival me l'apprend, et, faisant à mes yeux 1225

1210. *Piteux*, digne de pitié, est du langage familier aujourd'hui.
En ce *piteux* état, quel conseil dois-je suivre ? (*Héraclius*, 1363.)

1211. « Voltaire a blâmé cet exemple d'*assurer* dans Corneille. Il est vrai que nous disons maintenant de préférence *rassurer*. Mais *assurer* était en plein usage dans ce sens parmi les contemporains de Corneille. » (Littré.) — *Travailler*, activement, tourmenter, de même que *travail* signifiait souvent fatigue, douleur.
Toujours le même soin *travaille* mes esprits. (*Illusion comique*, 35.)

1216. *Partie*, projet formé entre plusieurs personnes pour quelque affaire, pour quelque entreprise, par comparaison à une partie de jeu.

D'un si triste succès le récit odieux,
Il porte sur le front une allégresse ouverte,
Que le bonheur public fait bien moins que ma perte.
Et, bâtissant en l'air sur le malheur d'autrui,
Aussi bien que mon frère il triomphe de lui.   1230
Mais ce n'est rien encore au prix de ce qui reste :
On demande ma joie en un jour si funeste;
Il me faut applaudir aux exploits du vainqueur,
Et baiser une main qui me perce le cœur.
En un sujet de pleurs si grand, si légitime,   1235
Se plaindre est une honte, et soupirer un crime.
Leur brutale vertu veut qu'on s'estime heureux,
Et, si l'on n'est barbare, on n'est point généreux.
 Dégénérons, mon cœur, d'un si vertueux père;
Soyons indigne sœur d'un si généreux frère;   1240
C'est gloire de passer pour un cœur abattu
Quand la brutalité fait la haute vertu.
Éclatez, mes douleurs! à quoi bon vous contraindre?
Quand on a tout perdu, que saurait-on plus craindre?
Pour ce cruel vainqueur n'ayez point de respect;   1245
Loin d'éviter ses yeux, croissez à son aspect;
Offensez sa victoire, irritez sa colère,
Et prenez, s'il se peut, plaisir à lui déplaire.
Il vient : préparons-nous à montrer constamment
Ce que doit une amante à la mort d'un amant.   1250

SCÈNE V

HORACE, CAMILLE, PROCULE.

(Procule porte en main les trois épées des Curiaces.)

HORACE

Ma sœur, voici le bras qui venge nos deux frères,

1228. *Ma perte*, la perte que je viens de faire :
 C'est tout ce que je puis, Seigneur, après *ma perte*. (*Sertorius*, V, 7.)
1229. *Bâtissant en l'air*, imaginant des chimères.

Le bras qui rompt le cours de nos destins contraires,
Qui nous rend maîtres d'Albe ; enfin voici le bras
Qui seul fait aujourd'hui le sort de deux États.
Vois ces marques d'honneur, ces témoins de ma gloire, 1255
Et rends ce que tu dois à l'heur de ma victoire.

CAMILLE

Recevez donc mes pleurs, c'est ce que je lui dois.

HORACE

Rome n'en veut point voir après de tels exploits,
Et nos deux frères morts dans le malheur des armes
Sont trop payés de sang pour exiger des larmes : 1260
Quand la perte est vengée, on n'a plus rien perdu.

CAMILLE

Puisqu'ils sont satisfaits par le sang répandu,
Je cesserai pour eux de paraître affligée,
Et j'oublierai leur mort, que vous avez vengée ;
Mais qui me vengera de celle d'un amant 1265
Pour me faire oublier sa perte en un moment ?

HORACE

Que dis-tu, malheureuse ?

CAMILLE

            O mon cher Curiace !

HORACE

O d'une indigne sœur insupportable audace !
D'un ennemi public, dont je reviens vainqueur,
Le nom est dans ta bouche, et l'amour dans ton cœur ! 1270
Ton ardeur criminelle à la vengeance aspire !
Ta bouche la demande, et ton cœur la respire !

1242. *La brutalité*, la férocité ; voyez le vers 788. *Fait*, constitue, est.
1257. Dans *el Honrado hermano*, de Lope, Julie dit de même : « Je ne viens pas avec allégresse célébrer ce jour, si ce n'est par mes pleurs. »
1260. *Trop payés de sang*, trop vengés par le sang que j'ai répandu.
1272. *Respirer*, souhaiter passionnément. Cf. *Pompée*, 1429.

    Sa fille le veut bien, son amant *le respire*. (Racine, *les Plaideurs*, III, 4.)

Suis moins ta passion, règle mieux tes désirs,
Ne me fais plus rougir d'entendre tes soupirs ;
Tes flammes désormais doivent être étouffées ;   1275
Bannis-les de ton âme, et songe à mes trophées ;
Qu'ils soient dorénavant ton unique entretien.

CAMILLE

Donne-moi donc, barbare, un cœur comme le tien ;
Et, si tu veux enfin que je t'ouvre mon âme,
Rends-moi mon Curiace, ou laisse agir ma flamme : 1280
Ma joie et mes douleurs dépendaient de son sort ;
Je l'adorais vivant, et je le pleure mort.
  Ne cherche plus ta sœur où tu l'avais laissée ;
Tu ne revois en moi qu'une amante offensée,
Qui, comme une Furie attachée à tes pas,   1285
Te veut incessamment reprocher son trépas.
Tigre altéré de sang, qui me défends les larmes,
Qui veux que dans sa mort je trouve encor des charmes,
Et que, jusques au ciel élevant tes exploits,
Moi-même je le tue une seconde fois !   1290
Puissent tant de malheurs accompagner ta vie
Que tu tombes au point de me porter envie !
Et toi bientôt souiller par quelque lâcheté
Cette gloire si chère à ta brutalité !

HORACE

O ciel ! qui vit jamais une pareille rage ?   1295
Crois-tu donc que je sois insensible à l'outrage,
Que je souffre en mon sang ce mortel déshonneur ?
Aime, aime cette mort qui fait notre bonheur,
Et préfère du moins au souvenir d'un homme
Ce que doit ta naissance aux intérêts de Rome.   1300

1287. Comparez *Polyeucte*, 1175.
1291. Ici commence une tournure elliptique : puissent tant de malheurs...
et toi bientôt souiller, pour : et toi puisses-tu bientôt souiller.
1298 *Aime cette mort*, sois heureuse de cette mort. Cf. *Polyeucte*, 396.

CAMILLE

Rome, l'unique objet de mon ressentiment !
Rome, à qui vient ton bras d'immoler mon amant !
Rome qui t'a vu naître, et que ton cœur adore !
Rome enfin que je hais, parce qu'elle t'honore !
Puissent tous ses voisins, ensemble conjurés,   1305
Saper ses fondements encor mal assurés !
Et, si ce n'est assez de toute l'Italie,
Que l'Orient contre elle à l'Occident s'allie !
Que cent peuples, unis des bouts de l'univers,
Passent pour la détruire et les monts et les mers ! 1310
Qu'elle-même sur soi renverse ses murailles,
Et de ses propres mains déchire ses entrailles !
Que le courroux du ciel, allumé par mes vœux,
Fasse pleuvoir sur elle un déluge de feux !
Puissé-je de mes yeux y voir tomber ce foudre,   1315
Voir ses maisons en cendre, et tes lauriers en poudre,
Voir le dernier Romain à son dernier soupir,
Moi seule en être cause, et mourir de plaisir !

HORACE, *mettant l'épée à la main et poursuivant sa sœur, qui s'enfuit.*

C'est trop, ma patience à la raison fait place.

1301. Dans son *Étude sur Mairet*, M. Bizos rapproche des imprécations de Camille celles que Massinissa mourant lançait dans *Sophonisbe* (antérieure de dix années à *Horace*) contre Rome et les Romains.

                O peuple ambitieux,
J'appellerai sur toi la colère des cieux.
Puisses-tu retrouver, soit en paix, soit en guerre,
Toute chose contraire, et sur mer et sur terre !
Que le Tage et le Pô, contre toi rebellés,
Te reprennent les biens que tu leur as volés !
Que Mars, faisant de Rome une seconde Troie,
Donne aux Carthaginois tes richesses en proie,
Et que dans peu de temps le dernier des Romains
En finisse la race avec ses propres mains !

1314. *Un déluge de feux*, alliance de mots hardie, que Corneille reprendra dans *le Menteur* (288).

1319. Addison juge le meurtre de Camille d'autant plus odieux que le meurtrier a tout le temps de la réflexion, comme il l'avoue par ce vers malheureux.

Va dedans les enfers plaindre ton Curiace! 1320
CAMILLE, *blessée, derrière le théâtre.*
Ah! traître!
HORACE, *revenant sur le théâtre.*
Ainsi reçoive un châtiment soudain
Quiconque ose pleurer un ennemi romain!

SCÈNE VI
HORACE, PROCULE.

PROCULE
Que venez-vous de faire?
HORACE
Un acte de justice;
Un semblable forfait veut un pareil supplice.
PROCULE
Vous deviez la traiter avec moins de rigueur. 1325
HORACE
Ne me dis point qu'elle est et mon sang et ma sœur.
Mon père ne peut plus l'avouer pour sa fille:
Qui maudit son pays renonce à sa famille.
Des noms si pleins d'amour ne lui sont plus permis:
De ses plus chers parents il fait ses ennemis; 1330
Le sang même les arme en haine de son crime.
La plus prompte vengeance en est plus légitime,
Et ce souhait impie, encore qu'impuissant,
Est un monstre qu'il faut étouffer en naissant.

SCÈNE VII

SABINE, HORACE, PROCULE

SABINE

A quoi s'arrête ici ton illustre colère ? 1335
Viens voir mourir ta sœur dans les bras de ton père.
Viens repaître tes yeux d'un spectacle si doux,
Ou, si tu n'es point las de ces généreux coups,
Immole au cher pays des vertueux Horaces
Ce reste malheureux du sang des Curiaces. 1340
Si prodigue du tien, n'épargne pas le leur ;
Joins Sabine à Camille, et ta femme à ta sœur.
Nos crimes sont pareils, ainsi que nos misères ;
Je soupire comme elle et déplore mes frères :
Plus coupable en ce point contre tes dures lois 1345
Qu'elle n'en pleurait qu'un, et que j'en pleure trois,
Qu'après son châtiment ma faute continue.

HORACE

Sèche tes pleurs, Sabine, ou les cache à ma vue.
Rends-toi digne du nom de ma chaste moitié,
Et ne m'accable point d'une indigne pitié. 1350
Si l'absolu pouvoir d'une pudique flamme
Ne nous laisse à tous deux qu'un penser et qu'une âme,
C'est à toi d'élever tes sentiments aux miens,
Non à moi de descendre à la honte des tiens.
Je t'aime, et je connais la douleur qui te presse : 1355
Embrasse ma vertu pour vaincre ta faiblesse ;

1338. Racine a imité ce vers dans *Andromaque* :
   Que peut-on refuser à *ces généreux coups?* (IV, 5.)

1356. Montesquieu définit ainsi ce que les Romains entendaient par *virtus* :
« C'était un amour dominant pour la patrie, qui, sortant des règles ordinaires des crimes et des vertus, n'écoutait que lui seul, et ne voyait ni citoyen, ni ami, ni bienfaiteur, ni père ; la vertu semblait s'oublier pour se surpasser elle-même, et l'action qu'on ne pouvait d'abord approuver, parce qu'elle était atroce, d'après les idées romaines, elle la faisait admirer comme divine. » (*Grandeur et décadence des Romains*, XI.)

Participe à ma gloire au lieu de la souiller.
Tâche à t'en revêtir, non à m'en dépouiller.
Es-tu de mon honneur si mortelle ennemie
Que je te plaise mieux couvert d'une infamie ? 1360
Sois plus femme que sœur, et, te réglant sur moi,
Fais-toi de mon exemple une immuable loi.

SABINE

Cherche pour t'imiter des âmes plus parfaites.
Je ne t'impute point les pertes que j'ai faites ;
J'en ai les sentiments que je dois en avoir, 1365
Et je m'en prends au sort plutôt qu'à ton devoir :
Mais enfin je renonce à la vertu romaine
Si, pour la posséder, je dois être inhumaine ;
Et ne puis voir en moi la femme du vainqueur
Sans y voir des vaincus la déplorable sœur. 1370
  Prenons part en public aux victoires publiques,
Pleurons dans la maison nos malheurs domestiques,
Et ne regardons point des biens communs à tous,
Quand nous voyons des maux qui ne sont que pour nous.
Pourquoi veux-tu, cruel, agir d'une autre sorte ? 1375
Laisse en entrant ici tes lauriers à la porte ;
Mêle tes pleurs aux miens. Quoi ! ces lâches discours
N'arment point ta vertu contre mes tristes jours ?
Mon crime redoublé n'émeut point ta colère ?
Que Camille est heureuse ! elle a pu te déplaire ; 1380
Elle a reçu de toi ce qu'elle a prétendu,

1358. « On a essayé de distinguer entre *tâcher de* et *tâcher à*, disant que le premier s'emploie quand il s'agit d'une action qui n'a pas un but marqué hors du sujet : Je tâcherai d'oublier cette injure ; et le second, quand il s'agit d'une action qui a un but marqué hors du sujet : Il tâche à m'embarrasser, à me nuire. Mais cette distinction n'est pas appuyée par l'usage des auteurs, et il faut en revenir à ce que disait Bouhours, que c'est l'oreille qui doit décider en chaque cas entre *à* et *de*. » (Littré.)

1370. *Déplorable*, dont le sort mérite des pleurs.
   Vous voyez devant vous un prince *déplorable*. (*Phèdre*, II, 2.)

1376. « Corneille laissait, pour me servir de ses propres expressions, ses lauriers à la porte de l'Académie. » (*Discours de Racine en réponse à Thomas Corneille*.)

Et recouvre là-bas tout ce qu'elle a perdu.
Cher époux, cher auteur du tourment qui me presse,
Écoute ta pitié, si ta colère cesse ;
Exerce l'une ou l'autre, après de tels malheurs,   1385
A punir ma faiblesse ou finir mes douleurs :
Je demande la mort pour grâce ou pour supplice :
Qu'elle soit un effet d'amour ou de justice,
N'importe : tous ses traits n'auront rien que de doux
Si je les vois partir de la main d'un époux.   1390

HORACE

Quelle injustice aux dieux d'abandonner aux femmes
Un empire si grand sur les plus belles âmes,
Et de se plaire à voir de si faibles vainqueurs
Régner si puissamment sur les plus nobles cœurs !
A quel point ma vertu devient-elle réduite !   1395
Rien ne la saurait plus garantir que la fuite.
Adieu. Ne me suis point, ou retiens tes soupirs.

SABINE, *seule*.

O colère ! ô pitié ! sourdes à mes désirs,
Vous négligez mon crime, et ma douleur vous lasse,
Et je n'obtiens de vous ni supplice ni grâce !   1400
Allons-y par nos pleurs faire encore un effort,
Et n'employons après que nous à notre mort.

1395. ...Les plus dignes soins d'une flamme si pure
Deviennent partagés à toute la nature. (*Pulchérie*, I, 1.)
La distinction entre l'adjectif et le participe, dit Littré, est si subtile, que la condamnation de ces tours ne sera pas généralement admise. On dit très bien devenir enflé, dégoûté, etc. Voyez le vers 1423.

ACTE CINQUIÈME

SCÈNE I
LE VIEIL HORACE, HORACE

LE VIEIL HORACE

Retirons nos regards de cet objet funeste
Pour admirer ici le jugement céleste :
Quand la gloire nous enfle, il sait bien comme il faut 1405
Confondre notre orgueil qui s'élève trop haut ;
Nos plaisirs les plus doux ne vont point sans tristesse :
Il mêle à nos vertus des marques de faiblesse,
Et rarement accorde à notre ambition
L'entier et pur honneur d'une bonne action. 1410
Je ne plains point Camille : elle était criminelle ;
Je me tiens plus à plaindre, et je te plains plus qu'elle :
Moi, d'avoir mis au jour un cœur si peu romain ;
Toi, d'avoir par sa mort déshonoré ta main.
Je ne la trouve point injuste ni trop prompte ; 1415
Mais tu pouvais, mon fils, t'en épargner la honte ;
Son crime, quoique énorme et digne du trépas,
Était mieux impuni que puni par ton bras.

HORACE

Disposez de mon sang, les lois vous en font maître :
J'ai cru devoir le sien aux lieux qui m'ont vu naître. 1420
Si dans vos sentiments mon zèle est criminel,

1406. C'est l'idée toute grecque de la Némésis, qui frappe et humilie les mortels assez audacieux pour s'élever au-dessus de leur destinée.
1407. Voyez un sentiment analogue exprimé au vers 1002 du *Cid*.
1417. *Énorme, enormis* (è normâ), qui sort des bornes, qui est révoltant par son excès *monstrueux*.
1421. *Dans vos sentiments*, à votre avis.

S'il m'en faut recevoir un reproche éternel,
Si ma main en devient honteuse et profanée,
Vous pouvez d'un seul mot trancher ma destinée :
Reprenez tout ce sang de qui ma lâcheté 1425
A si brutalement souillé la pureté.
Ma main n'a pu souffrir de crime en votre race ;
Ne souffrez point de tache en la maison d'Horace.
C'est en ces actions dont l'honneur est blessé
Qu'un père tel que vous se montre intéressé : 1430
Son amour doit se taire où toute excuse est nulle ;
Lui-même il y prend part lorsqu'il les dissimule,
Et de sa propre gloire il fait trop peu de cas
Quand il ne punit point ce qu'il n'approuve pas.

LE VIEIL HORACE

Il n'use pas toujours d'une rigueur extrême ; 1435
Il épargne ses fils bien souvent pour soi-même ;
Sa vieillesse sur eux aime à se soutenir,
Et ne les punit point, de peur de se punir.
Je te vois d'un autre œil que tu ne te regardes ;
Je sais... Mais le roi vient, je vois entrer ses gardes. 1440

SCÈNE II

TULLE, VALÈRE, LE VIEIL HORACE, HORACE,
Troupe de gardes.

LE VIEIL HORACE

Ah ! Sire, un tel honneur a trop d'excès pour moi ;

1423. *Honteuse*, honteusement souillée.
1430. « *S'intéresser à, s'intéresser dans.* Au XVIIᵉ siècle, ces deux locutions s'employaient l'une pour l'autre. Aujourd'hui, l'usage tend à y mettre une différence : s'intéresser dans, c'est prendre un intérêt dans une affaire, y mettre de l'argent ; s'intéresser à, c'est avoir un intérêt moral. » (Littré.)

Il ne voit *dans* son sort que moi qui *s'intéresse*.
(Racine, *Britannicus*, II, 3.)

1441. *Trop d'excès* semble un pléonasme.

Ce n'est point en ce lieu que je dois voir mon roi;
Permettez qu'à genoux...

TULLE

Non, levez-vous, mon père.
Je fais ce qu'en ma place un bon prince doit faire.
Un si rare service et si fort important   1445
Veut l'honneur le plus rare et le plus éclatant.

(Montrant Valère.)

Vous en aviez déjà sa parole pour gage :
Je ne l'ai pas voulu différer davantage.
J'ai su par son rapport, et je n'en doutais pas,
Comme de vos deux fils vous portez le trépas,   1450
Et que, déjà votre âme étant trop résolue,
Ma consolation vous serait superflue :
Mais je viens de savoir quel étrange malheur
D'un fils victorieux a suivi la valeur,
Et que son trop d'amour pour la cause publique   1455
Par ses mains à son père ôte une fille unique.
Ce coup est un peu rude à l'esprit le plus fort,
Et je doute comment vous portez cette mort.

LE VIEIL HORACE

Sire, avec déplaisir, mais avec patience.

TULLE

C'est l'effet vertueux de votre expérience.   1460
Beaucoup par un long âge ont appris comme vous
Que le malheur succède au bonheur le plus doux :
Peu savent comme vous s'appliquer ce remède,
Et dans leur intérêt toute leur vertu cède.

1450. *Porter* pour *supporter*, se retrouvera un peu plus bas, au vers 1458 ; cette commode traduction du latin *ferre* n'est plus usitée.

1458. *Je doute*, je ne sais :

Je doute quel rival s'est fait mieux écouter. (*Suréna*, II, 3.)

1464. *Dans leur intérêt* ne paraît pas signifier, comme le veut Géruzez, « dans notre affliction », mais : quand notre intérêt est en jeu.

Si vous pouvez trouver dans ma compassion 1465
Quelque soulagement pour votre affliction,
Ainsi que votre mal sachez qu'elle est extrême,
Et que je vous en plains autant que je vous aime.

VALÈRE

Sire, puisque le ciel entre les mains des rois
Dépose sa justice et la force des lois, 1470
Et que l'État demande aux princes légitimes
Des prix pour les vertus, des peines pour les crimes,
Souffrez qu'un bon sujet vous fasse souvenir
Que vous plaignez beaucoup ce qu'il vous faut punir.
Souffrez...

LE VIEIL HORACE

Quoi! qu'on envoie un vainqueur au supplice? 1475

TULLE

Permettez qu'il achève, et je ferai justice.
J'aime à la rendre à tous, à toute heure, en tout lieu.
C'est par elle qu'un roi se fait un demi-dieu;
Et c'est dont je vous plains, qu'après un tel service
On puisse contre lui me demander justice. 1480

VALÈRE

Souffrez donc, ô grand roi, le plus juste des rois,
Que tous les gens de bien vous parlent par ma voix.
Non que nos cœurs jaloux de ses honneurs s'irritent;

1477. Le pronom *la* se rapporte au mot indéterminé de *justice*. Cf. *Cid*, 783.

    Je vous irai moi-même en demander *justice*.
  — N'oubliez pas alors que je *la* dois à tous. (*Théodore*, 337.)

    Quand je me fais *justice*, il faut qu'on se *la* fasse.
                              (Racine, *Mithridate*, III, 5.)

1479. « On peut supprimer *ce* dans le style familier, et, en des cas comme celui-ci : Ah! poltron, *dont* j'enrage. (Molière, *Sganarelle*, 21.) Dans la langue du xvıı^e siècle, *ce* se supprimait couramment, et il est dommage que cette ellipse, qui allégeait la phrase, soit tombée en désuétude. » (Littré.) — « Elle se meut un peu plus vite, *dont* la raison est évidente. » (Descartes, *Météores*, I.)

S'il en reçoit beaucoup, ses hauts faits les méritent ;
Ajoutez-y plutôt que d'en diminuer, 1485
Nous sommes tous encor prêts d'y contribuer :
Mais, puisque d'un tel crime il s'est montré capable,
Qu'il triomphe en vainqueur, et périsse en coupable.
Arrêtez sa fureur, et sauvez de ses mains,
Si vous voulez régner, le reste des Romains ; 1490
Il y va de la perte ou du salut du reste.
 La guerre avait un cours si sanglant, si funeste,
Et les nœuds de l'hymen, durant nos bons destins,
Ont tant de fois uni des peuples si voisins,
Qu'il est peu de Romains que le parti contraire 1495
N'intéresse en la mort d'un gendre ou d'un beau-frère,
Et qui ne soient forcés de donner quelques pleurs,
Dans le bonheur public, à leurs propres malheurs.
Si c'est offenser Rome, et que l'heur de ses armes
L'autorise à punir ce crime de nos larmes, 1500
Quel sang épargnera ce barbare vainqueur
Qui ne pardonne pas à celui de sa sœur,
Et ne peut excuser cette douleur pressante
Que la mort d'un amant jette au cœur d'une amante,
Quand, près d'être éclairés du nuptial flambeau, 1505
Elle voit avec lui son espoir au tombeau ?
Faisant triompher Rome, il se l'est asservie ;
Il a sur nous un droit et de mort et de vie,
Et nos jours criminels ne pourront plus durer
Qu'autant qu'à sa clémence il plaira l'endurer. 1510
 Je pourrais ajouter aux intérêts de Rome
Combien un pareil coup est indigne d'un homme :
Je pourrais demander qu'on mît devant vos yeux
Ce grand et rare exploit d'un bras victorieux :

1510. *Il plaira l'endurer.* Dans l'emploi impersonnel, dit Littré, l'infinitif qui suit le verbe *plaire* est mis souvent sans préposition : « Vous plaît-il, don Juan, nous éclaircir ces beaux mystères ? » (Molière, *Festin de Pierre*, I, 3.)

Vous verriez un beau sang, pour accuser sa rage, 1515
D'un frère si cruel rejaillir au visage ;
Vous verriez des horreurs qu'on ne peut concevoir ;
Son âge et sa beauté vous pourraient émouvoir :
Mais je hais ces moyens qui sentent l'artifice.
Vous avez à demain remis le sacrifice ; 1520
Pensez-vous que les dieux, vengeurs des innocents,
D'une main parricide acceptent de l'encens ?
Sur vous ce sacrilège attirerait sa peine ;
Ne le considérez qu'en l'objet de leur haine,
Et croyez avec nous qu'en tous ces trois combats 1525
Le bon destin de Rome a plus fait que son bras,
Puisque ces mêmes dieux, auteurs de sa victoire,
Ont permis qu'aussitôt il en souillât la gloire,
Et qu'un si grand courage, après ce noble effort,
Fût digne en même jour de triomphe et de mort. 1530
Sire, c'est ce qu'il faut que votre arrêt décide.
En ce lieu Rome a vu le premier parricide ;
La suite en est à craindre, et la haine des cieux.
Sauvez-nous de sa main, et redoutez les dieux.

TULLE

Défendez-vous, Horace.

HORACE

     A quoi bon me défendre ? 1535
Vous savez l'action, vous la venez d'entendre ;
Ce que vous en croyez me doit être une loi.
Sire, on se défend mal contre l'avis d'un roi ;
Et le plus innocent devient soudain coupable
Quand aux yeux de son prince il paraît condamnable. 1540
C'est crime qu'envers lui se vouloir excuser.

1522. *Parricide* : sur ce mot, voir la note des vers 320 et 600.
1533. La suite en est à craindre ; en ce hardi métier
  La peur plus d'une fois fit repentir Régnier. (Boileau, *Satire IX*.)
Sur cette construction de *et*, voyez le vers 630.

Notre sang est son bien, il en peut disposer ;
Et c'est à nous de croire, alors qu'il en dispose,
Qu'il ne s'en prive point sans une juste cause.
Sire, prononcez donc, je suis prêt d'obéir ; 1545
D'autres aiment la vie, et je dois la haïr.
Je ne reproche point à l'ardeur de Valère
Qu'en amant de la sœur il accuse le frère :
Mes vœux avec les siens conspirent aujourd'hui :
Il demande ma mort, je la veux comme lui. 1550
Un seul point entre nous met cette différence,
Que mon bonheur par là cherche son assurance,
Et qu'à ce même but nous voulons arriver,
Lui pour flétrir ma gloire, et moi pour la sauver.
  Sire, c'est rarement qu'il s'offre une matière 1555
A montrer d'un grand cœur la vertu tout entière.
Suivant l'occasion elle agit plus ou moins,
Et paraît forte ou faible aux yeux de ses témoins.
Le peuple, qui voit tout seulement par l'écorce,
S'attache à son effet pour juger de sa force ; 1560
Il veut que ses dehors gardent un même cours,
Qu'ayant fait un miracle, elle en fasse toujours :
Après une action pleine, haute, éclatante,
Tout ce qui brille moins remplit mal son attente :
Il veut qu'on soit égal, en tout temps, en tous lieux ; 1565
Il n'examine point si lors on pouvait mieux,
Ni que, s'il ne voit pas sans cesse une merveille,
L'occasion est moindre et la vertu pareille.
Son injustice accable et détruit les grands noms :
L'honneur des premiers faits se perd par les seconds, 1570

1549. *Conspirent*, concourent au même but, sont d'accord.

1556. *Une matière à montrer*, une occasion de montrer.

1559. *L'écorce* : l'extérieur des choses. « Le vulgaire s'arrête à *l'écorce* et aux apparences. » (Patru, *Plaidoyers*, 7.) — « Ceux qui parlent avec tant de facilité ne s'attachent d'ordinaire qu'à *l'écorce* des choses. » (Saint-Evremond.)

1561. *Dehors*, *cours*, métaphores légèrement discordantes.

Et, quand la renommée a passé l'ordinaire,
Si l'on n'en veut déchoir, il ne faut plus rien faire.
  Je ne vanterai point les exploits de mon bras;
Votre Majesté, Sire, a vu mes trois combats :
Il est bien malaisé qu'un pareil les seconde, 1575
Qu'une autre occasion à celle-ci réponde,
Et que tout mon courage, après de si grands coups,
Parvienne à des succès qui n'aillent au-dessous;
Si bien que, pour laisser une illustre mémoire,
La mort seule aujourd'hui peut conserver ma gloire: 1580
Encor la fallait-il sitôt que j'eus vaincu,
Puisque pour mon honneur j'ai déjà trop vécu.
Un homme tel que moi voit sa gloire ternie
Quand il tombe en péril de quelque ignominie,
Et ma main aurait su déjà m'en garantir : 1585
Mais sans votre congé mon sang n'ose sortir;
Comme il vous appartient, votre aveu doit se prendre;
C'est vous le dérober qu'autrement le répandre.
Rome ne manque point de généreux guerriers;
Assez d'autres sans moi soutiendront vos lauriers; 1590
Que Votre Majesté désormais m'en dispense,
Et, si ce que j'ai fait vaut quelque récompense,
Permettez, ô grand roi, que de ce bras vainqueur
Je m'immole à ma gloire, et non pas à ma sœur.

1575. *Seconder*, venir en second lieu, suivre :
  Jusqu'ici les effets *secondent* sa promesse. (Racine, *Mithridate*, IV, 1.)
1576. *Réponde à*, soit à la hauteur de celle-ci.
1578. *Qui n'aillent au-dessous*, qui ne demeurent au-dessous des premiers.
1586. *Congé*, permission. Voyez *Cinna*, 896.
1587. *Aveu*, autorisation, consentement ; voyez le vers 828.
1590. Assez d'autres viendront, à mes ordres soumis.
  Se couvrir des lauriers qui vous furent promis.
    (Racine, *Iphigénie*, IV, 6.)

SCÈNE III

TULLE, VALÈRE, LE VIEIL HORACE, SABINE

SABINE

Sire, écoutez Sabine, et voyez dans son âme 1595
Les douleurs d'une sœur et celles d'une femme,
Qui, toute désolée, à vos sacrés genoux
Pleure pour sa famille, et craint pour son époux.
Ce n'est pas que je veuille avec cet artifice
Dérober un coupable au bras de la justice ; 1600
Quoi qu'il ait fait pour vous, traitez-le comme tel,
Et punissez en moi ce noble criminel ;
De mon sang malheureux expiez tout son crime :
Vous ne changerez point pour cela de victime ;
Ce n'en sera point prendre une injuste pitié, 1605
Mais en sacrifier la plus chère moitié.
Les nœuds de l'hyménée et son amour extrême
Font qu'il vit plus en moi qu'il ne vit en lui-même ;
Et, si vous m'accordez de mourir aujourd'hui,
Il mourra plus en moi qu'il ne mourrait en lui ; 1610
La mort que je demande, et qu'il faut que j'obtienne,
Augmentera sa peine et finira la mienne.
Sire, voyez l'excès de mes tristes ennuis,
Et l'effroyable état où mes jours sont réduits.
Quelle horreur d'embrasser un homme dont l'épée 1615
De toute ma famille a la trame coupée !
Et quelle impiété de haïr un époux
Pour avoir bien servi les siens, l'État et vous !
Aimer un bras souillé du sang de tous mes frères !
N'aimer pas un mari qui finit nos misères ! 1620
Sire, délivrez-moi, par un heureux trépas,

1616. *La trame*, la vie ; on trouve la même fin de vers dans *le Cid* (798)
— *A la trame coupée*, voir les vers 964 et 1655.

Des crimes de l'aimer et de ne l'aimer pas :
J'en nommerai l'arrêt une faveur bien grande.
Ma main peut me donner ce que je vous demande ;
Mais ce trépas enfin me sera bien plus doux, 1625
Si je puis de sa honte affranchir mon époux,
Si je puis par mon sang apaiser la colère
Des dieux qu'a pu fâcher sa vertu trop sévère,
Satisfaire, en mourant, aux mânes de sa sœur,
Et conserver à Rome un si bon défenseur. 1630

LE VIEIL HORACE

Sire, c'est donc à moi de répondre à Valère.
Mes enfants avec lui conspirent contre un père ;
Tous trois veulent me perdre, et s'arment sans raison
Contre si peu de sang qui reste en ma maison.

(A Sabine.)

Toi qui, par des douleurs à ton devoir contraires,1635
Veux quitter un mari pour rejoindre tes frères,
Va plutôt consulter leurs mânes généreux ;
Ils sont morts, mais pour Albe, et s'en tiennent heureux ;
Puisque le ciel voulait qu'elle fût asservie,
Si quelque sentiment demeure après la vie, 1640
Ce malheur semble moindre, et moins rudes ses coups,
Voyant que tout l'honneur en retombe sur nous.
Tous trois désavoueront la douleur qui te touche,
Les larmes de tes yeux, les soupirs de ta bouche,
L'horreur que tu fais voir d'un mari vertueux. 1645
Sabine, sois leur sœur, suis ton devoir comme eux.

(Au roi.)

Contre ce cher époux Valère en vain s'anime :
Un premier mouvement ne fut jamais un crime ;

1623. *J'en nommerai l'arrêt,* j'en proclamerai l'arrêt la plus grande des faveurs que vous puissiez me faire.

1634. *Si peu de sang;* voyez le vers 1326.

1648. *Un premier mouvement,* c'est, dit Littré, la première impulsion que l'on éprouve pour faire ou pour ne pas faire quelque chose.

Et la louange est due, au lieu du châtiment,
Quand la vertu produit ce premier mouvement. 1650
Aimer nos ennemis avec idolâtrie,
De rage en leur trépas maudire la patrie,
Souhaiter à l'État un malheur infini,
C'est ce qu'on nomme crime, et ce qu'il a puni.
Le seul amour de Rome a sa main animée ; 1655
Il serait innocent s'il l'avait moins aimée.
Qu'ai-je dit, Sire ? Il l'est, et ce bras paternel
L'aurait déjà puni s'il était criminel ;
J'aurais su mieux user de l'entière puissance
Que me donnent sur lui les droits de la naissance ; 1660
J'aime trop l'honneur, Sire, et ne suis point de rang
A souffrir ni d'affront ni de crime en mon sang.
C'est dont je ne veux point de témoin que Valère :
Il a vu quel accueil lui gardait ma colère
Lorsque ignorant encor la moitié du combat, 1665
Je croyais que sa fuite avait trahi l'État.
Qui le fait se charger des soins de ma famille ?
Qui le fait, malgré moi, vouloir venger ma fille ?
Et par quelle raison, dans son juste trépas,
Prend-il un intérêt qu'un père ne prend pas ? 1670
On craint qu'après sa sœur il n'en maltraite d'autres !
Sire, nous n'avons part qu'à la honte des nôtres,
Et, de quelque façon qu'un autre puisse agir,
Qui ne nous touche point ne nous fait point rougir.

(*A Valère.*)

Tu peux pleurer, Valère, et même aux yeux d'Horace ; 1675

1652. *De rage*, avec rage. « M. de La Rochefoucauld s'emporta *de chaleur.* » (Retz, *Mémoires.*)
1668. Eh ! qui vous a chargé du soin de ma famille ?
Ne pourrai-je sans vous disposer de ma fille ? (*Iphigénie*, IV, 6.)
1671. C'est une réponse directe à l'insinuation de Valère (v. 1500-1510).
— *Maltraiter* n'est plus employé maintenant qu'avec un sens très affaibli.

Il ne prend intérêt qu'aux crimes de sa race :
Qui n'est point de son sang ne peut faire d'affront
Aux lauriers immortels qui lui ceignent le front.
Lauriers, sacrés rameaux qu'on veut réduire en poudre,
Vous qui mettez sa tête à couvert de la foudre, 1680
L'abandonnerez-vous à l'infâme couteau
Qui fait choir les méchants sous la main d'un bourreau ?
Romains, souffrirez-vous qu'on vous immole un homme
Sans qui Rome aujourd'hui cesserait d'être Rome,
Et qu'un Romain s'efforce à tacher le renom 1685
D'un guerrier à qui tous doivent un si beau nom ?
Dis, Valère, dis-nous, si tu veux qu'il périsse,
Où tu penses choisir un lieu pour son supplice.
Sera-ce entre ces murs que mille et mille voix
Font résonner encor du bruit de ses exploits ? 1690
Sera-ce hors des murs, au milieu de ces places
Qu'on voit fumer encor du sang des Curiaces ?
Entre leurs trois tombeaux, et dans ce champ d'honneur
Témoin de sa vaillance et de notre bonheur ?
Tu ne saurais cacher sa peine à sa victoire : 1695
Dans les murs, hors des murs, tout parle de sa gloire,
Tout s'oppose à l'effort de ton injuste amour,
Qui veut d'un si beau sang souiller un si beau jour.
Albe ne pourra pas souffrir un tel spectacle,
Et Rome par ses pleurs y mettra trop d'obstacle. 1700

(Au roi.)

Vous les préviendrez, Sire, et, par un juste arrêt,
Vous saurez embrasser bien mieux son intérêt.

1680. Corneille, au vers 390 du *Cid*, a déjà fait allusion à ce préjugé des anciens (Cf. Horace, *Odes*, II, 15), qui attribuaient au laurier la vertu d'écarter la foudre. Il dira encore dans *Sophonisbe*, III, 4 :

> Afin que vos lauriers me sauvent du tonnerre,
> Allez aux dieux du ciel joindre ceux de la terre.

Ce qu'il a fait pour elle, il peut encor le faire ;
Il peut la garantir encor d'un sort contraire.
Sire, ne donnez rien à mes débiles ans : 1705
Rome aujourd'hui m'a vu père de quatre enfants ;
Trois en ce même jour sont morts pour sa querelle ;
Il m'en reste encor un, conservez-le pour elle :
N'ôtez pas à ses murs un si puissant appui,
Et souffrez, pour finir, que je m'adresse à lui. 1710

(A Horace.)

Horace, ne crois pas que le peuple stupide
Soit le maître absolu d'un renom bien solide.
Sa voix tumultueuse assez souvent fait bruit ;
Mais un moment l'élève, un moment le détruit,
Et ce qu'il contribue à notre renommée 1715
Toujours en moins de rien se dissipe en fumée.
C'est aux rois, c'est aux grands, c'est aux esprits bien faits,
A voir la vertu pleine en ses moindres effets ;
C'est d'eux seuls qu'on reçoit la véritable gloire ;
Eux seuls des vrais héros assurent la mémoire. 1720
Vis toujours en Horace, et toujours auprès d'eux
Ton nom demeurera grand, illustre, fameux,
Bien que l'occasion, moins haute ou moins brillante,
D'un vulgaire ignorant trompe l'injuste attente.
Ne hais donc plus la vie, ou du moins vis pour moi, 1725
Et pour servir encor ton pays et ton roi.
　Sire, j'en ai trop dit : mais l'affaire vous touche,
Et Rome tout entière a parlé par ma bouche.

VALÈRE

Sire, permettez-moi...

1705. *Ne donnez rien,* n'accordez rien ; voyez le vers 105, et *le Cid,* 1200.
1713. *Fait bruit,* pour : fait du bruit, a du retentissement.
1714. *L'élève,* le renom, et non pas le peuple ; construction peu nette.
1715. « Les auteurs du siècle de Louis XIV, dit Littré, emploient *contribuer* activement. C'est la forme latine et la forme ancienne. Elle est aujourd'hui peu usitée, sans être aucunement incorrecte. »

TULLE

Valère, c'est assez.
Vos discours par les leurs ne sont pas effacés ; 1730
J'en garde en mon esprit les forces plus pressantes,
Et toutes vos raisons me sont encor présentes.
  Cette énorme action faite presque à nos yeux
Outrage la nature, et blesse jusqu'aux dieux.
Un premier mouvement qui produit un tel crime 1735
Ne saurait lui servir d'excuse légitime :
Les moins sévères lois en ce point sont d'accord,
Et, si nous les suivons, il est digne de mort.
  Si d'ailleurs nous voulons regarder le coupable,
Ce crime, quoique grand, énorme, inexcusable, 1740
Vient de la même épée et part du même bras
Qui me fait aujourd'hui maître de deux États.
Deux sceptres en ma main, Albe à Rome asservie,
Parlent bien hautement en faveur de sa vie :
Sans lui, j'obéirais où je donne la loi, 1745
Et je serais sujet où je suis deux fois roi.
  Assez de bons sujets dans toutes les provinces
Par des vœux impuissants s'acquittent vers leurs princes ;
Tous les peuvent aimer, mais tous ne peuvent pas
Par d'illustres effets assurer leurs États, 1750
Et l'art et le pouvoir d'affermir les couronnes
Sont des dons que le ciel fait à peu de personnes.
De pareils serviteurs font les forces des rois,
Et de pareils aussi sont au-dessus des lois.

1731. *Les forces* de vos discours, leurs arguments les plus forts. *Plus* s'employait souvent pour *le plus*. Cf. *Nicomède*, 1404.
Mais je vais employer mes efforts *plus* puissants. (*École des femmes*, IV, 8.)
1739. *Si d'ailleurs*, si, d'autre part, au contraire.
1744.   Trois sceptres à son trône attachés par mon bras
        Parleront au lieu d'elle, et ne se tairont pas. (*Nicomède*, I, 1.)
1752. Il semble que Corneille se souvienne ici de la belle strophe de Malherbe, dans l'*Ode à Marie de Médicis* :

Apollon à portes ouvertes
Laisse indifféremment cueillir

Qu'elles se taisent donc, que Rome dissimule 1755
Ce que dès sa naissance elle vit en Romule :
Elle peut bien souffrir en son libérateur
Ce qu'elle a bien souffert en son premier auteur.
  Vis donc, Horace, vis, guerrier trop magnanime ;
Ta vertu met ta gloire au-dessus de ton crime ; 1760
Sa chaleur généreuse a produit ton forfait ;
D'une cause si belle il faut souffrir l'effet.
Vis pour servir l'État ; vis, mais aime Valère :
Qu'il ne reste entre vous ni haine ni colère ;
Et, soit qu'il ait suivi l'amour ou le devoir, 1765
Sans aucun sentiment résous-toi de le voir.
  Sabine, écoutez moins la douleur qui vous presse ;
Chassez de ce grand cœur ces marques de faiblesse :
C'est en séchant vos pleurs que vous vous montrerez
La véritable sœur de ceux que vous pleurez. 1770
  Mais nous devons aux dieux demain un sacrifice,
Et nous aurions le ciel à nos vœux mal propice
Si nos prêtres, avant que de sacrifier,
Ne trouvaient les moyens de le purifier :
Son père en prendra soin ; il lui sera facile 1775
D'apaiser tout d'un temps les mânes de Camille.
Je la plains ; et, pour rendre à son sort rigoureux
Ce que peut souhaiter son esprit amoureux,
Puisqu'en un même jour l'ardeur d'un même zèle
Achève le destin de son amant et d'elle, 1780
Je veux qu'un même jour, témoin de leurs deux morts,
En un même tombeau voie enfermer leurs corps.

> Les belles palmes toujours vertes
> Qui gardent les noms de vieillir.
> Mais l'art d'en faire des couronnes
> N'est pas su de toutes personnes...

1760. « Virtus parricidam tulit, et scelus infrà gloriam fuit. » (Florus.)
1766. « Il faudrait *ressentiment* », dit Palissot. Mais Corneille et ses contemporains prenaient *sentiment* en mauvaise comme en bonne part.
1774. *Le purifier*, purifier Horace, que Tulle montre de la main.

SCÈNE IV

JULIE, *seule*,

Camille, ainsi le ciel t'avait bien avertie
Des tragiques succès qu'il t'avait préparés ;
Mais toujours du secret il cache une partie   1785
Aux esprits les plus nets et les plus éclairés.
Il semblait nous parler de ton proche hyménée,
Il semblait tout promettre à tes vœux innocents,
Et, nous cachant ainsi ta mort inopinée,
Sa voix n'est que trop vraie en trompant notre sens : 1790
« Albe et Rome aujourd'hui prennent une autre face.
Tes vœux sont exaucés ; elles goûtent la paix ;
Et tu vas être unie avec ton Curiace,
Sans qu'aucun mauvais sort t'en sépare jamais. »

1783. « Ce commentaire de Julie sur le sens de l'oracle a été retranché dans les éditions suivantes. Il est visiblement imité de la fin du *Pastor fido* ; mais dans l'italien cette explication fait le dénouement ; elle est dans la bouche de deux pères infortunés ; elle sauve la vie au héros de la pièce. Ici, c'est une confidence inutile qui dit une chose inutile. Ces vers furent récités dans les premières représentations. » (Voltaire.)

FIN

CINNA

NOTICE

I

La première représentation de *Cinna* est de 1640, et non de 1639, comme on l'a cru longtemps, d'après le témoignage des frères Parfaict ; celle d'*Horace*, qui est évidemment antérieure, se place en effet au 9 mars 1640. *Horace* et *Cinna* sont d'ailleurs deux pièces inséparables l'une de l'autre. Corneille les a rapportées de Rouen, où les dégoûts de la querelle du *Cid* l'avaient contraint à chercher un repos, d'abord découragé, puis laborieux et fécond. Il semble abandonner l'Espagne pour Rome, mais pour une Rome encore espagnole, « castillane », selon le mot de Sainte-Beuve, et vue à la lumière de Sénèque et de Lucain, ces Romains d'Espagne. Rome était alors à la mode au théâtre aussi bien qu'à l'hôtel de Rambouillet. Ici on applaudissait aux réflexions adressées par Balzac à Arthénice sur la conversation des Romains, et on lisait les traductions de Coeffeteau et de Perrault d'Ablancourt, en attendant la *Clélie* ; là on se souvenait que le vieux Garnier avait mis autrefois à la scène une *Porcie*, une *Cornélie*, un *Marc-Antoine*. Ce même *Marc-Antoine* venait de reparaître au théâtre, renouvelé par Mairet (1630). La *Lucrèce* de du Ryer (1637), le *Scipion* de Desmarets (1639), surtout la *Mort de César*, de Scudéry (1637), avaient prêté aux Romains un langage dont l'élévation confinait à l'emphase. Chez Scudéry, les discours de Brutus aux conjurés et de César à ses conseillers annonçaient déjà *Cinna*. Ces essais étaient imparfaits encore ; du moins ils indiquaient la voie et donnaient le ton.

Le langage pompeux de certains personnages cornéliens ne devait pas déplaire aux admirateurs de Balzac, ni à Balzac lui-même. On ne s'étonnera donc point que celui-ci ait salué avec orgueil, dans les Romains de *Cinna*, la fière postérité des siens. La lettre qu'il écrivit à l'auteur (1), quand sa pièce fut imprimée, est comme l'acte de naissance de *Cinna*, signé par le plus illustre de ses parrains :

« Monsieur,

« J'ai senti un notable soulagement depuis l'arrivée de votre paquet, et je crie miracle dès le commencement de ma lettre. Votre *Cinna* guérit les malades ; il fait que les paralytiques battent des mains, il rend la parole à un muet, ce serait trop peu de dire à un enrhumé. En effet, j'avais perdu la parole avec la voix ; et puisque je les recouvre l'une et l'autre par votre moyen, il est bien juste que je les emploie toutes deux à votre gloire et à dire sans cesse : la belle chose ! Vous avez peur néanmoins d'être de ceux qui sont accablés par la majesté des sujets qu'ils traitent, et ne pensez pas avoir apporté assez de force pour soutenir la grandeur romaine. Quoique cette modestie me plaise, elle ne me persuade pas, et je m'y oppose pour l'intérêt de la vérité. Vous êtes trop subtil examinateur d'une composition universellement approuvée ; et s'il était vrai qu'en quelqu'une de ses parties vous eussiez senti quelque faiblesse, ce serait un secret entre vos muses et vous ; car je vous assure que personne ne l'a reconnue. La faiblesse serait de notre expression et non pas de votre pensée. Elle viendrait du défaut des instruments et non pas de la faute de l'ouvrier : il faudrait en accuser la capacité de notre langue. Vous nous faites voir Rome tout ce qu'elle peut être à Paris, et vous ne l'avez point brisée en la remuant. Ce n'est point une Rome de Cassiodore, et aussi déchirée qu'elle l'était au siècle de Théodoric : c'est une Rome de Tite Live, et aussi pompeuse qu'elle était au temps des premiers Césars. Vous avez même trouvé ce qu'elle avait perdu dans les ruines de la répu-

---

1. Lettre du 17 janvier 1643. L'édition originale de *Cinna* avait été imprimée à Rouen, chez Toussaint Quinet. Le privilège est du 1ᵉʳ août 1642.

blique, cette noble et magnanime fierté, et il se voit bien quelques passables traducteurs de ses paroles et de ses locutions, mais vous êtes le vrai et fidèle interprète de son esprit et de son courage. Je dis plus, Monsieur, vous êtes son pédagogue, et l'avertissez de la bienséance quand elle ne s'en souvient pas. Vous êtes le réformateur du vieux temps, s'il a besoin d'embellissement ou d'appui. Aux endroits où Rome est de brique, vous la rebâtissez de marbre; quand vous trouvez du vide, vous le remplissez d'un chef-d'œuvre; et je prends garde que ce que vous prêtez à l'histoire est toujours meilleur que ce que vous empruntez d'elle. La femme d'Horace et la maîtresse de Cinna, qui sont vos deux véritables enfantements et les deux pures créatures de votre esprit, ne sont-elles pas aussi les principaux ornements de vos deux poèmes? Et qu'est-ce que la sainte antiquité a produit de vigoureux et de ferme dans le sexe faible, qui soit comparable à ces nouvelles héroïnes que vous avez mises au monde, à ces Romaines de votre façon? Je ne m'ennuie point depuis quinze jours de considérer celle que j'ai reçue la dernière. Je l'ai fait admirer à tous les habiles de notre province : nos orateurs et nos poètes en disent merveilles; mais un docteur de mes voisins, qui se met d'ordinaire sur le haut style, en parle certes d'une étrange sorte; et il n'y a point de mal que vous sachiez jusqu'où vous avez porté son esprit. Il se contentait le premier jour de dire que votre Émilie était la rivale de Caton et de Brutus dans la passion de la liberté. A cette heure il va bien plus loin : tantôt il la nomme la possédée du démon de la république, et quelquefois la belle, la raisonnable, la sainte et l'adorable furie. Voilà d'étranges paroles sur le sujet de de votre Romaine; mais elles ne sont pas sans fondement : elle inspire en effet toute la conjuration, et donne chaleur au parti par le feu qu'elle jette dans l'âme du chef. Elle entreprend, en se vengeant, de venger toute la terre; elle veut sacrifier à son père une victime qui serait trop grande pour Jupiter même. C'est à mon gré une personne si excellente que je pense dire peu à son avantage, de dire que vous êtes beaucoup plus heureux en votre race que Pompée n'a été en la sienne et que votre fille Émilie vaut, sans comparaison, davantage que Cinna, son petit-fils (1). Si celui-ci même a plus de vertu que n'a cru Sénèque, c'est pour être tombé entre vos mains et à cause que vous avez pris soin de lui. Il vous est obligé de son mérite, comme à Auguste de sa dignité. L'empereur le fit consul, et vous l'avez fait *honnête homme;* mais vous l'avez pu faire par les lois d'un art qui polit et orne la vérité, qui permet de favoriser en imitant, qui quelquefois se propose le semblable et quelquefois le meilleur. J'en dirais trop si j'en disais davantage. Je ne veux pas commencer une dissertation, je ne veux que finir une lettre, et conclure par les protestations ordinaires, mais très sincères et très véritables, que je suis, Monsieur, votre très humble serviteur.

« BALZAC. »

Déjà Balzac était intervenu en faveur du *Cid;* mais le souvenir de la grande bataille est déjà loin. La lutte a grandi et mûri le poète, et Boileau pourra dire :

Au *Cid* persécuté *Cinna* dut sa naissance (2).

De 1643 à 1648, *Cinna* eut six éditions; sous Louis XIV, il fut joué cent soixante-six fois, dont vingt-sept à la cour. La phase du succès, au moins lucratif, doit s'étendre de 1640 à 1660 environ; les esprits sont mieux préparés à le comprendre, étant moins éloignés des agitations politiques dont la tragédie cornélienne a fixé le souvenir. Il est fort douteux que le duc d'Enghien, le futur Condé, alors âgé de vingt ans, ait versé au cinquième acte les larmes généreuses qu'on lui prête ; on aimerait à s'imaginer, avec Voltaire,

Le grand Condé pleurant aux vers du grand Corneille ;

mais on n'accepte pas sans réserve cette ingénieuse légende.

---

1. Il est remarquable que Balzac nomme à peine Auguste ; évidemment, à ses yeux, Émilie et Cinna sont les vrais héros de la tragédie. Le prince de Conti devait dire plus tard : « En voyant jouer *Cinna*, on se récrie beaucoup plus sur toutes les choses passionnées qu'il dit à Émilie et sur toutes celles qu'elle lui répond que sur la clémence d'Auguste, à laquelle on songe peu, et dont aucun des spectateurs n'a jamais songé à faire l'éloge en sortant de la comédie. »

2. Épître VII, à Racine.

Rotrou, tout à la fois le *père*, le maître et le disciple de Corneille, dans *Saint Genest,* son *Polyeucte* à lui, par un admirable anachronisme, mettait, en 1646, dans la bouche de son principal personnage, l'éloge de l'ami en qui il ne voulut jamais voir un rival. Il glorifiait ces tragédies tout antiques, qui, justement renommées,

> Portent les noms fameux de Pompée et d'Auguste,
> Ces poëmes sans prix, dont son illustre main
> D'un pinceau sans pareil a peint l'esprit romain.

Longtemps après, l'auteur de *Cinna* garda encore ses admirateurs, au plus fort des triomphes de Racine. Soustrait par son exil à la tyrannie de la mode, et demeuré, à Londres, le contemporain des héroïnes de la Fronde, Saint-Évremond défendait avec chaleur les femmes cornéliennes près d'Hortense Mancini, duchesse de Mazarin :

« Suspendez votre jugement, Madame : Émilie n'est pas fort coupable d'avoir exposé Cinna aux dangers d'une conspiration. Ne la condamnez pas, de peur de vous condamner vous-même : c'est par vos propres sentiments que je veux défendre les siens ; c'est par Hortense que je prétends justifier Émilie. Émilie avait vu la proscription de sa famille ; elle avait vu massacrer son père, et, ce qui était plus insupportable à une Romaine, elle voyait la République assujettie par Auguste. Le désir de la vengeance et le dessein de rétablir la liberté lui firent chercher des amis à qui les mêmes outrages pussent inspirer les mêmes sentiments, et que les mêmes sentiments pussent unir pour perdre un usurpateur. Cinna, neveu de Pompée, et le seul reste de cette grande maison qui avait péri pour la république, joignit ses ressentiments à ceux d'Émilie, et tous deux, venant à s'animer par le souvenir des injures autant que par l'intérêt du public, formèrent ensemble le dessein hardi de cette illustre et célèbre conspiration. Dans les conférences qu'il fallut avoir pour conduire cette affaire, les cœurs s'unirent aussi bien que les esprits, mais ce ne fut que pour animer davantage la conspiration, et jamais Émilie ne se promit à Cinna qu'à condition qu'il se donnerait tout entier à leur entreprise. Ils conspirèrent donc avant que de s'aimer, et leur passion, qui mêla ses inquiétudes et ses craintes à celles qui suivent toujours les conspirations, demeura soumise au désir de la vengeance et à l'amour de la liberté. Comme leur dessein était sur le point de s'exécuter, Cinna, se laissant toucher à la confiance et aux bienfaits d'Auguste, fit voir à Émilie une âme sujette aux remords et toute prête à changer de résolution ; mais Émilie, plus Romaine que Cinna, lui reprocha sa faiblesse et demeura plus fermement attachée à son dessein que jamais. Ce fut là qu'elle dit des injures à son amant ; ce fut là qu'elle imposa des conditions que vous n'avez pu souffrir, et que vous approuverez, Madame, quand vous vous serez mieux consultée. Le désir de la vengeance fut la première passion d'Émilie ; le dessein de rétablir la république se joignit au désir de la vengeance ; l'amour fut un effet de la conspiration, et il entra dans l'âme des conspirateurs plus pour y servir que pour y régner........ »

Au XVIII° siècle, *Cinna* devait être moins bien compris. En gros, Voltaire approuvait tout, et s'écriait, avec un accent sincère : « Corneille, ancien Romain parmi les Français, a établi une école de grandeur d'âme. » Mais dès qu'il entre dans le particulier, il s'égare dans de misérables chicanes. L'Académie, assez satisfaite de ses *Commentaires sur le Cid* et *Horace*, l'était peu des *Remarques sur Cinna;* et d'Alembert se faisait l'interprète des sentiments de l'Académie. Voltaire écrivait lui-même à Duclos (1) : « Je pense avec l'Académie que c'est à Auguste qu'on s'intéresse pendant les deux derniers actes ; mais certainement dans les premiers Cinna et Émilie s'emparent de tout l'intérêt, et, dans la belle scène de Cinna et d'Émilie où Auguste est rendu exécrable, tous les spectateurs deviennent autant de conjurés au récit des proscriptions. Il est donc évident que l'intérêt change dans cette pièce, et c'est probablement pour cette raison qu'elle occupe plus l'esprit qu'elle ne touche le cœur... Je regarde *Cinna* comme un chef-d'œuvre ; quoiqu'il ne soit pas de ce tragique qui transporte l'âme et qui la déchire, il l'occupe, il l'élève. La pièce a des morceaux sublimes ; elle est régulière, c'en est bien assez. »

1. Lettre du 25 décembre 1761.

Sous la Révolution et l'Empire on voit en *Cinna* une tragédie politique, une sorte de thèse au sujet de laquelle les esprits se passionnent en sens contraire. La scène de la délibération du second acte y gagne une popularité inattendue : une légende qui a cours à la Comédie française veut que le public, enthousiasmé, ait été une fois jusqu'à la *bisser;* il est vrai que Talma était en scène. Une autre fois, l'on voyait deux camps se former dans la salle, prêts à en venir aux mains : les uns, conservateurs bruyants, couvraient d'applaudissements le vers sur l'État populaire, « le pire des États ; » les autres, non moins bruyants républicains, réservaient tous leurs bravos pour cet autre vers où « le seul consulat » était déclaré bon pour les Romains.

Napoléon aussi voyait partout la politique; aucune œuvre littéraire n'était bonne à ses yeux, si elle ne pouvait devenir un instrument de domination. « Quant aux poètes français, disait-il, je ne comprends bien que notre Corneille. Celui-là avait deviné la politique, et, formé aux affaires, eût été un homme d'État. Je crois l'apprécier mieux que qui que ce soit, parce qu'en le jugeant j'exclus tous les sentiments dramatiques. Par exemple, il n'y a pas bien longtemps que je me suis expliqué le dénouement de *Cinna*. Je n'y voyais d'abord que le moyen de faire un cinquième acte pathétique, et encore la clémence proprement dite est une si pauvre petite vertu, quand elle n'est point appuyée sur la politique, que celle d'Auguste, devenu tout à coup un prince débonnaire, ne me paraissait pas digne de terminer cette belle tragédie. Mais une fois, Monvel, en jouant devant moi, m'a dévoilé tout le mystère de cette grande conception. Il prononça le *Soyons amis, Cinna*, d'un ton si habile et si rusé, que je compris que cette action n'était que la feinte d'un tyran, et j'ai approuvé comme calcul ce qui me semblait puéril comme sentiment. Il faut toujours dire ce vers de manière que de tous ceux qui l'écoutent il n'y ait que Cinna de trompé. »

On sent bien que la clémence, cette « pauvre petite vertu » que Napoléon se donne le plaisir de dédaigner, ne lui était point familière. Il est heureux pour sa mémoire qu'il ait racheté en quelque façon cette erreur en faisant rétablir le rôle de Livie dans une représentation donnée le 29 mars 1806 à Saint-Cloud, et surtout en montrant Talma dans *Cinna* au « parterre de rois » réuni autour de lui à Erfurt (1808).

Le développement du caractère d'Auguste fait le fond de la tragédie : — Auguste est menacé par une conspiration. — Auguste découvre la conspiration. — Auguste pardonne.

Des historiens bien informés, qui nous ont parlé de plusieurs autres complots dirigés contre Auguste, sont muets sur l'affaire de Cinna. Tacite, Suétone, Velleius Paterculus même n'en parlent pas. Les témoignages de Sénèque et de Dion Cassius sont contradictoires : d'après l'un, c'est pendant son voyage en Gaule qu'Auguste, alors âgé de quarante ans, découvrit le danger qui le menaçait ; or le voyage de Gaule est de 739, et Auguste a quarante-neuf ans à cette époque. L'autre transporte la scène de la Gaule à Rome et de l'an 730 à l'an 756, ce qui donne à Auguste soixante-six ans au lieu de quarante. Comme Cinna fut consul en 757, il paraît bien que la date de Dion Cassius est la vraie. Dans son *Examen critique des historiens d'Auguste*, M. Egger remarque qu'Auguste a l'habitude de rédiger à l'avance par écrit ses entretiens de quelque importance, même ceux qu'il doit avoir avec sa femme Livie. Or le discours d'Auguste à Cinna dura plus de deux heures, dit Sénèque. Fabricius a raison peut-être de regarder les pages qui le contiennent comme un fragment des écrits d'Auguste, transcrit par Sénèque d'après les mémoires inédits de son père.

Si l'on entre dans le détail, on distingue trois situations principales empruntées par Corneille à Sénèque : la délibération du second acte ; — les hésitations d'Auguste au quatrième et les conseils de Livie ; — le pardon d'Auguste aux conjurés.

Suétone affirme qu'Auguste songea par deux fois à se démettre de l'Empire, et que, la seconde fois, il exposa dans une réunion de magistrats et de sénateurs un projet, bientôt abandonné d'ailleurs. Cette indication un peu vague est amplifiée en quarante chapitres par Dion Cassius, qui suppose entre Auguste, Agrippa et Mécène un entretien où Agrippa plaide la cause de la république. Le discours de Mécène est, comme celui d'Agrippa, une œuvre de rhéteur plus que d'historien. Montesquieu se contentera d'écrire : « On a mis en question si Auguste avait véritablement le dessein de se démettre de l'empire. Mais qui ne voit que, s'il l'eût voulu, il était impossible qu'il n'y eût réussi ? Ce qui fait voir que c'était un jeu, c'est qu'il demanda tous les dix ans qu'on le soulageât de ce poids, et qu'il le porta toujours. C'étaient de petites finesses pour se faire encore donner ce qu'il ne croyait pas avoir assez acquis (1). » Cette comédie est digne d'un Machiavel romain; mais l'Auguste de Corneille n'a rien d'un Machiavel; il est grave et sincère. Voilà l'œuvre propre du poète : Sénèque ne lui donnait rien ici ; Dion Cassius lui offrait ses harangues diffuses, dont il a pris l'essentiel en élaguant le superflu. Peut-être s'est-il souvenu aussi de la délibération des seigneurs persans Mégabyse, Otanès et Darius, sur le choix d'un gouvernement, après le massacre des mages (2).

Une grande partie du monologue d'Auguste au quatrième acte est empruntée au récit de Sénèque, qu'on dirait découpé d'avance en scènes toutes faites ; mais chez Sénèque ce monologue est plus froid, parce qu'il est précédé d'une brève introduction, qui ne suffit pas à le préparer. La scène d'Auguste et de Livie est aussi dans Sénèque. Mais l'Auguste de Sénèque remercie avec joie sa femme de ses conseils ; l'Auguste de Corneille en fait peu de cas : cette clémence intéressée ne sera pas la sienne.

L'Auguste de l'histoire semble assez différent de l'Auguste idéalisé par Corneille. « Auguste, dit encore Montesquieu établit l'ordre, c'est-à-dire une servitude durable... Sylla, homme emporté, mène violemment les Romains à la liberté; Auguste, rusé tyran, les conduit doucement à la servitude. Mais un lent travail d'idéalisation avait fait d'Auguste non seulement le représentant de la civilisation romaine, mais le symbole de la monarchie absolue. Saint-Évremond, ainsi que Corneille, veut oublier des « commencements funestes » pour n'en considérer que la suite glorieuse. « Après la tyrannie du triumvirat et la désolation qu'avait apportée la guerre civile, Auguste voulut enfin gouverner par la raison

---

1 *Grandeur et décadence des Romains*, ch. XIII.
2. Hérodote, III, 80, 81, 82.

un peuple assujetti par la force, et, dégoûté d'une violence où l'avait peut-être obligé la nécessité de ses affaires, il sut établir une heureuse sujétion, plus éloignée de la servitude que de l'ancienne liberté. Un gouvernement si tempéré plut à tout le monde, et le prince ne suivit pas moins en cela son intérêt que son humeur modérée ; car enfin on passe malaisément de la liberté à la servitude, et il pouvait se tenir heureux de commander, en quelque façon que ce fût, à un peuple libre... Le bien de l'État était toujours sa première pensée ; et il n'entendait pas par le bien de l'État un nom vain et chimérique, mais le véritable intérêt de ceux qui le composaient, le sien le premier (car il n'est pas juste de quitter les douceurs de la vie privée pour s'abandonner au soin du public, si on n'y trouve ses avantages) et celui des autres, qu'il ne crut jamais être séparé du sien... Je vois des injures oubliées ; je le vois si hardi dans sa clémence qu'il ose pardonner une conspiration, non seulement véritable, mais toute prête à s'exécuter...Il rendit le monde heureux et il fut heureux dans le monde. Après tous les maux qu'on avait soufferts, on fut bien aise de trouver de la douceur, en quelque manière que ce fût. Il n'y avait plus assez de vertu pour soutenir la liberté ; on eût eu honte d'une entière sujétion, et, à la réserve de ces âmes fières que rien ne put contenter, chacun se fit honneur de l'apparence de la république, et ne fut pas fâché, en effet, d'une douce et agréable domination.»

Voilà l'Auguste apaisé, presque attendri, que l'on concevait au xviie siècle et que Corneille a peint. Par sa façon généreuse de pratiquer le pardon et l'oubli des injures, l'Auguste français se rattache à la tradition chrétienne ; à de certains moments il semble n'avoir plus guère du Romain que la gravité un peu solennelle. Telle est la puissance du génie créateur que le Machiavel couronné peint par Montesquieu éveille notre surprise ; l'Auguste réel ne nous paraît plus vraisemblable, tant notre imagination est hantée par l'image d'un autre Auguste, le seul qui vive désormais dans la mémoire des hommes.

NOTICE SUR L'ÉPITRE

A

MONSIEUR DE MONTORON

La dédicace de *Cinna* est plus célèbre que ne l'eût voulu Corneille; il eut le malheur de produire le chef-d'œuvre du genre, et les « dédicaces à la Montoron » passèrent bientôt en proverbe. « Si vous ignorez ce que c'est que les panégyriques à la Montoron, dit Guéret (1), vous n'avez qu'à le demander à M. Corneille, et il vous dira que son *Cinna* n'a pas été la plus malheureuse de ses dédicaces. » Il paraît certain, en effet, que Corneille reçut de Montoron, deux cents pistoles. C'est, du moins, le chiffre donné par Tallemant, qui dit aussi : « Tout s'appelait à la Montoron » Ce présent dut être bien accueilli; car Corneille, récemment marié, devenu, par la mort de son père, chef d'une famille nombreuse, cherchait partout un appui, qu'il ne trouvait pas toujours.

Pierre du Puget, seigneur de Montoron (quelques-uns écrivent Montauron), était receveur général de Guyenne. Il avait d'abord suivi la carrière militaire comme officier dans le régiment des gardes. Corneille rappellera ces débuts ignorés et vantera le « courage » de ce banquier, qui aurait pu devenir un héros. Esprit fier, mais sans souplesse, il souffrait, sans doute, d'être contraint à mendier ce qui eût dû être le fruit légitime de son travail; mais où donc étaient, en 1643, les droits d'auteur? Il faut donc qu'il loue, et qu'il loue sans mesure; car la louange délicate est un parfum trop subtil pour certains odorats. Il insiste lourdement sur la libéralité de Montoron; il va jusqu'à comparer à Auguste ce financier équivoque, bientôt ruiné par ses sottes prodigalités, et raillé de tous aussitôt que ruiné.

---

1. *Promenade de Saint-Cloud.*

A

MONSIEUR DE MONTORON

—

Monsieur,

Je vous présente un tableau d'une des plus belles actions d'Auguste. Ce monarque était tout généreux, et sa générosité n'a jamais paru avec tant d'éclat que dans les effets de sa clémence et de sa libéralité. Ces deux rares vertus lui étaient si naturelles, et si inséparables en lui, qu'il semble qu'en cette histoire que j'ai mise sur notre théâtre, elles se soient tour à tour entre-produites dans son âme. Il avait été si libéral envers Cinna, que sa conjuration ayant fait voir une ingratitude extraordinaire, il eut besoin d'un extraordinaire effort de clémence pour lui pardonner ; et le pardon qu'il lui donna fut la source des nouveaux bienfaits dont il lui fut prodigue, pour vaincre tout à fait cet esprit qui n'avait pu être gagné par les premiers ; de sorte qu'il est vrai de dire qu'il eût été moins clément envers lui s'il eût été moins libéral, et qu'il eût été moins libéral s'il eût été moins clément. Cela étant, à qui pourrais-je plus justement donner le portrait de l'une de ces héroïques vertus, qu'à celui qui possède l'autre en un si haut degré, puisque, dans cette action, ce grand prince les a si bien attachées et comme unies l'une à l'autre, qu'elles ont été tout ensemble et la cause et l'effet l'une de l'autre ? Vous avez des richesses, mais vous savez en jouir, et vous en jouissez d'une façon si noble, si relevée, et tellement illustre, que vous forcez la voix publique d'avouer que la fortune a consulté la raison quand elle a répandu ses faveurs sur vous, et qu'on a plus de sujet de vous en souhaiter le redoublement que de vous en envier l'abondance. J'ai vécu si éloigné de la flatterie, que je pense être en possession de me faire croire quand je dis du bien de quelqu'un ; et lorsque je donne des louanges, ce qui m'arrive assez rarement, c'est avec tant de retenue, que je supprime toujours quantité de glorieuses vérités, pour ne me rendre pas suspect d'étaler de ces mensonges obligeants que beaucoup de nos modernes savent débiter de si bonne grâce. Aussi je ne dirai rien des avantages de votre naissance, ni de votre courage qui l'a si dignement soutenue dans la profession des armes à qui vous avez donné vos premières années ; ce sont des choses trop connues de tout le monde. Je ne dirai rien de ce prompt et puissant secours que reçoivent chaque jour de votre main tant de bonnes familles ruinées par les désordres de nos guerres ; ce sont des choses que vous voulez tenir cachées. Je dirai seulement un mot de ce que vous avez particulièrement de commun avec Auguste : c'est que cette générosité qui compose la meilleure partie de votre âme et règne sur l'autre, et qu'à juste titre on peut nommer l'âme de votre âme, puisqu'elle en fait mouvoir toutes les puissances ; c'est, dis-je, que cette générosité, à l'exemple de ce grand empereur, prend plaisir à s'étendre sur les gens de lettres, en un temps où beaucoup pensent avoir trop récompensé leurs travaux quand ils les ont honorés d'une louange stérile. Et, certes, vous avez traité quelques-unes de nos muses avec tant de magnanimité, qu'en elles vous avez obligé toutes les autres, et qu'il n'en est point qui ne vous en doive un remerciement. Trouvez donc bon, Monsieur, que je m'acquitte de celui que je reconnais vous en devoir, par le présent que je vous fais de ce poème, que j'ai choisi comme le plus durable des miens, pour apprendre plus longtemps à ceux qui le liront que le généreux M. de Montoron, par une libéralité inouïe en ce siècle, s'est rendu toutes les muses redevables, et que je prends tant de part aux bienfaits dont vous avez surpris quelques-unes d'elles, que je m'en dirai toute ma vie,

    Monsieur,

        Votre très humble et très obligé serviteur,

                                    Corneille.

EXAMEN

Ce poëme a tant d'illustres suffrages qui lui donnent le premier rang parmi les miens, que je me ferais trop d'importants ennemis si j'en disais du mal : je ne le suis pas assez de moi-même pour chercher des défauts où ils n'en ont point voulu voir, et accuser le jugement qu'ils en ont fait, pour obscurcir la gloire qu'ils m'en ont donnée. Cette approbation si forte et si générale vient sans doute de ce que la vraisemblance s'y trouve si heureusement conservée aux endroits où la vérité lui manque, qu'il n'a jamais besoin de recourir au nécessaire. Rien n'y contredit l'histoire, bien que beaucoup de choses y soient ajoutées : rien n'y est violenté par les incommodités de la représentation, ni par l'unité de jour, ni par celle de lieu.

Il est vrai qu'il s'y rencontre une duplicité de lieu particulier. La moitié de la pièce se passe chez Émilie, et l'autre dans le cabinet d'Auguste. J'aurais été ridicule si j'avais prétendu que cet empereur délibérât avec Maxime et Cinna s'il quitterait l'empire ou non précisément dans la même place où ce dernier vient de rendre compte à Émilie de la conspiration qu'il a formée contre lui. C'est ce qui m'a fait rompre la liaison des scènes au quatrième acte, n'ayant pu me résoudre à faire que Maxime vînt donner l'alarme à Émilie de la conjuration découverte au lieu même où Auguste en venait de recevoir l'avis par son ordre, et dont il ne faisait que de sortir avec tant d'inquiétude et d'irrésolution. C'eût été une impudence extraordinaire, et tout à fait hors du vraisemblable, de se présenter dans son cabinet un moment après qu'il lui avait fait révéler le secret de cette entreprise, dont il était un des chefs, et porter la nouvelle de sa fausse mort. Bien loin de pouvoir surprendre Émilie par la peur de se voir arrêtée, c'eût été se faire arrêter lui-même et se précipiter dans un obstacle invincible au dessein qu'il voulait exécuter. Émilie ne parle donc pas où parle Auguste, à la réserve du cinquième acte ; mais cela n'empêche pas qu'à considérer tout le poème ensemble, il n'ait son unité de lieu, puisque tout s'y peut passer, non seulement dans Rome ou dans un quartier de Rome, mais dans le seul palais d'Auguste, pourvu que vous y vouliez donner un appartement à Émilie qui soit éloigné du sien.

Le compte que Cinna lui rend de sa conspiration justifie ce que j'ai dit ailleurs, que, pour faire souffrir une narration ornée, il faut que celui qui la fait et celui qui l'écoute aient l'esprit assez tranquille, et s'y plaisent assez pour lui prêter toute la patience qui lui est nécessaire. Émilie a de la joie d'apprendre de la bouche de son amant avec quelle chaleur il a suivi ses intentions ; et Cinna n'en a pas moins de lui pouvoir donner de si belles espérances de l'effet qu'elle en souhaite : c'est pourquoi, quelque longue que soit cette narration, sans interruption aucune, elle n'ennuie point. Les ornements de rhétorique dont j'ai tâché de l'enrichir ne la font point condamner de trop d'artifice, et la diversité de ses figures ne fait point regretter le temps que j'y perds ; mais si j'avais attendu à la commencer qu'Évandre eût troublé ces deux amants par la nouvelle qu'il leur apporte, Cinna eût été obligé de s'en taire ou de la conclure en six vers, et Émilie n'en eût pu supporter davantage.

Comme les vers de ma tragédie d'*Horace* ont quelque chose de plus net et de moins guindé pour les pensées que ceux du *Cid*, on peut dire que ceux de cette pièce ont quelque chose de plus achevé que ceux d'*Horace*, et qu'enfin la facilité de concevoir le sujet, qui n'est ni trop chargé d'incidents, ni trop embarrassé des récits de ce qui s'est passé avant le commencement de la pièce, est une des causes sans doute de la grande approbation qu'il a reçue. L'auditeur aime ainsi à s'abandonner à l'action présente, et à n'être point obligé, pour l'intelligence de ce qu'il voit, de réfléchir sur ce qu'il a déjà vu, et de fixer sa mémoire sur les premiers actes, pendant que les derniers sont devant ses yeux. C'est l'incommodité des pièces embarrassées, qu'en termes de l'art on nomme *implexes*, par un mot emprunté du latin, telles que sont *Rodogune* et *Héraclius*. Elle ne se rencontre pas dans les simples ; mais comme celles-là ont sans doute besoin de plus d'esprit pour les imaginer, et de plus d'art pour les conduire, celles-ci, n'ayant pas le même secours du côté du sujet, demandent plus de force de vers, de raisonnement, et de sentiments pour les soutenir.

SENECA

Lib. I. *De clementia*, cap. ix.

Divus Augustus mitis fuit princeps, si quis illum a principatu suo æstimare incipiat : in communi quidem republica gladium movit. Duodevicesimum egressus annum, jam pugiones in sinu amicorum absconderat, jam insidiis M. Antonii consulis latus petierat, jam fuerat collega proscriptionis : sed quum annum quadragesimum transisset, et in Gallia moraretur, delatum est ad eum indicium L. Cinnam, stolidi ingenii virum, insidias ei struere. Dictum est et ubi, et quando, et quemadmodum aggredi vellet. Unus ex consciis deferebat. Constituit se ab eo vindicare : consilium amicorum advocari jussit.

Nox illi inquieta erat, quum cogitaret adolescentem nobilem, hoc detracto integrum, Cn. Pompeii nepotem, damnandum. Jam unum hominem occidere non poterat, quum M. Antonio proscriptionis edictum inter cœnam dictarat. Gemens subinde voces emittebat varias, et inter se contrarias : « Quid ergo ! « ego percussorem meum securum ambulare patiar, me solli- « cito ? Ergo non dabit pœnas qui tot civilibus bellis frustra « petitum caput, tot navalibus, tot pedestribus præliis inco- « lume, postquam terra marique pax parta est, non occidere « constituat, sed immolare ? » (Nam sacrificantem placuerat adoriri.) Rursus silentio interposito, majore multo voce sibi quam Cinnæ irascebatur : « Quid vivis, si perire te tam mul- « torum interest ? Quis finis erit suppliciorum ? quis sangui- « nis ? Ego sum nobilibus adolescentulis expositum caput, in « quod mucrones acuant. Non est tanti vita, si, ut ego non « peream, tam multa perdenda sunt. » Interpellavit tandem

illum Livia uxor et : « Admittis, inquit, muliebre consilium ?
« Fac quod medici solent : ubi usitata remedia non procedunt,
« tentant contraria. Severitate nihil adhuc profecisti : Salvidie-
« num Lepidus secutus est, Lepidum Muræna, Murænam
« Cæpio, Cæpionem Egnatius, ut alios taceam quos tantum
« ausos pudet : nunc tenta quomodo tibi cedat clementia.
« Ignosce L. Cinnæ ; deprehensus est ; jam nocere tibi non
« potest, prodesse famæ tuæ potest. »

Gavisus sibi quod advocatum invenerat, uxori quidem gratias egit : renuntiari autem extemplo amicis quos in consilium rogaverat imperavit, et Cinnam unum ad se accersit, dimississque omnibus e cubiculo, quum alteram poni Cinnæ cathedram jussisset : « Hoc, inquit, primum a te peto ne me loquen-
« tem interpelles, ne medio sermone meo proclames ; dabitur
« tibi loquenti liberum tempus. Ego te, Cinna, quum in hos-
« tium castris invenissem, non tantum factum mihi inimicum,
« sed natum servavi, patrimonium tibi omne concessi. Hodie
« tam felix es et tam dives, ut victo victores invideant. Sacer-
« dotium tibi petenti, præteritis compluribus quorum parentes
« mecum militaverant, dedi. Quum sic de te meruerim, occi-
« dere me constituisti ! »

Quum ad hanc vocem exclamasset Cinna, procul hanc ab se abesse dementiam : « Non præstas, inquit, fidem, Cinna ;
« convenerat ne interloquereris. Occidere, inquam, me paras. »
Adjecit locum, socios, diem, ordinem insidiarum, cui commissum esset ferrum. Et quum defixum videret, nec ex conventione jam, sed ex conscientia tacentem : « Quo, inquit, hoc
« animo facis ? Ut ipse sis princeps ? Male, mehercule, cum
« republica agitur, si tibi ad imperandum nihil præter me
« obstat. Domum tuam tueri nos potes ; nuper libertini homi-
« nis gratia in privato judicio superatus es. Adeo nihil facilius
« putas quam contra Cæsarem advocare ? Cedo, si spes tuas
« solus impedio. Paulusne te et Fabius Maximus et Cossi et
« Servilii ferent, tantumque agmen nobilium, non inania
« nomina præferentium, sed eorum qui imaginibus suis decori
« sunt ? » Ne totam ejus orationem repetendo magnam partem voluminis occupem, (diutius enim quam duabus horis locutum esse constat), quum hanc pœnam qua sola erat contentus futu-

rus extenderet : « Vitam tibi, inquit, Cinna, iterum do, prius
« hosti, nunc insidiatori ac parricidæ. Ex hodierno die inter
« nos amicitia incipiat. Contendamus, utrum ego meliore fide
« vitam tibi dederim, an tu debeas. » Post hæc detulit ultro
consulatum, questus quod non auderet petere, amicissimum,
fidelissimumque habuit, hæres solus fuit illi ; nullis amplius
insidiis ab ullo petitus est.

MONTAIGNE

Liv. I de ses *Essais,* chap. XXIII.

L'empereur Auguste, estant en la Gaule, receut certain advertissement d'une conjuration que luy brassoit L. Cinna : il delibera de s'en venger, et manda pour cet effect au lendemain le conseil de ses amis. Mais la nuict d'entre deux, il la passa avecques grande inquiétude, considerant qu'il avoit à faire mourir un ieune homme de bonne maison et nepveu du grand Pompeius, et produisoit en se plaignant plusieurs divers discours : « Quoy doncques, disoit-il, sera-il vray que ie de-
« meureray en crainte et en alarme, et que ie lairray mon
« meurtrier se promener ce pendant à son ayse ? S'en ira il
« quitte, ayant assailly ma teste, que i'ay sauvee de tant de
« guerres civiles, de tant de battailles par mer et par terre,
« et aprez avoir estably la paix universelle du monde ? sera
« il absoult, ayant deliberé non de me meurtrir seulement,
« mais de me sacrifier ? » (Car la coniuration estoit faicte de le tuer comme il feroit quelque sacrifice.) Aprez cela, s'estant tenu coy quelque espace de temps, il recommenceoit d'une voix plus forte, et s'en prenoit à soy mesme : « Pourquoi vis
« tu, s'il importe à tant de gents que tu meures ? n'y aura il
« point de fin à tes vengeances et à tes cruautez ? Ta vie vault
« elle que tant de dommage se face pour la conserver ? » Livia, sa femme, le sentant en ces angoisses : « Et les conscils des
« femmes y seront ils receus ? luy dict elle : fay ce que font
« les médecins ; quand les receptes accoustumees ne peuvent
« servir, ils en essayent de contraires. Par severité, tu n'as
« iusques à cette heure rien prouflté : Lepidus a suyvi Salvidie-
« nus ; Murena, Lepidus ; Caepio, Murena ; Egnatius, Caepio ;

« commence à experimenter comment te succederont la doulceur
« et la clémence. Cinna est convaincu ; pardonne luy : de te
« nuire desormais, il ne pourra, et proufitera à ta gloire. »
Auguste feut bien ayse d'avoir trouvé un advocat de son humeur ; et, ayant remercié sa femme, et contremandé ses amis
qu'il avoit assignez au conseil, commanda qu'on feist venir à
luy Cinna tout seul : et ayant faict sortir tout le monde de sa
chambre, et faict donner un siege à Cinna, il luy parla en
ceste manière : « En premier lieu, ie te demande, Cinna, pai-
« sible audience : n'interromps pas mon parler ; ie te donneray
« temps et loisir d'y respondre. Tu sçais, Cinna, que t'ayant
« prins au camp de mes ennemis, non seulement t'estant faict
« mon ennemy, mais estant nay tel, ie te sauvay, ie te meis
« entre mains touts tes biens, et t'ai enfin rendu si accommodé
« et si aysé, que les victorieux sont envieux de la condition
« du vaincu : l'office du sacerdoce que tu me demandas, ie te
« l'octroyay, l'ayant refusé à d'aultres, desquels les peres
« avoient tousiours combattu avecques moy. T'ayant si fort
« obligé, tu as entreprins de me tuer. » A quoy Cinna s'estant
escrié qu'il estoit bien esloingné d'une si meschante pensee :
« Tu ne me tiens pas, Cinna, ce que tu m'avois promis, suyvit
« Auguste ; tu m'avois asseuré que ie ne seroys pas interrompu.
« Ouy, tu as entreprins de me tuer en tel lieu, tel iour, en telle
« compaignie et de telle façon. » En le voyant transi de ces
« nouvelles, et en silence, non plus pour tenir le marché de se
taire, mais de la presse de sa conscience : « Pourquoy, adiousta
« il, le fais tu ? Est-ce pour estre empereur ? Vrayement il ve
« bien mal à la chose publique, s'il n'y a que moy qui t'em-
« pesche d'arriver à l'empire. Tu ne peulx pas seulement def-
« fendre ta maison, et perdis dernièrement un procez par la
« faveur d'un simple libertin (1). Quoy ! n'as-tu pas moyen
« ny pouvoir en aultre chose qu'à entreprendre César ? Ie le
« quitte, s'il n'y a que moy qui empesche tes esperances. Pen-
« ses tu que Paulus, que Fabius, que les Cosseens et Servi-
« liens te souffrent, et une si grande troupe de nobles, non
« seulement nobles de nom, mais qui par leur vertu honnorent

---

1. Libertin, *libertinus*, comme *libertus*, affranchi.

« leur noblesse ? » Aprez plusieurs aultres propos (car il parla à luy plus de deux heures entières) : « Or va, luy dict il, ie te donne, Cinna, la vie à traistre et à parricide, que ie te donnay aultrefois à ennemy : que l'amitié commence de ce iourd'hui entre nous : essayons qui de nous deux de meilleure foy, moy t'aye donné ta vie, ou tu l'ayes receue. » Et se despartit d'avecques luy en cette maniere. Quelque temps aprez il luy donna le consulat, se plaignant de quoy il ne le luy avoit osé demander. Il l'eut depuis pour fort amy, et feut seul faict par luy heritier de ses biens. Or depuis cet accident, qui adveint à Auguste au quarantiesme an de son aage, il n'y eut iamais de coniuration ny d'entreprinse contre luy, et receut une juste récompense de cette sienne clemence.

PERSONNAGES

OCTAVE-CÉSAR-AUGUSTE, empereur de Rome.
LIVIE, impératrice.
CINNA, fils d'une fille de Pompée, chef de la conjuration contre Auguste.
MAXIME, autre chef de la conjuration.
ÉMILIE, fille de C. Toranius, tuteur d'Auguste, et proscrit par lui durant le triumvirat.
FULVIE, confidente d'Émilie.
POLYCLÈTE, affranchi d'Auguste.
ÉVANDRE, affranchi de Cinna.
EUPHORBE, affranchi de Maxime.

La scène est à Rome.

CINNA

ou

LA CLÉMENCE D'AUGUSTE

ACTE PREMIER

SCÈNE I

ÉMILIE

Impatients désirs d'une illustre vengeance
Dont la mort de mon père a formé la naissance,
Enfants impétueux de mon ressentiment,
Que ma douleur séduite embrasse aveuglément,
Vous prenez sur mon âme un trop puissant empire :   5
Durant quelques moments souffrez que je respire,
Et que je considère, en l'état où je suis,
Et ce que je hasarde, et ce que je poursuis.
Quand je regarde Auguste au milieu de sa gloire,
Et que vous reprochez à ma triste mémoire   10
Que par sa propre main mon père massacré

---

3. « M. Despréaux trouvait dans ces paroles une généalogie : des *impatients désirs* d'une *illustre vengeance*, qui étaient les *enfants impétueux* d'un noble *ressentiment* et qui étaient embrassés par une *douleur séduite*. Les personnes considérables qui parlent avec passion dans une tragédie doivent parler avec noblesse et vivacité ; mais on parle naturellement et sans ces tours si façonnés quand la passion parle. » (Fénelon, *Lettre à l'Académie*.) Il est plus facile qu'équitable de reprendre des expressions poétiques après les avoir travesties en prose. S'il faut accorder que « ces vers ont je ne sais quoi d'outré », on peut remarquer cependant que *séduite* est ici pris dans le sens d'égarée. Quant à *embrasser*, il équivaut au latin *amplecti, sectari*.

8. Ce qu'elle hasarde, c'est son bonheur, puisqu'elle aime Cinna, dont elle va exposer la vie ; ce qu'elle poursuit de sa haine, c'est Auguste.

Du trône où je le vois fait le premier degré;
Quand vous me présentez cette sanglante image,
La cause de ma haine, et l'effet de sa rage,
Je m'abandonne toute à vos ardents transports, 15
Et crois, pour une mort, lui devoir mille morts.
Au milieu toutefois d'une fureur si juste,
J'aime encor plus Cinna que je ne hais Auguste,
Et je sens refroidir ce bouillant mouvement
Quand il faut, pour le suivre, exposer mon amant. 20
Oui, Cinna, contre moi moi-même je m'irrite,
Quand je songe aux dangers où je te précipite.
Quoique pour me servir tu n'appréhendes rien,
Te demander du sang, c'est exposer le tien :
D'une si haute place on n'abat point de têtes 25
Sans attirer sur soi mille et mille tempêtes;
L'issue en est douteuse, et le péril certain :
Un ami déloyal peut trahir ton dessein;
L'ordre mal concerté, l'occasion mal prise,
Peuvent sur son auteur renverser l'entreprise, 30
Tourner sur toi les coups dont tu le veux frapper;
Dans sa ruine même il peut t'envelopper,
Et, quoi qu'en ma faveur ton amour exécute,
Il te peut, en tombant, écraser sous sa chute.
Ah! cesse de courir à ce mortel danger : 35
Te perdre en me vengeant, ce n'est pas me venger.
Un cœur est trop cruel quand il trouve des charmes
Aux douceurs que corrompt l'amertume des larmes,

---

12. Corneille veut dire : le meurtre de mon père fut le premier degré de la puissance d'Auguste. Même ainsi présentée, l'idée est contestable. Toranius, tuteur d'Octave, proscrit par lui, et livré aux centurions par son propre fils, n'était qu'un plébéien ; sa fortune a pu être convoitée, mais son influence n'avait rien de si redoutable, ni sa disparition rien de décisif.

19. *Refroidir* pour *se refroidir;* ce genre d'ellipse est familier à Corneille même en prose : « Si j'avais fait descendre Jupiter pour réconcilier Nicomède avec son père, ou Mercure pour révéler à Auguste la conspiration de Cinna, j'aurais fait *révolter* tout mon auditoire. » *(Discours de la tragédie.)*

27. *En, de cette entreprise,* se rapporte à l'idée exprimée.

Et l'on doit mettre au rang des plus cuisants malheurs
La mort d'un ennemi qui coûte tant de pleurs. 40
  Mais peut-on en verser alors qu'on venge un père?
Est-il perte à ce prix qui ne semble légère?
Et, quand son assassin tombe sous notre effort,
Doit-on considérer ce que coûte sa mort?
Cessez, vaines frayeurs, cessez, lâches tendresses, 45
De jeter dans mon cœur vos indignes faiblesses.
Et toi, qui les produis par tes soins superflus,
Amour, sers mon devoir, et ne le combats plus.
Lui céder, c'est ta gloire, et le vaincre, ta honte :
Montre-toi généreux, souffrant qu'il te surmonte; 50
Plus tu lui donneras, plus il te va donner,
Et ne triomphera que pour te couronner.

SCÈNE II

ÉMILIE, FULVIE

ÉMILIE

Je l'ai juré, Fulvie, et je le jure encore,
Quoique j'aime Cinna, quoique mon cœur l'adore,
S'il me veut posséder, Auguste doit périr; 55
Sa tête est le seul prix dont il peut m'acquérir.
Je lui prescris la loi que mon devoir m'impose.

FULVIE

Elle a, pour la blâmer, une trop juste cause;
Par un si grand dessein vous vous faites juger
Digne sang de celui que vous voulez venger : 60

---

52. Émilie veut dire que Cinna, en accomplissant son devoir, mériterait de voir son amour couronné. Voltaire observe qu'il faudrait : et *il*
56. Au vers 712, *acquérir* a, comme ici, un nom de personne pour régime.
58. Il faut entendre : la loi que votre devoir vous impose est dictée par de trop justes motifs pour qu'on puisse la blâmer.

Mais, encore une fois, souffrez que je vous die
Qu'une si juste ardeur devrait être attiédie.
Auguste, chaque jour, à force de bienfaits,
Semble assez réparer les maux qu'il vous a faits;
Sa faveur envers vous paraît si déclarée 65
Que vous êtes chez lui la plus considérée,
Et de ses courtisans souvent les plus heureux
Vous pressent à genoux de lui parler pour eux.

ÉMILIE

Toute cette faveur ne me rend pas mon père,
Et, de quelque façon que l'on me considère, 70
Abondante en richesse, ou puissante en crédit,
Je demeure toujours la fille d'un proscrit.
Les bienfaits ne font pas toujours ce que tu penses;
D'une main odieuse ils tiennent lieu d'offenses :
Plus nous en prodiguons à qui nous veut haïr, 75
Plus d'armes nous donnons à qui nous veut trahir.
Il m'en fait chaque jour, sans changer mon courage;
Je suis ce que j'étais, et je puis davantage,
Et, des mêmes présents qu'il verse dans mes mains,
J'achète contre lui les esprits des Romains. 80
Je recevrais de lui la place de Livie
Comme un moyen plus sûr d'attenter à sa vie.
Pour qui venge son père il n'est point de forfaits,
Et c'est vendre son sang que se rendre aux bienfaits.

FULVIE

Quel besoin toutefois de passer pour ingrate ? 85
Ne pouvez-vous haïr sans que la haine éclate ?
Assez d'autres sans vous n'ont pas mis en oubli
Par quelles cruautés son trône est établi ;
Tant de braves Romains, tant d'illustres victimes,
Qu'à son ambition ont immolés ses crimes, 90

---

61. *Die*, pour *dise*, se retrouve au vers 1378. Cf. *Cid*, 1133.
77. *Faire des bienfaits* est une expression rare et faible.

Laissent à leurs enfants d'assez vives douleurs
Pour venger votre perte en vengeant leurs malheurs.
Beaucoup l'ont entrepris, mille autres vont les suivre :
Qui vit haï de tous ne saurait longtemps vivre ;
Remettez à leurs bras les communs intérêts, 95
Et n'aidez leurs desseins que par des vœux secrets.

ÉMILIE

Quoi ! je le haïrai sans tâcher de lui nuire ?
J'attendrai du hasard qu'il ose le détruire,
Et je satisferai des devoirs si pressants
Par une haine obscure et des vœux impuissants ? 100
Sa perte, que je veux, me deviendrait amère,
Si quelqu'un l'immolait à d'autres qu'à mon père ;
Et tu verrais mes pleurs couler pour son trépas,
Qui, le faisant périr, ne me vengerait pas.
　C'est une lâcheté que de remettre à d'autres 105
Les intérêts publics qui s'attachent aux nôtres.
Joignons à la douceur de venger nos parents
La gloire qu'on remporte à punir les tyrans,
Et faisons publier par toute l'Italie :
« La liberté de Rome est l'œuvre d'Émilie ; 110
On a touché son âme, et son cœur s'est épris ;
Mais elle n'a donné son amour qu'à ce prix. »

FULVIE

Votre amour à ce prix n'est qu'un présent funeste
Qui porte à votre amant sa perte manifeste.
Pensez mieux, Émilie, à quoi vous l'exposez, 115
Combien à cet écueil se sont déjà brisés ;
Ne vous aveuglez point quand sa mort est visible.

---

104. Ce sentiment atroce et ces beaux vers ont été imités, dit Voltaire, par Racine dans *Andromaque* (IV, 4) :
　　　　　Ma vengeance est perdue,
　S'il ignore en mourant que c'est moi qui le tue.
Mais Hermione n'a pas couvé vingt ans son ressentiment.

ÉMILIE

Ah! tu sais me frapper par où je suis sensible!
Quand je songe aux dangers que je lui fais courir,
La crainte de sa mort me fait déjà mourir; 120
Mon esprit en désordre à soi-même s'oppose;
Je veux et ne veux pas, je m'emporte et je n'ose,
Et mon devoir confus, languissant, étonné,
Cède aux rébellions de mon cœur mutiné.
Tout beau, ma passion, deviens un peu moins forte; 125
Tu vois bien des hasards, ils sont grands, mais n'importe :
Cinna n'est pas perdu pour être hasardé.
De quelques légions qu'Auguste soit gardé,
Quelque soin qu'il se donne et quelque ordre qu'il tienne,
Qui méprise sa vie est maître de la sienne. 130
Plus le péril est grand, plus doux en est le fruit;
La vertu nous y jette, et la gloire le suit.
Quoi qu'il en soit, qu'Auguste ou que Cinna périsse,
Aux mânes paternels je dois ce sacrifice;
Cinna me l'a promis en recevant ma foi, 135
Et ce coup seul aussi le rend digne de moi.
Il est tard, après tout, de m'en vouloir dédire :
Aujourd'hui l'on s'assemble, aujourd'hui l'on conspire;
L'heure, le lieu, le bras se choisit aujourd'hui,
Et c'est à faire enfin à mourir après lui. 140

125. *Tout beau.* « Cette expression, fréquente dans Corneille, s'employait pour arrêter quelqu'un, le retenir, le faire taire : « Et voulant interrompre « lorsque M. Galiot opinoit, Monsieur de Saint-Pol me fit signe de la main et « me dit : Tout beau, tout beau,—ce qui me fit taire. » (Montluc, *Commentaires*, livre II.) Par malheur, les chasseurs se servent de cette locution en parlant aux chiens couchants, lorsqu'ils veulent les empêcher de pousser les perdrix qu'ils ont arrêtées ; cela a suffi pour la faire considérer comme triviale. » (Marty-Laveaux).

130. *La sienne*, celle d'Auguste. C'est le mot de Sénèque : *Quisquis vitam contempsit, tuæ dominus est.* C'était aussi le mot de Henri IV, si l'on en croit Montaigne (I, XXIII).

140. *C'est à faire à*, tout ce qui reste à faire, c'est de...

SCÈNE III

CINNA, ÉMILIE, FULVIE

ÉMILIE

Mais le voici qui vient. Cinna, votre assemblée
Par l'effroi du péril n'est-elle point troublée,
Et reconnaissez-vous au front de vos amis
Qu'ils soient prêts à tenir ce qu'ils vous ont promis?

CINNA

Jamais contre un tyran entreprise conçue 145
Ne permit d'espérer une si belle issue;
Jamais de telle ardeur on n'en jura la mort,
Et jamais conjurés ne furent mieux d'accord.
Tous s'y montrent portés avec tant d'allégresse
Qu'ils semblent, comme moi, servir une maîtresse, 150
Et tous font éclater un si puissant courroux
Qu'ils semblent tous venger un père, comme vous.

ÉMILIE

Je l'avais bien prévu, que pour un tel ouvrage
Cinna saurait choisir des hommes de courage,
Et ne remettrait pas en de mauvaises mains 155
L'intérêt d'Émilie et celui des Romains.

CINNA

Plût aux dieux que vous-même eussiez vu de quel zèle
Cette troupe entreprend une action si belle!
Au seul nom de César, d'Auguste, et d'empereur,
Vous eussiez vu leurs yeux s'enflammer de fureur, 160
Et, dans un même instant, par un effet contraire,

---

141. Dans la langue du xviie siècle, *assemblée* et *réunion* sont à peu près synonymes. On disait: l'assemblée du Louvre, l'assemblée des troupes.
149. *Allégresse, alacritas*, joie et ardeur vive que communique l'action.

Leur front pâlir d'horreur et rougir de colère.
« Amis, leur ai-je dit, voici le jour heureux
Qui doit conclure enfin nos desseins généreux;
Le ciel entre nos mains a mis le sort de Rome, 165.
Et son salut dépend de la perte d'un homme,
Si l'on doit le nom d'homme à qui n'a rien d'humain,
A ce tigre altéré de tout le sang romain.
Combien pour le répandre a-t-il formé de brigues!
Combien de fois changé de partis et de ligues, 170
Tantôt ami d'Antoine, et tantôt ennemi,
Et jamais insolent ni cruel à demi! »
Là, par un long récit de toutes les misères
Que durant notre enfance ont enduré nos pères,
Renouvelant leur haine avec leur souvenir, 175
Je redouble en leurs cœurs l'ardeur de le punir.
Je leur fais des tableaux de ces tristes batailles
Où Rome par ses mains déchirait ses entrailles,
Où l'aigle abattait l'aigle, et de chaque côté
Nos légions s'armaient contre leur liberté; 180
Où les meilleurs soldats et les chefs les plus braves
Mettaient toute leur gloire à devenir esclaves;
Où, pour mieux assurer la honte de leurs fers,
Tous voulaient à leur chaîne attacher l'univers,
Et, l'exécrable honneur de lui donner un maître 185
Faisant aimer à tous l'infâme nom de traître,
Romains contre Romains, parents contre parents,

---

164. Le latin *claudere, concludere* se dit de toute chose qu'on achève.

174. Les règles des participes passés étaient loin d'être absolues au XVIIe siècle. Cf. le vers 1132 du *Cid*.

178. Corneille se souvient ici de la *Pharsale* de Lucain :

> Bella per Emathios plus quam civilia campos
> Jusque datum sceleri canimus, populumque potentem
> In sua victrici conversum viscera dextra,
> Cognatasque acies... infestisque obvia signis
> Signa, pares aquilas, et pila minantia pilis.

Combattaient seulement pour le choix des tyrans.
J'ajoute à ces tableaux la peinture effroyable
De leur concorde impie, affreuse, inexorable, 190
Funeste aux gens de bien, aux riches, au sénat,
Et, pour tout dire enfin, de leur triumvirat.
Mais je ne trouve point de couleurs assez noires
Pour en représenter les tragiques histoires.
Je les peins dans le meurtre à l'envi triomphants, 195
Rome entière noyée au sang de ses enfants,
Les uns assassinés dans les places publiques,
Les autres dans le sein de leurs dieux domestiques;
Le méchant par le prix au crime encouragé,
Le mari par sa femme en son lit égorgé, 200
Le fils tout dégouttant du meurtre de son père,
Et, sa tête à la main, demandant son salaire,
Sans pouvoir exprimer par tant d'horribles traits
Qu'un crayon imparfait de leur sanglante paix.
Vous dirai-je les noms de ces grands personnages 205
Dont j'ai dépeint les morts pour aigrir les courages,
De ces fameux proscrits, ces demi-dieux mortels,
Qu'on a sacrifiés jusque sur les autels ?
Mais pourrais-je vous dire à quelle impatience,

---

188. « Lorsque les légions passèrent les Alpes et la mer, les gens de guerre, qu'on était obligé de laisser pendant plusieurs campagnes dans les pays qu'on soumettait, perdirent peu à peu l'esprit de citoyen ; et les généraux, qui disposèrent des armées et des royaumes, sentirent leur force et ne purent plus obéir. Les soldats commencèrent donc à ne reconnaître que leur général, à fonder sur lui toutes leurs espérances, et à voir de plus loin la ville. Ce ne furent plus les soldats de la République, mais de Sylla, de Marius, de Pompée, de César. » (Montesquieu, *Considérations*, ch. IX.)

195. *Triomphants* est ici une sorte d'adjectif verbal ; d'ailleurs, les participes présents étaient variables au xviie siècle.

198. Les dieux domestiques sont les pénates, et par conséquent la maison, dont ils sont les hôtes tutélaires.

203. *Exprimer*, sens du latin *exprimere*, reproduire, mettre en relief. *Sans... que*, pour : sans pouvoir exprimer autre chose, sinon.

204. *Crayon*, esquisse, première ébauche.

206. *Aigrir*, irriter, *exacerbare*, n'a plus toute sa force primitive. On le retrouvera au vers 1618, après avoir vu, au vers 642, *aigreur* pris dans un sens également remarquable. — *Courage*, pour *cœur*, comme au vers 77.

A quels frémissements, à quelle violence, 210
Ces indignes trépas, quoique mal figurés,
Ont porté les esprits de tous nos conjurés?
Je n'ai point perdu temps, et, voyant leur colère
Au point de ne rien craindre, en état de tout faire,
J'ajoute en peu de mots : « Toutes ces cruautés, 215
La perte de nos biens et de nos libertés,
Le ravage des champs, le pillage des villes,
Et les proscriptions, et les guerres civiles,
Sont les degrés sanglants dont Auguste a fait choix
Pour monter dans le trône et nous donner des lois. 220
Mais nous pouvons changer un destin si funeste,
Puisque de trois tyrans c'est le seul qui nous reste,
Et que, juste une fois, il s'est privé d'appui,
Perdant, pour régner seul, deux méchants comme lui.
Lui mort, nous n'avons point de vengeur ni de maître; 225
Avec la liberté Rome s'en va renaître,
Et nous mériterons le nom de vrais Romains,
Si le joug qui l'accable est brisé par nos mains.
Prenons l'occasion, tandis qu'elle est propice :
Demain au Capitole il fait un sacrifice; 230
Qu'il en soit la victime, et faisons en ces lieux
Justice à tout le monde, à la face des dieux.
Là, presque pour sa suite il n'a que notre troupe;
C'est de ma main qu'il prend et l'encens et la coupe,

213. *Perdre temps*, construction elliptique familière à Corneille.

214. *Au point de*, qui souvent signifie *au moment de*, veut dire ici *en situation de;* au vers 249, *point* a un sens analogue.

220. « Autrefois, dit Marty-Laveaux, le mot *trône* désignait, soit simplement le siège royal, et dans ce cas on disait *sur le trône;* soit toute la construction fermée par des balustres et contenant le siège ; ce second sens, qui explique l'emploi des prépositions *dans, en, hors de*, est beaucoup plus fréquent que l'autre chez Corneille.

222. Les deux autres tyrans, les deux « méchants » sont Lépide et Antoine.

225. *Nous n'avons point de vengeur* veut dire : nous n'avons à craindre personne qui le venge sur nous.

234. L'honneur de présenter l'encens et la coupe à Auguste revenait à Cinna, parce que la dignité sacerdotale lui avait été conférée.

Et je veux pour signal que cette même main 235
Lui donne, au lieu d'encens, d'un poignard dans le sein.
Ainsi d'un coup mortel la victime frappée
Fera voir si je suis du sang du grand Pompée.
Faites voir, après moi, si vous vous souvenez
Des illustres aïeux de qui vous êtes nés. » 240
A peine ai-je achevé que chacun renouvelle,
Par un noble serment, le vœu d'être fidèle.
L'occasion leur plaît, mais chacun veut pour soi
L'honneur du premier coup que j'ai choisi pour moi.
La raison règle enfin l'ardeur qui les emporte : 245
Maxime et la moitié s'assurent de la porte ;
L'autre moitié me suit, et doit l'environner,
Prête au premier signal que je voudrai donner.
Voilà, belle Émilie, à quel point nous en sommes.
Demain, j'attends la haine ou la faveur des hommes, 250
Le nom de parricide ou de libérateur,
César celui de prince ou d'un usurpateur.
Du succès qu'on obtient contre la tyrannie
Dépend ou notre gloire ou notre ignominie,
Et le peuple, inégal à l'endroit des tyrans, 255
S'il les déteste morts, les adore vivants.
Pour moi, soit que le ciel me soit dur ou propice,
Qu'il m'élève à la gloire ou me livre au supplice,
Que Rome se déclare ou pour ou contre nous,
Mourant pour vous servir, tout me semblera doux. 260

ÉMILIE

Ne crains point de succès qui souille ta mémoire :

---

238. Cinna était petit-fils de Pompée, *Pompeii nepos*. (Sénèque.) Selon Dion Cassius, il était né de Pompeia et d'un fils du dictateur Sylla.
251. Sur *parricide*, voyez les vers 320 et 1532 d'*Horace*.
255. *Inégal à l'endroit*, inconstant à l'égard de, envers. Cette mobilité de la foule a inspiré à Tacite plus d'un mot amer : *Et vulgus eadem pravitate insectabatur interfectum, qua foverat viventem.*
260. *Mourant*, si je meurs, vraie proposition absolue.

Le bon et le mauvais sont égaux pour ta gloire,
Et, dans un tel dessein, le manque de bonheur
Met en péril ta vie, et non pas ton honneur.
Regarde le malheur de Brute et de Cassie :   265
La splendeur de leurs noms en est-elle obscurcie ?
Sont-ils morts tous entiers avec leurs grands desseins ?
Ne les compte-t-on plus pour les derniers Romains ?
Leur mémoire dans Rome est encor précieuse
Autant que de César la vie est odieuse ;   270
Si leur vainqueur y règne, ils y sont regrettés,
Et par les vœux de tous leurs pareils souhaités.
  Va marcher sur leurs pas où l'honneur te convie,
Mais ne perds pas le soin de conserver ta vie.
Souviens-toi du beau feu dont nous sommes épris,   275
Qu'aussi bien que la gloire Émilie est ton prix,
Que tu me dois ton cœur, que mes faveurs t'attendent,
Que tes jours me sont chers, que les miens en dépendent.
Mais quelle occasion mène Évandre vers nous ?

SCÈNE IV

CINNA, ÉMILIE, ÉVANDRE, FULVIE

ÉVANDRE

Seigneur, César vous mande, et Maxime avec vous.   280

---

267. *Tout entiers*, que Corneille écrit *tous entiers* (Cf. *Cid*, 1351), est imité d'Horace : *Non omnis moriar*, ou de Lucain : *Non omnis in arvis Emathiis occidit.*

268. « *Quod Brutum Cassiumque ultimos Romanorum dixisset.* » (Suétone.)

273. « Il faudrait : *va, marche ;* on ne dit pas plus *allons marcher* qu'*allons aller.* » (Voltaire.) — « Ici encore, répond Marty-Laveaux, Voltaire s'attache trop à la signification primitive du verbe. Ne dit-on pas bien : je vais courir, je vais marcher, et même je vais aller ? Dans ces phrases, *je vais* n'est qu'un auxiliaire destiné à marquer le futur. Dans notre exemple, *va marcher* équivaut à l'impératif *marche ;* mais la tournure a plus de vivacité et d'énergie. »

280. « On n'en sait pas la cause, mais enfin Auguste les mande, et cela suffit pour faire une surprise très agréable de le voir délibérer s'il quittera l'empire ou non avec deux hommes qui ont conspiré contre lui. Cette surprise aurait perdu la moitié de ses grâces s'il ne les eût point mandés dès le premier acte ou si on n'y eût point connu Maxime pour un des chefs de ce grand dessein. » (*Discours du poème dramatique.*)

CINNA
Et Maxime avec moi ? le sais-tu bien, Évandre ?
ÉVANDRE
Polyclète est encor chez vous à vous attendre,
Et fût venu lui-même avec moi vous chercher,
Si ma dextérité n'eût su l'en empêcher.
Je vous en donne avis, de peur d'une surprise.   285
Il presse fort.
ÉMILIE
Mander les chefs de l'entreprise !
Tous deux ! en même temps ! Vous êtes découverts.
CINNA
Espérons mieux, de grâce.
ÉMILIE
Ah ! Cinna, je te perds !
Et les dieux, obstinés à nous donner un maître,
Parmi tes vrais amis ont mêlé quelque traître.   290
Il n'en faut point douter, Auguste a tout appris.
Quoi, tous deux ! et sitôt que le conseil est pris !
CINNA
Je ne vous puis celer que son ordre m'étonne ;
Mais souvent il m'appelle auprès de sa personne :
Maxime est comme moi de ses plus confidents,   295
Et nous nous alarmons peut-être en imprudents.
ÉMILIE
Sois moins ingénieux à te tromper toi-même,
Cinna : ne porte point mes maux jusqu'à l'extrême,

---

292. *Prendre un conseil,* ici, comme au vers 873, signifie *prendre une résolution, consilium capere.*

295. *Confident* est pris adjectivement ; Littré et Godefroy citent des exemples tout semblables empruntés aux meilleurs auteurs.

296. *Imprudents* n'est pas le mot propre. Corneille a-t-il songé au sens du latin *imprudens,* qui ne sait pas ?

Et, puisque désormais tu ne peux me venger,
Dérobe au moins ta tête à ce mortel danger ; 300
Fuis d'Auguste irrité l'implacable colère.
Je verse assez de pleurs pour la mort de mon père :
N'aigris point ma douleur par un nouveau tourment,
Et ne me réduis point à pleurer mon amant.

CINNA

Quoi ! sur l'illusion d'une terreur panique, 305
Trahir vos intérêts et la cause publique ?
Par cette lâcheté moi-même m'accuser,
Et tout abandonner quand il faut tout oser ?
Que feront nos amis, si vous êtes déçue ?

ÉMILIE

Mais que deviendras-tu, si l'entreprise est sue ? 310

CINNA

S'il est pour me trahir des esprits assez bas,
Ma vertu pour le moins ne me trahira pas.
Vous la verrez, brillante au bord des précipices,
Se couronner de gloire en bravant les supplices,
Rendre Auguste jaloux du sang qu'il répandra, 315
Et le faire trembler, alors qu'il me perdra.
   Je deviendrais suspect à tarder davantage.
Adieu. Raffermissez ce généreux courage.
S'il faut subir ce coup d'un destin rigoureux,
Je mourrai tout ensemble heureux et malheureux : 320
Heureux pour vous servir de perdre ainsi la vie,
Malheureux de mourir sans vous avoir servie.

ÉMILIE

Oui, va, n'écoute plus ma voix qui te retient ;
Mon trouble se dissipe, et ma raison revient.

---

309. Sur *déçu* pris en ce sens, voir *le Cid*, 57.

320. « Boileau reprenait cet *heureux et malheureux ;* il y trouvait trop de recherche et je ne sais quoi d'alambiqué. » (Voltaire.)

Pardonne à mon amour cette indigne faiblesse. 325
Tu voudrais fuir en vain, Cinna, je le confesse ;
Si tout est découvert, Auguste a su pourvoir
A ne te laisser pas ta fuite en ton pouvoir.
Porte, porte chez lui cette mâle assurance,
Digne de notre amour, digne de ta naissance ; 330
Meurs, s'il y faut mourir, en citoyen romain,
Et par un beau trépas couronne un beau dessein.
Ne crains pas qu'après toi rien ici me retienne :
Ta mort emportera mon âme vers la tienne ;
Et mon cœur, aussitôt percé des mêmes coups... 335

CINNA

Ah ! souffrez que, tout mort, je vive encore en vous,
Et du moins en mourant permettez que j'espère
Que vous saurez venger l'amant avec le père.
Rien n'est pour vous à craindre : aucun de nos amis
Ne sait ni vos desseins, ni ce qui m'est promis, 340
Et, leur parlant tantôt des misères romaines,
Je leur ai tu la mort qui fait naître nos haines,
De peur que mon ardeur touchant vos intérêts
D'un si parfait amour ne trahît les secrets.
Il n'est su que d'Évandre et de votre Fulvie. 345

ÉMILIE

Avec moins de frayeur je vais donc chez Livie,
Puisque dans ton péril il me reste un moyen
De faire agir pour toi son crédit et le mien.
Mais, si mon amitié par là ne te délivre,
N'espère pas qu'enfin je veuille te survivre : 350
Je fais de ton destin des règles à mon sort,
Et j'obtiendrai ta vie, ou je suivrai ta mort.

---

336. *Tout mort* que je serai, bien que mort. Cf. *Horace*, 1593.
342. La mort du père d'Émilie, Toranius.
351. On attendrait *une règle*. Mais Corneille aime ces pluriels abstraits.

CINNA
Soyez en ma faveur moins cruelle à vous-même.
ÉMILIE
Va-t'en, et souviens-toi seulement que je t'aime.

ACTE DEUXIEME

SCÈNE I
AUGUSTE, CINNA, MAXIME, TROUPE DE COURTISANS.

AUGUSTE

Que chacun se retire, et qu'aucun n'entre ici. 355
Vous, Cinna, demeurez, et vous, Maxime, aussi.
(Tous se retirent, à la réserve de Cinna et de Maxime.)
Cet empire absolu sur la terre et sur l'onde,
Ce pouvoir souverain que j'ai sur tout le monde,
Cette grandeur sans borne, et cet illustre rang
Qui m'a jadis coûté tant de peine et de sang, 360
Enfin tout ce qu'adore en ma haute fortune
D'un courtisan flatteur la présence importune,
N'est que de ces beautés dont l'éclat éblouit,
Et qu'on cesse d'aimer sitôt qu'on en jouit.

---

355. D'Aubignac, examinant les délibérations « qui se font par dessein », compare le deuxième acte de *Cinna*, qui « a ravi tous les spectateurs », au premier acte de la *Mort de Pompée*, très inférieur selon lui.

364. « Fénelon, dans sa *Lettre à l'Académie*, dit : « Il me semble qu'on a « donné souvent aux Romains un discours trop fastueux ; je ne trouve point « de proportion entre l'emphase avec laquelle Auguste parle dans la tragédie « de *Cinna* et la modeste simplicité avec laquelle Suétone le dépeint. » Il est vrai, mais ne faut-il pas quelque chose de plus relevé sur le théâtre

L'ambition déplaît quand elle est assouvie ; 365
D'une contraire ardeur son ardeur est suivie,
Et, comme notre esprit, jusqu'au dernier soupir,
Toujours vers quelque objet pousse quelque désir,
Il se ramène en soi, n'ayant plus où se prendre,
Et, monté sur le faîte, il aspire à descendre. 370
J'ai souhaité l'empire, et j'y suis parvenu ;
Mais, en le souhaitant, je ne l'ai pas connu :
Dans sa possession, j'ai trouvé pour tous charmes
D'effroyables soucis, d'éternelles alarmes,
Mille ennemis secrets, la mort à tous propos, 375
Point de plaisir sans trouble, et jamais de repos.
Sylla m'a précédé dans ce pouvoir suprême ;
Le grand César, mon père, en a joui de même :
D'un œil si différent tous deux l'ont regardé
Que l'un s'en est démis, et l'autre l'a gardé : 380
Mais l'un, cruel, barbare, est mort aimé, tranquille,
Comme un bon citoyen, dans le sein de sa ville ;
L'autre, tout débonnaire, au milieu du sénat

que dans Suétone? Il faut avouer que Corneille a quelquefois passé les bornes. De son temps les comédiens chargeaient encore ce défaut par la plus ridicule affectation dans l'habillement, dans la déclamation et dans les gestes. On voyait Auguste arriver avec la démarche d'un matamore, coiffé d'une perruque carrée qui descendait par devant jusqu'à la ceinture ; cette perruque était farcie de feuilles de laurier, et surmontée d'un large chapeau avec deux rangs de plumes rouges. Il se plaçait sur un énorme fauteuil à deux gradins, et Maxime et Cinna étaient sur deux petits tabourets. » (Voltaire.)

369. *Se ramener en soi*, se replier sur soi-même.

370. *Aspirer à* est rarement pris dans cette acception hardie, en parlant d'une chose défavorable ou même funeste, comme dans *Polyeucte* (1139). « Quelque crainte que mon père eût de parler de vers à mon frère, quand il le vit en âge de pouvoir discerner le bon du mauvais, il lui fit apprendre par cœur des endroits de Corneille, et, lorsqu'il lui entendait réciter ce beau vers : « Remarquez bien cette expression, lui disait-il avec enthousiasme. On dit : aspirer à monter ; mais il faut connaître le cœur humain aussi bien que Corneille l'a connu, pour avoir su dire de l'ambitieux qu'il aspire à descendre. » (Louis Racine.)

381. Voyez le *Dialogue de Sylla et d'Eucrate*, de Montesquieu. Sylla fut craint encore plus qu'*aimé*.

383. *Débonnaire* est rarement pris dans un sens aussi relevé ; mais il l'était fort souvent avant le XVIIe siècle.

A vu trancher ses jours par un assassinat.
Ces exemples récents suffiraient pour m'instruire, 385
Si par l'exemple seul on se devait conduire :
L'un m'invite à le suivre, et l'autre me fait peur ;
Mais l'exemple souvent n'est qu'un miroir trompeur,
Et l'ordre du destin qui gêne nos pensées
N'est pas toujours écrit dans les choses passées : 390
Quelquefois l'un se brise où l'autre s'est sauvé,
Et, par où l'un périt, un autre est conservé.
 Voilà, mes chers amis, ce qui me met en peine.
Vous qui me tenez lieu d'Agrippe et de Mécène,
Pour résoudre ce point avec eux débattu 395
Prenez sur mon esprit le pouvoir qu'ils ont eu.
Ne considérez point cette grandeur suprême,
Odieuse aux Romains, et pesante à moi-même ;
Traitez-moi comme ami, non comme souverain.
Rome, Auguste, l'État, tout est en votre main : 400
Vous mettrez et l'Europe, et l'Asie, et l'Afrique,
Sous les lois d'un monarque, ou d'une république ;
Votre avis est ma règle, et, par ce seul moyen,
Je veux être empereur, ou simple citoyen.

CINNA

Malgré notre surprise, et mon insuffisance, 405
Je vous obéirai, Seigneur, sans complaisance,
Et mets bas le respect qui pourrait m'empêcher

---

389. Au vers 923, *gêner* sera encore employé avec le sens très fort de *tourmenter*. Le dictionnaire de Nicot rend *gêner* par *torquere*.

394. Voyez des noms latins également francisés aux vers 265, 438, 598, 1135, 1203, 1489, 1490, 1536.

395. Les discours d'Agrippa, qui défend l'opinion de Maxime, et de Mécène, qui ouvre le même avis que Cinna, n'occupent pas moins de quarante chapitres du LIIme livre de Dion Cassius.

403. Il faudrait, ce semble : Votre avis *sera* ma règle; car il ne l'est qu'exceptionnellement.

407. *Mettre bas*, pour déposer, quitter; Corneille dit *mettre bas la haine* (*Pompée*, IV, III), *mettre bas l'artifice* (*Othon*, II, V).

De combattre un avis où vous semblez pencher.
Souffrez-le d'un esprit jaloux de votre gloire,
Que vous allez souiller d'une tache trop noire, 410
Si vous ouvrez votre âme à ces impressions
Jusques à condamner toutes vos actions.
  On ne renonce point aux grandeurs légitimes ;
On garde sans remords ce qu'on acquiert sans crimes,
Et, plus le bien qu'on quitte est noble, grand, exquis, 415
Plus qui l'ose quitter le juge mal acquis.
N'imprimez pas, Seigneur, cette honteuse marque
A ces rares vertus qui vous ont fait monarque ;
Vous l'êtes justement, et c'est sans attentat
Que vous avez changé la forme de l'État. 420
Rome est dessous vos lois par le droit de la guerre,
Qui sous les lois de Rome a mis toute la terre ;
Vos armes l'ont conquise, et tous les conquérants,
Pour être usurpateurs, ne sont pas des tyrans.
Quand ils ont sous leurs lois asservi des provinces, 425
Gouvernant justement, ils s'en font justes princes :
C'est ce que fit César ; il vous faut aujourd'hui
Condamner sa mémoire, ou faire comme lui.
Si le pouvoir suprême est blâmé par Auguste,
César fut un tyran et son trépas fut juste, 430
Et vous devez aux dieux compte de tout le sang
Dont vous l'avez vengé pour monter à son rang.
N'en craignez point, Seigneur, les tristes destinées ;
Un plus puissant démon veille sur vos années :
On a dix fois sur vous attenté sans effet. 435
Et qui l'a voulu perdre au même instant l'a fait.

417. *Marque, nota,* flétrissure ; *imprimer une marque* est un latinisme.
432. *Dont,* par lequel. Voyez le vers 56.
434. Ce *démon,* qu'est-ce autre chose que le *génie* des anciens, l'esprit, bon ou mauvais, qui préside à la destinée de chaque individu, ou même d'un État : « le *démon* de l'empire ». (*Pulchérie,* 1002.)
436. *Le perdre* se rapporte à César. On a tenté inutilement dix conspirations contre Auguste, et il n'en a fallu qu'une pour perdre César.

On entreprend assez, mais aucun n'exécute :
Il est des assassins, mais il n'est plus de Brute ;
Enfin, s'il faut attendre un semblable revers,
Il est beau de mourir maître de l'univers. 440
C'est ce qu'en peu de mots j'ose dire, et j'estime
Que ce peu que j'ai dit est l'avis de Maxime.

MAXIME

Oui, j'accorde qu'Auguste a droit de conserver
L'empire où sa vertu l'a fait seule arriver,
Et qu'au prix de son sang, au péril de sa tête, 445
Il a fait de l'État une juste conquête ;
Mais que, sans se noircir, il ne puisse quitter
Le fardeau que sa main est lasse de porter,
Qu'il accuse par là César de tyrannie,
Qu'il approuve sa mort, c'est ce que je dénie. 450
   Rome est à vous, Seigneur, l'empire est votre bien ;
Chacun en liberté peut disposer du sien ;
Il le peut à son choix garder, ou s'en défaire.
Vous seul ne pourriez pas ce que peut le vulgaire,
Et seriez devenu, pour avoir tout dompté, 455
Esclave des grandeurs où vous êtes monté !
Possédez-les, Seigneur, sans qu'elles vous possèdent :
Loin de vous captiver, souffrez qu'elles vous cèdent,
Et faites hautement connaître enfin à tous
Que tout ce qu'elles ont est au-dessous de vous. 460
Votre Rome autrefois vous donna la naissance ;
Vous lui voulez donner votre toute-puissance,
Et Cinna vous impute à crime capital

---

451. Pour calmer les scrupules de Louis XIV, le P. Le Tellier lui apporta une consultation des docteurs de la Sorbonne, décidant nettement que « tous les biens de ses sujets étaient à lui en propre, et que, quand il les prenait, il ne prenait que ce qui lui appartenait. » (Saint-Simon.)

457. « C'est le mot d'Aristippe, devenu règle de conduite :
    Nunc in Aristippi furtim præcepta relabor,
    Et mihi res, non me rebus subjungere conor (Horace).

La libéralité vers le pays natal !
Il appelle remords l'amour de la patrie ! 465
Par la haute vertu la gloire est donc flétrie,
Et ce n'est qu'un objet digne de nos mépris,
Si de ses pleins effets l'infamie est le prix ?
Je veux bien avouer qu'une action si belle
Donne à Rome bien plus que vous ne tenez d'elle ; 470
Mais commet-on un crime indigne de pardon,
Quand la reconnaissance est au-dessus du don ?
Suivez, suivez, Seigneur, le ciel qui vous inspire :
Votre gloire redouble à mépriser l'empire,
Et vous serez fameux chez la postérité 475
Moins pour l'avoir conquis que pour l'avoir quitté.
Le bonheur peut conduire à la grandeur suprême ;
Mais, pour y renoncer, il faut la vertu même,
Et peu de généreux vont jusqu'à dédaigner,
Après un sceptre acquis, la douceur de régner. 480
    Considérez d'ailleurs que vous régnez dans Rome,
Où, de quelque façon que votre cour vous nomme,
On hait la monarchie ; et le nom d'empereur,
Cachant celui du roi, ne fait pas moins d'horreur.
Ils passent pour tyran quiconque s'y fait maître, 485
Qui le sert, pour esclave, et qui l'aime, pour traître ;
Qui le souffre a le cœur lâche, mol, abattu,
Et pour s'en affranchir, tout s'appelle vertu.
Vous en avez, Seigneur, des preuves trop certaines :
On a fait contre vous dix entreprises vaines ; 490
Peut-être que l'onzième est prête d'éclater,

---

468. L'expresion d'*infamie* peut sembler exagérée ; mais Maxime répond aux exagérations de Cinna par une interrogation ironique : « Ainsi donc les pleins effets de la vertu, c'est-à-dire la réalisation du généreux projet d'Auguste, suffiraient à le déshonorer ? »

485. *Passer pour*, regarder comme. Voltaire, après Thomas Corneille, met le verbe au singulier et explique : Il est un tyran celui qui asservit son pays. Pourtant les exemples de *passer pour*, pris activement, ne manquent pas. Cf. *Rodogune*, 1747 et *Nicomède*, 1904.

Et que ce mouvement qui vous vient agiter
N'est qu'un avis secret que le ciel vous envoie,
Qui, pour vous conserver, n'a plus que cette voie.
Ne vous exposez plus à ces fameux revers.   495
Il est beau de mourir maître de l'univers ;
Mais la plus belle mort souille notre mémoire
Quand nous avons pu vivre et croître notre gloire.

CINNA

Si l'amour du pays doit ici prévaloir,
C'est son bien seulement que vous devez vouloir ;   500
Et cette liberté, qui lui semble si chère,
N'est pour Rome, Seigneur, qu'un bien imaginaire,
Plus nuisible qu'utile, et qui n'approche pas
De celui qu'un bon prince apporte à ses États :
Avec ordre et raison les honneurs il dispense,   505
Avec discernement punit et récompense,
Et dispose de tout en juste possesseur,
Sans rien précipiter, de peur d'un successeur.
Mais, quand le peuple est maître, on n'agit qu'en tumulte ;
La voix de la raison jamais ne se consulte :   510
Les honneurs sont vendus aux plus ambitieux,
L'autorité livrée aux plus séditieux.
Ces petits souverains qu'il fait pour une année,
Voyant d'un temps si court leur puissance bornée,
Des plus heureux desseins font avorter le fruit,   515

---

494. Cette construction de *qui*, éloigné de son antécédent, n'est pas rare chez Corneille. Cf. *Cid*, 442.

504. Dion Cassius développe les mêmes idées. Dans la délibération entre les trois seigneurs perses sur le choix d'un gouvernement, Hérodote (III, 82) fait dire aussi à Darius que rien n'est préférable au pouvoir d'un seul homme, pourvu que cet homme soit excellent.

509. Dans Hérodote, Mégabyse, défenseur de l'oligarchie, assimile à l'insolence d'un seul tyran « l'insolence d'un peuple *désordonné* ». (III, 81.)

510. *Ne se consulte*, n'est consultée.

515. Corneille n'a peut-être pas connu Hérodote, qui place les mêmes considérations dans la bouche de Darius ; mais il suit Dion Cassius. Montesquieu dit, au contraire : « Les princes ont, dans leur vie, des périodes d'ambition ; après quoi d'autres passions, et l'oisiveté même, succèdent ;

De peur de le laisser à celui qui les suit.
Comme ils ont peu de part aux biens dont ils ordonnent,
Dans le champ du public largement ils moissonnent,
Assurés que chacun leur pardonne aisément,
Espérant à son tour un pareil traitement. 520
Le pire des États, c'est l'État populaire.

AUGUSTE

Et toutefois le seul qui dans Rome peut plaire.
Cette haine des rois, que depuis cinq cents ans
Avec le premier lait sucent tous ses enfants,
Pour l'arracher des cœurs, est trop enracinée. 525

MAXIME

Oui, Seigneur, dans son mal Rome est trop obstinée;
Son peuple, qui s'y plaît, en fuit la guérison;
Sa coutume l'emporte, et non pas la raison,
Et cette vieille erreur, que Cinna veut abattre,
Est une heureuse erreur dont il est idolâtre, 530
Par qui le monde entier, asservi sous ses lois,
L'a vu cent fois marcher sur la tête des rois,
Son épargne s'enfler du sac de leurs provinces.
Que lui pouvaient de plus donner les meilleurs princes?
J'ose dire, Seigneur, que par tous les climats 535
Ne sont pas bien reçus toutes sortes d'États :

---

mais la république, ayant des chefs qui changeaient tous les ans, et qui cherchaient à signaler leurs magistratures, pour en obtenir de nouvelles, il n'y avait pas un moment de perdu pour l'ambition. « (*Grandeur et decadence des Romains*, I.)

518. *Le champ du public*, le domaine de l'État.

521. « Bossuet, dans son Cinquième Avertissement aux protestants, a dit : « L'État populaire, le pire de tous », et Cyrano de Bergerac, dans sa Lettre contre les Frondeurs : « Le gouvernement populaire est le pire du fléau dont Dieu afflige un État, quand il le veut châtier ». (Édition Régnier.) Bien avant eux, le Mégabyse d'Hérodote l'avait dit.

525. *Pour l'arracher*; on dirait, aujourd'hui, pour qu'on puisse l'arracher.

533. C'est-à-dire : son trésor se grossir du pillage de leurs États.

535. Voilà une idée neuve au temps où Corneille écrit ; plus tard, Montesquieu en fera le fondement du livre XIV de son *Esprit des Lois*, intitulé : *Des lois dans le rapport qu'elles ont avec la nature du climat.*

Chaque peuple a le sien, conforme à sa nature,
Qu'on ne saurait changer sans lui faire une injure :
Telle est la loi du ciel, dont la sage équité
Sème dans l'univers cette diversité. 540
Les Macédoniens aiment le monarchique,
Et le reste des Grecs la liberté publique ;
Les Parthes, les Persans veulent des souverains,
Et le seul consulat est bon pour les Romains.

CINNA

Il est vrai que du ciel la prudence infinie 545
Départ à chaque peuple un différent génie ;
Mais il n'est pas moins vrai que cet ordre des cieux
Change selon les temps comme selon les lieux.
Rome a reçu des rois ses murs et sa naissance ;
Elle tient des consuls sa gloire et sa puissance, 550
Et reçoit maintenant de vos rares bontés
Le comble souverain de ses prospérités.
Sous vous, l'État n'est plus en pillage aux armées ;
Les portes de Janus par vos mains sont fermées,
Ce que sous ses consuls on n'a vu qu'une fois, 555
Et qu'a fait voir comme eux le second de ses rois.

MAXIME

Les changements d'État que fait l'ordre céleste
Ne coûtent point de sang, n'ont rien qui soit funeste.

CINNA

C'est un ordre des dieux qui jamais ne se rompt,
De nous vendre un peu cher les grands biens qu'ils nous
                          [font.] 560
L'exil des Tarquins même ensanglanta nos terres,

---

546. *Départir*, accorder, avec l'idée de distribution et de partage.

556. *Le second de ses rois*, Numa ; *sous les consuls*, après la première guerre punique. Dans son testament, Auguste rappelle que trois fois sous lui les portes du temple de Janus furent fermées. Dans ses *Odes* (IV, 14), Horace cite ce fait comme l'un des plus glorieux du règne d'Auguste.

Et nos premiers consuls nous ont coûté des guerres.

MAXIME

Donc votre aïeul Pompée au ciel a résisté,
Quand il a combattu pour notre liberté ?

CINNA

Si le ciel n'eût voulu que Rome l'eût perdue, 565
Par les mains de Pompée il l'aurait défendue :
Il a choisi sa mort pour servir dignement
D'une marque éternelle à ce grand changement,
Et devait cette gloire aux mânes d'un tel homme,
D'emporter avec eux la liberté de Rome. 570
  Ce nom depuis longtemps ne sert qu'à l'éblouir,
Et sa propre grandeur l'empêche d'en jouir.
Depuis qu'elle se voit la maîtresse du monde,
Depuis que la richesse entre ses murs abonde,
Et que son sein, fécond en glorieux exploits, 575
Produit des citoyens plus puissants que des rois,
Les grands, pour s'affermir achetant les suffrages,
Tiennent pompeusement leurs maîtres à leurs gages,
Qui, par des fers dorés se laissant enchaîner,
Reçoivent d'eux les lois qu'ils pensent leur donner ; 580
Envieux l'un de l'autre, ils mènent tout par brigues,
Que leur ambition tourne en sanglantes ligues.
Ainsi de Marius Sylla devint jaloux ;

---

566. C'est un souvenir du mot d'Hector à Énée:
  Si Pergama dextra
Defendi possent, etiam hac defensa fuissent. (*Énéide*, II, 291.)

570. Cinna veut dire que les dieux devaient à Pompée de laisser Rome libre jusqu'à sa mort, qu'après lui, elle était fatalement condamnée à périr.

572. Montesquieu dit: « Ce fut uniquement la grandeur de la république qui fit le mal. » (*Considérations*, IX.)

576. Voyez *Nicomède*, I, 165-166.

582. Tout ce développement est en germe dans le discours que Dion Cassius prête à Mécène, et qui n'est d'ailleurs qu'un programme interminable de gouvernement. Avec plus de concision, Darius dit, chez Hérodote, presque dans les mêmes termes, ce que dit Cinna.

César, de mon aïeul; Marc-Antoine, de vous;
Ainsi la liberté ne peut plus être utile 585
Qu'à former les fureurs d'une guerre civile,
Lorsque, par un désordre à l'univers fatal,
L'un ne veut point de maître, et l'autre point d'égal.
   Seigneur, pour sauver Rome, il faut qu'elle s'unisse
En la main d'un bon chef à qui tout obéisse. 590
Si vous aimez encore à la favoriser,
Otez-lui les moyens de se plus diviser.
Sylla, quittant la place enfin bien usurpée,
N'a fait qu'ouvrir le champ à César et Pompée,
Que le malheur des temps ne nous eût pas fait voir, 595
S'il eût dans sa famille assuré son pouvoir.
Qu'a fait du grand César le cruel parricide,
Qu'élever contre vous Antoine avec Lépide,
Qui n'eussent pas détruit Rome par les Romains,
Si César eût laissé l'empire entre vos mains ? 600
Vous la replongerez, en quittant cet empire,
Dans les maux dont à peine encore elle respire,
Et de ce peu, Seigneur, qui lui reste de sang
Une guerre nouvelle épuisera son flanc.
   Que l'amour du pays, que la pitié vous touche ! 605
Votre Rome à genoux vous parle par ma bouche.
Considérez le prix que vous avez coûté.
Non pas qu'elle vous croie avoir trop acheté :
Des maux qu'elle a soufferts elle est trop bien payée ;
Mais une juste peur tient son âme effrayée. 610
Si, jaloux de son heur et las de commander,

588.   Nec quisquam jam ferre potest, Cæsarve priorem
      Pompeiusve parem. (Lucain, *Pharsale*, I, 125-6.)
597. Sur *parricide*, voyez *Horace* 320. « Il était tellement impossible que la république pût se rétablir, qu'il arriva ce qu'on n'avait jamais vu, qu'il n'y eût plus de tyran, et qu'il n'y eut pas de liberté. » (Montesquieu.)
606. Chez Dion, Mécène adresse à Auguste les mêmes supplications.
609. Basse flatterie, qui rappelle celle que Lucain adresse à Néron :
      Jam nihil, ô superi, querimur : scelera ipsa nefasque
      Hac mercede placent. (*Pharsale*, I, 37.)

Vous lui rendez un bien qu'elle ne peut garder,
S'il lui faut à ce prix en acheter un autre,
Si vous ne préférez son intérêt au vôtre,
Si ce funeste don la met au désespoir, 615
Je n'ose dire ici ce que j'ose prévoir.
Conservez-vous, Seigneur, en lui laissant un maître
Sous qui son vrai bonheur commence de renaître,
Et, pour mieux assurer le bien commun de tous,
Donnez un successeur qui soit digne de vous. 620

AUGUSTE

N'en délibérons plus, cette pitié l'emporte.
Mon repos m'est bien cher, mais Rome est la plus forte,
Et, quelque grand malheur qui m'en puisse arriver,
Je consens à me perdre afin de la sauver.
Pour ma tranquillité mon cœur en vain soupire : 625
Cinna, par vos conseils je retiendrai l'empire ;
Mais je le retiendrai pour vous en faire part.
Je vois trop que vos cœurs n'ont point pour moi de fard,
Et que chacun de vous, dans l'avis qu'il me donne,
Regarde seulement l'État et ma personne. 630
Votre amour en tous deux fait ce combat d'esprits,
Et vous allez tous deux en recevoir le prix.
Maxime, je vous fais gouverneur de Sicile ;
Allez donner mes lois à ce terroir fertile :
Songez que c'est pour moi que vous gouvernerez, 635
Et que je répondrai de ce que vous ferez.

613. Ce vers, qui manque de netteté, mais qui éclaire les vers 607 et 608, signifie : Si, au prix que vous avez coûté (au prix des guerres civiles), il lui faut acheter un autre maître après vous.

631. *Ce combat d'esprits*, latinisme ; *esprits*, opinions diverses que peut concevoir l'intelligence, opposé à *amour*, sentiment durable du cœur. Auguste fait entendre que Cinna et Maxime ne sont séparés que par une divergence d'opinions, et que leur dévouement à l'empereur est le même.

634. Même au XVIIe siècle, *terroir*, employé pour *territoire*, *pays*, est assez rare : il s'explique mieux ici par le voisinage du mot *fertile ;* à l'idée du gouvernement de la Sicile se rattache naturellement celle de la fertilité du sol.

Pour épouse, Cinna, je vous donne Émilie ;
Vous savez qu'elle tient la place de Julie,
Et que, si nos malheurs et la nécessité
M'ont fait traiter son père avec sévérité, 640
Mon épargne, depuis, en sa faveur ouverte,
Doit avoir adouci l'aigreur de cette perte.
Voyez-la de ma part, tâchez de la gagner :
Vous n'êtes point pour elle un homme à dédaigner ;
De l'offre de vos vœux elle sera ravie. 645
Adieu : j'en veux porter la nouvelle à Livie.

SCÈNE II

CINNA, MAXIME

MAXIME

Quel est votre dessein, après ces beaux discours ?

CINNA

Le même que j'avais, et que j'aurai toujours.

MAXIME

Un chef de conjurés flatte la tyrannie !

CINNA

Un chef de conjurés la veut voir impunie ! 650

MAXIME

Je veux voir Rome libre.

CINNA

Et vous pouvez juger
Que je veux l'affranchir ensemble et la venger.
Octave aura donc vu ses fureurs assouvies,
Pillé jusqu'aux autels, sacrifié nos vies,
Rempli les champs d'horreur, comblé Rome de morts, 655

---

638. Julie était la fille d'Auguste, et ses débordements l'ont rendue célèbre. C'est Corneille qui a fait d'Émilie la fille adoptive d'Auguste.

Et sera quitte après pour l'effet d'un remords !
Quand le ciel par nos mains à le punir s'apprête,
Un lâche repentir garantira sa tête !
C'est trop semer d'appâts, et c'est trop inviter,
Par son impunité, quelque autre à l'imiter. 660
Vengeons nos citoyens, et que sa peine étonne
Quiconque après sa mort aspire à la couronne.
Que le peuple aux tyrans ne soit plus exposé:
S'il eût puni Sylla, César eût moins osé.

MAXIME

Mais la mort de César, que vous trouvez si juste, 665
A servi de prétexte aux cruautés d'Auguste ;
Voulant nous affranchir, Brute s'est abusé :
S'il n'eût puni César, Auguste eût moins osé.

CINNA

La faute de Cassie et ses terreurs paniques
Ont fait rentrer l'État sous des lois tyranniques ; 670
Mais nous ne verrons point de pareils accidents
Lorsque Rome suivra des chefs moins imprudents.

MAXIME

Nous sommes encor loin de mettre en évidence
Si nous nous conduirons avec plus de prudence ;
Cependant c'en est peu que de n'accepter pas 675
Le bonheur qu'on recherche au péril du trépas.

CINNA

C'en est encor bien moins, alors qu'on s'imagine

---

659. « *Appât* se dit figurément de ce qui sert à attraper les hommes, à les inviter à faire quelque chose. » (Dictionnaire de Furetière.) Voyez le vers 879.

661. *Nos citoyens*, latinisme, *nos concitoyens*. Cf. *Horace*, 671.

671. *Accident* a ici son vrai sens étymologique : ce qui arrive par hasard. Cinna, prétend supprimer, ou tout au moins réduire la part du hasard dans les révolutions de la politique.

676. *Le bonheur qu'on recherche au péril du trépas*, c'est la liberté reconquise par le sang versé, alors qu'il était si facile de la conquérir pacifiquement.

Guérir un mal si grand sans couper la racine.
Employer la douceur à cette guérison,
C'est, en fermant la plaie, y verser du poison. 680

MAXIME

Vous la voulez sanglante, et la rendez douteuse.

CINNA

Vous la voulez sans peine, et la rendez honteuse.

MAXIME

Pour sortir de ses fers, jamais on ne rougit.

CINNA

On en sort lâchement, si la vertu n'agit.

MAXIME

Jamais la liberté ne cesse d'être aimable, 685
Et c'est toujours pour Rome un bien inestimable.

CINNA

Ce ne peut être un bien qu'elle daigne estimer,
Quand il vient d'une main lasse de l'opprimer.
Elle a le cœur trop bon pour se voir avec joie
Le rebut du tyran dont elle fut la proie, 690
Et tout ce que sa gloire a de vrais partisans
Le hait trop puissamment pour aimer ses présents.

MAXIME

Donc pour vous Emilie est un objet de haine?

CINNA

La recevoir de lui me serait une gêne.
Mais, quand j'aurai vengé Rome des maux soufferts, 695
Je saurai le braver jusque dans les enfers.
Oui, quand par son trépas je l'aurai méritée,
Je veux joindre à sa main ma main ensanglantée,
L'épouser sur sa cendre, et qu'après notre effort

690. *Rebut*, objet du rebut d'une personne :
Le *rebut* de Pompée est encor quelque chose. (*Sertorius*, 294.)

Les présents du tyran soient le prix de sa mort. 700

MAXIME

Mais l'apparence, ami, que vous puissiez lui plaire,
Teint du sang de celui qu'elle aime comme un père?
Car vous n'êtes pas homme à la violenter.

CINNA

Ami, dans ce palais on peut nous écouter,
Et nous parlons peut-être avec trop d'imprudence 705
Dans un lieu si mal propre à notre confidence.
Sortons, qu'en sûreté j'examine avec vous,
Pour en venir à bout, les moyens les plus doux.

ACTE TROISIÈME

SCÈNE I

MAXIME, EUPHORBE

MAXIME

Lui-même il m'a tout dit ; leur flamme est mutuelle ;
Il adore Émilie, il est adoré d'elle ; 710

---

704. « Je n'ai jamais bien pu concevoir comment M. Corneille peut faire qu'en un même lieu Cinna conte à Emilie tout l'ordre et les circonstances d'une grande conspiration contre Auguste, et qu'Auguste y tienne un conseil de confidence avec ses deux favoris. » (D'Aubignac, *Pratique du théâtre*, IV, 3.)

706. *Mal propre*, peu convenable à :
  Monsieur, je suis *mal propre* à décider la chose. (*Misanthrope*, I, II.)

Mais, sans venger son père, il n'y peut aspirer,
Et c'est pour l'acquérir qu'il nous fait conspirer.

EUPHORBE

Je ne m'étonne plus de cette violence
Dont il contraint Auguste à garder sa puissance :
La ligue se romprait, s'il s'en était démis, 715
Et tous vos conjurés deviendraient ses amis.

MAXIME

Ils servent à l'envi la passion d'un homme
Qui n'agit que pour soi, feignant d'agir pour Rome ;
Et moi, par un malheur qui n'eut jamais d'égal,
Je pense servir Rome, et je sers mon rival ! 720

EUPHORBE

Vous êtes son rival ?

MAXIME

Oui, j'aime sa maîtresse,
Et l'ai caché toujours avec assez d'adresse ;
Mon ardeur inconnue, avant que d'éclater,
Par quelque grand exploit la voulait mériter.
Cependant, par mes mains je vois qu'il me l'enlève ; 725
Son dessein fait ma perte, et c'est moi qui l'achève ;
J'avance des succès dont j'attends le trépas,
Et, pour m'assassiner, je lui prête mon bras.
Que l'amitié me plonge en un malheur extrême !

EUPHORBE

L'issue en est aisée : agissez pour vous-même ; 730
D'un dessein qui vous perd rompez le coup fatal ;
Gagnez une maîtresse, accusant un rival.
Auguste, à qui par là vous sauverez la vie,
Ne vous pourra jamais refuser Émilie.

---

711. *Y*, à elle. Cf. *Horace*, vers 904.
731. C'est à tort que Voltaire critique l'expression *rompre*, que Littré traduit par *empêcher d'avoir lieu*, et dont il cite de nombreux exemples.

MAXIME

Quoi ! trahir mon ami !

EUPHORBE

L'amour rend tout permis ; 735
Un véritable amant ne connaît point d'amis,
Et même avec justice on peut trahir un traître
Qui pour une maîtresse ose trahir son maître.
Oubliez l'amitié, comme lui les bienfaits.

MAXIME

C'est un exemple à fuir que celui des forfaits. 740

EUPHORBE

Contre un si noir dessein tout devient légitime :
On n'est point criminel quand on punit un crime.

MAXIME

Un crime par qui Rome obtient sa liberté !

EUPHORBE

Craignez tout d'un esprit si plein de lâcheté.
L'intérêt du pays n'est point ce qui l'engage ; 745
Le sien, et non la gloire, anime son courage.
Il aimerait César, s'il n'était amoureux,
Et n'est enfin qu'ingrat, et non pas généreux.
Pensez-vous avoir lu jusqu'au fond de son âme ?
Sous la cause publique il vous cachait sa flamme, 750
Et peut cacher encor sous cette passion
Les détestables feux de son ambition.
Peut-être qu'il prétend, après la mort d'Octave,
Au lieu d'affranchir Rome, en faire son esclave,
Qu'il vous compte déjà pour un de ses sujets, 755
Ou que sur votre perte il fonde ses projets.

MAXIME

Mais comment l'accuser sans nommer tout le reste ?
A tous nos conjurés l'avis serait funeste,
Et par là nous verrions indignement trahis

Ceux qu'engage avec nous le seul bien du pays. 760
D'un si lâche dessein mon âme est incapable :
Il perd trop d'innocents pour punir un coupable.
J'ose tout contre lui, mais je crains tout pour eux.

EUPHORBE

Auguste s'est lassé d'être si rigoureux :
En ces occasions, ennuyé de supplices, 765
Ayant puni les chefs, il pardonne aux complices.
Si toutefois pour eux vous craignez son courroux,
Quand vous lui parlerez, parlez au nom de tous.

MAXIME

Nous disputons en vain, et ce n'est que folie
De vouloir par sa perte acquérir Émilie ; 770
Ce n'est pas le moyen de plaire à ses beaux yeux
Que de priver du jour ce qu'elle aime le mieux.
Pour moi, j'estime peu qu'Auguste me la donne ;
Je veux gagner son cœur plutôt que sa personne,
Et ne fais point d'état de sa possession, 775
Si je n'ai point de part à son affection.
Puis-je la mériter par une triple offense ?
Je trahis son amant, je détruis sa vengeance,
Je conserve le sang qu'elle veut voir périr,
Et j'aurais quelque espoir qu'elle me pût chérir ! 780

EUPHORBE

C'est ce qu'à dire vrai je vois fort difficile.
L'artifice pourtant vous y peut être utile ;
Il en faut trouver un qui la puisse abuser,
Et du reste le temps en pourra disposer.

---

765. *Ennuyer* a beaucoup perdu de sa force. Montluc, grièvement blessé au siége de Rabastens, appelle auprès de lui ses compagnons d'armes, qui le quittèrent, dit-il, « bien tristes et ennuyés ».

769. *Disputer*, pour *discuter*, *disputare*.

775. *Faire état de*, pour *faire cas de*. Cf. *Horace*, 515 et 538.

MAXIME

Mais, si pour s'excuser il nomme sa complice, 785
S'il arrive qu'Auguste avec lui la punisse,
Puis-je lui demander, pour prix de mon rapport,
Celle qui nous oblige à conspirer sa mort?

EUPHORBE

Vous pourriez m'opposer tant et de tels obstacles
Que, pour les surmonter, il faudrait des miracles; 790
J'espère, toutefois, qu'à force d'y rêver...

MAXIME

Éloigne-toi; dans peu j'irai te retrouver :
Cinna vient, et je veux en tirer quelque chose
Pour mieux résoudre après ce que je me propose.

SCÈNE II

CINNA, MAXIME

MAXIME

Vous me semblez pensif.

CINNA

Ce n'est pas sans sujet. 795

MAXIME

Puis-je d'un tel chagrin savoir quel est l'objet?

CINNA

Émilie et César. L'un et l'autre me gêne :
L'un me semble trop bon, l'autre trop inhumaine.
Plût aux dieux que César employât mieux ses soins,
Et s'en fît plus aimer, ou m'aimât un peu moins, 800

---

788. *Conspirer* est ici verbe actif; ce n'en est pas le seul exemple :
Prince, qui que je sois, j'ai *conspiré sa mort*. (*Héraclius*, 1389.)
Racine (*Andromaque*, I, II) a dit : « conspirer la mort d'un enfant. »
791. Euphorbe est un confident de comédie, non moins embarrassé, mais moins prompt à sortir d'embarras, que le Mascarille de Molière :
Laissez-moi quelque temps rêver à cette affaire. (*Etourdi*, I, II.)

Que sa bonté touchât la beauté qui me charme,
Et la pût adoucir comme elle me désarme!
Je sens au fond du cœur mille remords cuisants
Qui rendent à mes yeux tous ses bienfaits présents;
Cette faveur si pleine, et si mal reconnue, 805
Par un mortel reproche à tous moments me tue.
Il me semble surtout incessamment le voir
Déposer en nos mains son absolu pouvoir,
Écouter nos avis, m'applaudir, et me dire :
« Cinna, par vos conseils je retiendrai l'empire, 810
Mais je le retiendrai pour vous en faire part. »
Et je puis dans son sein enfoncer un poignard!
Ah! plutôt... Mais, hélas! j'idolâtre Émilie;
Un serment exécrable à sa haine me lie;
L'horreur qu'elle a de lui me le rend odieux. 815
Des deux côtés j'offense et ma gloire et les dieux :
Je deviens sacrilège, ou je suis parricide,
Et vers l'un ou vers l'autre il faut être perfide.

MAXIME

Vous n'aviez point tantôt ces agitations;
Vous paraissiez plus ferme en vos intentions; 820
Vous ne sentiez au cœur ni remords ni reproche.

CINNA

On ne les sent aussi que quand le coup approche,
Et l'on ne reconnaît de semblables forfaits
Que quand la main s'apprête à venir aux effets.
L'âme, de son dessein jusque-là possédée, 825
S'attache aveuglément à sa première idée;
Mais alors quel esprit n'en devient point troublé?

---

810. *Retenir*, garder, sens du latin *retinere*.

816. Selon Voltaire, *les dieux* sont mis là pour la rime; c'est qu'il n'a pas bien lu le vers suivant. Sur cet emploi d'*offenser* (parricide, j'offense ma gloire; sacrilège, j'offense les dieux), cf. *Horace*, 1247.

824. *Effet*, tout acte réel. Voyez le vers 1415.

Ou plutôt quel esprit n'en est point accablé ?
Je crois que Brute même, à tel point qu'on le prise,
Voulut plus d'une fois rompre son entreprise, 830
Qu'avant que de frapper elle lui fit sentir
Plus d'un remords en l'âme, et plus d'un repentir.

MAXIME

Il eut trop de vertu pour tant d'inquiétude ;
Il ne soupçonna point sa main d'ingratitude,
Et fut contre un tyran d'autant plus animé 835
Qu'il en reçut de biens et qu'il s'en vit aimé.
Comme vous l'imitez, faites la même chose,
Et formez vos remords d'une plus juste cause,
De vos lâches conseils, qui seuls ont arrêté
Le bonheur renaissant de notre liberté. 840
C'est vous seul aujourd'hui qui nous l'avez ôtée ;
De la main de César Brute l'eût acceptée,
Et n'eût jamais souffert qu'un intérêt léger
De vengeance ou d'amour l'eût remise en danger.
N'écoutez plus la voix d'un tyran qui vous aime, 845
Et vous veut faire part de son pouvoir suprême ;
Mais entendez crier Rome à votre côté :
« Rends-moi, rends-moi, Cinna, ce que tu m'as ôté.
Et, si tu m'as tantôt préféré ta maîtresse,

---

828. « Shakespeare, soixante ans auparavant, exprimait le même sentiment dans la même occasion. C'est Brutus prêt à assassiner César :

Between the acting of a dreadful thing
And the first motion, all the interim is
Like a fantasma, or a hideous dream, etc.

« Entre le dessein et l'exécution d'une chose si terrible, tout l'intervalle n'est qu'un rêve affreux. » (Voltaire.)

836. Sur trois *plus* (d'autant *plus* animé qu'il en reçut *plus* de biens, et qu'il se vit *plus* aimé de lui), Corneille n'en exprime qu'un.

840. Palissot n'a pas de peine à défendre contre Voltaire la clarté de ces vers ; le sens est : Ce sont les conseils donnés par vous à Auguste qui ont empêché le bonheur que nous aurait causé la renaissance de la liberté.

ACTE III, SCÈNE III

Ne me préfère pas le tyran qui m'oppresse! » 850

CINNA

Ami, n'accable plus un esprit malheureux
Qui ne forme qu'en lâche un dessein généreux.
Envers nos citoyens je sais quelle est ma faute,
Et leur rendrai bientôt tout ce que je leur ôte ;
Mais pardonne aux abois d'une vieille amitié 855
Qui ne peut expirer sans me faire pitié,
Et laisse-moi, de grâce, attendant Émilie,
Donner un libre cours à ma mélancolie :
Mon chagrin t'importune, et le trouble où je suis
Veut de la solitude à calmer tant d'ennuis. 860

MAXIME

Vous voulez rendre compte à l'objet qui vous blesse
De la bonté d'Octave, et de votre faiblesse :
L'entretien des amants veut un entier secret.
Adieu. Je me retire en confident discret.

SCÈNE III

CINNA

Donne un plus digne nom au glorieux empire 865
Du noble sentiment que la vertu m'inspire,

---

850. *Oppresser* ne s'emploierait plus aujourd'hui qu'au propre ; mais il ne se distinguait pas d'*opprimer* : « Dieu est secourable enfin aux *oppressés*, et il chastie ceux qui les *oppriment*. » (La Noue.)

855. Dans *Sophonisbe* (V, VIII) Corneille a dit : *sa haine aux abois*. Au propre, les abois sont les aboiements des chiens forçant le cerf, par suite le moment où le cerf est à la dernière extrémité ; d'où la dernière extrémité au figuré. Ici, *les abois* pourraient se traduire par le dernier effet d'une amitié expirante. Ce mot n'est plus guère usité, en dehors du langage de la vénerie, que dans la locution : être aux abois.

858. Le mot de *mélancolie* est très fort au XVII° siècle : quand il ne désigne pas une fureur atrabilaire, il s'applique à des accès de tristesse qui vont jusqu'au désespoir.

860. *A calmer*, pour *calmer*, *ad pacandum*.

865. Cinna fait allusion au mot de *faiblesse* qu'a prononcé Maxime.

Et que l'honneur oppose au coup précipité
De mon ingratitude et de ma lâcheté.
Mais plutôt continue à le nommer faiblesse,
Puisqu'il devient si faible auprès d'une maîtresse, 870
Qu'il respecte un amour qu'il devrait étouffer,
Ou que, s'il le combat, il n'ose en triompher.
En ces extrémités quel conseil dois-je prendre ?
De quel côté pencher ? à quel parti me rendre ?
  Qu'une âme généreuse a de peine à faillir ! 875
Quelque fruit que par là j'espère de cueillir,
Les douceurs de l'amour, celles de la vengeance,
La gloire d'affranchir le lieu de ma naissance,
N'ont point assez d'appas pour flatter ma raison,
S'il les faut acquérir par une trahison, 880
S'il faut percer le flanc d'un prince magnanime
Qui du peu que je suis fait une telle estime,
Qui me comble d'honneurs, qui m'accable de biens,
Qui ne prend pour régner de conseils que les miens.
O coup ! ô trahison trop indigne d'un homme ! 885
Dure, dure à jamais l'esclavage de Rome !
Périsse mon amour, périsse mon espoir,
Plutôt que de ma main parte un crime si noir !
Quoi ! ne m'offre-t-il pas tout ce que je souhaite,
Et qu'au prix de son sang ma passion achète ? 890
Pour jouir de ses dons faut-il l'assassiner ?
Et faut-il lui ravir ce qu'il me veut donner ?
  Mais je dépends de vous, ô serment téméraire,
O haine d'Émilie, ô souvenir d'un père !
Ma foi, mon cœur, mon bras, tout vous est engagé, 895
Et je ne puis plus rien que par votre congé.

873. Sur *conseil*, pour résolution, voyez le vers 292.
883. Au vers 1708 on retrouvera *accabler* pris dans un sens favorable.
888. *Partir de*, pour venir de, être causé par :
  Tout ce que j'en obtiens ne *part* que *du* devoir. (*Suréna*, 412.)
896. *Congé*, permission. Cf. *Horace*, 1586.

C'est à vous à régler ce qu'il faut que je fasse ;
C'est à vous, Émilie, à lui donner sa grâce ;
Vos seules volontés président à son sort,
Et tiennent en mes mains et sa vie et sa mort.   900
O dieux, qui comme vous la rendez adorable,
Rendez-la, comme vous, à mes vœux exorable,
Et, puisque de ses lois je ne puis m'affranchir,
Faites qu'à mes désirs je la puisse fléchir.
Mais voici de retour cette aimable inhumaine.   905

SCÈNE IV

ÉMILIE, CINNA, FULVIE

ÉMILIE

Grâces aux dieux, Cinna, ma frayeur était vaine :
Aucun de tes amis ne t'a manqué de foi,
Et je n'ai point eu lieu de m'employer pour toi.
Octave en ma présence a tout dit à Livie,
Et par cette nouvelle il m'a rendu la vie.   910

CINNA

La désavouerez-vous ? et du don qu'il me fait
Voudrez-vous retarder le bienheureux effet ?

ÉMILIE

L'effet est en ta main.

CINNA

Mais plutôt en la vôtre.

---

902. A notre amour enfin serez-vous *exorable?*
(Rotrou, *Laure persécutée*, V, x.)
Ce terme dont Voltaire regrettait la disparition a été ressuscité par plus d'un grand écrivain et l'Académie, dans la sixième édition de son Dictionnaire (1835), l'a admis.

904. *Fléchir à,* pour *faire céder à ; à* chez Corneille a souvent le sens de *par* : « Laissez-vous *fléchir à* mes vœux. » (Massillon, *Carême : Motifs de conversion.)*

913. *In manu,* expression toute latine pour : dépend de toi.

ÉMILIE

Je suis toujours moi-même, et mon cœur n'est point autre ;
Me donner à Cinna, c'est ne lui donner rien : 915
C'est seulement lui faire un présent de son bien.

CINNA

Vous pouvez toutefois... ô ciel ! l'osé-je dire ?

ÉMILIE

Que puis-je ? et que crains-tu ?

CINNA

Je tremble, je soupire,
Et vois que, si nos cœurs avaient mêmes désirs,
Je n'aurais pas besoin d'expliquer mes soupirs. 920
Ainsi je suis trop sûr que je vais vous déplaire ;
Mais je n'ose parler, et je ne puis me taire.

ÉMILIE

C'est trop me gêner : parle.

CINNA

Il faut vous obéir.
Je vais donc vous déplaire, et vous m'allez haïr.
Je vous aime, Émilie, et le ciel me foudroie 925
Si cette passion ne fait toute ma joie,
Et si je ne vous aime avec toute l'ardeur
Que peut un digne objet attendre d'un grand cœur !
Mais voyez à quel prix vous me donnez votre âme :
En me rendant heureux vous me rendez infâme ; 930
Cette bonté d'Auguste...

ÉMILIE

Il suffit, je t'entends ;
Je vois ton repentir et tes vœux inconstants :
Les faveurs du tyran emportent tes promesses ;

---

933. *Emporter*, sens du latin *tollere*, faire disparaître, faire oublier.

Tes feux et tes serments cèdent à ses caresses,
Et ton esprit crédule ose s'imaginer 935
Qu'Auguste, pouvant tout, peut aussi me donner ;
Tu me veux de sa main plutôt que de la mienne.
Mais ne crois pas qu'ainsi jamais je t'appartienne :
Il peut faire trembler la terre sous ses pas,
Mettre un roi hors du trône, et donner ses États, 940
De ses proscriptions rougir la terre et l'onde,
Et changer à son gré l'ordre de tout le monde ;
Mais le cœur d'Émilie est hors de son pouvoir.

CINNA

Aussi n'est-ce qu'à vous que je veux le devoir.
Je suis toujours moi-même, et ma foi toujours pure ; 945
La pitié que je sens ne me rend point parjure ;
J'obéis sans réserve à tous vos sentiments,
Et prends vos intérêts par delà mes serments.
J'ai pu, vous le savez, sans parjure et sans crime,
Vous laisser échapper cette illustre victime : 950
César, se dépouillant du pouvoir souverain,
Nous ôtait tout prétexte à lui percer le sein ;
La conjuration s'en allait dissipée,
Vos desseins avortés, votre haine trompée ;
Moi seul j'ai raffermi son esprit étonné, 955

---

939. J.-B. Rousseau, dans sa cantate de *Circé*, se souvient de Corneille :

> Tu peux faire trembler la terre sous tes pas,
> Des enfers déchaînés allumer la colère ;
>   Mais tes fureurs ne feront pas
>   Ce que tes attraits n'ont pu faire.

943.   Et cuncta terrarum subacta.
         Præter atrocem animum Catonis. (Horace, *Odes*.)

« Animus incorruptus, æternus, rector humani generis, agit atque habet cuncta, neque ipse habetur. » (Salluste.)

953. *S'en allait dissipée*, c'est-à-dire *allait être dissipée* :

> Mais aujourd'hui que mes années
> Vers leur fin *s'en vont terminées*. (Malherbe, III, III.)

Saint-Simon, cité par Littré, dit même : « Ce rôti *s'en allait cuit*. »

Et pour vous l'immoler ma main l'a couronné.

ÉMILIE

Pour me l'immoler, traître ! et tu veux que moi-même
Je retienne ta main ! qu'il vive, et que je l'aime !
Que je sois le butin de qui l'ose épargner,
Et le prix du conseil qui le force à régner ! 960

CINNA

Ne me condamnez point quand je vous ai servie :
Sans moi, vous n'auriez plus de pouvoir sur sa vie,
Et, malgré ses bienfaits, je rends tout à l'amour,
Quand je veux qu'il périsse, ou vous doive le jour.
Avec les premiers vœux de mon obéissance 965
Souffrez ce faible effort de ma reconnaissance
Que je tâche de vaincre un indigne courroux,
Et vous donner pour lui l'amour qu'il a pour vous.
Une âme généreuse, et que la vertu guide,
Fuit la honte des noms d'ingrate et de perfide ; 970
Elle en hait l'infamie attachée au bonheur,
Et n'accepte aucun bien aux dépens de l'honneur.

ÉMILIE

Je fais gloire, pour moi, de cette ignominie :
La perfidie est noble envers la tyrannie,
Et, quand on rompt le cours d'un sort si malheureux, 975
Les cœurs les plus ingrats sont les plus généreux.

CINNA

Vous faites des vertus au gré de votre haine.

ÉMILIE

Je me fais des vertus dignes d'une Romaine.

CINNA

Un cœur vraiment romain...

---

968. La construction régulière exigerait aujourd'hui : *et de vous donner.*

ÉMILIE

                Ose tout pour ravir
Une odieuse vie à qui le fait servir ;   980
Il fuit plus que la mort la honte d'être esclave.

CINNA

C'est l'être avec honneur que de l'être d'Octave,
Et nous voyons souvent des rois à nos genoux
Demander pour appui tels esclaves que nous.
Il abaisse à nos pieds l'orgueil des diadèmes ;   985
Il nous fait souverains sur leurs grandeurs suprêmes ;
Il prend d'eux les tributs dont il nous enrichit,
Et leur impose un joug dont il nous affranchit.

ÉMILIE

L'indigne ambition que ton cœur se propose !
Pour être plus qu'un roi tu te crois quelque chose !   990
Aux deux bouts de la terre en est-il un si vain
Qu'il prétende égaler un citoyen romain ?
Antoine sur sa tête attira notre haine
En se déshonorant par l'amour d'une reine ;
Attale, ce grand roi, dans la pourpre blanchi,   995
Qui du peuple romain se nommait l'affranchi,
Quand de toute l'Asie il se fût vu l'arbitre,
Eût encor moins prisé son trône que ce titre.
Souviens-toi de ton nom, soutiens sa dignité,
Et, prenant d'un Romain la générosité,   1000
Sache qu'il n'en est point que le ciel n'ait fait naître

---

980. *Servir* a ici toute la force de *servire*, être esclave.

992. Voyez avec quel dédain César et Flaminius (*Pompée*, III, III; *Nicomède*, III, II) parlent de ces rois, dociles serviteurs des volontés de Rome. Balzac avait un peu idéalisé ce citoyen romain « qui voit les couronnes des souverains au-dessous de lui ». (*Le Romain.*)

998. Émilie prend pour exemple, des rois avilis devant Rome Attale III Philométor, roi de Pergame, qui légua aux Romains ses immenses richesses. C'est à Prusias qu'Appien et Diodore attribuent le trait de basse flatterie qu'Émilie flétrit en Attale; c'est Prusias qui se présentait aux généraux romains dépouillé de tout insigne royal, vêtu de la toge, la tête rasée, portant le *pileus*, bonnet blanc que portaient les esclaves affranchis. C'est lui qui aurait dit : « Je suis l'affranchi des Romains. »

Pour commander aux rois, et pour vivre sans maître.

CINNA

Le ciel a trop fait voir en de tels attentats
Qu'il hait les assassins et punit les ingrats,
Et, quoi qu'on entreprenne, et quoi qu'on exécute, 1005
Quand il élève un trône, il en venge la chute ;
Il se met du parti de ceux qu'il fait régner ;
Le coup dont on les tue est longtemps à saigner,
Et, quand à les punir il a pu se résoudre,
De pareils châtiments n'appartiennent qu'au foudre. 1010

ÉMILIE

Dis que de leur parti toi-même tu te rends,
De te remettre au foudre à punir les tyrans.
    Je ne t'en parle plus, va, sers la tyrannie ;
Abandonne ton âme à son lâche génie,
Et, pour rendre le calme à ton esprit flottant, 1015
Oublie et ta naissance et le prix qui t'attend.
Sans emprunter ta main pour servir ma colère,
Je saurai bien venger mon pays et mon père.
J'aurais déjà l'honneur d'un si fameux trépas,
Si l'amour jusqu'ici n'eût arrêté mon bras : 1020
C'est lui qui, sous tes lois me tenant asservie,
M'a fait en ta faveur prendre soin de ma vie ;
Seule contre un tyran, en le faisant périr,
Par les mains de sa garde il me fallait mourir.
Je t'eusse par ma mort dérobé ta captive ; 1025
Et, comme pour toi seul l'amour veut que je vive,

1002. Corneille a répété ces vers dans *Nicomède* (I, III).
1012. *De* a ici la valeur de *en* suivi du participe présent. *Se remettre au foudre*, se reposer sur la foudre du soin de punir les tyrans. *A*, pour.
1014. *Génie*, disposition innée, nature ; *genius* et *ingenium* ont ce sens :
    Enfin, Burrhus, Néron découvre son *génie*. (*Britannicus*, III, II.)
1025. *Ta captive* pour *ton amante*. Cf. *Rodogune*, 908. Cléopâtre appelle César son « captif ». (*Pompée*, II, I.)

J'ai voulu, mais en vain, me conserver pour toi,
Et te donner moyen d'être digne de moi.
  Pardonnez-moi, grands dieux, si je me suis trompée,
Quand j'ai pensé chérir un neveu de Pompée, 1030
Et si d'un faux semblant mon esprit abusé
A fait choix d'un esclave en son lieu supposé !
Je t'aime toutefois, quel que tu puisses être,
Et, si pour me gagner il faut trahir ton maître,
Mille autres à l'envi recevraient cette loi, 1035
S'ils pouvaient m'acquérir à même prix que toi.
Mais n'appréhende pas qu'une autre ainsi m'obtienne ;
Vis pour ton cher tyran, tandis que je meurs tienne :
Mes jours avec les siens se vont précipiter,
Puisque ta lâcheté n'ose me mériter. 1040
Viens me voir, dans son sang et dans le mien baignée,
De ma seule vertu mourir accompagnée,
Et te dire en mourant, d'un esprit satisfait :
« N'accuse point mon sort, c'est toi seul qui l'as fait.
Je descends dans la tombe où tu m'as condamnée, 1045
Où la gloire me suit, qui t'était destinée :
Je meurs en détruisant un pouvoir absolu ;
Mais je vivrais à toi, si tu l'avais voulu. »

CINNA

Eh bien, vous le voulez, il faut vous satisfaire,
Il faut affranchir Rome, il faut venger un père, 1050
Il faut sur un tyran porter de justes coups :
Mais apprenez qu'Auguste est moins tyran que vous.
S'il nous ôte à son gré nos biens, nos jours, nos femmes,
Il n'a point jusqu'ici tyrannisé nos âmes ;
Mais l'empire inhumain qu'exercent vos beautés 1055
Force jusqu'aux esprits et jusqu'aux volontés.
Vous me faites priser ce qui me déshonore ;

1030. *Neveu*, petit-fils, *nepos*. Cf. *Pompée*, 1387.

Vous me faites haïr ce que mon âme adore ;
Vous me faites répandre un sang pour qui je dois
Exposer tout le mien et mille et mille fois. 1060
Vous le voulez, j'y cours, ma parole est donnée ;
Mais ma main, aussitôt contre mon sein tournée,
Aux mânes d'un tel prince immolant votre amant,
A mon crime forcé joindra mon châtiment,
Et, par cette action dans l'autre confondue, 1065
Recouvrera ma gloire aussitôt que perdue.
Adieu.

SCÈNE V

ÉMILIE, FULVIE

FULVIE

Vous avez mis son âme au désespoir.

ÉMILIE

Qu'il cesse de m'aimer, ou suive son devoir.

FULVIE

Il va vous obéir aux dépens de sa vie.
Vous en pleurez !

ÉMILIE

Hélas ! cours après lui, Fulvie, 1070
Et, si ton amitié daigne me secourir,
Arrache-lui du cœur ce dessein de mourir ;
Dis-lui...

FULVIE

Qu'en sa faveur vous laissez vivre Auguste ?

ÉMILIE

Ah ! c'est faire à ma haine une loi trop injuste.

1063. Oreste dit, dans *Andromaque* :
    Et mes sanglantes mains, sur moi-même tournées,
    Aussitôt, malgré lui, joindront nos destinées. (IV, III.)

1066. Dans le récit du *Cid*, Corneille avait écrit : *aussitôt qu'arrivés*. Vaugelas approuvait cette ellipse ; mais l'Académie la condamna, et Corneille ne la hasarda plus que dans ce vers de *Cinna*.

FULVIE

Et quoi donc ?

ÉMILIE

Qu'il achève, et dégage sa foi, 1075
Et qu'il choisisse après de la mort ou de moi.

ACTE QUATRIÈME

SCÈNE I

AUGUSTE, EUPHORBE, POLYCLÈTE, GARDES.

AUGUSTE

Tout ce que tu me dis, Euphorbe, est incroyable.

EUPHORBE

Seigneur, le récit même en paraît effroyable :
On ne conçoit qu'à peine une telle fureur,
Et la seule pensée en fait frémir d'horreur. 1080

AUGUSTE

Quoi ! mes plus chers amis ! quoi ! Cinna ! quoi ! Maxime !
Les deux que j'honorais d'une si haute estime,

1075. Au vers 895, Cinna a dit :
   Ma foi, mon cœur, mon bras, tout vous est *engagé*.
Et il parle d'un « serment téméraire ». Engager sa foi, c'est donc se lier à quelqu'un par une promesse ; la dégager, c'est la tenir.
   Vous-même *dégagez la foi de* vos oracles. (*Iphigénie*, V, II.)

1082. *Les deux*. Remarquez l'ellipse du substantif. Ce tour équivaut à : les deux amis, *entre tous*, que j'honorais le plus.

A qui j'ouvrais mon cœur, et dont j'avais fait choix
Pour les plus importants et plus nobles emplois!
Après qu'entre leurs mains j'ai remis mon empire, 1085
Pour m'arracher le jour l'un et l'autre conspire!
Maxime a vu sa faute, il m'en fait avertir,
Et montre un cœur touché d'un juste repentir;
Mais Cinna!

EUPHORBE

Cinna seul dans sa rage s'obstine,
Et contre vos bontés d'autant plus se mutine; 1090
Lui seul combat encor les vertueux efforts
Que sur les conjurés fait ce juste remords,
Et, malgré les frayeurs à leurs regrets mêlées,
Il tâche à raffermir leurs âmes ébranlées.

AUGUSTE

Lui seul les encourage, et lui seul les séduit! 1095
O le plus déloyal que la terre ait produit!
O trahison conçue au sein d'une furie!
O trop sensible coup d'une main si chérie!
Cinna, tu me trahis! Polyclète, écoutez.

(Il lui parle à l'oreille.)

POLYCLÈTE

Tous vos ordres, Seigneur, seront exécutés. 1100

AUGUSTE

Qu'Éraste en même temps aille dire à Maxime
Qu'il vienne recevoir le pardon de son crime.

(Polyclète rentre.)

1086. En général Corneille construit *l'un et l'autre* avec le singulier, tournure que son frère Thomas jugeait plus élégante, et que Vaugelas autorisait.

1090. Corneille employait absolument *d'autant plus*. On peut entendre: Cinna se révolte d'autant plus que vous lui prodiguez plus de bienfaits.

1091. *Effort* équivaut souvent, chez les tragiques, à *effet puissant*.

EUPHORBE

Il l'a jugé trop grand pour ne pas s'en punir.
A peine du palais il a pu revenir
Que, les yeux égarés et le regard farouche, 1105
Le cœur gros de soupirs, les sanglots à la bouche,
Il déteste sa vie et ce complot maudit,
M'en apprend l'ordre entier tel que je vous l'ai dit,
Et, m'ayant commandé que je vous avertisse,
Il ajoute : « Dis-lui que je me fais justice, 1110
« Que je n'ignore point ce que j'ai mérité. »
Puis soudain dans le Tibre il s'est précipité,
Et l'eau grosse et rapide et la nuit assez noire
M'ont dérobé la fin de sa tragique histoire.

AUGUSTE

Sous ce pressant remords il a trop succombé, 1115
Et s'est à mes bontés lui-même dérobé;
Il n'est crime envers moi qu'un repentir n'efface :
Mais, puisqu'il a voulu renoncer à ma grâce,
Allez pourvoir au reste, et faites qu'on ait soin
De tenir en lieu sûr ce fidèle témoin. 1120

SCÈNE II

AUGUSTE.

Ciel, à qui voulez-vous désormais que je fie
Les secrets de mon âme et le soin de ma vie ?
Reprenez le pouvoir que vous m'avez commis,
Si, donnant des sujets, il ôte les amis ;
Si tel est le destin des grandeurs souveraines 1125
Que leurs plus grands bienfaits n'attirent que des haines,
Et si votre rigueur les condamne à chérir

1107. *Déteste*, maudit. Cf. *Horace*, 104, 790.
1123. *Commettre*, confier, *committere*. Cf. *Horace*, 559.

Ceux que vous animez à les faire périr.
Pour elles rien n'est sûr ; qui peut tout doit tout craindre.
  Rentre en toi-même, Octave, et cesse de te plaindre. 1130
Quoi ! tu veux qu'on t'épargne, et n'as rien épargné !
Songe aux fleuves de sang où ton bras s'est baigné,
De combien ont rougi les champs de Macédoine,
Combien en a versé la défaite d'Antoine,
Combien celle de Sexte, et revois, tout d'un temps, 1135
Pérouse au sien noyée, et tous ses habitants.
Remets dans ton esprit, après tant de carnages,
De tes proscriptions les sanglantes images,
Où toi-même, des tiens devenu le bourreau,
Au sein de ton tuteur enfonças le couteau, 1140
Et puis ose accuser le destin d'injustice
Quand tu vois que les tiens s'arment pour ton supplice,
Et que, par ton exemple à ta perte guidés,
Ils violent des droits que tu n'as pas gardés !
Leur trahison est juste, et le ciel l'autorise ; 1145
Quitte ta dignité comme tu l'as acquise ;
Rends un sang infidèle à l'infidélité,

1129. « Multos timere debet quem multi timent. » (Publius Syrus.)
Trois ans avant *Cinna*, Agamemnon disait, dans l'*Iphigénie* de Rotrou :
  Tel est l'ordre fatal des affaires humaines.
  Que les plus grands honneurs soient les plus grandes peines ;
  Qui plus a de sujets a le plus de souci. (I, 5.)
  1133. Allusion à la bataille de Philippes. *De combien*, de combien de sang.
  1134. Nous dirions plutôt : en a fait verser ; car il est malaisé de personnifier une défaite. Il s'agit de la bataille d'Actium, comme, dans le vers suivant, de la victoire remportée sur Sextus Pompée par Agrippa, entre Nauloque et Myles.
  1136. Après la bataille de Philippes, Fulvie et les partisans d'Antoine, alors dominé par Cléopâtre, avaient suscité contre Octave la guerre de Pérouse. Octave, vainqueur, s'empara de la ville et massacra une partie des habitants.
  1137. *Remets dans ton esprit*, in mentem tuam revoca.
  1140. Le tuteur d'Auguste était précisément le père d'Émilie, Toranius.
  1147. Plusieurs éditeurs pensent que Corneille s'est souvenu ici des *Larmes de saint Pierre*, imitées de Tansillo, où le jeune Malherbe, faisant allusion à l'abandon d'Ariane par Thésée, dit qu'elle fit de ses fureurs
  Une fidèle preuve à l'infidélité.
Rien n'est moins certain. Molière fera dire par Arsinoé à Alceste :
  Là, je vous ferai voir une preuve *fidèle*
  De *l'infidélité* du cœur de cette belle. (III. vii.)

Et souffre des ingrats après l'avoir été.
    Mais que mon jugement au besoin m'abandonne!
Quelle fureur, Cinna, m'accuse et te pardonne, 1150
Toi, dont la trahison me force à retenir
Ce pouvoir souverain dont tu me veux punir,
Me traite en criminel, et fait seule mon crime,
Relève pour l'abattre un trône illégitime,
Et, d'un zèle effronté couvrant son attentat, 1155
S'oppose, pour me perdre, au bonheur de l'État?
Donc jusqu'à l'oublier je pourrais me contraindre!
Tu vivrais en repos après m'avoir fait craindre?
Non, non, je me trahis moi-même d'y penser :
Qui pardonne aisément invite à l'offenser; 1160
Punissons l'assassin, proscrivons les complices.
    Mais quoi! toujours du sang, et toujours des supplices!
Ma cruauté se lasse, et ne peut s'arrêter;
Je veux me faire craindre et ne fais qu'irriter.
Rome a pour ma ruine une hydre trop fertile : 1165
Une tête coupée en fait renaître mille,
Et le sang répandu de mille conjurés
Rend mes jours plus maudits, et non plus assurés.
Octave, n'attends plus le coup d'un nouveau Brute :
Meurs, et dérobe-lui la gloire de ta chute; 1170
Meurs, tu ferais pour vivre un lâche et vain effort,
Si tant de gens de cœur font des vœux pour ta mort,
Et si tout ce que Rome a d'illustre jeunesse
Pour te faire périr tour à tour s'intéresse ;
Meurs, puisque c'est un mal que tu ne peux guérir; 1175
Meurs enfin, puisqu'il faut ou tout perdre, ou mourir.
La vie est peu de chose, et le peu qui t'en reste

1149. *Au besoin*, dans cette crise périlleuse. Cf. *Cid*, 1479.
1160. Qui souffre un attentat s'expose et l'autorise.(Rotrou, *Bélisaire*, I, II.)
1174. Mon cœur, mon lâche cœur *s'intéresse pour* lui. (*Andromaque*, V, I.)
1177. D'après Sénèque, Auguste avait alors soixante-six ans ; mais Sénèque se trompe : Auguste n'est alors âgé que de quarante-neuf ans.

Ne vaut pas l'acheter par un prix si funeste.
Meurs. Mais quitte du moins la vie avec éclat :
Éteins-en le flambeau dans le sang de l'ingrat; 1180
A toi-même en mourant immole ce perfide;
Contentant ses désirs, punis son parricide;
Fais un tourment pour lui de ton propre trépas,
En faisant qu'il le voie et n'en jouisse pas.
Mais jouissons plutôt nous-même de sa peine, 1185
Et, si Rome nous hait, triomphons de sa haine.
 O Romains! O vengeance! O pouvoir absolu!
O rigoureux combat d'un cœur irrésolu
Qui fuit en même temps tout ce qu'il se propose!
D'un prince malheureux ordonnez quelque chose. 1190
Qui des deux dois-je suivre, et duquel m'éloigner?
Ou laissez-moi périr, ou laissez-moi régner.

SCÈNE III
AUGUSTE, LIVIE

AUGUSTE

Madame, on me trahit, et la main qui me tue
Rend sous mes déplaisirs ma constance abattue.
Cinna, Cinna le traître...

LIVIE

Euphorbe m'a tout dit, 1195
Seigneur, et j'ai pâli cent fois à ce récit.
Mais écouteriez-vous les conseils d'une femme?

1178. « *Ne vaut pas l'acheter;* c'est ici le tour de phrase italien : *non vale il comprar;* c'est un trope dont Corneille enrichissait notre langue. » (Voltaire.) Corneille a beaucoup employé ce tour excellent, plus léger que *ne vaut pas qu'on l'achète.*

1191. *Qui,* pour : lequel des deux partis. Cf. *Horace,* 741.

1193. Dans le *Discours du poème dramatique,* Corneille déclare qu'à ses yeux « les conseils de Livie sont de l'action principale ». On comprend donc mal pourquoi le rôle de Livie serait supprimé au théâtre.

1197. « Admittis muliebre consilium ? » (Sénèque.) De même, dans Dion Cassius (LV, 110), Livie s'excuse d'avance de sa hardiesse. Mais chez Dion la dissertation de Livie est prétentieuse.

AUGUSTE

Hélas! de quel conseil est capable mon âme?

LIVIE

Votre sévérité, sans produire aucun fruit,
Seigneur, jusqu'à présent a fait beaucoup de bruit. 1200
Par les peines d'un autre aucun ne s'intimide :
Salvidien à bas a soulevé Lépide,
Murène a succédé, Cépion l'a suivi ;
Le jour à tous les deux dans les tourments ravi
N'a point mêlé de crainte à la fureur d'Égnace, 1205
Dont Cinna maintenant ose prendre la place,
Et dans les plus bas rangs les noms les plus abjets
Ont voulu s'ennoblir par de si hauts projets.
Après avoir en vain puni leur insolence,
Essayez sur Cinna ce que peut la clémence ; 1210
Faites son châtiment de sa confusion,
Cherchez le plus utile en cette occasion.
Sa peine peut aigrir une ville animée,
Son pardon peut servir à votre renommée,
Et ceux que vos rigueurs ne font qu'effaroucher 1215
Peut-être à vos bontés se laisseront toucher.

AUGUSTE

Gagnons-les tout à fait en quittant cet empire

1202. *A bas,* tour elliptique pour *jeté à bas,* après avoir succombé dans sa lutte contre Octave. — Ici commence une énumération de noms obscurs, empruntés à Sénèque. Rufus Salvidianus et sa conjuration ne sont connus que par Sénèque et Dion, ainsi qu'Egnatius et Cépion, qui d'ailleurs ne mourut que sous Tibère. Murena, complice de Cépion, et Lepidus portaient des noms plus illustres, s'il est vrai qu'ils fussent fils, l'un du client de Cicéron, l'autre du triumvir.

1207. En faisant rimer *abjet* et *projet,* Corneille ne cède pas à la tyrannie de la rime ; Marty-Laveaux remarque qu'on trouve au milieu même de plus d'un vers *abject* orthographié *abjet* et que Furetière préférait cette orthographe.

1213. Sur *aigrir,* voyez la note du vers 206. — *Animée,* irritée.

1215. *Effaroucher,* c'est, étymologiquement, rendre plus farouche, moins traitable ; on l'employait jadis au propre aussi bien qu'au figuré. Amyot (*Paul-Émile,* 33) parle d'une « île toute *effarouchée* et sauvage ».

Qui nous rend odieux, contre qui l'on conspire.
J'ai trop par vos avis consulté là-dessus;
Ne m'en parlez jamais, je ne consulte plus. 1220
　　Cesse de soupirer, Rome, pour ta franchise;
Si je t'ai mise aux fers, moi-même je les brise,
Et te rends ton état, après l'avoir conquis,
Plus paisible et plus grand que je ne te l'ai pris.
Si tu veux me haïr, hais-moi sans plus rien feindre; 1225
Si tu me veux aimer, aime-moi sans me craindre :
De tout ce qu'eut Sylla de puissance et d'honneur
Lassé comme il en fut, j'aspire à son bonheur.

LIVIE

Assez et trop longtemps son exemple vous flatte;
Mais gardez que sur vous le contraire n'éclate : 1230
Ce bonheur sans pareil qui conserva ses jours
Ne serait pas bonheur, s'il arrivait toujours.

AUGUSTE

Eh bien! s'il est trop grand, si j'ai tort d'y prétendre,
J'abandonne mon sang à qui voudra l'épandre.
Après un long orage il faut trouver un port, 1235
Et je n'en vois que deux ; le repos, ou la mort.

LIVIE

Quoi! vous voulez quitter le fruit de tant de peines?

AUGUSTE

Quoi! vous voulez garder l'objet de tant de haines?

1220. *Consulter*, hésiter, délibérer. Cf. *Cid*, 820.

1221. *Franc* voulait dire *libre;* par suite, *franchise* signifiait *liberté*, d'où indépendance du caractère et du langage. — « C'est le peuple qui s'asservit, qui se coupe la gorge, qui, ayant le choix d'être sujet ou d'être libre, quitte sa *franchise* et prend le joug. » (La Boëtie, *Servitude volontaire*.)

1229. *Vous flatte*, c'est-à-dire vous attire, vous séduit, vous invite à l'imiter.

1230. *Gardez que*, prenez garde que.

　　*Gardez qu'*avant le coup votre dessein n'éclate. (*Andromaque*, III, 1.)

LIVIE

Seigneur, vous emporter à cette extrémité,
C'est plutôt désespoir que générosité. 1240

AUGUSTE

Régner et caresser une main si traîtresse,
Au lieu de sa vertu, c'est montrer sa faiblesse.

LIVIE

C'est régner sur vous-même, et, par un noble choix,
Pratiquer la vertu la plus digne des rois.

AUGUSTE

Vous m'aviez bien promis des conseils d'une femme ; 1245
Vous me tenez parole, et c'en sont là, Madame.
  Après tant d'ennemis à mes pieds abattus,
Depuis vingt ans je règne, et j'en sais les vertus ;
Je sais leur divers ordre, et de quelle nature
Sont les devoirs d'un prince en cette conjoncture : 1250
Tout son peuple est blessé par un tel attentat,
Et la seule pensée est un crime d'État,
Une offense qu'on fait à toute sa province,
Dont il faut qu'il la venge, ou cesse d'être prince.

LIVIE

Donnez moins de croyance à votre passion. 1255

AUGUSTE

Ayez moins de faiblesse, ou moins d'ambition.

LIVIE

Ne traitez plus si mal un conseil salutaire.

1244. Corneille s'est peut-être souvenu du vers de Rotrou, *Crisante* (1639) :
  Se vaincre est l'action la plus noble des rois. (IV, II.)

1245. Ici, Corneille se sépare de Sénèque, qui nous montre, au contraire, Auguste docile aux conseils de Livie.

1248. *En* (du pouvoir monarchique) se rapporte à l'idée sous-entendue.

1253. Sa *province*, son État. Cf. *Cid*, 1122.

1255. *Donner créance* s'emploierait mieux aujourd'hui que *donner croyance* ; mais Littré n'a pas de peine à prouver que *croyance* et *créance* sont un seul et même mot, dont la prononciation est double, mais ne l'était pas autrefois.

AUGUSTE

Le ciel m'inspirera ce qu'ici je dois faire.
Adieu : nous perdons temps.

LIVIE

Je ne vous quitte point,
Seigneur, que mon amour n'aye obtenu ce point. 1260

AUGUSTE

C'est l'amour des grandeurs qui vous rend importune.

LIVIE

J'aime votre personne, et non votre fortune.
(*Elle est seule.*)
Il m'échappe ; suivons, et forçons-le de voir
Qu'il peut, en faisant grâce, affermir son pouvoir,
Et qu'enfin la clémence est la plus belle marque 1265
Qui fasse à l'univers connaître un vrai monarque.

SCÈNE IV

ÉMILIE, FULVIE

ÉMILIE

D'où me vient cette joie, et que mal à propos
Mon esprit malgré moi goûte un entier repos ?
César mande Cinna sans me donner d'alarmes !
Mon cœur est sans soupirs, mes yeux n'ont point de [larmes, 1270
Comme si j'apprenais d'un secret mouvement

1259. Sur *perdre temps*, voyez la note du vers 213.

1260. « Des deux formes de la troisième personne du présent du subjonctif *aye* et *ait*, la première est presque exclusivement employée par Corneille. » (Marty-Laveaux.) Voyez le vers 1283.

1267. Voltaire observe que la scène reste vide et que Corneille enfreint la règle qu'il a établie, celle de relier les scènes entre elles et de ne faire paraître aucun personnage sur le théâtre sans aucune raison évidente. Corneille se rendait compte de ce défaut lorsque, dans le *Discours du poème dramatique*, il condamnait les scènes insuffisamment reliées à l'ensemble : « Le quatrième acte de *Cinna* est au-dessous des autres par ce manquement.»

Que tout doit succéder à mon contentement :
Ai-je bien entendu? me l'as-tu dit, Fulvie?

FULVIE

J'avais gagné sur lui qu'il aimerait la vie,
Et je vous l'amenais, plus traitable et plus doux,   1275
Faire un second effort contre votre courroux.
Je m'en applaudissais, quand soudain Polyclète,
Des volontés d'Auguste ordinaire interprète,
Est venu l'aborder et sans suite et sans bruit,
Et de sa part sur l'heure au palais l'a conduit.   1280
Auguste est fort troublé, l'on ignore la cause ;
Chacun diversement soupçonne quelque chose ;
Tous présument qu'il aye un grand sujet d'ennui,
Et qu'il mande Cinna pour prendre avis de lui.
Mais ce qui m'embarrasse, et que je viens d'apprendre, 1285
C'est que deux inconnus se sont saisis d'Évandre,
Qu'Euphorbe est arrêté sans qu'on sache pourquoi,
Que même de son maître on dit je ne sais quoi :
On lui veut imputer un désespoir funeste ;
On parle d'eaux, de Tibre, et l'on se tait du reste.   1290

ÉMILIE

Que de sujets de craindre et de désespérer,
Sans que mon triste cœur en daigne murmurer !
A chaque occasion le ciel y fait descendre
Un sentiment contraire à celui qu'il doit prendre :
Une vaine frayeur tantôt m'a pu troubler,   1295
Et je suis insensible alors qu'il faut trembler.
Je vous entends, grands dieux ! vos bontés que j'adore
Ne peuvent consentir que je me déshonore,

1272. *Succéder*, réussir ; latinisme fréquent au XVIIe siècle.
Rien ne peut *succéder* à des cœurs engourdis. (Rotrou, *Filandre*, I, II.)
1283. Sur *aye*, voyez le vers 1260. Nous mettrions aujourd'hui l'indicatif *qu'il a ;* dans ces propositions subordonnées, l'usage autorisait jadis l'emploi du subjonctif, surtout après le verbe *croire* et ses synonymes.
1298. « L'usage constant des auteurs est de dire : je consens que... et non : je consens à ce que. » (Littré.)

Et, ne me permettant soupirs, sanglots, ni pleurs,
Soutiennent ma vertu contre de tels malheurs. 1300
Vous voulez que je meure avec ce grand courage
Qui m'a fait entreprendre un si fameux ouvrage,
Et je veux bien périr comme vous l'ordonnez,
Et dans la même assiette où vous me retenez.
O liberté de Rome! ô mânes de mon père! 1305
J'ai fait de mon côté tout ce que j'ai pu faire :
Contre votre tyran j'ai ligué ses amis,
Et plus osé pour vous qu'il ne m'était permis.
Si l'effet a manqué, ma gloire n'est pas moindre;
N'ayant pu vous venger, je vous irai rejoindre, 1310
Mais si fumante encor d'un généreux courroux,
Par un trépas si noble et si digne de vous,
Qu'il vous fera sur l'heure aisément reconnaître
Le sang des grands héros dont vous m'avez fait naître.

SCÈNE V

MAXIME, ÉMILIE, FULVIE

ÉMILIE

Mais je vous vois, Maxime, et l'on vous faisait mort! 1315

MAXIME

Euphorbe trompe Auguste avec ce faux rapport :
Se voyant arrêté, la trame découverte,
Il a feint ce trépas pour empêcher ma perte.

ÉMILIE

Que dit-on de Cinna ?

1304. *Assiette* s'employait et s'emploie encore dans le sens d'*état de l'esprit*. « Nous brûlons du désir de trouver une *assiette* ferme. » (Pascal.)
1311. Ce féminin du participe n'est guère usité. Racine a écrit, avec plus de justesse :

Et la triste Italie, encor toute fumante
Des feux que ralluma sa liberté mourante. (*Mithridate*, III, 1.)

MAXIME

Que son plus grand regret,
C'est de voir que César sait tout votre secret ; 1320
En vain il le dénie et le veut méconnaître,
Évandre a tout conté pour excuser son maître,
Et par l'ordre d'Auguste on vient vous arrêter.

ÉMILIE

Celui qui l'a reçu tarde à l'exécuter ;
Je suis prête à le suivre, et lasse de l'attendre. 1325

MAXIME

Il vous attend chez moi.

ÉMILIE

Chez vous ?

MAXIME

C'est vous surprendre :
Mais apprenez le soin que le ciel a de vous :
C'est un des conjurés qui va fuir avec nous.
Prenons notre avantage avant qu'on nous poursuive ;
Nous avons pour partir un vaisseau sur la rive. 1330

ÉMILIE

Me connais-tu, Maxime, et sais-tu qui je suis ?

MAXIME

En faveur de Cinna je fais ce que je puis,
Et tâche à garantir de ce malheur extrême
La plus belle moitié qui reste de lui-même.
   Sauvons-nous, Émilie, et conservons le jour, 1335
Afin de le venger par un heureux retour.

ÉMILIE

Cinna dans son malheur est de ceux qu'il faut suivre,

1321. *Dénier*, pour *nier*; voyez le vers 450. — *Méconnaître*, au propre, signifie ne pas connaître; au figuré, ne pas reconnaître, désavouer.

Qu'il ne faut pas venger, de peur de leur survivre :
Quiconque après sa perte aspire à se sauver
Est indigne du jour qu'il tâche à conserver. 1340

MAXIME

Quel désespoir aveugle à ces fureurs vous porte ?
O dieux ! que de faiblesse en une âme si forte !
Ce cœur si généreux rend si peu de combat,
Et du premier revers la fortune l'abat !
Rappelez, rappelez cette vertu sublime, 1345
Ouvrez enfin les yeux, et connaissez Maxime :
C'est un autre Cinna qu'en lui vous regardez ;
Le ciel vous rend en lui l'amant que vous perdez ;
Et, puisque l'amitié n'en faisait plus qu'une âme,
Aimez en cet ami l'objet de votre flamme ; 1350
Avec la même ardeur il saura vous chérir,
Que...

ÉMILIE

Tu m'oses aimer, et tu n'oses mourir !
Tu prétends un peu trop ; mais, quoi que tu prétendes,
Rends-toi digne du moins de ce que tu demandes ;
Cesse de fuir en lâche un glorieux trépas, 1355
Ou de m'offrir un cœur que tu fais voir si bas ;
Fais que je porte envie à ta vertu parfaite ;
Ne te pouvant aimer, fais que je te regrette ;
Montre d'un vrai Romain la dernière vigueur,
Et mérite mes pleurs au défaut de mon cœur. 1360

1338. Il faut expliquer : de peur d'éprouver, en leur survivant, soit la honte, soit la douleur de leur survivre.

1343. Où sont-ils, ces *combats* que vous avez *rendus ? (Iphigénie,* IV, IV.)

1349. *N'en faisait,* ne faisait qu'une âme de Cinna et de Maxime.

1358. Anacoluthe : Si je ne puis t'aimer, du moins...

1360. *Au défaut* de ton bras, prête-moi ton épée. (*Phèdre,* II, v.)
Au défaut de et *à défaut de* s'employaient au temps de Corneille, bien que la première locution fût plus usitée. Littré repousse d'ailleurs la distinction de sens que les grammairiens ont prétendu établir entre elles.

Quoi ! si ton amitié pour Cinna s'intéresse,
Crois-tu qu'elle consiste à flatter sa maîtresse ?
Apprends, apprends de moi quel en est le devoir,
Et donne-m'en l'exemple, ou viens le recevoir.

MAXIME

Votre juste douleur est trop impétueuse. 1365

ÉMILIE

La tienne en ta faveur est trop ingénieuse.
Tu me parles déjà d'un bienheureux retour,
Et dans tes déplaisirs tu conçois de l'amour !

MAXIME

Cet amour en naissant est toutefois extrême.
C'est votre amant en vous, c'est mon ami que j'aime, 1370
Et des mêmes ardeurs dont il fut embrasé...

ÉMILIE

Maxime, en voilà trop pour un homme avisé.
Ma perte m'a surprise, et ne m'a point troublée ;
Mon noble désespoir ne m'a point aveuglée ;
Ma vertu tout entière agit sans s'émouvoir, 1375
Et je vois malgré moi plus que je ne veux voir.

MAXIME

Quoi ! vous suis-je suspect de quelque perfidie ?

ÉMILIE

Oui, tu l'es, puisque enfin tu veux que je le die.
L'ordre de notre fuite est trop bien concerté
Pour ne te soupçonner d'aucune lâcheté : 1380
Les dieux seraient pour nous prodigues en miracles,
S'ils en avaient sans toi levé tous les obstacles.
Fuis sans moi, tes amours sont ici superflus.

MAXIME

Ah ! vous m'en dites trop.

1378. Sur *die*, voyez la note du vers 61.

ÉMILIE

J'en présume encor plus.
Ne crains pas toutefois que j'éclate en injures ; 1385
Mais n'espère non plus m'éblouir de parjures.
Si c'est te faire tort que de m'en défier,
Viens mourir avec moi pour te justifier.

MAXIME

Vivez, belle Émilie, et souffrez qu'un esclave...

ÉMILIE

Je ne t'écoute plus qu'en présence d'Octave. 1390
Allons, Fulvie, allons.

SCÈNE VI

MAXIME

Désespéré, confus,
Et digne, s'il se peut, d'un plus cruel refus,
Que résous-tu, Maxime ? et quel est le supplice
Que ta vertu prépare à ton vain artifice ?
Aucune illusion ne te doit plus flatter ; 1395
Émilie en mourant va tout faire éclater ;
Sur un même échafaud la perte de sa vie
Étalera sa gloire et ton ignominie,
Et sa mort va laisser à la postérité
L'infâme souvenir de ta déloyauté. 1400
Un même jour t'a vu, par une fausse adresse,
Trahir ton souverain, ton ami, ta maîtresse,
Sans que de tant de droits en un jour violés,
Sans que de deux amants au tyran immolés,
Il te reste aucun fruit que la honte et la rage 1405
Qu'un remords inutile allume en ton courage.

1386. *Non plus*, pas plus. *M'éblouir de parjures*, par tes parjures, qui, présentés d'une manière spécieuse, pourraient surprendre mon esprit.

Euphorbe, c'est l'effet de tes lâches conseils ;
Mais que peut-on attendre enfin de tes pareils ?
Jamais un affranchi n'est qu'un esclave infâme ;
Bien qu'il change d'état, il ne change point d'âme ; 1410
La tienne, encor servile, avec la liberté
N'a pu prendre un rayon de générosité.
Tu m'as fait relever une injuste puissance,
Tu m'as fait démentir l'honneur de ma naissance.
Mon cœur te résistait, et tu l'as combattu 1415
Jusqu'à ce que ta fourbe ait souillé sa vertu.
Il m'en coûte la vie, il m'en coûte la gloire,
Et j'ai tout mérité pour t'avoir voulu croire.
Mais les dieux permettront à mes ressentiments
De te sacrifier aux yeux des deux amants, 1420
Et j'ose m'assurer qu'en dépit de mon crime
Mon sang leur servira d'assez pure victime,
Si dans le tien mon bras justement irrité
Peut laver le forfait de t'avoir écouté.

1416. La fourbe, dit Littré, est le caractère du fourbe ; la fourberie est l'action de fourber ; mais, quand, par extension, fourbe prend le sens d'acte de fourbe, alors fourbe et fourberie sont exactement synonymes. Il s'agit ici, non d'un acte isolé de fourberie, mais du caractère même d'Euphorbe. Il faudrait plutôt, grammaticalement, *eût souillé ;* mais le poète obéit à sa pensée, qui lui montre la souillure présente.

1421. *M'assurer,* pour *être assuré,* compter que :

Car qui peut *s'assurer* d'être toujours heureux ? (La Fontaine, V, XVII.)

ACTE CINQUIÈME

SCÈNE I
AUGUSTE, CINNA

AUGUSTE

Prends un siège, Cinna, prends, et sur toute chose 1425
Observe exactement la loi que je t'impose :
Prête, sans me troubler, l'oreille à mes discours ;
D'aucun mot, d'aucun cri n'en interromps le cours ;
Tiens ta langue captive, et, si ce grand silence
A ton émotion fait quelque violence, 1430
Tu pourras me répondre après tout à loisir :
Sur ce point seulement contente mon désir.

CINNA

Je vous obéirai, Seigneur.

AUGUSTE

Qu'il te souvienne
De garder ta parole, et je tiendrai la mienne.
Tu vois le jour, Cinna ; mais ceux dont tu le tiens 1435
Furent les ennemis de mon père, et les miens :
Au milieu de leur camp tu reçus la naissance,
Et, lorsque après leur mort tu vins en ma puissance,
Leur haine, enracinée au milieu de ton sein,
T'avait mis contre moi les armes à la main. 1440
Tu fus mon ennemi même avant que de naître,

1425. *Sur toute chose*, par-dessus toute chose, surtout.
1431. « Auguste, en parlant à Cinna, fait d'abord un exorde de rhéteur. Remarquez que je prends l'exemple de tous ses défauts dans les scènes les plus admirables : Prends un siège, Cinna, etc. De combien la simplicité d'Agrippine, dans *Britannicus*, est-elle plus noble et plus naturelle : Approchez-vous, Néron. » (Vauvenargues.) C'est oublier que la situation n'est pas la même ; Agrippine parle à son fils tout-puissant, et son réquisitoire est doublé d'un plaidoyer personnel.

Et tu le fus encor quand tu me pus connaître,
Et l'inclination jamais n'a démenti
Ce sang qui t'avait fait du contraire parti.
Autant que tu l'as pu, les effets l'ont suivie.   1445
Je ne m'en suis vengé qu'en te donnant la vie ;
Je te fis prisonnier pour te combler de biens,
Ma cour fut ta prison, mes faveurs tes liens ;
Je te restituai d'abord ton patrimoine,
Je t'enrichis après des dépouilles d'Antoine,   1450
Et tu sais que, depuis, à chaque occasion,
Je suis tombé pour toi dans la profusion.
Toutes les dignités que tu m'as demandées,
Je te les ai sur l'heure et sans peine accordées ;
Je t'ai préféré même à ceux dont les parents   1455
Ont jadis dans mon camp tenu les premiers rangs,
A ceux qui de leur sang m'ont acheté l'empire,
Et qui m'ont conservé le jour que je respire ;
De la façon enfin qu'avec toi j'ai vécu,
Les vainqueurs sont jaloux du bonheur du vaincu.   1460
Quand le ciel me voulut, en rappelant Mécène,
Après tant de faveur montrer un peu de haine,
Je te donnai sa place en ce triste accident,
Et te fis, après lui, mon plus cher confident ;
Aujourd'hui même encor, mon âme irrésolue   1465
Me pressant de quitter ma puissance absolue,
De Maxime et de toi j'ai pris les seuls avis,
Et ce sont, malgré lui, les tiens que j'ai suivis.
Bien plus, ce même jour je te donne Émilie,

1448. Voyez, au vers 945, une construction semblable, mais pourtant moins remarquable : ici, le verbe substantif, qui est au singulier dans le premier membre de phrase, devrait être au pluriel dans le second, où il est sous-entendu.

1458. *Respirer le jour*, c'est respirer l'air vital. Cf. *Horace* (29).

1459. *De la façon que*, pour : à voir la façon dont j'ai vécu avec toi.

1469. *Ce même jour*, pour *ce jour même, aujourd'hui même*.

Le digne objet des vœux de toute l'Italie, 1470
Et qu'ont mise si haut mon amour et mes soins
Qu'en te couronnant roi je t'aurais donné moins.
Tu t'en souviens, Cinna : tant d'heur et tant de gloire
Ne peuvent pas si tôt sortir de ta mémoire ;
Mais ce qu'on ne pourrait jamais s'imaginer, 1475
Cinna, tu t'en souviens, et veux m'assassiner.

CINNA

Moi, Seigneur! moi, que j'eusse une âme si traîtresse!
Qu'un si lâche dessein...

AUGUSTE

Tu tiens mal ta promesse.
Sieds-toi, je n'ai pas dit encor ce que je veux ;
Tu te justifieras après, si tu le peux. 1480
Écoute cependant, et tiens mieux ta parole.

Tu veux m'assassiner, demain, au Capitole,
Pendant le sacrifice, et ta main, pour signal,
Me doit, au lieu d'encens, donner le coup fatal ;
La moitié de tes gens doit occuper la porte, 1485
L'autre moitié te suivre et te prêter main-forte.
Ai-je de bons avis, ou de mauvais soupçons ;
De tous ces meurtriers te dirai-je les noms ?
Procule, Glabrion, Virginian, Rutile,
Marcel, Plaute, Lénas, Pompone, Albin, Icile, 1490
Maxime, qu'après toi j'avais le plus aimé !
Le reste ne vaut pas l'honneur d'être nommé :

1472. On peut relever ici une légère inexactitude historique : ce titre de roi fut toujours méprisé à Rome. Auguste, qui, lui-même, s'abstint prudemment de le prendre, en doit-il parler comme d'un honneur enviable ?

1479. Le verbe réfléchi *se seoir* n'est plus guère employé qu'au participe, mais l'était alors au présent de l'indicatif, à l'impératif et à l'infinitif. Il y a deux fois *seyez-vous* dans *Don Sanche* (239 et 262).

1492. « Monvel comptait ici les conjurés sur ses doigts ; après le nom de Maxime, il laissait retomber sa main en disant la fin du vers ; puis il semblait s'apprêter à reprendre son compte, qu'il abandonnait en disant :

Le reste ne vaut pas l'honneur d'être nommé.

« Talma admirait fort ce jeu de scène très familier, mais d'un effet saisissant. » (Edit. Régnier).

Un tas d'hommes perdus de dettes et de crimes,
Que pressent de mes lois les ordres légitimes,
Et qui, désespérant de les plus éviter, 1495
Si tout n'est renversé, ne sauraient subsister.
  Tu te tais maintenant, et gardes le silence,
Plus par confusion que par obéissance.
Quel était ton dessein, et que prétendais-tu
Après m'avoir au temple à tes pieds abattu ? 1500
Affranchir ton pays d'un pouvoir monarchique ?
Si j'ai bien entendu tantôt ta politique,
Son salut désormais dépend d'un souverain
Qui, pour tout conserver, tienne tout en sa main,
Et, si sa liberté te faisait entreprendre, 1505
Tu ne m'eusses jamais empêché de la rendre ;
Tu l'aurais acceptée au nom de tout l'État,
Sans vouloir l'acquérir par un assassinat.
Quel était donc ton but ? d'y régner en ma place ?
D'un étrange malheur son destin le menace, 1510
Si, pour monter au trône et lui donner la loi,
Tu ne trouves dans Rome autre obstacle que moi,
Si jusques à ce point mon sort est déplorable
Que tu sois après moi le plus considérable,
Et que ce grand fardeau de l'empire romain 1515
Ne puisse, après ma mort, tomber mieux qu'en ta main.
  Apprends à te connaître, et descends en toi-même :
On t'honore dans Rome, on te courtise, on t'aime ;

1493. « Quicumque impudicus, adulter, ganeo, manu, ventre, pene, bona patria laceraverat, quique alienum æs grande conflaverat, quo flagitium aut facinus redimeret ; præterea omnes undique parricidæ, sacrilegi, convicti judiciis, aut pro factis judicium timentes : ad hoc, quos manus atque lingua perjurio aut sanguine civili alebat ; postremo omnes quos flagitium, egestas, conscius animus exagitabat, hi Catilinæ proxumi familiaresque erant. » (Salluste, *Catilina*, XIV.)

1496. *Subsister*, se maintenir dans la situation qu'ils occupent.

1516. Palissot rapproche de ces vers ceux de Racine, dans *Alexandre* (II, ii) :

    Si le monde penchant n'a plus que cet appui,
    Je le plains, et vous plains vous-même autant que lui.

Chacun tremble sous toi, chacun t'offre des vœux ;
Ta fortune est bien haut, tu peux ce que tu veux ; 1520
Mais tu ferais pitié même à ceux qu'elle irrite,
Si je t'abandonnais à ton peu de mérite.
Ose me démentir, dis-moi ce que tu vaux ;
Conte-moi tes vertus, tes glorieux travaux,
Les rares qualités par où tu m'as dû plaire, 1525
Et tout ce qui t'élève au-dessus du vulgaire.
Ma faveur fait ta gloire, et ton pouvoir en vient ;
Elle seule t'élève, et seule te soutient :
C'est elle qu'on adore, et non pas ta personne ;
Tu n'as crédit ni rang qu'autant qu'elle t'en donne, 1530
Et, pour te faire choir, je n'aurais aujourd'hui
Qu'à retirer la main qui seule est ton appui.
J'aime mieux toutefois céder à ton envie ;
Règne, si tu le peux, aux dépens de ma vie.
Mais oses-tu penser que les Serviliens, 1535
Les Cosses, les Métels, les Pauls, les Fabiens,
Et tant d'autres enfin, de qui les grands courages
Des héros de leur sang sont les vives images,
Quittent le noble orgueil d'un sang si généreux
Jusqu'à pouvoir souffrir que tu règnes sur eux ? 1540
Parle, parle, il est temps.

CINNA

Je demeure stupide ;
Non que votre colère ou la mort m'intimide ;
Je vois qu'on m'a trahi, vous m'y voyez rêver,

1522. « Ces vers et les suivants occasionnèrent un jour une saillie singulière. Le dernier maréchal de la Feuillade, étant sur le théâtre, dit tout haut à Auguste : « Ah ! tu me gâtes le *Soyons amis, Cinna.* » Le vieux comédien qui jouait Auguste se déconcerta et crut avoir mal joué. Le maréchal, après la pièce, lui dit : « Ce n'est pas vous qui m'avez déplu ; c'est Auguste, qui dit à Cinna qu'il n'a aucun mérite, qu'il n'est propre à rien, qu'il fait pitié, et qui ensuite lui dit : Soyons amis. Si le roi m'en disait autant, je le remercierais de son amitié. » (Voltaire.)

1538. *Vives*, pour *vivantes, vivæ effigies*.

1541. *Stupide* est pris dans le sens étymologique : frappé de stupeur.

Et j'en cherche l'auteur, sans le pouvoir trouver.
　　　Mais c'est trop y tenir toute l'âme occupée. 1545
Seigneur, je suis Romain, et du sang de Pompée :
Le père et les deux fils, lâchement égorgés,
Par la mort de César étaient trop peu vengés.
C'est là d'un beau dessein l'illustre et seule cause,
Et, puisqu'à vos rigueurs la trahison m'expose, 1550
N'attendez pas de moi d'infâmes repentirs,
D'inutiles regrets, ni de honteux soupirs.
Le sort vous est propice autant qu'il m'est contraire ;
Je sais ce que j'ai fait, et ce qu'il vous faut faire.
Vous devez un exemple à la postérité, 1555
Et mon trépas importe à votre sûreté.

AUGUSTE

Tu me braves, Cinna, tu fais le magnanime,
Et, loin de t'excuser, tu couronnes ton crime.
Voyons si ta constance ira jusques au bout.
Tu sais ce qui t'est dû, tu vois que je sais tout : 1560
Fais ton arrêt toi-même, et choisis tes supplices.

SCÈNE II

LIVIE, AUGUSTE, CINNA, ÉMILIE, FULVIE

LIVIE

Vous ne connaissez pas encor tous les complices ;
Votre Émilie en est, Seigneur, et la voici.

CINNA

C'est elle-même, ô dieux !

1544. Le mot *en* se rapporte à l'idée de trahison exprimée dans le vers précédent.

1551. Le Dictionnaire de l'Académie n'admet *repentir* au pluriel que dans un sens tout spécial. « *Repentir*, trace d'une première idée qu'on a voulu corriger. *Il y a des repentirs dans ce tableau.* » Littré cite pourtant, d'excellents auteurs, des exemples qui justifient Corneille.

1558. *Couronner*, mettre le comble à, accomplir jusqu'au bout.

AUGUSTE

Et toi, ma fille, aussi !

ÉMILIE

Oui, tout ce qu'il a fait, il l'a fait pour me plaire, 1565
Et, j'en étais, Seigneur, la cause et le salaire.

AUGUSTE

Quoi ! l'amour qu'en ton cœur j'ai fait naître aujourd'hui
T'emporte-t-il déjà jusqu'à mourir pour lui ?
Ton âme à ces transports un peu trop s'abandonne,
Et c'est trop tôt aimer l'amant que je te donne. 1570

ÉMILIE

Cet amour qui m'expose à vos ressentiments
N'est point le prompt effet de vos commandements.
Ces flammes dans nos cœurs sans votre ordre étaient [nées,
Et ce sont des secrets de plus de quatre années.
Mais, quoique je l'aimasse, et qu'il brûlât pour moi, 1575
Une haine plus forte à tous deux fit la loi ;
Je ne voulus jamais lui donner d'espérance
Qu'il ne m'eût de mon père assuré la vengeance.
Je la lui fis jurer, il chercha des amis :
Le ciel rompt le succès que je m'étais promis, 1580
Et je vous viens, Seigneur, offrir une victime,
Non pour sauver sa vie en me chargeant du crime :
Son trépas est trop juste après son attentat,
Et toute excuse est vaine en un crime d'État :
Mourir en sa présence, et rejoindre mon père, 1585
C'est tout ce qui m'amène, et tout ce que j'espère.

AUGUSTE

Jusques à quand, ô ciel, et par quelle raison
Prendrez-vous contre moi des traits dans ma maison ?

1564. C'est le mot de César mourant à Brutus : « Et toi, Brutus, aussi ! »

Pour ses débordements j'en ai chassé Julie ;
Mon amour en sa place a fait choix d'Émilie, 1590
Et je la vois comme elle indigne de ce rang.
L'une m'ôtait l'honneur, l'autre a soif de mon sang,
Et, prenant toutes deux leur passion pour guide,
L'une fut impudique, et l'autre est parricide.
O ma fille, est-ce là le prix de mes bienfaits ? 1595

ÉMILIE

Ceux de mon père en vous firent mêmes effets.

AUGUSTE

Songe avec quel amour j'élevai ta jeunesse.

ÉMILIE

Il éleva la vôtre avec même tendresse :
Il fut votre tuteur, et vous son assassin,
Et vous m'avez au crime enseigné le chemin. 1600
Le mien d'avec le vôtre en ce point seul diffère
Que votre ambition s'est immolé mon père,
Et qu'un juste courroux, dont je me sens brûler,
A son sang innocent voulait vous immoler.

LIVIE

C'en est trop, Émilie, arrête, et considère 1605
Qu'il t'a trop bien payé les bienfaits de ton père :
Sa mort, dont la mémoire allume ta fureur,
Fut un crime d'Octave, et non de l'empereur.
Tous ces crimes d'État qu'on fait pour la couronne,
Le ciel nous en absout alors qu'il nous la donne, 1610
Et, dans le sacré rang où sa faveur l'a mis,

1600. *Le chemin au crime*, vers le crime, latinisme : *ad scelus*.
1605. *Arrête et considère*, comme dans *Horace* (I, 1).
1611. « Voilà une syllepse bien hardie. On ne sait à quoi rapporter ce pronom *l'* qui ne représente aucun des mots de la proposition qui précède. La pensée l'applique à l'usurpateur qui a réussi. Dans le vers suivant, *l'avenir permis* est obscur : cependant on devine que Livie entend qu'on doit laisser vivre celui que le sort a favorisé. » (Géruzez.)

Le passé devient juste et l'avenir permis.
Qui peut y parvenir ne peut être coupable ;
Quoi qu'il ait fait ou fasse, il est inviolable ;
Nous lui devons nos biens, nos jours sont en sa main, 1615
Et jamais on n'a droit sur ceux du souverain.

ÉMILIE

Aussi, dans le discours que vous venez d'entendre,
Je parlais pour l'aigrir, et non pour me défendre.
  Punissez donc, Seigneur, ces criminels appas
Qui de vos favoris font d'illustres ingrats ; 1620
Tranchez mes tristes jours pour assurer les vôtres :
Si j'ai séduit Cinna, j'en séduirai bien d'autres,
Et je suis plus à craindre, et vous plus en danger,
Si j'ai l'amour ensemble et le sang à venger.

CINNA

Que vous m'ayez séduit, et que je souffre encore 1625
D'être déshonoré par celle que j'adore !
  Seigneur, la vérité doit ici s'exprimer :
J'avais fait ce dessein avant que de l'aimer.
A mes plus saints désirs la trouvant inflexible,
Je crus qu'à d'autres soins elle serait sensible : 1630
Je parlai de son père et de votre rigueur,

1612. Les crimes sont beaux, dont un trône est le prix.....
(Rotrou, *Innocente infidélité*, I, II.)
... Tout crime est permis quand il nous agrandit. (Id., *Bélisaire*, II, v.)

1615. Le même Rotrou a dit (*Don Lope*, V, II) :
Un bon sujet doit tout au repos de son roi.

1622. Huit ans auparavant, dans *Clitandre* (III, v), Corneille faisait dire à Pymante, par Dorise :
Si tu ne crains mes bras, crains de meilleures armes,
Crains tout ce que le ciel m'a départi de charmes :
Tu sais quelle est leur force, et ton cœur la ressent ;
Crains qu'elle ne m'assure un vengeur plus puissant.
Ce courroux, dont tu ris, en fera la conquête
De quiconque à ma haine exposera ta tête,
De quiconque mettra ma vengeance en mon choix.

1629. Ce mot de *saint* est souvent synonyme de *pur* chez les tragiques.
« Tous mes feux n'avaient rien que de *saint*. » (*Héraclius*, III, I.)

Et l'offre de mon bras suivit celle du cœur.
Que la vengeance est douce à l'esprit d'une femme !
Je l'attaquai par là, par là je pris son âme.
Dans mon peu de mérite elle me négligeait, 1635
Et ne put négliger le bras qui la vengeait.
Elle n'a conspiré que par mon artifice :
J'en suis le seul auteur, elle n'est que complice.

ÉMILIE

Cinna, qu'oses-tu dire ? est-ce là me chérir,
Que de m'ôter l'honneur quand il me faut mourir ? 1640

CINNA

Mourez, mais en mourant ne souillez point ma gloire.

ÉMILIE

La mienne se flétrit, si César te veut croire.

CINNA

Et la mienne se perd, si vous tirez à vous
Toute celle qui suit de si généreux coups.

ÉMILIE

Eh bien ! prends-en ta part et me laisse la mienne ; 1645
Ce serait l'affaiblir que d'affaiblir la tienne :
La gloire et le plaisir, la honte et les tourments,
Tout doit être commun entre de vrais amants.
    Nos deux âmes, Seigneur, sont deux âmes romaines :
Unissant nos désirs, nous unîmes nos haines. 1650
De nos parents perdus le vif ressentiment
Nous apprit nos devoirs en un même moment ;
En ce noble dessein nos cœurs se rencontrèrent ;
Nos esprits généreux ensemble le formèrent ;
Ensemble nous cherchons l'honneur d'un beau trépas : 1655
Vous vouliez nous unir, ne nous séparez pas.

AUGUSTE

Oui, je vous unirai, couple ingrat et perfide,

Et plus mon ennemi qu'Antoine ni Lépide.
Oui, je vous unirai, puisque vous le voulez :
Il faut bien satisfaire aux feux dont vous brûlez, 1660
Et que tout l'univers, sachant ce qui m'anime,
S'étonne du supplice aussi bien que du crime.

SCÈNE III
AUGUSTE, LIVIE, CINNA, MAXIME, ÉMILIE, FULVIE

AUGUSTE
Mais enfin le ciel m'aime, et ses bienfaits nouveaux
Ont enlevé Maxime à la fureur des eaux.
Approche, seul ami que j'éprouve fidèle. 1665

MAXIME
Honorez moins, Seigneur, une âme criminelle.

AUGUSTE
Ne parlons plus de crime après ton repentir,
Après que du péril tu m'as su garantir :
C'est à toi que je dois et le jour et l'empire.

MAXIME
De tous vos ennemis connaissez mieux le pire. 1670
Si vous régnez encor, Seigneur, si vous vivez,
C'est ma jalouse rage à qui vous le devez.
Un vertueux remords n'a point touché mon âme :
Pour perdre mon rival, j'ai découvert sa trame;
Euphorbe vous a feint que je m'étais noyé, 1675
De crainte qu'après moi vous n'eussiez envoyé.

1658. *Ni* pour *et*, tournure très fréquente au xvii⁰ siècle.
1665. *Que j'éprouve fidèle*, latinisme, pour : dont j'ai éprouvé la fidélité :
   Toujours de plus en plus je *l'éprouve cruelle*.(*Illusion comique*, 542.)
1672. *C'est ma rage à qui*, pour *c'est à ma rage que ;* tournure vive, alors très usitée. — Sur *qui*, avec un nom de chose, voyez le vers 531.
1675. Selon Voltaire, *feindre* ne peut gouverner le datif. Palissot répond par les vers de Racine :
   Il *lui feint* qu'en un lieu que vous seul connaissez
   Vous cachez des trésors par David amassés. (*Athalie*, I, i.)

Je voulais avoir lieu d'abuser Émilie,
Effrayer son esprit, la tirer d'Italie,
Et pensais la résoudre à cet enlèvement
Sous l'espoir du retour pour venger son amant. 1680
Mais, au lieu de goûter ces grossières amorces,
Sa vertu combattue a redoublé ses forces :
Elle a lu dans mon cœur. Vous savez le surplus,
Et je vous en ferais des récits superflus.
Vous voyez le succès de mon lâche artifice. 1685
Si pourtant quelque grâce est due à mon indice,
Faites périr Euphorbe au milieu des tourments,
Et souffrez que je meure aux yeux de ces amants.
J'ai trahi mon ami, ma maîtresse, mon maître,
Ma gloire, mon pays, par l'avis de ce traître, 1690
Et croirai toutefois mon bonheur infini,
Si je puis m'en punir après l'avoir puni.

AUGUSTE

En est-ce assez, ô ciel ! et le sort, pour me nuire,
A-t-il quelqu'un des miens qu'il veuille encor séduire ?
Qu'il joigne à ses efforts le secours des enfers, 1695
Je suis maître de moi comme de l'univers.
Je le suis, je veux l'être. O siècles, ô mémoire,
Conservez à jamais ma dernière victoire !
Je triomphe aujourd'hui du plus juste courroux
De qui le souvenir puisse aller jusqu'à vous. 1700
  Soyons amis, Cinna, c'est moi qui t'en convie :
Comme à mon ennemi, je t'ai donné la vie,
Et, malgré la fureur de ton lâche dessein,

1680. Maxime veut dire qu'il a cru décider Émilie à partir avec lui, en lui laissant espérer qu'elle reviendrait pour venger son amant.

1686. *Indice* a le sens de *indicium*, dénonciation. Cf. *Pompée*, 1361.

1697. *Mémoire*, souvenir de la postérité. Voyez *Horace*, 356. Mets l'histoire à ses pieds et toute la *mémoire*. (Corneille, *Poésies diverses*.)

1701. Cf. au vers 273, un emploi différent de *convier; en convier* est plus rare ; Voltaire regrette la disparition de ce tour, qu'autorise le Dictionnaire de l'Académie. Littré remarque qu'il est seulement peu usité,

Je te la donne encor comme à mon assassin.
Commençons un combat qui montre par l'issue 1705
Qui l'aura mieux de nous ou donnée ou reçue.
Tu trahis mes bienfaits, je les veux redoubler ;
Je t'en avais comblé, je t'en veux accabler.
Avec cette beauté que je t'avais donnée,
Reçois le consulat pour la prochaine année. 1710
　Aime Cinna, ma fille, en cet illustre rang ;
Préfères-en la pourpre à celle de mon sang ;
Apprends sur mon exemple à vaincre ta colère.
Te rendant un époux, je te rends plus qu'un père.

ÉMILIE

Et je me rends, Seigneur, à ces hautes bontés ; 1715
Je recouvre la vue auprès de leurs clartés ;
Je connais mon forfait, qui me semblait justice,
Et, ce que n'avait pu la terreur du supplice,
Je sens naître en mon âme un repentir puissant,
Et mon cœur en secret me dit qu'il y consent. 1720
　Le ciel a résolu votre grandeur suprême,
Et pour preuve, Seigneur, je n'en veux que moi-même ;
J'ose avec vanité me donner cet éclat,
Puisqu'il change mon cœur, qu'il veut changer l'État.
Ma haine va mourir, que j'ai crue immortelle ; 1725
Elle est morte, et ce cœur devient sujet fidèle,
Et, prenant désormais cette haine en horreur,
L'ardeur de vous servir succède à sa fureur.

CINNA

Seigneur, que vous dirai-je, après que nos offenses
Au lieu de châtiments trouvent des récompenses ? 1730

1710. « Post hæc detulit ultro consulatum. » (Sénèque.) Cinna fut consul l'an 5 avant Jésus-Christ (an 757 de Rome), en même temps que Valérius Messala. Son consulat, au témoignage de Dion Cassius, fut signalé par toutes sortes de fléaux, tremblements de terre, inondations, famine.

1717. *Je connais*, pour : je reconnais, comme au vers 1346.

1723. *Cet éclat* a le sens de *cette pensée orgueilleuse.*

O vertu sans exemple! ô clémence, qui rend
Votre pouvoir plus juste, et mon crime plus grand!

AUGUSTE

Cesse d'en retarder un oubli magnanime,
Et tous deux avec moi faites grâce à Maxime.
Il nous a trahis tous; mais ce qu'il a commis 1735
Vous conserve innocents, et me rend mes amis.

(A Maxime.)

Reprends auprès de moi ta place accoutumée;
Rentre dans ton crédit et dans ta renommée;
Qu'Euphorbe de tous trois ait sa grâce à son tour,
Et que demain l'hymen couronne leur amour. 1740
Si tu l'aimes encor, ce sera ton supplice.

MAXIME

Je n'en murmure point, il a trop de justice,
Et je suis plus confus, Seigneur, de vos bontés
Que je ne suis jaloux du bien que vous m'ôtez.

CINNA

Souffrez que ma vertu, dans mon cœur rappelée, 1745
Vous consacre une foi lâchement violée,
Mais si ferme à présent, si loin de chanceler,
Que la chute du ciel ne pourrait l'ébranler.
Puisse le grand moteur des belles destinées,
Pour prolonger vos jours, retrancher nos années, 1750
Et moi, par un bonheur dont chacun soit jaloux,
Perdre pour vous cent fois ce que je tiens de vous!

1740. *Leur amour*, l'amour de Cinna et d'Émilie, qu'Auguste montre.

1748. Le ciel était supposé solide; de là cette expression, qui rappelle les vers d'Horace sur le juste impassible:
  Si fractus illabatur orbis,
  Impavidum ferient ruinæ. (*Odes*, III, III.)

1749. Sur *moteur*, voyez *le Cid*, 1665.

1750. Ne délibérez plus, tranchez mes destinées,
  Et renouez leur fil à celui des années
  Que vous lui réservez. (J.-B. Rousseau, *Ode au comte Du Luc*).

LIVIE

Ce n'est pas tout, Seigneur : une céleste flamme
D'un rayon prophétique illumine mon âme.
Oyez ce que les dieux vous font savoir par moi ; 1755
De votre heureux destin c'est l'immuable loi.
Après cette action vous n'avez rien à craindre ;
On portera le joug désormais sans se plaindre,
Et les plus indomptés, renversant leurs projets,
Mettront toute leur gloire à mourir vos sujets. 1760
Aucun lâche dessein, aucune ingrate envie
N'attaquera le cours d'une si belle vie ;
Jamais plus d'assassins, ni de conspirateurs.
Vous avez trouvé l'art d'être maître des cœurs.
Rome, avec une joie et sensible et profonde, 1765
Se démet en vos mains de l'empire du monde ;
Vos royales vertus lui vont trop enseigner
Que son bonheur consiste à vous faire régner.
D'une si longue erreur pleinement affranchie,
Elle n'a plus de vœux que pour la monarchie, 1770
Vous prépare déjà des temples, des autels,
Et le ciel une place entre les immortels ;
Et la postérité, dans toutes les provinces,
Donnera votre exemple aux plus généreux princes.

AUGUSTE

J'en accepte l'augure, et j'ose l'espérer ; 1775

1753. « On retranche, aux représentations, ce dernier couplet de Livie, comme les autres, par la raison que tout acteur qui n'est pas nécessaire gâte les plus grandes beautés. » (Voltaire.) Il est certain que l'enthousiasme prophétique de Livie nous laisse froids ; on s'étonne qu'une inspiration surnaturelle descende précisément sur celle qui a parlé le langage le plus positif.

1755. Corneille emploie souvent *ouïr* à l'impératif. Cf. *Polyeucte*, 840.

1759. *Renversant leurs projets* exprime mal *renonçant à leurs projets*. Voyez, au vers 30, *renverser* pris dans un sens un peu différent.

Ainsi toujours les dieux vous daignent inspirer !
   Qu'on redouble demain les heureux sacrifices,
Que nous leur offrirons sous de meilleurs auspices,
Et que vos conjurés entendent publier
   Qu'Auguste a tout appris, et veut tout oublier.   1780

FIN

POLYEUCTE

NOTICE

I

En tête de son *Polyeucte*, Corneille, toujours si empressé de faire connaître les sources où il a puisé, se défend avec vivacité d'avoir écrit « une aventure de roman ». Il eût cru profaner la sainteté de son sujet s'il l'avait embelli par des inventions nouvelles. Qu'a-t-il donc ajouté aux récits de Siméon Métaphraste, de Surius, de Mosander? Rien ou presque rien : « le songe de Pauline, *l'amour de Sévère*, le baptême effectif de Polyeucte (qui, chez les hagiographes, ne reçoit que le baptême du sang), le sacrifice pour la victoire de l'empereur, la dignité de Félix (devenu gouverneur d'Arménie de simple commissaire impérial qu'il était), la mort de Néarque, la conversion de Félix, et de Pauline. » L'amour de Sévère! N'admire-t-on pas avec quelle modestie négligente ce mot significatif est jeté là, comme en passant?

Tout occupé à prouver qu'il est resté fidèle à l'esprit de ses modèles, Corneille n'a pas même songé à se demander si ces modèles méritaient une égale confiance. Il semble ignorer, par exemple, que le témoignage de Métaphraste (1) n'a qu'une valeur équivoque. Si ce personnage qui, au xe siècle, exerça des fonctions importantes, profitant des facilités que sa situation lui donnait pour recueillir les documents épars dans les archives et les couvents, s'était contenté du rôle de compilateur, les biographies qu'il nous a laissées de cent vingt-deux saints seraient un des monuments les plus précieux de l'his-

---

1. Siméon Métaphraste (il doit ce surnom à ses paraphrases des vies des saints) a vécu au xe siècle, à Constantinople, sous l'empereur Constantin Porphyrogénète.

toire ecclésiastique. Mais son audace n'a d'égale que sa crédulité; il accepte tout, et de toutes mains, en se réservant le droit de tout remanier. Déjà édité par Aloïsio Lippomani de 1551 à 1558, le recueil de Siméon Métaphraste fut publié de nouveau de 1570 à 1575, par Laurent Surius, chartreux allemand, né à Lubeck en 1522, mort en 1578. Les six in-folio des *Vitæ sanctorum* de Surius complétaient tout ensemble et abrégeaient Métaphraste ; certaines lacunes étaient comblées, certaines superfluités élaguées. A son tour, Surius fut complété par Mosander, autre écrivain allemand du xvie siècle, et c'est dans le supplément de Mosander que, de son propre aveu, Corneille a pris le sujet de *Polyeucte*. L'histoire ou la légende de saint Polyeucte a donc franchi trois degrés successifs avant d'arriver jusqu'à lui.

Mais dans quelle mesure la légende s'y mêle-t-elle à l'histoire ? Eusèbe et les historiens ecclésiastiques se taisent sur ce martyre. D'autre part, les Bollandistes nous font connaître quatre Polyeucte différents. Ajoutez qu'on ne sait à quelle date précise placer un événement, qui, en tout cas, n'a pas eu lieu pendant la première persécution en Orient, sous le règne commun de Trajan-Dèce et de Valérien. Ceux-ci ont régné successivement, l'un de 249 à 251, l'autre de 254 à 260, et c'est Valérien, non pas Dèce, qui publia l'édit contre les chrétiens dont il est si souvent parlé dans la pièce de Corneille. M. Aubé (1) a essayé de faire la lumière sur cette question obscure, et a réussi à établir, mieux qu'on ne l'avait fait jusqu'à lui, la réalité historique du martyre de Polyeucte.

Que donnait l'histoire à Corneille ? Presque rien. Qu'a-t-il créé ? Presque tout. Dans les documents qu'analyse M. Aubé, Polyeucte et Néarque, Grecs d'origine, sont officiers dans la douzième légion, cantonnée à Mélitène. Un édit impérial vient de condamner au supplice les chrétiens de l'armée qui refuseraient de sacrifier aux dieux. L'un des deux officiers grecs, Polyeucte, exalté par un songe où Dieu lui est apparu, soutenu par Néarque, déchire l'édit impérial, renverse les idoles qu'on portait au temple, reste insensible aux suppli-

---

1. *Polyeucte dans l'histoire.* Didot, 1882.

cations de sa femme, de ses enfants, de son beau-père, est battu de verges, puis décapité, mais seul et sans entraîner Néarque dans sa perte. Qu'importent ces ressemblances, plus extérieures qu'intimes ? Il suffit que Sévère paraisse, que Pauline l'aime, qu'au fond de l'âme de Polyeucte lui-même, trop impassible dans les Actes des martyrs, se livre un combat entre deux passions qui s'excluent l'une l'autre, pour que Métaphraste, Surius, Mosander, tous les hagiographes soient oubliés. Sur un seul point nous serions tentés de regretter la version primitive : elle donne à Félix plus de dignité et de sensibilité ; ce n'est plus un courtisan prêt à tout sacrifier au désir de plaire, c'est un père vraiment touché, et qui nous touche. Mais Corneille avait ses raisons pour opposer cette figure vulgaire à la figure héroïque de Polyeucte transfiguré.

Il ne faut pas oublier, d'ailleurs, qu'il pouvait puiser à d'autres sources. La lecture des historiens latins et des Pères de l'Église eût suffi à lui révéler le vrai caractère de ce conflit, plus politique au fond que religieux, qui mit aux prises le christianisme envahisseur et l'État romain. Suétone ne va-t-il pas jusqu'à glorifier Néron d'avoir inventé des supplices d'une férocité raffinée contre une race d'hommes si malfaisante ? Tacite ne fait pas difficulté d'avouer que la persécution des chrétiens, sous ce même empereur, fut un prétexte pour détourner l'attention publique de l'incendie de Rome ; mais il se garde de défendre ces innocents, coupables de bien d'autres crimes, entre autres du plus grand de tous, de la haine du genre humain. Il est vrai que l'horreur des supplices le révolte ; mais, après tout, ces fauteurs d'une exécrable superstition n'avaient-ils pas tout mérité (1) ? Et pourtant Tacite constatait que le nombre de ces criminels s'augmentait de jour en jour. C'est ce que constatait aussi son ami Pline, gouverneur de Bithynie, si scrupuleux, si humain. Aussi, hostile par principe aux chrétiens, il demandait à Trajan s'il fallait punir le nom lui-même de chrétien ou les crimes qui semblaient inséparables de ce nom ; mais il s'étonnait de ne rencontrer nulle part aucun de ces crimes imaginaires. Et Trajan

1. Tacite, *Annales*, XV, 44, 96.

lui répondait, avec une modération relative, qu'il ne fallait pas rechercher les chrétiens, mais qu'il les fallait punir, s'ils étaient dénoncés et s'ils s'avouaient coupables. Tout au moins étaient-ils coupables, comme le remarquait Pline, d'un regrettable entêtement (1). Cela ne suffisait-il pas, et si Félix envoie Polyeucte à la mort, n'est-ce point pour le punir d'avoir montré un « cœur trop obstiné » ?

Qu'étaient-ce que ces horreurs mystérieuses, dont Pline cherchait en vain la confirmation, et que la Stratonice de Corneille, fidèle personnification des haines aveugles de la foule païenne, admet comme démontrées ? L'imagination populaire se donnait libre cours. Mais c'est précisément l'attrait du mystère qui attirait vers le culte nouveau tant d'âmes lassées des réalités banales d'un culte vieilli, et le plaidoyer de Tertullien, dans son *Apologétique*, n'est pas loin d'être un chant de victoire, lorsqu'il célèbre la diffusion rapide d'une religion née d'hier. Voilà l'enseignement pratique et vivant que les chrétiens opposent aux vaines paroles des rhéteurs et des philosophes païens, l'enseignement qui convertit les Minutius Félix, les saint Cyprien et les saint Justin, qui trouble Sévère même et le prépare à une conversion prochaine. Ce que dit Sévère, d'ailleurs, bien d'autres l'avaient dit avant lui, comme ce témoin que met en scène le *Liber de laude martyrii* (2) : « Quelle que soit la religion des chrétiens, ce ne peut être pour une croyance vaine que l'on accepte la souffrance ou le trépas. » Ce qui frappait les esprits, c'était l'inflexible persévérance des chrétiens à confesser leur foi, c'était leur joyeux empressement à courir au-devant de la mort. « Je suis chrétienne, » répétait invariablement la pauvre esclave de Lyon, Blandine, avant d'être jetée aux bêtes du cirque (3). « Je suis chrétien, » répétera Polyeucte, et il semble bien que c'ait été là une formule commune à tous les martyrs. A quoi bon les longs discours, les discussions théologiques ? Le vrai, le seul

---

1. Pline le Jeune, *Lettres*, X.
2. Leblant, *Mémoire sur la préparation au martyre dans les premiers siècles de l'Eglise*, t. XXVIII des Mémoires de l'Académie des inscriptions et belles-lettres.
3. Eusèbe, IV, 3.

moyen de parler à la raison en touchant le cœur, c'est de mourir sans phrases pour ce qu'on croit la vérité.

Admirons, avec Corneille, la sublime rébellion de Polyeucte, mais avouons aussi que, à un point de vue plus humain, Félix a raison. Oui, les chrétiens étaient des rebelles, des « ennemis communs de l'État, et des dieux »; car s'attaquer à la religion, c'était s'attaquer à l'État, qui en était inséparable, et c'est sur les ruines de l'État romain que le christianisme a définitivement triomphé : « Tandis qu'autrefois chaque homme s'était fait son dieu et qu'il y en avait eu autant que de familles et de cités, Dieu apparut alors comme un être unique, immense, universel, seul animant les mondes et seul devant remplir le besoin d'adoration qui est en l'homme. Le christianisme n'était la religion domestique d'aucune famille, la religion nationale d'aucune cité ni d'aucune race. Il n'appartenait ni à une caste ni à une corporation. Dès son début il appelait à lui l'humanité entière. Avec l'unité de Dieu l'unité de la race humaine apparut à tous les esprits; et ce fut dès lors une nécessité de la religion de défendre à l'homme de haïr les autres hommes. Pour ce qui est du gouvernement de l'État, on peut dire que le christianisme l'a transformé dans son essence, précisément parce qu'il ne s'en est pas occupé. Dans les vieux âges, la religion et l'État ne faisaient qu'un : chaque peuple adorait son dieu et chaque dieu gouvernait son peuple; le même code réglait les relations entre les hommes et les devoirs envers les dieux de la cité. Au lieu de cela, Jésus-Christ enseigne que son empire n'est pas de ce monde. Il sépare la religion du gouvernement (1). »

De là une transformation nécessaire des mœurs et du droit. M. Duruy n'exagère rien, lorsqu'il appelle les chrétiens « les plus grands révolutionnaires que le monde ait jamais connus » (2). Révolutionnaires, ils l'étaient, non seulement par l'esprit, mais par les procédés, par le caractère exclusif, autoritaire, violent de leur foi dans ses manifestations extérieures. En face du polythéisme, tolérant par indif-

---

1. Fustel de Coulanges, *la Cité antique*, V, 3.
2. *Histoire des Romains*, t. III. Voyez *la Religion romaine* de M. Boissier.

férence, le monothéisme se dressait, intolérant et agressif, semblait-il, par chaleur de conviction. En ce même troisième siècle où Polyeucte renversait les idoles, Alexandre Sévère au rang de ses dieux domestiques mettait le Christ, entre Apollonius de Tyane et Orphée. Qu'importait un dieu de plus ou de moins dans ce panthéon si hospitalier, déjà envahi par les divinités bizarres de l'Orient ? Mais la seule pensée d'une telle promiscuité indignait les chrétiens; à toutes ces avances, ils répondaient, comme répond Polyeucte :

Je n'adore qu'un Dieu, maître de l'univers.

Voilà où était l'impiété, voilà où était le crime d'État, voilà ce qui fit d'un Trajan et d'un Marc-Aurèle des persécuteurs.

II

D'après une tradition généralement suivie, Corneille avait lu *Polyeucte* à l'hôtel de Rambouillet. « La pièce fut applaudie autant que le demandaient la bienséance et la grande réputation que l'auteur avait déjà ; mais, quelques jours après, M. de Voiture (1) vint trouver M. Corneille et prit des tours fort délicats pour lui dire que *Polyeucte* n'avait pas réussi comme il pensait, que surtout le christianisme avait extrêmement déplu (2). » Comment le christianisme avait-il pu si fort déplaire à l'hôtel de Rambouillet, où les incrédules ne dominaient pas assurément ? La sévère orthodoxie de quelques-uns était offensée de voir mêler la galanterie à la sainteté d'un sujet chrétien, et d'entendre Stratonice proférer une infinité d'injures atroces contre le christianisme. « Cela fit un si mauvais effet, dit l'abbé d'Aubignac, que feu M. le cardinal de Richelieu ne le put jamais approuver. » Deux objections étaient plus sérieuses. D'abord le fanatisme de Polyeucte pouvait troubler les consciences timorées, que toute violence effraye. L'Église a toujours condamné certains excès de zèle im-

1. Suivant d'autres récits, l'ambassadeur de l'hôtel de Rambouillet fut Godeau, le futur évêque de Grasse et de Vence.
2. Fontenelle, *Vie de Corneille*.

prudents. Mais la prudence n'est pas toujours écoutée en un temps de lutte. Comment désavouer ceux qui, poussés par une témérité généreuse, avaient versé leur sang pour le Dieu méconnu ? On était donc conduit à établir tout au moins des exceptions et à dire ce que dira plus tard un pieux érudit, à propos de Nicéphore et des martyrs de Palestine : « L'Église, qui condamne ce zèle dans d'autres comme une présomption, l'a regardé en eux comme un effet de la grâce du Saint-Esprit, puisqu'elle les honore comme des martyrs (1)... » Polyeucte a bénéficié de cette exception qu'imposait la force des choses.

Il est probable que les beaux esprits de l'hôtel de Rambouillet furent plus surpris encore que blessés d'une pareille lecture. De 1402 à 1548, en effet, les confrères de la Passion avaient en toute liberté fait représenter des mystères, dont le fonds, semé d'ailleurs d'épisodes profanes, était emprunté et à l'Ancien et au Nouveau Testament. Mais l'arrêt du Parlement qui leur interdit les sujets sacrés fonda, pour ainsi dire, le théâtre moderne, et c'est dans les collèges, sous la forme latine, que se réfugia dès lors la tragédie sacrée (2). Longtemps après Boileau écrira :

De la foi d'un chrétien les mystères terribles
D'ornements égayés ne sont pas susceptibles (3).

L'opinion de Boileau semble avoir été celle d'un grand nombre de contemporains. Dans son *Entretien sur les tragédies de ce temps* (1675), l'abbé de Villiers, à plus de trente ans de distance, parle comme pouvait parler Voiture ou Godeau; mais il est contraint de reconnaître que *Polyeucte* a réussi. Corneille avait donc eu raison de passer outre à l'arrêt de l'hôtel de Rambouillet. Il est vrai que, d'après une légende douteuse, son courage aurait été raffermi par les exhortations d'un acteur nommé Laroque, disent les uns, Hauteroche, disent les autres. Mais aucun de ces deux acteurs ne faisait

---

1. Tillemont, *Mémoires ecclésiastiques*, t. IV, p. 17.
2. Sur la tragédie sacrée, voir l'Introduction de notre édition de *Polyeucte*.
3. *Art poétique*, III.

partie de la troupe de l'hôtel de Bourgogne, où fut représenté *Polyeucte*. Quant à cette autre légende du manuscrit jeté sur un ciel de lit et longtemps oublié là par distraction, elle est puérile. Une seule chose reste assurée : c'est que le triomphe de la pièce chrétienne fut éclatant. La pieuse Anne d'Autriche accepta de bonne grâce la dédicace de *Polyeucte*; mais, si nous en croyons Tallemant, ce n'est pas à elle que Corneille songea d'abord à dédier sa pièce. « Depuis la mort du cardinal, M. de Schomberg dit au roi que Corneille voulait lui dédier la tragédie de *Polyeucte*. Cela lui fit peur, parce que Montauron avait donné deux cents pistoles à Corneille pour *Cinna*. — Il n'est pas nécessaire, dit-il. — Ah! sire, reprit M. de Schomberg, ce n'est point par intérêt. — Bien donc, dit-il, il me fera plaisir. Ce fut à la reine qu'on la dédia, car le roi mourut entre deux . »

L'édition originale de *Polyeucte* est de 1643. Longtemps on a cru qu'elle était postérieure de trois ans à la représentation de la pièce, qu'on plaçait à la fin de 1640. Mais une lettre latine de Claude Sarrau, conseiller au Parlement, à Corneille a modifié sur ce point les idées reçues. Sarrau y parle en effet, de trois chefs-d'œuvre déjà connus et applaudis *(le Cid, Horace, Cinna)* et d'un drame sacré que Corneille se prépare à y ajouter : « *Ut valeas tu cum tuis Musis scire imprimis desidero et utrum tribus eximiis et divinis tuis dramatis quartum adjungere mediteris... Inaudivi nescio quid de aliquo tuo poemate sacro, quod an affectum an perfectum sit, quæso, rescribe.* » Or, cette lettre est datée du 12 décembre 1642; par suite, c'est au début de 1643 qu'il faut reporter la représentation de *Polyeucte*. On sait que les questions relatives à la grâce étaient à l'ordre du jour. La grande querelle qui devait mettre aux prises ansénistes et jésuites, et donner naissance aux *Provinciales*, n'était pas encore commencée; mais l'apparition récente de l'*Augustinus* de Jansénius et la captivité de son disciple Saint-Cyran y avaient préludé; Rome s'apprêtait à condamner les cinq fameuses propositions. Il est évident que Corneille prenait intérêt à ces disputes théologiques. Est-ce à dire que Sainte-Beuve ait raison d'écrire : « Il ne serait pas malaisé de soutenir cette thèse : Corneille est de Port-

Royal par *Polyeucte* (1)? » Le pénétrant critique a été, ce nous semble, égaré par l'ambition de tout ramener à ses chers jansénistes. Élève des jésuites, Corneille resta toujours leur ami, et ils restèrent les amis de Corneille, tandis que les jansénistes, peu favorables en général au développement de la poésie dramatique, ne prirent pas toujours soin de le ménager. Autre chose est de s'intéresser à une question qui passionna les esprits et d'en tirer un élément d'intérêt actuel, autre chose de prendre parti dans la querelle. Il y a plus : longtemps après, en 1659, quand, après une retraite de sept années, Corneille fut ramené au théâtre par Fouquet, au lendemain même des *Provinciales*, il prit parti ouvertement, et ce fut contre les jansénistes. Il tenait sans doute beaucoup à se prononcer, car c'est dans la bouche de Thésée qu'il met cette réfutation des doctrines de la grâce « efficace », cette apologie de la grâce « suffisante ».

> Quoi! la nécessité des vertus et des vices
> D'un astre impérieux doit suivre les caprices,
> Et Delphes, malgré nous, conduit nos actions
> Au plus bizarre effet de ses prédictions?
> L'âme est donc tout esclave? une loi souveraine
> Vers le bien ou le mal incessamment l'entraîne?
> Et nous ne recevons ni crainte ni désir
> De cette liberté qui n'a rien à choisir,
> Attachés sans relâche à cet ordre sublime,
> Vertueux sans mérite et vicieux sans crime..?
> D'un tel aveuglement daignez me dispenser.
> Le ciel, juste à punir, juste à récompenser,
> Pour rendre aux actions leur peine ou leur salaire,
> Doit nous offrir son aide, et puis nous laisser faire.

Le xviiie siècle devait mal comprendre *Polyeucte*. Voltaire et la Harpe mettent au premier plan ce qui, dans l'intention de Corneille, devait rester au second, l'amour de Sévère et de Pauline, et proclament bien haut que, sans cet amour, la pièce

---

1. *Port-Royal*, I, 6.

ne pourrait nous émouvoir. Mais, obscurci un moment par les préjugés philosophiques, *Polyeucte* a été, de notre temps, mieux compris et mieux jugé, parce qu'on n'y a voulu voir qu'une tragédie chrétienne, et que la critique, sans embrasser aveuglément le fanatisme des martyrs, n'a pas chicané au poète les privilèges dont il avait besoin. Le génie de Talma et de Rachel rajeunit pour longtemps *Polyeucte*. C'est vers 1840 que celle-ci débuta dans le rôle de Pauline sur la scène du Théâtre-Français ; la veille du jour où elle en a disparu, elle le jouait encore, après s'y être montrée soixante fois. Ceux qui ont gardé le lointain souvenir de Rachel rapportent que, la première, elle joua ce rôle, non plus en première amoureuse, mais en néophyte chrétienne. Ils ajoutent pourtant qu'auprès d'elle Beauvallet, dans le rôle de Polyeucte, ne semblait pas effacé, bien que son talent fût moindre. Comment s'en étonner ? Dès que la tragédie reprenait son vrai sens, c'est Polyeucte qui, sans effort, en devenait le héros.

ÉPITRE DE CORNEILLE

A LA REINE RÉGENTE [1]

Madame,

Quelque connaissance que j'aie de ma faiblesse, quelque profond respect qu'imprime Votre Majesté dans les âmes de ceux qui l'approchent, j'avoue que je me jette à ses pieds sans timidité et sans défiance, et que je me tiens assuré de lui plaire, parce que je suis assuré de lui parler de ce qu'elle aime le mieux. Ce n'est qu'une pièce de théâtre que je lui présente, mais qui l'entretiendra de Dieu : la dignité de la matière est si haute que l'impuissance de l'artisan ne la peut ravaler; et votre âme royale se plaît trop à cette sorte d'entretien pour s'offenser des défauts d'un ouvrage où elle rencontrera les délices de son cœur. C'est par là, Madame, que j'espère obtenir de Votre Majesté le pardon du long temps que j'ai attendu à lui rendre cette sorte d'hommage. Toutes les fois que j'ai mis sur notre scène des vertus morales ou politiques, j'en ai toujours cru les tableaux trop peu dignes de paraître devant Elle, quand j'ai considéré qu'avec quelque soin que je les pusse choisir dans l'histoire, et quelques ornements dont l'artifice les pût enrichir, elle en voyait de plus grands exemples dans elle-même. Pour rendre les choses proportionnées, il fallait aller à la plus haute espèce, et n'entreprendre pas de rien offrir de cette nature à une reine très chrétienne, et qui l'est beaucoup plus encore par ses actions que par son titre, à moins que de lui offrir un portrait des vertus chrétiennes dont l'amour

---

1. Louis XIII était mort le 14 mai 1643. Anne d'Autriche se montra toujours la protectrice de Corneille; c'est elle qui, en 1637, fit accorder des lettres de noblesse au père de l'auteur du *Cid*; c'est à sa prière que Corneille écrivit plus tard le second livre de son *Imitation*.

et la gloire de Dieu formassent les plus beaux traits, et qui rendît les plaisirs qu'elle y pourra prendre aussi propres à exercer sa piété qu'à délasser ses esprits. C'est à cette extraordinaire et admirable piété, Madame, que la France est redevable des bénédictions qu'elle voit tomber sur les premières armes de son roi; les heureux succès qu'elles ont obtenus en sont les rétributions éclatantes; et des coups du ciel, qui répand abondamment sur tout le royaume les récompenses et les grâces que Votre Majesté a méritées. Notre perte semblait infaillible après celle de notre grand monarque; toute l'Europe avait déjà pitié de nous, et s'imaginait que nous nous allions précipiter dans un extrême désordre, parce qu'elle nous voyait dans une extrême désolation ; cependant la prudence et les soins de Votre Majesté, les bons conseils qu'elle a pris, les grands courages qu'elle a choisis pour les exécuter, ont agi si puissamment dans tous les besoins de l'État, que cette première année de sa régence a non seulement égalé les plus glorieuses de l'autre règne, mais a même effacé, par la prise de Thionville, le souvenir du malheur qui, devant ses murs, avait interrompu une si longue suite de victoires. Permettez que je me laisse emporter au ravissement que me donne cette pensée, et que je m'écrie dans ce transport :

Que vos soins, grande Reine, enfantent de miracles !
Bruxelles et Madrid en sont tous interdits ;
Et si notre Apollon me les avait prédits,
J'aurais moi-même osé douter de ces oracles.

Sous vos commandements on force tous obstacles ;
On porte l'épouvante aux cœurs les plus hardis,
Et par des coups d'essai vos États agrandis
Des drapeaux ennemis font d'illustres spectacles.

La victoire elle-même, accourant à mon roi,
Et mettant à ses pieds Thionville et Rocroi,
Fait retentir ces vers sur les bords de la Seine :

France, attends tout d'un règne ouvert en triomphant,
Puisque tu vois déjà les ordres de ta reine
Faire un foudre en tes mains des armes d'un enfant.

Il ne faut point douter que des commencements si merveilleux ne soient soutenus par des progrès encore plus étonnants. Dieu ne laisse pas ses ouvrages imparfaits; il les achèvera, Madame, et rendra non seulement la régence de Votre Majesté, mais encore toute sa vie, un enchaînement continuel de prospérités. Ce sont les vœux de toute la France, ce sont ceux que fait avec le plus de zèle,

  Madame,

   de Votre Majesté,

    Le très humble, très obéissant et très fidèle serviteur et sujet,

     P. Corneille.

ABRÉGÉ

DU

MARTYRE DE SAINT POLYEUCTE

ÉCRIT PAR SIMÉON MÉTAPHRASTE

ET RAPPORTÉ PAR SURIUS

L'ingénieuse tissure des fictions avec la vérité, où consiste le plus beau secret de la poésie, produit d'ordinaire deux sortes d'effets, selon la diversité des esprits qui la voient. Les uns se laissent si bien persuader à cet enchaînement, qu'aussitôt qu'ils ont remarqué quelques événements véritables, ils s'imaginent la même chose des motifs qui les font naître et des circonstances qui les accompagnent; les autres, mieux avertis de notre artifice, soupçonnent de fausseté tout ce qui n'est pas de leur connaissance; si bien que, quand nous traitons quelque histoire écartée dont ils ne trouvent rien dans leur souvenir, ils l'attribuent tout entière à l'effort de notre imagination, et la prennent pour une aventure de roman.

L'un et l'autre de ces effets serait dangereux en cette rencontre : il y va de la gloire de Dieu, qui se plaît dans celle de ses saints, dont la mort, si précieuse devant ses yeux, ne doit pas passer pour fabuleuse devant ceux des hommes. Au lieu de sanctifier notre théâtre par sa représentation, nous y profanerions la sainteté de leurs souffrances, si nous permettions que la crédulité des uns et la défiance des autres, également abusées par ce mélange, se méprissent également en la vénération qui leur est due, et que les premiers la rendissent mal à propos à ceux qui ne la méritent pas, pendant que les autres la dénieraient à ceux à qui elle appartient.

Saint Polyeucte est un martyr dont, s'il m'est permis de parler ainsi, beaucoup ont plutôt appris le nom à la comédie qu'à l'église. Le *Martyrologe romain* en fait mention sur le 13ᵉ de février, mais en deux mots, suivant sa coutume; Baronius, dans ses *Annales*, n'en dit qu'une ligne; le seul Surius, ou plutôt Mosander, qui l'a augmenté dans les dernières impressions, en rapporte la mort assez au long sur le neuvième de janvier; et j'ai cru qu'il était de mon devoir d'en mettre ici l'abrégé. Comme il a été à propos d'en rendre la représentation agréable, afin que le plaisir pût insinuer plus doucement l'utilité, et lui servir comme de véhicule pour la porter dans l'âme du peuple, il est juste aussi de lui donner cette lumière pour démêler la vérité d'avec ses ornements, et lui faire reconnaître ce qui doit lui imprimer du respect comme saint et ce qui le doit seulement divertir comme industrieux. Voici donc ce que ce dernier nous apprend :

Polyeucte et Néarque étaient deux cavaliers étroitement liés ensemble d'amitié; ils vivaient en l'an 250, sous l'empire de Décius; leur demeure était dans Mélitène, capitale d'Arménie; leur religion différente, Néarque étant chrétien et Polyeucte suivant encore la secte des gentils, mais ayant toutes les qualités dignes d'un chrétien et une grande inclination à le devenir. L'empereur ayant fait publier un édit très rigoureux contre les chrétiens, cette publication donna un grand trouble à Néarque, non pour la crainte des supplices dont il était menacé, mais pour l'appréhension qu'il eut que leur amitié ne souffrît quelque séparation ou refroidissement de cet édit, vu les peines qui y étaient proposées à ceux de sa religion et les honneurs promis à ceux du parti contraire; il en conçut un si profond déplaisir que son ami s'en aperçut, et l'ayant obligé de lui en dire la cause, il prit de là occasion de lui ouvrir son cœur : « Ne craignez point, lui dit-il, que l'édit de l'empereur nous désunisse; j'ai vu cette nuit le Christ que vous adorez; il m'a dépouillé d'une robe sale pour me revêtir d'une autre toute lumineuse, et m'a fait monter sur un cheval ailé pour le suivre; cette vision m'a résolu à faire ce qu'il y a longtemps que je médite : le seul nom de chrétien me manque; et vous-même, toutes les fois que vous m'avez parlé de votre grand

Messie, vous avez pu remarquer que je vous ai toujours écouté avec respect ; et quand vous m'avez lu sa vie et ses enseignements, j'ai toujours admiré la sainteté de ses actions et de ses discours. O Néarque ! si je ne me croyais pas indigne d'aller à lui sans être initié de ses mystères et avoir reçu la grâce de ses sacrements, que vous verriez éclater l'ardeur que j'ai de mourir pour sa gloire et le soutien de ses éternelles vérités ! » Néarque l'ayant éclairci du scrupule où il était par l'exemple du bon larron, qui en un moment mérita le ciel, bien qu'il n'eût pas reçu le baptême, aussitôt notre martyr, plein d'une sainte ferveur, prend l'édit de l'empereur, crache dessus et le déchire en morceaux qu'il jette au vent ; et, voyant des idoles que le peuple portait sur les autels pour les adorer, il les arrache à ceux qui les portaient, les brise contre terre, et les foule aux pieds, étonnant tout le monde et son ami même par la chaleur de ce zèle qu'il n'avait pas espéré.

Son beau-père Félix, qui avait la commission de l'empereur pour persécuter les chrétiens, ayant vu lui-même ce qu'avait fait son gendre, saisi de douleur de voir l'espoir et l'appui de sa famille perdus, tâche d'ébranler sa constance, premièrement par de belles paroles, ensuite par des menaces, enfin par des coups qu'il lui fait donner par ses bourreaux sur tout le visage ; mais n'en ayant pu venir à bout, pour dernier effort, il lui envoie sa fille Pauline, afin de voir si ses larmes n'auraient point plus de pouvoir sur l'esprit d'un mari que n'avaient eu ses artifices et ses rigueurs. Il n'avance rien davantage par là ; au contraire, voyant que sa fermeté convertissait beaucoup de païens, il le condamne à perdre la tête. Cet arrêt fut exécuté sur l'heure ; et le saint martyr, sans autre baptême que de son sang, s'en alla prendre possession de la gloire que Dieu a promise à ceux qui renonceraient à eux-mêmes pour l'amour de lui.

Voilà en peu de mots ce qu'en dit Surius. Le songe de Pauline, l'amour de Sévère, le baptême effectif de Polyeucte, le sacrifice pour la victoire de l'empereur, la dignité de Félix, que je fais gouverneur d'Arménie, la mort de Néarque, la conversion de Félix et de Pauline, sont des inventions et des embellissements de théâtre. La seule victoire de l'empereur contre les Perses a quelque fondement dans l'histoire ; et sans chercher d'autres auteurs, elle est rapportée par M. Coeffeteau dans son *Histoire romaine* (1) ; mais il ne dit pas ni qu'il leur imposa tribut, ni qu'il envoya faire des sacrifices de remerciement en Arménie.

Si j'ai ajouté ces incidents et ces particularités selon l'art, ou non, les savants en jugeront ; mon but ici n'est pas de les justifier, mais seulement d'avertir le lecteur de ce qu'il en peut croire.

1. C'est ce Nicolas Coeffeteau (1574-1623), évêque de Marseille, que La Bruyère cite avec honneur et dont Vaugelas, en maint endroit de ses *Remarques*, invoque l'autorité avec une candeur d'admiration qui fait sourire. Son *Histoire romaine depuis Auguste jusqu'à Constantin* avait paru en 1621.

EXAMEN

Ce martyre est rapporté par Surius sur le neuvième de janvier. Polyeucte vivait en l'année 250, sous l'empereur Décius. Il était Arménien, ami de Néarque, et gendre de Félix, qui avait la commission de l'empereur pour faire exécuter ses édits contre les chrétiens. Cet ami l'ayant résolu à se faire chrétien, il déchira ces édits qu'on publiait, arracha les idoles des mains de ceux qui les portaient sur les autels pour les adorer, les brisa contre terre, résista aux larmes de sa femme Pauline, que Félix employa auprès de lui pour le ramener à leur culte, et perdit la vie sur l'ordre de son beau-père, sans autre baptême que celui de son sang. Voilà ce que m'a prêté l'histoire ; le reste est de mon invention.

Pour donner plus de dignité à l'action, j'ai fait Félix gouverneur d'Arménie, et ai pratiqué un sacrifice public, afin de rendre l'occasion plus illustre et donner un prétexte à Sévère de venir en cette province sans faire éclater son amour avant qu'il en eût l'aveu de Pauline. Ceux qui veulent arrêter nos héros dans une médiocre bonté, où quelques interprètes d'Aristote bornent leur vertu, ne trouveront pas ici leur compte, puisque celle de Polyeucte va jusqu'à la sainteté, et n'a aucun mélange de faiblesse. J'en ai déjà parlé ailleurs, et, pour confirmer ce que j'en ai dit par quelques autorités, j'ajouterai ici que Minturnus, dans son *Traité du Poète* (1), agite cette question, *si la Passion de Jésus-Christ et les martyres des saints doivent être exclus du théâtre, à cause qu'ils passent cette médiocre bonté*, et résout en ma faveur. Le célèbre Heinsius (2), qui non seulement a traduit la *Poé-*

---

1. Ce traité, écrit en latin, fut publié à Venise en 1559.
2. Célèbre poète latin et philologue hollandais, né à Gand en 1580, mort à Leyde en 1665. Dans la dédicace de *Don Sanche*, Corneille fera encore appel à l'autorité de celui qui est à ses yeux un « si grand homme ».

tique de notre philosophe, mais a fait un *Traité de la constitution de la Tragédie* selon sa pensée (1), nous en a donné une sur le martyre des Innocents (2). L'illustre Grotius (3) a mis en scène la Passion même de Jésus-Christ et l'histoire de Joseph ; et le savant Buchanan (4) a fait la même chose de celle de Jephté, et de la mort de saint Jean-Baptiste. C'est sur ces exemples que j'ai hasardé ce poème, où je me suis donné des licences qu'ils n'ont pas prises, de changer l'histoire en quelque chose, et d'y mêler des épisodes d'invention : aussi m'était-il plus permis sur cette matière qu'à eux sur celles qu'ils ont choisis. Nous ne devons qu'une croyance pieuse à la vie des saints, et nous avons le même droit sur ce que nous en tirons pour le porter sur le théâtre, que sur ce que nous empruntons des autres histoires ; mais nous devons une foi chrétienne et indispensable à tout ce qui est dans la Bible, qui ne nous laisse aucune liberté d'y rien changer. J'estime toutefois qu'il ne nous est pas défendu d'y ajouter quelque chose, pourvu qu'il ne détruise rien de ces vérités dictées par le Saint-Esprit. Buchanan ni Grotius ne l'ont pas fait dans leurs poèmes ; mais aussi ne les ont-ils pas rendus assez fournis pour notre théâtre, et ne s'y sont proposé pour exemple que la constitution la plus simple des anciens, Heinsius a plus osé qu'eux dans celui que j'ai nommé : les anges qui bercent l'enfant Jésus, et l'ombre de Mariane avec les Furies qui agitent l'esprit d'Hérode, sont des agréments qu'il n'a pas trouvés dans l'Évangile. Je crois même qu'on en peut supprimer quelque chose, quand il y a apparence qu'il ne plairait pas sur le théâtre, pourvu qu'on ne mette rien en la place ; car alors ce serait changer l'histoire, ce que le res-

---

1. *De constitutione tragica secundum Aristotelem* (1611).

2. C'est l'*Herodes infanticida*, qui souleva une querelle si vive entre Heinsius et Balzac.

3. Hugues de Groot, né à Delft en 1583, mort vers 1645, deux fois exilé de sa patrie, résida longtemps en France. Il avait composé trois tragédies latines *Adamus exsul*, *Christus patiens* et *Sophompaneas* (le Sauveur du monde.

4. Savant écossais, poète et historien (1506-1582). C'est à Bordeaux, où il professa, qu'il composa les pièces dont parle Corneille.

pect que nous devons à l'Écriture ne permet point. Si j'avais à y exposer celle de David et de Bethsabée, je ne décrirais pas comme il en devint amoureux en la voyant se baigner dans une fontaine ; mais je me contenterais de le peindre avec de l'amour pour elle, sans parler aucunement de quelle manière cet amour se serait emparé de son cœur.

Je reviens à *Polyeucte*, dont le succès a été très heureux. Le style n'en est pas si fort ni si majestueux que celui de *Cinna* et de *Pompée*, mais il a quelque chose de plus touchant, et les tendresses de l'amour humain y font un si agréable mélange avec la fermeté du divin, que sa représentation a satisfait tout ensemble les dévots et les gens du monde. A mon gré, je n'ai point fait de pièces où l'ordre du théâtre soit plus beau et l'enchaînement des scènes mieux ménagé. L'unité d'action, et celle de jour et de lieu y ont leur justesse; et les scrupules qui peuvent naître touchant ces deux dernières se dissiperont aisément, pour peu qu'on me veuille prêter de cette faveur que l'auditeur nous doit toujours, quand l'occasion s'en offre, en reconnaissance de la peine que nous avons prise à le divertir.

Il est hors de doute que, si nous appliquons ce poème à nos coutumes, le sacrifice se fait trop tôt après la venue de Sévère ; et cette précipitation sortira du vraisemblable par la nécessité d'obéir à la règle. Quand le roi envoie ses ordres dans les villes pour y faire rendre des actions de grâces pour ses victoires, ou pour d'autres bénédictions qu'il reçoit du ciel, on ne les exécute pas dès le jour même, mais aussi il faut du temps pour assembler le clergé, les magistrats et les corps de ville, et c'est ce qui en fait différer l'exécution. Nos acteurs n'avaient ici aucune de ces assemblées à faire.

Il suffisait de la présence de Sévère et de Félix, et du ministère du grand prêtre; ainsi nous n'avons eu aucun besoin de remettre ce sacrifice à un autre jour. D'ailleurs, comme Félix craignait ce favori, qu'il croyait irrité du mariage de sa fille, il était bien aise de lui donner le moins d'occasion de tarder qui lui était possible, et de tâcher durant son peu de séjour à gagner son esprit par une prompte complaisance, et montrer tout ensemble une impatience d'obéir aux volontés de l'empereur.

L'autre scrupule regarde l'unité de lieu, qui est assez exacte, puisque tout s'y passe dans une salle ou antichambre commune aux appartements de Félix et de sa fille. Il semble que la bienséance y soit un peu forcée pour conserver cette unité au second acte, en ce que Pauline vient jusque dans cette antichambre pour trouver Sévère, dont elle devrait attendre la visite dans son cabinet. A quoi je réponds qu'elle a eu deux raisons de venir au-devant de lui : l'une, pour faire plus d'honneur à un homme dont son père redoutait l'indignation, et qu'il lui avait commandé d'adoucir en sa faveur; l'autre, pour rompre plus aisément la conversation avec lui, en se retirant dans ce cabinet s'il ne voulait pas la quitter à sa prière, et se délivrer, par cette retraite, d'un entretien dangereux pour elle; ce qu'elle n'eût pu faire si elle eût reçu sa visite dans son appartement.

Sa confidence avec Stratonice, touchant l'amour qu'elle avait eu pour ce cavalier, me fait faire une réflexion sur le temps qu'elle prend pour cela. Il s'en fait beaucoup sur nos théâtres d'affections qui ont déjà duré deux ou trois ans, dont on attend à révéler le secret justement au jour de l'action qui se représente, et non seulement sans aucune raison de choisir ce jour-là plutôt qu'un autre pour le déclarer, mais lors même que vraisemblablement on s'en est dû ouvrir beaucoup auparavant avec la personne à qui on en fait confidence. Ce sont choses dont il faut instruire le spectateur, en les faisant apprendre par un des acteurs à l'autre; mais il faut prendre garde avec soin que celui à qui on les apprend ait eu lieu de les ignorer jusque-là, aussi bien que le spectateur, et que quelque occasion tirée du sujet oblige celui qui les récite à rompre enfin un silence qu'il a gardé si longtemps. L'Infante, dans *le Cid*, avoue à Léonor l'amour secret qu'elle a pour lui, et l'aurait pu faire un an ou six mois plus tôt. Cléopâtre, dans *Pompée*, ne prend pas des mesures plus justes avec Charmion; elle lui conte la passion de César pour elle, et comme

       Chaque jour ses courriers
 Lui portent en tribut ses vœux et ses lauriers.

Cependant, comme il ne paraît personne avec qui elle ait

plus d'ouverture de cœur qu'avec cette Charmion, il y a grande apparence que c'était elle-même dont cette reine se servait pour introduire ces courriers, et qu'ainsi elle devait savoir déjà tout ce commerce entre César et sa maîtresse. Du moins il fallait marquer quelque raison qui lui eût laissé ignorer jusque-là tout ce qu'elle lui apprend, et de quel autre ministère cette princesse s'était servie pour recevoir ces courriers. Il n'en va pas de même ici. Pauline ne s'ouvre avec Stratonice que pour lui faire entendre le songe qui la trouble et les sujets qu'elle a de s'en alarmer ; et, comme elle n'a fait ce songe que la nuit d'auparavant, et qu'elle ne lui eût jamais révélé son secret sans cette occasion qui l'y oblige, on peut dire qu'elle n'a point eu lieu de lui faire cette confidence plus tôt qu'elle ne l'a faite.

Je n'ai point fait de narration de la mort de Polyeucte, parce que je n'avais personne pour la faire ni pour écouter que des païens qui ne la pouvaient ni écouter ni faire que comme ils avaient fait et écouté celle de Néarque ; ce qui aurait été une répétition et marque de stérilité, et, en outre, n'aurait pas répondu à la dignité de l'action principale, qui est terminée par là. Ainsi j'ai mieux aimé la faire connaître par un saint emportement de Pauline, que cette mort a convertie, que par un récit qui n'eût point eu de grâce dans une bouche indigne de le prononcer. Félix, son père, se convertit, après elle ; et ces deux conversions, quoique miraculeuses, sont si ordinaires dans les martyres, qu'elles ne sortent point de la vraisemblance, parce qu'elles ne sont pas de ces événements rares et singuliers qu'on ne peut tirer en exemple ; et elles servent à remettre le calme dans les esprits de Félix, de Sévère et de Pauline, que sans cela j'aurais eu bien de la peine à retirer du théâtre dans un état qui rendît la pièce complète, en ne laissant rien à souhaiter à la curiosité de l'auditeur.

PERSONNAGES

FÉLIX, sénateur romain, gouverneur d'Arménie.
POLYEUCTE, seigneur arménien, gendre de Félix.
SÉVÈRE, chevalier romain, favori de l'empereur Décie.
NÉARQUE, seigneur arménien, ami de Polyeucte.
PAULINE, fille de Félix, femme de Polyeucte.
STRATONICE, confidente de Pauline.
ALBIN, confident de Félix.
FABIAN, domestique de Sévère.
CLÉON, domestique de Félix.
TROIS GARDES.

La scène est à Mélitène, capitale d'Arménie, dans le palais de Félix.

POLYEUCTE

MARTYR

TRAGÉDIE CHRÉTIENNE

ACTE PREMIER

SCÈNE I

POLYEUCTE, NÉARQUE

NÉARQUE

Quoi ! vous vous arrêtez aux songes d'une femme !
De si faibles sujets troublent cette grande âme !
Et ce cœur, tant de fois dans la guerre éprouvé,
S'alarme d'un péril qu'une femme a rêvé !

POLYEUCTE

Je sais ce qu'est un songe, et le peu de croyance   5
Qu'un homme doit donner à son extravagance,
Qui d'un amas confus des vapeurs de la nuit
Forme de vains objets que le réveil détruit ;
Mais vous ne savez pas ce que c'est qu'une femme :
Vous ignorez quels droits elle a sur toute l'âme,   10
Quand, après un long temps qu'elle a su nous charmer,
Les flambeaux de l'hymen viennent de s'allumer.
Pauline, sans raison dans la douleur plongée,

---

7. *Vapeurs,* vaines images, chimères.
    L'âme bizarrement de *vapeurs* occupée. (Régnier, *Satire* X.)

Craint, et croit déjà voir ma mort qu'elle a songée.
Elle oppose ses pleurs au dessein que je fais, 15
Et tâche à m'empêcher de sortir du palais.
Je méprise sa crainte, et je cède à ses larmes ;
Elle me fait pitié sans me donner d'alarmes ;
Et mon cœur, attendri sans être intimidé,
N'ose déplaire aux yeux dont il est possédé. 20
L'occasion, Néarque, est-elle si pressante
Qu'il faille être insensible aux soupirs d'une amante ?
Par un peu de remise épargnons son ennui,
Pour faire en plein repos ce qu'il trouble aujourd'hui.

NÉARQUE

Avez-vous cependant une pleine assurance 25
D'avoir assez de vie ou de persévérance ?
Et Dieu, qui tient votre âme et vos jours dans sa main,
Promet-il à vos vœux de le vouloir demain ?
Il est toujours tout juste et tout bon ; mais sa grâce
Ne descend pas toujours avec même efficace ; 30
Après certains moments que perdent nos longueurs,
Elle quitte ces traits qui pénètrent les cœurs.
Le nôtre s'endurcit, la repousse, l'égare :
Le bras qui la versait en devient plus avare,
Et cette sainte ardeur qui doit porter au bien 35
Tombe plus rarement, ou n'opère plus rien.

14. *Songer*, voir dans un songe, pris activement comme *rêver* au vers 4.
Je ne *songerai* plus que rencontre funeste. (La Fontaine, *Fables*, IX, 2.)
30. *Efficace*, pour *efficacité*. Aujourd'hui, *efficace* n'est plus pris substantivement en dehors du langage de la théologie.

Si mes commandements ont trop peu d'*efficace*,
Ma rage pour le moins me fera faire place. (*Médée*, 1373.)

« On n'ignore pas qu'une louange en grec est d'une merveilleuse *efficace* à la tête d'un livre. » (Molière, Préface des *Précieuses ridicules*.)
36. Ta grâce peut, Seigneur, détourner ce présage,
Mais, hélas ! tous l'ayant, tous n'en ont pas l'usage,
De tant de conviés bien peu suivent les pas.
Et, pour être appelés, tous ne répondent pas.
(Rotrou, *Saint Genest*, V, 2.)

Celle qui vous pressait de courir au baptême,
Languissante déjà, cesse d'être la même,
Et, pour quelques soupirs qu'on vous a fait ouïr,
Sa flamme se dissipe, et va s'évanouir. 40

POLYEUCTE

Vous me connaissez mal : la même ardeur me brûle,
Et le désir s'accroît quand l'effet se recule.
Ces pleurs, que je regarde avec un œil d'époux,
Me laissent dans le cœur aussi chrétien que vous ;
Mais, pour en recevoir le sacré caractère, 45
Qui lave nos forfaits dans une eau salutaire,
Et qui, purgeant notre âme, et dessillant nos yeux,
Nous rend le premier droit que nous avions aux Cieux,
Bien que je le préfère aux grandeurs d'un empire,
Comme le bien suprême et le seul où j'aspire, 50
Je crois, pour satisfaire un juste et saint amour,
Pouvoir un peu remettre et différer d'un jour.

NÉARQUE

Ainsi du genre humain l'ennemi vous abuse :
Ce qu'il ne peut de force, il l'entreprend de ruse.
Jaloux des bons desseins qu'il tâche d'ébranler, 55
Quand il ne les peut rompre, il pousse à reculer ;
D'obstacle sur obstacle il va troubler le vôtre,
Aujourd'hui par des pleurs, chaque jour par quelque autre ;
Et ce songe, rempli de noires visions,
N'est que le coup d'essai de ses illusions : 60
Il met tout en usage, et prière, et menace ;
Il attaque toujours, et jamais ne se lasse ;

---

40. *Se dissipe,* va en s'éteignant. Corneille a dit ailleurs :
    Ma flamme *se dissipe* à la moindre rigueur. (*Poésies diverses,* XLV.)

45. *En* n'est pas obscur, parce que l'idée du baptême domine la scène.

47. *Purger,* purifier : dans sa traduction de l'*Imitation* (III, 4278), Corneille dit de même : « purger le cœur. »
    Purgé de ses forfaits par l'eau du saint baptême. (*Saint Genest,* IV, 6.)

58. *Par quelque autre* obstacle ; la phrase manque de netteté.

Il croit pouvoir enfin ce qu'encore il n'a pu,
Et que ce qu'on diffère est à demi rompu.
  Rompez ses premiers coups ; laissez pleurer Pauline. 65
Dieu ne veut pas d'un cœur où le monde domine,
Qui regarde en arrière, et, douteux de son choix,
Lorsque sa voix l'appelle, écoute une autre voix.

POLYEUCTE

Pour se donner à lui faut-il n'aimer personne ?

NÉARQUE

Nous pouvons tout aimer, il le souffre, il l'ordonne ; 70
Mais, à vous dire tout, ce seigneur des seigneurs
Veut le premier amour et les premiers honneurs.
Comme rien n'est égal à sa grandeur suprême,
Il faut ne rien aimer qu'après lui, qu'en lui-même,
Négliger, pour lui plaire, et femme, et biens, et rang, 75
Exposer pour sa gloire et verser tout son sang.
Mais que vous êtes loin de cette ardeur parfaite
Qui vous est nécessaire, et que je vous souhaite !
Je ne puis vous parler que les larmes aux yeux.
Polyeucte, aujourd'hui qu'on nous hait en tous lieux, 80
Qu'on croit servir l'État quand on nous persécute,
Qu'aux plus âpres tourments un chrétien est en butte,
Comment en pourrez-vous surmonter les douleurs,
Si vous ne pouvez pas résister à des pleurs ?

POLYEUCTE

Vous ne m'étonnez point : la pitié qui me blesse   85

---

65. On est étonné, dit M. Godefroy, que Voltaire soit en doute sur l'expression *rompre un coup;* elle est prise du jeu de paume.
67. *Douteux,* non pas *dont on doute,* mais *qui doute,* irrésolu, hésitant.
74. C'est ainsi que saint Augustin, dans les *Confessions,* permet les affections humaines, à condition qu'elles se confondent avec l'amour de Dieu : « Si placent animæ, in Deo amentur ; quia et ipsæ mutabiles sunt et in illo fixæ stabiliuntur. » Saint Matthieu parle presque dans les mêmes termes que Néarque (XIV, 29).
77. *Var.* Mais que vous êtes loin de cette *amour* parfaite (1643-68).

Sied bien aux plus grands cœurs, et n'a point de faiblesse.
Sur mes pareils, Néarque, un bel œil est bien fort :
Tel craint de le fâcher qui ne craint pas la mort ;
Et, s'il faut affronter les plus cruels supplices,
Y trouver des appas, en faire mes délices, 90
Votre Dieu, que je n'ose encor nommer le mien,
M'en donnera la force en me faisant chrétien.

NÉARQUE
Hâtez-vous donc de l'être.

POLYEUCTE
     Oui, j'y cours, cher Néarque ;
Je brûle d'en porter la glorieuse marque.
Mais Pauline s'afflige, et ne peut consentir, 95
Tant ce songe la trouble, à me laisser sortir.

NÉARQUE
Votre retour pour elle en aura plus de charmes ;
Dans une heure au plus tard vous essuierez ses larmes ;
Et l'heur de vous revoir lui semblera plus doux,
Plus elle aura pleuré pour un si cher époux. 100
Allons, on nous attend.

POLYEUCTE
     Apaisez donc sa crainte,
Et calmez la douleur dont son âme est atteinte.
Elle revient.

NÉARQUE
Fuyez.

POLYEUCTE
Je ne puis.

---

86. Mlle de Scudéry fait dire à Artamène, l'un de ses héros : « Cette faiblesse est glorieuse et il faut avoir l'âme grande pour en être capable. »

100. Cette construction de *plus* répété, où nous mettrions *d'autant plus... que*, est des plus usitées au XVIIe siècle :

Mon sort est *plus* cruel, *plus* je l'ai cru propice. (Quinault, *Astrate*, III, 2.)

NÉARQUE

     Il le faut ;
Fuyez un ennemi qui sait votre défaut,
Qui le trouve aisément, qui blesse par la vue,   105
Et dont le coup mortel vous plaît quand il vous tue.

SCÈNE II
POLYEUCTE, NÉARQUE, PAULINE, STRATONICE

POLYEUCTE

Fuyons, puisqu'il le faut. Adieu, Pauline, adieu !
Dans une heure au plus tard je reviens en ce lieu.

PAULINE

Quel sujet si pressant à sortir vous convie ?
Y va-t-il de l'honneur ? y va-t-il de la vie ?   110

POLYEUCTE

Il y va de bien plus.

PAULINE

    Quel est donc ce secret ?

POLYEUCTE

Vous le saurez un jour : je vous quitte à regret ;
Mais enfin il le faut.

PAULINE

    Vous m'aimez ?

POLYEUCTE

       Je vous aime,
Le ciel m'en est témoin, cent fois plus que moi-même ;
Mais...

PAULINE

Mais mon déplaisir ne vous peut émouvoir ! 115

---

104. *Votre défaut*, votre côté faible, par où l'on peut vous attaquer, comme on frappait un homme d'armes au défaut de la cuirasse.

Vous avez des secrets que je ne puis savoir !
Quelle preuve d'amour ! Au nom de l'hyménée,
Donnez à mes soupirs cette seule journée.

POLYEUCTE

Un songe vous fait peur ?

PAULINE

               Ses présages sont vains,
Je le sais ; mais enfin je vous aime, et je crains.   120

POLYEUCTE

Ne craignez rien de mal pour une heure d'absence.
Adieu : vos pleurs sur moi prennent trop de puissance ;
Je sens déjà mon cœur prêt à se révolter,
Et ce n'est qu'en fuyant que j'y puis résister.

SCÈNE III

PAULINE, STRATONICE

PAULINE

Va, néglige mes pleurs, cours, et te précipite   125
Au-devant de la mort que les dieux m'ont prédite ;
Suis cet agent fatal de tes mauvais destins,
Qui peut-être te livre aux mains des assassins.
  Tu vois, ma Stratonice, en quel siècle nous sommes :
Voilà notre pouvoir sur les esprits des hommes ;   130
Voilà ce qui nous reste, et l'ordinaire effet
De l'amour qu'on nous offre, et des vœux qu'on nous fait.
Tant qu'ils ne sont qu'amants, nous sommes souveraines,
Et jusqu'à la conquête ils nous traitent de reines ;
Mais après l'hyménée ils sont rois à leur tour.   135

---

127. *Fatal* a toute sa valeur étymologique : c'est la destinée qui fait de Néarque l'agent de la perte de Polyeucte.

STRATONICE

Polyeucte pour vous ne manque point d'amour.
S'il ne vous traite ici d'entière confidence,
S'il part malgré vos pleurs, c'est un trait de prudence ;
Sans vous en affliger, présumez avec moi
Qu'il est plus à propos qu'il vous cèle pourquoi ;   140
Assurez-vous sur lui qu'il en a juste cause.
Il est bon qu'un mari nous cache quelque chose,
Qu'il soit quelquefois libre, et ne s'abaisse pas
A nous rendre toujours compte de tous ses pas.
On n'a tous deux qu'un cœur qui sent mêmes traverses ;   145
Mais ce cœur a pourtant ses fonctions diverses,
Et la loi de l'hymen qui vous tient assemblés
N'ordonne pas qu'il tremble alors que vous tremblez.
Ce qui fait vos frayeurs ne le peut mettre en peine :
Il est Arménien, et vous êtes Romaine,   150
Et vous pouvez savoir que nos deux nations
N'ont pas sur ce sujet mêmes impressions.
Un songe en notre esprit passe pour ridicule,
Il ne nous laisse espoir, ni crainte, ni scrupule ;
Mais il passe dans Rome avec autorité   155
Pour fidèle miroir de la fatalité.

PAULINE

Quelque peu de crédit que chez vous il obtienne,

---

137. *S'il ne vous traite d'entière confidence*, s'il ne vous traite avec une confiance entière.

147. *Assemblés* équivaut à *unis ensemble*. Au vers 1706 de *Sertorius*, *assemblage* est pris dans ce même sens d'*union conjugale*.

154. « L'usage est de répéter *ni* à chaque terme. Cependant cette règle n'est fondée sur aucune raison péremptoire. » (Littré.)

156. *Fatalité* signifie *enchaînement des choses fatales* que règle la destinée. On peut donc comprendre qu'un songe reflète d'avance, comme en un miroir, le cours des événements futurs.

> Chacun sait à quel point l'illusion des songes
> En un facile esprit imprime ses mensonges,
> Et que quelquefois même en leurs obscurités
> La superstition trouve des vérités. (Rotrou, *Laure persécutée*, V, 9.)

Je crois que ta frayeur égalerait la mienne
Si de telles horreurs t'avaient frappé l'esprit,
Si je t'en avais fait seulement le récit.   160

STRATONICE

A raconter ses maux souvent on les soulage.

PAULINE

Écoute ; mais il faut te dire davantage,
Et que, pour mieux comprendre un si triste discours,
Tu saches ma faiblesse et mes autres amours :
Une femme d'honneur peut avouer sans honte   165
Ces surprises des sens que la raison surmonte ;
Ce n'est qu'en ces assauts qu'éclate la vertu,
Et l'on doute d'un cœur qui n'a point combattu.
 Dans Rome, où je naquis, ce malheureux visage
D'un chevalier romain captiva le courage ;   170
Il s'appelait Sévère : excuse les soupirs
Qu'arrache encore un nom trop cher à mes désirs.

STRATONICE

Est-ce lui qui naguère, aux dépens de sa vie,
Sauva des ennemis votre empereur Décie,
Qui leur tira mourant la victoire des mains,   175
Et fit tourner le sort des Perses aux Romains ?
Lui, qu'entre tant de morts immolés à son maître,
On ne put rencontrer, ou du moins reconnaître ;
A qui Décie enfin, pour des exploits si beaux,
Fit si pompeusement dresser de vains tombeaux ?   180

PAULINE

Hélas ! c'était lui-même, et jamais notre Rome
N'a produit plus grand cœur, ni vu plus honnête homme.

---

168. Dans l'*Imitation* (I, 13), Corneille reproduira ce vers presque textuellement :

    Et l'on doute d'un cœur jusqu'à ce qu'il combatte.

182. Un *honnête homme*, au xviie siècle, se disait de celui qui avait toutes les qualités propres à se rendre aimable dans la société. Faret a écrit

21.

Puisque tu le connais, je ne t'en dirai rien.
Je l'aimais, Stratonice, il le méritait bien.
Mais que sert le mérite où manque la fortune ? 185
L'un était grand en lui, l'autre faible et commune ;
Trop invincible obstacle, et dont trop rarement
Triomphe auprès d'un père un vertueux amant !

STRATONICE

La digne occasion d'une rare constance !

PAULINE

Dis plutôt d'une indigne et folle résistance. 190
Quelque fruit qu'une fille en puisse recueillir,
Ce n'est une vertu que pour qui veut faillir.
 Parmi ce grand amour que j'avais pour Sévère,
J'attendais un époux de la main de mon père,
Toujours prête à le prendre ; et jamais ma raison 195
N'avoua de mes yeux l'aimable trahison.
Il possédait mon cœur, mes désirs, ma pensée ;
Je ne lui cachais point combien j'étais blessée.
Nous soupirions ensemble et pleurions nos malheurs ;
Mais, au lieu d'espérance, il n'avait que des pleurs, 200
Et, malgré des soupirs si doux, si favorables,
Mon père et mon devoir étaient inexorables.
Enfin je quittai Rome et ce parfait amant,
Pour suivre ici mon père en son gouvernement ;
Et lui, désespéré, s'en alla dans l'armée 205
Chercher d'un beau trépas l'illustre renommée.

---

l'Honnête Homme, ou l'Art de plaire à la cour (1630). Ici, on entendrait plutôt l'expression dans le sens d'homme d'honneur et de galant homme.

193. « *Parmi* demande toujours un pluriel ou un nom collectif. » (Voltaire.) « On peut condamner une locution pour deux raisons : d'abord pour l'usage ; mais l'usage et les meilleures autorités sont en faveur de *parmi* en cet emploi ; puis pour le sens propre du mot, mais le sens propre est justement celui que d'Olivet et Voltaire ont rejeté. » (Littré.) En effet, *parmi* revient à *par le milieu, per medium*.

Mais *parmi* ce plaisir quel chagrin me dévore ? (Racine, *Britannicus*, 695.)
Force moutons *parmi* la plaine. (La Fontaine, *Fables*, XI, 1.)

Le reste, tu le sais. Mon abord en ces lieux
Me fit voir Polyeucte, et je plus à ses yeux ;
Et, comme il est ici le chef de la noblesse,
Mon père fut ravi qu'il me prît pour maîtresse, 210
Et par son alliance il se crut assuré
D'être plus redoutable et plus considéré :
Il approuva sa flamme, et conclut l'hyménée ;
Et moi, comme à son lit je me vis destinée,
Je donnai par devoir à son affection 215
Tout ce que l'autre avait par inclination.
Si tu peux en douter, juge-le par la crainte
Dont en ce triste jour tu me vois l'âme atteinte.

STRATONICE

Elle fait assez voir à quel point vous l'aimez.
Mais quel songe, après tout, tient vos sens alarmés ? 220

PAULINE

Je l'ai vu cette nuit, ce malheureux Sévère,
La vengeance à la main, l'œil ardent de colère :
Il n'était point couvert de ces tristes lambeaux
Qu'une ombre désolée emporte des tombeaux ;
Il n'était point percé de ces coups pleins de gloire 225
Qui, retranchant sa vie, assurent sa mémoire ;
Il semblait triomphant, et tel que sur son char
Victorieux dans Rome entre notre César.
Après un peu d'effroi que m'a donné sa vue :
« Porte à qui tu voudras la faveur qui m'est due, 230
« Ingrate, m'a-t-il dit, et, ce jour expiré,
« Pleure à loisir l'époux que tu m'as préféré. »

---

222. *La vengeance*, l'instrument de la vengeance. Cf. *Cid*, 286.
226. Dans son *Poète courtisan*, du Bellay vante ces vrais poètes, qui
   Pour allonger leur gloire accourcissent leurs ans.
Avant Corneille aussi, Rotrou, dans sa *Crisante*, avait dit en un beau vers :
   Qui meurt par sa vertu revit par sa mémoire.
231. *Ce jour expiré,* sorte d'ablatif absolu.

A ces mots, j'ai frémi, mon âme s'est troublée;
Ensuite des chrétiens une impie assemblée,
Pour avancer l'effet de ce discours fatal, 235
A jeté Polyeucte aux pieds de son rival.
Soudain à son secours j'ai réclamé mon père;
Hélas! c'est de tout point ce qui me désespère,
J'ai vu mon père même, un poignard à la main,
Entrer le bras levé pour lui percer le sein : 240
Là, ma douleur trop forte a brouillé ces images;
Le sang de Polyeucte a satisfait leurs rages.
Je ne sais ni comment ni quand ils l'ont tué,
Mais je sais qu'à sa mort tous ont contribué :
Voilà quel est mon songe.

STRATONICE

Il est vrai qu'il est triste; 245
Mais il faut que votre âme à ces frayeurs résiste;
La vision, de soi, peut faire quelque horreur,
Mais non pas vous donner une juste terreur.
Pouvez-vous craindre un mort, pouvez-vous craindre un
[père
Qui chérit votre époux, que votre époux révère, 250
Et dont le juste choix vous a donnée à lui
Pour s'en faire en ces lieux un ferme et sûr appui?

PAULINE

Il m'en a dit autant, et rit de mes alarmes;
Mais je crains des chrétiens les complots et les charmes,
Et que sur mon époux leur troupeau ramassé 255
Ne venge tant de sang que mon père a versé.

242. Songez donc mieux qu'un père à ces affreux ravages
    Que partout de ce monstre épandirent *les rages*. (*Andromède*, 719.)
247. *De soi*, par soi-même.
    Massinisse, *de soi*, pourrait fort peu de chose. (*Sophonisbe*, 1245.)
255. *Ramassé sur*, se réunissant pour s'attaquer à.

STRATONICE

Leur secte est insensée, impie et sacrilège,
Et dans son sacrifice use de sortilège ;
Mais sa fureur ne va qu'à briser nos autels :
Elle n'en veut qu'aux dieux, et non pas aux mortels.   260
Quelque sévérité que sur eux on déploie,
Ils souffrent sans murmure, et meurent avec joie ;
Et, depuis qu'on les traite en criminels d'État,
On ne peut les charger d'aucun assassinat.

PAULINE

Tais-toi, mon père vient.

SCÈNE IV
FÉLIX, ALBIN, PAULINE, STRATONICE

FÉLIX

Ma fille, que ton songe   265
En d'étranges frayeurs ainsi que toi me plonge !
Que j'en crains les effets qui semblent s'approcher !

PAULINE

Quelle subite alarme ainsi vous peut toucher ?

FÉLIX

Sévère n'est point mort.

PAULINE

Quel mal nous fait sa vie ?

FÉLIX

Il est le favori de l'empereur Décie.   270

PAULINE

Après l'avoir sauvé des mains des ennemis,
L'espoir d'un si haut rang lui devenait permis ;
Le destin, aux grands cœurs si souvent mal propice,

---

259. *Ne va qu'à briser*, n'a pour but que de briser.

Se résout quelquefois à leur faire justice.

FÉLIX

Il vient ici lui-même.

PAULINE

Il vient!

FÉLIX

Tu le vas voir.   275

PAULINE

C'en est trop! Mais comment le pouvez-vous savoir?

FÉLIX

Albin l'a rencontré dans la proche campagne;
Un gros de courtisans en foule l'accompagne,
Et montré assez quel est son rang et son crédit;
Mais, Albin, redis-lui ce que ses gens t'ont dit.   280

ALBIN

Vous savez quelle fut cette grande journée,
Que sa perte pour nous rendit si fortunée,
Où l'Empereur captif, par sa main dégagé,
Rassura son parti, déjà découragé,
Tandis que sa vertu succomba sous le nombre;   285
Vous savez les honneurs qu'on fit faire à son ombre,
Après qu'entre les morts on ne put le trouver :
Le roi de Perse aussi l'avait fait enlever.
Témoin de ses hauts faits et de son grand courage,
Ce monarque en voulut connaître le visage;   290
On le mit dans sa tente, où, tout percé de coups,
Tout mort qu'il paraissait, il fit mille jaloux;
Là bientôt il montra quelque signe de vie :
Ce prince généreux en eut l'âme ravie,

---

278. *Gros* est ici pris substantivement pour troupe : « un *gros* armé d'amis et de valets » (*Théodore*, 1798), « un *gros* de mutinés » (*Héraclius*, 174).

286. Il faudrait *qu'on rendît*, selon Voltaire ; pourtant Mme de Sévigné écrit : « On vous *fait* des honneurs extrêmes... Je voudrais savoir si vous êtes entièrement insensible à tous les honneurs qu'on vous *fait*. »

Et sa joie, en dépit de son dernier malheur, 295
Du bras qui le causait honora la valeur ;
Il en fit prendre soin, la cure en fut secrète ;
Et, comme au bout d'un mois sa santé fut parfaite,
Il offrit dignités, alliances, trésors,
Et pour gagner Sévère il fit cent vains efforts. 300
Après avoir comblé ses refus de louange,
Il envoie à Décie en proposer l'échange ;
Et soudain l'Empereur, transporté de plaisir,
Offre au Perse son frère, et cent chefs à choisir.
Ainsi revint au camp le valeureux Sévère 305
De sa haute vertu recevoir le salaire ;
La faveur de Décie en fut le digne prix.
De nouveau l'on combat, et nous sommes surpris.
Ce malheur toutefois sert à croître sa gloire :
Lui seul rétablit l'ordre, et gagne la victoire, 310
Mais si belle et si pleine, et par tant de beaux faits,
Qu'on nous offre tribut, et nous faisons la paix.
L'Empereur, qui lui montre une amour infinie,
Après ce grand succès l'envoie en Arménie ;
Il vient en apporter la nouvelle en ces lieux, 315
Et par un sacrifice en rendre hommage aux dieux.

FÉLIX

O ciel ! en quel état ma fortune est réduite !

ALBIN

Voilà ce que j'ai su d'un homme de sa suite,
Et j'ai couru, Seigneur, pour vous y disposer.

FÉLIX

Ah ! sans doute, ma fille, il vient pour t'épouser ; 320
L'ordre d'un sacrifice est pour lui peu de chose ;
C'est un prétexte faux dont l'amour est la cause.

PAULINE

Cela pourrait bien être : il m'aimait chèrement.

FÉLIX

Que ne permettra-t-il à son ressentiment ?
Et jusques à quel point ne porte sa vengeance 325
Une juste colère avec tant de puissance ?
Il nous perdra, ma fille.

PAULINE
            Il est trop généreux.

FÉLIX
Tu veux flatter en vain un père malheureux ;
Il nous perdra, ma fille. Ah ! regret qui me tue
De n'avoir pas aimé la vertu toute nue ! 330
Ah ! Pauline, en effet, tu m'as trop obéi ;
Ton courage était bon, ton devoir l'a trahi.
Que ta rébellion m'eût été favorable !
Qu'elle m'eût garanti d'un état déplorable !
Si quelque espoir me reste, il n'est plus aujourd'hui 335
Qu'en l'absolu pouvoir qu'il te donnait sur lui ;
Ménage en ma faveur l'amour qui le possède,
Et d'où provient mon mal fais sortir le remède.

PAULINE
Moi ! moi ! que je revoie un si puissant vainqueur,
Et m'expose à des yeux qui me percent le cœur ! 340
Mon père, je suis femme, et je sais ma faiblesse ;
Je sens déjà mon cœur qui pour lui s'intéresse,
Et poussera sans doute, en dépit de ma foi,
Quelque soupir indigne et de vous et de moi.
Je ne le verrai point.

FÉLIX
            Rassure un peu ton âme. 345

---

332. Les sentiments de ton cœur ne te trompaient pas, mais ils ont été trahis par ton obéissance à la volonté paternelle.
341. Racine, se souvenant peut-être de Corneille, fait dire à Monime :
    De mes faibles efforts ma vertu se défie.
    Je sais qu'en vous voyant un tendre souvenir
    Peut m'arracher du cœur quelque indigne soupir,
    Que je verrai mon âme, en secret déchirée,
    Revoler vers le lieu dont elle est séparée. (*Mithridate*, II, 6.)

PAULINE

Il est toujours aimable et je suis toujours femme ;
Dans le pouvoir sur moi que ses regards ont eu
Je n'ose m'assurer de toute ma vertu.
Je ne le verrai point.

FÉLIX

        Il faut le voir, ma fille,
Ou tu trahis ton père et toute ta famille. 350

PAULINE

C'est à moi d'obéir, puisque vous commandez ;
Mais voyez les périls où vous me hasardez.

FÉLIX

Ta vertu m'est connue.

PAULINE

        Elle vaincra sans doute ;
Ce n'est pas le succès que mon âme redoute :
Je crains ce dur combat et ces troubles puissants 355
Que fait déjà chez moi la révolte des sens ;
Mais, puisqu'il faut combattre un ennemi que j'aime,
Souffrez que je me puisse armer contre moi-même,
Et qu'un peu de loisir me prépare à le voir.

FÉLIX

Jusqu'au-devant des murs je vais le recevoir ; 360
Rappelle cependant tes forces étonnées,
Et songe qu'en tes mains tu tiens nos destinées.

PAULINE

Oui, je vais de nouveau dompter mes sentiments,
Pour servir de victime à vos commandements.

---

348. *Je ne m'assure pas de*, c'est-à-dire je ne suis pas sûre de ma vertu *vertu* a plutôt ici le sens latin de *force* que celui d'*honnêteté*.

360. *Au-devant des murs*, en avant, au delà des murs, tournure très rare.

ACTE DEUXIÈME

SCÈNE I

SÉVÈRE, FABIAN

SÉVÈRE

Cependant que Félix donne ordre au sacrifice, 365
Pourrai-je prendre un temps à mes vœux si propice ?
Pourrai-je voir Pauline, et rendre à ses beaux yeux
L'hommage souverain que l'on va rendre aux dieux ?
Je ne t'ai point celé que c'est ce qui m'amène :
Le reste est un prétexte à soulager ma peine ; 370
Je viens sacrifier, mais c'est à ses beautés
Que je viens immoler toutes mes volontés.

FABIAN

Vous la verrez, Seigneur.

SÉVÈRE

Ah ! quel comble de joie !
Cette chère beauté consent que je la voie !
Mais ai-je sur son âme encor quelque pouvoir ? 375
Quelque reste d'amour s'y fait-il encor voir ?
Quel trouble, quel transport lui cause ma venue ?
Puis-je tout espérer de cette heureuse vue ?
Car je voudrais mourir plutôt que d'abuser
Des lettres de faveur que j'ai pour l'épouser ; 380
Elles sont pour Félix, non pour triompher d'elle :

366. *Un temps*, une occasion : « Un *temps* bien *pris* peut tout. » (*Othon*, 1277.)
380. *Lettres de faveur*, lettres de recommandation écrites par l'empereur.

Jamais à ses désirs mon cœur ne fut rebelle ;
Et, si mon mauvais sort avait changé le sien,
Je me vaincrais moi-même, et ne prétendrais rien.

FABIAN

Vous la verrez, c'est tout ce que je puis vous dire. 385

SÉVÈRE

D'où vient que tu frémis, et que ton cœur soupire ?
Ne m'aime-t-elle plus ? éclaircis-moi ce point.

FABIAN

M'en croirez-vous, Seigneur ? ne la revoyez point ;
Portez en lieu plus haut l'honneur de vos caresses :
Vous trouverez à Rome assez d'autres maîtresses ; 390
Et, dans ce haut degré de puissance et d'honneur,
Les plus grands y tiendront votre amour à bonheur.

SÉVÈRE

Qu'à des pensers si bas mon âme se ravale !
Que je tienne Pauline à mon sort inégale !
Elle en a mieux usé, je la dois imiter ; 395
Je n'aime mon bonheur que pour le mériter.
Voyons-la, Fabian, ton discours m'importune ;
Allons mettre à ses pieds cette haute fortune :
Je l'ai dans les combats trouvée heureusement
En cherchant une mort digne de son amant ; 400
Ainsi ce rang est sien, cette faveur est sienne,
Et je n'ai rien enfin que d'elle je ne tienne.

FABIAN

Non, mais, encore un coup, ne la revoyez point.

---

389. Corneille dit fréquemment : aimer en même lieu, en bon lieu.

J'aime en un *lieu*, Seigneur, où je ne puis atteindre.
(Rotrou, *Venceslas*, III, 6.)

392. *Y tiendront votre amour à bonheur*, c'est-à-dire : regarderont comme un bonheur de voir leur fille aimée de vous.

401. Avec moins de subtilité, le Titus de Racine explique à son confident comment la seule envie de plaire à Bérénice l'a rendu brave et bienfaisant.

SÉVÈRE

Ah ! c'en est trop ; enfin éclaircis-moi ce point :
As-tu vu des froideurs quand tu l'en as priée ?   405

FABIAN

Je tremble à vous le dire ; elle est...

SÉVÈRE

      Quoi ?

FABIAN

        Mariée.

SÉVÈRE

Soutiens-moi, Fabian ; ce coup de foudre est grand,
Et frappe d'autant plus que plus il me surprend.

FABIAN

Seigneur, qu'est devenu ce généreux courage ?

SÉVÈRE

La constance est ici d'un difficile usage :   410
De pareils déplaisirs accablent un grand cœur ;
La vertu la plus mâle en perd toute vigueur ;
Et, quand d'un feu si beau les âmes sont éprises,
La mort les trouble moins que de telles surprises.
Je ne suis plus à moi, quand j'entends ce discours.   415
Pauline est mariée !

FABIAN

    Oui, depuis quinze jours,
Polyeucte, un seigneur des premiers d'Arménie,
Goûte de son hymen la douceur infinie.

SÉVÈRE

Je ne la puis du moins blâmer d'un mauvais choix :

---

405. *Quand tu l'en as priée ; en* exprime ici l'idée sous-entendue, mais toujours présente à l'esprit de Sévère, d'une entrevue avec Pauline.

410. « La philosophie triomphe aisément des maux passés et des maux à venir, mais les maux présents triomphent d'elle. » (La Rochefoucauld.)

Polyeucte a du nom, et sort du sang des rois. 420
Faibles soulagements d'un malheur sans remède !
Pauline, je verrai qu'un autre vous possède !
 O ciel, qui malgré moi me renvoyez au jour,
O sort, qui redonniez l'espoir à mon amour,
Reprenez la faveur que vous m'avez prêtée, 425
Et rendez-moi la mort que vous m'avez ôtée !
 Voyons-la toutefois, et, dans ce triste lieu,
Achevons de mourir en lui disant adieu ;
Que mon cœur, chez les morts emportant son image,
De son dernier soupir puisse lui faire hommage ! 430

FABIAN

Seigneur, considérez...

SÉVÈRE

Tout est considéré.
Quel désordre peut craindre un cœur désespéré ?
N'y consent-elle pas ?

FABIAN

Oui, Seigneur, mais...

SÉVÈRE

N'importe.

FABIAN

Cette vive douleur en deviendra plus forte.

SÉVÈRE

Et ce n'est pas un mal que je veuille guérir ; 435
Je ne veux que la voir, soupirer et mourir.

---

420. M™ de Sévigné nous apprend (31 décembre 1670) qu'elle fit une application de ces vers à Lauzun, dont M¹¹ᵉ de Montpensier lui vantait la noblesse, et que la princesse, ravie de la citation, l'embrassa fort.

421. . . . . Solatia luctus
    Exigua ingentis. (Virgile.)

422. Xipharès dit de même à Monime, qu'il va perdre :
    Quoi ! j'aurai pu toucher un cœur comme le vôtre !
    Vous aurez pu m'aimer, et cependant un autre
    Possédera ce cœur dont j'attirais les vœux ! (Racine, *Mithridate*, II, 6.)

FABIAN

Vous vous échapperez, sans doute, en sa présence :
Un amant qui perd tout n'a plus de complaisance ;
Dans un tel entretien il suit sa passion,
Et ne pousse qu'injure et qu'imprécation. 440

SÉVÈRE

Juge autrement de moi : mon respect dure encore ;
Tout violent qu'il est, mon désespoir l'adore.
Quels reproches aussi peuvent m'être permis ?
De quoi puis-je accuser qui ne m'a rien promis ?
Elle n'est point parjure, elle n'est point légère ; 445
Son devoir m'a trahi, mon malheur, et son père.
Mais son devoir fut juste, et son père eut raison :
J'impute à mon malheur toute la trahison ;
Un peu moins de fortune, et plus tôt arrivée,
Eût gagné l'un par l'autre, et me l'eût conservée ; 450
Trop heureux, mais trop tard, je n'ai pu l'acquérir :
Laisse-la-moi donc voir, soupirer et mourir.

FABIAN

Oui, je vais l'assurer qu'en ce malheur extrême
Vous êtes assez fort pour vous vaincre vous-même.
Elle a craint comme moi ces premiers mouvements 455
Qu'une perte imprévue arrache aux vrais amants,
Et dont la violence excite assez de trouble,
Sans que l'objet présent l'irrite et le redouble.

SÉVÈRE

Fabian, je la vois.

---

437. *S'échapper* se dit de tout emportement de colère, ou de passion : Je sors, pour ne *me* point *échapper* devant vous. (Th. Corneille, *l'Inconnu*, [IV, 2.])

446. « L'exactitude demanderait : son devoir et son père et mon malheur m'ont trahi ; mais la passion rend ce désordre de paroles très beau. » (Voltaire.) On verra, au vers 849, un exemple d'un verbe au singulier après trois sujets différents.

450. *L'un*, Félix, *par l'autre*, Pauline.

FABIAN
Seigneur, souvenez-vous...
SÉVÈRE
Hélas ! elle aime un autre, un autre est son époux.   460

SCÈNE II
SÉVÈRE, PAULINE, STRATONICE, FABIAN

PAULINE
Oui, je l'aime, Seigneur, et n'en fais point d'excuse ;
Que tout autre que moi vous flatte et vous abuse,
Pauline a l'âme noble, et parle à cœur ouvert.
Le bruit de votre mort n'est pas ce qui vous perd.
Si le ciel en mon choix eût mis mon hyménée,   465
A vos seules vertus je me serais donnée,
Et toute la rigueur de votre premier sort
Contre votre mérite eût fait un vain effort.
Je découvrais en vous d'assez illustres marques
Pour vous préférer même aux plus heureux monarques ;   470
Mais, puisque mon devoir m'imposait d'autres lois,
De quelque amant pour moi que mon père eût fait choix,
Quand à ce grand pouvoir que la valeur vous donne
Vous auriez ajouté l'éclat d'une couronne,
Quand je vous aurais vu, quand je l'aurais haï,   475
J'en aurais soupiré, mais j'aurais obéi,
Et sur mes passions ma raison souveraine
Eût blâmé mes soupirs et dissipé ma haine.
SÉVÈRE
Que vous êtes heureuse ! et qu'un peu de soupirs
Fait un aisé remède à tous vos déplaisirs !   480

---

461. *Je n'en fais point d'excuse*, je n'essaye pas de m'en excuser :
J'atteste qu'on m'y force, et *n'en fais point d'excuse*. (*Andromède*, 1683.)

Ainsi, de vos désirs toujours reine absolue,
Les plus grands changements vous trouvent résolue;
De la plus forte ardeur vous portez vos esprits
Jusqu'à l'indifférence, et peut-être au mépris;
Et votre fermeté fait succéder sans peine 485
La faveur au dédain, et l'amour à la haine.
Qu'un peu de votre humeur ou de votre vertu
Soulagerait les maux de ce cœur abattu!
Un soupir, une larme à regret épandue
M'aurait déjà guéri de vous avoir perdue : 490
Ma raison pourrait tout sur l'amour affaibli,
Et de l'indifférence irait jusqu'à l'oubli;
Et, mon feu désormais se réglant sur le vôtre,
Je me tiendrais heureux entre les bras d'une autre.
O trop aimable objet, qui m'avez trop charmé, 495
Est-ce là comme on aime, et m'avez-vous aimé?

PAULINE

Je vous l'ai trop fait voir, Seigneur; et si mon âme
Pouvait bien étouffer les restes de sa flamme,
Dieux, que j'éviterais de rigoureux tourments!
Ma raison, il est vrai, dompte mes sentiments; 500
Mais, quelque autorité que sur eux elle ait prise,
Elle n'y règne pas, elle les tyrannise;
Et, quoique le dehors soit sans émotion,
Le dedans n'est que trouble et que sédition.
Un je ne sais quel charme encor vers vous m'emporte; 505
Votre mérite est grand, si ma raison est forte :
Je le vois encor tel qu'il alluma mes feux
D'autant plus puissamment solliciter mes vœux
Qu'il est environné de puissance et de gloire,

---

487. *Humeur*, dans le sens de *caractère*.

504. *Le dedans*: l'âme. « Par l'agitation *du dedans*, la disposition du dehors est toute changée. » (Bossuet, *Connaissance de Dieu*, II, 12.)

505. *Un je ne sais quel charme auprès d'elle m'attache.* (*Suivante*, 141.)

Qu'en tous lieux après vous il traîne la victoire, 510
Que j'en sais mieux le prix, et qu'il n'a point déçu
Le généreux espoir que j'en avais conçu.
Mais ce même devoir qui le vainquit dans Rome,
Et qui me range ici dessous les lois d'un homme,
Repousse encor si bien l'effort de tant d'appas, 515
Qu'il déchire mon âme et ne l'ébranle pas.
C'est cette vertu même, à nos désirs cruelle,
Que vous louiez alors en blasphémant contre elle :
Plaignez-vous-en encor ; mais louez sa rigueur
Qui triomphe à la fois de vous et de mon cœur, 520
Et voyez qu'un devoir moins ferme et moins sincère
N'aurait pas mérité l'amour du grand Sévère.

SÉVÈRE

Ah! Madame, excusez une aveugle douleur
Qui ne connaît plus rien que l'excès du malheur :
Je nommais inconstance, et prenais pour un crime 525
De ce juste devoir l'effort le plus sublime.
De grâce, montrez moins à mes sens désolés
La grandeur de ma perte et ce que vous valez ;
Et, cachant par pitié cette vertu si rare,
Qui redouble mes feux lorsqu'elle nous sépare, 530
Faites voir des défauts qui puissent à leur tour
Affaiblir ma douleur avecque mon amour.

PAULINE

Hélas! cette vertu, quoique enfin invincible,
Ne laisse que trop voir une âme trop sensible.
Ces pleurs en sont témoins, et ces lâches soupirs 535
Qu'arrachent de nos feux les cruels souvenirs :
Trop rigoureux effets d'une aimable présence

---

513. « On cherche à quoi se rapporte ce *le*, et on trouve que c'est à *espoir*. » (Voltaire.) « Ce *le* ne se rapporte point à *espoir* ; il se rapporte à ce charme qui entraînait Pauline vers Sévère, à ce *mérite* qu'elle voit encore en lui, comme elle le voyait lorsqu'elle pouvait se flatter de l'obtenir pour époux. » (Palissot.)

Contre qui mon devoir a trop peu de défense!
Mais, si vous estimez ce vertueux devoir,
Conservez-m'en la gloire, et cessez de me voir. 540
Épargnez-moi des pleurs qui coulent à ma honte;
Épargnez-moi des feux qu'à regret je surmonte;
Enfin épargnez-moi ces tristes entretiens,
Qui ne font qu'irriter vos tourments et les miens.

SÉVÈRE

Que je me prive ainsi du seul bien qui me reste! 545

PAULINE

Sauvez-vous d'une vue à tous les deux funeste.

SÉVÈRE

Quel prix de mon amour! quel fruit de mes travaux!

PAULINE

C'est le remède seul qui peut guérir nos maux.

SÉVÈRE

Je veux mourir des miens : aimez-en la mémoire.

PAULINE

Je veux guérir des miens; ils souilleraient ma gloire. 550

SÉVÈRE

Ah! puisque votre gloire en prononce l'arrêt,
Il faut que ma douleur cède à son intérêt.
Est-il rien que sur moi cette gloire n'obtienne?
Elle me rend les soins que je dois à la mienne.
Adieu. Je vais chercher au milieu des combats 555
Cette immortalité que donne un beau trépas,
Et remplir dignement, par une mort pompeuse,
De mes premiers exploits l'attente avantageuse,
Si toutefois, après ce coup mortel du sort,
J'ai de la vie assez pour chercher une mort. 560

548. *C'est le remède seul qui peut,* le seul remède qui puisse.

PAULINE
Et moi, dont votre vue augmente le supplice,
Je l'éviterai même en votre sacrifice ;
Et, seule dans ma chambre enfermant mes regrets,
Je vais pour vous aux dieux faire des vœux secrets.

SÉVÈRE
Puisse le juste ciel, content de ma ruine, 565
Combler d'heur et de jours Polyeucte et Pauline !

PAULINE
Puisse trouver Sévère, après tant de malheur,
Une félicité digne de sa valeur !

SÉVÈRE
Il la trouvait en vous.

PAULINE
Je dépendais d'un père.

SÉVÈRE
O devoir qui me perd et qui me désespère ! 570
Adieu, trop vertueux objet, et trop charmant.

PAULINE
Adieu, trop malheureux et trop parfait amant.

SCÈNE III
PAULINE, STRATONICE

STRATONICE
Je vous ai plaint tous deux, j'en verse encor des larmes ;
Mais du moins votre esprit est hors de vos alarmes :
Vous voyez clairement que votre songe est vain ; 575
Sévère ne vient pas la vengeance à la main.

---

562. Il s'agit du sacrifice que Sévère va offrir aux dieux.

565. *Content de, contentus,* se contentant d'avoir ruiné mon bonheur.

573. Corneille a écrit *plaint* sans accord. Au reste, dans ses *Remarques nouvelles,* le P. Bouhours établissait comme règle que le participe redevient indéclinable quand il est suivi d'autre chose.

PAULINE

Laisse-moi respirer du moins, si tu m'as plainte :
Au fort de ma douleur tu rappelles ma crainte ;
Souffre un peu de relâche à mes esprits troublés,
Et ne m'accable point par des maux redoublés. 580

STRATONICE

Quoi ! vous craignez encor ?

PAULINE

Je tremble, Stratonice ;
Et, bien que je m'effraye avec peu de justice,
Cette injuste frayeur sans cesse reproduit
L'image des malheurs que j'ai vus cette nuit.

STRATONICE

Sévère est généreux.

PAULINE

Malgré sa retenue, 585
Polyeucte sanglant frappe toujours ma vue.

STRATONICE

Vous voyez ce rival faire des vœux pour lui.

PAULINE

Je crois même au besoin qu'il serait son appui :
Mais, soit cette croyance ou fausse ou véritable,
Son séjour en ce lieu m'est toujours redoutable ; 590
A quoi que sa vertu puisse le disposer,
Il est puissant, il m'aime, et vient pour m'épouser.

SCÈNE IV
POLYEUCTE, NÉARQUE, STRATONICE, PAULINE

POLYEUCTE

C'est trop verser de pleurs : il est temps qu'ils tarissent,

---

585. Ce mot de *retenue* semble faible en cet endroit où il ne s'agit pas seulement de la modération, mais de la magnanimité de Sévère.
589. C'est-à-dire : que cette croyance soit fausse ou qu'elle soit vraie.
592. On attend *il venait*, puisque Sévère a trouvé Pauline mariée, mais l'indicatif présent est entraîné par les indicatifs présents qui précèdent.

Que votre douleur cesse et vos craintes finissent ;
Malgré les faux avis par vos dieux envoyés, 595
Je suis vivant, Madame, et vous me revoyez.

PAULINE

Le jour est encor long, et, ce qui plus m'effraie,
La moitié de l'avis se trouve déjà vraie :
J'ai cru Sévère mort, et je le vois ici.

POLYEUCTE

Je le sais ; mais enfin j'en prends peu de souci. 600
Je suis dans Mélitène, et, quel que soit Sévère,
Votre père y commande, et l'on m'y considère ;
Et je ne pense pas qu'on puisse avec raison
D'un cœur tel que le sien craindre une trahison :
On m'avait assuré qu'il vous faisait visite, 605
Et je venais lui rendre un honneur qu'il mérite.

PAULINE

Il vient de me quitter assez triste et confus ;
Mais j'ai gagné sur lui qu'il ne me verra plus.

POLYEUCTE

Quoi ! vous me soupçonnez déjà de quelque ombrage ?

PAULINE

Je ferais à tous trois un trop sensible outrage. 610
J'assure mon repos que troublent ses regards.
La vertu la plus ferme évite les hasards :
Qui s'expose au péril veut bien trouver sa perte ;
Et, pour vous en parler avec une âme ouverte,
Depuis qu'un vrai mérite a pu nous enflammer, 615
Sa présence toujours a droit de nous charmer.
Outre qu'on doit rougir de s'en laisser surprendre,
On souffre à résister, on souffre à s'en défendre ;
Et, bien que la vertu triomphe de ces feux,

---

615. *Depuis que*, dès que.
  Ce n'est plus obéir *depuis qu*'on examine. (*Suivante*, 718.)

La victoire est pénible, et le combat honteux. 620

POLYEUCTE

O vertu trop parfaite, et devoir trop sincère,
Que vous devez coûter de regrets à Sévère !
Qu'aux dépens d'un beau feu vous me rendez heureux,
Et que vous êtes doux à mon cœur amoureux !
Plus je vois mes défauts et plus je vous contemple, 625
Plus j'admire...

SCÈNE V

POLYEUCTE, PAULINE, NÉARQUE, STRATONICE,

CLÉON,

CLÉON

Seigneur, Félix vous mande au temple ;
La victime est choisie, et le peuple à genoux,
Et pour sacrifier on n'attend plus que vous.

POLYEUCTE

Va, nous allons te suivre. Y venez-vous, Madame ?

PAULINE

Sévère craint ma vue, elle irrite sa flamme ; 630
Je lui tiendrai parole, et ne veux plus le voir.
Adieu : vous l'y verrez ; pensez à son pouvoir,
Et ressouvenez-vous que sa faveur est grande.

POLYEUCTE

Allez, tout son crédit n'a rien que j'appréhende ;
Et, comme je connais sa générosité, 635
Nous ne nous combattrons que de civilité.

---

636. *Civilité* était usité dans le style élevé. Cf. *Nicomède*, 150 et 738.

SCÈNE VI

NÉARQUE, POLYEUCTE

NÉARQUE

Où pensez-vous aller ?

POLYEUCTE

Au temple où l'on m'appelle.

NÉARQUE

Quoi ! vous mêler aux vœux d'une troupe infidèle !
Oubliez-vous déjà que vous êtes chrétien ?

POLYEUCTE

Vous par qui je le suis, vous en souvient-il bien ? 640

NÉARQUE

J'abhorre les faux dieux.

POLYEUCTE

Et moi je les déteste.

NÉARQUE

Je tiens leur culte impie.

POLYEUCTE

Et je le tiens funeste.

NÉARQUE

Fuyez donc leurs autels.

POLYEUCTE

Je les veux renverser,
Et mourir dans leur temple, ou les y terrasser.
Allons, mon cher Néarque, allons aux yeux des hommes 645
Braver l'idolâtrie, et montrer qui nous sommes :
C'est l'attente du Ciel, il nous faut la remplir ;
Je viens de le promettre, et je vais l'accomplir.
Je rends grâces au Dieu que tu m'as fait connaître

De cette occasion qu'il a sitôt fait naître, 650
Où déjà sa bonté, prête à me couronner,
Daigne éprouver la foi qu'il vient de me donner.

NÉARQUE

Ce zèle est trop ardent, souffrez qu'il se modère.

POLYEUCTE

On n'en peut avoir trop pour le Dieu qu'on révère.

NÉARQUE

Vous trouverez la mort.

POLYEUCTE

Je la cherche pour lui. 655

NÉARQUE

Et si ce cœur s'ébranle ?

POLYEUCTE

Il sera mon appui.

NÉARQUE

Il ne commande point que l'on s'y précipite.

POLYEUCTE

Plus elle est volontaire, et plus elle mérite.

NÉARQUE

Il suffit, sans chercher, d'attendre et de souffrir.

POLYEUCTE

On souffre avec regret, quand on n'ose s'offrir. 660

NÉARQUE

Mais dans ce temple enfin la mort est assurée.

POLYEUCTE

Mais dans le ciel déjà la palme est préparée.

651. Il s'agit de la *couronne* du martyre, sûre promesse de la béatitude.
658. *Plus elle mérite*, plus elle est méritoire. « Ce ne sont ni les austérités du corps, ni les agitations de l'esprit, mais les bons mouvements du cœur qui méritent. » (Pascal, *Lettres à Mlle de Roannez*, 6.)
660. Aux vers 684 et 768, *s'offrir* a, comme ici, la signification de s'offrir en holocauste. C'est ce que, dans le même style, on appelle l'*oblation*.

NÉARQUE
Par une sainte vie il faut la mériter.
POLYEUCTE
Mes crimes, en vivant, me la pourraient ôter.
Pourquoi mettre au hasard ce que la mort assure ? 665
Quand elle ouvre le ciel, peut-elle sembler dure ?
Je suis chrétien, Néarque, et le suis tout à fait ;
La foi que j'ai reçue aspire à son effet.
Qui fuit croit lâchement, et n'a qu'une foi morte.
NÉARQUE
Ménagez votre vie, à Dieu même elle importe : 670
Vivez pour protéger les chrétiens en ces lieux.
POLYEUCTE
L'exemple de ma mort les fortifiera mieux.
NÉARQUE
Vous voulez donc mourir ?
POLYEUCTE
Vous aimez donc à vivre ?
NÉARQUE
Je ne puis déguiser que j'ai peine à vous suivre.
Sous l'horreur des tourments je crains de succomber. 675
POLYEUCTE
Qui marche assurément n'a point peur de tomber :
Dieu fait part, au besoin, de sa force infinie.

664. *En vivant, si je vivais,* tour aujourd'hui peu correct.
665. *Au hasard,* au péril. « C'est tout *mettre au hasard.* » (*Menteur,* 412.)
668. La foi qu'il a reçue, le baptême qu'il vient de recevoir, aspire à produire ses résultats, et l'effet, ce sera le renversement des idoles.
669. La foi qui n'agit point, est-ce une foi sincère ? (*Athalie,* I, 1.)
676. *Assurément* a ici son sens propre, avec assurance, fermeté.
677. *Fait part,* donne aux hommes une part de sa force. *Au besoin,* dans la crise du martyre :
Cette vigueur peut-être est un effort humain.
Non, non, cette vertu, Seigneur, vient de ta main ;
L'âme l'a prise au lieu de sa propre origine,
Et, comme les effets, la source en est divine.
(Rotrou, *Saint Genest,* II, 5.)

Qui craint de le nier, dans son âme le nie ;
Il croit le pouvoir faire, et doute de sa foi.

NÉARQUE

Qui n'appréhende rien présume trop de soi. 680

POLYEUCTE

J'attends tout de sa grâce, et rien de ma faiblesse.
Mais, loin de me presser, il faut que je vous presse !
D'où vient cette froideur ?

NÉARQUE

Dieu même a craint la mort.

POLYEUCTE

Il s'est offert pourtant : suivons ce saint effort ;
Dressons-lui des autels sur des monceaux d'idoles. 685
Il faut, je me souviens encor de vos paroles,
Négliger, pour lui plaire, et femme, et biens, et rang,
Exposer pour sa gloire et verser tout son sang.
Hélas ! qu'avez-vous fait de cette amour parfaite
Que vous me souhaitiez et que je vous souhaite ? 690
S'il vous en reste encor, n'êtes-vous point jaloux
Qu'à grand'peine chrétien, j'en montre plus que vous ?

NÉARQUE

Vous sortez du baptême, et ce qui vous anime,
C'est sa grâce qu'en vous n'affaiblit aucun crime ;
Comme encor tout entière, elle agit pleinement, 695
Et tout semble possible à son feu véhément.
Mais cette même grâce, en moi diminuée,
Et par mille péchés sans cesse exténuée,

---

678. Qui craint de renier son Dieu *devant l'horreur des supplices* le nie déjà au fond de son âme. — *Il croit le pouvoir faire*, c'est-à-dire renier Dieu devant les bourreaux.
695. *Comme tout entière*, comme elle est encore tout entière.
698. *Exténuée*, affaiblie, latinisme.

..... Votre ardeur, à force d'éclater,
S'exhale, se dissipe, ou du moins *s'exténue*. (*Agésilas*, IV, 3.)

Agit aux grands effets avec tant de langueur,
Que tout semble impossible à son peu de vigueur. 700
Cette indigne mollesse et ces lâches défenses
Sont des punitions qu'attirent mes offenses ;
Mais Dieu, dont on ne doit jamais se défier,
Me donne votre exemple à me fortifier.
Allons, cher Polyeucte, allons aux yeux des hommes 705
Braver l'idolâtrie, et montrer qui nous sommes ;
Puissé-je vous donner l'exemple de souffrir,
Comme vous me donnez celui de vous offrir !

POLYEUCTE

A cet heureux transport que le ciel vous envoie,
Je reconnais Néarque, et j'en pleure de joie. 710
 Ne perdons plus de temps, le sacrifice est prêt ;
Allons-y du vrai Dieu soutenir l'intérêt ;
Allons fouler aux pieds ce foudre ridicule
Dont arme un bois pourri ce peuple trop crédule ;
Allons en éclairer l'aveuglement fatal ; 715
Allons briser ces dieux de pierre et de métal :
Abandonnons nos jours à cette ardeur céleste ;
Faisons triompher Dieu : qu'il dispose du reste !

NÉARQUE

Allons faire éclater sa gloire aux yeux de tous,
Et répondre avec zèle à ce qu'il veut de nous. 720

---

699. *Aux grands effets,* dans ou *pour* les grands effets, lorsqu'il est besoin de manifester sa croyance par des actes.

ACTE TROISIÈME

SCÈNE I

PAULINE

Que de soucis flottants, que de confus nuages
Présentent à mes yeux d'inconstantes images !
Douce tranquillité, que je n'ose espérer,
Que ton divin rayon tarde à les éclairer !
Mille agitations, que mes troubles produisent, 725
Dans mon cœur ébranlé tour à tour se détruisent :
Aucun espoir n'y coule où j'ose persister,
Aucun effroi n'y règne où j'ose m'arrêter.
Mon esprit, embrassant tout ce qu'il s'imagine,
Voit tantôt mon bonheur, et tantôt ma ruine, 730
Et suit leur vaine idée avec si peu d'effet
Qu'il ne peut espérer ni craindre tout à fait.
Sévère incessamment brouille ma fantaisie :
J'espère en sa vertu, je crains sa jalousie ;
Et je n'ose penser que d'un œil bien égal 735
Polyeucte en ces lieux puisse voir son rival.
Comme entre deux rivaux la haine est naturelle,
L'entrevue aisément se termine en querelle :
L'un voit aux mains d'autrui ce qu'il croit mériter,
L'autre un désespéré qui peut trop attenter. 740
Quelque haute raison qui règle leur courage,
L'un conçoit de l'envie, et l'autre de l'ombrage ;

---

731. *Idée* a ici le sens étymologique d'*image* (*tout ce qu'il s'imagine*).
   Mais de ce souvenir mon âme possédée
   A deux fois en dormant revu la même *idée*. (Racine, *Athalie*, II, 5.)
733. *Brouille ma fantaisie*, trouble mon imagination.
740. *Trop attenter*, se laisser entraîner à des entreprises excessives.

La honte d'un affront, que chacun d'eux croit voir
Ou de nouveau reçue, ou prête à recevoir,
Consumant dès l'abord toute leur patience, 745
Forme de la colère et de la défiance,
Et, saisissant ensemble et l'époux et l'amant,
En dépit d'eux les livre à leur ressentiment.
Mais que je me figure une étrange chimère,
Et que je traite mal Polyeucte et Sévère ! 750
Comme si la vertu de ces fameux rivaux
Ne pouvait s'affranchir de ces communs défauts !
Leurs âmes à tous deux, d'elles-mêmes maîtresses,
Sont d'un ordre trop haut pour de telles bassesses :
Ils se verront au temple en hommes généreux. 755
Mais, las ! ils se verront, et c'est beaucoup pour eux.
Que sert à mon époux d'être dans Mélitène,
Si contre lui Sévère arme l'aigle romaine,
Si mon père y commande, et craint ce favori,
Et se repent déjà du choix de mon mari ? 760
Si peu que j'ai d'espoir ne luit qu'avec contrainte ;
En naissant il avorte, et fait place à la crainte ;
Ce qui doit l'affermir sert à le dissiper.
Dieux ! faites que ma peur puisse enfin se tromper !

SCÈNE II

PAULINE, STRATONICE

PAULINE

Mais sachons-en l'issue. Eh bien, ma Stratonice, 765

---

744. *A recevoir*, à être reçue. Corneille dit de même :
Une perte facile et prête *à réparer*. (*Othon*, 1696.)
756. *C'est beaucoup pour eux*, c'est pour eux un assez grand danger.
761. *Si peu que j'ai*, le peu que j'ai d'espoir. « Il manquait déjà beaucoup de choses à son armée : 1° de l'eau pour boire, les ennemis ayant empoisonné *si peu qu'il y en avait* de bonne. » (Mézeray, *Abrégé de l'histoire de France*.)
765. *En* se rapporte à l'idée dont Pauline est obsédée, celle de cette cérémonie où les deux rivaux ont dû se voir.

Comment s'est terminé ce pompeux sacrifice?
Ces rivaux généreux au temple se sont vus?

STRATONICE

Ah! Pauline!

PAULINE

Mes vœux ont-ils été déçus?
J'en vois sur ton visage une mauvaise marque.
Se sont-ils querellés?

STRATONICE

Polyeucte, Néarque, 770
Les chrétiens...

PAULINE

Parle donc : les chrétiens...?

STRATONICE

Je ne puis.

PAULINE

Tu prépares mon âme à d'étranges ennuis.

STRATONICE

Vous n'en sauriez avoir une plus juste cause.

PAULINE

L'ont-ils assassiné?

STRATONICE

Ce serait peu de chose.
Tout votre songe est vrai, Polyeucte n'est plus... 775

PAULINE

Il est mort!

STRATONICE

Non, il vit; mais, ô pleurs superflus!
Ce courage si grand, cette âme si divine,
N'est plus digne du jour, ni digne de Pauline.
Ce n'est plus cet époux si charmant à vos yeux;

C'est l'ennemi commun de l'État et des dieux, 780
Un méchant, un infâme, un rebelle, un perfide,
Un traître, un scélérat, un lâche, un parricide,
Une peste exécrable à tous les gens de bien,
Un sacrilège impie, en un mot, un chrétien.

PAULINE
Ce mot aurait suffi sans ce torrent d'injures. 785

STRATONICE
Ces titres aux chrétiens, sont-ce des impostures ?

PAULINE
Il est ce que tu dis, s'il embrasse leur foi ;
Mais il est mon époux, et tu parles à moi.

STRATONICE
Ne considérez plus que le Dieu qu'il adore.

PAULINE
Je l'aimai par devoir ; ce devoir dure encore. 790

STRATONICE
Il vous donne à présent sujet de le haïr :
Qui trahit tous nos dieux aurait pu vous trahir.

PAULINE
Je l'aimerais encor quand il m'aurait trahie ;
Et si de tant d'amour tu peux être ébahie,
Apprends que mon devoir ne dépend point du sien : 795
Qu'il y manque, s'il veut ; je dois faire le mien.
Quoi ! s'il aimait ailleurs, serais-je dispensée

---

784. « Stratonice, qui n'est qu'une simple suivante, et quelques autres acteurs font plusieurs discours en faveur de la religion des païens et disent une infinité d'injures contre le christianisme, qu'ils ne traitent que de crimes et d'extravagances, et l'auteur n'introduit aucun acteur capable d'y répondre et d'en détruire la fausseté ; cela fit un si mauvais effet que feu Monseigneur le cardinal de Richelieu ne le put jamais approuver. » (D'Aubignac, *Pratique du théâtre*, nouveau chapitre manuscrit du livre VI.)

788. Avez-vous oublié que vous parlez *à moi* ? (*Rodogune*, 1285.)
Monsieur, un homme est là qui veut parler *à vous*.
(Molière, *Femmes savantes*, III, 3.)

797. *S'il aimait ailleurs*, s'il en aimait une autre. — *Dispenser à* signifiait *autoriser à*. *Serais-je dispensée à suivre*, aurais-je le droit de suivre.

A suivre, à son exemple, une ardeur insensée ?
Quelque chrétien qu'il soit, je n'en ai point d'horreur;
Je chéris sa personne, et je hais son erreur. 800
Mais quel ressentiment en témoigne mon père ?

STRATONICE

Une secrète rage, un excès de colère,
Malgré qui toutefois un reste d'amitié
Montre pour Polyeucte encor quelque pitié.
Il ne veut point sur lui faire agir sa justice 805
Que du traître Néarque il n'ait vu le supplice.

PAULINE

Quoi ! Néarque en est donc ?

STRATONICE

                Néarque l'a séduit :
De leur vieille amitié c'est là l'indigne fruit.
Ce perfide tantôt, en dépit de lui-même,
L'arrachant de vos bras, le traînait au baptême. 810
Voilà ce grand secret et si mystérieux
Que n'en pouvait tirer votre amour curieux.

PAULINE

Tu me blâmais alors d'être trop importune.

STRATONICE

Je ne prévoyais pas une telle infortune.

PAULINE

Avant qu'abandonner mon âme à mes douleurs, 815
Il me faut essayer la force de mes pleurs :
En qualité de femme, ou de fille, j'espère
Qu'ils vaincront un époux, ou fléchiront un père.

---

815. *Avant qu'abandonner*: le *de* est souvent supprimé par Corneille, qui d'ailleurs, emploie indifféremment *avant que* et *avant que de*. Cf. *Cid*, 1288.

Avant que l'accepter, je voudrais le connaître. (*Menteur*, 422.)

Mais, *avant que partir*, je me ferai justice. (*Mithridate*, III, 1.)

Que si sur l'un et l'autre ils manquent de pouvoir,
Je ne prendrai conseil que de mon désespoir.   820
Apprends-moi cependant ce qu'ils ont fait au temple.

STRATONICE

C'est une impiété qui n'eut jamais d'exemple.
Je ne puis y penser sans frémir à l'instant,
Et crains de faire un crime en vous la racontant.
Apprenez en deux mots leur brutale insolence.   825
  Le prêtre avait à peine obtenu du silence,
Et devers l'orient assuré son aspect,
Qu'ils ont fait éclater leur manque de respect.
A chaque occasion de la cérémonie,
A l'envi l'un et l'autre étalait sa manie,   830
Des mystères sacrés hautement se moquait,
Et traitait de mépris les dieux qu'on invoquait.
Tout le peuple en murmure, et Félix s'en offense :
Mais tous deux s'emportant à plus d'irrévérence :
« Quoi ! lui dit Polyeucte en élevant sa voix,   835
« Adorez-vous des dieux ou de pierre ou de bois ? »
Ici dispensez-moi du récit des blasphèmes
Qu'ils ont vomi tous deux contre Jupiter mêmes.
L'adultère et l'inceste en étaient les plus doux.
« Oyez, dit-il ensuite, oyez, peuple ; oyez tous :   840
« Le Dieu de Polyeucte et celui de Néarque

827. *Devers*, vers. « Depuis quelque temps, dit Vaugelas, ce mot a vieilli. » Cependant Boileau écrit encore :
    C'est ainsi *devers* Caen que tout Normand raisonne. (*Epître*, XI.)
Assuré son aspect, avait fixé son regard, s'était tourné vers l'orient.
830. *Manie* a ici le sens d'égarement d'esprit. Cf. *Cid*, 457.
832. *De mépris*, avec mépris. Voyez la note du vers 137.
    Voyez *de quel mépris* vous *traite* son parjure. (*Médée*, 205.)
    Et *traitant de mépris* les sens et la matière. (*Femmes savantes*, I,1.)
838. *Mêmes* est ici adverbe. Ménage (*Dictionnaire étymologique*) montre que c'était l'orthographe constante de *même*, adverbe.
    Jusqu'ici la fortune et la victoire *mêmes*
    Cachaient mes cheveux blancs sous trente diadèmes. (*Mithridate*, 1039.)

« De la terre et du ciel est l'absolu monarque,
« Seul être indépendant, seul maître du destin,
« Seul principe éternel, et souveraine fin.
« C'est ce Dieu des chrétiens qu'il faut qu'on remercie 845
« Des victoires qu'il donne à l'empereur Décie ;
« Lui seul tient en sa main le succès des combats ;
« Il le peut élever, il le peut mettre à bas ;
« Sa bonté, son pouvoir, sa justice est immense ;
« C'est lui seul qui punit, lui seul qui récompense. 850
« Vous adorez en vain des monstres impuissants. »
Se jetant à ces mots sur le vin et l'encens,
Après en avoir mis les saints vases par terre,
Sans crainte de Félix, sans crainte du tonnerre,
D'une fureur pareille ils courent à l'autel. 855
Cieux ! a-t-on vu jamais, a-t-on rien vu de tel ?
Du plus puissant des dieux nous voyons la statue
Par une main impie à leurs pieds abattue ;
Les mystères troublés, le temple profané,
La fuite et les clameurs d'un peuple mutiné 860
Qui craint d'être accablé sous le courroux céleste.
Félix... Mais le voici qui vous dira le reste.

844. « Quod colimus, Deus unus est, qui totam molem istam cum omni elementorum instrumento, corporum, spirituum, verbo quo jussit, ratione qua disposuit, virtute qua potuit, de nihilo expressit in ornamentum majestatis suæ, unde et Græci nomen mundo κόσμον accommodaverunt. Invisibilis est, etsi videatur ; incomprehensibilis, etsi per gratiam repræsentetur ; inæstimabilis, etsi humanis sensibus æstimetur. Ideo verus et tantus est. » (Tertullien, *Apologétique*, ch. XVII.)

848.   Des plus fermes États la chute épouvantable,
         Quand il veut, n'est qu'un jeu de sa main redoutable. (*Esther*,
                                                              [III, 4.)

« Dieu est le poète et les hommes ne sont que les acteurs. » (Balzac, *Socrate chrétien*, VIII.) C'est l'idée qui dominera le *Discours sur l'histoire universelle*.

853. *Mis par terre*, après avoir renversé à terre. Voyez le vers 1112.

860. « Le mot *clameurs*, placé comme il est à la suite de plusieurs mots qui sont tous régis par *nous voyons*, se dérobe en quelque sorte dans la foule. » (Palissot.)

PAULINE

Que son visage est sombre et plein d'émotion !
Qu'il montre de tristesse et d'indignation !

SCÈNE III

FÉLIX, PAULINE, STRATONICE

FÉLIX

Une telle insolence avoir osé paraître ! 865
En public ! à ma vue ! il en mourra, le traître.

PAULINE

Souffrez que votre fille embrasse vos genoux.

FÉLIX

Je parle de Néarque, et non de votre époux.
Quelque indigne qu'il soit de ce doux nom de gendre,
Mon âme lui conserve un sentiment plus tendre ; 870
La grandeur de son crime et de mon déplaisir
N'a pas éteint l'amour qui me l'a fait choisir.

PAULINE

Je n'attendais pas moins de la bonté d'un père.

FÉLIX

Je pouvais l'immoler à ma juste colère ;
Car vous n'ignorez pas à quel comble d'horreur 875
De son audace impie a monté la fureur ;
Vous l'avez pu savoir du moins de Stratonice.

PAULINE

Je sais que de Néarque il doit voir le supplice.

FÉLIX

Du conseil qu'il doit prendre il sera mieux instruit,
Quand il verra punir celui qui l'a séduit. 880
Au spectacle sanglant d'un ami qu'il faut suivre,
La crainte de mourir et le désir de vivre

Ressaisissent une âme avec tant de pouvoir
Que qui voit le trépas cesse de le vouloir.
L'exemple touche plus que ne fait la menace : 885
Cette indiscrète ardeur tourne bientôt en glace,
Et nous verrons bientôt son cœur inquiété
Me demander pardon de tant d'impiété.

PAULINE

Vous pouvez espérer qu'il change de courage ?

FÉLIX

Aux dépens de Néarque il doit se rendre sage. 890

PAULINE

Il le doit, mais, hélas ! où me renvoyez-vous ?
Et quels tristes hasards ne court point mon époux,
Si de son inconstance il faut qu'enfin j'espère
Le bien que j'espérais de la bonté d'un père !

FÉLIX

Je vous en fais trop voir, Pauline, à consentir 895
Qu'il évite la mort par un prompt repentir.
Je devais même peine à des crimes semblables,
Et, mettant différence entre ces deux coupables,
J'ai trahi la justice à l'amour paternel ;
Je me suis fait pour lui moi-même criminel ; 900
Et j'attendais de vous, au milieu de vos craintes,
Plus de remercîments que je n'entends de plaintes.

PAULINE

De quoi remercier qui ne me donne rien ?
Je sais quelle est l'humeur et l'esprit d'un chrétien.
Dans l'obstination jusqu'au bout il demeure : 905
Vouloir son repentir, c'est ordonner qu'il meure.

889. Qu'il change de *courage*, que son cœur change.
    Au moins, que les travaux
  Les dangers, les soins du voyage
Changent un peu votre *courage!* (La Fontaine, XI, 2.)
899. J'ai sacrifié la justice à l'amour paternel. *Trahir, tradere.*

FÉLIX
Sa grâce est en sa main, c'est à lui d'y rêver.
PAULINE
Faites-la tout entière.
FÉLIX
Il la peut achever.
PAULINE
Ne l'abandonnez pas aux fureurs de sa secte.
FÉLIX
Je l'abandonne aux lois, qu'il faut que je respecte. 910
PAULINE
Est-ce ainsi que d'un gendre un beau-père est l'appui ?
FÉLIX
Qu'il fasse autant pour soi comme je fais pour lui.
PAULINE
Mais il est aveuglé.
FÉLIX
Mais il se plaît à l'être :
Qui chérit son erreur ne la veut pas connaître.
PAULINE
Mon père, au nom des dieux...
FÉLIX
Ne les réclamez pas, 915
Ces dieux dont l'intérêt demande son trépas.
PAULINE
Ils écoutent nos vœux.

908. *Il la peut achever*, il dépend de lui d'obtenir tout entière sa grâce.
912. M. Godefroy prouve que cet emploi ancien de *soi* s'est longtemps soutenu. Littré, contrairement à l'avis de la plupart des grammairiens, admet *soi* pour *lui* ou *elle*, même avec un nom déterminé. — *Autant comme* pour *autant que*. Bien que Vaugelas eût condamné ce tour, Corneille, qui le trouvait commode, n'a pu y renoncer.
915. *Ne les réclamez pas*, n'invoquez pas leur nom.

FÉLIX

Eh bien ! qu'il leur en fasse.

PAULINE

Au nom de l'Empereur, dont vous tenez la place...

FÉLIX

J'ai son pouvoir en main ; mais, s'il me l'a commis,
C'est pour le déployer contre ses ennemis. 920

PAULINE

Polyeucte l'est-il ?

FÉLIX

Tous chrétiens sont rebelles.

PAULINE

N'écoutez point pour lui ces maximes cruelles.
En épousant Pauline, il s'est fait votre sang.

FÉLIX

Je regarde sa faute, et ne vois plus son rang.
Quand le crime d'État se mêle au sacrilège, 925
Le sang ni l'amitié n'ont plus de privilège.

PAULINE

Quel excès de rigueur !

FÉLIX

Moindre que son forfait.

PAULINE

O de mon songe affreux trop véritable effet !
Voyez-vous qu'avec lui vous perdez votre fille ?

FÉLIX

Les dieux et l'empereur sont plus que ma famille. 930

---

925. Outre l'impiété, ce mépris manifeste
Mêle notre intérêt à l'intérêt céleste.
En ce double attentat que sa mort doit juger,
Nous avons et les dieux et nous-même à venger. (Rotrou, *Saint*
[Genest, V, 4.)
C'est Dioclétien qui le dit et il invoque « l'intérêt d'État ».

PAULINE
La perte de tous deux ne vous peut arrêter !
FÉLIX
J'ai les dieux et Décie ensemble à redouter.
Mais nous n'avons encore à craindre rien de triste :
Dans son aveuglement pensez-vous qu'il persiste ?
S'il nous semblait tantôt courir à son malheur,   935
C'est d'un nouveau chrétien la première chaleur.
PAULINE
Si vous l'aimez encor, quittez cette espérance
Que deux fois en un jour il change de croyance :
Outre que les chrétiens ont plus de dureté,
Vous attendez de lui trop de légèreté.   940
Ce n'est point une erreur avec le lait sucée,
Que sans l'examiner son âme ait embrassée :
Polyeucte est chrétien parce qu'il l'a voulu,
Et vous portait au temple un esprit résolu.
Vous devez présumer de lui comme du reste :   945
Le trépas n'est pour eux ni honteux ni funeste ;
Ils cherchent de la gloire à mépriser nos dieux ;
Aveugles pour la terre, ils aspirent aux cieux ;
Et, croyant que la mort leur en ouvre la porte,
Tourmentés, déchirés, assassinés, n'importe,   950
Les supplices leur sont ce qu'à nous les plaisirs,
Et les mènent au but où tendent leurs désirs ;

939. *Plus de dureté* que vous ne leur en croyez. Quelquefois *plus* a le sens de *trop* ; le sens serait, dès lors : Polyeucte a trop de fermeté pour changer de croyance,

945. *Du reste*, sous-entendez : des chrétiens.

951. *Leur sont*, sont pour eux ce que pour nous sont les plaisirs. Voyez la même locution et aussi la même idée au vers 1536.

952. « Chose étrange et digne d'une longue considération ! En ce temps-là, il y avait de la presse à se faire déchirer, à se faire brûler pour Jésus-Christ. L'extrême douleur et la dernière infamie attiraient les hommes au christianisme ; c'étaient les appas et les promesses de cette nouvelle secte. » (Balzac.)

J'ai vu, Ciel, tu le sais, par le nombre des âmes
Que j'osai t'envoyer par des chemins de flammes,

La mort la plus infâme, ils l'appellent martyre.

FÉLIX

Eh bien donc! Polyeucte aura ce qu'il désire :
N'en parlons plus.

PAULINE

Mon père...

SCÈNE IV

FÉLIX, ALBIN, PAULINE, STRATONICE

FÉLIX

Albin, en est-ce fait ? 955

ALBIN

Oui, Seigneur, et Néarque a payé son forfait.

FÉLIX

Et notre Polyeucte a vu trancher sa vie ?

ALBIN

Il l'a vu, mais, hélas! avec un œil d'envie.
Il brûle de le suivre, au lieu de reculer;
Et son cœur s'affermit, au lieu de s'ébranler. 960

PAULINE

Je vous le disais bien. Encore un coup, mon père,
Si jamais mon respect a pu vous satisfaire,
Si vous l'avez prisé, si vous l'avez chéri...

FÉLIX

Vous aimez trop, Pauline, un indigne mari.

Dessus les grils ardents et dedans les taureaux.
Chanter les condamnés et trembler les bourreaux;
J'ai vu tendre aux enfants une gorge assurée
A la sanglante mort qu'ils avaient préparée,
Et tomber sous le coup d'un trépas glorieux
Ces fruits à peine éclos, déjà mûrs pour les cieux. *(Saint Genest,* II, 5.)

PAULINE

Je l'ai de votre main : mon amour est sans crime ; 965
Il est de votre choix la glorieuse estime ;
Et j'ai, pour l'accepter, éteint le plus beau feu
Qui d'une âme bien née ait mérité l'aveu.
  Au nom de cette aveugle et prompte obéissance
Que j'ai toujours rendue aux lois de la naissance, 970
Si vous avez pu tout sur moi, sur mon amour,
Que je puisse sur vous quelque chose à mon tour !
Par ce juste pouvoir, à présent trop à craindre,
Par ces beaux sentiments qu'il m'a fallu contraindre,
Ne m'ôtez pas vos dons : ils sont chers à mes yeux, 975
Et m'ont assez coûté pour m'être précieux.

FÉLIX

Vous m'importunez trop : bien que j'aie un cœur tendre,
Je n'aime la pitié qu'au prix que j'en veux prendre ;
Employez mieux l'effort de vos justes douleurs : 979
Malgré moi m'en toucher, c'est perdre et temps et pleurs ;
J'en veux être le maître, et je veux bien qu'on sache
Que je la désavoue alors qu'on me l'arrache.
Préparez-vous à voir ce malheureux chrétien,
Et faites votre effort, quand j'aurai fait le mien.
Allez, n'irritez plus un père qui vous aime, 985
Et tâchez d'obtenir votre époux de lui-même.
Tantôt, jusqu'en ce lieu je le ferai venir ;
Cependant quittez-nous, je veux l'entretenir.

PAULINE

De grâce, permettez...

FÉLIX

                Laissez-nous seuls, vous dis-je ;
Votre douleur m'offense autant qu'elle m'afflige. 990
A gagner Polyeucte appliquez tous vos soins ;
Vous avancerez plus en m'importunant moins.

SCÈNE V

FÉLIX, ALBIN

FÉLIX

Albin, comme est-il mort ?

ALBIN

En brutal, en impie,
En bravant les tourments, en dédaignant la vie, 995
Sans regret, sans murmure, et sans étonnement,
Dans l'obstination et l'endurcissement,
Comme un chrétien enfin, le blasphème à la bouche.

FÉLIX

Et l'autre ?

ALBIN

Je l'ai dit déjà, rien ne le touche ;
Loin d'en être abattu, son cœur en est plus haut ;
On l'a violenté pour quitter l'échafaud. 1000
Il est dans la prison où je l'ai vu conduire ;
Mais vous êtes bien loin encor de le réduire.

FÉLIX

Que je suis malheureux !

ALBIN

Tout le monde vous plaint.

FÉLIX

On ne sait pas les maux dont mon cœur est atteint :

---

993. « M. de Malherbe, disait toujours *comme*, en quoi il n'est pas suivi, car il n'y a point de doute que, lorsqu'on interroge, ou qu'on se sert du verbe *demander*, il faut dire *comment* et non *comme*. » (Vaugelas.)

994. C'est aussi en bravant les tourments que meurt le Saint Genest de Rotrou :

Mais ni les chevalets, ni les lames flambantes,
Ni les ongles de fer, ni les torches ardentes,
N'ont contre ce rocher été qu'un doux zéphyr
Et n'ont pu de son sein arracher un soupir.
Sa force en ce tourment a paru plus qu'humaine. (*Saint Genest*, V, 6.)

De pensers sur pensers mon âme est agitée, 1005
De soucis sur soucis elle est inquiétée ;
Je sens l'amour, la haine, et la crainte, et l'espoir,
La joie et la douleur tour à tour l'émouvoir ;
J'entre en des sentiments qui ne sont pas croyables :
J'en ai de violents, j'en ai de pitoyables ; 1010
J'en ai de généreux qui n'oseraient agir,
J'en ai même de bas, et qui me font rougir.
J'aime ce malheureux que j'ai choisi pour gendre,
Je hais l'aveugle erreur qui le vient de surprendre ;
Je déplore sa perte, et, le voulant sauver, 1015
J'ai la gloire des dieux ensemble à conserver ;
Je redoute leur foudre, et celui de Décie ;
Il y va de ma charge, il y va de ma vie.
Ainsi tantôt pour lui je m'expose au trépas,
Et tantôt je le perds pour ne me perdre pas. 1020

ALBIN

Décie excusera l'amitié d'un beau-père ;
Et, d'ailleurs, Polyeucte est d'un sang qu'on révère.

FÉLIX

A punir les chrétiens son ordre est rigoureux ;
Et plus l'exemple est grand, plus il est dangereux.
On ne distingue point quand l'offense est publique ; 1025
Et, lorsqu'on dissimule un crime domestique,
Par quelle autorité peut-on, par quelle loi,
Châtier en autrui ce qu'on souffre chez soi ?

ALBIN

Si vous n'osez avoir d'égard à sa personne,
Écrivez à Décie, afin qu'il en ordonne. 1030

1010, *Pitoyable*, avait le double sens de *qui a de la pitié* et de *qui inspire de la pitié*. Comme *pitoyable* fait antithèse à *violents*, il est évident que Félix veut dire : j'incline tantôt vers la violence, tantôt vers la pitié.

FÉLIX

Sévère me perdrait, si j'en usais ainsi :
Sa haine et son pouvoir font mon plus grand souci.
Si j'avais différé de punir un tel crime,
Quoiqu'il soit généreux, quoiqu'il soit magnanime,
Il est homme, et sensible, et je l'ai dédaigné ; 1035
Et de tant de mépris son esprit indigné,
Que met au désespoir cet hymen de Pauline,
Du courroux de Décie obtiendrait ma ruine.
Pour venger un affront tout semble être permis,
Et les occasions tentent les plus remis. 1040
Peut-être, et ce soupçon n'est pas sans apparence,
Il rallume en son cœur déjà quelque espérance,
Et, croyant bientôt voir Polyeucte puni,
Il rappelle un amour à grand'peine banni.
Juge si sa colère, en ce cas implacable, 1045
Me ferait innocent de sauver un coupable,
Et s'il m'épargnerait, voyant par mes bontés
Une seconde fois ses desseins avortés.
Te dirai-je un penser indigne, bas et lâche ?
Je l'étouffe, il renaît ; il me flatte et me fâche : 1050
L'ambition toujours me le vient présenter,
Et tout ce que je puis, c'est de le détester.
Polyeucte est ici l'appui de ma famille ;
Mais si, par son trépas, l'autre épousait ma fille,
J'acquerrais bien par là de plus puissants appuis, 1055
Qui me mettraient plus haut cent fois que je ne suis.
Mon cœur en prend par force une maligne joie ;
Mais que plutôt le ciel à tes yeux me foudroie,
Qu'à des pensers si bas je puisse consentir,
Que jusque là ma gloire ose se démentir ! 1060

1040. *Remis, remissus*, tranquille ; *les plus remis*, les plus modérés :
Tout courtois, il me suit, et d'un parler *remis* :
Quoi ! monsieur, est-ce ainsi qu'on traite ses amis ? (Régnier, Satire X.)
1057. Cette *maligne joie* est dans *Horace*, 76, et sera dans *Pompée*, 775

ACTE III, SCÈNE V

ALBIN

Votre cœur est trop bon et votre âme trop haute.
Mais vous résolvez-vous à punir cette faute ?

FÉLIX

Je vais dans la prison faire tout mon effort
A vaincre cet esprit par l'effroi de la mort ;
Et nous verrons après ce que pourra Pauline. 1065

ALBIN

Que ferez-vous enfin, si toujours il s'obstine ?

FÉLIX

Ne me presse point tant : dans un tel déplaisir,
Je ne puis me résoudre, et ne sais que choisir.

ALBIN

Je dois vous avertir, en serviteur fidèle,
Qu'en sa faveur déjà la ville se rebelle, 1070
Et ne peut voir passer par la rigueur des lois
Sa dernière espérance et le sang de ses rois.
Je tiens sa prison même assez mal assurée ;
J'ai laissé tout autour une troupe éplorée ;
Je crains qu'on ne la force.

FÉLIX

Il faut donc l'en tirer, 1075
Et l'amener ici pour nous en assurer.

ALBIN

Tirez-l'en donc vous-même, et d'un espoir de grâce
Apaisez la fureur de cette populace.

FÉLIX

Allons, et, s'il persiste à demeurer chrétien,
Nous en disposerons sans qu'elle en sache rien. 1080

1071. *Passer par la rigueur des lois*, soumettre à des lois rigoureuses.

ACTE QUATRIÈME

SCÈNE I

POLYEUCTE, CLÉON, TROIS AUTRES GARDES.

POLYEUCTE

Gardes, que me veut-on ?

CLÉON

Pauline vous demande.

POLYEUCTE

O présence, ô combat que surtout j'appréhende !
Félix, dans la prison j'ai triomphé de toi,
J'ai ri de ta menace et t'ai vu sans effroi ;
Tu prends pour t'en venger de plus puissantes armes. 1085
Je craignais beaucoup moins tes bourreaux que ses larmes.
 Seigneur, qui vois ici les périls que je cours,
En ce pressant besoin redouble ton secours ;
Et toi qui, tout sortant encor de la victoire,
Regardes mes travaux du séjour de la gloire, 1090
Cher Néarque, pour vaincre un si fort ennemi,
Prête du haut du ciel la main à ton ami.
 Gardes, oseriez-vous me rendre un bon office ?
Non pour me dérober aux rigueurs du supplice :
Ce n'est pas mon dessein qu'on me fasse évader ; 1095
Mais, comme il suffira de trois à me garder,
L'autre m'obligerait d'aller quérir Sévère ;

1089. *Tout sortant*, à peine sorti. — *La victoire*, c'est le martyre qui vient d'ouvrir les cieux à Néarque.

1097. Dès la fin du XVIIe siècle (1690), Furetière disait que *quérir* était un « vieux mot ». Avec le verbe *aller*, il s'emploie encore aujourd'hui.

Je crois que sans péril on peut me satisfaire :
Si j'avais pu lui dire un secret important,
Il vivrait plus heureux, et je mourrais content.   1100

CLÉON

Si vous me l'ordonnez, j'y cours en diligence.

POLYEUCTE

Sévère, à mon défaut, fera ta récompense.
Va, ne perds point de temps, et reviens promptement.

CLÉON

Je serai de retour, Seigneur, dans un moment.

SCÈNE II

POLYEUCTE

(Les gardes se retirent aux coins du théâtre.)

Source délicieuse, en misères féconde,   1105
Que voulez-vous de moi, flatteuses voluptés ?
Honteux attachements de la chair et du monde,
Que ne me quittez-vous, quand je vous ai quittés ?
Allez, honneurs, plaisirs, qui me livrez la guerre :
    Toute votre félicité,   1110
    Sujette à l'instabilité,

1105. Comparez les stances de Rotrou dans *Saint Genest* :

    O fausse volupté du monde,
    Vaine promesse d'un trompeur....

On n'en peut citer ici que la dernière strophe :

    Mourons donc; la cause y convie :
    Il doit être doux de mourir
    Quand se dépouiller de la vie
    Est travailler pour l'acquérir.
    Puisque la céleste lumière
    Ne se trouve qu'en la quittant
    Et qu'on ne vainc qu'en combattant,
    D'une vigueur mâle et guerrière
    Courons au bout de la carrière
    Où la couronne nous attend.

En moins de rien tombe par terre ;
Et, comme elle a l'éclat du verre,
Elle en a la fragilité.

Ainsi n'espérez pas qu'après vous je soupire. 1115
Vous étalez en vain vos charmes impuissants ;
Vous me montrez en vain par tout ce vaste empire
Les ennemis de Dieu pompeux et florissants.
Il étale à son tour des revers équitables
    Par qui les grands sont confondus ; 1120
    Et les glaives qu'il tient pendus
    Sur les plus fortunés coupables
    Sont d'autant plus inévitables
    Que leurs coups sont moins attendus.

Tigre altéré de sang, Décie impitoyable, 1125
Ce Dieu t'a trop longtemps abandonné les siens ;
De ton heureux destin vois la suite effroyable :
Le Scythe va venger la Perse et les chrétiens.

1112. Quel revers imprévu, quel éclat de tonnerre
Jette, en moins d'un moment, tout mon espoir *par terre?* (*Pertha-*
rite, 1104.)
    1114. Fortuna vitrea est ; tum quum splendet, frangitur. (Publius Syrus.)
On remarqua, dit Voltaire, que ces trois vers étaient pris entièrement
d'une ode de l'évêque Godeau à Louis XIII :

    Mais leur gloire tombe par terre,
    Et, comme elle a l'éclat du verre,
    Elle en a la fragilité.

La même comparaison avait été employée par Malherbe, au début de
sa paraphrase du psaume CXLV :

    N'espérons plus, mon âme, aux promesses du monde :
    Sa lumière est un verre, et sa faveur une onde.

Dans ses *Observations sur les poésies de Malherbe*, Ménage écrit : « J'ai
ouï dire souvent à M. Corneille qu'il avait fait ces deux vers si célèbres
sans savoir qu'ils fussent de M. Godeau, évêque de Vence. » Il est difficile
pourtant de croire qu'il n'y ait pas au moins réminiscence.
    1119. Trois vers plus haut, *étaler* a été pris dans le sens de déployer
avec faste pour séduire. Ici, le même verbe a le sens un peu différent d'exposer aux regards, de dérouler devant les yeux, comme une leçon.
    1128. C'est un an après la septième persécution contre les chrétiens,
ordonnée par Décius, qu'une armée de Goths envahit la Thrace et que
l'empereur, après une première victoire, périt dans une bataille livrée sur
le Danube.

Encore un peu plus outre, et ton heure est venue ;
    Rien ne t'en saurait garantir,   1130
    Et la foudre qui va partir,
    Toute prête à crever la nue,
    Ne peut plus être retenue
    Par l'attente du repentir.

Que cependant Félix m'immole à ta colère ;   1135
Qu'un rival plus puissant éblouisse ses yeux ;
Qu'aux dépens de ma vie il s'en fasse beau-père,
Et qu'à titre d'esclave il commande en ces lieux :
Je consens, ou plutôt j'aspire à ma ruine.
    Monde, pour moi tu n'as plus rien :   1140
    Je porte en un cœur tout chrétien
    Une flamme toute divine,
    Et je ne regarde Pauline
    Que comme un obstacle à mon bien.

Saintes douceurs du ciel, adorables idées,   1145
Vous remplissez un cœur qui vous peut recevoir :
De vos sacrés attraits les âmes possédées
Ne conçoivent plus rien qui les puisse émouvoir.
Vous promettez beaucoup, et donnez davantage ;
    Vos biens ne sont point inconstants,   1150
    Et l'heureux trépas que j'attends
    Ne vous sert que d'un doux passage
    Pour nous introduire au partage
    Qui nous rend à jamais contents.

C'est vous, ô feu divin que rien ne peut éteindre,   1155
Qui m'allez faire voir Pauline sans la craindre.
  Je la vois : mais mon cœur, d'un saint zèle enflammé,
N'en goûte plus l'appas dont il était charmé ;

1145. *Idées*, non point pensées d'en haut, mais images divines, éternelles, que Polyeucte entrevoit déjà.
1153. *Au partage*, sous-entendez : des biens célestes.

Et mes yeux, éclairés des célestes lumières,
Ne trouvent plus aux siens leurs grâces coutumières. 1160

SCÈNE III
POLYEUCTE, PAULINE, GARDES

POLYEUCTE

Madame, quel dessein vous fait me demander ?
Est-ce pour me combattre, ou pour me seconder ?
Cet effort généreux de votre amour parfaite
Vient-il à mon secours, vient-il à ma défaite ?
Apportez-vous ici la haine ou l'amitié, 1165
Comme mon ennemie, ou ma chère moitié ?

PAULINE

Vous n'avez point ici d'ennemi que vous-même :
Seul vous vous haïssez, lorsque chacun vous aime;
Seul vous exécutez tout ce que j'ai rêvé :
Ne veuillez pas vous perdre, et vous êtes sauvé. 1170
A quelque extrémité que votre crime passe,
Vous êtes innocent, si vous vous faites grâce.
Daignez considérer le sang dont vous sortez,
Vos grandes actions, vos rares qualités :
Chéri de tout le peuple, estimé chez le prince, 1175
Gendre du gouverneur de toute la province;
Je ne vous compte à rien le nom de mon époux :
C'est un bonheur pour moi qui n'est pas grand pour vous;
Mais, après vos exploits, après votre naissance,

1160. Dans les *Larmes de saint Pierre*, Malherbe avait dit :
  Trompés de l'inconstance à nos yeux *coutumière*.
A propos de ce vers, André Chénier écrit : « Je regrette beaucoup ce mot-là, surtout après l'usage qu'en a fait Corneille dans *Polyeucte*. » La Bruyère (*De la mode*) avait déjà exprimé le même regret.
1167. *Point que*, pas d'autre ennemi que. Cf. *Cid*, 766.
1177. *Je ne vous compte à rien*, je ne compte pour rien :
  Depuis quand le retour d'un cœur comme le mien
  Fait-il si peu d'honneur qu'on ne le *compte à rien* ? (*Suréna*, 596.)

Après votre pouvoir, voyez notre espérance ; 1180
Et n'abandonnez pas à la main d'un bourreau
Ce qu'à nos justes vœux promet un sort si beau.

POLYEUCTE

Je considère plus : je sais mes avantages,
Et l'espoir que sur eux forment les grands courages.
Ils n'aspirent enfin qu'à des biens passagers, 1185
Que troublent les soucis, que suivent les dangers ;
La mort nous les ravit, la fortune s'en joue ;
Aujourd'hui dans le trône, et demain dans la boue ;
Et leur plus haut éclat fait tant de mécontents
Que peu de vos Césars en ont joui longtemps. 1190
  J'ai de l'ambition, mais plus noble et plus belle :
Cette grandeur périt, j'en veux une immortelle,
Un bonheur assuré, sans mesure et sans fin,
Au-dessus de l'envie, au-dessus du destin.
Est-ce trop l'acheter que d'une triste vie, 1195
Qui tantôt, qui soudain me peut être ravie,
Qui ne me fait jouir que d'un instant qui fuit,
Et ne peut m'assurer de celui qui le suit ?

PAULINE

Voilà de vos chrétiens les ridicules songes ;
Voilà jusqu'à quel point vous charment leurs menson-
[ges : 1200
Tout votre sang est peu pour un bonheur si doux !
Mais, pour en disposer, ce sang est-il à vous ?
Vous n'avez pas la vie ainsi qu'un héritage ;
Le jour qui vous la donne en même temps l'engage :

1180. C'est-à-dire : après avoir considéré vos exploits, votre naissance, votre pouvoir, voyez ce qu'il nous reste à espérer.
1196. *Tantôt*, bientôt ; aux vers 809 et 935, *tantôt* s'appliquait au passé.

  César m'abandonnant, Christ est mon assurance :
  C'est l'espoir des mortels dépouillés d'espérance.
  — Il vous peut même ôter vos biens si précieux.
  — J'en serai plus léger pour monter dans les cieux. (Rotrou, *Saint
  [Genest*, II, 6.)

Vous la devez au prince, au public, à l'État. 1205

POLYEUCTE

Je la voudrais pour eux perdre dans un combat ;
Je sais quel en est l'heur, et quelle en est la gloire.
Des aïeux de Décie on vante la mémoire ;
Et ce nom, précieux encore à vos Romains,
Au bout de six cents ans lui met l'empire aux mains. 1210
Je dois ma vie au peuple, au prince, à sa couronne ;
Mais je la dois bien plus au Dieu qui me la donne :
Si mourir pour son prince est un illustre sort,
Quand on meurt pour son Dieu, quelle sera la mort ?

PAULINE

Quel Dieu !

POLYEUCTE

Tout beau, Pauline : il entend vos paroles, 1215
Et ce n'est pas un Dieu comme vos dieux frivoles,
Insensibles et sourds, impuissants, mutilés,
De bois, de marbre, ou d'or, comme vous les voulez :
C'est le Dieu des chrétiens, c'est le mien, c'est le vôtre ;
Et la terre et le ciel n'en connaissent point d'autre. 1220

PAULINE

Adorez-le dans l'âme, et n'en témoignez rien.

POLYEUCTE

Que je sois tout ensemble idolâtre et chrétien !

1208. Allusion au dévouement des deux Décius.
1218. Vos dieux n'ont point de bras à lancer le tonnerre,
    Gentils, ils ne sont tous que simulacres vains :
    C'est de l'or, de l'argent, du bois et de la pierre
        Qui tient sa forme de vos mains.
    Vous leur faites des yeux, vous leur faites des bouches
    Qui ne savent que c'est de voir et de parler,
    Et leurs plus vifs regards sont bénins ou farouches
        Comme il vous plaît les ciseler. (Corneille, *Psaume* cxiii.)
    Vous verrez si des dieux de métal et de pierre
    Seront puissants au ciel comme on le croit en terre.(*Saint Genest*, V, 2.)
1222. Rotrou a délayé ces vers si concis et si fermes :
    Cruel, puisqu'à ce point ton erreur te possède,
    Que ton aveuglement est un mal sans remède,

PAULINE

Ne feignez qu'un moment : laissez partir Sévère,
Et donnez lieu d'agir aux bontés de mon père.

POLYEUCTE

Les bontés de mon Dieu sont bien plus à chérir : 1225
Il m'ôte des périls que j'aurais pu courir,
Et, sans me laisser lieu de tourner en arrière,
Sa faveur me couronne entrant dans la carrière ;
Du premier coup de vent, il me conduit au port,
Et, sortant du baptême, il m'envoie à la mort. 1230
Si vous pouviez comprendre, et le peu qu'est la vie,
Et de quelle douceur cette mort est suivie !...
Mais que sert de parler de ces trésors cachés
A des esprits que Dieu n'a pas encor touchés ?

PAULINE

Cruel ! car il est temps que ma douleur éclate, 1235
Et qu'un juste reproche accable une âme ingrate,
Est-ce là ce beau feu ? sont-ce là tes serments ?
Témoignes-tu pour moi les moindres sentiments ?
Je ne te parlais point de l'état déplorable
Où ta mort va laisser ta femme inconsolable : 1240
Je croyais que l'amour t'en parlerait assez,
Et je ne voulais pas de sentiments forcés ;
Mais cette amour si ferme et si bien méritée
Que tu m'avais promise, et que je t'ai portée,
Quand tu veux me quitter, quand tu me fais mourir, 1245
Te peut-elle arracher une larme, un soupir ?

Trompant au moins César, apaise son courroux,
Et, si ce n'est pour toi, conserve-toi pour nous.
Sur la foi de ton Dieu fondant ton espérance,
A celle de nos dieux donne au moins l'apparence.
Et, sinon sous un cœur, sous un front plus soumis,
Obtiens pour nous ta grâce, et vis pour tes amis.
— Notre foi n'admet pas cet acte de faiblesse :
Je la dois publier, puisque je la professe, etc. (*Saint Genest*, V, 2.)

1224. *Donnez lieu*, donnez occasion, latinisme, *dare locum*.

Tu me quittes, ingrat, et le fais avec joie ;
Tu ne la caches pas, tu veux que je la voie ;
Et ton cœur, insensible à ces tristes appas,
Se figure un bonheur où je ne serai pas ! 1250
C'est donc là le dégoût qu'apporte l'hyménée ?
Je te suis odieuse après m'être donnée !

POLYEUCTE

Hélas !

PAULINE

Que cet hélas a de peine à sortir !
Encor s'il commençait un heureux repentir,
Que, tout forcé qu'il est, j'y trouverais des charmes ! 1255
Mais courage, il s'émeut, je vois couler des larmes.

POLYEUCTE

J'en verse, et plût à Dieu qu'à force d'en verser
Ce cœur trop endurci se pût enfin percer !
Le déplorable état où je vous abandonne
Est bien digne des pleurs que mon amour vous donne, 1260
Et, si l'on peut au ciel sentir quelques douleurs,
J'y pleurerai pour vous l'excès de vos malheurs ;
Mais si, dans ce séjour de gloire et de lumière,
Ce Dieu tout juste et bon peut souffrir ma prière,
S'il y daigne écouter un conjugal amour, 1265
Sur votre aveuglement il répandra le jour.
Seigneur, de vos bontés il faut que je l'obtienne :
Elle a trop de vertus pour n'être pas chrétienne ;
Avec trop de mérite il vous plut la former,
Pour ne vous pas connaître et ne vous pas aimer, 1270
Pour vivre des enfers esclave infortunée,

1248. *La* se rapporte à *joie*, mais *joie* est indéterminé ; il semble qu'il soit peu correct d'y rattacher le pronom. Voyez pourtant *Cid*, 783.

1271. *Esclave des enfers*, assujettie à la domination des faux dieux, du démon, pour parler comme Polyeucte.

Et sous leur triste joug mourir comme elle est née.

PAULINE

Que dis-tu, malheureux ? Qu'oses-tu souhaiter ?

POLYEUCTE

Ce que de tout mon sang je voudrais acheter.

PAULINE

Que plutôt...!

POLYEUCTE

C'est en vain qu'on se met en défense : 1275
Ce Dieu touche les cœurs lorsque moins on y pense.
Ce bienheureux moment n'est pas encor venu ;
Il viendra, mais le temps ne m'en est pas connu.

PAULINE

Quittez cette chimère, et m'aimez.

POLYEUCTE

Je vous aime,
Beaucoup moins que mon Dieu, mais bien plus que moi-
[même. 1280

PAULINE

Au nom de cet amour, ne m'abandonnez pas.

POLYEUCTE

Au nom de cet amour, daignez suivre mes pas.

PAULINE

C'est peu de me quitter, tu veux donc me séduire ?

POLYEUCTE

C'est peu d'aller au ciel, je vous y veux conduire.

1272. Oh ! si de mon désir l'effet pouvait éclore !
Ma sœur, c'est le seul nom dont je te puis nommer,
Que sous de douces lois nous nous pourrions aimer !
Tu saurais que la mort, par qui l'âme est ravie,
Est la fin de la mort plutôt que de la vie,
Qu'il n'est amour ni vie en ce terrestre lieu,
Et qu'on ne peut s'aimer ni vivre qu'avec Dieu.
(Rotrou. *Saint-Genest*, III, 4.)

PAULINE

Imaginations !

POLYEUCTE

Célestes vérités ! 1285

PAULINE

Étrange aveuglement !

POLYEUCTE

Éternelles clartés !

PAULINE

Tu préfères la mort à l'amour de Pauline !

POLYEUCTE

Vous préférez le monde à la bonté divine !

PAULINE

Va, cruel, va mourir ; tu ne m'aimas jamais.

POLYEUCTE

Vivez heureuse au monde, et me laissez en paix. 1290

PAULINE

Oui, je t'y vais laisser ; ne t'en mets plus en peine.
Je vais...

SCÈNE IV

POLYEUCTE, PAULINE, SÉVÈRE, FABIAN, GARDES

PAULINE

Mais quel dessein en ce lieu vous amène,
Sévère ? aurait-on cru qu'un cœur si généreux
Pût venir jusqu'ici braver un malheureux ?

POLYEUCTE

Vous traitez mal, Pauline, un si rare mérite ; 1295
A ma seule prière il rend cette visite.
Je vous ai fait, Seigneur, une incivilité,
Que vous pardonnerez à ma captivité.

Possesseur d'un trésor dont je n'étais pas digne,
Souffrez avant ma mort que je vous le résigne,   1300
Et laisse la vertu la plus rare à nos yeux
Qu'une femme jamais pût recevoir des cieux
Aux mains du plus vaillant et du plus honnête homme
Qu'ait adoré la terre et qu'ait vu naître Rome.
Vous êtes digne d'elle, elle est digne de vous ;   1305
Ne la refusez pas de la main d'un époux :
S'il vous a désunis, sa mort va vous rejoindre.
Qu'un feu jadis si beau n'en devienne pas moindre :
Rendez-lui votre cœur et recevez sa foi ;
Vivez heureux ensemble, et mourez comme moi ;   1310
C'est le bien qu'à tous deux Polyeucte désire.
  Qu'on me mène à la mort, je n'ai plus rien à dire.
Allons, gardes, c'est fait.

SCÈNE V

SÉVÈRE, PAULINE, FABIAN

SÉVÈRE

                    Dans mon étonnement,
Je suis confus pour lui de son aveuglement ;
Sa résolution a si peu de pareilles   1315
Qu'à peine je me fie encore à mes oreilles.
Un cœur qui vous chérit (mais quel cœur assez bas
Aurait pu vous connaître, et ne vous chérir pas ?)
Un homme aimé de vous, sitôt qu'il vous possède,
Sans regret il vous quitte ; il fait plus, il vous cède ;   1320
Et, comme si vos feux étaient un don fatal,
Il en fait un présent lui-même à son rival !

1300. *Que je vous le résigne*, que j'y renonce en vous l'abandonnant.
1320. Le premier *il* semble de trop, mais on peut redoubler le sujet quand on veut donner plus de force à l'affirmation : Eh quoi ! un homme est aimé de vous et il vous quitte !

Certes, ou les chrétiens ont d'étranges manies,
Ou leurs félicités doivent être infinies,
Puisque, pour y prétendre, ils osent rejeter 1325
Ce que de tout l'empire il faudrait acheter.
  Pour moi, si mes destins, un peu plus tôt propices,
Eussent de votre hymen honoré mes services,
Je n'aurais adoré que l'éclat de vos yeux,
J'en aurais fait mes rois, j'en aurais fait mes dieux; 1330
On m'aurait mis en poudre, on m'aurait mis en cendre,
Avant que...

PAULINE

            Brisons là; je crains de trop entendre,
Et que cette chaleur, qui sent vos premiers feux,
Ne pousse quelque suite indigne de tous deux.
Sévère, connaissez Pauline tout entière. 1335
  Mon Polyeucte touche à son heure dernière.
Pour achever de vivre il n'a plus qu'un moment ;
Vous en êtes la cause, encor qu'innocemment.
Je ne sais si votre âme, à vos désirs ouverte,
Aurait osé former quelque espoir sur sa perte ; 1340
Mais sachez qu'il n'est pas de si cruel trépas
Où d'un front assuré je ne porte mes pas,
Qu'il n'est point aux enfers d'horreurs que je n'endure
Plutôt que de souiller une gloire si pure,
Que d'épouser un homme, après son triste sort, 1345
Qui de quelque façon soit cause de sa mort ;
Et, si vous me croyiez d'une âme si peu saine,
L'amour que j'eus pour vous tournerait tout en haine.
Vous êtes généreux, soyez-le jusqu'au bout.
Mon père est en état de vous accorder tout : 1350
Il vous craint; et j'avance encor cette parole
Que, s'il perd mon époux, c'est à vous qu'il l'immole.

1323. Ici *manie* a un sens un peu moins fort qu'au vers 830.

Sauvez ce malheureux, employez-vous pour lui ;
Faites-vous un effort pour lui servir d'appui.
Je sais que c'est beaucoup que ce que je demande ; 1355
Mais plus l'effort est grand, plus la gloire en est grande.
Conserver un rival dont vous êtes jaloux,
C'est un trait de vertu qui n'appartient qu'à vous ;
Et, si ce n'est assez de votre renommée,
C'est beaucoup qu'une femme autrefois tant aimée, 1360
Et dont l'amour peut-être encor vous peut toucher,
Doive à votre grand cœur ce qu'elle a de plus cher ;
Souvenez-vous enfin que vous êtes Sévère.
Adieu. Résolvez seul ce que vous voulez faire ;
Si vous n'êtes pas tel que je l'ose espérer, 1365
Pour vous priser encor, je le veux ignorer.

SCÈNE VI

SÉVÈRE, FABIAN

SÉVÈRE

Qu'est-ce ci, Fabian ? quel nouveau coup de foudre
Tombe sur mon bonheur et le réduit en poudre ?
Plus je l'estime près, plus il est éloigné ;
Je trouve tout perdu quand je crois tout gagné ; 1370
Et toujours la fortune, à me nuire obstinée,
Tranche mon espérance aussitôt qu'elle est née :
Avant qu'offrir des vœux, je reçois des refus ;
Toujours triste, toujours et honteux et confus
De voir que lâchement elle ait osé renaître, 1375

1354. *Faites-vous un effort*, faites un effort sur vous-même, sur votre passion, sachez en triompher, comme aux vers 1596 et 1689.

1358. C'est à peu près ce qu'Horace dit à Curiace (449).

1362. *Toucher, cher*, rime fréquente alors. On faisait rimer avec ces infinitifs les mots *amer, mer, fer, air*, etc.

Qu'encor plus lâchement elle ait osé paraître,
Et qu'une femme enfin dans la calamité
Me fasse des leçons de générosité.
 Votre belle âme est haute autant que malheureuse,
Mais elle est inhumaine autant que généreuse, 1380
Pauline ; et vos douleurs avec trop de rigueur
D'un amant tout à vous tyrannisent le cœur.
C'est donc peu de vous perdre, il faut que je vous donne,
Que je serve un rival, lorsqu'il vous abandonne ;
Et que, par un cruel et généreux effort, 1385
Pour vous rendre en ses mains, je l'arrache à la mort !

FABIAN

Laissez à son destin cette ingrate famille :
Qu'il accorde, s'il veut, le père avec la fille,
Polyeucte et Félix, l'épouse avec l'époux.
D'un si cruel effort quel prix espérez-vous ? 1390

SÉVÈRE

La gloire de montrer à cette âme si belle
Que Sévère l'égale et qu'il est digne d'elle,
Qu'elle m'était bien due, et que l'ordre des cieux
En me la refusant m'est trop injurieux.

FABIAN

Sans accuser le sort ni le ciel d'injustice, 1395
Prenez garde au péril qui suit un tel service :
Vous hasardez beaucoup, Seigneur, pensez-y bien.
Quoi ! vous entreprenez de sauver un chrétien !
Pouvez-vous ignorer pour cette secte impie
Quelle est et fut toujours la haine de Décie ? 1400
C'est un crime vers lui si grand, si capital,
Qu'à votre faveur même il peut être fatal.

SÉVÈRE

Cet avis serait bon pour quelque âme commune.

1394. *Injurieux*, injuste, sens du latin *injuria*. Cf. *Horace*, vers 1198.

S'il tient entre ses mains ma vie et ma fortune,
Je suis encor Sévère; et tout ce grand pouvoir   1405
Ne peut rien sur ma gloire, et rien sur mon devoir.
Ici l'honneur m'oblige, et j'y veux satisfaire;
Qu'après le sort se montre ou propice ou contraire,
Comme son naturel est toujours inconstant,
Périssant glorieux, je périrai content.   1410
   Je te dirai bien plus, mais avec confidence :
La secte des chrétiens n'est pas ce que l'on pense ;
On les hait ; la raison, je ne la connais point,
Et je ne vois Décie injuste qu'en ce point.
Par curiosité j'ai voulu les connaître :   1415
On les tient pour sorciers dont l'enfer est le maître,
Et sur cette croyance on punit du trépas
Des mystères secrets que nous n'entendons pas.
Mais Cérès Éleusine et la Bonne Déesse   1419
Ont leurs secrets, comme eux, à Rome et dans la Grèce ;
Encore impunément nous souffrons en tous lieux,
Leur Dieu seul excepté, toutes sortes de dieux :
Tous les monstres d'Égypte ont leur temple dans Rome ;
Nos aïeux à leur gré faisaient un dieu d'un homme ;
Et, leur sang parmi nous conservant leurs erreurs,   1425
Nous remplissons le ciel de tous nos empereurs;
Mais, à parler sans fard de tant d'apothéoses,
L'effet est bien douteux de ces métamorphoses.
   Les chrétiens n'ont qu'un Dieu, maître absolu de tout,

1410. « *Content* est employé ici dans la sévérité de son étymologie latine, *contentus*, qui se contient, qui se renferme dans ce qu'il a, qui se résigne sans peine, Un mot célèbre reproduit exactement la nuance de pensée exprimée par Corneille : « La reine, dit Mme de Sévigné, a été deux fois aux Carmélites avec Quanto (Mme de Montespan). Cette dernière causa fort avec la sœur Louise de la Miséricorde : elle lui demanda si tout de bon elle était aussi aise qu'on le disait. « Non, répondit-elle, je ne suis point aise, mais je suis contente. » (Godefroy.)

1420. Tertullien oppose aussi à ces réunions chrétiennes, dont on se défiait tant, les réunions païennes et les *mysteria attica*.

1427. Proprement, accorder l'apothéose à un empereur, c'est le mettre au rang des dieux. *Sentio me fieri deum;* disait un empereur expirant.

De qui le seul vouloir fait tout ce qu'il résout ; 1430
Mais, si j'ose entre nous dire ce qui me semble,
Les nôtres bien souvent s'accordent mal ensemble ;
Et, me dût leur colère écraser à tes yeux,
Nous en avons beaucoup pour être de vrais dieux.
Enfin chez les chrétiens les mœurs sont innocentes, 1435
Les vices détestés, les vertus florissantes ;
Ils font des vœux pour nous qui les persécutons ;
Et, depuis tant de temps que nous les tourmentons,
Les a-t-on vus mutins? les a-t-on vus rebelles?
Nos princes ont-ils eu des soldats plus fidèles ? 1440
Furieux dans la guerre, ils souffrent nos bourreaux,
Et, lions au combat, ils meurent en agneaux.
J'ai trop de pitié d'eux pour ne les pas défendre.
Allons trouver Félix ; commençons par son gendre ;
Et contentons ainsi, d'une seule action, 1445
Et Pauline, et ma gloire, et ma compassion.

ACTE CINQUIÈME

SCÈNE I

FÉLIX, ALBIN, CLÉON

FÉLIX

Albin, as-tu bien vu la fourbe de Sévère ?
As-tu bien vu sa haine ? et vois-tu ma misère ?

1439. J'ai vu couler leur corps dans la poix et les flammes,
Et n'ai rien obtenu de ces cœurs glorieux
Que de les avoir vus pousser des chants aux Cieux,
Prier pour leurs bourreaux, au fort de leur martyre,
Pour vos prospérités, et pour l'heur de l'empire. (Rotrou, *Saint Genest*, III, 2.)

1440. C'est ce que Tertullien s'attache à prouver et c'est aussi ce que l'Esther de Racine dira en faveur des Juifs à Assuérus. Cf. *Esther*, III, 4.

ACTE V, SCÈNE I 431

ALBIN

Je n'ai vu rien en lui qu'un rival généreux,
Et ne vois rien en vous qu'un père rigoureux. 1450

FÉLIX

Que tu discernes mal le cœur d'avec la mine!
Dans l'âme il hait Félix et dédaigne Pauline;
Et, s'il l'aima jadis, il estime aujourd'hui
Les restes d'un rival trop indignes de lui.
Il parle en sa faveur, il me prie, il menace, 1455
Et me perdra, dit-il, si je ne lui fais grâce;
Tranchant du généreux, il croit m'épouvanter.
L'artifice est trop lourd pour ne pas l'éventer.
Je sais des gens de cour quelle est la politique,
J'en connais mieux que lui la plus fine pratique. 1460
C'est en vain qu'il tempête et feint d'être en fureur :
Je vois ce qu'il prétend auprès de l'Empereur.
De ce qu'il me demande il m'y ferait un crime :
Épargnant son rival, je serais sa victime;
Et, s'il avait affaire à quelque maladroit, 1465
Le piège est bien tendu, sans doute il le perdrait;
Mais un vieux courtisan est un peu moins crédule;
Il voit quand on le joue, et quand on dissimule;
Et moi j'en ai tant vu de toutes les façons

1451. *La mine*, l'apparence, l'extérieur, opposé au *cœur*, sentiments réels et secrets de l'âme : « Ce n'est que leur *mine* et non pas leur *âme* qui s'attendrit pour vous. » (Marivaux, *Marianne*, 3º partie.)

1454. *Les restes*, expression triviale, que Corneille ne dédaignait pas :

Et j'aurai soutenu des revers bien funestes.
Avant que je me daigne enrichir de *vos restes*. (*Toison*, 2019.)

1458. *Trop lourd*, au figuré, venant d'un esprit lourd, maladroit.

Tu te laisses donc prendre à ce *lourd* artifice? (*Veuve*, 1312.)

1463. *Y*, auprès de l'empereur :

Pouvions-nous mieux sans bruit nous rapprocher de lui?
Vous voyez la posture où j'*y* suis aujourd'hui. (*Héraclius*, 1482.)

1465. *Maladroit*, qui se prononçait *maladret*, rime avec *voudrait* et *entreprendrait* au vers 690 de *Mélite* et au vers de 32 *la Suivante*.

Qu'à lui-même au besoin j'en ferais des leçons. 1470

ALBIN

Dieux! que vous vous gênez par cette défiance!

FÉLIX

Pour subsister en cour c'est la haute science.
Quand un homme une fois a droit de nous haïr,
Nous devons présumer qu'il cherche à nous trahir;
Toute son amitié nous doit être suspecte. 1475
Si Polyeucte enfin n'abandonne sa secte,
Quoi que son protecteur ait pour lui dans l'esprit,
Je suivrai hautement l'ordre qui m'est prescrit...

ALBIN

Grâce, grâce, Seigneur! que Pauline l'obtienne!

FÉLIX

Celle de l'Empereur ne suivrait pas la mienne, 1480
Et, loin de le tirer de ce pas dangereux,
Ma bonté ne ferait que nous perdre tous deux,

ALBIN

Mais Sévère promet...

FÉLIX

Albin, je m'en défie,
Et connais mieux que lui la haine de Décie :
En faveur des chrétiens s'il choquait son courroux, 1485
Lui-même assurément se perdrait avec nous.
Je veux tenter pourtant encore une autre voie.
Amenez Polyeucte ; et, si je le renvoie,
S'il demeure insensible à ce dernier effort,
Au sortir de ce lieu qu'on lui donne la mort. 1490

1472. *Pour subsister en cour,* pour se maintenir dans la situation qu'on y occupe. Voir *Cinna,* 1496.
1485. S'il le blessait en contrariant la haine qu'il porte aux chrétiens.
1488. Les éditions de 1643 et 1648 portent en marge : *Il parle à Cléon.*
1489. C'est la situation de Bajazet, quand Roxane dit :
  Mais s'il sort, il est mort. (*Bajazet,* V. 3.)

ACTE V, SCÈNE I

ALBIN

Votre ordre est rigoureux.

FÉLIX

Il faut que je le suive,
Si je veux empêcher qu'un désordre n'arrive.
Je vois le peuple ému pour prendre son parti ;
Et toi-même tantôt tu m'en as averti.
Dans ce zèle pour lui qu'il fait déjà paraître, 1495
Je ne sais si longtemps j'en pourrais être maître ;
Peut-être dès demain, dès la nuit, dès ce soir,
J'en verrais des effets que je ne veux pas voir ;
Et Sévère aussitôt, courant à sa vengeance,
M'irait calomnier de quelque intelligence. 1500
Il faut rompre ce coup, qui me serait fatal.

ALBIN

Que tant de prévoyance est un étrange mal !
Tout vous nuit, tout vous perd, tout vous fait de l'ombrage :
Mais voyez que sa mort mettra le peuple en rage,
Que c'est mal le guérir que le désespérer. 1505

FÉLIX

En vain, après sa mort, il voudra murmurer ;
Et s'il ose venir à quelque violence,
C'est à faire à céder deux jours à l'insolence :
J'aurai fait mon devoir, quoi qu'il puisse arriver.
Mais Polyeucte vient, tâchons à le sauver. 1510
Soldats, retirez-vous, et gardez bien la porte.

1500. Aucun dictionnaire ne cite d'autre exemple de la tournure *calomnier de*, pour : accuser calomnieusement de.
1508. *C'est à faire à.* Cf. *Cinna*, 140.
C'est à faire à périr pour le meilleur parti. (*Pulchérie*, II, 2.)

SCÈNE II

FÉLIX, POLYEUCTE, ALBIN

FÉLIX

As-tu donc pour la vie une haine si forte,
Malheureux Polyeucte, et la loi des chrétiens
T'ordonne-t-elle ainsi d'abandonner les tiens?

POLYEUCTE

Je ne hais point la vie, et j'en aime l'usage, 1515
Mais sans attachement qui sente l'esclavage,
Toujours prêt à la rendre au Dieu dont je la tiens :
La raison me l'ordonne, et la loi des chrétiens,
Et je vous montre à tous par là comme il faut vivre,
Si vous avez le cœur assez bon pour me suivre. 1520

FÉLIX

Te suivre dans l'abîme où tu te veux jeter!

POLYEUCTE

Mais plutôt dans la gloire où je m'en vais monter.

FÉLIX

Donne-moi pour le moins le temps de la connaître :
Pour me faire chrétien, sers-moi de guide à l'être,
Et ne dédaigne pas de m'instruire en ta foi, 1525
Ou toi-même à ton Dieu tu répondras de moi.

POLYEUCTE

N'en riez point, Félix, il sera votre juge;
Vous ne trouverez point devant lui de refuge :
Les rois et les bergers y sont d'un même rang.
De tous les siens sur vous il vengera le sang. 1530

1524. *Sers-moi de guide à l'être,* tournure remarquable équivalant à : sers-moi de guide pour que je puisse le devenir.

FÉLIX

Je n'en répandrai plus, et, quoi qu'il en arrive,
Dans la foi des chrétiens je souffrirai qu'on vive ;
J'en serai protecteur.

POLYEUCTE

Non, non, persécutez,
Et soyez l'instrument de nos félicités :
Celle d'un vrai chrétien n'est que dans les souffrances ; 1535
Les plus cruels tourments lui sont des récompenses.
Dieu, qui rend le centuple aux bonnes actions,
Pour comble donne encor les persécutions.
Mais ces secrets pour vous sont fâcheux à comprendre :
Ce n'est qu'à ses élus que Dieu les fait entendre. 1540

FÉLIX

Je te parle sans fard, et veux être chrétien.

POLYEUCTE

Qui peut donc retarder l'effet d'un si grand bien ?

FÉLIX

La présence importune...

POLYEUCTE

Et de qui ? de Sévère ?

FÉLIX

Pour lui seul contre toi j'ai feint tant de colère :
Dissimule un moment jusques à son départ. 1545

POLYEUCTE

Félix, c'est donc ainsi que vous parlez sans fard ?
Portez à vos païens, portez à vos idoles
Le sucre empoisonné que sèment vos paroles.

1539. Aimé Martin et Géruzez croient que *sont fâcheux*, signifie *vous font peine à*. Nous croyons que *fâcheux* veut dire *difficiles* et que le sens est : ces secrets sont malaisés à comprendre pour vous, païen, car c'est à ses élus seuls que Dieu en permet l'intelligence. Au reste, Corneille écrit dans l'*Imitation* :
Une vieille habitude est *fâcheuse à quitter.*

Un chrétien ne craint rien, ne dissimule rien ;
Aux yeux de tout le monde il est toujours chrétien. 1550

FÉLIX

Ce zèle de ta foi ne sert qu'à te séduire,
Si tu cours à la mort plutôt que de m'instruire.

POLYEUCTE

Je vous en parlerais ici hors de saison :
Elle est un don du ciel, et non de la raison ;
Et c'est là que bientôt, voyant Dieu face à face, 1555
Plus aisément pour vous j'obtiendrai cette grâce.

FÉLIX

Ta perte cependant me va désespérer.

POLYEUCTE

Vous avez en vos mains de quoi la réparer :
En vous ôtant un gendre, on vous en donne un autre
Dont la condition répond mieux à la vôtre ; 1560
Ma perte n'est pour vous qu'un change avantageux.

FÉLIX

Cesse de me tenir ce discours outrageux.
Je t'ai considéré plus que tu ne mérites ;
Mais, malgré ma bonté qui croît plus tu l'irrites,
Cette insolence enfin te rendrait odieux, 1565
Et je me vengerais aussi bien que nos dieux.

POLYEUCTE

Quoi ! vous changez bientôt d'humeur et de langage !
Le zèle de vos dieux rentre en votre courage !
Celui d'être chrétien s'échappe ! et par hasard
Je vous viens d'obliger à me parler sans fard ! 1570

1562. *Outrageux.* Voltaire constate que ce mot n'est plus usité à son époque, tout en souhaitant qu'il ne disparaisse pas.

FÉLIX

Va, ne présume pas que, quoi que je te jure,
De tes nouveaux docteurs je suive l'imposture.
Je flattais ta manie, afin de t'arracher
Du honteux précipice où tu vas trébucher ;
Je voulais gagner temps pour ménager ta vie   1575
Après l'éloignement d'un flatteur de Décie ;
Mais j'ai trop fait d'injure à nos dieux tout-puissants :
Choisis de leur donner ton sang, ou de l'encens.

POLYEUCTE

Mon choix n'est point douteux. Mais j'aperçois Pauline.
O ciel !

SCÈNE III
FÉLIX, POLYEUCTE, PAULINE, ALBIN.

PAULINE

Qui de vous deux aujourd'hui m'assassine ?   1580
Sont-ce tous deux ensemble, ou chacun à son tour ?
Ne pourrai-je fléchir la nature ou l'amour ?
Et n'obtiendrai-je rien d'un époux ni d'un père ?

FÉLIX

Parlez à votre époux.

POLYEUCTE

Vivez avec Sévère.

PAULINE

Tigre, assassine-moi du moins sans m'outrager.   1585

1572. Un *docteur*, c'est proprement celui qui enseigne (*qui docet*). Félix fait allusion, en général, aux docteurs chrétiens qui ont séduit Polyeucte et en particulier à Néarque.

1574. *Trébucher*. Corneille a employé ce mot non seulement dans le sens de *chanceler*, mais, comme ici, dans le sens de *tomber*. Cf. *Rodogune*, 1399.

Tremble, et crois voir bientôt *trébucher* ta fierté. (*Sertorius*, 347.)

1575. *Gagner temps*, du temps. On disait aussi *perdre temps*.

POLYEUCTE

Mon amour, par pitié, cherche à vous soulager :
Il voit quelle douleur dans l'âme vous possède,
Et sait qu'un autre amour en est le seul remède.
Puisqu'un si grand mérite a pu vous enflammer,
Sa présence toujours a droit de vous charmer :   1590
Vous l'aimez, il vous aime, et sa gloire augmentée...

PAULINE

Que t'ai-je fait, cruel, pour être ainsi traitée,
Et pour me reprocher, au mépris de ma foi,
Un amour si puissant que j'ai vaincu pour toi ?
Vois, pour te faire vaincre un si fort adversaire,   1595
Quels efforts à moi-même il a fallu me faire ;
Quels combats j'ai donnés pour te donner un cœur
Si justement acquis à son premier vainqueur ;
Et, si l'ingratitude en ton cœur ne domine,   1599
Fais quelque effort sur toi pour te rendre à Pauline :
Apprends d'elle à forcer ton propre sentiment ;
Prends sa vertu pour guide en ton aveuglement :
Souffre que de toi-même elle obtienne ta vie,
Pour vivre sous tes lois à jamais asservie.
Si tu peux rejeter de si justes désirs,   1605
Regarde au moins ses pleurs, écoute ses soupirs ;
Ne désespère pas une âme qui t'adore.

POLYEUCTE

Je vous l'ai déjà dit, et vous le dis encore,
Vivez avec Sévère, ou mourez avec moi.
Je ne méprise point vos pleurs, ni votre foi ;   1610
Mais, de quoi que pour vous notre amour m'entretienne,
Je ne vous connais plus, si vous n'êtes chrétienne.
C'en est assez, Félix, reprenez ce courroux,

1596. *A moi-même*, sur moi-même ; voyez le vers 1354.

Et sur cet insolent vengez vos dieux et vous.

PAULINE

Ah! mon père, son crime à peine est pardonnable ; 1615
Mais, s'il est insensé, vous êtes raisonnable.
La nature est trop forte, et ses aimables traits,
Imprimés dans le sang, ne s'effacent jamais :
Un père est toujours père, et sur cette assurance
J'ose appuyer encore un reste d'espérance. 1620
   Jetez sur votre fille un regard paternel :
Ma mort suivra la mort de ce cher criminel ;
Et les dieux trouveront sa peine illégitime,
Puisqu'elle confondra l'innocence et le crime,
Et qu'elle changera, par ce redoublement, 1625
En injuste rigueur un juste châtiment ;
Nos destins, par vos mains rendus inséparables,
Nous doivent rendre heureux ensemble, ou misérables ;
Et vous seriez cruel jusques au dernier point,
Si vous désunissiez ce que vous avez joint. 1630
Un cœur à l'autre uni jamais ne se retire ;
Et, pour l'en séparer, il faut qu'on le déchire.
Mais vous êtes sensible à mes justes douleurs,
Et d'un œil paternel vous regardez mes pleurs. 1634

FÉLIX

Oui, ma fille, il est vrai qu'un père est toujours père :
Rien n'en peut effacer le sacré caractère ;
Je porte un cœur sensible, et vous l'avez percé.
Je me joins avec vous contre cet insensé.
   Malheureux Polyeucte, es-tu seul insensible ?
Et veux-tu rendre seul ton crime irrémissible ? 1640
Peux-tu voir tant de pleurs d'un œil si détaché ?
Peux-tu voir tant d'amour sans en être touché ?

1619. Un père, en punissant, madame, est toujours père. (*Phèdre*, III. 3.)
1625. *Redoublement*; par la double mort de Polyeucte et de Pauline.

Ne reconnais-tu plus ni beau-père, ni femme,
Sans amitié pour l'un, et pour l'autre sans flamme ?
Pour reprendre les noms et de gendre et d'époux, 1645
Veux-tu nous voir tous deux embrasser tes genoux ?

POLYEUCTE

Que tout cet artifice est de mauvaise grâce !
Après avoir deux fois essayé la menace,
Après m'avoir fait voir Néarque dans la mort,
Après avoir tenté l'amour et son effort, 1650
Après m'avoir montré cette soif du baptême,
Pour opposer à Dieu l'intérêt de Dieu même,
Vous vous joignez ensemble ! Ah ! ruses de l'enfer !
Faut-il tant de fois vaincre avant que triompher ?
Vos résolutions usent trop de remise ; 1655
Prenez la vôtre enfin, puisque la mienne est prise.
  Je n'adore qu'un Dieu, maître de l'univers,
Sous qui tremblent le ciel, la terre et les enfers,
Un Dieu qui, nous aimant d'une amour infinie,
Voulut mourir pour nous avec ignominie, 1660
Et qui, par un effort de cet excès d'amour,
Veut pour nous en victime être offert chaque jour.
Mais j'ai tort d'en parler à qui ne peut m'entendre.
Voyez l'aveugle erreur que vous osez défendre : 1664
Des crimes les plus noirs vous souillez tous vos dieux ;
Vous n'en punissez point qui n'ait son maître aux cieux :
La prostitution, l'adultère, l'inceste,

1647. *Que la plaisanterie est de mauvaise grâce!* (*Misanthrope*, I, 1.)

1655. *Remise,* retardement. User de remise envers quelqu'un, c'est le remettre, le renvoyer à une époque indéfinie.

1657.   Le Dieu que nous servons est le seul Dieu du monde,
        Qui de rien a bâti le ciel, la terre et l'onde ;
        C'est lui seul qui commande à la guerre, aux assauts ;
        Il n'y a Dieu que lui, tous les autres sont faux.
                    (Garnier, *Juives*, IV, 115.)

1666. *En,* de *crimes; son maître,* une divinité qui en donne l'exemple.

Le vol, l'assassinat, et tout ce qu'on déteste,
C'est l'exemple qu'à suivre offrent vos immortels.
J'ai profané leur temple, et brisé leurs autels ; 1670
Je le ferais encor, si j'avais à le faire,
Même aux yeux de Félix, même aux yeux de Sévère,
Même aux yeux du sénat, aux yeux de l'Empereur.

FÉLIX

Enfin ma bonté cède à ma juste fureur :
Adore-les, ou meurs.

POLYEUCTE

    Je suis chrétien.

FÉLIX

         Impie ! 1675
Adore-les, te dis-je, ou renonce à la vie.

POLYEUCTE

Je suis chrétien.

FÉLIX

    Tu l'es ? O cœur trop obstiné !
Soldats, exécutez l'ordre que j'ai donné.

PAULINE

Où le conduisez-vous ?

FÉLIX

    A la mort.

POLYEUCTE

      A la gloire.
Chère Pauline, adieu ; conservez ma mémoire. 1680

1671. Ce vers est déjà dans *le Cid*, 378.
1677. C'était la réponse uniforme et unique des chrétiens. M. Leblant le prouve dans son *Mémoire sur la préparation au martyre*.
1679. « Nemo mortem cogitet, sed immortalitatem, nec temporariam pœnam, sed gloriam sempiternam. » (Saint Cyprien, *Lettre à Rogatien*.)

25.

PAULINE

Je te suivrai partout, et mourrai si tu meurs.

POLYEUCTE

Ne suivez point mes pas, ou quittez vos erreurs.

FÉLIX

Qu'on l'ôte de mes yeux, et que l'on m'obéisse.
Puisqu'il aime à périr, je consens qu'il périsse.

SCÈNE IV

FÉLIX, ALBIN

FÉLIX

Je me fais violence, Albin, mais je l'ai dû ;   1685
Ma bonté naturelle aisément m'eût perdu.
Que la rage du peuple à présent se déploie,
Que Sévère en fureur tonne, éclate, foudroie ;
M'étant fait cet effort, j'ai fait ma sûreté.
Mais n'es-tu pas surpris de cette dureté ?   1690
Vois-tu comme le sien des cœurs impénétrables,
Ou des impiétés à ce point exécrables ?
Du moins j'ai satisfait mon esprit affligé :
Pour amollir son cœur je n'ai rien négligé ;
J'ai feint même à tes yeux des lâchetés extrêmes ;   1695
Et certes, sans l'horreur de ses derniers blasphèmes,
Qui m'ont rempli soudain de colère et d'effroi,
J'aurais eu de la peine à triompher de moi.

ALBIN

Vous maudirez peut-être un jour cette victoire,

1681. Dans le *Saint Genest*, Nathalie dit aussi à son mari Adrien :
« Je te suivrai partout et jusque dans les feux. » (III, 4.)
1689. *J'ai fait ma sûreté*, je me suis assuré contre tout péril.
1691. *Des cœurs impénétrables*, inflexibles; la même locution se retrouve dans *Othon* (488) et *Pulchérie* (832).

Qui tient je ne sais quoi d'une action trop noire, 1700
Indigne de Félix, indigne d'un Romain,
Répandant votre sang par votre propre main.

FÉLIX

Ainsi l'ont autrefois versé Brute et Manlie ;
Mais leur gloire en a crû, loin d'en être affaiblie ;
Et quand nos vieux héros avaient de mauvais sang, 1705
Ils eussent, pour le perdre, ouvert leur propre flanc.

ALBIN

Votre ardeur vous séduit ; mais, quoi qu'elle vous die,
Quand vous la sentirez une fois refroidie,
Quand vous verrez Pauline, et que son désespoir
Par ses pleurs et ses cris saura vous émouvoir... 1710

FÉLIX

Tu me fais souvenir qu'elle a suivi ce traître,
Et que ce désespoir qu'elle fera paraître
De mes commandements pourra troubler l'effet :
Va donc y donner ordre et voir ce qu'elle fait ; 1714
Romps ce que ses douleurs y donneraient d'obstacle ;
Tire-la, si tu peux, de ce triste spectacle ;
Tâche à la consoler. Va donc ; qui te retient ?

ALBIN

Il n'en est pas besoin, Seigneur, elle revient.

1700. *Je ne sais quoi ;* Corneille aime cette expression, qui rappelle le *nescio quid* des Latins.

 Et c'est *je ne sais quoi* d'abaissement secret
 Où quiconque a du cœur ne consent qu'à regret,
     (Corneille, *Remerciement à Mazarin.*)

SCÈNE V

FÉLIX, PAULINE, ALBIN

PAULINE

Père barbare, achève, achève ton ouvrage :
Cette seconde hostie est digne de ta rage ; 1720
Joins ta fille à ton gendre ; ose : que tardes-tu ?
Tu vois le même crime, ou la même vertu :
Ta barbarie en elle a les mêmes matières.
Mon époux en mourant m'a laissé ses lumières ; 1724
Son sang, dont tes bourreaux viennent de me couvrir,
M'a dessillé les yeux, et me les vient d'ouvrir.
   Je vois, je sais, je crois, je suis désabusée :
De ce bienheureux sang tu me vois baptisée ;
Je suis chrétienne enfin, n'est-ce point assez dit ?
Conserve en me perdant ton rang et ton crédit ; 1730
Redoute l'Empereur, appréhende Sévère :
Si tu ne veux périr, ma perte est nécessaire ;
Polyeucte m'appelle à cet heureux trépas ;
Je vois Néarque et lui qui me tendent les bras.
Mène, mène-moi voir tes dieux que je déteste ; 1735
Ils n'en ont brisé qu'un, je briserai le reste.
On m'y verra braver tout ce que vous craignez,
Les foudres impuissants qu'en leurs mains vous peignez,
Et, saintement rebelle aux lois de la naissance,

1720. *Hostie*, victime, *hostia*. Cf. *Horace*, 768.
    Du céleste courroux tous furent les *hosties*. (La Fontaine, *Philémon et Baucis*.)
1723. Les mêmes occasions, le même sujet de se déployer.
1737. *Y*, dans ce temple, dont l'idée est contenue dans les vers précédents.
1739. *Saintement rebelle*, par une révolte qui a le droit pour elle. Dans *Athalie* (IV, 3), Joad vante à Joas l'héroïque foi de ces lévites *saintement homicides* qui n'épargnèrent pas leurs parents idolâtres.

Une fois envers toi manquer d'obéissance. 1740
Ce n'est point ma douleur que par là je fais voir ;
C'est la grâce qui parle, et non le désespoir.
Le faut-il dire encor, Félix ? je suis chrétienne !
Affermis par ma mort ta fortune et la mienne ;
Le coup à l'un et l'autre en sera précieux, 1745
Puisqu'il t'assure en terre en m'élevant aux cieux.

SCÈNE VI

FÉLIX, SÉVÈRE, PAULINE, ALBIN, FABIAN

SÉVÈRE

Père dénaturé, malheureux politique,
Esclave ambitieux d'une peur chimérique,
Polyeucte est donc mort ! et par vos cruautés
Vous pensez conserver vos tristes dignités ! 1750
La faveur que pour lui je vous avais offerte,
Au lieu de le sauver, précipite sa perte !
J'ai prié, menacé, mais sans vous émouvoir ;
Et vous m'avez cru fourbe ou de peu de pouvoir !
Eh bien, à vos dépens vous verrez que Sévère 1755
Ne se vante jamais que de ce qu'il peut faire ;
Et par votre ruine il vous fera juger
Que qui peut bien vous perdre eût pu vous protéger.
Continuez aux dieux ce service fidèle ;
Par de telles horreurs montrez-leur votre zèle. 1760
Adieu ; mais quand l'orage éclatera sur vous,
Ne doutez point du bras dont partiront les coups.

1746. *Il t'assure*, t'affermit. *En terre*, sur la terre ; il s'agit de ce pouvoir terrestre que Félix préfère à tout.

Je suis Sosie *en terre* ; au ciel, j'étais Mercure. (Rotrou, *Sosies*, III, 5.)

1762. Reconnaissez les coups que vous aurez conduits. (*Iphigénie*, V, 2.)

FÉLIX

Arrêtez-vous, Seigneur, et d'une âme apaisée
Souffrez que je vous livre une vengeance aisée.
  Ne me reprochez plus que par mes cruautés   1765
Je tâche à conserver mes tristes dignités :
Je dépose à vos pieds l'éclat de leur faux lustre :
Celle où j'ose aspirer est d'un rang plus illustre ;
Je m'y trouve forcé par un secret appas ;
Je cède à des transports que je ne connais pas ;   1770
Et, par un mouvement que je ne puis entendre,
De ma fureur je passe au zèle de mon gendre.
C'est lui, n'en doutez point, dont le sang innocent
Pour son persécuteur prie un Dieu tout-puissant ;
Son amour, épandu sur toute la famille,   1775
Tire après lui le père aussi bien que la fille.
J'en ai fait un martyr, sa mort me fait chrétien :
J'ai fait tout son bonheur, il veut faire le mien.
C'est ainsi qu'un chrétien se venge et se courrouce.
Heureuse cruauté dont la suite est si douce !   1780
Donne la main, Pauline. Apportez des liens ;
Immolez à vos dieux ces deux nouveaux chrétiens :
Je le suis, elle l'est, suivez votre colère.

PAULINE

Qu'heureusement enfin je retrouve mon père !
Cet heureux changement rend mon bonheur parfait.   1785

FÉLIX

Ma fille, il n'appartient qu'à la main qui le fait.

SÉVÈRE

Qui ne serait touché d'un si tendre spectacle ?
De pareils changements ne vont point sans miracle.
Sans doute vos chrétiens, qu'on persécute en vain,

1769. Ici, comme au vers 1158, *appât* est écrit *appas* au singulier.

Ont quelque chose en eux qui surpasse l'humain ; 1790
Ils mènent une vie avec tant d'innocence
Que le ciel leur en doit quelque reconnaissance :
Se relever plus forts, plus ils sont abattus,
N'est pas aussi l'effet des communes vertus.
Je les aimai toujours, quoi qu'on ait pu m'en dire ; 1795
Je n'en vois point mourir que mon cœur n'en soupire ;
Et peut-être qu'un jour je les connaîtrai mieux.
J'approuve cependant que chacun ait ses dieux,
Qu'il les serve à sa mode, et sans peur de la peine.
Si vous êtes chrétien, ne craignez plus ma haine ; 1800
Je les aime, Félix, et de leur protecteur
Je n'en veux pas sur vous faire un persécuteur.
  Gardez votre pouvoir, reprenez-en la marque ;
Servez bien votre Dieu, servez votre monarque.
Je perdrai mon crédit envers sa Majesté, 1805
Ou vous verrez finir cette sévérité :
Par cette injuste haine il se fait trop d'outrage.

FÉLIX

Daigne le Ciel en vous achever son ouvrage,
Et, pour vous rendre un jour ce que vous méritez,
Vous inspirer bientôt toutes ces vérités ! 1810
  Nous autres, bénissons notre heureuse aventure :
Allons à nos martyrs donner la sépulture,
Baiser leurs corps sacrés, les mettre en digne lieu,
Et faire retentir partout le nom de Dieu.

1790. *L'humain*, adjectif pris substantivement, au sens neutre, pour : le courage humain, les forces humaines. C'est un latinisme.

1791. Remarquez *ils mènent une vie* sans l'adjectif qui accompagne d'ordinaire le substantif ; *avec tant d'innocence* tient lieu de l'adjectif absent.

1804. « La manière dont le fameux Baron récitait ces vers, en appuyant sur *servez votre monarque*, était reçue avec transport. » (Voltaire.) C'est ce que Samson rappelle en ces termes dans son poëme de *l'Art théâtral* :

  Son accent varié, sa figure, son jeu
  Ordonnaient le monarque et permettaient le dieu,

1807. *Il se fait trop d'outrage* (l'empereur), il fait trop de tort à sa bonne renommée, fait douter de son esprit de justice.

POMPÉE

NOTICE

I

La *Mort de Pompée* est un beau tableau d'histoire plutôt qu'un drame entraînant. C'est donc aux historiens plus encore qu'aux poètes qu'il faut s'adresser, si l'on veut mesurer le degré d'originalité de la tragédie de Corneille. Les historiens grecs, Appien et Plutarque, les historiens latins, Velleius Paterculus et Florus, lui ont beaucoup donné. S'il a pris plus encore à Lucain, c'est que Lucain, orateur autant que poète, a écrit un poème à moitié historique, sinon par le ton, du moins par le fond des événements. Mais, ici encore, en imitant, Corneille a su créer

Quels éléments l'histoire offrait-elle à la tragédie ? Au lendemain de Pharsale, vaincu, fugitif, Pompée court rejoindre sa femme Cornélie à Lesbos, où elle attendait l'issue de la guerre civile. Sur les conseils de Théophane de Lesbos, historien et poète, il se décida, selon Plutarque, à gagner l'Égypte, dont le roi, Ptolémée XII Dionysos, fils de Ptolémée Aulétès, devait avoir gardé le souvenir reconnaissant des services rendus autrefois par Pompée à son père. Monté sur le trône à l'âge de treize ans, et régnant conjointement avec sa sœur Cléopâtre, le jeune prince avait pour conseiller le général Achillas, l'eunuque Pothin, dont Appien fait un ministre de la guerre, et un rhéteur de Samos, Théodote, son précepteur. Voici comment Plutarque, rajeuni par Amyot, nous raconte la délibération du roi et de ses ministres :

« Ce roy Ptolomœus estoit encore fort jeune, mais clyue

qui menoit tout ses affaires, nommé Pothinus, assembla un
conseil des principaux hommes et plus advisez de la cour,
lesquels avoient authorité et credit selon qu'il luy plaisoit
leur en départir ; et assemblez qu'ils furent, leur commanda
de la part du Roy de luy dire chacun son advis, touchant ceste
reception de Pompeius, assavoir si le Roy le devoit recevoir
ou non. Si estoit-ce desja une grande pitié de voir un Pothinus, valet de chambre du Roy d'Ægypte, et un Theodotus,
maistre d'école, natif de Chio, qu'on avoit loué pour enseigner la rhétorique à ce jeune Roy, et un Achillas, Ægyptien,
consulter entre eux ce qu'on devoit faire du grand Pompeius :
car ceux-là estoient les principaux conseillers et entremet-
teurs des affaires du Roy, entre les autres valets de chambre et ceux qui l'avoient nourri. Si attendoit Pompeius, ayant
posé l'ancre en la rade assez loin de la coste, la resolution
de ce conseil ; auquel les opinions des autres furent différentes, en ce que les uns vouloient qu'on le renvoiast, les
autres qu'on l'appellast et qu'on le receust. Mais le rhéto-
ricien Theodotus, voulant monstrer son éloquence, alla discourir que ny l'un ny l'autre ne estoit seur ; pour ce, dit-il, que,
s'ils le recevoient, ils auroient Cæsar pour ennemi, et Pompeius maistre, et que, s'ils l'esconduysoient, Pompeius leur
tourneroit à crime ce qu'ils l'auroient chassé, et Cæsar ce
qu'ils ne l'auroient retenu : à raison de quoy le meilleur estoit le mander pour le faire mourir, pource qu'en ce faisant
ils acquerroient la bonne grâce de l'un et ne craindroient plus
la male grace de l'autre ; encore dit-on qu'il adjousta à son
dire ce traict de risée : « Un homme mort ne mord point (1). »

Velleius Paterculus fait intervenir dans la même délibération les mêmes personnages, et dit que la volonté d'un esclave égyptien disposa du sort de Pompée. Mais Florus
ajoute ce trait nouveau : « *Imperio vilissimi regis, consilio
spadonum, et, ne quid malis desit, Septimii desertoris sub
gladio trucidatus, sub oculis uxoris suæ liberorumque* (2). »
C'est ce déserteur Septimius qu'Appien nomme Sempronius,
qui, chez lui, comme chez Lucain et Corneille, salue Pompée

1. Plutarque, *Vie de Pompée*, 77
2. *Histoire romaine*, IV, 2. Cf. Velleius, 53.

au nom du roi, le prie de quitter son navire pour descendre dans le navire égyptien, puis, reconnu et interrogé par lui, ne répond que par un signe affirmatif et le frappe aussitôt. C'est lui que le poète substitue au rhéteur Théodote : il a jugé sans doute que cette délibération du premier acte serait plus saisissante si, pour condamner Pompée, un transfuge de Rome se joignait à un eunuque d'Afrique. Quant à Pothin, Florus est seul à l'appeler Pothin, et, sur ce point, Corneille a suivi Florus, qui, d'ailleurs, ne lui a fourni qu'un moindre nombre de détails.

Les ressemblances se multiplient quand aux récits de Plutarque et d'Appien on compare le récit que fait Achorée à Cléopâtre au second acte. Ici encore il faut laisser parler Amyot ; sa naïveté un peu molle fera mieux ressortir la mâle vigueur des pensées et l'éclat du style de Corneille :

« Ayant donc arresté cela entre eux, ils donnerent la commission de l'exécuter à Achillas ; lequel, prenant avec soy un Septimius, qui autrefois avoit eu charge de gens sous Pompeius, et Salvius, un autre centenier aussi, avec trois ou quatre autres satellites, se fit mener à la galerie où estoit Pompeius, dedans laquelle s'estoient aussi rendus tous les principaux personnages de sa suite, pour voir que ce seroit ; mais quand ils virent cette maniere de recueil, qui n'estoit royale ny magnifique, ny en chose quelconque respondant à l'espérance que leur avoit donnee Theophanes, attendu qu'ils ne voyoient que bien peu de gens, qui venoient à eux dedans une barque de pescheur, ils commencerent à avoir suspect le peu de conte qu'on faisoit d'eux, et conseillerent à Pompeius de tourner arriere et se eslargir en haute mer, pendant qu'ils estoient encore hors la volee du traict. Ce pendant la barque s'approcha, et Septimius se leva le premier en pieds, qui salua Pompeius en langage romain du nom d'Imperator, qui est à dire souverain capitaine, et Achillas le salua aussi en langage grec, et luy dit qu'il passast en sa barque, pour ce que le long du rivage il y avoit force vase et des bancs de sable, tellement qu'il n'y avoit pas assez eau pour sa galere : mais en mesme temps on voyoit de loin plusieurs galeres de celles du Roy, qu'on armoit en diligence, et toute la coste couverte de gens de guerre, tellement que quand Pompeius et ceux de sa compagnie eussent voulu changer d'avis, ils n'eussent plus sceu se sauver, et si y avoit davantage qu'en monstrant de se desfier ils donnoient au meurtrier quelque couleur d'executer sa meschanceté. Parquoy, prenant congé de sa femme Cornelia, laquelle desja avant le coup faisoit les lamentations de sa fin, il commanda à deux centeniers qu'ils entrassent en la barque de l'Ægyptien devant luy, et à un de ses serfs affranchis, qui s'appelloit Philippus, avec un autre esclave qui se nommoit Scynes. Et comme ja Achillas lui tendoit la main de dedans sa barque, il se retourna devers sa femme et son fils, et leur dit ces vers de Sophocles :

> Qui en maison de prince entre, devient
> Serf, quoy qu'il soit libre, quand il y vient.

Ce furent les dernieres paroles qu'il dit aux siens quand il passa de sa galere en la barque, et pource qu'il y avoit loin de la galere à la terre ferme, voyant que par le chemin personne ne luy entamoit propos d'amiable entretien, il regarda Septimius au visage, et luy dit : « Il me semble que je te recognoy, compagnon, pour avoir autres fois esté à la guerre avec moy. « L'autre luy fit signe de la teste seulement qu'il estoit vray, sans luy faire autre response ne caresse quelconque ; parquoy n'y ayant plus personne qui dist mot, il print en sa main un petit livret, dedans lequel il avoit escrit une harangue en langage grec, qu'il vouloit faire à Ptolomœus, et se mit à la lire. Quand ils vindrent à approcher de la terre, Cornelia, avec ses domestiques et familiers amis, se leva sur ses pieds, regardant en grande destresse quelle seroit l'issue. Si luy sembla que elle devoit bien esperer, quand elle apperceut plusieurs des gens du Roy qui se presenterent à la descente comme pour le recueillir et l'honorer ; mais sur ce poinct ainsi comme il prenoit la main de son affranchy Philippus pour se lever plus à son aise, Septimius vint le premier par derrière, qui luy passa son espee à travers le corps, après lequel Salvius et Achillas dégainerent aussi leurs espees, et adonc Pompeius tira sa robe à deux mains au devant de sa face, sans dire ne faire aucune chose indigne de luy, et endura vertueusement les coups qu'ils lui donnerent, en soupirant un peu seulement, estant aagé de cinquante-neuf ans, et ayant achevé sa vie le jour ensuyvant celuy de sa nativité (1). »

Chez Corneille comme chez Plutarque, les meurtriers tranchent la tête du héros, et jettent à la mer son corps mutilé, que recueille et ensevelit l'affranchi Philippus, puis l'urne précieuse qui contient ses cendres est apportée à Cornélie.

Dans ses *Commentaires*, César ne nous dit point que la nouvelle du meurtre de Pompée lui ait causé quelque indignation : s'il punit Achillas et Pothin, c'est qu'ils avaient tramé contre lui un complot, point de départ de la guerre d'Alexandrie. Cette guerre, où César vainqueur faillit périr, qui se termina par la disparition de Ptolomée Dionysos dans un combat près du Nil, et le triomphe de sa sœur Cléopâtre, Plutarque et les autres historiens nous la racontent ; mais Appien est le seul qui établisse une relation directe entre le meurtre de Pompée et le châtiment de ses meurtriers. Il est vrai qu'il n'est pas le seul à témoigner de l'horreur manifestée par César en face du sanglant présent qu'on lui fait. Plutarque, lui aussi, nous montre César se détournant pour ne point voir la tête de son rival, et ne pouvant retenir ses larmes. Mais nulle part Plutarque, Velleius, Dion et Florus ne disent que le meurtre de Pompée ait été la cause déterminante du supplice des deux ministres égyptiens. Qu'a fait Corneille ? S'emparant des traits épars dans les historiens, il a réuni deux choses très distinctes, la mort de Pompée et la guerre d'Alexandrie. Désormais César ne se venge plus lui-même, il venge Pompée. Avant que le complot soit découvert, Achillas et Photin sont condamnés : Cléopâtre, qui peut tout sur César, ne réussit pas à lui arracher leur grâce. L'exactitude historique en souffre peut-être un peu ; mais la figure de César en reçoit un nouvel éclat.

Que dire de Cornélie ? Ici, tout était à créer, car, si nous en croyons Plutarque et Appien, Cornélie assista de loin, désespérée et impuissante, au meurtre de son mari ; ses cris,

---

1. *Vie de Pompée*, 79. Dans son *Itinéraire*, VI, Chateaubriand dit que ce récit est « le plus beau morceau de Plutarque et d'Amyot, son traducteur ».

ses vains appels aux dieux ne le sauvèrent pas ; en son malheur elle fut heureuse encore de pouvoir chercher son salut dans une fuite rapide. Corneille la suppose prisonnière : dès lors, le ressort essentiel de sa tragédie est trouvé, car cette tragédie est tout entière dans la rencontre de deux grandes âmes. L'histoire offrait au poète un autre ressort dramatique, l'amour de César pour Cléopâtre. Eh bien, la partie faible du drame, c'est précisément la peinture de cet amour, historiquement réel ; la partie sublime, c'est celle qui n'a de réalité que dans l'imagination de Corneille.

II

L'histoire n'a pas les libertés de la poésie. Mais voici un poète, Lucain, que Corneille, à en croire Huet, préférait à Virgile. A M. de Zuylichem, qui lui avait envoyé un recueil de vers latins, il répondait : « Votre présent m'a été très cher, et par sa propre valeur, et par l'estime que vous y témoignez pour mon bon ami Lucain (1). » Comme il l'observait, d'ailleurs, dans l'Epître du *Menteur*, dédiée à ce même Huyghens de Zuylichem, Sénèque et Lucain sont tous deux nés à Cordoue, et c'est aux modèles espagnols qu'il aime à s'adresser. Mais s'il a beaucoup pris de Lucain, il ne croit pas demeurer « fort au-dessous de lui » quand il lui faut se passer de son secours (2). Poète dramatique, il a un grand défaut et une grande qualité : son défaut, c'est d'incliner vers l'école de Sénèque et de Lucain ; son mérite, c'est de ne jamais oublier qu'il écrit un drame. Il ne s'attardera point, par exemple, à nous raconter par quels procédés ingénieux Photin embaume et conserve la tête de Pompée. S'il fait ensevelir Pompée par un de ses fidèles, il ne prêtera point à Cordus le long discours que Lucain lui prête. Au IXe chant de *la Pharsale*, Sextus Pompée fait à son frère Cneius un nouveau récit du crime ; Corneille n'en prendra que quelques traits, et les fondra dans l'ensemble de son récit unique. De même, à quoi bon mettre

1. Lettre du 6 mars 1649.
2. Examen de *Médée*.

dans la bouche de César une apostrophe indignée aux misérables qui lui présentent la tête de son rival? Le silence n'est-il pas plus éloquent? Enfin la lettre de Photin à Achillas, au Xe livre de Lucain, n'offre qu'un médiocre intérêt ; mais quelques vers y brillent, propres à mettre en relief le caractère de ce politique éhonté, et Corneille saura les enchâsser habilement dans les deux scènes principales où Photin paraît au début du premier et du quatrième acte. Il est plus d'un passage sans doute où Corneille semble borner son ambition à reproduire Lucain ; qu'on se souvienne du discours de Photin. Mais quelle supériorité dans la conception de la scène ! Chez Lucain, Photin parle seul ; à peine sommes-nous avertis qu'un vieux prêtre, Achorée, est d'un avis contraire ; cet Achorée restera dans l'ombre et n'en sortira que pour disserter, au Xe chant, sur les sources du Nil, devant César distrait, qui n'a d'yeux que pour Cléopâtre. Pour Achillas, qui ne paraît pas davantage, c'est un soldat passif, qui exécute une consigne. A cette délibération, qui est un monologue, préside le jeune roi, non moins discret ; il approuve, il se tait et semble n'être là que pour ouvrir et lever la séance.

Ici, Corneille a beaucoup ajouté ; ailleurs, il retranche, avec une sûreté de goût qui peut sembler surprenante chez un admirateur de Lucain. C'est ainsi que dans tout le récit de la mort de Pompée il a suivi de fort près son modèle ; mais il a su élaguer bien des traits invraisemblables ou déclamatoires : Pompée mourant éprouve, chez Lucain, le besoin de prononcer un discours, auquel correspond un discours de la plaintive Cornélie ; dans la tragédie française, Pompée meurt sans phrases, et Cornélie s'évanouit ; c'est ce que tous deux avaient de mieux à faire. Mais Cornélie reprendra ses sens et saura parler haut ; la Cornélie de Lucain ne sait que pleurer, déclamer et fuir, comme son César ne sait pas être généreux. D'un seul trait délicat et rapide Corneille indique le conflit de sentiments opposés, également humains, qui se partagent l'âme de César ; Lucain y insiste et fait de César un Tartufe. Ce comédien consommé, pour qui Lucain n'a pas assez d'amères invectives, serait un pauvre héros de tragédie.

Le Corneille du XVIe siècle, c'est Robert Garnier. Par malheur, sa *Cornélie* est précisément la plus faible de ses tragédies romaines. A part quelques ressemblances de détail, toute comparaison est impossible entre les deux œuvres ; celle de Garnier n'est guère qu'une longue lamentation sur des événements qui ne sauraient nous émouvoir, puisqu'ils se passent loin de nos yeux, et qui, d'ailleurs, sont très postérieurs à la mort de Pompée. Cicéron disserte, Cornélie se lamente, les Pompéiens ou les Césariens, en multipliant les chœurs, font de louables et vains efforts pour dissimuler l'absence complète de toute intrigue. La *Cornélie* de Garnier est une collection de morceaux tragiques beaucoup plutôt qu'une tragédie. On n'en saurait dire autant d'une *Mort de Pompée* (1638), dédiée au cardinal de Richelieu par un poète aujourd'hui oublié, Chaulmer. L'auteur avoue modestement, dans sa préface, qu'il a pris à divers historiens le fond de son sujet, mais il réclame l'honneur d'en avoir inventé « les circonstances ». Ayant choisi pour sujet la mort de Pompée, Chaulmer a cru habile de réserver cette mort pour son cinquième acte ; il n'a réussi qu'à en affaiblir l'effet, puisqu'il en faut acheter le récit par la lecture de trois actes vides, et puisqu'on nous laisse ignorer ce qui nous intéresse le plus, les résultats de cette mort. Reste une scène, celle de la délibération : si inférieure qu'elle soit à la scène analogue de Corneille, il est probable que Corneille l'a connue, car, chez Lucain, la délibération n'est qu'un monologue ; elle est déjà, dans la pièce de Chaulmer, un dialogue assez dramatique.

Au reste Corneille connaissait sans doute la *Cléopâtre* de Jodelle (1552), le *Marc-Antoine* ou *Cléopâtre* de Garnier (1572), les *Merveilleuses Amours de Marc-Antoine et de Cléopâtre*, de Guillaume Belliard (1572), la *Cléopâtre* de Nicolas Montreux (1595), le *Marc-Antoine* ou *Cléopâtre*, de Mairet, (1630), la *Cléopâtre* de Benserade (1635), sans compter toutes les pièces dont César est le héros principal, comme le *César* de Jacques Grévin. Si l'on énumère ici ces œuvres diverses, c'est pour remarquer que la figure étrange de Cléopâtre avait surtout séduit les poètes dramatiques français, c'est pour constater aussi que la Cléopâtre de Corneille ressemble fort peu à la Cléopâtre tendre et fidèle de Garnier ou de Mairet, et à la Cléopâtre passionnée et furieuse de Chaulmer et de Benserade.

III

« J'ai fait *Pompée* pour satisfaire à ceux qui ne trouvaient pas les vers de *Polyeucte* si puissants que ceux de *Cinna* et leur montrer que j'en saurais bien retrouver la pompe quand le sujet le pourrait souffrir... J'ai voulu faire un essai de ce que pouvaient la majesté du raisonnement et la force des vers, dénués de l'agrément du sujet (1). » Ainsi, Corneille l'avoue et se plaît même à le répéter : *Polyeucte*, puisé à des sources nouvelles, avait semblé trop simple à ceux qui réservaient leur admiration pour la grandeur un peu tendue des écrivains de la décadence romaine, et c'est pour se faire pardonner *Polyeucte* qu'il a écrit *Pompée*.

La date de la première représentation est controversée. Beaucoup d'histoires de la littérature donnent 1641, date évidemment fausse, puisque la lettre de Claude Sarrau (12 décembre 1642), citée dans notre notice de *Polyeucte*, ne mentionne que *le Cid, Horace, Cinna*. Si donc, comme il est nécessaire, *Polyeucte* est reporté au début de 1643, à quelle date faudra-t-il reporter *Pompée* et *le Menteur*, pièces jumelles, « parties toutes deux de la même main dans le même hiver (2) » ? Probablement à la seconde partie de l'année 1643.

Dans les vers à Fouquet, en tête d'*OEdipe* (1659), dans les vers *Au roi* (1676), Corneille cite avec orgueil *Pompée* près du *Cid*, d'*Horace*, de *Cinna*. Longtemps après (1685), chargé de recevoir à l'Académie Thomas Corneille, à la place de Pierre, Racine rappelle, dans un langage digne de tous deux, ce que Pierre a fait et ce qu'il a permis aux autres de faire. « La scène retentit encore des acclamations qu'excitèrent à leur naissance *le Cid, Horace, Cinna, Pompée* (3). » L'accord est donc complet entre les contemporains pour classer *Pompée* au premier rang des grandes créations de Corneille. Saint-

---

1. Examen de *Polyeucte* et du *Menteur*.
2. Epître dédicatoire du *Menteur*.
3. Discours à l'Académie (1685).

Evremond en admirait tout, et la fière douleur de Cornélie, et même les galanteries de César (1). Avec quel orgueilleux contentement Corneille l'en remercie ! « Vous m'honorez de votre estime en un temps où il semble qu'il y ait un parti fait pour ne m'en laisser aucune. Vous me soutenez quand on se persuade qu'on m'a abattu, et vous me consolez glorieusement de la délicatesse de notre siècle, quand vous daignez m'attribuer le bon goût de l'antiquité (2). » Il touchait à la fin de sa carrière dramatique quand Mme de Sévigné, obstinée dans son admiration, écrivait encore de lui : « Je suis folle de Corneille ; il nous donnera encore *Pulchérie*, où l'on reverra

la main qui crayonna
La mort du grand Pompée et *l'âme* de Cinna.

Il faut que tout cède à son génie (3). » On ne voit guère qu'un contemporain, l'abbé d'Aubignac, qui ait osé s'attaquer directement à *Pompée;* ce qui est remarquable, c'est qu'il y critiquait précisément ce que les autres y admiraient le plus, la belle délibération du premier acte, qui sert d'exposition à la pièce. Il est vrai que c'était pour l'opposer et la sacrifier à la délibération analogue de *Cinna*.

A mesure qu'on s'éloignait de l'époque troublée, mais sérieuse jusqu'en ses folies, qui était le cadre naturel du drame cornélien, on se laissait moins séduire aux beautés graves, à l'allure majestueuse, mais un peu lente, de la tragédie historique et politique ; l'école de critique qui domina le siècle suivant et dont Voltaire était le chef reconnu, ne concevait la tragédie classique que sous la forme de la tragédie racinienne. De là les critiques, souvent injustes, de Vauvenargues et de Laharpe, disciples de Voltaire. Avant eux, l'abbé Du Bos avait refusé à *Pompée* jusqu'au nom de tragédie ; il est vrai qu'il n'était pas loin de le refuser également au *Cid* : « Nous avons deux tragédies du grand Corneille dont la conduite et la plupart des caractères sont très défectueux : le

---

1. Voyez le *Jugement sur Sénèque, Plutarque et Pétrone*.
2. Lettre de Corneille à Saint-Evremond, 1666.
3. Lettre du 9 mars 1672.

Cid et la *Mort de Pompée*. On pourrait même disputer à cette dernière le titre de tragédie. » Pour intéresser le solitaire de Ferney à l'infortune de la petite-nièce de Corneille, Lebrun évoquait l'ombre du grand tragique et lui faisait dire, dans une éloquente prosopopée :

> Rends ton malheur auguste et fais rougir le sort,
> La sublime vertu ne peut être avilie ;
>   L'âme de Cornélie
> Sut braver les revers, et César, et la mort.

Voltaire s'empressait d'adopter « Cornélie-Chiffon », et, pour la doter, publiait une édition de Corneille où la vraie Cornélie n'est pas toujours respectée. Que dire de l'étrange jugement de M. J. Chénier, qui voyait en *Pompée* une tragédie faite pour des esclaves et des femmelettes ? Schlegel ne sera guère que l'écho de ces critiques lorsqu'il écrira : « Parmi les pièces où Corneille a peint le caractère de l'esprit public chez les anciens Romains, on distingue surtout la *Mort de Pompée*. Cette tragédie offre des morceaux très frappants, mais en tout il y a plus de pompe que de véritable grandeur, et les hyperboles de Lucain ne s'y reconnaissent que trop. Ce sont des airs de bravoure, des morceaux de rhétorique, faiblement liés entre eux par le fil d'une intrigue mal nouée. »

Cette opinion presque universellement défavorable à *Pompée* était si bien établie au xviiie siècle qu'elle s'imposa même aux comédiens. Après Adrienne Lecouvreur, Mlle Clairon n'avait pas reculé devant le rôle de Cornélie ; cette actrice dont le talent, fait d'art plus que de génie, devait déployer toutes ses ressources dans le rôle de Cléopâtre, réussit médiocrement dans sa première tentative, et s'en prit à Corneille de son insuccès : « L'opinion publique, écrit-elle dans ses *Mémoires*, a fait de Cornélie un des plus beaux rôles du théâtre. Ayant à jouer ce rôle, j'ai fait sur lui toutes les études dont j'étais capable ; aucune ne m'a réussi. La modulation que je voulais établir d'après le personnage historique n'allait point du tout avec le personnage théâtral : autant le premier me paraissait noble, simple, touchant, autant l'autre me paraissait gigantesque, déclamatoire et froid. Je me gardai bien de penser que le public et Corneille eussent tort ; ma vanité n'allait point jusque-là ; mais, pour ne pas la compromettre, je me promis de me taire et de ne jouer jamais Cornélie ». Les contemporains de Corneille étaient moins sévères, et Saint-Évremond voyait un mérite là où plus d'un aujourd'hui verrait un défaut : « De toutes les veuves qui ont jamais paru sur le théâtre, écrivait-il (1), je n'aime à voir que la seule Cornélie, parce qu'au lieu de me faire imaginer des enfants sans père et une femme sans époux, ses sentiments tout romains rappellent dans mon esprit l'idée de l'ancienne Rome et du grand Pompée. »

Il ne tenait qu'à Corneille de nous tracer un portrait plus individuel de Cornélie, car le portrait était tout fait chez Plutarque. « Pompeius, retournant en la ville, espousa Cornelia, la fille de Metellus Scipion, non fille, ains de n'aguere demeurée veusve de Publius Crassus le fils, qui fut occis par les Parthes, auquel elle avoit esté mariée la première fois. Ceste dame avoit beaucoup de graces pour attraire un homme à l'aimer, outre celles de sa beauté : car elle estoit honnestement exercitée aux lettres, bien apprinse à jouer de la lyre, et sçavante en la geometrie, et si prenoit plaisir à ouyr propos de la philosophie, non point en vain ny sans fruict ; mais, qui plus est, elle n'estoit point pour tout cela ny facheuse, ny glorieuse, comme le deviennent ordinairement les jeunes femmes qui ont ces parties et ces sciences-là. Davantage elle estoit fille d'un père auquel on n'eust sceu que reprendre ny quant à la noblesse de sa race, ny quant à l'honneur de sa vie. Toutefois les uns reprenoient en ce mariage que l'aage n'estoit point sortable, pour ce que Cornelia estoit jeune assez pour estre plutost mariée à son fils (2). » Où est cette jeune femme d'un vieux mari, cette musicienne et cette lettrée, belle sans coquetterie, instruite sans pédantisme ? Corneille nous l'a cachée ; il n'a voulu nous laisser voir que la veuve de Pompée, que la fille des Scipions, que l'héritière des rancunes et de la dignité fière du patriciat.

1. *Dissertation sur la tragédie de Racine intitulée* ALEXANDRE LE GRAND (1666).
2. Plutarque, *Vie de Pompée*, ch. 57.

AU LECTEUR

Si je voulais faire ici ce que j'ai fait en mes derniers ouvrages, et te donner le texte ou l'abrégé des auteurs dont cette histoire est tirée, afin que tu pusses remarquer en quoi je m'en serais écarté pour l'accommoder au théâtre, je ferais un Avant-propos dix fois plus long que mon poème, et j'aurais à rapporter des livres entiers de presque tous ceux qui ont écrit l'histoire romaine. Je me contenterai de t'avertir que celui dont je me suis le plus servi est le poète Lucain, dont la lecture m'a rendu si amoureux de la force de ses pensées et de la majesté de son raisonnement (1), qu'afin d'en enrichir notre langue, j'ai fait cet effort pour réduire en poème dramatique ce qu'il a traité en épique. Tu trouveras ici cent ou deux cents vers traduits ou imités de lui. J'ai tâché de le suivre dans le reste, et de prendre son caractère quand son exemple m'a manqué : si je suis demeuré bien loin derrière, tu en jugeras. Cependant j'ai cru ne te déplaire pas, de te donner ici trois passages qui ne viennent pas mal à mon sujet. Le premier est un épitaphe (2) de Pompée, prononcé par Caton dans Lucain. Les deux autres sont deux peintures de Pompée et de César, tirées de Velleius Paterculus. Je les laisse en latin, de peur que ma traduction n'ôte trop de leur grâce et de leur force ; les dames se les feront expliquer.

1. L'engouement pour Lucain était général au xviie siècle ; on en peut juger par l'emphase de la préface de Brébœuf : « La *Pharsale* a des beautés qui sont au-dessus de l'imitation, et cet auteur excellent a des raisonnements si bien poussés et des conceptions si hautes où il est bien malaisé de suivre de près un homme qu'on ne peut pas aisément suivre de vue. »
2. Vaugelas et Ménage constatent que ce mot a les deux genres, mais qu'on emploie surtout le féminin, malgré l'étymologie, *epitaphium*.

EPITAPHIUM POMPEII MAGNI

Cato, apud Lucanum, lib. IX (vers 190-214).

Civis obit, inquit, multo majoribus impar
Nosse modum juris, sed in hoc tamen utilis ævo,
Cui non ulla fuit justi reverentia : salva
Libertate potens, et solus plebe parata
Privatus servire sibi, rectorque senatus,
Sed regnantis erat. Nil belli jure poposcit;
Quæque dari voluit, voluit sibi posse negari.
Immodicas possedit opes, sed plura retentis
Intulit : invasit ferrum, sed ponere norat.
Prætulit arma togæ, sed pacem armatus amavit.
Juvit sumpta ducem, juvit dimissa potestas.
Casta domus, luxuque carens, corruptaque nunquam
Fortuna domini. Clarum et venerabile nomen
Gentibus, et multum nostræ quod proderat urbi.
Olim vera fides, Sulla Marioque receptis,
Libertatis obit; Pompeio rebus adempto
Nunc et ficta perit. Non jam regnare pudebit ;
Nec color imperii, nec frons erit ulla senatus.
O felix, cui summa dies fuit obvia victo,
Et cui quærendos Pharium scelus obtulit enses !
Forsitan in soceri potuisset vivere regno ;
Scire mori, sors prima viris; sed proxima cogi.
Et mihi, si fatis aliena in jura venimus,
Da talem, Fortuna, Jubam : non deprecor hosti
Servari, dum me servet cervice recisa.

ICON POMPEII MAGNI

VELLEIUS PATERCULUS, lib. II (ch. XXIX).

Fuit hic genitus matre Lucilia, stirpis senatoriæ, forma excellens, non ea qua flos commendatur ætatis, sed dignitate et constantia, quæ in illam conveniens amplitudinem, fortunam quoque ejus ad ultimum vitæ comitata est diem : innocentia eximius, sanctitate præcipuus, eloquentia medius; potentiæ, quæ honoris causa ad eum deferretur, non ut ab eo occuparetur, cupidissimus ; dux bello peritissimus ; civis in toga (nisi ubi vereretur ne quem haberet parem) modestissimus, amicitiarum tenax, in offensis exorabilis, in reconcilianda gratia fidelissimus, in accipienda satisfactione facillimus, potentia sua nunquam, aut raro ad impotentiam usus ; pæne omnium votorum expers (1), nisi numeraretur inter maxima, in civitate libera dominaque gentium, indignari, quum omnes cives jure haberet pares, quemquam æqualem dignitate conspicere.

ICON C. J. CÆSARIS

VELLEIUS PATERCULUS, lib. II (ch. LXI).

Hic, nobilissima Juliorum genitus familia, et, quod inter omnes antiquissimos constabat, ab Anchise ac Venere deducens genus, forma omnium civium excellentissimus, vigore animi acerrimus, munificentia effusissimus, animo super humanam et naturam et fidem evectus, magnitudine cogitationum, celeritate bellandi, patientia periculorum, magno illi Alexandro, sed sobrio, neque iracundo, simillimus ; qui denique semper et somno et cibo in vitam, non in voluptatem uteretur.

1. Variante plus acceptable : *vitiorum expers*.

EXAMEN

À bien considérer cette pièce, je ne crois pas qu'il y en ait sur le théâtre où l'histoire soit plus conservée et plus falsifiée tout ensemble. Elle est si connue, que je n'ai osé en changer les événements, mais il s'y en trouvera peu qui soient arrivés comme je les fais arriver. Je n'y ai ajouté que ce qui regarde Cornélie, qui semble s'y offrir d'elle-même, puisque, dans la vérité historique, elle était dans le même vaisseau que son mari lorsqu'il aborda en Égypte, qu'elle le vit descendre dans la barque où il fut assassiné à ses yeux par Septime, et qu'elle fut poursuivie sur mer par les ordres de Ptolomée. C'est ce qui m'a donné occasion de feindre qu'on l'atteignit et qu'elle fut ramenée devant César, bien que l'histoire n'en parle point. La diversité des lieux où les choses se sont passées, et la longueur du temps qu'elles ont consumé dans la vérité historique, m'ont réduit à cette falsification pour les ramener dans l'unité de jour et de lieu. Pompée fut massacré devant les murs de Pelusium, qu'on appelle aujourd'hui Damiette, et César prit terre à Alexandrie. Je n'ai nommé ni l'une ni l'autre ville, de peur que le nom de l'une n'arrêtât l'imagination de l'auditeur et ne lui fît remarquer, malgré lui, la fausseté de ce qui s'est passé ailleurs. Le lieu particulier est, comme dans *Polyeucte*, un grand vestibule commun à tous les appartements du palais royal, et cette unité n'a rien que vraisemblable, pourvu qu'on se détache de la vérité historique. Le premier, le troisième et le quatrième acte y ont leur justesse manifeste : il y peut avoir quelque difficulté pour le second et le cinquième, dont Cléopâtre ouvre l'un et Cornélie l'autre. Elles sembleraient toutes deux avoir plus de raison de parler dans leur appartement ; mais l'impatience de la curiosité féminine les en peut faire sortir, l'une pour apprendre plus tôt les nouvelles de la mort de

Pompée, ou par Achorée, qu'elle a envoyé en être témoin, ou par le premier qui entrera dans ce vestibule ; et l'autre pour en savoir du combat de César et des Romains entre Ptolomée et les Egyptiens, pour empêcher que ce héros n'en aille donner à Cléopâtre avant qu'à elle, et pour obtenir de lui d'autant plus tôt la permission de partir. En quoi on peut remarquer que, comme elle sait qu'il est amoureux de cette reine et qu'elle peut douter qu'au retour de son combat, les trouvant ensemble, il ne lui fasse le premier compliment, le soin qu'elle a de conserver la dignité romaine lui fait prendre la parole la première, et obliger par là César à lui répondre avant qu'il puisse rien dire à l'autre.

Pour le temps, il m'a fallu réduire en soulèvement tumultuaire une guerre qui n'a pu durer guère moins d'un an, puisque Plutarque rapporte qu'incontinent après que César fut parti d'Alexandrie, Cléopâtre accoucha de Césarion. Quand Pompée se présenta pour entrer en Egypte, cette princesse et le roi son frère avaient chacun leur armée prête à en venir aux mains l'une contre l'autre, et n'avaient garde ainsi de loger dans le même palais. César, dans ses *Commentaires*, ne parle point de ses amours avec elle, ni que la tête de Pompée lui fut présentée quand il arriva. C'est Plutarque et Lucain qui nous apprennent l'un et l'autre ; mais ils ne lui font présenter cette tête que par un des ministres du roi, nommé Théodote, et non pas par le roi même, comme je l'ai fait.

Il y a quelque chose d'extraordinaire dans le titre de ce poème, qui porte le nom d'un héros qui n'y parle point ; mais il ne laisse pas d'en être en quelque sorte le principal acteur, puisque sa mort est la cause unique de tout ce qui s'y passe. J'ai justifié ailleurs l'unité d'action qui s'y rencontre par cette raison que les événements y ont une telle dépendance l'un de l'autre que la tragédie n'aurait pas été complète si je ne l'eusse poussée jusqu'au terme où je la fais finir. C'est à ce dessein que, dès le premier acte, je fais connaître la venue de César, à qui la cour d'Égypte immole Pompée pour gagner les bonnes grâces du victorieux ; et ainsi il m'a fallu nécessairement faire voir quelle réception il ferait à leur lâche et cruelle politique. J'ai avancé l'âge de Ptolomée, afin qu'il pût agir et que, portant le titre de roi, il tâchât d'en soutenir le caractère. Bien que les historiens et le poète Lucain l'appellent communément *rex puer*, le roi enfant, il ne l'était pas à tel point qu'il ne fût en état d'épouser sa sœur Cléopâtre, comme l'avait ordonné son père. Hirtius (1) dit qu'il était *puer jam adulta ætate*, et Lucain appelle Cléopâtre incestueuse, dans ce vers qu'il adresse à ce roi par apostrophe :

Incestæ sceptris cessure sororis ;

soit qu'elle eût déjà contracté ce mariage incestueux, soit à cause qu'après la guerre d'Alexandrie et la mort de Ptolomée César la fit épouser à son jeune frère, qu'il rétablit dans le trône : d'où l'on peut tirer une conséquence infaillible, que, si le plus jeune des deux frères était en âge de se marier quand César partit d'Égypte, l'aîné en était capable quand il y arriva, puisqu'il n'y tarda pas plus d'un an.

Le caractère de Cléopâtre garde une ressemblance ennoblie par ce qu'on y peut imaginer de plus illustre. Je ne la fais amoureuse que par ambition, et en sorte qu'elle semble n'avoir point d'amour qu'en tant qu'il peut servir à sa grandeur. Quoique la réputation qu'elle a laissée la fasse passer pour une femme lascive et abandonnée à ses plaisirs, et que Lucain, peut-être en haine de César, la nomme en quelque endroit *meretrix regina*, et fasse dire ailleurs à l'eunuque Photin, qui gouvernait sous le nom de son frère Ptolomée :

Quem non e nobis credit Cleopatra nocentem,
A quo casta fuit ?

je trouve qu'à bien examiner l'histoire, elle n'avait que de l'ambition sans amour, et que, par politique, elle se servait des avantages de sa beauté pour affermir sa fortune. Cela paraît visible en ce que les historiens ne marquent point qu'elle se soit donnée qu'aux deux premiers hommes du

---

1. Il s'agit ici de cet Aulus Hirtius qui, lieutenant de César dans la guerre des Gaules, mais ennemi d'Antoine, périt dans la guerre de Modène. On lui attribue le *De bello Alexandrino*, le meilleur des livres qui font suite aux *Commentaires*.

monde, César et Antoine, et, qu'après la déroute de ce dernier, elle n'épargna aucun artifice pour engager Auguste dans la même passion qu'ils avaient eue pour elle, et fit voir qu'elle ne s'était attachée qu'à la haute puissance d'Antoine, et non pas à sa personne.

Pour le style, il est plus élevé en ce poème qu'en aucun des miens, et ce sont, sans contredit, les vers les plus pompeux que j'aie faits. La gloire n'en est pas toute à moi : j'ai traduit de Lucain tout ce que j'y ai trouvé de propre à mon sujet ; et, comme je n'ai point fait de scrupule d'enrichir notre langue du pillage que j'ai pu faire chez lui, j'ai tâché, pour le reste, à entrer si bien dans sa manière de former ses pensées et de s'expliquer, que ce qu'il m'a fallu y joindre du mien sentît son génie et ne fût pas indigne d'être pris pour un larcin que je lui eusse fait. J'ai parlé, en l'examen de *Polyeucte*, de ce que je trouve à dire en la confidence que fait Cléopâtre à Charmion au second acte ; il ne me reste qu'un mot touchant les narrations d'Achorée, qui ont toujours passé pour fort belles : en quoi je ne veux pas aller contre le jugement du public, mais seulement faire remarquer de nouveau que celui qui les fait et les personnes qui les écoutent ont l'esprit assez tranquille pour avoir toute la patience qu'il y faut donner. Celle du troisième acte, qui est à mon gré la plus magnifique, a été accusée de n'être pas reçue par une personne digne de la recevoir ; mais, bien que Charmion, qui l'écoute, ne soit qu'une domestique de Cléopâtre, qu'on peut toutefois prendre pour sa dame d'honneur, étant envoyée exprès par cette reine pour l'écouter, elle tient lieu de cette reine même, qui cependant montre un orgueil digne d'elle, d'attendre la visite de César dans sa chambre sans aller au-devant de lui. D'ailleurs, Cléopâtre eût rompu tout le reste de ce troisième acte si elle s'y fût montrée ; et il m'a fallu la cacher par adresse de théâtre, et trouver pour cela dans l'action un prétexte qui fût glorieux pour elle, et qui ne laissât point paraître le secret de l'art qui m'obligeait à l'empêcher de se produire.

REMERCIEMENT

A MONSEIGNEUR L'ÉMINENTISSIME CARDINAL MAZARIN

Non, tu n'es point ingrate, ô maîtresse du monde,
Qui de ce grand pouvoir sur la terre et sur l'onde,
Malgré l'effort des temps, retiens sur nos autels
Le souverain empire et des droits immortels.
Si de tes vieux héros j'anime la mémoire, 5
Tu relèves mon nom sur l'aile de leur gloire,
Et ton noble génie, en mes vers mal tracé,
Par ton nouveau héros m'en a récompensé.
C'est toi, grand cardinal, âme au-dessus de l'homme,
Rare don qu'à la France ont fait le Ciel et Rome, 10
C'est toi, dis-je, ô héros, ô cœur vraiment romain,
Dont Rome en ma faveur vient d'emprunter la main.
Mon bonheur n'a point eu de douteuse apparence :
Tes dons ont devancé même mon espérance,
Et ton cœur généreux m'a surpris d'un bienfait 15
Qui ne m'a pas coûté seulement un souhait.
La grâce en affaiblit quand il faut qu'on l'attende :
Tel pense l'acheter alors qu'il la demande,
Et c'est je ne sais quoi d'abaissement secret
Où quiconque a du cœur ne consent qu'à regret. 20
C'est un terme honteux que celui de prière ;
Tu me l'as épargné : tu m'as fait grâce entière.
Ainsi l'honneur se mêle au bien que je reçois :
Qui donne comme toi donne plus d'une fois.
Ton don marque une estime et plus pure et plus pleine, 25
Il attache les cœurs d'une plus forte chaîne,

---

24. La façon de donner vaut mieux que ce qu'on donne. (*Menteur*, I, 1.)

Et, prenant nouveau prix de la main qui le fait,
Sa façon de bien faire est un second bienfait.
 Ainsi le grand Auguste autrefois dans ta ville
Aimait à prévenir l'attente de Virgile : 30
Lui que j'ai fait revivre, et qui revit en toi,
En usait envers lui comme tu fais vers moi.
 Certes, dans la chaleur que le ciel nous inspire,
Nos vers disent souvent plus qu'ils ne pensent dire,
Et ce feu qui sans nous pousse les plus heureux 35
Ne nous explique pas tout ce qu'il fait par eux.
Quand j'ai peint un Horace, un Auguste, un Pompée,
Assez heureusement ma muse s'est trompée,
Puisque, sans le savoir, avecque leur portrait
Elle tirait du tien un admirable trait. 40
Leurs plus hautes vertus qu'étale mon ouvrage
N'y font que prendre un rang pour former ton image.
Quand j'aurai peint encor tous ces vieux conquérants,
Les Scipions vainqueurs et les Catons mourants,
Les Pauls, les Fabiens, alors de tous ensemble 45
On en verra sortir un tout qui te ressemble,
Et l'on rassemblera de leurs pompeux débris
Ton âme et ton courage, épars dans mes écrits.
 Souffre donc que pour guide au travail qui me reste
J'ajoute ton exemple à cette ardeur céleste, 50
Et que de tes vertus le portrait sans égal
S'achève de ma main sur son original,
Que j'étudie en toi ces sentiments illustres
Qu'a conservés ton sang à travers tant de lustres,
Et que le ciel propice et les destins amis 55
De tes fameux Romains dans ton âme ont transmis.
Alors, de tes couleurs peignant leurs aventures,
J'en porterai si haut les brillantes peintures
Que ta Rome elle-même, admirant mes travaux,
N'en reconnaîtra plus les vieux originaux, 60
Et se plaindra de moi de voir sur eux gravées
Les vertus qu'à toi seule elle avait réservées,

31, Allusion à *Cinna*.

Cependant qu'à l'éclat de tes propres clartés
Tu te reconnaîtras sous des noms empruntés.
   Mais ne te lasse point d'illuminer mon âme,   65
Ni de prêter ta vie à conduire ma flamme,
Et de ces grands soucis que tu prends pour mon roi
Daigne encor quelquefois descendre jusqu'à moi.
Délasse en mes écrits ta noble inquiétude,
Et tandis que, sur elle appliquant mon étude,   70
J'emploierai pour te peindre et pour te divertir
Les talents que le ciel m'a voulu départir,
Reçois, avec les vœux de mon obéissance,
Ces vers précipités par ma reconnaissance.
L'impatient transport de mon ressentiment   75
N'a pu pour les polir m'accorder un moment.
S'ils ont moins de douceur, ils en ont plus de zèle :
Leur rudesse est le sceau d'une ardeur plus fidèle,
Et ta bonté verra dans leur témérité,
Avec moins d'ornement, plus de sincérité,

A MONSEIGNEUR L'ÉMINENTISSIME
CARDINAL MAZARIN

Monseigneur,

Je présente le grand Pompée à Votre Éminence, c'est-à-dire le plus grand personnage de l'ancienne Rome au plus illustre de la nouvelle. Je mets sous la protection du premier ministre de notre jeune Roi un héros qui, dans sa bonne fortune, fut le protecteur de beaucoup de rois, et qui, dans sa mauvaise, eut encore des rois pour ses ministres.

Il espère de la générosité de Votre Éminence qu'elle ne dédaignera pas de lui conserver cette seconde vie que j'ai tâché de lui redonner, et que, lui rendant cette justice qu'elle fait rendre par tout le Royaume, elle le vengera pleinement de la mauvaise politique de la cour d'Égypte. Il l'espère, et avec raison, puisque, dans le peu de séjour qu'il a fait en France, il a déjà su de la voix publique que les maximes dont vous vous servez pour la conduite de cet État ne sont point fondées sur d'autres principes que ceux de la vertu. Il a su d'elle les obligations que vous a la France de l'avoir choisie pour votre seconde mère, qui vous est d'autant plus redevable, que les grands services que vous lui rendez sont de purs effets de votre inclination et de votre zèle, et non pas des devoirs de votre naissance. Il a su d'elle que Rome s'est acquittée envers notre jeune monarque de ce qu'elle devait à ses prédécesseurs, par le présent qu'elle lui a fait de Votre Personne. Il a su d'elle enfin que la solidité de votre prudence et la netteté de vos lumières enfantent des conseils si avantageux pour le gouvernement, qu'il semble que ce soit à vous à qui, par un esprit de prophétie, notre Virgile ait adressé ce vers il y a plus de seize siècles :

Tu regere imperio populos, Romane, memento (1).

Voilà, Monseigneur, ce que ce grand homme a appris en apprenant à parler français :

Pauca, sed a pleno venientia pectore veri (2) ;

et, comme la gloire de Votre Éminence est assurée sur la fidélité de cette voix publique, je n'y mêlerai point la faiblesse de mes pensées, ni la rudesse de mes expressions, qui pourraient diminuer quelque chose de son éclat ; et je n'ajouterai rien aux célèbres témoignages qu'elle vous rend, qu'une profonde vénération pour les hautes qualités qui vous les ont acquis, avec une protestation très sincère et très inviolable d'être, toute ma vie,

MONSEIGNEUR,

De Votre Éminence
Le très humble, très obéissant
et très fidèle serviteur,

CORNEILLE.

1. Virgile, *Énéide*, VI, v. 852.
2. Lucain, IX, v. 189.

PERSONNAGES

JULES CÉSAR.
MARC-ANTOINE.
LÉPIDE.
CORNÉLIE, femme de Pompée.
PTOLOMÉE, roi d'Egypte.
CLÉOPATRE, sœur de Ptolomée.
PHOTIN, chef du conseil d'Égypte.
ACHILLAS, lieutenant général des armées du roi d'Égypte.
SEPTIME, tribun romain, à la solde du roi d'Égypte.
CHARMION, dame d'honneur de Cléopâtre.
ACHORÉE, écuyer de Cléopâtre.
PHILIPPE, affranchi de Pompée.
TROUPE DE ROMAINS.
TROUPE D'ÉGYPTIENS.

La scène est en Alexandrie, dans le palais de Ptolomée.

POMPÉE

TRAGÉDIE

ACTE PREMIER

SCÈNE PREMIÈRE

PTOLOMÉE, PHOTIN, ACHILLAS, SEPTIME

PTOLOMÉE

Le destin se déclare, et nous venons d'entendre
Ce qu'il a résolu du beau-père et du gendre.
Quand les dieux étonnés semblaient se partager,
Pharsale a décidé ce qu'ils n'osaient juger.
Ses fleuves teints de sang, et rendus plus rapides   5
Par le débordement de tant de parricides,
Cet horrible débris d'aigles, d'armes, de chars,
Sur ses champs empestés confusément épars,
Ces montagnes de morts privés d'honneurs suprêmes,
Que la nature force à se venger eux-mêmes,   10
Et dont les troncs pourris exhalent dans les vents

---

2. La première femme de Pompée avait été Julie, fille de César. Dans une lettre du 24 janvier 1761, à M. Deodati de Tovazzi, Voltaire cite ces deux vers pour prouver que la langue française a une prodigieuse variété de désinences et que les *e* muets en particulier lui donnent une grande harmonie.

4. *Décider* (*de-cædere*), c'est trancher une question.

7. *Débris*, reste d'une chose brisée, rare aujourd'hui au singulier.

9. Voyez Lucain, ch. VII. Pour les réminiscences de Lucain, qui abondent dans cette scène, voir notre édition de *Pompée*.

De quoi faire la guerre au reste des vivants,
Sont les titres affreux dont le droit de l'épée,
Justifiant César, a condamné Pompée.
Ce déplorable chef du parti le meilleur, 15
Que sa fortune lasse abandonne au malheur,
Devient un grand exemple, et laisse à la mémoire
Des changements du sort une éclatante histoire.
Il fuit, lui qui, toujours triomphant et vainqueur,
Vit ses prospérités égaler son grand cœur ; 20
Il fuit, et dans nos ports, dans nos murs, dans nos villes ;
Et contre son beau-père ayant besoin d'asiles,
Sa déroute orgueilleuse en cherche aux mêmes lieux
Où contre les Titans en trouvèrent les dieux :
Il croit que ce climat, en dépit de la guerre, 25
Ayant sauvé le ciel, sauvera bien la terre,
Et, dans son désespoir à la fin se mêlant,
Pourra prêter l'épaule au monde chancelant.
Oui, Pompée avec lui porte le sort du monde,
Et veut que notre Égypte, en miracles féconde, 30
Serve à sa liberté de sépulcre ou d'appui,
Et relève sa chute, ou trébuche sous lui.
C'est de quoi, mes amis, nous avons à résoudre.
Il apporte en ces lieux les palmes ou la foudre :
S'il couronna le père, il hasarde le fils ; 35

12. *De quoi*, c'est-à-dire : des émanations assez empestées pour...
15. Le Dictionnaire de l'Académie (1694) condamne *déplorable* employé en parlant des personnes. Racine pourtant l'appliquait aux personnes lorsqu'il mettait sur la scène « le *déplorable* Oreste » (*Andromaque*, 46).
24. D'après une légende, c'est en Egypte que les dieux se seraient réfugiés pendant la révolte des Titans.
27. On trouve à la fois dans Corneille *se mêler à* et *se mêler dans*. La Bruyère disait : se mêler *dans* le peuple (*Caractères*, XI), et Molière : se mêler *dans* le brillant commerce (*Misanthrope*, II,5).
33. Corneille dit : « Vous *en* résoudrez » (*Théodore*, 918), « résolvez *des* moyens de sa perte » (*Héraclius*, 1063).
35. Dans la scène III de l'acte I, Cléopâtre rappellera que Ptolémée XII, leur père, ne dut sa couronne qu'à l'intervention de Pompée. Celui-ci décida même Cicéron à plaider pour Gabinius, que le grand orateur se préparait à attaquer pour avoir rétabli Ptolémée sur le trône malgré l'ordre formel du sénat.

Et, nous l'ayant donnée, il expose Memphis.
Il faut le recevoir, ou hâter son supplice,
Le suivre, ou le pousser dedans le précipice.
L'un me semble peu sûr, l'autre peu généreux,
Et je crains d'être injuste et d'être malheureux. 40
Quoi que je fasse enfin, la fortune ennemie
M'offre bien des périls ou beaucoup d'infamie :
C'est à moi de choisir, c'est à vous d'aviser
A quel choix vos conseils doivent me disposer.
Il s'agit de Pompée, et nous aurons la gloire 45
D'achever de César ou troubler la victoire ;
Et je puis dire enfin que jamais potentat
N'eut à délibérer d'un si grand coup d'Etat.

PHOTIN

Seigneur, quand par le fer les choses sont vidées,
La justice et le droit sont de vaines idées ; 50
Et qui veut être juste en de telles saisons
Balance le pouvoir, et non pas les raisons.
Voyez donc votre force, et regardez Pompée,
Sa fortune abattue, et sa valeur trompée.
César n'est pas le seul qu'il fuie en cet état : 55
Il fuit et le reproche et les yeux du sénat,
Dont plus de la moitié piteusement étale
Une indigne curée aux vautours de Pharsale ;
Il fuit Rome perdue, il fuit tous les Romains,
A qui par sa défaite il met les fers aux mains ; 60
Il fuit le désespoir des peuples et des princes

---

50. *De vaines idées*, des fantômes, des images sans réalité. C'est ce que dit à Perpenna, au début de *Sertorius*, Aufide, ce Photin plus effacé :
   Avez-vous oublié cette grande maxime
   Que la guerre civile est le règne du crime,
   Et qu'aux lieux où le crime a plein droit de régner
   L'innocence timide est seule à dédaigner?
   L'honneur et la vertu sont des noms ridicules.
52. *Balance le pouvoir*, n'examine qu'une chose, s'il a le pouvoir, et non pas s'il a le droit. *Balancer*, c'est *peser*, au figuré comme au propre.
57. *Piteusement*, de manière à inspirer de la pitié.

Qui vengeraient sur lui le sang de leurs provinces,
Leurs Etats et d'argent et d'hommes épuisés,
Leurs trônes mis en cendre, et leurs sceptres brisés.
Auteur des maux de tous, il est à tous en butte, 65
Et fuit le monde entier écrasé sous sa chute.
Le défendrez-vous seul contre tant d'ennemis ?
L'espoir de son salut en lui seul était mis ;
Lui seul pouvait pour soi : cédez alors qu'il tombe.
Soutiendrez-vous un faix sous qui Rome succombe, 70
Sous qui tout l'univers se trouve foudroyé,
Sous qui le grand Pompée a lui-même ployé ?
Quand on veut soutenir ceux que le sort accable,
A force d'être juste on est souvent coupable ;
Et la fidélité qu'on garde imprudemment, 75
Après un peu d'éclat, traîne un long châtiment,
Trouve un noble revers, dont les coups invincibles,
Pour être glorieux ne sont pas moins sensibles.

Seigneur, n'attirez point le tonnerre en ces lieux ;
Rangez-vous du parti des destins et des dieux, 80
Et, sans les accuser d'injustice ou d'outrage,
Puisqu'ils font les heureux, adorez leur ouvrage ;
Quels que soient leurs décrets, déclarez-vous pour eux,
Et, pour leur obéir, perdez le malheureux.
Pressé de toutes parts des colères célestes, 85
Il en vient dessus vous faire fondre les restes ;
Et sa tête, qu'à peine il a pu dérober,
Toute prête de choir, cherche avec qui tomber.
Sa retraite chez vous en effet n'est qu'un crime :
Elle marque sa haine, et non pas son estime ; 90
Il ne vient que vous perdre en venant prendre port,

---

65. *Il est à tous en butte*, il est exposé à la haine de tous ; *butte*, point de mire. Dans la dernière tragédie de Corneille, on lit encore : « Suréna, mis aux Romains *en butte*. » (*Suréna*, 757.)

91. *Prendre port* est l'expression même consacrée dans la langue nautique pour arriver dans un port et s'y amarrer.

Et vous pouvez douter s'il est digne de mort !
Il devait mieux remplir vos vœux et notre attente,
Faire voir sur ses nefs la victoire flottante :
Il n'eût ici trouvé que joie et que festins ; 95
Mais, puisqu'il est vaincu, qu'il s'en prenne aux destins.
J'en veux à sa disgrâce, et non à sa personne :
J'exécute à regret ce que le ciel ordonne ;
Et du même poignard pour César destiné
Je perce en soupirant son cœur infortuné. 100
Vous ne pouvez enfin qu'aux dépens de sa tête
Mettre à l'abri la vôtre, et parer la tempête.
Laissez nommer sa mort un injuste attentat :
La justice n'est pas une vertu d'État.
Le choix des actions ou mauvaises ou bonnes 105
Ne fait qu'anéantir la force des couronnes ;
Le droit des rois consiste à ne rien épargner :
La timide équité détruit l'art de régner.
Quand on craint d'être injuste, on a toujours à craindre,
Et qui veut tout pouvoir doit oser tout enfreindre, 110
Fuir comme un déshonneur la vertu qui le perd,
Et voler sans scrupule au crime qui lui sert.
    C'est là mon sentiment. Achillas et Septime

---

99. *Destiné pour* s'employait plus que *destiné à*. Corneille dit : « Ce prince *destiné pour* régner (*Héraclius*, 66), et la Fontaine :

    Celui-là *destiné pour* les regards du maître,
        Celui-ci *pour* son goût. (*Fables*, III, 12.)

104. Lamoignon disait au contraire que la justice est la bienfaisance des rois (*Mémoires de Besenval*), et Rotrou faisait dire au vieux Venceslas :

    La justice est aux rois la reine des vertus. (*Venceslas*, V, 9.)

106. Le trône a d'autres droits que ceux de la nature. (Corneille, *Œdipe*, III, 2.)

108. Dans *Pertharite*, Corneille a repris ces maximes cruelles :

    ..... La vertu timide est mal propre à régner...
    Quand les devoirs communs ont d'importunes lois,
    La majesté du trône en dispense les rois.
    Leur gloire est au-dessus des règles ordinaires,
    Et cet honneur n'est beau que pour les cœurs vulgaires. (*Pertharite*, IV, 3, 6.)

109. Rien n'est si dangereux que trop de bonne foi. (*Sertorius*, IV, 6.)

S'attacheront peut-être à quelque autre maxime :
Chacun a son avis ; mais, quel que soit le leur, 115
Qui punit le vaincu ne craint point le vainqueur.

ACHILLAS

Seigneur, Photin dit vrai ; mais, quoique de Pompée
Je voie et la fortune et la valeur trompée,
Je regarde son sang comme un sang précieux,
Qu'au milieu de Pharsale ont respecté les dieux. 120
Non qu'en un coup d'Etat je n'approuve le crime ;
Mais, s'il est nécessaire, il n'est point légitime :
Et quel besoin ici d'une extrême rigueur ?
Qui n'est point au vaincu ne craint point le vainqueur.
Neutre jusqu'à présent, vous pouvez l'être encore : 125
Vous pouvez adorer César, si l'on l'adore ;
Mais, quoique vos encens le traitent d'immortel,
Cette grande victime est trop pour son autel,
Et sa tête immolée au dieu de la victoire
Imprime à votre nom une tache trop noire : 130
Ne le pas secourir suffit sans l'opprimer ;
En usant de la sorte, on ne vous peut blâmer.
Vous lui devez beaucoup : par lui Rome animée
A fait rendre le sceptre au feu roi Ptolomée ;
Mais la reconnaissance et l'hospitalité 135
Sur les âmes des rois n'ont qu'un droit limité.
Quoi que doive un monarque, et dût-il sa couronne,
Il doit à ses sujets encor plus qu'à personne,
Et cesse de devoir quand la dette est d'un rang
A ne point s'acquitter qu'aux dépens de leur sang. 140
S'il est juste, d'ailleurs, que tout se considère,
Que hasardait Pompée en servant votre père ?
Il se voulut par là faire voir tout-puissant,

---

127. « Voltaire se trompe en disant qu'en aucune langue les aromates n'ont de pluriel ; ils sont au contraire employés de préférence au pluriel par les poètes latins. » (Palissot.)
141. *Que tout se considère,* soit pris en considération, soit pesé.

Et vit croître sa gloire en le rétablissant.
Il le servit enfin, mais ce fut de la langue ; 145
La bourse de César fit plus que sa harangue.
Sans ses mille talents, Pompée et ses discours
Pour rentrer en Égypte étaient un froid secours.
Qu'il ne vante donc plus ses mérites frivoles :
Les effets de César valent bien ses paroles ; 150
Et, si c'est un bienfait qu'il faut rendre aujourd'hui,
Comme il parla pour vous, vous parlerez pour lui.
Ainsi vous le pouvez et devez reconnaître.
Le recevoir chez vous, c'est recevoir un maître,
Qui, tout vaincu qu'il est, bravant le nom de roi, 155
Dans vos propres États vous donnerait la loi.
  Fermez-lui donc vos ports, mais épargnez sa tête ;
S'il le faut toutefois, ma main est toute prête ;
J'obéis avec joie, et je serais jaloux
Qu'autre bras que le mien portât les premiers coups. 160

SEPTIME

Seigneur, je suis Romain ; je connais l'un et l'autre.
Pompée a besoin d'aide, il vient chercher la vôtre ;
Vous pouvez, comme maître absolu de son sort,
Le servir, le chasser, le livrer vif ou mort.
Des quatre le premier vous serait trop funeste ; 165
Souffrez donc qu'en deux mots j'examine le reste.
  Le chasser, c'est vous faire un puissant ennemi,

---

145. Je vous l'ai déjà dit, votre *langue* vous perd. (*Héraclius*, 583.)

146. Un proverbe cité par Leroux de Lincy dit : « Assez trouverez amis de bouche, mais bien peu sont amis de bourse. »

150. C'est-à-dire : les actes de César valent bien les paroles de Pompée.

153. Le sens est : c'est ainsi que vous pouvez et devez lui témoigner votre reconnaissance. On disait *reconnaître un service* et *reconnaître quelqu'un*, pour *le récompenser* :

De César, de son maître il paie ainsi l'estime
Et *reconnaît* si mal *qui* lui veut tant de bien. (Rotrou, *Saint Ge-*
[*nest*, II, 8.]

165. *Des quatre le premier*, le premier de ces quatre partis.

Sans obliger par là le vainqueur qu'à demi,
Puisque c'est lui laisser et sur mer et sur terre
La suite d'une longue et difficile guerre, 170
Dont peut-être tous deux également lassés
Se vengeraient sur vous de tous les maux passés.
Le livrer à César n'est que la même chose :
Il lui pardonnera, s'il faut qu'il en dispose,
Et, s'armant à regret de générosité, 175
D'une fausse clémence il fera vanité :
Heureux de l'asservir, en lui donnant la vie,
Et de plaire par là même à Rome asservie,
Cependant que, forcé d'épargner son rival,
Aussi bien que Pompée il vous voudra du mal. 180
Il faut le délivrer du péril et du crime,
Assurer sa puissance et sauver son estime,
Et du parti contraire, en ce grand chef détruit,
Prendre sur vous le crime, et lui laisser le fruit :
C'est là mon sentiment, ce doit être le vôtre. 185
Par là vous gagnez l'un, et ne craignez plus l'autre.
Mais, suivant d'Achillas le conseil hasardeux,
Vous n'en gagnez aucun, et les perdez tous deux.

PTOLOMÉE

N'examinons donc plus la justice des causes,
Et cédons au torrent qui roule toutes choses. 190
Je passe au plus de voix, et de mon sentiment
Je veux bien avoir part à ce grand changement.
    Assez et trop longtemps l'arrogance de Rome
A cru qu'être Romain c'était être plus qu'homme.
Abattons sa superbe avec sa liberté ; 195
Dans le sang de Pompée éteignons sa fierté ;

---

168. *Sans que...* Cf. *Horace*, 727.

182. *Sauver son estime,* sauver la bonne renommée de César en lui épargnant la honte de ce crime, dont le roi d'Égypte aura pris d'avance toute la responsabilité. Cf. *Cid*, 365.

Tranchons l'unique espoir où tant d'orgueil se fonde,
Et donnons un tyran à ces tyrans du monde.
Secondons le destin qui les veut mettre aux fers,
Et prêtons-lui la main pour venger l'univers. 200
Rome, tu serviras ; et ces rois que tu braves,
Et que ton insolence ose traiter d'esclaves,
Adoreront César avec moins de douleur,
Puisqu'il sera ton maître aussi bien que le leur.
Allez donc, Achillas, allez avec Septime 205
Nous immortaliser par cet illustre crime.
Qu'il plaise au ciel ou non, laissez-m'en le souci.
Je crois qu'il veut sa mort, puisqu'il l'amène ici.

ACHILLAS

Seigneur, je crois tout juste alors qu'un roi l'ordonne.

PTOLOMÉE

Allez, et hâtez-vous d'assurer ma couronne, 210
Et vous ressouvenez que je mets en vos mains
Le destin de l'Égypte et celui des Romains.

SCÈNE II

PTOLOMÉE, PHOTIN

PTOLOMÉE

Photin, ou je me trompe, ou ma sœur est déçue :
De l'abord de Pompée elle espère autre issue.
Sachant que de mon père il a le testament, 215
Elle ne doute point de son couronnement ;
Elle se croit déjà souveraine maîtresse
D'un sceptre partagé que sa bonté lui laisse,
Et, se promettant tout de leur vieille amitié,
De mon trône en son âme elle prend la moitié, 220

Où de son vain orgueil les cendres rallumées
Poussent déjà dans l'air de nouvelles fumées.

PHOTIN

Seigneur, c'est un motif que je ne disais pas,
Qui devait de Pompée avancer le trépas.
Sans doute il jugerait de la sœur et du frère 225
Suivant le testament du feu roi votre père,
Son hôte et son ami, qui l'en daigna saisir :
Jugez après cela de votre déplaisir.
Ce n'est pas que je veuille, en vous parlant contre elle,
Rompre les sacrés nœuds d'une amour fraternelle ; 230
Du trône et non du cœur je la veux éloigner,
Car c'est ne régner pas qu'être deux à régner :
Un roi qui s'y résout est mauvais politique ;
Il détruit son pouvoir quand il le communique,
Et les raisons d'État... Mais, Seigneur, la voici. 235

SCÈNE III
PTOLOMÉE, CLÉOPATRE, PHOTIN

CLÉOPATRE

Seigneur, Pompée arrive, et vous êtes ici !

PTOLOMÉE

J'attends dans mon palais ce guerrier magnanime,
Et lui viens d'envoyer Achillas et Septime.

CLÉOPATRE

Quoi ? Septime à Pompée, à Pompée Achillas !

PTOLOMÉE

Si ce n'est assez d'eux, allez, suivez leurs pas. 240

---

222. Dans *Rodogune*, 960, Corneille reprendra la même métaphore.
227. *Saisir de*, terme de jurisprudence pour *mettre en possession de*.
   Je dis plus, ils vous ont *saisi de* ma couronne. (*Œdipe*, 469.)

ACTE I, SCÈNE III

CLÉOPATRE
Donc pour le recevoir c'est trop que de vous-même ?

PTOLOMÉE
Ma sœur, je dois garder l'honneur du diadème.

CLÉOPATRE
Si vous en portez un, ne vous en souvenez
Que pour baiser la main de qui vous le tenez,   245
Que pour en faire hommage aux pieds d'un si grand
[homme.

PTOLOMÉE
Au sortir de Pharsale est-ce ainsi qu'on le nomme ?

CLÉOPATRE
Fût-il dans son malheur de tous abandonné,
Il est toujours Pompée, et vous a couronné.

PTOLOMÉE
Il n'en est plus que l'ombre, et couronna mon père,
Dont l'ombre, et non pas moi, lui doit ce qu'il espère. 250
Il peut aller, s'il veut, dessus son monument
Recevoir ses devoirs et son remercîment.

CLÉOPATRE
Après un tel bienfait, c'est ainsi qu'on le traite !

PTOLOMÉE
Je m'en souviens, ma sœur, et je vois sa défaite.

CLÉOPATRE
Vous la voyez, de vrai, mais d'un œil de mépris.   255

PTOLOMÉE
Le temps de chaque chose ordonne et fait le prix.
Vous qui l'estimez tant, allez lui rendre hommage ;

---

250. Le sens paraît être : puisque Pompée n'est plus qu'une ombre, c'est une ombre seule qui peut lui payer la dette contractée envers lui.

251. « *Monument*; ce mot, pour dire *tombeau*, est poétique ou de la prose sublime. » (Dictionnaire de Richelet, 1680.)

Ce bonheur m'arrivant, je verrais sans tristesse
Choir dans le *monument* ma mourante vieillesse. (Rotrou, *Captifs*,
[V. 4.)

Mais songez qu'au port même il peut faire naufrage.

CLÉOPATRE

Il peut faire naufrage, et même dans le port !
Quoi ? vous auriez osé lui préparer la mort ! 260

PTOLOMÉE

J'ai fait ce que les dieux m'ont inspiré de faire,
Et que pour mon État j'ai jugé nécessaire.

CLÉOPATRE

Je ne le vois que trop, Photin et ses pareils
Vous ont empoisonné de leurs lâches conseils :
Ces âmes que le ciel ne forma que de boue... 265

PHOTIN

Ce sont de nos conseils, oui, Madame, et j'avoue...

CLÉOPATRE

Photin, je parle au roi ; vous répondrez pour tous
Quand je m'abaisserai jusqu'à parler à vous.

PTOLOMÉE, *à Photin*

Il faut un peu souffrir de cette humeur hautaine :
Je sais votre innocence, et je connais sa haine ; 270
Après tout, c'est ma sœur, oyez sans repartir.

CLÉOPATRE

Ah ! s'il est encor temps de vous en repentir,
Affranchissez-vous d'eux et de leur tyrannie ;
Rappelez la vertu par leurs conseils bannie,
Cette haute vertu dont le ciel et le sang 275
Enflent toujours les cœurs de ceux de notre rang.

PTOLOMÉE

Quoi ! d'un frivole espoir déjà préoccupée,

---

264. Pallas de ses conseils *empoisonne* ma mère. (*Britannicus.* II, 1.)
265. Corneille a dit ailleurs : « Son sang *que le ciel n'a formé que de boue.* » (*Don Sanche,* 40.)
276. Au v. 1114, *enfler le courage* s'applique à la vanité que César tire de ses victoires. C'est généralement l'orgueil, et non, comme ici, la vertu qui *enfle* le cœur ; mais le sens est : cette fierté de la race qui agrandit notre âme et l'élève au-dessus des âmes vulgaires.

Vous me parlez en reine en parlant de Pompée ;
Et d'un faux zèle ainsi votre orgueil revêtu
Fait agir l'intérêt sous le nom de vertu ! 280
Confessez-le, ma sœur, vous sauriez vous en taire,
N'était le testament du feu roi notre père :
Vous savez qu'il le garde.

CLÉOPATRE

Et vous saurez aussi
Que la seule vertu me fait parler ainsi,
Et que, si l'intérêt m'avait préoccupée, 285
J'agirais pour César, et non pas pour Pompée.
Apprenez un secret que je voulais cacher,
Et cessez désormais de me rien reprocher.
Quand ce peuple insolent qu'enferme Alexandrie
Fit quitter au feu roi son trône et sa patrie, 290
Et que jusque dans Rome il alla du sénat
Implorer la pitié contre un tel attentat,
Il nous mena tous deux pour toucher son courage :
Vous, assez jeune encor'; moi, déjà dans un âge
Où ce peu de beauté que m'ont donné les cieux 295
D'un assez vif éclat faisait briller mes yeux.
César en fut épris, et du moins j'eus la gloire
De le voir hautement donner lieu de le croire ;
Mais, voyant contre lui le sénat irrité,
Il fit agir Pompée et son autorité. 300
Ce dernier nous servit à sa seule prière,
Qui de leur amitié fut la preuve dernière.
Vous en savez l'effet, et vous en jouissez.

288. Dans le sens propre et étymologique (*res, rem*, chose), *rien* veut dire *quelque chose* et n'a point le sens négatif, quand une négation ne s'y ajoute pas.
289. Ce peuple d'Alexandrie était composé d'éléments très divers : indigènes, Africains et Orientaux, Grecs, anciens soldats romains qui s'y étaient établis, esclaves qui s'y réfugiaient comme dans un asile, brigands, etc. Voyez César, *De bello civili*, CX.
299. *Lui* se rapporte non à César, mais à Ptolémée Aulétès.

Mais pour un tel amant ce ne fut pas assez :
Après avoir pour nous employé ce grand homme, 305
Qui nous gagna soudain toutes les voix de Rome,
Son amour en voulut seconder les efforts,
Et, nous ouvrant son cœur, nous ouvrit ses trésors :
Nous eûmes de ses feux, encore en leur naissance,
Et les nerfs de la guerre, et ceux de la puissance ; 310
Et les mille talents qui lui sont encor dus
Remirent en nos mains tous nos États perdus.
Le roi, qui s'en souvint à son heure fatale,
Me laissa comme à vous la dignité royale,
Et par son testament il vous fit cette loi 315
Pour me rendre une part de ce qu'il tint de moi.
C'est ainsi qu'ignorant d'où vint ce bon office,
Vous appelez faveur ce qui n'est que justice,
Et l'osez accuser d'une aveugle amitié
Quand du tout qu'il me doit il me rend la moitié. 320

PTOLOMÉE

Certes, ma sœur, le conte est fait avec adresse.

CLÉOPATRE

César viendra bientôt, et j'en ai lettre expresse ;
Et peut-être aujourd'hui vos yeux seront témoins
De ce que votre esprit s'imagine le moins.
Ce n'est pas sans sujet que je parlais en reine. 325
Je n'ai reçu de vous que mépris et que haine ;
Et de ma part du sceptre indigne ravisseur,
Vous m'avez plus traitée en esclave qu'en sœur ;

---

307. « Cet *en* se rapporte évidemment à Pompée, dont César voulut seconder les efforts après que Pompée, à sa prière, eut employé son crédit en faveur de Ptolémée et de Cléopâtre. » (Palissot.)

313. *Son heure fatale*, l'heure marquée par le destin pour sa mort.

316. Les *Commentaires* parlent aussi de ce testament, dont une copie était à Rome chez Pompée : « In testamento Ptolomæi patris heredes erant scripti ex duobus filiis major et ex duabus ea quæ ætate antecedebat. Hæc uti fierent, per omnes deos perque fœdera quæ Romæ fecisset, eodem testamento Ptolemæus populum romanum obtestabatur. »

322. *J'en ai lettre expresse*, j'ai sur ce point une lettre formelle.

Même, pour éviter des effets plus sinistres,
Il m'a fallu flatter vos insolents ministres, 330
Dont j'ai craint jusqu'ici le fer ou le poison.
Mais Pompée ou César va m'en faire raison,
Et, quoi qu'avec Photin Achillas en ordonne,
Ou l'une ou l'autre main me rendra ma couronne.
Cependant mon orgueil vous laisse à démêler 335
Quel était l'intérêt qui me faisait parler.

SCÈNE IV
PTOLOMÉE, PHOTIN

PTOLOMÉE

Que dites-vous, ami, de cette âme orgueilleuse ?

PHOTIN

Seigneur, cette surprise est pour moi merveilleuse ;
Je n'en sais que penser, et mon cœur, étonné
D'un secret que jamais il n'aurait soupçonné, 340
Inconstant et confus dans son incertitude,
Ne se résout à rien qu'avec inquiétude.

PTOLOMÉE
Sauverons-nous Pompée ?

PHOTIN
                         Il faudrait faire effort,
Si nous l'avions sauvé, pour conclure sa mort.
Cléopâtre vous hait ; elle est fière, elle est belle ; 345
Et, si l'heureux César a de l'amour pour elle,
La tête de Pompée est l'unique présent
Qui vous fasse contre elle un rempart suffisant.

---

337. C'est à peu près sur ce ton que Valens, dans *Théodore*, se plaint à son confident Paulin du tyrannique orgueil de Marcelle.

L'impérieuse humeur ! vois comme elle me brave,
Comme son fier orgueil m'ose traiter d'esclave. (*Théodore*, III, 7.)

PTOLOMÉE
Ce dangereux esprit a beaucoup d'artifice.
PHOTIN
Son artifice est peu contre un si grand service.   350
PTOLOMÉE
Mais si, tout grand qu'il est, il cède à ses appas ?
PHOTIN
Il la faudra flatter; mais ne m'en croyez pas,
Et pour mieux empêcher qu'elle ne vous opprime,
Consultez-en encore Achillas et Septime.
PTOLOMÉE
Allons donc les voir faire, et montons à la tour;   355
Et nous en résoudrons ensemble à leur retour.

ACTE DEUXIÈME

SCÈNE I

CLÉOPATRE, CHARMION

CLÉOPATRE
Je l'aime; mais l'éclat d'une si belle flamme,
Quelque brillant qu'il soit, n'éblouit point mon âme,

---

355. La tour de l'île de Pharos, réunie au continent par un môle d'environ 1,300 mètres, passait pour une des sept merveilles du monde. C'était une tour de marbre blanc, haute de 300 coudées, et bâtie sous Ptolémée Philadelphe par l'architecte grec Sostrate. A sa partie supérieure était un fanal destiné à guider les navigateurs; de là le nom de *phare* donné depuis aux tours et aux feux semblables.

Et toujours ma vertu retrace dans mon cœur
Ce qu'il doit au vaincu, brûlant pour le vainqueur.   360
Aussi qui l'ose aimer porte une âme trop haute
Pour souffrir seulement le soupçon d'une faute;
Et je le traiterais avec indignité
Si j'aspirais à lui par une lâcheté.

CHARMION

Quoi ! vous aimez César, et, si vous étiez crue,   365
L'Égypte pour Pompée armerait à sa vue,
En prendrait la défense, et, par un prompt secours,
Du destin de Pharsale arrêterait le cours ?
L'amour, certes, sur vous a bien peu de puissance.

CLÉOPATRE

Les princes ont cela de leur haute naissance :   370
Leur âme dans leur sang prend des impressions
Qui dessous leur vertu rangent leurs passions.
Leur générosité soumet tout à leur gloire :
Tout est illustre en eux quand ils daignent se croire;
Et si le peuple y voit quelques dérèglements,   375
C'est quand l'avis d'autrui corrompt leurs sentiments.
Ce malheur de Pompée achève la ruine :
Le roi l'eût secouru, mais Photin l'assassine;
Il croit cette âme basse, et se montre sans foi;
Mais, s'il croyait la sienne, il agirait en roi.   380

CHARMION

Ainsi donc de César l'amante et l'ennemie...

CLÉOPATRE

Je lui garde ma flamme exempte d'infamie,

---

360. *Brûlant.* Ces constructions elliptiques sont fréquentes chez Corneille; elles équivalent au gérondif latin. Logiquement, il faut construire : mon cœur, même en brûlant pour le vainqueur, n'oublie pas ce qu'il doit au vaincu.

373. Ce que dit ici Cléopâtre, Corneille le condensera en une maxime :
La *générosité* suit la belle *naissance.* (*Héraclius*, V, 2.)

374. *Se croire*, avoir confiance en soi : Ne *nous croyons* pas trop. (Corneille, *Imitation*, II, 461.)

Un cœur digne de lui.

CHARMION

Vous possédez le sien ?

CLÉOPATRE

Je crois le posséder.

CHARMION

Mais le savez-vous bien ?

CLÉOPATRE

Apprends qu'une princesse aimant sa renommée, 385
Quand elle dit qu'elle aime, est sûre d'être aimée,
Et que les plus beaux feux dont son cœur soit épris
N'oseraient l'exposer aux hontes d'un mépris.
    Notre séjour à Rome enflamma son courage :
Là j'eus de son amour le premier témoignage, 390
Et, depuis, jusqu'ici chaque jour ses courriers
M'apportent en tribut ses vœux et ses lauriers.
Partout, en Italie, aux Gaules, en Espagne,
La fortune le suit, et l'amour l'accompagne.
Son bras ne dompte point de peuples ni de lieux 395
Dont il ne rende hommage au pouvoir de mes yeux;
Et de la même main dont il quitte l'épée,
Fumante encor du sang des amis de Pompée,
Il trace des soupirs, et d'un style plaintif
Dans son champ de victoire il se dit mon captif. 400
Oui, tout victorieux, il m'écrit de Pharsale ;
Et si sa diligence à ses feux est égale,
Ou plutôt si la mer ne s'oppose à ses feux,
L'Égypte le va voir me présenter ses vœux.
Il vient, ma Charmion, jusque dans nos murailles, 405
Chercher auprès de moi le prix de ses batailles,
M'offrir toute sa gloire, et soumettre à mes lois
Ce cœur et cette main qui commandent aux rois ;

---

399. *Trace des soupirs*, peint à Cléopâtre l'amour qui le fait soupirer.

Et ma rigueur, mêlée aux faveurs de la guerre,
Ferait un malheureux du maître de la terre. 410
                    CHARMION
J'oserais bien jurer que vos charmants appas
Se vantent d'un pouvoir dont ils n'useront pas,
Et que le grand César n'a rien qui l'importune
Si vos seules rigueurs ont droit sur sa fortune.
Mais quelle est votre attente, et que prétendez-vous, 415
Puisque d'une autre femme il est déjà l'époux,
Et qu'avec Calpurnie un paisible hyménée
Par des liens sacrés tient son âme enchaînée ?
                    CLÉOPATRE
Le divorce, aujourd'hui si commun aux Romains,
Peut rendre en ma faveur tous ces obstacles vains : 420
César en sait l'usage et la cérémonie ;
Un divorce chez lui fit place à Calpurnie.
                    CHARMION
Par cette même voie il pourra vous quitter.
                    CLÉOPATRE
Peut-être mon bonheur saura mieux l'arrêter ;
Peut-être mon amour aura quelque avantage 425
Qui saura mieux pour moi ménager son courage.
Mais laissons au hasard ce qui peut arriver ;
Achevons cet hymen, s'il se peut achever.

---

417. Calpurnie ou Calphurnie était la fille de ce L. Calpurnius Pison contre qui Cicéron dirigea la véhémente invective *in Pisonem*. Ce fut un mariage politique ; mais Calpurnie fut pour César une femme dévouée, dont il eut le tort de dédaigner l'avis salutaire, aux ides de mars.

421. Cette cérémonie était la *diffarreatio*. « Les deux époux qui voulaient se séparer paraissaient pour la dernière fois devant le foyer commun ; un prêtre et des témoins étaient présents. On présentait aux époux, comme au jour du mariage, un gâteau de fleur de farine. Mais, sans doute, au lieu de se le partager, ils le repoussaient. Puis, au lieu de prières, ils prononçaient des formules d'un caractère étrange, sévère, haineux, effrayant, une sorte de malédiction par laquelle la femme renonçait au culte et aux dieux du mari. Dès lors, le lien religieux était rompu. » (Fustel de Coulanges, *Cité antique*, II, 2.)

422. César avait répudié Pompeia pour épouser Calpurnie, comme il avait déjà répudié Cossutia pour épouser Cornélie.

Ne durât-il qu'un jour, ma gloire est sans seconde
D'être du moins un jour la maîtresse du monde. 430
J'ai de l'ambition, et, soit vice ou vertu,
Mon cœur sous son fardeau veut bien être abattu ;
J'en aime la chaleur, et la nomme sans cesse
La seule passion digne d'une princesse.
Mais je veux que la gloire anime ses ardeurs, 435
Qu'elle mène sans honte au faîte des grandeurs ;
Et je la désavoue alors que sa manie
Nous présente le trône avec ignominie.
Ne t'étonne donc plus, Charmion, de me voir
Défendre encor Pompée, et suivre mon devoir. 440
Ne pouvant rien de plus pour sa vertu séduite,
Dans mon âme en secret je l'exhorte à la fuite,
Et voudrais qu'un orage, écartant ses vaisseaux,
Malgré lui l'enlevât aux mains de ses bourreaux.
Mais voici de retour le fidèle Achorée, 445
Par qui j'en apprendrai la nouvelle assurée.

SCÈNE II
CLÉOPATRE, ACHORÉE, CHARMION

CLÉOPATRE

En est-ce déjà fait, et nos bords malheureux
Sont-ils déjà souillés d'un sang si généreux ?

ACHORÉE

Madame, j'ai couru par votre ordre au rivage,

---

437. *Manie*, passion furieuse. Cf. *Cid*, II, 3.
441. « Nous croyons que Corneille a voulu dire : sa confiance à laquelle on tend un piège. En effet, Pompée tombe dans le piège que lui tend la perfidie de Ptolomée : sa bonne foi *séduite* ne rencontre que des assassins où elle se flattait de trouver un asile. » (Palissot.)
449. Achorée ne fait pas moins de trois récits (actes II, II; III, I; V, III). « Lorsqu'on a affaire à un esprit tranquille, comme Achorée à Cléopâtre dans la *Mort de Pompée*, pour qui elle ne s'intéresse que par un sentiment d'honneur, on prend le loisir d'exprimer toutes les particularités ; mais, avant que d'y descendre, j'estime qu'il est bon même alors d'en dire tout l'effet en deux mots dès l'abord. » (Corneille, *Examen de Médée*.)

J'ai vu la trahison, j'ai vu toute sa rage, 450
Du plus grand des mortels j'ai vu trancher le sort,
J'ai vu dans son malheur la gloire de sa mort ;
Et puisque vous voulez qu'ici je vous raconte
La gloire d'une mort qui nous couvre de honte,
Écoutez, admirez, et plaignez son trépas. 455
  Ses trois vaisseaux en rade avaient mis voiles bas ;
Et, voyant dans le port préparer nos galères,
Il croyait que le roi, touché de ses misères,
Par un beau sentiment d'honneur et de devoir,
Avec toute sa cour le venait recevoir ; 460
Mais, voyant que ce prince, ingrat à ses mérites,
N'envoyait qu'un esquif rempli de satellites,
Il soupçonne aussitôt son manquement de foi,
Et se laisse surprendre à quelque peu d'effroi.
Enfin, voyant nos bords et notre flotte en armes, 465
Il condamne en son cœur ces indignes alarmes,
Et réduit tous les soins d'un si pressant ennui
A ne hasarder pas Cornélie avec lui :
« N'exposons, lui dit-il, que cette seule tête
« A la réception que l'Égypte m'apprête ; 470
« Et tandis que moi seul j'en courrai le danger,
« Songe à prendre la fuite afin de me venger.
« Le roi Juba nous garde une foi plus sincère ;
« Chez lui tu trouveras et mes fils et ton père ;
« Mais, quand tu les verrais descendre chez Pluton, 475

---

456. *Avaient mis voiles bas*, avaient baissé, cargué les voiles.
461. .... Ces mêmes dignités
  Ont rendu Bérénice *ingrate à* vos bontés. (Racine, *Bérénice*, I, 3.)
L'abbé d'Olivet, dit M. Godefroy, s'autorisant de Patru, alla jusqu'à blâmer Vaugelas d'avoir employé des locutions analogues.
464. *A*, par. « Ne vous laissez pas abattre *à* la fortune. » (Pascal, *Lettre à Mlle de Roannez*.)
473. C'est le roi de Numidie, Juba, qui embrassa le parti de Pompée, et qui, vaincu à Thapsus, fut réduit à se donner la mort, en 46.
474. Cnœius et Sextus Pompée. Il avait eu ces deux fils de Mucia, sa troisième femme. Quant au père de Cornélie, c'était Quintus Cæcilius Metellus Scipion, ancien consul, petit-fils de Scipion Nasica.

« Ne désespère point, du vivant de Caton. »
Tandis que leur amour en cet adieu conteste,
Achillas à son bord joint son esquif funeste.
Septime se présente, et, lui tendant la main,
Le salue empereur en langage romain, 480
Et, comme député de ce jeune monarque :
« Passez, Seigneur, dit-il, passez dans cette barque ;
« Les sables et les bancs cachés dessous les eaux
« Rendent l'accès mal sûr à de plus grands vaisseaux. »
Ce héros voit la fourbe, et s'en moque dans l'âme : 485
Il reçoit les adieux des siens et de sa femme,
Leur défend de le suivre, et s'avance au trépas
Avec le même front qu'il donnait les États ;
La même majesté sur son visage empreinte
Entre ces assassins montre un esprit sans crainte ; 490
Sa vertu tout entière à la mort le conduit.
Son affranchi Philippe est le seul qui le suit ;
C'est de lui que j'ai su ce que je viens de dire ;
Mes yeux ont vu le reste, et mon cœur en soupire,
Et croit que César même à de si grands malheurs 495
Ne pourra refuser des soupirs et des pleurs.

CLÉOPATRE

N'épargnez pas les miens ; achevez, Achorée,
L'histoire d'une mort que j'ai déjà pleurée.

ACHORÉE

On l'amène ; et du port nous le voyons venir,
Sans que pas un d'entre eux daigne l'entretenir. 500

477. *Contester*, débattre, ne pas tomber d'accord.
480. *Empereur*, général, *imperator*. Septimius avait servi sous Pompée.

488. Corneille emploie *front* pour dire *visage*, surtout visage ferme ; mais, proprement, le *front*, c'est la physionomie. — *Que*, avec lequel.

500. *Sans que pas un* ; on dirait, plus correctement, aujourd'hui : sans qu'un seul d'entre eux. *Sans* contient déjà, en effet, une négation.

Ce mépris lui fait voir ce qu'il doit en attendre.
Sitôt qu'on a pris terre, on l'invite à descendre :
Il se lève, et soudain, pour signal, Achillas,
Derrière ce héros tirant son coutelas,
Septime et trois des siens, lâches enfants de Rome,   505
Percent à coups pressés les flancs de ce grand homme,
Tandis qu'Achillas même, épouvanté d'horreur,
De ces quatre enragés admire la fureur.

CLÉOPATRE

Vous qui livrez la terre aux discordes civiles,
Si vous vengez sa mort, dieux, épargnez nos villes !   510
N'imputez rien aux lieux, reconnaissez les mains :
Le crime de l'Égypte est fait par des Romains.
Mais que fait et que dit ce généreux courage ?

ACHORÉE

D'un des pans de sa robe il couvre son visage,
A son mauvais destin en aveugle obéit,   515
Et dédaigne de voir le ciel qui le trahit,
De peur que d'un coup d'œil contre une telle offense
Il ne semble implorer son aide ou sa vengeance ;
Aucun gémissement à son cœur échappé
Ne le montre, en mourant, digne d'être frappé ;   520
Immobile à leurs coups, en lui-même il rappelle
Ce qu'eut de beau sa vie, et ce qu'on dira d'elle,
Et tient la trahison que le roi leur prescrit
Trop au-dessous de lui pour y prêter l'esprit.
Sa vertu dans leur crime augmente ainsi son lustre,   525

---

508. *Enragé*, comme le remarque Voltaire, était alors exclu du style de la tragédie. — *Admire*, considère avec étonnement.

511. *N'imputez rien aux lieux*, n'en rendez point l'Égypte responsable.

521. « *Immobile* n'a et ne peut avoir de régime. » (Voltaire.) — « L'expression de Corneille paraîtra moins vicieuse en réfléchissant qu'on peut donner à la préposition *à* le sens de *contre*. (Godefroy.)

522. L'attitude que Corneille, après Lucain, prête à Pompée, est un peu théâtrale. Mais Lucain développe les réflexions de Pompée en une sorte de discours mental qui n'a pas moins de quatorze vers.

Et son dernier soupir est un soupir illustre,
Qui, de cette grande âme achevant les destins,
Étale tout Pompée aux yeux des assassins.
Sur les bords de l'esquif sa tête enfin penchée,
Par le traître Septime indignement tranchée, 530
Passe au bout d'une lance en la main d'Achillas,
Ainsi qu'un grand trophée après de grands combats.
On descend, et, pour comble à sa noire aventure,
On donne à ce héros la mer pour sépulture,
Et le tronc sous les flots roule dorénavant 535
Au gré de la fortune, et de l'onde et du vent.
La triste Cornélie, à cet affreux spectacle,
Par de longs cris aigus tâche d'y mettre obstacle,
Défend ce cher époux de la voix et des yeux,
Puis, n'espérant plus rien, lève les mains aux cieux, 540
Et, cédant tout à coup à la douleur plus forte,
Tombe, dans sa galère, évanouie ou morte.
Les siens, en ce désastre, à force de ramer,
L'éloignent de la rive, et regagnent la mer.
Mais sa fuite est mal sûre, et l'infâme Septime, 545
Qui se voit dérober la moitié de son crime,
Afin de l'achever, prend six vaisseaux au port,
Et poursuit sur les eaux Pompée après sa mort.
   Cependant Achillas porte au roi sa conquête.
Tout le peuple tremblant en détourne la tête ; 550
Un effroi général offre à l'un, sous ses pas,

---

526.   Il se met au-dessus d'un outrage si grand ;
       Il se tient immobile et s'éprouve en mourant. (Brébeuf.)
   Son dernier soupir est un soupir illustre : sa dernière heure fut illustre comme sa vie l'avait été. (Voyez tout ce récit dans Lucain, VIII, et d'autres détails dans Appien, II, 84.)
528. *Étale tout Pompée*, dévoile toute la grandeur héroïque de Pompée.
543. *Ramer* rimait alors avec *mer*. (Voyez les vers 1455-1456.)
       Je sais bien que sur cette *mer*
       Il est malaisé de *ramer*. (Rotrou, *Ode à Richelieu*.)
551. C'est-à-dire : les uns, dans leur effroi, s'imaginent voir s'ouvrir des abîmes sous leurs pas.

Des abîmes ouverts pour venger ce trépas ;
L'autre entend le tonnerre, et chacun se figure
Un désordre soudain de toute la nature :
Tant l'excès du forfait, troublant leurs jugements,   555
Présente à leur terreur l'excès des châtiments !
　　Philippe, d'autre part, montrant sur le rivage
Dans une âme servile un généreux courage,
Examine d'un œil et d'un soin curieux
Où les vagues rendront ce dépôt précieux,   560
Pour lui rendre, s'il peut, ce qu'aux morts on doit rendre,
Dans quelque urne chétive en ramasser la cendre,
Et d'un peu de poussière élever un tombeau
A celui qui du monde eut le sort le plus beau.
Mais, comme vers l'Afrique on poursuit Cornélie,   565
On voit d'ailleurs César venir de Thessalie :
Une flotte paraît qu'on a peine à compter.

CLÉOPATRE

C'est lui-même, Achorée, il n'en faut point douter.
Tremblez, tremblez, méchants, voici venir la foudre ;
Cléopâtre a de quoi vous mettre tous en poudre :   570
César vient, elle est reine, et Pompée est vengé ;
La tyrannie est bas, et le sort a changé.
Admirons cependant le destin des grands hommes,
Plaignons-les, et par eux jugeons ce que nous sommes.
　　Ce prince d'un sénat maître de l'univers,   575
Dont le bonheur semblait au-dessus du revers,
Lui que sa Rome a vu, plus craint que le tonnerre,

---

559. *D'un soin curieux*, avec un soin attentif, sens du latin *cura*.
　　C'est les examiner *d'un soin trop curieux*. (Rotrou, *Venceslas*, IV, 1.)
562. *Chétive* sera encore employé, en parlant des choses, au v. 1482 : c'est à peu près le latin *vilis*, de peu de valeur.
572. *Est bas*, pour *est à bas*, est renversée ; au v. 1266, *mettre bas* sera de même employé pour *mettre à bas*. « Le tyran *est bas*. » (*Sertorius*, 939.)
575. Le prince du Sénat était le premier sénateur inscrit et avait le privilège d'être interrogé le premier dans toutes les délibérations. Ici *prince* signifie *le premier*.

Triompher en trois fois des trois parts de la terre,
Et qui voyait encore, en ces derniers hasards,
L'un et l'autre consul suivre ses étendards ; 580
Sitôt que d'un malheur sa fortune est suivie,
Les monstres de l'Égypte ordonnent de sa vie :
On voit un Achillas, un Septime, un Photin,
Arbitres souverains d'un si noble destin.
Un roi, qui de ses mains a reçu la couronne, 585
A ces pestes de cour lâchement l'abandonne.
Ainsi finit Pompée, et peut-être qu'un jour
César éprouvera même sort à son tour.
Rendez l'augure faux, dieux, qui voyez mes larmes, 590
Et secondez partout et mes vœux et ses armes !

CHARMION

Madame, le Roi vient, qui pourra vous ouïr.

SCÈNE III

PTOLOMÉE, CLÉOPATRE, CHARMION.

PTOLOMÉE

Savez-vous le bonheur dont nous allons jouir,
Ma sœur ?

CLÉOPATRE

Oui, je le sais, le grand César arrive :
Sous les lois de Photin je ne suis plus captive. 595

PTOLOMÉE

Vous haïssez toujours ce fidèle sujet ?

CLÉOPATRE

Non, mais en liberté je ris de son projet.

---

578. Pompée avait triomphé et de l'Europe, après avoir vaincu Sertorius en Espagne, et de l'Afrique, où il écrasa le parti de Marius, et de l'Asie où il fut vainqueur de Mithridate, après l'avoir été des pirates.

580. Les consuls Lentulus et Marcellus avaient embrassé le parti de Pompée.

PTOLOMÉE
Quel projet faisait-il dont vous pussiez vous plaindre ?

CLÉOPATRE
J'en ai souffert beaucoup, et j'avais plus à craindre.
Un si grand politique est capable de tout ;
Et vous donnez les mains à tout ce qu'il résout. 600

PTOLOMÉE
Si je suis ses conseils, j'en connais la prudence.

CLÉOPATRE
Si j'en crains les effets, j'en vois la violence.

PTOLOMÉE
Pour le bien de l'État tout est juste en un roi.

CLÉOPATRE
Ce genre de justice est à craindre pour moi :
Après ma part du sceptre à ce titre usurpée, 605
Il en coûte la vie et la tête à Pompée.

PTOLOMÉE
Jamais un coup d'État ne fut mieux entrepris.
Le voulant secourir, César nous eût surpris :
Vous voyez sa vitesse, et l'Égypte troublée
Avant qu'être en défense en serait accablée ; 610
Mais je puis maintenant à cet heureux vainqueur
Offrir en sûreté mon trône et votre cœur.

CLÉOPATRE
Je ferai mes présents ; n'ayez soin que des vôtres,
Et dans vos intérêts n'en confondez point d'autres.

---

600. *Vous donnez les mains*, vous consentez. Molière a écrit de même :
Pourvu que *votre cœur* veuille *donner les mains*
Au dessein que j'ai fait de fuir tous les humains... (*Misanthrope*, V. 7.)

605. Cette construction d'*après* est toute latine : *post urbem conditam, post devictos hostes, post cladem acceptam,* etc.

PTOLOMÉE

Les vôtres sont les miens, étant de même sang. 615

CLÉOPATRE

Vous pouvez dire encore : étant de même rang,
Étant rois l'un et l'autre ; et toutefois je pense
Que nos deux intérêts ont quelque différence.

PTOLOMÉE

Oui, ma sœur, car l'État dont mon cœur est content
Sur quelques bords du Nil à grand'peine s'étend ; 620
Mais César, à vos lois soumettant son courage,
Va nous faire régner sur le Gange et le Tage.

CLÉOPATRE

J'ai de l'ambition, mais je la sais régler :
Elle peut m'éblouir, et non pas m'aveugler.
Ne parlons point ici du Tage ni du Gange ; 625
Je connais ma portée, et ne prends point le change.

PTOLOMÉE

L'occasion vous rit, et vous en userez.

CLÉOPATRE

Si je n'en use bien, vous m'en accuserez.

PTOLOMÉE

J'en espère beaucoup, vu l'amour qui l'engage.

CLÉOPATRE

Vous la craignez peut-être encore davantage ; 630
Mais, quelque occasion qui me rie aujourd'hui,
N'ayez aucune peur, je ne veux rien d'autrui :
Je ne garde pour vous ni haine ni colère,
Et je suis bonne sœur, si vous n'êtes bon frère.

---

615. *Etant de même sang*, puisque nous avons même origine.
626. *Je connais ma portée*, je sais où je puis aspirer. « Connaissons donc notre *portée*. » (Pascal, *Pensées*, I, 1.) Corneille écrit ailleurs :

>Il n'est dans tous les arts secret plus excellent
>Que d'y voir sa *portée* et choisir son talent. (*Poésies diverses*.)

PTOLOMÉE

Vous montrez cependant un peu bien du mépris.   635

CLÉOPATRE

Le temps de chaque chose ordonne et fait le prix.

PTOLOMÉE

Votre façon d'agir le fait assez connaître.

CLÉOPATRE

Le grand César arrive, et vous avez un maître.

PTOLOMÉE

Il l'est de tout le monde, et je l'ai fait le mien.

CLÉOPATRE

Allez lui rendre hommage, et j'attendrai le sien;   640
Allez, ce n'est pas trop pour lui que de vous-même :
Je garderai pour vous l'honneur du diadème.
Photin vous vient aider à le bien recevoir :
Consultez avec lui quel est votre devoir.

SCÈNE IV

PTOLOMÉE, PHOTIN.

PTOLOMÉE

J'ai suivi tes conseils ; mais, plus je l'ai flattée,   645
Et plus dans l'insolence elle s'est emportée,
Si bien qu'enfin, outré de tant d'indignités,
Je m'allais emporter dans les extrémités :
Mon bras, dont ses mépris forçaient la retenue,

---

640. *Le sien,* sur cette construction voyez les v. 783 du *Cid,* 1477 d'*Horace,* 1155 de *Pompée.*

646. Deux vers plus bas, on verra encore cette tournure *s'emporter dans.* — « Ils *s'emportaient* tous les jours *dans* des excès qui allaient jusqu'au scandale. » (Retz, *Mémoires.*)

649. Ptolomée veut dire que les outrages que lui a prodigués Cléopâtre ont failli triompher de la modération qu'il s'imposait.

N'eût plus considéré César ni sa venue, 650
Et l'eût mise en état, malgré tout son appui,
De s'en plaindre à Pompée auparavant qu'à lui.
L'arrogante ! à l'ouïr elle est déjà ma reine ;
Et si César en croit son orgueil et sa haine,
Si, comme elle s'en vante, elle est son cher objet, 655
De son frère et son roi je deviens son sujet.
Non, non, prévenons-la : c'est faiblesse d'attendre
Le mal qu'on voit venir sans vouloir s'en défendre :
Otons-lui les moyens de nous plus dédaigner ;
Otons-lui les moyens de plaire et de régner ; 660
Et ne permettons pas qu'après tant de bravades
Mon sceptre soit le prix d'une de ses œillades.

PHOTIN

Seigneur, ne donnez point de prétexte à César
Pour attacher l'Égypte aux pompes de son char.
Ce cœur ambitieux, qui par toute la terre 665
Ne cherche qu'à porter l'esclavage et la guerre,
Enflé de sa victoire, et des ressentiments
Qu'une perte pareille imprime aux vrais amants,
Quoique vous ne rendiez que justice à vous-même,
Prendrait l'occasion de venger ce qu'il aime, 670
Et, pour s'assujettir et vos États et vous,
Imputerait à crime un si juste courroux.

PTOLOMÉE

Si Cléopâtre vit, s'il la voit, elle est reine.

---

652. *Auparavant que*, tournure condamnée par Vaugelas et l'Académie. Malgré cette condamnation, Corneille a continué à l'employer.
   Vous me fûtes promise *auparavant qu*'à lui. (*Sophonisbe*, 638.)

658. Quand on peut prévenir, c'est faiblesse d'attendre. (Rotrou, *Cosroës*, I, 3.)

662. Lorsque Corneille écrivit ce vers, dit Marty-Laveaux, le mot *œillade* ne s'appliquait déjà plus guère qu'à un regard lancé par tendresse ou par coquetterie ; un peu auparavant, il avait un sens beaucoup plus étendu : « Quant à la lettre, il m'a dit qu'elle estoit faite, mais que le pape lui avoit dit qu'il y vouloit encore donner une *œillade*. » (D'Ossat.)

PHOTIN

Si Cléopâtre meurt, votre perte est certaine.

PTOLOMÉE

Je perdrai qui me perd, ne pouvant me sauver. 675

PHOTIN

Pour la perdre avec joie, il faut vous conserver.

PTOLOMÉE

Quoi ! pour voir sur sa tête éclater ma couronne ?
Sceptre, s'il faut enfin que ma main t'abandonne,
Passe, passe plutôt en celle du vainqueur.

PHOTIN

Vous l'arracherez mieux de celle d'une sœur. 680
Quelques feux que d'abord il lui fasse paraître,
Il partira bientôt, et vous serez le maître.
L'amour à ses pareils ne donne point d'ardeur
Qui ne cède aisément aux soins de leur grandeur.
Il voit encor l'Afrique et l'Espagne occupées 685
Par Juba, Scipion et les jeunes Pompées ;
Et le monde à ses lois n'est point assujetti
Tant qu'il verra durer ces restes du parti.
Au sortir de Pharsale, un si grand capitaine
Saurait mal son métier s'il laissait prendre haleine, 690
Et s'il donnait loisir à des cœurs si hardis
De relever du coup dont ils sont étourdis.
S'il les vainc, s'il parvient où son désir aspire,
Il faut qu'il aille à Rome établir son empire,

---

684. C'est là une des idées que Corneille aime le plus à développer, surtout dans ses dernières pièces, où l'ambition refroidit trop la tendresse chez ses héros et ses héroïnes. Voyez *Sertorius*, I, 3 ; *Sophonisbe*, V, 6 ; *Agésilas*, III, 4 ; *Pulchérie*, I, 1 ; *Tite*, V, 1.

On se lasse bientôt de l'amour d'une femme :
Mais la soif de régner règne toujours sur l'âme. (*Pertharite*, III. 3.)

La tendresse n'est point de l'amour d'un héros. (*Suréna*, V. 3.)

692. Nous ne connaissons que cet exemple de *relever* pris neutralement pour *se relever*, comme on dit *relever de maladie*.

Jouir de sa fortune et de son attentat, 695
Et changer à son gré la forme de l'État.
Jugez durant ce temps ce que vous pourrez faire.
Seigneur, voyez César, forcez-vous à lui plaire ;
Et, lui déférant tout, veuillez vous souvenir
Que les événements règleront l'avenir. 700
Remettez en ses mains trône, sceptre, couronne,
Et, sans en murmurer, souffrez qu'il en ordonne :
Il en croira sans doute ordonner justement
En suivant du feu roi l'ordre et le testament ;
L'importance d'ailleurs de ce dernier service 705
Ne permet pas d'en craindre une entière injustice.
Quoi qu'il en fasse enfin, feignez d'y consentir,
Louez son jugement, et laissez-le partir.
Après, quand nous verrons le temps propre aux vengeances,
Nous aurons et la force et les intelligences. 710
Jusque-là réprimez ces transports violents
Qu'excitent d'une sœur les mépris insolents :
Les bravades enfin sont des discours frivoles,
Et qui songe aux effets néglige les paroles.

PTOLOMÉE

Ah ! tu me rends la vie et le sceptre à la fois : 715
Un sage conseiller est le bonheur des rois.
Cher appui de mon trône, allons, sans plus attendre,
Offrir tout à César, afin de tout reprendre ;
Avec toute ma flotte allons le recevoir,
Et par ces vains honneurs séduire son pouvoir. 720

---

704. C'est le testament de Ptolémée Aulétès dont Pompée avait été le dépositaire. Il y léguait son royaume aux deux aînés de ses enfants, Ptolomée Dionysos et Cléopâtre, à condition qu'ils se marieraient et gouverneraient ensemble. Voyez le v. 35 et la scène 3 de l'acte I.

720. *Séduire*, avec un nom de chose pour régime, *se concilier*.

ACTE TROISIÈME

SCÈNE I
CHARMION, ACHORÉE

CHARMION
Oui, tandis que le Roi va lui-même en personne
Jusqu'aux pieds de César prosterner sa couronne,
Cléopâtre s'enferme en son appartement,
Et, sans s'en émouvoir, attend son compliment.
Comment nommerez-vous une humeur si hautaine ? 725

ACHORÉE
Un orgueil noble et juste, et digne d'une reine
Qui soutient avec cœur et magnanimité
L'honneur de sa naissance et de sa dignité.
Lui pourrai-je parler ?

CHARMION
        Non ; mais elle m'envoie
Savoir à cet abord ce qu'on a vu de joie ; 730
Ce qu'à ce beau présent César a témoigné ;
S'il a paru content, ou s'il l'a dédaigné ;
S'il traite avec douceur, s'il traite avec empire ;
Ce qu'à nos assassins enfin il a su dire.

---

722. Littré observe que l'Académie ne donne à ce verbe que le sens réfléchi, mais que les meilleurs auteurs l'ont employé activement, comme les Latins employaient *prosternere*.
733. *Traiter* ne s'emploie plus au neutre, en ce sens.
    Ne vous offensez pas, objet rare et charmant,
    Si ma haine avec lui *traite* un peu rudement. (*Théodore*, 466.)

ACHORÉE

La tête de Pompée a produit des effets 735
Dont ils n'ont pas sujet d'être fort satisfaits.
Je ne sais si César prendrait plaisir à feindre ;
Mais pour eux jusqu'ici je trouve lieu de craindre :
S'ils aimaient Ptolomée, ils l'ont fort mal servi.
Vous l'avez vu partir, et moi je l'ai suivi. 740
Ses vaisseaux en bon ordre ont éloigné la ville,
Et pour joindre César n'ont avancé qu'un mille.
Il venait à plein voile, et, si dans les hasards
Il éprouva toujours pleine faveur de Mars,
Sa flotte, qu'à l'envi favorisait Neptune, 745
Avait le vent en poupe, ainsi que sa fortune.
Dès le premier abord, notre prince étonné
Ne s'est plus souvenu de son front couronné :
Sa frayeur a paru sous sa fausse allégresse ;
Toutes ses actions ont senti la bassesse ; 750
J'en ai rougi moi-même, et me suis plaint à moi
De voir là Ptolomée, et n'y voir point de roi ;
Et César, qui lisait sa peur sur son visage,
Le flattait par pitié pour lui donner courage.
Lui, d'une voix tombante, offrant ce don fatal : 755
« Seigneur, vous n'avez plus, lui dit-il, de rival ;

---

741. *Éloigner*, pris activement pour *s'éloigner*, n'est qu'un archaïsme, analogue, comme le remarque Littré, à la locution qu'on a conservée et qui emploie *approcher* de la même façon : *approcher* une ville pour *s'en approcher*. Ménage, qui relève cet emploi chez nombre d'auteurs, écrit dans ses *Observations :* « Il n'y a rien de plus commun dans nos poëtes, tant anciens que modernes, que cette façon de parler. »

743. *A plein voile*, à pleines voiles. Vaugelas et Ménage n'admettent *voile* qu'au féminin ; mais Vaugelas constate qu'on le fait assez souvent masculin, et Ménage permet de dire *un voile* quand il s'agit d'un navire.

748. *Ne s'est plus souvenu de son front couronné*, ne s'est plus souvenu que son front portait une couronne, qu'il était roi.

751. *A moi*, en moi, *mecum conquestus sum*. — Dans ses *Remarques sur la Poétique d'Horace*, Dacier critique certains passages du récit d'Achorée, mais pardonne à ce trait, qui rachète, dit-il, les faiblesses.

755. *D'une voix tombante*, d'une voix qui tombe, qui se fait basse, que la peur affaiblit.

« Ce que n'ont pu les dieux dans votre Thessalie,
« Je vais mettre en vos mains Pompée et Cornélie ;
« En voici déjà l'un, et, pour l'autre, elle fuit ;
« Mais avec six vaisseaux un des miens la poursuit. » 760
  A ces mots Achillas découvre cette tête :
Il semble qu'à parler encore elle s'apprête,
Qu'à ce nouvel affront un reste de chaleur
En sanglots mal formés exhale sa douleur ;
Sa bouche encore ouverte et sa vue égarée   765
Rappellent sa grande âme à peine séparée ;
Et son courroux mourant fait un dernier effort
Pour reprocher aux dieux sa défaite et sa mort.
César, à cet aspect, comme frappé du foudre,
Et comme ne sachant que croire et que résoudre,   770
Immobile, et les yeux sur l'objet attachés,
Nous tient assez longtemps ses sentiments cachés ;
Et je dirai, si j'ose en faire conjecture,
Que, par un mouvement commun à la nature,
Quelque maligne joie en son cœur s'élevait,   775
Dont sa gloire indignée à peine le sauvait.
L'aise de voir la terre à son pouvoir soumise
Chatouillait malgré lui son âme avec surprise,
Et de cette douceur son esprit combattu
Avec un peu d'effort rassurait sa vertu.   780
S'il aime sa grandeur, il hait la perfidie ;

---

757. Si le poète s'astreignait à suivre la construction régulière, ce vers devrait venir après le vers suivant, qu'il complète. Mais Corneille aime ces latinismes (*quod non potuere dii*), et la tournure est ainsi plus vive.

766. *Séparée* de son corps ; *séparé* ne s'emploie guère absolument.

771. *L'objet* semble faible : un objet, pourtant, c'est tout ce qui s'offre à nos regards et frappe notre vue.

775. *Maligne joie.* Cf. Horace, I, 1, Polyeucte, 1057.

778. *Chatouillait ;* Ménage, qui n'aimait pas ce mot, et qui, dans ses *Observations sur les poésies de Malherbe*, blâme *chatouiller mon âme*, est forcé toutefois d'avouer qu'il est en usage. Lorsque Racine plaçait ce mot dans ces vers de la première scène d'*Iphigénie* :
  Ces noms de roi des rois et de chef de la Grèce
  Chatouillaient de mon cœur l'orgueilleuse faiblesse,
il renouvelait une métaphore qui commençait à vieillir.

Il se juge en autrui, se tâte, s'étudie,
Examine en secret sa joie et ses douleurs,
Les balance, choisit, laisse couler des pleurs ;
Et, forçant sa vertu d'être encor la maîtresse, 785
Se montre généreux par un trait de faiblesse.
Ensuite il fait ôter ce présent de ses yeux,
Lève les mains ensemble et les regards aux cieux,
Lâche deux ou trois mots contre cette insolence ;
Puis, tout triste et pensif, il s'obstine au silence, 790
Et même à ses Romains ne daigne repartir
Que d'un regard farouche et d'un profond soupir.
Enfin, ayant pris terre avec trente cohortes,
Il se saisit du port, il se saisit des portes,
Met des gardes partout et des ordres secrets, 795
Fait voir sa défiance, ainsi que ses regrets,
Parle d'Égypte en maître, et de son adversaire
Non plus comme ennemi, mais comme son beau-père.
Voilà ce que j'ai vu.

CHARMION

Voilà ce qu'attendait,
Ce qu'au juste Orisis la reine demandait. 800
Je vais bien la ravir avec cette nouvelle.
Vous, continuez-lui ce service fidèle.

ACHORÉE

Qu'elle n'en doute point. Mais César vient. Allez,
Peignez-lui bien nos gens pâles et désolés ;
Et moi, soit que l'issue en soit douce ou funeste, 805
J'irai l'entretenir quand j'aurai vu le reste.

---

782. Corneille veut dire sans doute : il se juge en jugeant les autres, en s'opposant aux assassins de Pompée, dont les sentiments ne sauraient être les siens. *Se tâte* : après s'être jugé en autrui, il examine ses propres sentiments, en psychologue trop paisible en de telles circonstances.
787. Pour tout ce récit, voyez le chapitre IX de la *Pharsale*, 1000 à 1100.
795. *Met des gardes*, entraîne *et des ordres secrets* : de gardes *avec* des ordres secrets.
797. *D'Égypte*, de l'Égypte, comme *de Castille* dans le *Cid*, IV.
800. Osiris, dieu égyptien, frère et époux d'Isis.

SCÈNE II

CÉSAR, PTOLOMÉE, LÉPIDE, PHOTIN, ACHORÉE
SOLDATS ROMAINS, SOLDATS ÉGYPTIENS.

PTOLOMÉE

Seigneur, montez au trône, et commandez ici.

CÉSAR

Connaissez-vous César, de lui parler ainsi ?
Que m'offrirait de pis la fortune ennemie,
A moi qui tiens le trône égal à l'infamie ? 810.
Certes, Rome à ce coup pourrait bien se vanter
D'avoir eu juste lieu de me persécuter,
Elle qui d'un même œil les donne et les dédaigne,
Qui ne voit rien aux rois qu'elle aime ou qu'elle craigne,
Et qui verse en nos cœurs, avec l'âme et le sang, 815
Et la haine du nom, et le mépris du rang.
C'est ce que de Pompée il vous fallait apprendre :
S'il en eût aimé l'offre, il eût su s'en défendre ;
Et le trône et le roi se seraient ennoblis
A soutenir la main qui les a rétablis. 820
Vous eussiez pu tomber, mais tout couvert de gloire :
Votre chute eût valu la plus haute victoire ;
Et si votre destin n'eût pu vous en sauver,
César eût pris plaisir à vous en relever.
Vous n'avez pu former une si noble envie ; 825
Mais quel droit aviez-vous sur cette illustre vie ?
Que vous devait son sang pour y tremper vos mains,
Vous qui devez respect au moindre des Romains ?
Ai-je vaincu pour vous dans les champs de Pharsale ?
Et, par une victoire aux vaincus trop fatale, 830
Vous ai-je acquis sur eux, en ce dernier effort,

---

813. Voyez *Nicomède*, III, 2.
    C'est mal vivre en Romain que prendre loi d'un homme. (*Sertorius*, I, 1.)

La puissance absolue et de vie et de mort ?
Moi, qui n'ai jamais pu la souffrir à Pompée,
La souffrirai-je en vous sur lui-même usurpée,
Et que de mon bonheur vous ayez abusé 835
Jusqu'à plus attenter que je n'aurais osé ?
De quel nom, après tout, pensez-vous que je nomme
Ce coup où vous tranchez du souverain de Rome,
Et qui sur un seul chef lui fait bien plus d'affront
Que sur tant de milliers ne fit le roi du Pont ? 840
Pensez-vous que j'ignore ou que je dissimule
Que vous n'auriez pas eu pour moi plus de scrupule,
Et que, s'il m'eût vaincu, votre esprit complaisant
Lui faisait de ma tête un semblable présent ?
Grâces à ma victoire, on me rend des hommages 845
Où ma fuite eût reçu toutes sortes d'outrages ;
Au vainqueur, non à moi, vous faites tout l'honneur :
Si César en jouit, ce n'est que par bonheur.
Amitié dangereuse, et redoutable zèle,
Que règle la fortune, et qui tourne avec elle ! 850
Mais parlez, c'est trop être interdit et confus.

PTOLOMÉE

Je le suis, il est vrai, si jamais je le fus ;
Et vous-même avouerez que j'ai sujet de l'être.
    Étant né souverain, je vois ici mon maître ;
Ici, dis-je, où ma cour tremble en me regardant, 855
Où je n'ai point encore agi qu'en commandant.
Je vois une autre cour sous une autre puissance,
Et ne puis plus agir qu'avec obéissance.
De votre seul aspect je me suis vu surpris :
Jugez si vos discours rassurent mes esprits ; 860

---

839. *Chef*, pour *tête*. Voir le *Cid*, 598.
840. Allusion à l'immense massacre que Mithridate fit faire des Romains dans toutes les villes de l'Asie.
856. Sur la tournure *point... que*, voyez la note du v. 140.

Jugez par quels moyens je puis sortir d'un trouble
Que forme le respect, que la crainte redouble,
Et ce que vous peut dire un prince épouvanté
De voir tant de colère et tant de majesté.
Dans ces étonnements dont mon âme est frappée, 865
De rencontrer en vous le vengeur de Pompée.
Il me souvient pourtant que, s'il fut notre appui,
Nous vous dûmes dès lors autant et plus qu'à lui.
Votre faveur pour nous éclata la première ;
Tout ce qu'il fit après fut à votre prière : 870
Il émut le Sénat pour des rois outragés,
Que, sans cette prière, il aurait négligés ;
Mais, de ce grand Sénat les saintes ordonnances
Eussent peu fait pour nous, Seigneur, sans vos finances ;
Par là de nos mutins le feu roi vint à bout ; 875
Et, pour en bien parler, nous vous devons le tout.
Nous avons honoré votre ami, votre gendre,
Jusqu'à ce qu'à vous-même il ait osé se prendre ;
Mais, voyant son pouvoir, de vos succès jaloux,
Passer en tyrannie et s'armer contre vous... 880

CÉSAR

Tout beau : que votre haine, en son sang assouvie,
N'aille point à sa gloire : il suffit de sa vie.
N'avancez rien ici que Rome ose nier,
Et justifiez-vous sans le calomnier.

PTOLOMÉE

Je laisse donc aux dieux à juger ses pensées, 885
Et dirai seulement qu'en vos guerres passées,
Où vous fûtes forcé par tant d'indignités,
Tous nos vœux ont été pour vos prospérités ;
Que, comme il vous traitait en mortel adversaire,

880. *Passer en*, se transformer en tyrannie :
   Je vois tous mes soupçons *passer en* certitude. (*Illusion*, 1384.)
882. *N'aille point* (sous-entendez *jusqu'à*), ne s'attaque point à sa gloire.

J'ai cru sa mort pour vous un malheur nécessaire ;   890
Et que sa haine injuste, augmentant tous les jours,
Jusque dans les enfers chercherait du secours ;
Ou qu'enfin, s'il tombait dessous votre puissance,
Il nous fallait pour vous craindre votre clémence,
Et que le sentiment d'un cœur trop généreux,   895
Usant mal de vos droits, vous rendît malheureux.
  J'ai donc considéré qu'en ce péril extrême
Nous vous devions, Seigneur, servir malgré vous-même;
Et, sans attendre d'ordre en cette occasion,
Mon zèle ardent l'a prise à ma confusion.   900
Vous m'en désavouez, vous l'imputez à crime ;
Mais pour servir César rien n'est illégitime.
J'en ai souillé mes mains pour vous en préserver :
Vous pouvez en jouir, et le désapprouver ;
Et j'ai plus fait pour vous, plus l'action est noire,   905
Puisque c'est d'autant plus vous immoler ma gloire,
Et que ce sacrifice, offert par mon devoir,
Vous assure la vôtre avec votre pouvoir.

CÉSAR

Vous cherchez, Ptolomée, avecque trop de ruses,
De mauvaises couleurs et de froides excuses.   910
Votre zèle était faux, si seul il redoutait
Ce que le monde entier à pleins vœux souhaitait,
Et s'il vous a donné ces craintes trop subtiles
Qui m'ôtent tout le fruit de nos guerres civiles,
Où l'honneur seul m'engage, et que pour terminer   915

---

905. Les termes sont renversés, et l'on dirait aujourd'hui : plus l'action est noire, plus j'ai fait pour vous, plus vous m'en êtes redevable.
910. De *mauvaises couleurs*, de vains prétextes. Cf. *le Cid*, 1407.
915. Construction toute latine de *que*, complément direct d'une proposition incidente.

> ...... C'est un effort à dissiper la gloire
> Des noms les plus fameux dont se pare l'histoire,
> Et *que* le grand Auguste ayant osé tenter,
> N'osa prendre du cœur jusqu'à l'exécuter (*Pertharite*, 649).

Je ne veux que celui de vaincre et pardonner ;
Où mes plus dangereux et plus grands adversaires,
Sitôt qu'ils sont vaincus, ne sont plus que mes frères ;
Et mon ambition ne va qu'à les forcer,
Ayant dompté leur haine, à vivre et m'embrasser.   920
Oh ! combien d'allégresse une si triste guerre
Aurait-elle laissé dessus toute la terre,
Si Rome avait pu voir marcher en même char,
Vainqueurs de leur discorde, et Pompée et César !
Voilà ces grands malheurs que craignait votre zèle.   925
O crainte ridicule autant que criminelle !
Vous craigniez ma clémence? ah ! n'ayez plus ce soin ;
Souhaitez-la plutôt, vous en avez besoin.
Si je n'avais égard qu'aux lois de la justice,
Je m'apaiserais Rome avec votre supplice,   930
Sans que ni vos respects, ni votre repentir,
Ni votre dignité, vous pussent garantir :
Votre trône lui-même en serait le théâtre.
Mais, voulant épargner le sang de Cléopâtre,
J'impute à vos flatteurs toute la trahison,   935
Et je veux voir comment vous m'en ferez raison.
Suivant les sentiments dont vous serez capable,
Je saurai vous tenir innocent ou coupable.
Cependant à Pompée élevez des autels,
Rendez-lui les honneurs qu'on rend aux immortels ;   940
Par un prompt sacrifice expiez tous vos crimes,
Et surtout pensez bien au choix de vos victimes.
Allez y donner ordre, et me laissez ici
Entretenir les miens sur quelque autre souci.

---

927. *Soin* a ici le sens du latin *cura*, inquiétude.

930. *Je m'apaiserais Rome*, tournure remarquable, où *me* a un sens analogue à celui du datif latin d'intérêt.

934. *Le sang de Cléopâtre*, le sang d'où Cléopâtre est sortie, sa famille.

936. *Vous m'en ferez raison*; quelle satisfaction vous m'en offrirez.

SCÈNE III

CÉSAR, ANTOINE, LÉPIDE.

CÉSAR

Antoine, avez-vous vu cette reine adorable ? 945

ANTOINE

Oui, Seigneur, je l'ai vue : elle est incomparable ;
Le ciel n'a point encor, par de si doux accords,
Uni tant de vertus aux grâces d'un beau corps.
Une majesté douce épand sur son visage
De quoi s'assujettir le plus noble courage : 950
Ses yeux savent ravir, son discours sait charmer ;
Et, si j'étais César, je la voudrais aimer.

CÉSAR

Comme a-t-elle reçu les offres de ma flamme ?

ANTOINE

Comme n'osant la croire, et la croyant dans l'âme ;
Par un refus modeste et fait pour inviter, 955
Elle s'en dit indigne, et la croit mériter.

CÉSAR

En pourrai-je être aimé ?

ANTOINE

    Douter qu'elle vous aime,
Elle qui de vous seul attend son diadème,
Qui n'espère qu'en vous ! Douter de ses ardeurs,
Vous qui pouvez la mettre au faîte des grandeurs ! 960
Que votre amour sans crainte à son amour prétende :
Au vainqueur de Pompée il faut que tout se rende,
Et vous l'éprouverez. Elle craint toutefois
L'ordinaire mépris que Rome fait des rois.
Et surtout elle craint l'amour de Calpurnie ; 965

---

947. *Par de si doux accords*, par une si douce union, par une si parfaite harmonie des vertus et des grâces.

Mais, l'une et l'autre crainte à votre aspect bannie,
Vous ferez succéder un espoir assez doux,
Lorsque vous daignerez lui dire un mot pour vous.

CÉSAR

Allons donc l'affranchir de ces frivoles craintes,
Lui montrer de mon cœur les sensibles atteintes ; 970
Allons, ne tardons plus.

ANTOINE

Avant que de la voir,
Sachez que Cornélie est en votre pouvoir ;
Septime vous l'amène, orgueilleux de son crime,
Et pense auprès de vous se mettre en haute estime.
Dès qu'ils ont abordé, vos chefs, par vous instruits, 975
Sans leur rien témoigner, les ont ici conduits.

CÉSAR

Qu'elle entre. Ah ! l'importune et fâcheuse nouvelle !
Qu'à mon impatience elle semble cruelle !
O ciel ! et ne pourrai-je enfin à mon amour
Donner en liberté ce qui reste du jour ? 980

SCÈNE IV

CÉSAR, CORNÉLIE, ANTOINE, LÉPIDE, SEPTIME.

SEPTIME

Seigneur...

CÉSAR

Allez, Septime, allez vers votre maître ;
César ne peut souffrir la présence d'un traître,
D'un Romain lâche assez pour servir sous un roi,

---

966. *L'une et l'autre crainte à votre aspect bannie,* construction qui correspond à peu près à l'ablatif absolu des Latins.
967. Bien que, proprement, *succéder* signifie *venir après*, nous ne l'admettons pas aujourd'hui sans complément.
970. *Les atteintes,* les blessures, au figuré.

Après avoir servi sous Pompée et sous moi.
(*Sepleème rentre.*)

CORNÉLIE

César, car le destin, que dans tes fers je brave, 985
Me fait ta prisonnière et non pas ton esclave,
Et tu ne prétends pas qu'il m'abatte le cœur
Jusqu'à te rendre hommage, et te nommer seigneur :
De quelque rude trait qu'il m'ose avoir frappée,
Veuve du jeune Crasse, et veuve de Pompée, 990
Fille de Scipion, et, pour dire encor plus,
Romaine, mon courage est encore au-dessus ;
Et de tous les assauts que sa rigueur me livre,
Rien ne me fait rougir que la honte de vivre.
J'ai vu mourir Pompée, et ne l'ai pas suivi ; 995
Et, bien que le moyen m'en ait été ravi,
Qu'une pitié cruelle à mes douleurs profondes
M'ait ôté le secours et du fer et des ondes,
Je dois rougir pourtant, après un tel malheur,
De n'avoir pu mourir d'un excès de douleur. 1000
Ma mort était ma gloire, et le destin m'en prive
Pour croître mes malheurs et me voir ta captive.
Je dois bien toutefois rendre grâces aux dieux
De ce qu'en arrivant je te trouve en ces lieux,
Que César y commande, et non pas Ptolomée. 1005
Hélas ! et sous quel astre, ô ciel ! m'as-tu formée,
Si je leur dois des vœux de ce qu'ils ont permis
Que je rencontre ici mes plus grands ennemis,
Et tombe entre leurs mains, plutôt qu'aux mains d'un [prince
Qui doit à mon époux son trône et sa province ? 1010
César, de ta victoire écoute moins le bruit :

---

990. Le premier mari de Cornélie, Publius Crassus, avait suivi son père dans l'expédition contre les Parthes et avait partagé son triste sort.
1007. *Vœux* a ici le sens, très rare, d'*actions de grâces*.

Elle n'est que l'effet du malheur qui me suit ;
Je l'ai porté pour dot chez Pompée et chez Crasse ;
Deux fois du monde entier j'ai causé la disgrâce ;
Deux fois de mon hymen le nœud mal assorti   1015
A chassé tous les dieux du plus juste parti :
Heureuse en mes malheurs, si ce triste hyménée,
Pour le bonheur de Rome, à César m'eût donnée,
Et si j'eusse avec moi porté dans ta maison
D'un astre envenimé l'invincible poison !   1020
Car enfin n'attends pas que j'abaisse ma haine :
Je te l'ai déjà dit, César, je suis Romaine,
Et, quoique ta captive, un cœur comme le mien,
De peur de s'oublier, ne te demande rien.
Ordonne ; et, sans vouloir qu'il tremble ou s'humilie, 1025
Souviens-toi seulement que je suis Cornélie.

CÉSAR

O d'un illustre époux noble et digne moitié,
Dont le courage étonne, et le sort fait pitié !
Certes, vos sentiments font assez reconnaître
Qui vous donna la main et qui vous donna l'être ;   1030
Et l'on juge aisément, au cœur que vous portez,
Où vous êtes entrée, et de qui vous sortez.
L'âme du jeune Crasse et celle de Pompée,
L'une et l'autre vertu par le malheur trompée,
Le sang des Scipions, protecteur de nos dieux,   1035
Parlent par votre bouche et brillent dans vos yeux ;
Et Rome dans ses murs ne voit point de famille
Qui soit plus honorée ou de femme ou de fille.

1016. Chez Plutarque, Cornélie fait entendre à Lesbos les mêmes plaintes (*Vie de Pompée*, 74).

1021. *Que j'abaisse*, que j'apaise ma haine en l'humiliant devant toi.

1030. C'est-à-dire qui fut votre époux, et qui fut votre père.

1035. Ce vers ne fait-il pas allusion à la vertu de Scipion Nasica, qui, seul entre tous les Romains, avait été jugé digne d'offrir à la statue de Cybèle, récemment apportée à Rome, l'hospitalité de sa maison ?

1038. *Ou de femme, ou de fille*; sous-entendez : qui soit plus honorée.

Plût au grand Jupiter, plût à ces mêmes dieux
Qu'Annibal eût bravés jadis sans vos aïeux, 1040
Que ce héros si cher, dont le ciel vous sépare,
N'eût pas si mal connu la cour d'un roi barbare,
Ni mieux aimé tenter une incertaine foi
Que la vieille amitié qu'il eût trouvée en moi ;
Qu'il eût voulu souffrir qu'un bonheur de mes armes 1045
Eût vaincu ses soupçons, dissipé ses alarmes ;
Et qu'enfin, m'attendant sans plus se défier,
Il m'eût donné moyen de me justifier !
  Alors, foulant aux pieds la discorde et l'envie,
Je l'eusse conjuré de se donner la vie, 1050
D'oublier ma victoire, et d'aimer un rival
Heureux d'avoir vaincu pour vivre son égal ;
J'eusse alors regagné son âme satisfaite
Jusqu'à lui faire aux dieux pardonner sa défaite ;
Il eût fait à son tour, en me rendant son cœur, 1055
Que Rome eût pardonné la victoire au vainqueur.
Mais, puisque par sa perte, à jamais sans seconde,
Le sort a dérobé cette allégresse au monde,
César s'efforcera de s'acquitter vers vous
De ce qu'il voudrait rendre à cet illustre époux. 1060
Prenez donc en ces lieux liberté tout entière :
Seulement pour deux jours soyez ma prisonnière,
Afin d'être témoin comme, après nos débats,
Je chéris sa mémoire et venge son trépas,
Et de pouvoir apprendre à toute l'Italie 1065
De quel orgueil nouveau m'enfle la Thessalie.
Je vous laisse à vous-même, et vous quitte un moment.
Choisissez-lui, Lépide, un digne appartement ;
Et qu'on l'honore ici, mais en dame romaine,
C'est-à-dire un peu plus qu'on n'honore la reine. 1070

1066. *La Thessalie*, la victoire de Pharsale ; César répond ici au conseil que lui a donné Cornélie de ne pas se laisser enivrer par ses succès.

Commandez, et chacun aura soin d'obéir.

CORNÉLIE

O ciel! que de vertus vous me faites haïr!

ACTE QUATRIÈME

SCÈNE I
PTOLOMÉE, ACHILLAS, PHOTIN.

PTOLOMÉE

Quoi! de la même main et de la même épée
Dont il vient d'immoler le malheureux Pompée,
Septime, par César indignement chassé, 1075
Dans un tel désespoir à vos yeux a passé?

ACHILLAS

Oui, Seigneur; et sa mort a de quoi vous apprendre
La honte qu'il prévient, et qu'il vous faut attendre.
Jugez quel est César à ce courroux si lent.
Un moment pousse et rompt ce transport violent; 1080
Mais l'indignation qu'on prend avec étude
Augmente avec le temps, et porte un coup plus rude;
Ainsi n'espérez pas de le voir modéré :
Par adresse il se fâche après s'être assuré.

1076. *A passé dans un tel désespoir*, en est venu à un tel acte de désespoir, en se tuant.
1081. *Étude* a ici le sens du latin *studium*, réflexion; *prendre avec étude* équivaut à *s'étudier à prendre*.
1084. *S'assurer*, pris absolument, c'est s'affermir, prendre ses sûretés.

Sa puissance établie, il a soin de sa gloire. 1085
Il poursuivait Pompée, et chérit sa mémoire,
Et veut tirer à soi, par un courroux accort,
L'honneur de sa vengeance et le fruit de sa mort.

PTOLOMÉE

Ah! si je t'avais cru, je n'aurais pas de maître :
Je serais dans le trône où le ciel m'a fait naître ; 1090
Mais c'est une imprudence assez commune aux rois
D'écouter trop d'avis, et se tromper au choix ;
Le destin les aveugle au bord du précipice ;
Ou, si quelque lumière en leur âme se glisse,
Cette fausse clarté, dont il les éblouit, 1095
Les plonge dans un gouffre, et puis s'évanouit.

PHOTIN

J'ai mal connu César ; mais, puisqu'en son estime
Un si rare service est un énorme crime,
Il porte dans son flanc de quoi nous en laver ;
C'est là qu'est notre grâce, il nous l'y faut trouver. 1100
Je ne vous parle plus de souffrir sans murmure,
D'attendre son départ pour venger cette injure ;
Je sais mieux conformer les remèdes au mal :
Justifions sur lui la mort de son rival ;
Et, notre main alors également trempée 1105
Et du sang de César et du sang de Pompée,
Rome, sans leur donner de titres différents,
Se croira par vous seul libre de deux tyrans.

PTOLOMÉE

Oui, par là seulement ma perte est évitable :

1087. « *Accort* signifie *conciliant :* il vient d'*accorder ;* il ne signifie pas *feint.* » (Voltaire.) Dans leurs Lexiques, Marty-Laveaux et Godefroy prouvent que Voltaire a tort. Etienne Pasquier dit que le mot *accort* a été récemment emprunté à l'italien (*accorto*, adroit ; *Recherches de la France*, VIII, 4). C'est dans le sens du latin *cautus* que Corneille l'emploie souvent.

1097. *En son estime*, dans son opinion.

1106. Sur cette construction voyez la note du vers 966.

1109. « Pourquoi *évitable* n'est-il plus en usage ? C'est une grande bizarrerie des langues d'admettre le mot composé et d'en rejeter la racine. » (Voltaire.)

C'est trop craindre un tyran que j'ai fait redoutable. 1110
Montrons que sa fortune est l'œuvre de nos mains ;
Deux fois en même jour disposons des Romains ;
Faisons leur liberté comme leur esclavage.
César, que tes exploits n'enflent plus ton courage ;
Considère les miens, tes yeux en sont témoins. 1115
Pompée était mortel, et tu ne l'es pas moins :
Il pouvait plus que toi ; tu lui portais envie ;
Tu n'as, non plus que lui, qu'une âme et qu'une vie ;
Et son sort, que tu plains, te doit faire penser
Que ton cœur est sensible, et qu'on peut le percer. 1120
Tonne, tonne à ton gré, fais peur de ta justice :
C'est à moi d'apaiser Rome par ton supplice ;
C'est à moi de punir ta cruelle douceur,
Qui n'épargne en un roi que le sang de sa sœur.
Je n'abandonne plus ma vie et ma puissance 1125
Au hasard de sa haine ou de ton inconstance ;
Ne crois pas que jamais tu puisses à ce prix
Récompenser sa flamme ou punir ses mépris ;
J'emploierai contre toi de plus nobles maximes.
Tu m'as prescrit tantôt de choisir des victimes, 1130
De bien penser au choix ; j'obéis et je voi
Que je n'en puis choisir de plus dignes que toi,
Ni dont le sang offert, la fumée et la cendre
Puissent mieux satisfaire aux mânes de ton gendre.
Mais ce n'est pas assez, amis, de s'irriter : 1135
Il faut voir quels moyens on a d'exécuter.
Toute cette chaleur est peut-être inutile ;
Les soldats du tyran sont maîtres de la ville ;
Que pouvons-nous contre eux ? et, pour les prévenir,
Quel temps devons-nous prendre, et quel ordre tenir ? 1140

1120. Littré explique ici *sensible* par : qui est aisément ému, mais il est évident que Corneille entend ce mot dans un sens tout physique : tu as un cœur, et ce cœur, une épée peut le percer.

1140. *Quel temps devons-nous prendre*, quelle occasion devons-nous choisir. *Et quel ordre tenir*, quel ordre suivre, quel plan adopter.

ACHILLAS

Nous pouvons tout, Seigneur, en l'état où nous sommes.
A deux milles d'ici vous avez six mille hommes,
Que, depuis quelques jours, craignant des remuements,
Je faisais tenir prêts à tous événements.
Quelques soins qu'ait César, sa prudence est déçue. 1145
Cette ville a sous terre une secrète issue,
Par où fort aisément on les peut, cette nuit,
Jusque dans le palais introduire sans bruit :
Car contre sa fortune aller à force ouverte,
Ce serait trop courir vous-même à votre perte. 1150
Il nous le faut surprendre au milieu du festin,
Enivré des douceurs de l'amour et du vin.
Tout le peuple est pour nous. Tantôt, à son entrée,
J'ai remarqué l'horreur que le peuple a montrée
Lorsque avec tant de faste il a vu ses faisceaux 1155
Marcher arrogamment et braver nos drapeaux ;
Au spectacle insolent de ce pompeux outrage,
Ses farouches regards étincelaient de rage :
Je voyais sa fureur à peine se dompter ;
Et, pour peu qu'on le pousse, il est prêt d'éclater. 1160
Mais surtout les Romains que commandait Septime,
Pressés de la terreur que sa mort leur imprime,
Ne cherchent qu'à venger par un coup généreux
Le mépris qu'en leur chef ce superbe a fait d'eux.

PTOLOMÉE

Mais qui pourra de nous approcher sa personne, 1165
Si durant le festin sa garde l'environne ?

PHOTIN

Les gens de Cornélie, entre qui vos Romains

1143. *Des remuements*, des mouvements, des émotions, des émeutes.
1164. *Superbe* est ici pris substantivement et a le sens de *superbus*.
C'est moi que tyrannise *un superbe* de frère. (*Andromède*, 1031.)

Ont déjà reconnu des frères, des germains,
Dont l'âpre déplaisir leur a laissé paraître
Une soif d'immoler leur tyran à leur maître : 1170
Ils ont donné parole, et peuvent, mieux que nous,
Dans les flancs de César porter les premiers coups.
Son faux art de clémence, ou plutôt sa folie,
Qui pense gagner Rome en flattant Cornélie,
Leur donnera sans doute un assez libre accès 1175
Pour de ce grand dessein assurer le succès.
Mais voici Cléopâtre : agissez avec feinte,
Seigneur, et ne montrez que faiblesse et que crainte.
Nous allons vous quitter, comme objets odieux
Dont l'aspect importun offenserait ses yeux. 1180

PTOLOMÉE

Allez, je vous rejoins.

SCÈNE II

PTOLOMÉE, CLÉOPATRE, ACHORÉE, CHARMION.

CLÉOPATRE

J'ai vu César, mon frère,
Et de tout mon pouvoir combattu sa colère.

PTOLOMÉE

Vous êtes généreuse ; et j'avais attendu
Cet office de sœur que vous m'avez rendu.
Mais cet illustre amant vous a bientôt quittée. 1185

CLÉOPATRE

Sur quelque brouillerie, en la ville excitée :

1168. *Des germains*, des proches parents, des frères. Dans le langage de la jurisprudence, on a dit longtemps *frère germain*.
1176. Ces constructions hardies, où la préposition est séparée par plusieurs mots de l'infinitif qu'elle régit, étaient condamnées par Vaugelas.
   Mais *pour* en quelque sorte *obéir* à vos lois... (*Don Sanche*, I, 3.)
1186. *Brouillerie* a ici le sens de *trouble*, qu'il a souvent dans le *Discours sur l'histoire universelle* de Bossuet.

Il a voulu lui-même apaiser les débats
Qu'avec nos citoyens ont eu quelques soldats;
Et moi, j'ai bien voulu moi-même vous redire
Que vous ne craigniez rien pour vous ni votre empire ; 1190
Et que le grand César blâme votre action
Avec moins de courroux que de compassion.
Il vous plaint d'écouter ces lâches politiques
Qui n'inspirent aux rois que des mœurs tyranniques :
Ainsi que la naissance, ils ont les esprits bas. 1195
En vain on les élève à régir des États :
Un cœur né pour servir sait mal comme on commande;
Sa puissance l'accable alors qu'elle est trop grande;
Et sa main, que le crime en vain fait redouter,
Laisse choir le fardeau qu'elle ne peut porter. 1200

PTOLOMÉE

Vous dites vrai, ma sœur, et ces effets sinistres
Me font bien voir ma faute au choix de mes ministres.
Si j'avais écouté de plus nobles conseils,
Je vivrais dans la gloire où vivent mes pareils;
Je mériterais mieux cette amitié si pure 1205
Que pour un frère ingrat vous donne la nature;
César embrasserait Pompée en ce palais;
Notre Égypte à la terre aurait rendu la paix,
Et verrait son monarque encore, à juste titre,
Ami de tous les deux, et peut-être l'arbitre. 1210
Mais, puisque le passé ne peut se révoquer,

1188. « Il y a *eu* sans accord dans toutes les éditions publiées du vivant de Corneille et même encore dans celle de 1692. » (Note de l'édition Régnier.) Cf. *Cinna* au vers 174.

1195. *Esprits*, au pluriel, a souvent le sens du latin *animi*, sentiments.

1199. La *main* du *cœur* pourrait sembler bizarre si l'on n'entendait, comme Corneille, par *un cœur*, un homme au cœur bas et servile.

1201. Les grands cœurs n'osent rien sous de si grands ministres :
Leur plus haute valeur n'a d'effets que sinistres (*Attila*, III, 4).

1211. *Révoquer le passé*, *praeteritum tempus revocare*, c'est revenir sur le passé, l'annuler; il est plus rare qu'on emploie *se révoquer*, pour *être révoqué*. Nous croyons qu'il faut entendre qu'on ne peut *supprimer le passé*.

Trouvez bon qu'avec vous mon cœur s'ose expliquer.
Je vous ai maltraitée, et vous êtes si bonne
Que vous me conservez la vie et la couronne.
Vainquez-vous tout à fait ; et, par un digne effort, 1215
Arrachez Achillas et Photin à la mort :
Elle leur est bien due : ils vous ont offensée ;
Mais ma gloire en leur perte est trop intéressée.
Si César les punit des crimes de leur roi,
Toute l'ignominie en rejaillit sur moi : 1220
Il me punit en eux ; leur supplice est ma peine.
Forcez, en ma faveur, une trop juste haine.
De quoi peut satisfaire un cœur si généreux
Le sang abjet et vil de ces deux malheureux ?
Que je vous doive tout : César cherche à vous plaire, 1225
Et vous pouvez d'un mot désarmer sa colère.

CLÉOPATRE

Si j'avais en mes mains leur vie et leur trépas,
Je les méprise assez pour ne m'en venger pas ;
Mais sur le grand César je puis fort peu de chose,
Quand le sang de Pompée à mes désirs s'oppose. 1230
Je ne me vante pas de pouvoir le fléchir ;
J'en ai déjà parlé, mais il a su gauchir,
Et, tournant le discours sur une autre matière,
Il n'a ni refusé, ni souffert ma prière.
Je veux bien toutefois encor m'y hasarder ; 1235

1218. On ne pourrait ici remplacer *en* par *à*. Ptolomée ne veut pas dire : j'ai trop d'intérêt à les voir perdus ; mais, au contraire : s'ils sont perdus, je suis déshonoré. Il semble que le poëte eût pu écrire : « *à leur vie est trop intéressée.* »

1223. *De quoi*, en quoi, comment.

1224. Corneille écrit toujours *abjet* pour *abject*. Cf. le vers 1207 de *Cinna*.

1232. *Gauchir*, c'est, proprement, se détourner de la ligne droite, par suite, au figuré, biaiser, esquiver une question, en « tournant le discours sur une autre matière ». Littré a tort d'expliquer ici *gauchir* par : s'écarter de la franchise, car César n'essaye point de tromper Cléopâtre ; il se borne à écarter ce sujet de conversation pour en prendre un autre.

Mes efforts redoublés pourront mieux succéder ;
Et j'ose croire...

PTOLOMÉE

Il vient ; souffrez que je l'évite :
Je crains que ma présence à vos yeux ne l'irrite,
Que son courroux ému ne s'aigrisse à me voir ;
Et vous agirez seule avec plus de pouvoir.   1240

SCÈNE III

CÉSAR, CLÉOPATRE, ANTOINE, LÉPIDE, CHARMION, ACHORÉE, ROMAINS.

CÉSAR

Reine, tout est paisible ; et la ville calmée,
Qu'un trouble assez léger avait trop alarmée,
N'a plus à redouter le divorce intestin
Du soldat insolent et du peuple mutin.
Mais, ô dieux ! ce moment que je vous ai quittée   1245
D'un trouble bien plus grand a mon âme agitée !
Et ces soins importuns, qui m'arrachaient de vous,
Contre ma grandeur même allumaient mon courroux :
Je lui voulais du mal de m'être si contraire,
De rendre ma présence ailleurs si nécessaire ;   1250
Mais je lui pardonnais, au simple souvenir
Du bonheur qu'à ma flamme elle fait obtenir.
C'est elle dont je tiens cette haute espérance
Qui flatte mes désirs d'une illustre apparence,

1243. *Divorce* se dit proprement des dissensions entre parents ; par extension, de toute espèce de querelle, de trouble, même moral :
Tu mets dans tous mes sens le trouble et le *divorce*. (*La Toison d'or*, II, 2.)
1246. *A mon âme agitée* pour *a agité mon âme*. Cf. *Horace*, 964.
1247. *Qui m'arrachaient de vous*, qui m'arrachaient d'auprès de vous.
J'aimais mon Aristie, il m'en vient *d'arracher*. (*Sertorius*, 971.)
1253. *C'est elle dont ;* nous dirions plus lourdement : *c'est d'elle que*.

Et fait croire à César qu'il peut former des vœux, 1255
Qu'il n'est pas tout à fait indigne de vos feux,
Et qu'il peut en prétendre une juste conquête,
N'ayant plus que les dieux au-dessus de sa tête.
Oui, Reine, si quelqu'un, dans ce vaste univers,
Pouvait porter plus haut la gloire de vos fers, 1260
S'il était quelque trône où vous puissiez paraître
Plus dignement assise en captivant son maître,
J'irais, j'irais à lui, moins pour le lui ravir
Que pour lui disputer le droit de vous servir ;
Et je n'aspirerais au bonheur de vous plaire 1265
Qu'après avoir mis bas un si grand adversaire.
C'était pour acquérir un droit si précieux
Que combattait partout mon bras ambitieux ;
Et dans Pharsale même il a tiré l'épée
Plus pour le conserver que pour vaincre Pompée. 1270
Je l'ai vaincu, Princesse, et le dieu des combats
M'y favorisait moins que vos divins appas :
Ils conduisaient ma main, ils enflaient mon courage ;
Cette pleine victoire est leur dernier ouvrage :
C'est l'effet des ardeurs qu'ils daignaient m'inspirer ; 1275
Et vos beaux yeux enfin m'ayant fait soupirer,
Pour faire que votre âme avec gloire y réponde,
M'ont rendu le premier et de Rome et du monde.
C'est ce glorieux titre, à présent effectif,
Que je viens ennoblir par celui de captif ; 1280
Heureux si mon esprit gagne tant sur le vôtre,
Qu'il en estime l'un et me permette l'autre !

CLÉOPATRE

Je sais ce que je dois au souverain bonheur
Dont me comble et m'accable un tel excès d'honneur.
Je ne vous tiendrai plus mes passions secrètes : 1285

1279. *Effectif*, réel. Corneille a dit de même : « la puissance effective. » (*Pertharite*, 972.)

Je sais ce que je suis ; je sais ce que vous êtes.
Vous daignâtes m'aimer dès mes plus jeunes ans ;
Le sceptre que je porte est un de vos présents ;
Vous m'avez par deux fois rendu le diadème :
J'avoue, après cela, Seigneur, que je vous aime,　　1290
Et que mon cœur n'est point à l'épreuve des traits
Ni de tant de vertus, ni de tant de bienfaits.
Mais hélas ! ce haut rang, cette illustre naissance,
Cet État de nouveau rangé sous ma puissance,
Ce sceptre par vos mains dans les miennes remis,　　1295
A mes vœux innocents sont autant d'ennemis.
Ils allument contre eux une implacable haine :
Ils me font méprisable alors qu'ils me font reine ;
Et, si Rome est encor telle qu'auparavant,
Le trône où je me sieds m'abaisse en m'élevant ;　　1300
Et ces marques d'honneur, comme titres infâmes,
Me rendent à jamais indigne de vos flammes.
  J'ose encor toutefois, voyant votre pouvoir,
Permettre à mes désirs un généreux espoir.
Après tant de combats, je sais qu'un si grand homme 1305
A droit de triompher des caprices de Rome,
Et que l'injuste horreur qu'elle eut toujours des rois
Peut céder par votre ordre à de plus justes lois.
Je sais que vous pouvez forcer d'autres obstacles :
Vous me l'avez promis, et j'attends ces miracles.　　1310
Votre bras dans Pharsale a fait de plus grands coups,
Et je ne les demande à d'autres dieux qu'à vous.

CÉSAR

Tout miracle est facile où mon amour s'applique.
Je n'ai plus qu'à courir les côtes de l'Afrique,

1300. Corneille emploie très souvent *se seoir* pour *s'asseoir* — *M'abaisse en m'élevant*, antithèse toute cornélienne. Cléopâtre veut dire que si Rome déteste toujours la royauté, son élévation même l'amoindrira aux yeux des Romains. C'est ce que disent aussi Phénice à sa maîtresse et Paulin à Titus dans la *Bérénice* de Racine (I, 5, II, 2).

Qu'à montrer mes drapeaux au reste épouvanté 1315
Du parti malheureux qui m'a persécuté;
Rome, n'ayant plus lors d'ennemis à me faire,
Par impuissance enfin prendra soin de me plaire;
Et vos yeux la verront, par un superbe accueil,
Immoler à vos pieds sa haine et son orgueil. 1320
Encore une défaite, et dans Alexandrie
Je veux que cette ingrate en ma faveur vous prie,
Et qu'un juste respect, conduisant ses regards,
A votre chaste amour demande des Césars.
C'est l'unique bonheur où mes désirs prétendent; 1325
C'est le fruit que j'attends des lauriers qui m'attendent :
Heureux si mon destin, encore un peu plus doux,
Me les faisait cueillir sans m'éloigner de vous!
Mais, las! contre mon feu mon feu me sollicite :
Si je veux être à vous, il faut que je vous quitte. 1330
En quelques lieux qu'on fuie, il me faut y courir
Pour achever de vaincre et de vous conquérir.
Permettez cependant qu'à ces douces amorces
Je prenne un nouveau cœur et de nouvelles forces,
Pour faire dire encore aux peuples pleins d'effroi 1335
Que venir, voir, et vaincre, est même chose en moi.

CLÉOPATRE

C'est trop, c'est trop, Seigneur, souffrez que j'en abuse :
Votre amour fait ma faute, il fera mon excuse.
Vous me rendez le sceptre et peut-être le jour;
Mais, si j'ose abuser de cet excès d'amour, 1340
Je vous conjure encor, par ses plus puissants charmes,
Par ce juste bonheur qui suit toujours vos armes,
Par tout ce que j'espère et que vous attendez,
De n'ensanglanter pas ce que vous me rendez.

1336. Corneille s'est évidemment ressouvenu du fameux *Veni, vidi, vici*, que César, d'ailleurs, n'écrivit que plus tard, après la défaite du fils de Mithridate, Pharnace. Voyez Plutarque, *Vie de César*, 50.

Faites grâce, Seigneur, ou souffrez que j'en fasse, 1345
Et montre à tous par là que j'ai repris ma place.
Achillas et Photin sont gens à dédaigner;
Ils sont assez punis en me voyant régner,
Et leur crime...

CÉSAR

Ah! prenez d'autres marques de reine :
Dessus mes volontés vous êtes souveraine; 1350
Mais, si mes sentiments peuvent être écoutés,
Choisissez des sujets dignes de vos bontés.
Ne vous donnez sur moi qu'un pouvoir légitime,
Et ne me rendez point complice de leur crime.
C'est beaucoup que pour vous j'ose épargner le roi, 1355
Et si mes feux n'étaient...

SCÈNE IV

CÉSAR, CORNÉLIE, CLÉOPATRE, ACHORÉE, ANTOINE,
LÉPIDE, CHARMION, ROMAINS.

CORNÉLIE

César, prends garde à toi :
Ta mort est résolue, on la jure, on l'apprête;
A celle de Pompée on veut joindre ta tête.
Prends-y garde, César, ou ton sang répandu
Bientôt parmi le sien se verra confondu. 1360
Mes esclaves en sont; apprends de leurs indices
L'auteur de l'attentat, et l'ordre, et les complices :
Je te les abandonne.

1345. *En* se rapporte au nom indéterminé *grâce*. Cf. vers 540.
1349. *Prenez d'autres marques de reine*, choisissez d'autres moyens de signaler votre pouvoir royal.
1361. *Indice*, dénonciation : voyez le vers 1686 de *Cinna*.

CÉSAR

O cœur vraiment romain,
Et digne du héros qui vous donna la main !
Ses mânes, qui du ciel ont vu de quel courage   1365
Je préparais la mienne à venger son outrage,
Mettant leur haine bas, me sauvent aujourd'hui
Par la moitié qu'en terre il nous laisse de lui.
Il vit, il vit encore en l'objet de sa flamme,
Il parle par sa bouche, il agit dans son âme,   1370
Il la pousse, et l'oppose à cette indignité
Pour me vaincre par elle en générosité.

CORNÉLIE

Tu te flattes, César, de mettre en ta croyance
Que la haine ait fait place à la reconnaissance :
Ne le présume plus ; le sang de mon époux   1375
A rompu pour jamais tout commerce entre nous.
J'attends la liberté qu'ici tu m'as offerte,
Afin de l'employer tout entière à ta perte ;
Et je te chercherai partout des ennemis,
Si tu m'oses tenir ce que tu m'as promis.   1380
Mais, avec cette soif que j'ai de ta ruine,
Je me jette au-devant du coup qui t'assassine,
Et forme des désirs avec trop de raison
Pour en aimer l'effet par une trahison :
Qui la sait et la souffre a part à l'infamie.   1385
Si je veux ton trépas, c'est en juste ennemie :
Mon époux a des fils ; il aura des neveux :
Quand ils te combattront, c'est là que je le veux,
Et qu'une digne main, par moi-même animée,
Dans ton champ de bataille, aux yeux de ton armée, 1390
T'immole noblement, et par un digne effort,

1366. *La mienne*, ma main, étonne d'autant plus que *donner la main* est
une locution toute faite, et qu'on l'a déjà oubliée.
1387. *Des neveux*, des petits-fils, *nepotes*.

Aux mânes du héros dont tu venges la mort.
Tous mes soins, tous mes vœux hâtent cette vengeance :
Ta perte la recule, et ton salut l'avance.
Quelque espoir qui d'ailleurs me l'ose ou puisse
[offrir, 1395
Ma juste impatience aurait trop à souffrir :
La vengeance éloignée est à demi perdue,
Et quand il faut l'attendre, elle est trop cher vendue.
Je n'irai point chercher sur les bords africains
Le foudre souhaité que je vois en tes mains : 1400
La tête qu'il menace en doit être frappée.
J'ai pu donner la tienne, au lieu d'elle, à Pompée :
Ma haine avait le choix; mais cette haine enfin
Sépare son vainqueur d'avec son assassin,
Et ne croit avoir droit de punir ta victoire 1405
Qu'après le châtiment d'une action si noire.
    Rome le veut ainsi; son adorable front
Aurait de quoi rougir d'un trop honteux affront,
De voir en même jour, après tant de conquêtes,
Sous un indigne fer ses deux plus nobles têtes. 1410
Son grand cœur, qu'à tes lois en vain tu crois soumis,
En veut aux criminels plus qu'à ses ennemis,
Et tiendrait à malheur le bien de se voir libre,
Si l'attentat du Nil affranchissait le Tibre.
Comme autre qu'un Romain n'a pu l'assujettir, 1415
Autre aussi qu'un Romain ne l'en doit garantir.
Tu tomberais ici sans être sa victime ;
Au lieu d'un châtiment, ta mort serait un crime ;
Et, sans que tes pareils en conçussent d'effroi,
L'exemple que tu dois périrait avec toi. 1420
Venge-la de l'Égypte à son appui fatale,

1402. C'est-à-dire : au lieu de la vie de Ptolomée (cette vie que menacent les foudres de César), j'aurais pu immoler à Pompée ta propre vie, puisque je la tenais en mes mains.

Et je la vengerai, si je puis, de Pharsale.
Va, ne perds point de temps, il presse. Adieu : tu peux
Te vanter qu'une fois j'ai fait pour toi des vœux.

SCÈNE V

CÉSAR, CLÉOPATRE, ANTOINE, LÉPIDE
ACHORÉE, CHARMION.

CÉSAR

Son courage m'étonne autant que leur audace. 1425
Reine, voyez pour qui vous me demandez grâce !

CLÉOPATRE

Je n'ai rien à vous dire : allez, Seigneur, allez
Venger sur ces méchants tant de droits violés.
On m'en veut plus qu'à vous ; c'est ma mort qu'ils
[respirent,
C'est contre mon pouvoir que les traîtres conspirent; 1430
Leur rage, pour l'abattre, attaque mon soutien,
Et par votre trépas cherche un passage au mien.
Mais, parmi ces transports d'une juste colère,
Je ne puis oublier que leur chef est mon frère.
Le saurez-vous, Seigneur ? et pourrai-je obtenir 1435
Que ce cœur irrité daigne s'en souvenir ?

CÉSAR

Oui, je me souviendrai que ce cœur magnanime
Au bonheur de son sang veut pardonner son crime.
Adieu, ne craignez rien : Achillas et Photin
Ne sont pas gens à vaincre un si puissant destin : 1440
Pour les mettre en déroute, eux, et tous leurs complices,
Je n'ai qu'à déployer l'appareil des supplices,
Et, pour soldats choisis, envoyer des bourreaux

1423. *Il presse*, les circonstances sont pressantes ; on n'emploie plus guère *il presse* impersonnellement. Cf. le vers 285 de *Cinna*.

Qui portent hautement mes haches pour drapeaux.
(*César rentre avec les Romains*).

CLÉOPATRE

Ne quittez pas César; allez, cher Achorée, 1445
Repoussez avec lui ma mort qu'on a jurée;
Et quand il punira nos lâches ennemis,
Faites-le souvenir de ce qu'il m'a promis.
Ayez l'œil sur le roi dans la chaleur des armes,
Et conservez son sang pour épargner mes larmes. 1450

ACHORÉE

Madame, assurez-vous qu'il ne peut y périr,
Si mon zèle et mes soins peuvent le secourir.

ACTE CINQUIÈME

SCÈNE I

CORNÉLIE, *tenant une petite urne en sa main;* PHILIPPE.

CORNÉLIE

Mes yeux, puis-je vous croire, et n'est-ce point un songe
Qui sur mes tristes vœux a formé ce mensonge?

1444. « Dans ce passage, la signification de *hautement* est incertaine. Nous croyons, avec Littré, qu'il est employé à peu près comme au vers 969 d'*Horace*, et qu'il signifie *avec hauteur*. M. Godefroy pense qu'il est pris dans un sens tout physique pour *en l'air*. » (Marty-Laveaux.)

1449. *Dans la chaleur des armes*, dans l'ardeur de la mêlée.

1454. N'est-ce point une illusion qui s'est modelée, pour ainsi dire, sur ce que je rêvais et a donné une apparence de réalité à mes vœux?

Te revois-je, Philippe, et cet époux si cher 1455
A-t-il reçu de toi les honneurs du bûcher ?
Cette urne que je tiens contient-elle sa cendre ?
O vous, à ma douleur objet terrible et tendre,
Éternel entretien de haine et de pitié,
Reste du grand Pompée, écoutez sa moitié. 1460
N'attendez point de moi de regrets ni de larmes :
Un grand cœur à ses maux applique d'autres charmes.
Les faibles déplaisirs s'amusent à parler,
Et quiconque se plaint cherche à se consoler.
Moi, je jure des dieux la puissance suprême, 1465
Et, pour dire encor plus, je jure par vous-même,
Car vous pouvez bien plus sur ce cœur affligé
Que le respect des dieux qui l'ont mal protégé :
Je jure donc par vous, ô pitoyable reste,
Ma divinité seule après ce coup funeste, 1470
Par vous, qui seul ici pouvez me soulager,
De n'éteindre jamais l'ardeur de le venger.
Ptolomée à César, par un lâche artifice,
Rome, de ton Pompée a fait un sacrifice ;
Et je n'entrerai point dans tes murs désolés 1475
Que le prêtre et le dieu ne lui soient immolés.
Faites-m'en souvenir, et soutenez ma haine,
O cendres, mon espoir aussi bien que ma peine ;
Et, pour m'aider un jour à perdre son vainqueur,
Versez dans tous les cœurs ce que ressent mon cœur. 1480
Toi qui l'as honoré sur cette infâme rive
D'une flamme pieuse autant comme chétive,
Dis-moi, quel bon démon a mis en ton pouvoir
De rendre à ce héros ce funèbre devoir ?

1459. *Entretien* a le sens d'*objet qui entretient*, nourrit.
1462. C'est-à-dire : des remèdes d'une vertu plus efficace que les larmes.
1463. *S'amusent à parler*, cherchent une distraction dans les plaintes.
1476. Au vers 1474, Cornélie a montré Ptolomée jouant le rôle de prêtre vis-à-vis de César divinisé, et lui offrant Pompée en sacrifice.

PHILIPPE

Tout couvert de son sang, et plus mort que lui-même, 1485
Après avoir cent fois maudit le diadème,
Madame, j'ai porté mes pas et mes sanglots
Du côté que le vent poussait encor les flots.
Je cours longtemps en vain; mais enfin d'une roche
J'en découvre le tronc vers un sable assez proche, 1490
Où la vague en courroux semblait prendre plaisir
A feindre de le rendre, et puis s'en ressaisir.
Je m'y jette, et l'embrasse, et le pousse au rivage;
Et, ramassant sous lui le débris d'un naufrage,
Je lui dresse un bûcher à la hâte et sans art, 1495
Tel que je pus sur l'heure, et qu'il plut au hasard.
A peine brûlait-il que le ciel plus propice
M'envoie un compagnon en ce pieux office :
Cordus, un vieux Romain qui demeure en ces lieux,
Retournant de la ville, y détourne les yeux; 1500
Et, n'y voyant qu'un tronc dont la tête est coupée,
A cette triste marque il reconnaît Pompée.
Soudain, la larme à l'œil : « O toi, qui que tu sois,
A qui le ciel permet de si dignes emplois,
Ton sort est bien, dit-il, autre que tu ne penses; 1505
Tu crains des châtiments, attends des récompenses.
César est en Égypte, et venge hautement
Celui pour qui ton zèle a tant de sentiment.
Tu peux faire éclater les soins qu'on t'en voit prendre,
Tu peux même à sa veuve en reporter la cendre. 1510
Son vainqueur l'a reçue avec tout le respect
Qu'un dieu pourrait ici trouver à son aspect.
Achève, je reviens. » Il part et m'abandonne,
Et rapporte aussitôt ce vase, qu'il me donne,

1499. Corneille se sépare ici de Lucain (*Pharsale*, VIII, v. 715-716), chez qui ce Cordus est un questeur de Pompée, qui n'habite nullement l'Égypte, mais a suivi son général après sa défaite. Mais le récit de Plutarque est suivi assez fidèlement dans ce passage.

ACTE V, SCÈNE I

Où sa main et la mienne enfin ont renfermé　　1515
Ces restes d'un héros par le feu consumé.

CORNÉLIE

Oh! que sa piété mérite de louanges!

PHILIPPE

En entrant j'ai trouvé des désordres étranges.
J'ai vu fuir tout un peuple en foule vers le port,
Où le roi, disait-on, s'était fait le plus fort.　　1520
Les Romains poursuivaient; et César, dans la place
Ruisselante du sang de cette populace,
Montrait de sa justice un exemple si beau,
Faisant passer Photin par les mains d'un bourreau.
Aussitôt qu'il me voit, il daigne me connaître,　　1525
Et, prenant de ma main les cendres de mon maître :
« Restes d'un demi-dieu, dont à peine je puis
Égaler le grand nom, tout vainqueur que j'en suis,
De vos traîtres, dit-il, voyez punir les crimes :
Attendant des autels, recevez ces victimes;　　1530
Bien d'autres vont les suivre. Et toi, cours au palais
Porter à sa moitié ce don que je lui fais;
Porte à ses déplaisirs cette faible allégeance,
Et dis-lui que je cours achever sa vengeance. »
Ce grand homme à ces mots me quitte en soupirant, 1535
Et baise avec respect ce vase qu'il me rend.

CORNÉLIE

O soupirs! ô respect! oh! qu'il est doux de plaindre
Le sort d'un ennemi, quand il n'est plus à craindre!
Qu'avec chaleur, Philippe, on court à le venger
Lorsqu'on s'y voit forcé par son propre danger,　　1540
Et quand cet intérêt qu'on prend pour sa mémoire

1533. *Cette allégeance*, cette consolation qui doit alléger son malheur; voyez le vers 696 du *Cid*. Dans *l'Etourdi* (II, 4), Molière a dit de même: « Quand ses *déplaisirs* auront quelque *allégeance*. »

Fait notre sûreté comme il croît notre gloire!
César est généreux, j'en veux être d'accord;
Mais le roi le veut perdre, et son rival est mort.
Sa vertu laisse lieu de douter à l'envie 1545
De ce qu'elle ferait s'il le voyait en vie :
Pour grand qu'en soit le prix, son péril en rabat;
Cette ombre qui la couvre en affaiblit l'éclat.
L'amour même s'y mêle, et le force à combattre :
Quand il venge Pompée, il défend Cléopâtre. 1550
Tant d'intérêts sont joints à ceux de mon époux
Que je ne devrais rien à ce qu'il fait pour nous,
Si, comme par soi-même un grand cœur juge un autre,
Je n'aimais mieux juger sa vertu par la nôtre,
Et croire que nous seuls armons ce combattant, 1555
Parce qu'au point qu'il est j'en voudrais faire autant.

SCÈNE II

CLÉOPATRE, CORNÉLIE, PHILIPPE, CHARMION.

CLÉOPATRE

Je ne viens pas ici pour troubler une plainte
Trop juste à la douleur dont vous êtes atteinte :
Je viens pour rendre hommage aux cendres d'un héros
Qu'un fidèle affranchi vient d'arracher aux flots, 1560
Pour le plaindre avec vous, et vous jurer, Madame,
Que j'aurais conservé ce maître de votre âme,
Si le ciel, qui vous traite avec trop de rigueur,
M'en eût donné la force aussi bien que le cœur.
Si pourtant, à l'aspect de ce qu'il vous renvoie, 1565

1547. *Son péril en rabat*, le péril qu'il court lui-même diminue le prix de cette vertu, qui serait plus éclatante s'il n'avait à se venger en vengeant Pompée.

Vos douleurs laissaient place à quelque peu de joie,
Si la vengeance avait de quoi vous soulager,
Je vous dirais aussi qu'on vient de vous venger,
Que le traître Photin... Vous le savez peut-être ?

CORNÉLIE

Oui, Princesse, je sais qu'on a puni ce traître. 1570

CLÉOPATRE

Un si prompt châtiment vous doit être bien doux.

CORNÉLIE

S'il a quelque douceur, elle n'est que pour vous.

CLÉOPATRE

Tous les cœurs trouvent doux le succès qu'ils espèrent.

CORNÉLIE

Comme nos intérêts, nos sentiments diffèrent.
Si César à sa mort joint celle d'Achillas, 1575
Vous êtes satisfaite, et je ne la suis pas.
Aux mânes de Pompée il faut une autre offrande :
La victime est trop basse et l'injure trop grande ;
Et ce n'est pas un sang que, pour la réparer,
Son ombre et ma douleur daignent considérer. 1580
L'ardeur de le venger, dans mon âme allumée,
En attendant César, demande Ptolomée.
Tout indigne qu'il est de vivre et de régner,
Je sais bien que César se force à l'épargner ;
Mais, quoi que son amour ait osé vous promettre, 1585

1576. *Je ne la suis pas*, je ne suis pas satisfaite. La règle exige aujourd'hui que le pronom, lorsqu'il remplace, soit un adjectif, soit un participe, reste neutre et invariable. Dès le XVIIe siècle, Vaugelas avait formulé cette règle, mais en avouant qu'elle n'était pas suivie, surtout par les femmes, et c'est seulement à la fin du XVIIIe siècle qu'elle fut définitivement admise. Godefroy, qui cite beaucoup des contemporains de Corneille, ajoute : « Mme de Sévigné aurait trouvé ridicule d'employer *le* dans des cas pareils ; elle se serait crue transformée en homme. »
Vous en êtes instruits, et je ne *la* suis pas (*Don Sanche*, 200).
1584. *Se force à l'épargner*, contraint ses sentiments, pour l'épargner.

Le ciel, plus juste enfin, n'osera le permettre;
Et, s'il peut une fois écouter tous mes vœux,
Par la main l'un de l'autre ils périront tous deux.
Mon âme à ce bonheur, si le ciel me l'envoie,
Oubliera ses douleurs, pour s'ouvrir à la joie; 1590
Mais, si ce grand souhait demande trop pour moi,
Si vous n'en perdez qu'un, ô ciel, perdez le Roi.

CLÉOPATRE

Le ciel sur nos souhaits ne règle pas les choses.

CORNÉLIE

Le ciel règle souvent les effets sur les causes,
Et rend aux criminels ce qu'ils ont mérité. 1595

CLÉOPATRE

Comme de la justice, il a de la bonté.

CORNÉLIE

Oui, mais il fait juger, à voir comme il commence,
Que sa justice agit, et non pas sa clémence.

CLÉOPATRE

Souvent de la justice il passe à la douceur.

CORNÉLIE

Reine, je parle en veuve, et vous parlez en sœur. 1600
Chacune a son sujet d'aigreur ou de tendresse,
Qui dans le sort du roi justement l'intéresse.
Apprenons par le sang qu'on aura répandu
A quels souhaits le ciel a le mieux répondu.
Voici votre Achorée.

SCÈNE III

CORNÉLIE, CLÉOPATRE, ACHORÉE, PHILIPPE,
CHARMION.

CLÉOPATRE

        Hélas! sur son visage 1605
Rien ne s'offre à mes yeux que de mauvais présage.

Ne nous déguisez rien, parlez sans me flatter :
Qu'ai-je à craindre, Achorée, ou qu'ai-je à regretter ?

ACHORÉE

Aussitôt que César eut su la perfidie...

CLÉOPATRE

Ce ne sont pas ces soins que je veux qu'on me die. 1610
Je sais qu'il fit trancher et clore ce conduit
Par où ce grand secours devait être introduit ;
Qu'il manda tous les siens pour s'assurer la place
Où Photin a reçu le prix de son audace ;
Que d'un si prompt supplice Achillas étonné 1615
S'est aisément saisi du port abandonné ;
Que le roi l'a suivi ; qu'Antoine a mis à terre
Ce qui dans ses vaisseaux restait de gens de guerre ;
Que César l'a rejoint ; et je ne doute pas
Qu'il n'ait su vaincre encore, et punir Achillas. 1620

ACHORÉE

Oui, Madame, on a vu son bonheur ordinaire...

CLÉOPATRE

Dites-moi seulement s'il a sauvé mon frère,
S'il m'a tenu promesse.

ACHORÉE

        Oui, de tout son pouvoir.

CLÉOPATRE

C'est là l'unique point que je voulais savoir.
Madame, vous voyez, les dieux m'ont écoutée. 1625

CORNÉLIE

Ils n'ont que différé la peine méritée.

CLÉOPATRE

Vous la vouliez sur l'heure, ils l'en ont garanti.

1611. On dirait aujourd'hui *couper* plutôt que trancher un chemin, mais ce mot était usité dans la langue militaire. Le conduit dont parle Cléopâtre est le souterrain dont Achillas a entretenu Ptolomée au vers 1146.

POMPÉE

ACHORÉE

Il faudrait qu'à nos vœux il eût mieux consenti.

CLÉOPATRE

Que disiez-vous naguère, et que viens-je d'entendre ?
Accordez ces discours, que j'ai peine à comprendre. 1630

ACHORÉE

Aucuns ordres ni soins n'ont pu le secourir :
Malgré César et nous il a voulu périr ;
Mais il est mort, Madame, avec toutes les marques
Que puissent laisser d'eux les plus dignes monarques ;
Sa vertu rappelée a soutenu son rang, 1635
Et sa perte aux Romains a coûté bien du sang.
  Il combattait Antoine avec tant de courage
Qu'il emportait déjà sur lui quelque avantage ;
Mais l'abord de César a changé le destin ;
Aussitôt Achillas suit le sort de Photin : 1640
Il meurt, mais d'une mort trop belle pour un traître,
Les armes à la main, en défendant son maître.
Le vainqueur crie en vain qu'on épargne le roi ;
Ces mots, au lieu d'espoir, lui donnent de l'effroi ;
Son esprit alarmé les croit un artifice 1645
Pour réserver sa tête à l'affront d'un supplice.
Il pousse dans nos rangs; il les perce, et fait voir
Ce que peut la vertu qu'arme le désespoir,
Et son cœur, emporté par l'erreur qui l'abuse,
Cherche partout la mort, que chacun lui refuse. 1650
Enfin, perdant haleine après ces grands efforts,
Près d'être environné, ses meilleurs soldats morts,

1630. *Accordez*, mettez d'accord ces discours. Cf. *Horace*, 267.
1631. Corneille emploie couramment *aucun* négatif au pluriel. Cf. *Horace*, 124.
    J'étais auprès de lui sans *aucunes* alarmes. (*Œdipe*, 1985.)
 1652. *Ses meilleurs soldats morts* est encore une de ces constructions qui rappellent l'ablatif absolu des Latins.

Il voit quelques fuyards sauter dans une barque :
Il s'y jette, et les siens, qui suivent leur monarque,
D'un si grand nombre en foule accablent ce vaisseau 1655
Que la mer l'engloutit avec tout son fardeau.
　　C'est ainsi que sa mort lui rend toute sa gloire,
A vous toute l'Égypte, à César la victoire.
Il vous proclame reine, et, bien qu'aucun Romain
Du sang que vous pleurez n'ait vu rougir sa main, 1660
Il nous fait voir à tous un déplaisir extrême,
Il soupire, il gémit. Mais le voici lui-même,
Qui pourra mieux que moi vous montrer la douleur
Que lui donne du roi l'invincible malheur.

SCÈNE IV

CÉSAR, CORNÉLIE, CLÉOPATRE, ANTOINE, LÉPIDE, ACHORÉE, CHARMION, PHILIPPE.

CORNÉLIE

César, tiens-moi parole, et me rends mes galères.　1665
Achillas et Photin ont reçu leurs salaires ;
Leur roi n'a pu jouir de ton cœur adouci ;
Et Pompée est vengé ce qu'il peut l'être ici.
Je n'y saurais plus voir qu'un funeste rivage
Qui de leur attentat m'offre l'horrible image, 　　　1670

1656. « Constat fugisse ex castris regem ipsum, receptumque in navem, multitudine eorum qui ad proximas naves adnatabant, demerso navigio, perisse. » (*Guerre d'Alexandrie*, XXXI.) Plutarque dit aussi qu'il disparut. Florus (IV, 37) dit que le corps du roi fut retrouvé enseveli sous la vase et reconnu à la cuirasse d'or qui le distinguait.

1664. *Invincible* est pris dans le sens d'*irréparable*.

1667. *De ton cœur adouci*, de l'apaisement de ta colère ; latinisme analogue à celui du vers 605 : *après ma part du sceptre usurpée*.

1668. « N'est-ce pas dommage que cette expression ait entièrement vieilli ? On dirait aujourd'hui *autant qu'il peut l'être ;* mais *ce qu'il peut l'être* n'est-il pas plus énergique ? » (Voltaire.)

Il vous aime, il vous plaît, c'est une affaire faite.
— Elle est faite de vrai, *ce qu'elle se fera*. (*Le Menteur*, 899.)

Ta nouvelle victoire, et le bruit éclatant
Qu'aux changements de roi pousse un peuple inconstant;
Et, parmi ces objets, ce qui le plus m'afflige,
C'est d'y revoir toujours l'ennemi qui m'oblige.
Laisse-moi m'affranchir de cette indignité, 1675
Et souffre que ma haine agisse en liberté.
A cet empressement j'ajoute une requête :
Vois l'urne de Pompée; il y manque sa tête :
Ne me la retiens plus, c'est l'unique faveur
Dont je te puis encor prier avec honneur. 1680

CÉSAR

Il est juste, et César est tout prêt de vous rendre
Ce reste où vous avez tant de droit de prétendre;
Mais il est juste aussi qu'après tant de sanglots
A ses mânes errants nous rendions le repos,
Qu'un bûcher, allumé par ma main et la vôtre, 1685
Le venge pleinement de la honte de l'autre,
Que son ombre s'apaise en voyant notre ennui,
Et qu'une urne plus digne et de vous et de lui,
Après la flamme éteinte et les pompes finies,
Renferme avec éclat ses cendres réunies. 1690
De cette même main dont il fut combattu,
Il verra des autels dressés à sa vertu;
Il recevra des vœux, de l'encens, des victimes,
Sans recevoir par là d'honneurs que légitimes :
Pour ces justes devoirs je ne veux que demain; 1695
Ne me refusez pas ce bonheur souverain.

1680. *Dont je te puis prier*, que je puisse te demander avec prière. Les lexiques de la langue de Corneille ne citent pas d'autre exemple de cette tournure, et Littré n'en donne qu'un, emprunté à Henri Estienne.

1686. *De l'autre* bûcher. Le sens est précisé par les vers qui suivent : *Qu'une urne plus digne... de lui*. Cette première sépulture avait en effet quelque chose de honteux, et l'ombre du héros en pouvait être indignée.

1692. Corneille suit les historiens qui attribuent à César la fondation d'un temple où les restes de Pompée auraient été ensevelis. Plutarque dit seulement que ces restes furent déposés par Cornélie dans sa maison d'Albe.

ACTE V, SCÈNE IV

Faites un peu de force à votre impatience ;
Vous êtes libre après : partez en diligence ;
Portez à notre Rome un si digne trésor ;
Portez...

CORNÉLIE

Non pas, César, non pas à Rome encor :   1700
Il faut que ta défaite et que tes funérailles
A cette cendre aimée en ouvrent les murailles ;
Et, quoiqu'elle la tienne aussi chère que moi,
Elle n'y doit rentrer qu'en triomphant de toi.
Je la porte en Afrique, et c'est là que j'espère   1705
Que les fils de Pompée, et Caton, et mon père,
Secondés par l'effort d'un roi plus généreux,
Ainsi que la justice auront le sort pour eux.
C'est là que tu verras sur la terre et sur l'onde
Le débris de Pharsale armer un autre monde ;   1710
Et c'est là que j'irai, pour hâter tes malheurs,
Porter de rang en rang ces cendres et mes pleurs.
Je veux que de ma main ils reçoivent des règles,
Qu'ils suivent au combat des urnes au lieu d'aigles,
Et que ce triste objet porte en leur souvenir   1715
Les soins de le venger et ceux de te punir.
Tu veux à ce héros rendre un devoir suprême :
L'honneur que tu lui rends rejaillit sur toi-même.
Tu m'en veux pour témoin : j'obéis au vainqueur ;
Mais ne présume pas toucher par là mon cœur.   1720
La perte que j'ai faite est trop irréparable ;

1697. *Faites un peu de force à*, contraignez, maîtrisez votre impatience.
1704. *Quoiqu'elle la tienne aussi chère que moi, elle n'y doit rentrer* est une construction défectueuse, puisque Cornélie veut dire : quoique Rome regarde, aussi bien que moi, cette cendre comme précieuse, cette cendre ne doit pourtant rentrer à Rome qu'après la défaite de César.
1707. Le roi de Mauritanie, Juba, dont Pompée, peu avant sa mort, a attesté à Cornélie la foi sincère. L'histoire et Lucain nous montrent Cornélie allant lui demander asile aussitôt après le meurtre de Pompée.
1710. *Le débris de Pharsale*, les survivants du désastre de Pharsale.
1713. *Ils* se rapporte à l'idée contenue dans le nom collectif *le débris* les survivants de Pharsale, les derniers défenseurs de la liberté.

La source de ma haine est trop inépuisable :
A l'égal de mes jours je la ferai durer ;
Je veux vivre avec elle, avec elle expirer.
Je t'avouerai pourtant, comme vraiment Romaine, 1725
Que pour toi mon estime est égale à ma haine ;
Que l'une et l'autre est juste, et montre le pouvoir,
L'une de ta vertu, l'autre de mon devoir ;
Que l'une est généreuse, et l'autre intéressée,
Et que dans mon esprit l'une et l'autre est forcée. 1730
Tu vois que ta vertu, qu'en vain on veut trahir,
Me force de priser ce que je veux haïr ;
Juge ainsi de la haine où mon devoir me lie :
La veuve de Pompée y force Cornélie.
J'irai, n'en doute point, au sortir de ces lieux, 1735
Soulever contre toi les hommes et les dieux ;
Ces dieux qui t'ont flatté, ces dieux qui m'ont trompée,
Ces dieux qui dans Pharsale ont mal servi Pompée,
Qui, la foudre à la main, l'ont pu voir égorger,
Ils connaîtront leur faute, et le voudront venger. 1740
Mon zèle, à leur refus, aidé de sa mémoire,
Te saura bien sans eux arracher la victoire ;
Et quand tout mon effort se trouvera rompu,
Cléopâtre fera ce que je n'aurai pu.
Je sais quelle est ta flamme et quelles sont ses forces, 1745
Que tu n'ignores pas comme on fait les divorces,
Que ton amour t'aveugle, et que, pour l'épouser,
Rome n'a point de lois que tu n'oses briser ;
Mais sache aussi qu'alors la jeunesse romaine
Se croira tout permis sur l'époux d'une reine, 1750
Et que de cet hymen tes amis indignés
Vengeront sur ton sang leurs avis dédaignés.

1724. La Didon de Jodelle parle comme Cornélie (*Didon*, acte II) :
   Mon deuil n'a point de fin. Une mort inhumaine
   Peut vaincre mon amour, non pas vaincre ma haine.

J'empêche ta ruine, empêchant tes caresses.
Adieu : j'attends demain l'effet de tes promesses.

SCÈNE V

CÉSAR, CLÉOPATRE, ANTOINE, LÉPIDE, ACHORÉE, CHARMION.

CLÉOPATRE

Plutôt qu'à ces périls je vous puisse exposer, 1755
Seigneur, perdez en moi ce qui peut les causer :
Sacrifiez ma vie au bonheur de la vôtre ;
Le mien sera trop grand, et je n'en veux point d'autre,
Indigne que je suis d'un César pour époux,
Que de vivre en votre âme, étant morte pour vous. 1760

CÉSAR

Reine, ces vains projets sont le seul avantage
Qu'un grand cœur impuissant a du ciel en partage :
Comme il a peu de force, il a beaucoup de soins ;
Et, s'il pouvait plus faire, il souhaiterait moins.
Les dieux empêcheront l'effet de ces augures, 1765
Et mes félicités n'en seront pas moins pures,
Pourvu que votre amour gagne sur vos douleurs
Qu'en faveur de César vous tarissiez vos pleurs,
Et que votre bonté, sensible à ma prière,
Pour un fidèle amant oublie un mauvais frère. 1770
   On aura pu vous dire avec quel déplaisir
J'ai vu le désespoir qu'il a voulu choisir ;
Avec combien d'efforts j'ai voulu le défendre
Des paniques terreurs qui l'avaient pu surprendre.

1762. Les vains projets dont parle César sont ceux dont Cornélie vient de le menacer, et Cornélie est ce « grand cœur impuissant » à qui le ciel laisse, pour dernière consolation, le droit de les concevoir.

Il s'est de mes bontés jusqu'au bout défendu, 1775
Et, de peur de se perdre, il s'est enfin perdu.
O honte pour César, qu'avec tant de puissance,
Tant de soins de vous rendre entière obéissance,
Il n'ait pu toutefois, en ces événements,
Obéir au premier de vos commandements! 1780
Prenez-vous-en au ciel, dont les ordres sublimes,
Malgré tous nos efforts, savent punir les crimes;
Sa rigueur envers lui vous ouvre un sort plus doux,
Puisque par cette mort l'Égypte est toute à vous.

CLÉOPATRE

Je sais que j'en reçois un nouveau diadème, 1785
Qu'on n'en peut accuser que les dieux et lui-même;
Mais comme il est, Seigneur, de la fatalité
Que l'aigreur soit mêlée à la félicité,
Ne vous offensez pas si cet heur de vos armes,
Qui me rend tant de biens, me coûte un peu de larmes, 1790
Et si, voyant sa mort due à sa trahison,
Je donne à la nature ainsi qu'à la raison.
Je n'ouvre point les yeux sur ma grandeur si proche
Qu'aussitôt à mon cœur mon sang ne le reproche;
J'en ressens dans mon âme un murmure secret, 1795
Et ne puis remonter au trône sans regret.

ACHORÉE

Un grand peuple, Seigneur, dont cette cour est pleine,
Par des cris redoublés demande à voir sa reine,
Et, tout impatient, déjà se plaint aux cieux
Qu'on lui donne trop tard un bien si précieux. 1800

CÉSAR

Ne lui refusons plus le bonheur qu'il désire :

1782. *Sublime*, proprement, veut dire : *élevé, sublimis;* c'est dans ce sens que Corneille le prend au figuré : « rang sublime » (*Héraclius*, 101), là où nous écririons : rang suprême.

1792. *Donner* a ici le sens d'accorder quelque chose; voyez le vers 1200.

ACTE V, SCÈNE V

Princesse, allons par là commencer votre empire.
Fasse le juste ciel, propice à mes désirs,
Que ces longs cris de joie étouffent vos soupirs,
Et puissent ne laisser dedans votre pensée   1805
Que l'image des traits dont mon âme est blessée !
Cependant, qu'à l'envi ma suite et votre cour
Préparent pour demain la pompe d'un beau jour,
Où dans un digne emploi l'une et l'autre occupée
Couronne Cléopâtre et m'apaise Pompée,   1810
Élève à l'une un trône, à l'autre des autels,
Et jure à tous les deux des respects immortels.

1808. *La pompe*, la cérémonie solennelle ; voyez la note du vers 664.
1810. *M'apaise Pompée*, apaise l'ombre de Pompée irritée contre moi.

FIN

RODOGUNE

NOTICE

Lorsqu'il entreprenait, au nom de l'Académie, l'édition des œuvres de Corneille, Voltaire écrivait à Duclos, secrétaire perpétuel, et à Mme du Deffand (1) : « Faudra-t-il des notes sur *Agésilas* et sur *Attila*, comme sur *Cinna* et sur *Rodogune* ?... C'est une entreprise terrible que de discuter *Cinna* et *Agésilas*, *Rodogune* et *Attila*, *le Cid* et *Pertharite*. » C'était mettre *Rodogune*, *Cinna* et *le Cid* sur le même rang. Et pourtant, si l'on en croit les *Remarques*, tout est plat, incorrect, monstrueux dans cette même *Rodogune*, à l'exception du cinquième acte.

« Il y eut la même rivalité entre cette *Rodogune* et celle de Gilbert qu'on vit depuis entre la *Phèdre* de Racine et celle de Pradon. La pièce de Gilbert fut jouée quelques mois avant celle de Corneille ; elle mourut dès sa naissance, malgré la protection de Monsieur, frère de Louis XIII et lieutenant général du royaume, à qui Gilbert, résident de la reine Christine, la dédia. La reine de Suède et le premier prince de France ne soutinrent point ce mauvais ouvrage, comme depuis l'hôtel de Bouillon et l'hôtel de Nevers soutinrent la *Phèdre* de Pradon. En vain le résident présente à Son Altesse Royale, dans son épître dédicatoire, *la généreuse Rodogune, femme et mère des deux plus grands monarques de l'Asie;* en vain compare-t-il cette Rodogune à Monsieur, qui cependant ne lui ressemblait en rien. Ce mauvais ouvrage fut oublié du protecteur et du public.

« Le privilège du résident pour sa *Rodogune* est du 8 janvier 1646 ; elle fut imprimée en février 1647. Le privilège de Corneille est du 13 avril 1646, et sa *Rodogune* ne fut imprimée qu'au 30 janvier 1647. Ainsi la *Rodogune* de Corneille ne

---

1. Lettres des 10 avril et 18 août 1761. Voyez aussi les lettres des 28 décembre 1761, 2 octobre, 26 janvier, 7 février 1762, 25 mai 1764.

parut sur le papier qu'un an, ou environ, après les représentations de la pièce de Gilbert, c'est-à-dire un an après que cette pièce n'existait plus. Ce qui est étrange, c'est qu'on trouve dans les deux tragédies précisément les mêmes situations, et souvent les mêmes sentiments que ces situations amènent. Le cinquième acte est différent; il est terrible et pathétique dans Corneille. Gilbert crut rendre sa pièce intéressante en rendant le dénoûment heureux; et il en fit l'acte le plus froid et le plus insipide qu'on pût mettre sur le théâtre. On peut encore remarquer que Rodogune joue, dans la pièce de Gilbert, le rôle que Corneille donne à Cléopâtre, et que Gilbert a falsifié l'histoire. Il est étrange que Corneille, dans sa préface, ne parle point d'une ressemblance si frappante. Bernard de Fontenelle, dans la vie de Corneille, son oncle, nous dit que Corneille, ayant fait confidence du plan de sa pièce à un ami, cet ami indiscret donna le plan au résident, qui, contre le droit des gens, vola Corneille. Ce trait est peu vraisemblable. Rarement un homme revêtu d'un emploi public se déshonore et se rend ridicule pour si peu de chose. Tous les mémoires du temps en auraient parlé; ce larcin aurait été une chose publique.

« On parle d'un ancien roman de Rodogune; je ne l'ai pas vu : c'est, dit-on, une brochure in-8°, imprimée chez Sommaville, qui servit également au grand auteur et au mauvais. Corneille embellit le roman, et Gilbert le gâta. »

Imagine-t-on un art plus consommé d'insinuer que Corneille pourrait bien être un plagiaire? Point d'accusation directe. C'est à peine si, négligemment, à la fin de sa préface, Voltaire signale l'existence d'un vieux roman, qu'il n'a pas vu, et qui, « dit-on », connu à la fois de Corneille et de Gilbert, fut imité par l'un et l'autre. Voyons à quoi se réduisent ces petits commérages d'un grand homme.

Qu'est cet *ancien roman*, dont l'existence et la disparition supposent toute une série d'invraisemblances. Il faut admettre en effet : que ce roman est antérieur à *Rodogune*, et que personne, sauf Gilbert et Corneille, ne le connaissait, puisque personne au xvii° siècle n'a songé à les accuser de ce plagiat; qu'après avoir passé par leurs mains, il s'évanouit et n'eut plus qu'une existence latente; qu'il a échappé, par une fatalité inexplicable, non seulement alors aux recherches de Voltaire, mais encore depuis aux fouilles des érudits naïfs qui ont pris le mot de Voltaire au sérieux.

Laissons ces romans, et venons à un débat plus sérieux. Quel est ce Gilbert, dont la pièce, antérieure de quelques mois à celle de Corneille, avait, selon Voltaire, une ressemblance si *étrange* avec notre *Rodogune* ? C'est une sorte de maître Jacques de la littérature, auteur dramatique et diplomate, qui fut toute sa vie pauvre d'argent, mais ne manqua pas d'intelligence : car il savait choisir ses sujets, dont plus d'un fut repris après lui par de plus grands écrivains. Sa *Philoclée* eut l'honneur, dit-on, d'inspirer *Mérope*. Avant Voltaire, Racine avait lu, non sans profit, *Hippolyte ou le Garçon insensible* (1646). Le trait fameux : « C'est toi qui l'as nommé! » vient d'Euripide à Racine en passant par Gilbert. « Il trouve bien au gîte le gibier, dit Ménage de Gilbert, mais ce n'est pas pour lui qu'il le fait partir. » Chapelain vante avec complaisance cet « esprit délicat, duquel on a des odes, de petits poèmes et des pièces de théâtre, pleines de bons vers. » Par malheur, sur la liste des pensions il oublia de mettre Gilbert. Celui-ci fut trop heureux de trouver un refuge pour ses dernières années chez Barthélemy Herwarth, dont le fils recueillit plus tard La Fontaine. C'est là qu'il mourut obscurément vers 1675 ou 1680; car la date de sa mort est aussi incertaine que celle de sa naissance.

En 1644, lorsqu'il écrivit sa *Rodogune*, il n'était que secrétaire de la duchesse de Rohan. Plus tard, il devint secrétaire des commandements de Christine, mais c'est seulement en 1657, après l'abdication de la reine de Suède, qu'il devint son résident en France. La position n'avait rien de brillant, ce semble, puisqu'il la quitta si pauvre.

Une singularité tout extérieure nous frappe dans la *Rodogune* de Gilbert. La Cléopâtre de Corneille y devient Rodogune, et Rodogune y devient Lydie. Pourquoi ces changements de noms? Pourquoi les fils de la reine mère s'appellent-ils Darie et Artaxerce, et non, comme le veulent Appien et Corneille, Antiochus et Séleucus? Ici, l'évidence d'une confidence indiscrète semble éclater. Très peu historien, Gilbert eût fort désiré emprunter à Corneille les noms de ses personnages aussi bien que le plan de sa pièce. Mais l'obstination que met Corneille à ne jamais nommer ni Cléopâtre, ni même Antiochus et Séleucus par leurs noms, jette une certaine obscurité sur tout le début de sa tragédie; comment n'aurait-elle pas égaré Gilbert ou son confident? D'une part, ils savaient que la pièce porterait le titre de *Rodogune;* de l'autre, ils voyaient que la reine mère y jouait le principal rôle; la conclusion était naturelle, et c'est à la reine mère que Gilbert donna le nom de Rodogune; les autres personnages reçurent des noms de fantaisie. On objectera que Rodogune est nommée, en certains passages, sans méprise possible; mais d'abord elle ne l'est pas souvent; puis, il est peu probable que Gilbert ait eu connaissance de toutes les scènes; il est même certain qu'il n'a pas connu le cinquième acte. A partir de ce cinquième acte, aucune comparaison n'est possible. Rodogune, à la suite d'événements bizarres, change de caractère, marie l'un de ses fils à Lydie, et l'autre à la sœur de Lydie, également prisonnière.

Les dates suffisent à tout expliquer : si Corneille, malgré l'apparition prématurée de la pièce de Gilbert, attendit quelques mois pour faire représenter la sienne, c'est qu'il n'était pas prêt; si Gilbert n'imita point le cinquième acte, comme il avait imité le quatrième, c'est que le cinquième acte n'était pas écrit et qu'il fallait à tout prix arriver avant Corneille. Depuis un an, Corneille travaillait au plan de *Rodogune*. La tradition veut que le grand Condé ait tenu à s'en faire instruire, et que, devant lui, Corneille l'ait exposé à l'hôtel de Rambouillet. Quoi qu'il en soit, il fut assez vengé par l'accueil que fit le vrai public à la *Rodogune* de son plagiaire, et la mauvaise humeur de celui-ci se fait assez voir dans son épître dédicatoire à Gaston d'Orléans.

On sait quelle était la prédilection de Corneille pour cette tragédie, qu'il sentait toute à lui, et dont l'éclatant succès, contrastant avec le froid accueil fait à la pièce de Gilbert, le consolait de la chute, non pas de *Théodore*, comme on le croit communément, mais de *la Suite du Menteur;* car il est fort bien établi que *Théodore*, imprimé avant *Rodogune*, lui est postérieur d'un an (1645).

« La pièce de *Rodogune*, dit Baillet, au teme V des *Jugements des savants*, a mis M. Corneille à sa période et à son solstice, et M. Bayle (janvier 1685) dit que depuis ce temps il ne fit plus que se maintenir dans le degré où il était parvenu. » Un poète délicat, vanté par Boileau, Segrais, regardait aussi *Rodogune* comme le chef-d'œuvre de Corneille, et Boileau lui-même ne se lassait pas d'admirer les belles fureurs de Cléopâtre. Lamotte, il est vrai, tout en rendant justice à la beauté de ce dernier acte, jugeait sévèrement l'invraisemblance des péripéties qui le précédaient; mais d'avance un écrivain (1), autrement fin que Lamotte, Saint-Évremond, lui avait répondu.

« Je n'ai jamais, écrit-il à M. de Barillon, douté de votre inclination à la vertu; mais je ne vous croyais pas scrupuleux jusqu'au point de ne pouvoir souffrir Rodogune sur le théâtre, parce qu'elle veut inspirer à ses amants le dessein de faire mourir leur mère, après que la mère a voulu inspirer à ses enfants le dessein de faire mourir une maîtresse. Je vous supplie, monsieur, d'oublier la bonté de notre naturel, l'innocence de nos mœurs, l'humanité de notre politique, pour considérer les coutumes barbares et les maximes criminelles des princes de l'Orient. Quand vous aurez fait réflexion qu'en toutes les familles royales de l'Asie les pères se défont de leurs enfants sur le plus léger soupçon; que les enfants se défont de leurs pères par l'impatience de régner; que les maris font tuer leurs femmes et les femmes empoisonner leurs maris; que les frères comptent pour rien le meurtre des frères; quand vous aurez considéré un usage si détestable établi parmi les rois de ces nations, vous vous étonnerez moins que Rodogune ait voulu venger la mort de son époux sur Cléopâtre, qu'elle ait voulu assurer sa vie, recouvrer sa liberté, et mettre un amant sur le trône, par la perte de la plus méchante femme qui fût jamais. Corneille a donné aux jeunes princes tout le bon naturel qu'ils auraient dû avoir pour la meilleure

---

(1) *Défense de quelques pièces du Théâtre de Corneille* (1677).

mère du monde; il a fait prendre à la jeune reine le parti qu'exigeait d'elle la nécessité de ses affaires.

« Peut-être me direz-vous que ces crimes-là peuvent s'exécuter en Asie et ne se doivent pas représenter en France. Mais quelle raison vous oblige de refuser notre théâtre à une femme qui n'a fait que conseiller le crime pour son salut, et de l'accorder à ceux qui l'ont fait eux-mêmes sans aucun sujet? Pourquoi bannir de notre scène Rodogune et y recevoir avec applaudissement Électre et Oreste? Pourquoi Atrée y fera-t-il servir à Thyeste ses propres enfants dans un festin? Pourquoi Néron y fera-t-il empoisonner Britannicus? Pourquoi Hérode, roi des Juifs, roi de ce peuple aimé de Dieu, fera-t-il mourir sa femme? Pourquoi Amurat fera-t-il étrangler Roxane et Bajazet? Et, venant des Juifs et des Turcs aux chrétiens, pourquoi Philippe II, ce prince si catholique, fera-t-il mourir don Carlos, sur un soupçon fort mal éclairci? La *nouvelle* la plus agréable que nous ayons a renouvelé la mémoire d'une chose ensevelie et a produit une tragédie en Angleterre, dont le sujet a su plaire à tous les Anglais (1). Rodogune, cette pauvre princesse opprimée, n'a pas demandé un crime pour un crime. Elle a demandé sa sûreté, qui ne pouvait s'établir que par un crime; mais un crime à l'égard d'un capucin, plus qu'à l'égard d'un ambassadeur (2), un crime dont Machiavel aurait fait une vertu politique et que la méchanceté de Cléopâtre peut faire passer pour une justice légitimement exercée.

« Une chose que vous trouviez fort à redire, monsieur, c'est qu'on ait rendu une jeune princesse capable d'une si forte résolution. Je ne sais pas bien son âge; mais je sais qu'elle était reine et veuve (3). Une de ces qualités suffit pour faire perdre le scrupule à une femme, à quelque âge que ce soit. Faites grâce, monsieur, faites grâce à Rodogune; le monde vous fournira de plus grands crimes que le sien, où vous pourrez faire un meilleur usage de la vertueuse haine que vous avez pour les méchantes actions. »

1. La nouvelle dont il s'agit est *Don Carlos*, par l'abbé de Saint-Réal; la tragédie a été composée par Thomas Otway en 1676.
2. Barillon était ambassadeur extraordinaire de France en Angleterre.
3. Rodogune n'est pas « veuve » : elle a seulement été fiancée à Antiochus Sidétès.

A
MONSEIGNEUR LE PRINCE[1]

Monseigneur,

Rodogune se présente à Votre Altesse avec quelque sorte de confiance, et ne peut croire qu'après avoir fait sa bonne fortune vous dédaigniez de la prendre en votre protection. Elle a trop de connaissance de votre bonté pour craindre que vous veuilliez laisser votre ouvrage imparfait, et lui dénier la continuation des grâces dont vous lui avez été si prodigue. C'est à votre illustre suffrage qu'elle est obligée de tout ce qu'elle a reçu d'applaudissements; et les favorables regards dont il vous plut fortifier la faiblesse de sa naissance lui donnèrent tant d'éclat et de vigueur qu'il semblait que vous eussiez pris plaisir à répandre sur elle un rayon de cette gloire qui vous environne, et à lui faire part de cette facilité de vaincre qui vous suit partout. Après cela, Monseigneur, quels hommages peut-elle rendre à Votre Altesse qui ne soient au-dessous de ce qu'elle lui doit? Si elle tâche à lui témoigner quelque reconnaissance par l'admiration de ses vertus, où trouvera-t-elle des éloges dignes de cette main qui fait trembler tous nos ennemis, et dont les coups d'essai furent signalés par la défaite des premiers capitaines de l'Europe? Votre Altesse sut vaincre avant qu'ils se pussent imaginer qu'elle sût combattre;

---

[1]. Le duc d'Enghien, que la mort de son père venait de faire prince de Condé, avait récemment contraint Dunkerque à se rendre. C'est en 1647 que Corneille lui dédiait *Rodogune*.

et ce grand courage, qui n'avait encore vu la guerre que dans les livres, effaça tout ce qu'il y avait lu des Alexandre et des César, sitôt qu'il parut à la tête d'une armée. La générale consternation où la perte de notre grand monarque nous avait plongés enflait l'orgueil de nos adversaires en un tel point, qu'ils osaient se persuader que du siège de Rocroi dépendait la prise de Paris ; et l'avidité de leur ambition dévorait déjà le cœur d'un royaume dont ils pensaient avoir surpris les frontières. Cependant les premiers miracles de votre valeur renversèrent si pleinement toutes leurs espérances, que ceux-là mêmes qui s'étaient promis tant de conquêtes sur nous, virent terminer la campagne de cette même année par celles que vous fîtes sur eux. Ce fut par là, Monseigneur, que vous commençâtes ces grandes victoires que vous avez toujours si bien choisies qu'elles ont honoré deux règnes à la fois, comme si c'eût été trop peu pour Votre Altesse d'étendre les bornes de l'État sous celui-ci, si elle n'eût en même temps effacé quelques-uns des malheurs qui s'étaient mêlés aux longues prospérités de l'autre. Thionville, Philisbourg et Nordlinghen étaient des lieux funestes pour la France ; elle n'en pouvait entendre les noms sans gémir ; elle ne pouvait y porter sa pensée sans soupirer ; et ces mêmes lieux, dont le souvenir lui arrachait des soupirs et des gémissements, sont devenus les éclatantes marques de sa nouvelle félicité, les dignes occasions de ses feux de joie, et les glorieux sujets des actions de grâces qu'elle a rendues au ciel pour les triomphes que votre courage invincible a obtenus. Dispensez-moi, Monseigneur, de vous parler de Dunkerque : j'épuise toutes les forces de mon imagination et je ne conçois rien qui réponde à la dignité de ce grand ouvrage, qui nous vient d'assurer l'Océan par la prise de cette fameuse retraite de corsaires. Tous nos havres en étaient comme assiégés ; il n'en pouvait échapper un vaisseau qu'à la merci de leurs brigandages ; et nous en avons vu souvent de pillés à la vue des mêmes ports dont ils venaient de faire voile : et maintenant, par la conquête d'une seule ville, je vois, d'un côté nos mers libres, nos côtes affranchies, notre commerce rétabli, la racine de nos maux publics coupée ; d'autre côté, la Flandre ouverte, l'embouchure de ses rivières captive, la porte de son secours fermée, la source de son abondance en notre pouvoir; et ce que je vois n'est rien encore au prix de ce que je prévois sitôt que Votre Altesse y reportera la terreur de ses armes. Dispensez-moi donc, Monseigneur, de profaner des effets si merveilleux et des attentes si hautes par la bassesse de mes idées et par l'impuissance de mes expressions; et trouvez bon que, demeurant dans un respectueux silence, je n'ajoute rien ici qu'une protestation très inviolable d'être toute ma vie,

Monseigneur,

De Votre Altesse,

Le très humble, très obéissant et très passionné serviteur,

Corneille.

AVERTISSEMENT

RODOGUNE
PRINCESSE DES PARTHES

APPIAN ALEXANDRIN
AU LIVRE
DES GUERRES DE SYRIE, SUR LA FIN

« Démétrius, surnommé Nicanor, roi de Syrie, entreprit la guerre contre les Parthes, et, étant devenu leur prisonnier, vécut dans la cour de leur roi Phraates, dont il épousa la sœur nommée Rodogune. Cependant Diodotus, domestique des rois précédents, s'empara du trône de Syrie, et y fit asseoir un Alexandre encore enfant, fils d'Alexandre le Bâtard et d'une fille de Ptolomée. Ayant gouverné quelque temps comme son tuteur, il se défit de ce malheureux pupille, et eut l'insolence de prendre lui-même la couronne, sous un nouveau nom de Tryphon qu'il se donna. Mais Antiochus, frère du roi prisonnier, ayant appris à Rhodes sa captivité, et les troubles qui l'avaient suivie, revint dans le pays, où, ayant défait Tryphon avec beaucoup de peine, il le fit mourir. De là il porta ses armes contre Phraates, lui redemandant son frère, et, vaincu dans une bataille, il se tua lui-même. Démétrius, retourné en son royaume, fut tué par sa femme Cléopâtre, qui lui dressa des embûches en haine de cette seconde femme Rodogune qu'il avait épousée, dont elle avait conçu une telle indignation que, pour s'en venger, elle avait épousé ce même

Antiochus, frère de son mari. Elle avait eu deux fils de Démétrius, l'un nommé Séleucus, et l'autre Antiochus, dont elle tua le premier d'un coup de flèche, sitôt qu'il eut pris le diadème après la mort de son père, soit qu'elle craignît qu'il ne le voulût venger, soit que l'impétuosité de la même fureur la portât à ce nouveau parricide. Antiochus lui succéda, qui contraignit cette mauvaise mère de boire le poison qu'elle lui avait préparé. C'est ainsi qu'elle fut enfin punie. »

Voilà ce que m'a prêté l'histoire, où j'ai changé les circonstances de quelques incidents, pour leur donner plus de bienséance. Je me suis servi du nom de Nicanor plutôt que celui de Démétrius, à cause que le vers souffrait plus aisément l'un que l'autre. J'ai supposé qu'il n'avait pas encore épousé Rodogune, afin que ses deux fils pussent avoir de l'amour pour elle, sans choquer les spectateurs, qui eussent trouvé étrange cette passion pour la veuve de leur père, si j'eusse suivi l'histoire. L'ordre de leur naissance incertain, Rodogune prisonnière, quoiqu'elle ne vînt jamais en Syrie, la haine de Cléopâtre pour elle, la proposition sanglante qu'elle fait à ses fils, celle que cette princesse est obligée de leur faire pour se garantir, l'inclination qu'elle a pour Antiochus, et la jalouse fureur de cette mère qui se résout plutôt à perdre ses fils qu'à se voir sujette de sa rivale, ne sont que des embellissements de l'invention, et des acheminements vraisemblables à l'effet dénaturé que me présentait l'histoire, et que les lois du poème ne me permettaient pas de changer. Je l'ai même adouci tant que j'ai pu en Antiochus que j'avais fait trop honnête homme dans le reste de l'ouvrage pour forcer à la fin sa mère à s'empoisonner elle-même.

On s'étonnera peut-être de ce que j'ai donné à cette tragédie le nom de *Rodogune* plutôt que celui de *Cléopâtre*, sur qui tombe toute l'action tragique, et même on pourra douter si la liberté de la poésie peut s'étendre jusqu'à feindre un sujet entier sous des noms véritables, comme j'ai fait ici, où, depuis la narration du premier acte, qui sert de fondement au reste, jusques aux effets qui paraissent dans le cinquième, il n'y a rien que l'histoire avoue.

Pour le premier point, je confesse ingénument que ce poème

devait plutôt porter le nom de *Cléopâtre* que de *Rodogune* ; mais ce qui m'a fait en user ainsi a été la peur que j'ai eue qu'à ce nom le peuple ne se laissât préoccuper des idées de cette fameuse et dernière reine d'Égypte, et ne confondît cette reine de Syrie avec elle, s'il l'entendait prononcer. C'est pour cette même raison que j'ai évité de le mêler dans mes vers, n'ayant jamais fait parler de cette seconde Médée que sous celui de la reine ; et je me suis enhardi à cette licence d'autant plus librement que j'ai remarqué, parmi nos anciens maîtres, qu'ils se sont fort peu mis en peine de donner à leurs poèmes le nom des héros qu'ils y faisaient paraître, et leur ont souvent fait porter celui des chœurs, qui ont encore bien moins de part dans l'action que les personnages épisodiques, comme Rodogune : témoin *les Trachiniennes* de Sophocle, que nous n'aurions jamais voulu nommer autrement que *la Mort d'Hercule*.

Pour le second point, je le tiens un peu plus difficile à résoudre, et n'en voudrais pas donner mon opinion pour bonne : j'ai cru que, pourvu que nous conservassions les effets de l'histoire, toutes les circonstances, ou, comme je viens de les nommer, les acheminements, étaient en notre pouvoir ; au moins je ne pense point avoir vu de règle qui restreigne cette liberté que j'ai prise. Je m'en suis assez bien trouvé en cette tragédie ; mais, comme je l'ai poussée encore plus loin dans *Héraclius*, que je viens de mettre sur le théâtre, ce sera en le donnant au public que je tâcherai de la justifier, si je vois que les savants s'en offensent ou que le peuple en murmure. Cependant ceux qui en auront quelque scrupule m'obligeront de considérer les deux *Électres* de Sophocle et d'Euripide, qui, conservant le même effet, y parviennent par des voies si différentes qu'il faut nécessairement conclure que l'une des deux est tout à fait de l'invention de son auteur. Ils pourront encore jeter l'œil sur l'*Iphigénie in Tauris* (1), que notre Aristote nous donne pour exemple d'une parfaite tragédie et qui a bien la mine d'être toute de même nature, vu qu'elle

---

1. L'*Iphigénie en Tauride*, tragédie d'Euripide, qu'Aristote ne donne pas d'ailleurs « pour exemple d'une parfaite tragédie ».

n'est fondée que sur cette feinte que Diane enleva Iphigénie du sacrifice dans une nuée et supposa une biche en sa place. Enfin, ils pourront prendre garde à l'*Hélène* d'Euripide, où la principale action et les épisodes, le nœud et le dénouement sont entièrement inventés sous des noms véritables.

Au reste, si quelqu'un a la curiosité de voir cette histoire plus au long, qu'il prenne la peine de lire Justin, qui la commence au trente-sixième livre, et, l'ayant quittée, la reprend sur la fin du trente-huitième et l'achève au trente-neuvième. Il la rapporte un peu autrement et ne dit pas que Cléopâtre tua son mari, mais qu'elle l'abandonna et qu'il fut tué par le commandement d'un des capitaines d'un Alexandre qu'il lui oppose. Il varie aussi beaucoup sur ce qui regarde Tryphon et son pupille, qu'il nomme Antiochus, et ne s'accorde avec Appian que sur ce qui se passa entre la mère et les deux fils.

Le premier livre des *Machabées*, aux chapitres xi, xiii, xiv et xv, parle de ces guerres de Tryphon et de la prison de Démétrius chez les Parthes ; mais il nomme ce pupille Antiochus, ainsi que Justin, et attribue la défaite de Tryphon à Antiochus, fils de Démétrius, et non pas à son frère, comme fait Appian, que j'ai suivi, et ne dit rien du reste.

Josèphe, au treizième livre des *Antiquités judaïques*, nomme encore ce pupille de Tryphon Antiochus, fait marier Cléopâtre à Antiochus, frère de Démétrius, durant la captivité de ce premier mari chez les Parthes, lui attribue la défaite et la mort de Tryphon, s'accorde avec Justin touchant la mort de Démétrius, abandonné et non pas tué par sa femme, et ne parle point de ce qu'Appian et lui rapportent d'elle et de ses deux fils, dont j'ai fait cette tragédie.

EXAMEN

Le sujet de cette tragédie est tiré d'Appian Alexandrin, dont voici les paroles, sur la fin du livre qu'il a fait des *Guerres de Syrie* (1).....

Justin, en son trente-sixième, trente-huitième et trente-neuvième livre, raconte cette histoire plus au long, avec quelques autres circonstances. Le premier des *Machabées*, et Josèphe, au treizième livre des *Antiquités judaïques*, en disent aussi quelque chose, qui ne s'accorde pas tout à fait avec Appian. C'est à lui que je me suis attaché pour la narration que j'ai mise au premier acte et pour l'effet du cinquième, que j'ai adouci du côté d'Antiochus. J'en ai dit la raison ailleurs (2). Le reste sont des épisodes d'invention qui ne sont pas incompatibles avec l'histoire, puisqu'elle ne dit point ce que devint Rodogune après la mort de Démétrius, qui vraisemblablement l'amenait en Syrie prendre possession de sa couronne. J'ai fait porter à la pièce le nom de cette princesse plutôt que celui de Cléopâtre, que je n'ai même osé nommer dans mes vers, de peur qu'on ne confondît cette reine de Syrie avec cette fameuse princesse d'Égypte qui portait le même nom, et que l'idée de celle-ci, beaucoup plus connue que l'autre, ne semât une dangereuse préoccupation parmi les auditeurs.

On m'a souvent fait une question à la cour : quel était celui de mes poèmes que j'estimais le plus, et j'ai trouvé tous ceux qui me l'ont faite si prévenus en faveur de *Cinna* ou du *Cid*,

---

1. Les *Examens*, n'ayant paru que dans l'édition de 1660, où ils remplacent les *Avertissements*, répètent souvent ceux-ci. Nous supprimons la citation d'Appien.

2. Dans le *Second discours sur la tragédie* : « Si j'eusse fait voir cette action sans y rien changer, c'eût été punir un parricide par un autre parricide ; on eût pris aversion pour Antiochus, et il a été bien plus doux de faire qu'elle-même, voyant que sa haine et sa noire perfidie allaient être découvertes, s'empoisonne dans son désespoir, à dessein d'envelopper ces deux amants dans sa perte, en leur ôtant tout sujet de défiance. »

que je n'ai jamais osé déclarer toute la tendresse que j'ai toujours eue pour celui-ci, à qui j'aurais volontiers donné mon suffrage, si je n'avais craint de manquer, en quelque sorte, au respect que je devais à ceux que je voyais pencher d'un autre côté. Cette préférence est peut-être en moi un effet de ces inclinations aveugles qu'ont beaucoup de pères pour quelques-uns de leurs enfants plus que pour les autres ; peut-être y entre-t-il un peu d'amour-propre, en ce que cette tragédie me semble être un peu plus à moi que celles qui l'ont précédée, à cause des incidents surprenants qui sont purement de mon invention et n'avaient jamais été vus au théâtre, et peut-être enfin y a-t-il un peu de vrai mérite qui fait que cette inclination n'est pas tout à fait injuste. Je veux bien laisser chacun en liberté de ses sentiments ; mais certainement on peut dire que mes autres pièces ont peu d'avantages qui ne se rencontrent en celle-ci : elle a tout ensemble la beauté du sujet, la nouveauté des fictions, la force des vers, la facilité de l'expression, la solidité du raisonnement, la chaleur des passions, les tendresses de l'amour et de l'amitié, et cet heureux assemblage est ménagé de sorte qu'elle s'élève d'acte en acte. Le second passe le premier, le troisième est au-dessus du second, et le dernier l'emporte sur tous les autres. L'action y est une, grande, complète ; sa durée ne va point, ou fort peu, au delà de celle de la représentation. Le jour en est le plus illustre qu'on puisse imaginer, et l'unité de lieu s'y rencontre en la manière que je l'explique dans le troisième de ces discours (1) et avec l'indulgence que j'ai demandée pour le théâtre.

Ce n'est pas que je me flatte assez pour présumer qu'elle soit sans taches. On a fait tant d'objections contre la narration de Laonice, au premier acte, qu'il est malaisé de ne donner pas les mains à quelques-unes. Je ne la tiens pas toutefois si inutile qu'on l'a dit. Il est hors de doute que Cléopâtre, dans le second, ferait connaître beaucoup de choses par sa confidence avec cette Laonice, et par le récit qu'elle en a fait à ses deux fils, pour leur remettre devant les yeux combien ils lui

---

1. *Discours des trois unités.*

ont d'obligation, mais ces deux scènes demeureraient assez obscures, si cette narration ne les avait précédées ; et du moins les justes défiances de Rodogune à la fin du premier acte, et la peinture que Cléopâtre fait d'elle-même dans son monologue qui ouvre le second, n'auraient pu se faire entendre sans ce secours.

J'avoue qu'elle est sans artifice, et qu'on la fait de sang-froid à un personnage protatique (1), qui se pourrait toutefois justifier par les deux exemples de Térence que j'ai cités sur ce sujet au premier discours (2). Timagène, qui l'écoute, n'est introduit que pour l'écouter, bien que je l'emploie au cinquième à faire celle de la mort de Séleucus, qui se pouvait faire par un autre. Il l'écoute sans y avoir aucun intérêt notable, et par simple curiosité d'apprendre ce qu'il pouvait avoir su déjà en la cour d'Égypte, où il était en assez bonne posture, étant gouverneur des neveux du roi, pour entendre les nouvelles assurées de tout ce qui se passait dans la Syrie, qui en est voisine. D'ailleurs, ce qui ne peut recevoir d'excuse, c'est que, comme il y avait déjà quelque temps qu'il était de retour avec les princes, il n'y a pas d'apparence qu'il aye attendu ce grand jour de cérémonie pour s'informer de sa sœur comment se sont passés tous ces troubles, qu'il dit ne savoir que confusément. Pollux, dans *Médée*, n'est qu'un personnage protatique qui écoute sans intérêt comme lui ; mais sa surprise de voir Jason à Corinthe, où il vient d'arriver, et son séjour en Asie, que la mer en sépare, lui donnent juste sujet d'ignorer ce qu'il en apprend. La narration ne laisse pas de demeurer froide comme celle-ci, parce qu'il ne s'est encore rien passé dans la pièce qui excite la curiosité de l'auditeur, ni qui lui puisse donner quelque émotion en l'écoutant ; mais si vous voulez réfléchir sur celle de Curiace dans l'*Horace*, vous trouverez qu'elle fait tout un autre effet. Camille, qui l'écoute, a intérêt, comme lui, à savoir comment s'est faite une paix dont dépend leur mariage, et l'auditeur, que Sabine et elle n'ont

---

1. Le mot de *protatique* vient de *protase*, qui signifie *exposition* ; un personnage protatique est donc celui qui paraît au début de la pièce, pour faire ou entendre l'exposition.
2. *Discours du poème dramatique.*

entretenu que de leurs malheurs et des appréhensions d'une bataille qui se va donner entre deux partis, où elles voient leurs frères dans l'un et leur amour dans l'autre, n'a pas moins d'avidité qu'elle d'apprendre comment une paix si surprenante s'est pu conclure.

Ces défauts, dans cette narration, confirment ce que j'ai dit ailleurs (1), que, lorsque la tragédie a son fondement sur des guerres entre deux États, ou sur d'autres affaires publiques, il est très malaisé d'introduire un acteur qui les ignore, et qui puisse recevoir le récit qui en doit instruire les spectateurs en parlant à lui.

J'ai déguisé quelque chose de la vérité historique en celui-ci : Cléopâtre n'épousa Antiochus qu'en haine de ce que son mari avait épousé Rodogune chez les Parthes ; et je fais qu'elle ne l'épouse que par la nécessité de ses affaires, sur un faux bruit de la mort de Démétrius, tant pour ne la faire pas méchante sans nécessité, comme Ménélas dans l'*Oreste* d'Euripide, que pour avoir lieu de feindre que Démétrius n'avait pas encore épousé Rodogune, et venait l'épouser dans son royaume pour la mieux établir en la place de l'autre, par le consentement de ses peuples, et assurer la couronne aux enfants qui naîtraient de ce mariage. Cette fiction m'était absolument nécessaire, afin qu'il fût tué avant que de l'avoir épousée, et que l'amour que ses deux fils ont pour elle ne fît point d'horreur aux spectateurs, qui n'auraient pas manqué d'en prendre une assez forte, s'ils les eussent vus amoureux de la veuve de leur père, tant cette affection incestueuse répugne à nos mœurs.

Cléopâtre a lieu d'attendre ce jour-là à faire confidence à Laonice de ses desseins et des véritables raisons de tout ce qu'elle a fait. Elle eût pu trahir son secret aux princes ou à Rodogune, si elle l'eût su plus tôt ; et cette ambitieuse mère ne lui en fait part qu'au moment qu'elle veut bien qu'il éclate, par la cruelle proposition qu'elle va faire à ses fils. On a trouvé celle que Rodogune leur fait à son tour indigne d'une personne vertueuse, comme je la peins ; mais on n'a pas con-

---

1. Examen de *Médée*.

sidéré qu'elle ne la fait pas, comme Cléopâtre, avec espoir de la voir exécuter par les princes, mais seulement pour s'exempter d'en choisir aucun, et les attacher tous deux à sa protection par une espérance égale. Elle était avertie par Laonice de celle que la reine leur avait faite, et devait prévoir que, si elle se fût déclarée pour Antiochus qu'elle aimait, son ennemie, qui avait seule le secret de leur naissance, n'eût pas manqué de nommer Séleucus pour aîné, afin de les commettre l'un contre l'autre, et d'exciter une guerre civile qui eût pu causer sa perte. Ainsi elle devait s'exempter de choisir, pour les contenir tous deux dans l'égalité de prétention, et elle n'en avait point de meilleur moyen que de rappeler le souvenir de ce qu'elle devait à la mémoire de leur père, qui avait perdu la vie pour elle, et leur faire cette proposition qu'elle savait bien qu'ils n'accepteraient pas. Si le traité de paix l'avait forcée à se départir de ce juste sentiment de reconnaissance, la liberté qu'ils lui rendaient la rejetait dans cette obligation. Il était de son devoir de venger cette mort; mais il était de celui des princes de ne se pas charger de cette vengeance. Elle avoue elle-même à Antiochus qu'elle les haïrait, s'ils lui avaient obéi ; que, comme elle a fait ce qu'elle a dû par cette demande, ils font ce qu'ils doivent par leur refus; qu'elle aime trop la vertu pour vouloir être le prix d'un crime ; et que la justice qu'elle demande de la mort de leur père serait un parricide, si elle la recevait de leurs mains.

Je dirai plus : quand cette proposition serait tout à fait condamnable en sa bouche, elle mériterait quelque grâce, et pour l'éclat que la nouveauté de l'invention a fait au théâtre, et pour l'embarras surprenant où elle jette les princes, et pour l'effet qu'elle produit dans le reste de la pièce, qu'elle conduit à l'action historique. Elle est cause que Séleucus, par dépit, renonce au trône et à la possession de cette princesse; que la reine, le voulant animer contre son frère, n'en peut rien obtenir, et qu'enfin elle se résout, par désespoir, de les perdre tous deux, plutôt que de se voir sujette de son ennemie.

Elle commence par Séleucus, tant pour suivre l'ordre de l'histoire que parce que, s'il fût demeuré en vie après Antiochus et Rodogune, qu'elle voulait empoisonner publiquement, il les aurait pu venger. Elle ne craint pas la même chose d'Antiochus pour son frère, d'autant qu'elle espère que le poison violent qu'elle lui a préparé fera un effet assez prompt pour le faire mourir avant qu'il ait pu rien savoir de cette autre mort, ou du moins avant qu'il l'en puisse convaincre, puisqu'elle a si bien pris son temps pour l'assassiner que ce parricide n'a point eu de témoins. J'ai parlé ailleurs (1) de l'adoucissement que j'ai apporté pour empêcher qu'Antiochus n'en commît un en la forçant de prendre le poison qu'elle lui présente, et du peu d'apparence qu'il y avait qu'un moment après qu'elle a expiré presque à sa vue, il parlât d'amour et de mariage à Rodogune. Dans l'état où ils rentrent derrière le théâtre, ils peuvent le résoudre quand ils le jugeront à propos. L'action est complète, puisqu'ils sont hors de péril; et la mort de Séleucus m'a exempté de développer le secret du droit d'aînesse entre les deux frères, qui d'ailleurs n'eût jamais été croyable, ne pouvant être éclairci que par une bouche en qui l'on n'a pas vu assez de sincérité pour prendre aucune assurance sur son témoignage.

1. *Discours de la tragédie* et *Discours du poème dramatique.*

PERSONNAGES.

CLÉOPATRE, reine de Syrie, veuve de Démétrius Nicanor.
SÉLEUCUS }
ANTIOCHUS } fils de Démétrius et de Cléopâtre.
RODOGUNE, sœur de Phraates, roi des Parthes.
TIMAGÈNE, gouverneur des deux princes.
ORONTE, ambassadeur de Phraates.
LAONICE, sœur de Timagène, confidente de Cléopâtre.

La scène est à Séleucie, dans le palais royal.

RODOGUNE

ACTE PREMIER

SCÈNE I

LAONICE, TIMAGÈNE.

LAONICE

Enfin ce jour pompeux, cet heureux jour nous luit,
Qui d'un trouble si long doit dissiper la nuit,
Ce grand jour où l'hymen, étouffant la vengeance,
Entre le Parthe et nous remet l'intelligence,
Affranchit sa princesse, et nous fait pour jamais   5
Du motif de la guerre un lien de la paix ;
Ce grand jour est venu, mon frère, où notre reine,
Cessant de plus tenir la couronne incertaine,
Doit rompre aux yeux de tous son silence obstiné,
De deux princes gémeaux nous déclarer l'aîné ;   10
Et l'avantage seul d'un moment de naissance,
Dont elle a jusqu'ici caché la connaissance,
Mettant au plus heureux le sceptre dans la main,
Va faire l'un sujet, et l'autre souverain.

---

1. « C'est un grand ornement pour un poëme, que le choix d'un jour illustre et attendu depuis longtemps. Dans *Rodogune*, c'est un jour choisi par deux souverains pour l'effet d'un traité de paix entre leurs couronnes ennemies. » (*Discours des trois unités*.) — *Nous luit*, luit pour nous :

    Un astre *m'avait lui !*
                     (V. Hugo, *Feuilles d'automne*.)

10. *Gémeaux*, jumeaux. On disait *gémeaux, gémelles ;* mais on n'applique plus ce mot qu'aux gémeaux Castor et Pollux.

Mais n'admirez-vous point que cette même reine 15
Le donne pour époux à l'objet de sa haine,
Et n'en doit faire un roi qu'afin de couronner
Celle que dans les fers elle aimait à gêner ?
Rodogune, par elle en esclave traitée,
Par elle se va voir sur le trône montée, 20
Puisque celui des deux qu'elle nommera roi
Lui doit donner la main et recevoir sa foi.

TIMAGÈNE

Pour le mieux admirer, trouvez bon, je vous prie,
Que j'apprenne de vous les troubles de Syrie.
J'en ai vu les premiers, et me souviens encor 25
Des malheureux succès du grand roi Nicanor,
Quand, des Parthes vaincus pressant l'adroite fuite,
Il tomba dans leurs fers au bout de sa poursuite.
Je n'ai pas oublié que cet événement
Du perfide Tryphon fit le soulèvement ; 30
Voyant le roi captif, la reine désolée,
Il crut pouvoir saisir la couronne ébranlée,
Et le sort, favorable à son lâche attentat,
Mit d'abord sous ses lois la moitié de l'État.
La reine, craignant tout de ces nouveaux orages, 35
En sut mettre à l'abri ses plus précieux gages,
Et pour n'exposer pas l'enfance de ses fils,
Me les fit chez son frère enlever à Memphis.
Là, nous n'avons rien su que de la renommée,
Qui, par un bruit confus diversement semée, 40

---

27. *Adroite*, parce que les Parthes combattaient en fuyant. *Presser* a ici le sens du mot latin *urgere*.

36. *Gages*, sens du mot latin *pignora*, enfants.

38. Cléopâtre était fille de Ptolémée Philométor. Au temps dont il est ici parlé, ce n'était pas son frère, mais son oncle, Évergète II, qui régnait en Égypte (*Note de l'édition Régnier*). — *Enlever* à, latinisme, *rapere ad* :

Junie, *enlevée à la cour*,
Devient en une nuit l'objet de votre amour. (*Britannicus*, IV, II.)

N'a porté jusqu'à nous ces grands renversements
Que sous l'obscurité de cent déguisements.

LAONICE

Sachez donc que Tryphon, après quatre batailles,
Ayant su nous réduire à ces seules murailles,
En forma tôt le siège ; et, pour comble d'effroi, 45
Un faux bruit s'y coula touchant la mort du roi.
Le peuple épouvanté, qui déjà dans son âme
Ne suivait qu'à regret les ordres d'une femme,
Voulut forcer la reine à choisir un époux.
Que pouvait-elle faire et seule et contre tous ? 50
Croyant son mari mort, elle épousa son frère.
L'effet montra soudain ce conseil salutaire.
Le prince Antiochus, devenu nouveau roi,
Sembla de tous côtés traîner l'heur avec soi ;
La victoire, attachée au progrès de ses armes, 55
Sur nos fiers ennemis rejeta nos alarmes ;
Et la mort de Tryphon dans un dernier combat,
Changeant tout notre sort, lui rendit tout l'État.
Quelque promesse alors qu'il eût faite à la mère
De remettre ses fils au trône de leur père, 60
Il témoigna si peu de la vouloir tenir
Qu'elle n'osa jamais les faire revenir.
Ayant régné sept ans, son ardeur militaire
Ralluma cette guerre où succomba son frère ;
Il attaqua le Parthe, et se crut assez fort 65
Pour en venger sur lui la prison et la mort.
Jusque dans ses États il lui porta la guerre,

51. *Son frère*, Antiochus Sidétès, frère de son mari, Nicanor.
52. *Ce conseil salutaire ;* montra que ce conseil était salutaire, ellipse poétique imitée du latin. Racine a dit de même :

J'entretins la sultane, et, cachant mon dessein,
Lui montrai d'Amurath *le retour incertain.* (*Bajazet*, I, 1.)

64. Il faudrait *avait succombé*, comme le veut Voltaire : car il s'agit de Démétrius Nicanor, qui a succombé dans la guerre précédente.

ACTE I, SCÈNE II 573

Il s'y fit partout craindre à l'égal du tonnerre,
Il lui donna bataille, où mille beaux exploits...
Je vous achèverai le reste une autre fois. 70
Un des princes survient.
(*Elle se veut retirer.*)

SCÈNE II

ANTIOCHUS, TIMAGÈNE, LAONICE.

ANTIOCHUS

Demeurez, Laonice ;
Vous pouvez, comme lui, me rendre un bon office.
Dans l'état où je suis, triste, et plein de souci,
Si j'espère beaucoup, je crains beaucoup aussi.
Un seul mot aujourd'hui, maître de ma fortune, 75
M'ôte ou donne à jamais le sceptre et Rodogune,
Et de tous les mortels ce secret révélé
Me rend le plus content ou le plus désolé.
Je vois dans le hasard tous les biens que j'espère,
Et ne puis être heureux sans le malheur d'un frère, 80
Mais d'un frère si cher, qu'une sainte amitié
Fait sur moi de ses maux rejaillir la moitié.
Donc pour moins hasarder j'aime mieux moins prétendre,
Et, pour rompre le coup que mon cœur n'ose attendre,
Lui cédant de deux biens le plus brillant aux yeux, 85
M'assurer de celui qui m'est plus précieux :
Heureux si, sans attendre un fâcheux droit d'aînesse,
Pour un trône incertain j'en obtiens la princesse,
Et puis par ce partage épargner les soupirs
Qui naîtraient de ma peine ou de ses déplaisirs ! 90
Va le voir de ma part, Timagène, et lui dire

---

77. Inversion peu claire : la révélation de ce secret me rend le plus content ou le plus désolé de tous les mortels.

Que pour cette beauté je lui cède l'empire ;
Mais porte-lui si haut la douceur de régner
Qu'à cet éclat du trône il se laisse gagner ;
Qu'il s'en laisse éblouir jusqu'à ne pas connaître   95
A quel prix je consens de l'accepter pour maître.
Timagène s'en va et le prince continue à parler à Laonice.
Et vous, en ma faveur voyez ce cher objet,
Et tâchez d'abaisser ses yeux sur un sujet
Qui peut-être aujourd'hui porterait la couronne,
S'il n'attachait les siens à sa seule personne,   100
Et ne la préférait à cet illustre rang
Pour qui les plus grands cœurs prodiguent tout leur sang.
Timagène rentre sur le théâtre.

TIMAGÈNE
Seigneur, le prince vient, et votre amour lui-même
Lui peut sans interprète offrir le diadème.

ANTIOCHUS
Ah ! je tremble, et la peur d'un trop juste refus   105
Rend ma langue muette et mon esprit confus.

SCÈNE III
SÉLEUCUS, ANTIOCHUS, TIMAGÈNE, LAONICE.

SÉLEUCUS
Vous puis-je en confiance expliquer ma pensée ?

ANTIOCHUS
Parlez : notre amitié par ce doute est blessée.

SÉLEUCUS
Hélas ! c'est le malheur que je crains aujourd'hui.

---

93. C'est-à-dire : relève, fais valoir à ses yeux. Cf. *Cid*, 1053.
96. « Les grammairiens, dit Littré, ont essayé de distinguer *consentir à* et *consentir de* avec un infinitif, disant que *consentir de* veut dire ne pas s'opposer, et *consentir à* donner son consentement ; mais l'examen des exemples des auteurs ne permet guère de faire ces distinctions. »

L'égalité, mon frère, en est le ferme appui, 110
C'en est le fondement, la liaison, le gage,
Et, voyant d'un côté tomber tout l'avantage,
Avec juste raison je crains qu'entre nous deux
L'égalité rompue en rompe les doux nœuds,
Et que ce jour, fatal à l'heur de notre vie, 115
Jette sur l'un de nous trop de honte ou d'envie.

ANTIOCHUS

Comme nous n'avons eu jamais qu'un sentiment,
Cette peur me touchait, mon frère, également ;
Mais, si vous le voulez, j'en sais bien le remède.

SÉLEUCUS

Si je le veux! bien plus, je l'apporte, et vous cède 120
Tout ce que la couronne a de charmant en soi.
Oui, Seigneur, car je parle à présent à mon roi,
Pour le trône cédé cédez-moi Rodogune,
Et je n'envierai point votre haute fortune.
Ainsi notre destin n'aura rien de honteux, 125
Ainsi notre bonheur n'aura rien de douteux,
Et nous mépriserons ce faible droit d'aînesse,
Vous, satisfait du trône, et moi, de la princesse.

ANTIOCHUS

Hélas !

SÉLEUCUS

Recevez-vous l'offre avec déplaisir ?

ANTIOCHUS

Pouvez-vous nommer offre une ardeur de choisir, 130
Qui, de la même main qui me cède un empire,
M'arrache un bien plus grand, et le seul où j'aspire ?

SÉLEUCUS

Rodogune ?

ANTIOCHUS

Elle-même ; ils en sont les témoins.

SÉLEUCUS

Quoi! l'estimez-vous tant?

ANTIOCHUS

Quoi! l'estimez-vous moins?

SÉLEUCUS

Elle vaut bien un trône, il faut que je le die. 135

ANTIOCHUS

Elle vaut à mes yeux tout ce qu'en a l'Asie.

SÉLEUCUS

Vous l'aimez donc, mon frère?

ANTIOCHUS

Et vous l'aimez aussi :
C'est là tout mon malheur, c'est là tout mon souci.
J'espérais que l'éclat dont le trône se pare
Toucherait vos désirs plus qu'un objet si rare; 140
Mais aussi bien qu'à moi son prix vous est connu,
Et dans ce juste choix vous m'avez prévenu.
Ah! déplorable prince!

SÉLEUCUS

Ah! destin trop contraire!

ANTIOCHUS

Que ne ferais-je point contre un autre qu'un frère!

SÉLEUCUS

O mon cher frère! ô nom pour un rival trop doux! 145
Que ne ferais-je point contre un autre que vous!

ANTIOCHUS

Où nous vas-tu réduire, amitié fraternelle?

---

143. Le *Dictionnaire de l'Académie* (1694) condamne cette acception de *déplorable* et prescrit de ne l'appliquer aux choses ; ce qui n'empêche pas Racine et Voltaire de l'appliquer, après Corneille, aux personnes.

SÉLEUCUS

Amour, qui doit ici vaincre de vous ou d'elle?

ANTIOCHUS

L'amour, l'amour doit vaincre, et la triste amitié
Ne doit être à tous deux qu'un objet de pitié. 150
Un grand cœur cède un trône, et le cède avec gloire;
Cet effort de vertu couronne sa mémoire;
Mais lorsqu'un digne objet a pu nous enflammer,
Qui le cède est un lâche, et ne sait pas aimer.
   De tous deux Rodogune a charmé le courage; 155
Cessons par trop d'amour de lui faire un outrage.
Elle doit épouser, non pas vous, non pas moi,
Mais de moi, mais de vous quiconque sera roi.
La couronne entre nous flotte encore incertaine;
Mais sans incertitude elle doit être reine. 160
Cependant, aveuglés dans notre vain projet,
Nous la faisons tous deux la femme d'un sujet.
Régnons : l'ambition ne peut être que belle,
Et pour elle quittée, et reprise pour elle,
Et ce trône, où tous deux nous osions renoncer, 165
Souhaitons-le tous deux afin de l'y placer :
C'est dans notre destin le seul conseil à prendre;
Nous pouvons nous en plaindre, et nous devons l'attendre.

SÉLEUCUS

Il faut encor plus faire, il faut qu'en ce grand jour
Notre amitié triomphe aussi bien que l'amour. 170
   Ces deux sièges fameux de Thèbes et de Troie,
Qui mirent l'une en sang, l'autre aux flammes en proie,
N'eurent pour fondements à leurs maux infinis

---

152. Il met le comble à la gloire qu'il laisse au souvenir de la postérité.
167. *Conseil (consilium),* résolution, parti. Cf. *Cinna,* 292.

Que ceux que contre nous le sort a réunis.
Il sème entre nous deux toute la jalousie 175
Qui dépeupla la Grèce et saccagea l'Asie;
Un même espoir du sceptre est permis à tous deux,
Pour la même beauté nous faisons mêmes vœux.
Thèbes périt pour l'un, Troie a brûlé pour l'autre.
Tout va choir en ma main, ou tomber en la vôtre. 180
En vain notre amitié tâchait à partager;
Et, si j'ose tout dire, un titre assez léger,
Un droit d'aînesse obscur, sur la foi d'une mère,
Va combler l'un de gloire, et l'autre de misère.
Que de sujets de plainte en ce double intérêt 185
Aura le malheureux contre un si faible arrêt!
Que de sources de haine! Hélas! jugez le reste :
Craignez-en avec moi l'événement funeste,
Ou plutôt avec moi faites un digne effort
Pour armer votre cœur contre un si triste sort. 190
Malgré l'éclat du trône et l'amour d'une femme,
Faisons si bien régner l'amitié sur notre âme,
Qu'étouffant dans leur perte un regret suborneur,
Dans le bonheur d'un frère on trouve son bonheur.
Ainsi ce qui jadis perdit Thèbes et Troie 195
Dans nos cœurs mieux unis ne versera que joie;
Ainsi notre amitié, triomphante à son tour,
Vaincra la jalousie en cédant à l'amour,
Et, de notre destin bravant l'ordre barbare,
Trouvera des douceurs aux maux qu'il nous prépare. 200

ANTIOCHUS

Le pourrez-vous, mon frère ?

SÉLEUCUS

Ah! que vous me pressez!

179. Au premier abord, on serait tenté de faire rapporter *l'un, l'autre* à *tous deux,* tandis qu'ils se rapportent à *sceptre* et à *beauté.* Le sens évident est : c'est l'ambition qui ruina Thèbes, c'est l'amour qui perdit Troie.
194. On remarquera *son* construit avec *on,* après un sujet de la première personne du pluriel.

Je le voudrai du moins, mon frère, et c'est assez,
Et ma raison sur moi gardera tant d'empire
Que je désavouerai mon cœur, s'il en soupire.

ANTIOCHUS

J'embrasse comme vous ces nobles sentiments.   205
Mais allons leur donner le secours des serments,
Afin qu'étant témoins de l'amitié jurée,
Les dieux contre un tel coup assurent sa durée.

SÉLEUCUS

Allons, allons l'étreindre, au pied de leurs autels,
Par des liens sacrés et des nœuds immortels.   210

SCÈNE IV

LAONICE, TIMAGÈNE.

LAONICE

Peut-on plus dignement mériter la couronne ?

TIMAGÈNE

Je ne suis point surpris de ce qui vous étonne :
Confident de tous deux, prévoyant leur douleur,
J'ai prévu leur constance, et j'ai plaint leur malheur.
Mais, de grâce, achevez l'histoire commencée.   215

LAONICE

Pour la reprendre donc où nous l'avons laissée,
Les Parthes, au combat par les nôtres forcés,
Tantôt presque vainqueurs, tantôt presque enfoncés,
Sur l'une et l'autre armée également heureuse
Virent longtemps voler la victoire douteuse ;   220
Mais la fortune enfin se tourna contre nous,
Si bien qu'Antiochus, percé de mille coups,
Près de tomber aux mains d'une troupe ennemie,
Lui voulut dérober les restes de sa vie,

---

205. *Embrasser, amplecti,* adopter.

Et, préférant aux fers la gloire de périr, 225
Lui-même par sa main acheva de mourir.
La reine, ayant appris cette triste nouvelle,
En reçut tôt après une autre plus cruelle :
Que Nicanor vivait; que, sur un faux rapport,
De ce premier époux elle avait cru la mort; 230
Que, piqué jusqu'au vif contre son hyménée,
Son âme à l'imiter s'était déterminée,
Et que, pour s'affranchir des fers de son vainqueur,
Il allait épouser la princesse sa sœur.
C'est cette Rodogune, où l'un et l'autre frère 235
Trouve encor les appas qu'avait trouvés leur père.
La reine envoie en vain pour se justifier,
On a beau la défendre, on a beau le prier :
On ne rencontre en lui qu'un juge inexorable,
Et son amour nouveau la veut croire coupable. 240
Son erreur est un crime, et, pour l'en punir mieux,
Il veut même épouser Rodogune à ses yeux,
Arracher de son front le sacré diadème,
Pour ceindre une autre tête en sa présence même;
Soit qu'ainsi sa vengeance eût plus d'indignité, 245
Soit qu'ainsi cet hymen eût plus d'autorité,
Et qu'il assurât mieux par cette barbarie
Aux enfants qui naîtraient le trône de Syrie.
   Mais, tandis qu'animé de colère et d'amour,
Il vient déshériter ses fils par son retour, 250
Et qu'un gros escadron de Parthes pleins de joie
Conduit ces deux amants, et court comme à la proie,
La reine, au désespoir de n'en rien obtenir,
Se résout de se perdre ou de le prévenir.
Elle oublie un mari qui veut cesser de l'être, 255
Qui ne veut plus la voir qu'en implacable maître,

---

246. *Plus d'autorité*, plus de valeur, plus de poids, de crédit.

Et, changeant à regret son amour en horreur,
Elle abandonne tout à sa juste fureur.
Elle-même leur dresse une embûche au passage,
Se mêle dans les coups, porte partout sa rage, 260
En pousse jusqu'au bout les furieux effets.
Que vous dirai-je enfin ? les Parthes sont défaits ;
Le roi meurt, et, dit-on, par la main de la reine ;
Rodogune captive est livrée à sa haine.
Tous les maux qu'un esclave endure dans les fers, 265
Alors, sans moi, mon frère, elle les eût soufferts.
La reine, à la gêner prenant mille délices,
Ne commettait qu'à moi l'ordre de ses supplices ;
Mais, quoi que m'ordonnât cette âme toute en feu,
Je promettais beaucoup, et j'exécutais peu. 270
Le Parthe cependant en jure la vengeance ;
Sur nous, à main armée, il fond en diligence,
Nous surprend, nous assiège, et fait un tel effort
Que, la ville aux abois, on lui parle d'accord.
Il veut fermer l'oreille, enflé de l'avantage ; 275
Mais, voyant parmi nous Rodogune en otage,
Enfin il craint pour elle, et nous daigne écouter ;
Et c'est ce qu'aujourd'hui l'on doit exécuter.
   La reine de l'Égypte a rappelé nos princes,
Pour remettre à l'aîné son trône et ses provinces. 280
Rodogune a paru, sortant de sa prison,
Comme un soleil levant dessus notre horizon.
Le Parthe a décampé, pressé par d'autres guerres
Contre l'Arménien qui ravage ses terres ;
D'un ennemi cruel il s'est fait notre appui ; 285

---

267. *A la gêner*, à la tourmenter. Cf. le vers 18.
268. *Commettre*, confier, dans le sens du latin *committere*.
269. Corneille a dit ailleurs (*Théodore*, vers 1217) : « *L'âme tout en feu.* » Rotrou appelle la jeunesse « cet âge de feu » (*Venceslas*, IV, I).
274. *Accord*, accommodement. Sur *abois*, voyez *Cinna*, 855.

La paix finit la haine, et, pour comble aujourd'hui,
Dois-je dire de bonne ou mauvaise fortune?
Nos deux princes tous deux adorent Rodogune.

TIMAGÈNE

Sitôt qu'ils ont paru tous deux en cette cour,
Ils ont vu Rodogune, et j'ai vu leur amour ; 290
Mais, comme étant rivaux nous les trouvons à plaindre,
Connaissant leur vertu je n'en vois rien à craindre.
Pour vous, qui gouvernez cet objet de leurs vœux...

LAONICE

Je n'ai point encor vu qu'elle aime aucun des deux.

TIMAGÈNE

Vous me trouvez mal propre à cette confidence, 295
Et peut-être à dessein je la vois qui s'avance.
Adieu : je dois au rang qu'elle est prête à tenir
Du moins la liberté de vous entretenir.

SCÈNE V

RODOGUNE, LAONICE.

RODOGUNE

Je ne sais quel malheur aujourd'hui me menace,
Et coule dans ma joie une secrète glace : 300
Je tremble, Laonice, et te voulais parler,
Ou pour chasser ma crainte ou pour m'en consoler.

LAONICE

Quoi ! Madame, en ce jour pour vous si plein de gloire ?

---

297. Pour *près de* tenir. Voyez les vers 425 et 459.
   Un grand destin commence, un grand destin s'achève :
   L'empire est *prêt à* choir, et la France s'élève (*Attila*, 142.)
300. *Coule*, insinue secrètement. Voyez *le Cid*, 209.

RODOGUNE

Ce jour m'en promet tant que j'ai peine à tout croire.
La fortune me traite avec trop de respect ;   305
Et le trône et l'hymen, tout me devient suspect.
L'hymen semble à mes yeux cacher quelque supplice,
Le trône sous mes pas creuser un précipice ;
Je vois de nouveaux fers après les miens brisés,
Et je prends tous ces biens pour des maux déguisés :   310
En un mot, je crains tout de l'esprit de la Reine.

LAONICE

La paix qu'elle a jurée en a calmé la haine.

RODOGUNE

La haine entre les grands se calme rarement ;
La paix souvent n'y sert que d'un amusement ;
Et, dans l'État où j'entre, à te parler sans feinte,   315
Elle a lieu de me craindre, et je crains cette crainte.
Non qu'enfin je ne donne au bien des deux États
Ce que j'ai dû de haine à de tels attentats :
J'oublie, et pleinement, toute mon aventure ;
Mais une grande offense est de cette nature   320
Que toujours son auteur impute à l'offensé
Un vif ressentiment dont il le croit blessé,
Et, quoiqu'en apparence on les réconcilie,
Il le craint, il le hait, et jamais ne s'y fie,
Et, toujours alarmé de cette illusion,   325
Sitôt qu'il peut le perdre, il prend l'occasion :
Telle est pour moi la Reine.

LAONICE

     Ah ! Madame, je jure
Que par ce faux soupçon vous lui faites injure.

---

314. *Amusement* a ici le sens de diversion ; voyez plus loin (IV, vi) le sens identique donné au verbe *amuser*.

317. *Donner* a ici le sens de *condonare* en latin, sacrifier.

Vous devez oublier un désespoir jaloux
Où força son courage un infidèle époux. 330
Si, teinte de son sang et toute furieuse,
Elle vous traita lors en rivale odieuse,
L'impétuosité d'un premier mouvement
Engageait sa vengeance à ce dur traitement ;
Il fallait un prétexte à vaincre sa colère, 335
Il y fallait du temps, et, pour ne rien vous taire,
Quand je me dispensais à lui mal obéir,
Quand en votre faveur je semblais la trahir,
Peut-être qu'en son cœur plus douce et repentie
Elle en dissimulait la meilleure partie ; 340
Que, se voyant tromper, elle fermait les yeux,
Et qu'un peu de pitié la satisfaisait mieux.
A présent que l'amour succède à la colère,
Elle ne nous voit plus qu'avec des yeux de mère,
Et si de cet amour je la voyais sortir, 345
Je jure de nouveau de vous en avertir :
Vous savez comme quoi je vous suis toute acquise.
Le Roi souffrirait-il d'ailleurs quelque surprise ?

RODOGUNE

Qui que ce soit des deux qu'on couronne aujourd'hui,
Elle sera sa mère, et pourra tout sur lui. 350

LAONICE

Qui que ce soit des deux, je sais qu'il vous adore :
Connaissant leur amour, pouvez-vous craindre encore ?

RODOGUNE

Oui, je crains leur hymen, et d'être à l'un des deux.

LAONICE

Quoi ! sont-ils des sujets indignes de vos feux ?

---

337. *Dispenser à* signifiait *autoriser à* ; par suite, *se dispenser à une chose* signifiait *se la permettre.*

RODOGUNE

Comme ils ont même sang avec pareil mérite, 355
Un avantage égal pour eux me sollicite;
Mais il est malaisé, dans cette égalité,
Qu'un esprit combattu ne penche d'un côté :
Il est des nœuds secrets, il est des sympathies,
Dont par le doux rapport les âmes assorties 360
S'attachent l'une à l'autre, et se laissent piquer
Par ces je ne sais quoi qu'on ne peut expliquer.
C'est par là que l'un d'eux obtient la préférence :
Je crois voir l'autre encore avec indifférence;
Mais cette indifférence est une aversion 365
Lorsque je la compare avec ma passion.
Étrange effet d'amour ! incroyable chimère !
Je voudrais être à lui, si je n'aimais son frère,
Et le plus grand des maux toutefois que je crains,
C'est que mon triste sort me livre entre ses mains. 370

LAONICE

Ne pourrai-je servir une si belle flamme ?

RODOGUNE

Ne crois pas en tirer le secret de mon âme :
Quelque époux que le ciel veuille me destiner,
C'est à lui pleinement que je veux me donner.
De celui que je crains si je suis le partage, 375
Je saurai l'accepter avec même visage;
L'hymen me le rendra précieux à son tour,
Et le devoir fera ce qu'aurait fait l'amour,
Sans crainte qu'on reproche à mon humeur forcée

---

359. Quand les ordres du ciel nous ont fait l'un pour l'autre,
Lise, c'est un accord bientôt fait que le nôtre ;
Sa main entre les cœurs, par un secret pouvoir,
Sème l'intelligence avant que de se voir. (*Suite du Menteur*, IV, 1.

360. Au XVIIe siècle, *dont* pouvait dépendre, comme en latin, d'un complément indirect. Voyez une tournure analogue dans Pompée, vers 911.

379. Pour : à mon âme contrainte, mais triomphant d'elle-même.

Qu'un autre qu'un mari règne sur ma pensée. 380

LAONICE

Vous craignez que ma foi vous l'ose reprocher ?

RODOGUNE

Que ne puis-je à moi-même aussi bien le cacher !

LAONICE

Quoi que vous me cachiez, aisément je devine,
Et, pour vous dire enfin ce que je m'imagine,
Le Prince... 385

RODOGUNE

Garde-toi de nommer mon vainqueur :
La rougeur trahirait les secrets de mon cœur,
Et je te voudrais mal de cette violence
Que ta dextérité ferait à mon silence.
Même, de peur qu'un mot, par hasard échappé,
Te fasse voir ce cœur, et quels traits l'ont frappé, 390
Je romps un entretien dont la suite me blesse.
Adieu, mais souviens-toi que c'est sur ta promesse
Que mon esprit reprend quelque tranquillité.

LAONICE

Madame, assurez-vous sur ma fidélité.

---

381. *Foi, fides*, fidélité (à garder le secret), dévouement.

388. « Étymologiquement, la *dextérité* est ce qui se fait avec la dextre, la main droite, et, par conséquent, mieux qu'avec la main gauche. L'*adresse* est ce qui se fait en allant, comme on disait dans l'ancien français, *à droit*, c'est-à-dire juste au but. Par là on voit que *adresse* est plus général que *dextérité*, la dextérité étant proprement l'adresse de main, et l'adresse étant l'adresse pour toute chose. » (Littré.) Par cet exemple, on voit que *dextérité* peut être pris au figuré.

ACTE DEUXIÈME

SCÈNE I

CLÉOPATRE

Serments fallacieux, salutaire contrainte, 395
Que m'imposa la force et qu'accepta ma crainte,
Heureux déguisements d'un immortel courroux,
Vains fantômes d'État, évanouissez-vous !
Si d'un péril pressant la terreur vous fit naître,
Avec ce péril même il vous faut disparaître, 400
Semblables à ces vœux, dans l'orage formés,
Qu'efface un prompt oubli quand les flots sont calmés.
Et vous, qu'avec tant d'art cette feinte a voilée,
Recours des impuissants, haine dissimulée,
Digne vertu des rois, noble secret de cour, 405
Éclatez, il est temps, et voici notre jour.
Montrons-nous toutes deux, non plus comme sujettes,
Mais telle que je suis, et telle que vous êtes.
Le Parthe est éloigné, nous pouvons tout oser :
Nous n'avons rien à craindre, et rien à déguiser ; 410

---

395. « Corneille reparaît ici dans toute sa pompe ; l'éloquent Bossuet est le seul qui se soit servi après lui de cette belle épithète *fallacieuse*. Pourquoi appauvrir la langue ? » (Voltaire.) Il semble, observe Marty-Laveaux, que cette remarque de Voltaire ait fait revivre ce mot. Dans toutes les éditions de son Dictionnaire, de 1694 à 1762, l'Académie avait condamné, comme vieilli, *fallacieux* appliqué à une chose ; à partir de ce moment elle ne le proscrit plus, bien qu'elle observe qu'il est surtout du style élevé. — *Salutaire contrainte*, contrainte que je me suis imposée pour me sauver.

398. *Vains fantômes*, contrainte chimérique qu'imposait la raison d'État.

407. *Sujettes*, appliqué à la fois à une reine et à une passion, n'est pas clair. Cléopâtre ne veut plus qu'elle-même et sa haine soient esclaves de la raison d'État.

Je hais, je règne encor. Laissons d'illustres marques
En quittant, s'il le faut, ce haut rang des monarques :
Faisons-en avec gloire un départ éclatant,
Et rendons-le funeste à celle qui l'attend.
C'est encor, c'est encor cette même ennemie 415
Qui cherchait ses honneurs dedans mon infamie,
Dont la haine à son tour croit me faire la loi,
Et régner par mon ordre et sur vous et sur moi.
Tu m'estimes bien lâche, imprudente rivale,
Si tu crois que mon cœur jusque-là se ravale 420
Qu'il souffre qu'un hymen qu'on t'a promis en vain
Te mette ta vengeance et mon sceptre à la main.
Vois jusqu'où m'emporta l'amour du diadème,
Vois quel sang il me coûte, et tremble pour toi-même :
Tremble, te dis-je, et songe, en dépit du traité, 425
Que, pour t'en faire un don, je l'ai trop acheté.

SCÈNE II
CLÉOPATRE, LAONICE

CLÉOPATRE

Laonice, vois-tu que le peuple s'apprête
Au pompeux appareil de cette grande fête ?

LAONICE

La joie en est publique, et les princes tous deux
Des Syriens ravis emportent tous les vœux : 430
L'un et l'autre fait voir un mérite si rare
Que le souhait confus entre les deux s'égare ;
Et ce qu'en quelques-uns on voit d'attachement
N'est qu'un faible ascendant d'un premier mouvement.

---

418. *Vous*, c'est la haine dissimulée dont Cléopâtre a parlé plus haut.
432. C'est-à-dire : que la sympathie confuse, incertaine de la multitude ne sait sur qui se fixer. C'est à peu près le vers de Virgile :
    Scinditur incertum studia in contraria vulgus.
434. *Ascendant*, influence. — *Mouvement*, impulsion, sentiment.

ACTE II, SCÈNE II

Ils penchent d'un côté, prêts à tomber de l'autre : 435
Leur choix pour s'affermir attend encor le vôtre,
Et de celui qu'ils font ils sont si peu jaloux
Que votre secret su les réunira tous.

CLÉOPATRE

Sais-tu que mon secret n'est pas ce que l'on pense ?

LAONICE

J'attends avec eux tous celui de leur naissance. 440

CLÉOPATRE

Pour un esprit de cour, et nourri chez les grands,
Tes yeux dans leurs secrets sont bien peu pénétrants.
Apprends, ma confidente, apprends à me connaître.
Si je cache en quel rang le ciel les a fait naître,
Vois, vois que, tant que l'ordre en demeure douteux, 445
Aucun des deux ne règne, et je règne pour eux ;
Quoique ce soit un bien que l'un et l'autre attende,
De crainte de le perdre aucun ne le demande ;
Cependant je possède, et leur droit incertain
Me laisse avec leur sort leur sceptre dans la main : 450
Voilà mon grand secret. Sais-tu par quel mystère
Je les laissais tous deux en dépôt chez mon frère ?

LAONICE

J'ai cru qu'Antiochus les tenait éloignés
Pour jouir des États qu'il avait regagnés.

CLÉOPATRE

Il occupait leur trône, et craignait leur présence, 455
Et cette juste crainte assurait ma puissance.
Mes ordres en étaient de point en point suivis,
Quand je le menaçais du retour de mes fils :
Voyant ce foudre prêt à suivre ma colère,

---

444. *Rang* signifie, non pas la condition, mais *l'ordre* de la naissance.
459. Il s'agit d'un *coup de foudre*, qui menace Antiochus Sidétès.

Quoi qu'il me plût oser, il n'osait me déplaire ; 460
Et, content malgré lui du vain titre de roi,
S'il régnait au lieu d'eux, ce n'était que sous moi.
  Je te dirai bien plus. Sans violence aucune
J'aurais vu Nicanor épouser Rodogune,
Si, content de lui plaire et de me dédaigner, 465
Il eût vécu chez elle en me laissant régner.
Son retour me fâchait plus que son hyménée,
Et j'aurais pu l'aimer, s'il ne l'eût couronnée.
Tu vis comme il y fit des efforts superflus :
Je fis beaucoup alors, et ferais encor plus 470
S'il était quelque voie, infâme ou légitime,
Que m'enseignât la gloire, ou que m'ouvrît le crime,
Qui me pût conserver un bien que j'ai chéri
Jusqu'à verser pour lui tout le sang d'un mari.
Dans l'état pitoyable où m'en réduit la suite, 475
Délices de mon cœur, il faut que je te quitte ;
On m'y force, il le faut ; mais on verra quel fruit
En recevra bientôt celle qui m'y réduit.
L'amour que j'ai pour toi tourne en haine pour elle :
Autant que l'un fut grand, l'autre sera cruelle, 480
Et, puisqu'en te perdant j'ai sur qui me venger,
Ma perte est supportable, et mon mal est léger.

LAONICE

Quoi ! vous parlez encor de vengeance et de haine
Pour celle dont vous-même allez faire une reine !

CLÉOPATRE

Quoi ! je ferais un roi pour être son époux, 485
Et m'exposer aux traits de son juste courroux !

---

461. *Content malgré lui* semble d'abord contradictoire ; mais *content* a ici le sens du latin *contentus*, qui se contente de..., comme au vers 465.
463. Sans violence, au figuré, sans contrainte, sans me faire violence.
472. La liaison *ou* sépare le vers en deux moitiés qui font antithèse, comme dans le vers précédent *infâme* et *légitime*, dont elles sont le développement symétrique.

N'apprendras-tu jamais, âme basse et grossière,
A voir par d'autres yeux que les yeux du vulgaire ?
Toi qui connais ce peuple, et sais qu'aux champs de Mars
Lâchement d'une femme il suit les étendards,   490
Que, sans Antiochus, Tryphon m'eût dépouillée,
Que sous lui son ardeur fut soudain réveillée,
Ne saurais-tu juger que, si je nomme un roi,
C'est pour le commander et combattre pour moi ?
J'en ai le choix en main avec le droit d'aînesse,   495
Et, puisqu'il en faut faire une aide à ma faiblesse,
Que la guerre sans lui ne peut se rallumer,
J'userai bien du droit que j'ai de le nommer.
On ne montera point au rang dont je dévale,
Qu'en épousant ma haine au lieu de ma rivale :   500
Ce n'est qu'en me vengeant qu'on me le peut ravir,
Et je ferai régner qui me voudra servir.

LAONICE

Je vous connaissais mal.

CLÉOPATRE

Connais-moi tout entière.
Quand je mis Rodogune en tes mains prisonnière,
Ce ne fut ni pitié ni respect de son rang   505
Qui m'arrêta le bras et conserva son sang.
La mort d'Antiochus me laissait sans armée,
Et d'une troupe en hâte à me suivre animée
Beaucoup dans ma vengeance ayant fini leurs jours

---

492. C'est-à-dire que sous Antiochus l'amour du peuple pour la cause royale se réveilla, après s'être affaibli sous la domination de Tryphon.

494. Dans le *Cosroès* de Rotrou (II, 1) Sira, couronnant son fils Mardesane, dit aussi :

Je puis être encor reine, et régner en autrui.

499. « Ce mot, dans le sens propre, est vieilli et populaire ; cependant on peut le rajeunir par un emploi heureux, comme a fait Chateaubriand, ou par un emploi technique, comme Bonnet ; mais, dans un sens figuré, comme chez Corneille, il est tout à fait hors d'usage. » (Littré.) Sur la tournure *point... que*, voyez *Polyeucte*, vers 1167.

509. *Dans ma vengeance*, peu clair pour : en voulant me venger.

M'exposaient à son frère et faible et sans secours. 510
Je me voyais perdue à moins d'un tel otage :
Il vint, et sa fureur craignit pour ce cher gage ;
Il m'imposa des lois, exigea des serments,
Et moi j'accordai tout pour obtenir du temps.
Le temps est un trésor plus grand qu'on ne peut croire : 515
J'en obtins, et je crus obtenir la victoire.
J'ai pu reprendre haleine, et, sous de faux apprêts...
Mais voici mes deux fils, que j'ai mandés exprès.
Écoute, et tu verras quel est cet hyménée
Où se doit terminer cette illustre journée. 520

SCÈNE III

CLÉOPATRE, ANTIOCHUS, SÉLEUCUS, LAONICE

CLÉOPATRE

Mes enfants, prenez place. Enfin voici le jour
Si doux à mes souhaits, si cher à mon amour,
Où je puis voir briller sur une de vos têtes
Ce que j'ai conservé parmi tant de tempêtes,
Et vous remettre un bien, après tant de malheurs, 525
Qui m'a coûté pour vous tant de soins et de pleurs.
Il peut vous souvenir quelles furent mes larmes,
Quand Tryphon me donna de si rudes alarmes
Que, pour ne vous pas voir exposés à ses coups,
Il fallut me résoudre à me priver de vous. 530
Quelles peines depuis, grands dieux, n'ai-je souffertes !
Chaque jour redoubla mes douleurs et mes pertes.
Je vis votre royaume entre ces murs réduit,
Je crus mort votre père, et sur un si faux bruit
Le peuple mutiné voulut avoir un maître. 535
J'eus beau le nommer lâche, ingrat, parjure, traître,

Il fallut satisfaire à son brutal désir,
Et, de peur qu'il en prît, il m'en fallut choisir.
Pour vous sauver l'État que n'eussé-je pu faire !
Je choisis un époux avec des yeux de mère, 540
Votre oncle Antiochus, et j'espérai qu'en lui
Votre trône tombant trouverait un appui ;
Mais à peine son bras en relève la chute,
Que par lui de nouveau le sort me persécute :
Maître de votre État par sa valeur sauvé, 545
Il s'obstine à remplir ce trône relevé :
Qui lui parle de vous attire sa menace.
Il n'a défait Tryphon que pour prendre sa place,
Et de dépositaire et de libérateur,
Il s'érige en tyran et lâche usurpateur. 550
Sa main l'en a puni : pardonnons à son ombre ;
Aussi bien en un seul voici des maux sans nombre :
Nicanor votre père et mon premier époux...
Mais pourquoi lui donner encore un nom si doux,
Puisque, l'ayant cru mort, il sembla ne revivre 555
Que pour s'en dépouiller afin de nous poursuivre ?
Passons ; je ne me puis souvenir sans trembler
Du coup dont j'empêchai qu'il nous pût accabler ;
Je ne sais s'il est digne ou d'horreur ou d'estime,
S'il plut aux dieux ou non, s'il fut justice ou crime ; 560
Mais, soit crime ou justice, il est certain, mes fils,
Que mon amour pour vous fit tout ce que je fis :
Ni celui des grandeurs, ni celui de la vie
Ne jeta dans mon cœur cette aveugle furie.
J'étais lasse d'un trône où d'éternels malheurs 565
Me comblaient chaque jour de nouvelles douleurs.
Ma vie est presque usée, et ce reste inutile

538. *Ne* est supprimé chez Corneille après *de peur que, à moins que,* après les verbes *craindre, empêcher.*
539. *Pour vous sauver,* pour vous conserver le trône, latinisme.

Chez mon frère avec vous trouvait un sûr asile;
Mais voir, après douze ans et de soins et de maux,
Un père vous ôter le fruit de mes travaux ! 570
Mais voir votre couronne après lui destinée
Aux enfants qui naîtraient d'un second hyménée !
A cette indignité je ne connus plus rien :
Je me crus tout permis pour garder votre bien.
Recevez donc, mes fils, de la main d'une mère, 575
Un trône racheté par le malheur d'un père.
Je crus qu'il fit lui-même un crime en vous l'ôtant,
Et si j'en ai fait un en vous le rachetant,
Daigne du juste Ciel la bonté souveraine,
Vous en laissant le fruit, m'en réserver la peine, 580
Ne lancer que sur moi les foudres mérités,
Et n'épandre sur vous que des prospérités !

ANTIOCHUS

Jusques ici, Madame, aucun ne met en doute
Les longs et grands travaux que notre amour vous coûte,
Et nous croyons tenir des soins de cet amour 585
Ce doux espoir du trône aussi bien que le jour :
Le récit nous en charme, et nous fait mieux comprendre
Quelles grâces tous deux nous vous en devons rendre;
Mais, afin qu'à jamais nous les puissions bénir,
Épargnez le dernier à notre souvenir : 590
Ce sont fatalités dont l'âme embarrassée
A plus qu'elle ne veut se voit souvent forcée.
Sur les noires couleurs d'un si triste tableau
Il faut passer l'éponge, ou tirer le rideau : 594

570. *Travaux*, soucis, peines, dans le sens étendu de *labores*, en latin. De même, au vers précédent, *soins* est pris dans le sens d'*inquiétudes*.
584. *Notre amour*, dans le sens de : l'amour que vous avez pour nous.
591. Il ne s'agit pas, comme le croit Voltaire, de cet « embarras » des deux frères dont Corneille parle dans son *Examen*, mais de la fatalité qui a entraîné Cléopâtre plus loin qu'elle n'a voulu. C'est là ce qu'Antiochus veut oublier.
594. Cette comparaison de l'éponge venait de l'usage où étaient jadis les copistes d'effacer avec l'éponge sur le parchemin, tandis que l'encre était encore fraîche, les fautes qui leur étaient échappées. Mme de Sévigné

Un fils est criminel quand il les examine ;
Et, quelque suite enfin que le ciel y destine,
J'en rejette l'idée, et crois qu'en ces malheurs
Le silence ou l'oubli nous sied mieux que les pleurs.
Nous attendons le sceptre avec même espérance ;
Mais, si nous l'attendons, c'est sans impatience. 600
Nous pouvons sans régner vivre tous deux contents ;
C'est le fruit de vos soins, jouissez-en longtemps :
Il tombera sur nous quand vous en serez lasse ;
Nous le recevrons lors de bien meilleure grâce,
Et l'accepter sitôt semble nous reprocher 605
De n'être revenus que pour vous l'arracher.

SÉLEUCUS

J'ajouterai, Madame, à ce qu'a dit mon frère,
Que bien qu'avec plaisir et l'un et l'autre espère,
L'ambition n'est pas notre plus grand désir.
Régnez, nous le verrons tous deux avec plaisir, 610
Et c'est bien la raison que pour tant de puissance
Nous vous rendions du moins un peu d'obéissance,
Et que celui de nous dont le ciel a fait choix
Sous votre illustre exemple apprenne l'art des rois.

CLÉOPATRE

Dites tout, mes enfants : vous fuyez la couronne, 615
Non que son trop d'éclat ou son poids vous étonne ;
L'unique fondement de cette aversion,
C'est la honte attachée à sa possession.

écrit : « Cet endroit qui fait trembler, qui fait qu'on *tire les rideaux*, qu'on *passe des éponges*, il s'y jeta, lui, à corps perdu. » C'est de Bourdaloue qu'elle parle ainsi, se souvenant peut-être de Corneille ; cet endroit où Bourdaloue appuie trop, c'est la révolte de Condé.

611. Nous dirions plutôt : c'est raison, c'est-à-dire il est raisonnable :

> ... Pour se faire honneur d'un cœur comme le mien,
> Ce n'est pas la raison qu'il ne leur coûte rien. (*Misanthrope*, II, I.)

Elle passe à vos yeux pour la même infamie,
S'il faut la partager avec notre ennemie, 620
Et qu'un indigne hymen la fasse retomber
Sur celle qui venait pour vous la dérober.
O nobles sentiments d'une âme généreuse !
O fils vraiment mes fils ! ô mère trop heureuse !
Le sort de votre père enfin est éclairci : 625
Il était innocent, et je puis l'être aussi ;
Il vous aima toujours, et ne fut mauvais père
Que charmé par la sœur, ou forcé par le frère,
Et dans cette embuscade où son effort fut vain,
Rodogune, mes fils, le tua par ma main. 630
Ainsi de cet amour la fatale puissance
Vous coûte votre père, à moi mon innocence ;
Et si ma main pour vous n'avait tout attenté,
L'effet de cet amour vous aurait tout coûté.
Ainsi vous me rendrez l'innocence et l'estime, 635
Lorsque vous punirez la cause de mon crime.
De cette même main qui vous a tout sauvé,
Dans son sang odieux je l'aurais bien lavé ;
Mais, comme vous aviez votre part aux offenses,
Je vous ai réservé votre part aux vengeances, 640
Et, pour ne tenir plus en suspens vos esprits,
Si vous voulez régner, le trône est à ce prix.
Entre deux fils que j'aime avec même tendresse
Embrasser ma querelle est le seul droit d'aînesse :
La mort de Rodogune en nommera l'aîné. 645
Quoi ! vous montrez tous deux un visage étonné !
Redoutez-vous son frère ? Après la paix infâme
Que même en la jurant je détestais dans l'âme,
J'ai fait lever des gens par des ordres secrets 649

619. *La même infamie*, l'infamie même. Cf. *le Cid*, 399.
635. *Estime* chez Corneille signifie à la fois la bonne opinion qu'on a de quelqu'un et celle qu'il a de lui-même.
644. *Embrasser ma querelle*, prendre mon parti.

Qu'à vous suivre en tous lieux vous trouverez tout prêts ;
Et tandis qu'il fait tête aux princes d'Arménie,
Nous pouvons sans péril briser sa tyrannie.
Qui vous fait donc pâlir à cette juste loi ?
Est-ce pitié pour elle ? Est-ce haine pour moi ?
Voulez-vous l'épouser afin qu'elle me brave, 655
Et mettre mon destin aux mains de mon esclave ?
Vous ne répondez point ? Allez, enfants ingrats,
Pour qui je crus en vain conserver ces États ;
J'ai fait votre oncle roi, j'en ferai bien un autre,
Et mon nom peut encore ici plus que le vôtre. 660

SÉLEUCUS

Mais, Madame, voyez que pour premier exploit...

CLÉOPATRE

Mais que chacun de vous pense à ce qu'il me doit.
Je sais bien que le sang qu'à vos mains je demande
N'est pas le digne essai d'une valeur bien grande ;
Mais, si vous me devez et le sceptre et le jour, 665
Ce doit être envers moi le sceau de votre amour :
Sans ce gage ma haine à jamais s'en défie ;
Ce n'est qu'en m'imitant que l'on me justifie.
Rien ne vous sert ici de faire les surpris ;
Je vous le dis encor, le trône est à ce prix ; 670
Je puis en disposer comme de ma conquête :
Point d'aîné, point de roi, qu'en m'apportant sa tête,
Et puisque mon seul choix vous y peut élever,
Pour jouir de mon crime il le faut achever.

666. Le *sceau*, la preuve définitive.

SCÈNE IV
SÉLEUCUS, ANTIOCHUS.

SÉLEUCUS

Est-il une constance à l'épreuve du foudre 675
Dont ce cruel arrêt met notre espoir en poudre ?

ANTIOCHUS

Est-il un coup de foudre à comparer aux coups
Que ce cruel arrêt vient de lancer sur nous ?

SÉLEUCUS

O haines, ô fureur dignes d'une mégère !
O femme, que je n'ose appeler encor mère ! 680
Après que tes forfaits ont régné pleinement,
Ne saurais-tu souffrir qu'on règne innocemment ?
Quels attraits penses-tu qu'ait pour nous la couronne,
S'il faut qu'un crime égal par ta main nous la donne ?
Et de quelles horreurs nous doit-elle combler, 685
Si pour monter au trône il faut te ressembler ?

ANTIOCHUS

Gardons plus de respect aux droits de la nature,
Et n'imputons qu'au sort notre triste aventure :
Nous le nommions cruel, mais il nous était doux
Quand il ne nous donnait à combattre que nous. 690
Confidents tout ensemble et rivaux l'un de l'autre,
Nous ne concevions point de mal pareil au nôtre :
Cependant, à nous voir l'un de l'autre rivaux,
Nous ne concevions pas la moitié de nos maux.

SÉLEUCUS

Une douleur si sage et si respectueuse, 695
Ou n'est guère sensible, ou guère impétueuse,

---

687. « *Respect*, c'est-à-dire *regard*, ou *esgard*, ou *considération* ». (Dictionnaire de Nicot.)

Et c'est en de tels maux avoir l'esprit bien fort
D'en connaître la cause, et l'imputer au sort.
Pour moi, je sens les miens avec plus de faiblesse :
Plus leur cause m'est chère, et plus l'effet m'en blesse ; 700
Non que pour m'en venger j'ose entreprendre rien :
Je donnerais encor tout mon sang pour le sien.
Je sais ce que je dois ; mais, dans cette contrainte,
Si je retiens mon bras, je laisse aller ma plainte,
Et j'estime qu'au point qu'elle nous a blessés, 705
Qui ne fait que s'en plaindre a du respect assez.
Voyez-vous bien quel est le ministère infâme
Qu'ose exiger de nous la haine d'une femme ?
Voyez-vous qu'aspirant à des crimes nouveaux,
De deux princes ses fils elle fait ses bourreaux ? 710
Si vous pouvez le voir, pouvez-vous vous en taire ?

ANTIOCHUS

Je vois bien plus encor : je vois qu'elle est ma mère,
Et, plus je vois son crime indigne de ce rang,
Plus je le vois souiller la source de mon sang.
J'en sens de ma douleur croître la violence ; 715
Mais ma confusion m'impose le silence,
Lorsque dans ses forfaits, sur nos fronts imprimés,
Je vois les traits honteux dont nous sommes formés.
Je tâche à cet objet d'être aveugle ou stupide :
J'ose me déguiser jusqu'à son parricide ; 720
Je me cache à moi-même un excès de malheur
Où notre ignominie égale ma douleur,
Et, détournant les yeux d'une mère cruelle,
J'impute tout au sort qui m'a fait naître d'elle.
Je conserve pourtant encore un peu d'espoir : 725
Elle est mère, et le sang a beaucoup de pouvoir ;
Et, le sort l'eût-il faite encor plus inhumaine,

---

719. *Stupide*, sens étymologique : frappé de stupeur. Cf. *Cinna*, V, 1.
720. Sur le sens très général du mot *parricide*, voyez *Horace*, 320.

Une larme d'un fils peut amollir sa haine.

SÉLEUCUS.

Ah! mon frère, l'amour n'est guère véhément
Pour des fils élevés dans un bannissement, 730
Et qu'ayant fait nourrir presque dans l'esclavage,
Elle n'a rappelés que pour servir sa rage.
De ses pleurs tant vantés je découvre le fard :
Nous avons en son cœur vous et moi peu de part.
Elle fait bien sonner ce grand amour de mère, 735
Mais elle seule enfin s'aime et se considère ;
Et, quoi que nous étale un langage si doux,
Elle a tout fait pour elle, et n'a rien fait pour nous.
Ce n'est qu'un faux amour que la haine domine :
Nous ayant embrassés, elle nous assassine, 740
En veut au cher objet dont nous sommes épris,
Nous demande son sang, met le trône à ce prix.
Ce n'est plus de sa main qu'il nous le faut attendre :
Il est, il est à nous, si nous osons le prendre.
Notre révolte ici n'a rien que d'innocent ; 745
Il est à l'un de nous, si l'autre le consent.
Régnons, et son courroux ne sera que faiblesse :
C'est l'unique moyen de sauver la princesse.
Allons la voir, mon frère, et demeurons unis :
C'est l'unique moyen de voir nos maux finis. 750
Je forme un beau dessein que mon amour m'inspire ;
Mais il faut qu'avec lui notre union conspire :
Notre amour, aujourd'hui si digne de pitié,
Ne saurait triompher que par notre amitié.

---

728. *Amollir*, adoucir, fléchir ; ce verbe est presque toujours pris aujourd'hui en mauvaise part.

730. *Dans un bannissement*, impropre pour : dans l'exil. Le bannissement, c'est l'acte même qui exile quelqu'un, non pas le lieu de l'exil.

733. *Le fard des pleurs*, alliance de mots bizarre ; mais sur *fard*, au figuré, dans le sens d'*hypocrisie*, voir *Cinna*, 628. Ses pleurs « tant vantés », dont elle faisait parade avec si peu de sincérité.

746. *Le consent*, pour *y consent* ; ce verbe, pris activement, est employé encore dans le style du droit.

ANTIOCHUS

Cet avertissement marque une défiance 755
Que la mienne pour vous souffre avec patience.
Allons, et soyez sûr que même le trépas
Ne peut rompre des nœuds que l'amour ne rompt pas.

ACTE TROISIÈME

SCÈNE I
RODOGUNE, ORONTE, LAONICE.

RODOGUNE

Voilà comme l'amour succède à la colère,
Comme elle ne me voit qu'avec des yeux de mère, 760
Comme elle aime la paix, comme elle fait un roi,
Et comme elle use enfin de ses fils et de moi.
Et tantôt mes soupçons lui faisaient une offense ?
Elle n'avait rien fait qu'en sa juste défense ?
Lorsque tu la trompais elle fermait les yeux ? 765
Ah ! que ma défiance en jugeait beaucoup mieux !
Tu le vois, Laonice.

LAONICE
　　　　　Et vous voyez, Madame,
Quelle fidélité vous conserve mon âme,

---

762. Latinisme : la locution *uti aliquo* a un sens très large que restreint et précise en général un adverbe : Voilà comme elle nous traite...

Et qu'ayant reconnu sa haine et mon erreur,
Le cœur gros de soupirs, et frémissant d'horreur, 770
Je romps une foi due aux secrets de ma reine,
Et vous viens découvrir mon erreur et sa haine.

RODOGUNE

Cet avis salutaire est l'unique secours
A qui je crois devoir le reste de mes jours.
Mais ce n'est pas assez de m'avoir avertie : 775
Il faut de ces périls m'aplanir la sortie ;
Il faut que tes conseils m'aident à repousser...

LAONICE

Madame, au nom des dieux, veuillez m'en dispenser ;
C'est assez que pour vous je lui sois infidèle,
Sans m'engager encore à des conseils contre elle. 780
Oronte est avec vous, qui, comme ambassadeur,
Devait de cet hymen honorer la splendeur ;
Comme c'est en ses mains que le roi votre frère
A déposé le soin d'une tête si chère,
Je vous laisse avec lui pour en délibérer. 785
Quoi que vous résolviez, laissez-moi l'ignorer.
Au reste, assurez-vous de l'amour des deux princes :
Plutôt que de vous perdre, ils perdront leurs provinces;
Mais je ne réponds pas que ce cœur inhumain
Ne veuille, à leur refus, s'armer d'une autre main. 790
Je vous parle en tremblant : si j'étais ici vue,
Votre péril croîtrait, et je serais perdue.

---

776. *Sortie* a ici le sens figuré du latin *exitus*.

780. Il semble qu'au vers 777 *conseil* soit pris dans son sens ordinaire et qu'ici il ait la signification du latin *consilium*, comme au vers 167 : *sans m'engager dans des résolutions prises contre elle.*

787. Au vers 394, nous avons vu : « *Assurez-vous sur* ma fidélité. » *S'assurer*, veut donc dire : prendre assurance, confiance, compter sur, se fier à :
    Madame, *assurez-vous de* mon obéissance. (Racine, *Mithridate*, I, II.)

Fuyez, grande princesse, et souffrez cet adieu.
RODOGUNE
Va, je reconnaîtrai ce service en son lieu.

SCÈNE II
RODOGUNE, ORONTE.

RODOGUNE
Que ferons-nous, Oronte, en ce péril extrême, 795
Où l'on fait de mon sang le prix d'un diadème ?
Fuirons-nous chez mon frère ? attendrons-nous la mort,
Ou ferons-nous contre elle un généreux effort ?

ORONTE
Notre fuite, Madame, est assez difficile :
J'ai vu des gens de guerre épandus par la ville. 800
Si l'on veut votre perte, on vous fait observer ;
Ou, s'il vous est permis encor de vous sauver,
L'avis de Laonice est sans doute une adresse :
Feignant de vous servir, elle sert sa maîtresse.
La reine, qui surtout craint de vous voir régner, 805
Vous donne ces terreurs pour vous faire éloigner ;
Et, pour rompre un hymen qu'avec peine elle endure,
Elle en veut à vous-même imputer la rupture.
Elle obtiendra par vous le but de ses souhaits,
Et vous accusera de violer la paix ; 810
Et le roi, plus piqué contre vous que contre elle,
Vous voyant lui porter une guerre nouvelle,
Blâmera vos frayeurs et nos légèretés,

---

794. *Reconnaître*, dans le sens de *se montrer reconnaissant*.
   Je *reconnais*, Abner, ce service important. (*Athalie*, II, viii.)
803. *Adresse*, feinte, finesse, comme au vers 848.

D'avoir osé douter de la foi des traités,
Et peut-être, pressé des guerres d'Arménie, 815
Vous laissera moquée, et la reine impunie.
A ces honteux moyens gardez de recourir :
C'est ici qu'il vous faut ou régner ou périr.
Le ciel pour vous ailleurs n'a point fait de couronne,
Et l'on s'en rend indigne alors qu'on l'abandonne. 820

RODOGUNE

Ah ! que de vos conseils j'aimerais la vigueur,
Si nous avions la force égale à ce grand cœur !
Mais pourrions-nous braver une reine en colère
Avec ce peu de gens que m'a laissés mon frère ?

ORONTE

J'aurais perdu l'esprit, si j'osais me vanter 825
Qu'avec ce peu de gens nous pussions résister :
Nous mourrons à vos pieds ; c'est toute l'assistance
Que vous peut en ces lieux offrir notre impuissance ;
Mais pouvez-vous trembler quand dans ces mêmes lieux
Vous portez le grand maître et des rois et des dieux ? 830
L'amour fera lui seul tout ce qu'il vous faut faire.
Faites-vous un rempart des fils contre la mère ;
Ménagez bien leur flamme, ils voudront tout pour vous ;
Et ces astres naissants sont adorés de tous.
Quoi que puisse en ces lieux une reine cruelle, 835
Pouvant tout sur ses fils, vous y pouvez plus qu'elle.
Cependant trouvez bon qu'en ces extrémités
Je tâche à rassembler nos Parthes écartés ;
Ils sont peu, mais vaillants, et peuvent de sa rage
Empêcher la surprise et le premier outrage. 840
Craignez moins, et surtout, Madame, en ce grand jour,
Si vous voulez régner, faites régner l'amour.

816. « Le verbe *moquer* s'employait autrefois activement, et, par suite, tout naturellement aussi au passif. » (Marty-Laveaux.) La forme active a disparu, mais la forme passive *être moqué* a survécu.
818. Il faut absolument ou périr, ou régner (Rotrou, *Cosroës*, I, III.)

SCÈNE III

RODOGUNE.

Quoi ! je pourrais descendre à ce lâche artifice
D'aller de mes amants mendier le service,
Et sous l'indigne appât d'un coup d'œil affété, 845
J'irais jusqu'en leur cœur chercher ma sûreté !
Celles de ma naissance ont horreur des bassesses :
Leur sang tout généreux hait ces molles adresses.
Quel que soit le secours qu'ils me puissent offrir,
Je croirai faire assez de le daigner souffrir : 850
Je verrai leur amour, j'éprouverai sa force,
Sans flatter leurs désirs, sans leur jeter d'amorce,
Et, s'il est assez fort pour me servir d'appui,
Je le ferai régner, mais en régnant sur lui.

Sentiments étouffés de colère et de haine, 855
Rallumez vos flambeaux à celles de la Reine,
Et d'un oubli contraint rompez la dure loi,
Pour rendre enfin justice aux mânes d'un grand roi ;
Rapportez à mes yeux son image sanglante,
D'amour et de fureur encore étincelante, 860
Telle que je le vis, quand, tout percé de coups,
Il me cria : « Vengeance ! Adieu ; je meurs pour vous ! »
Chère ombre, hélas ! bien loin de l'avoir poursuivie,
J'allais baiser la main qui t'arracha la vie,

---

844. *Service*, au singulier, s'emploie moins aujourd'hui. Corneille vieilli priait le roi de le faire inscrire sur la feuille des bénéfices :

Cependant, s'il est vrai que *mon service* plaise,
Sire, un bon mot, de grâce, au père de la Chaise. (*Au roi*, 1676.)

845. *Afféte*, qui a de l'afféterie, c'est *affecté*, sauf l'orthographe.
859. *Rapportez, referte*, représentez, faites revivre à mes yeux...
860. *Étinceler* se dit non seulement des yeux, mais, en certains cas, des personnes, et même des animaux. De Lacus et de Mathan, Corneille et Racine disent qu'ils sont « étincelants de rage ». (*Othon*, V, VIII; *Athalie* V, II.) — « Le cheval partage aussi les plaisirs de l'homme : à la chasse, aux tournois, à la course, il brille, il *étincelle*. » (Buffon.)

34.

Rendre un respect de fille à qui versa ton sang ; 865
Mais pardonne au devoir que m'impose mon rang :
Plus la haute naissance approche des couronnes,
Plus cette grandeur même asservit nos personnes ;
Nous n'avons point de cœur pour aimer ni haïr :
Toutes nos passions ne savent qu'obéir. 870
Après avoir armé pour venger cet outrage,
D'une paix mal conçue on m'a faite le gage ;
Et moi, fermant les yeux sur ce noir attentat,
Je suivais mon destin en victime d'État.
Mais aujourd'hui qu'on voit cette main parricide, 875
Des restes de ta vie insolemment avide,
Vouloir encor percer ce sein infortuné,
Pour y chercher le cœur que tu m'avais donné,
De la paix qu'elle rompt je ne suis plus le gage ;
Je brise avec honneur mon illustre esclavage ; 880
J'ose reprendre un cœur pour aimer et haïr,
Et ce n'est plus qu'à toi que je veux obéir.
    Le consentiras-tu, cet effort sur ma flamme,
Toi, son vivant portrait, que j'adore dans l'âme,
Cher prince, dont je n'ose, en mes plus doux souhaits, 885
Fier encor le nom aux murs de ce palais ?
Je sais quelles seront tes douleurs et tes craintes :
Je vois déjà tes maux, j'entends déjà tes plaintes ;
Mais pardonne aux devoirs qu'exige enfin un roi
A qui tu dois le jour qu'il a perdu pour moi. 890
J'aurai mêmes douleurs, j'aurai mêmes alarmes ;
S'il t'en coûte un soupir, j'en verserai des larmes.
Mais, dieux ! que je me trouble en les voyant tous deux !
Amour, qui me confonds, cache du moins tes feux,

---

869. L'amour ne règle pas le sort d'une princesse ;
    La gloire d'obéir est tout ce qu'on nous laisse.
                            (*Andromaque* III, II.)
875. Sur *parricide*, pris adjectivement, voyez *Horace*, 1522.

Et, content de mon cœur dont je te fais le maître, 895
Dans mes regards surpris garde-toi de paraître.

SCÈNE IV

ANTIOCHUS, SÉLEUCUS, RODOGUNE.

ANTIOCHUS

Ne vous offensez pas, Princesse, de nous voir
De vos yeux à vous-même expliquer le pouvoir.
Ce n'est pas d'aujourd'hui que nos cœurs en soupirent :
A vos premiers regards tous deux ils se rendirent ; 900
Mais un profond respect nous fit taire et brûler,
Et ce même respect nous force de parler.
L'heureux moment approche où votre destinée
Semble être aucunement à la nôtre enchaînée,
Puisque d'un droit d'aînesse incertain parmi nous 905
La nôtre attend un sceptre, et la vôtre un époux.
C'est trop d'indignité que notre souveraine
De l'un de ses captifs tienne le nom de reine :
Notre amour s'en offense, et, changeant cette loi,
Remet à notre reine à nous choisir un roi. 910
Ne vous abaissez plus à suivre la couronne :
Donnez-la, sans souffrir qu'avec elle on vous donne ;
Réglez notre destin, qu'ont mal réglé les dieux :
Notre seul droit d'aînesse est de plaire à vos yeux ;
L'ardeur qu'allume en nous une flamme si pure 915
Préfère votre choix au choix de la nature,

901. Construction trop elliptique ; le sens est : nous contraignit à vous aimer sans vous déclarer notre amour.
904. *Aucunement*. Littré constate que l'emploi de ce mot a vieilli. Jusqu'à la Révolution, dit Marty-Laveaux, le Parlement de Paris continua à s'en servir dans le prononcé de ses arrêts. *Aucunement* signifie donc *en quelque sorte*, comme l'indique Furetière,
908. Corneille joue sur les mots de *reine* et de *captif* ; mais, ainsi que Racine, il prend souvent ce dernier mot dans le sens d'*amant*.
911. On disait alors *suivre* au lieu de *poursuivre*. Cf. Nicomède, V, IV.

Et vient sacrifier à votre élection
Toute notre espérance et notre ambition.
Prononcez donc, Madame, et faites un monarque :
Nous céderons sans honte à cette illustre marque ; 920
Et celui qui perdra votre divin objet
Demeurera du moins votre premier sujet ;
Son amour immortel saura toujours lui dire
Que ce rang près de vous vaut ailleurs un empire ;
Il y mettra sa gloire, et, dans un tel malheur, 925
L'heur de vous obéir flattera sa douleur.

RODOGUNE

Princes, je dois beaucoup à cette déférence
De votre ambition et de votre espérance,
Et j'en recevrais l'offre avec quelque plaisir,
Si celles de mon rang avaient droit de choisir. 930
Comme sans leur avis les rois disposent d'elles
Pour affermir leur trône ou finir leurs querelles,
Le destin des États est arbitre du leur,
Et l'ordre des traités règle tout dans leur cœur.
C'est lui que suit le mien, et non pas la couronne : 935
J'aimerai l'un de vous, parce qu'il me l'ordonne ;
Du secret révélé j'en prendrai le pouvoir,
Et mon amour pour naître attendra mon devoir.
N'attendez rien de plus, ou votre attente est vaine.
Le choix que vous m'offrez appartient à la Reine ; 940
J'entreprendrais sur elle à l'accepter de vous.

---

917. Littré, qui cite des exemples de Malherbe et de Balzac, dit que ce terme est peu usité dans le sens d'un choix personnel. Il était du moins fort usité dans la première moitié du XVIIe siècle.

926. *Flattera*, adoucira, comme plus loin au vers 1069.

930.   Car ce n'est point l'amour qui fait l'hymen des rois ;
        Les raisons de l'Etat règlent toujours leur choix.
                                   (*Don Sanche*, IV, v.)

935. *Suivre une loi* et *suivre (poursuivre) une couronne* sont deux expressions différentes, confondues ici à tort.

941. *Entreprendre sur*, empiéter sur les droits de quelqu'un.

Peut-être on vous a tu jusqu'où va son courroux :
Mais je dois par épreuve assez bien le connaître
Pour fuir l'occasion de le faire renaître.
Que n'en ai-je souffert, et que n'a-t-elle osé ? 945
Je veux croire avec vous que tout est apaisé ;
Mais craignez avec moi que ce choix ne ranime
Cette haine mourante à quelque nouveau crime :
Pardonnez-moi ce mot qui viole un oubli
Que la paix entre nous doit avoir établi. 950
Le feu qui semble éteint souvent dort sous la cendre ;
Qui l'ose réveiller peut s'en laisser surprendre,
Et je mériterais qu'il me pût consumer,
Si je lui fournissais de quoi se rallumer.

SÉLEUCUS

Pouvez-vous redouter sa haine renaissante, 955
S'il est en votre main de la rendre impuissante ?
Faites un roi, Madame, et régnez avec lui ;
Son courroux désarmé demeure sans appui,
Et toutes ses fureurs, sans effet rallumées,
Ne pousseront en l'air que de vaines fumées. 960
Mais a-t-elle intérêt au choix que vous ferez,
Pour en craindre les maux que vous vous figurez ?
La couronne est à nous, et, sans lui faire injure,
Sans manquer de respect aux droits de la nature,
Chacun de nous à l'autre en peut céder sa part, 965
Et rendre à votre choix ce qu'il doit au hasard.
Qu'un si faible scrupule en notre faveur cesse :
Votre inclination vaut bien un droit d'aînesse,
Dont vous seriez traitée avec trop de rigueur,
S'il se trouvait contraire aux vœux de votre cœur. 970
On vous applaudirait quand vous seriez à plaindre ;

---

951. ... Le feu mal éteint est bientôt rallumé. (*Sertorius*, I, III.)
960. L'emploi de *fumée* au figuré (fumée de la gloire, etc.) est fréquent chez Corneille ; mais ici il s'est copié lui-même. (Voyez *Pompée*, I, II.)
962. *Pour en craindre*, pour que vous craigniez d'elle.

Pour vous faire régner ce serait vous contraindre,
Vous donner la couronne en vous tyrannisant,
Et verser du poison sur ce noble présent.
Au nom de ce beau feu qui tous deux nous consume, 975
Princesse, à notre espoir ôtez cette amertume,
Et permettez que l'heur qui suivra votre époux
Se puisse redoubler à le tenir de vous.

RODOGUNE

Ce beau feu vous aveugle autant comme il vous brûle,
Et, tâchant d'avancer, son effort vous recule. 980
Vous croyez que ce choix que l'un et l'autre attend
Pourra faire un heureux sans faire un mécontent ;
Et moi, quelque vertu que votre cœur prépare,
Je crains d'en faire deux si le mien se déclare ;
Non que de l'un et l'autre il dédaigne les vœux : 985
Je tiendrais à bonheur d'être à l'un de vous deux ;
Mais souffrez que je suive enfin ce qu'on m'ordonne :
Je me mettrai trop haut s'il faut que je me donne.
Quoique aisément je cède aux ordres de mon roi,
Il n'est pas bien aisé de m'obtenir de moi. 990
Savez-vous quels devoirs, quels travaux, quels services,
Voudront de mon orgueil exiger les caprices ?
Par quels degrés de gloire on me peut mériter ?
En quels affreux périls il faudra vous jeter ?
Ce cœur vous est acquis après le diadème, 995
Princes ; mais gardez-vous de le rendre à lui-même.
Vous y renoncerez peut-être pour jamais
Quand je vous aurai dit à quel prix je le mets.

SÉLEUCUS

Quels seront les devoirs, quels travaux, quels services
Dont nous ne vous fassions d'amoureux sacrifices ? 1000

---

980. Il faut entendre : *alors que vous tâchez d'avancer,* c'est-à-dire, de faire un pas en avant pour atteindre le but.
984. *Le mien,* mon cœur. *Deux,* deux mécontents

Et quels affreux périls pourrons-nous redouter,
Si c'est par ces degrés qu'on peut vous mériter ?

ANTIOCHUS

Princesse, ouvrez ce cœur, et jugez mieux du nôtre ;
Jugez mieux du beau feu qui brûle l'un et l'autre,
Et dites hautement à quel prix votre choix   1005
Veut faire l'un de nous le plus heureux des rois.

RODOGUNE

Prince, le voulez-vous ?

ANTIOCHUS

          C'est notre unique envie.

RODOGUNE

Je verrai cette ardeur d'un repentir suivie.

SÉLEUCUS

Avant ce repentir tous deux nous périrons.

RODOGUNE

Enfin vous le voulez ?

SÉLEUCUS

          Nous vous en conjurons.   1010

RODOGUNE

Eh bien donc ! il est temps de me faire connaître.
J'obéis à mon roi, puisqu'un de vous doit l'être ;
Mais, quand j'aurai parlé, si vous vous en plaignez,
J'atteste tous les dieux que vous m'y contraignez,
Et que c'est malgré moi qu'à moi-même rendue   1015
J'écoute une chaleur qui m'était défendue ;

1011. Dans la pièce de Gilbert, Artaxerce et Darie pressent Lydie de se déclarer. Après avoir longtemps hésité, elle dit :

> Perdez les assassins d'un père et d'un époux ;
> Lavez dedans leur sang leur noire perfidie :
> C'est par là seulement qu'on peut avoir Lydie.
> Elle n'épousera, quoi qu'ordonne le sort,
> Que celui de ses fils qui vengera sa mort.

1016. *Chaleur*, toute passion ardente, voyez le vers 1467.

Qu'un devoir rappelé me rend un souvenir
Que la foi des traités ne doit plus retenir.
　Tremblez, Princes, tremblez au nom de votre père :
Il est mort, et pour moi, par les mains d'une mère. 1020
Je l'avais oublié, sujette à d'autres lois ;
Mais, libre, je lui rends enfin ce que je dois.
C'est à vous de choisir mon amour ou ma haine.
J'aime les fils du Roi, je hais ceux de la Reine :
Réglez-vous là-dessus ; et, sans plus me presser, 1025
Voyez auquel des deux vous voulez renoncer.
Il faut prendre parti, mon choix suivra le vôtre :
Je respecte autant l'un que je déteste l'autre.
Mais ce que j'aime en vous du sang de ce grand roi,
S'il n'est digne de lui, n'est pas digne de moi. 1030
Ce sang que vous portez, ce trône qu'il vous laisse,
Valent bien que pour lui votre cœur s'intéresse,
Votre gloire le veut, l'amour vous le prescrit.
Qui peut contre elle et lui soulever votre esprit ?
Si vous leur préférez une mère cruelle, 1035
Soyez cruels, ingrats, parricides comme elle :
Vous devez la punir, si vous la condamnez ;
Vous devez l'imiter, si vous la soutenez.
Quoi ! cette ardeur s'éteint ! l'un et l'autre soupire !
J'avais su le prévoir, j'avais su le prédire... 1040

ANTIOCHUS

Princesse...

RODOGUNE

　　　Il n'est plus temps, le mot en est lâché :
Quand j'ai voulu me taire, en vain je l'ai tâché.

1018. Mon devoir, que j'ose enfin me rappeler, fait revivre en mon esprit le souvenir de Nicanor, qu'aucun traité ne peut plus étouffer.
1031. Ce sang que vous portez en vos veines.
1034. « Le sens est louche : *contre elle* signifie *contre votre gloire*, et *lui* signifie *votre amour*. » (Voltaire.) — *Qui peut ?* qu'est-ce qui peut ? c'est le *quid* latin.
1042. *Tâcher*, actif, est plus rare chez Corneille que *tâcher à*.

Appelez ce devoir haine, rigueur, colère :
Pour gagner Rodogune il faut venger un père ;
Je me donne à ce prix ; osez me mériter, 1045
Et voyez qui de vous daignera m'accepter.
Adieu, Princes.

SCÈNE V

ANTIOCHUS, SÉLEUCUS

ANTIOCHUS

Hélas ! c'est donc ainsi qu'on traite
Les plus profonds respects d'une amour si parfaite !

SÉLEUCUS

Elle nous fuit mon frère, après cette rigueur.

ANTIOCHUS

Elle fuit, mais en Parthe, en nous perçant le cœur. 1050

SÉLEUCUS

Que le ciel est injuste ! Une âme si cruelle
Méritait notre mère, et devait naître d'elle.

ANTIOCHUS

Plaignons-nous sans blasphème.

SÉLEUCUS

Ah ! que vous me gênez
Par cette retenue où vous vous obstinez !
Faut-il encor régner ? faut-il l'aimer encore ? 1055

ANTIOCHUS

Il faut plus de respect pour celle qu'on adore.

SÉLEUCUS

C'est ou d'elle ou du trône être ardemment épris,
Que vouloir ou l'aimer ou régner à ce prix.

ANTIOCHUS

C'est et d'elle et de lui tenir bien peu de compte,
Que faire une révolte et si pleine et si prompte. 1060

SÉLEUCUS

Lorsque l'obéissance a tant d'impiété,
La révolte devient une nécessité.

ANTIOCHUS

La révolte, mon frère, est bien précipitée,
Quand la loi qu'elle rompt peut être rétractée,
Et c'est à nos désirs trop de témérité 1065
De vouloir de tels biens avec facilité :
Le ciel par les travaux veut qu'on monte à la gloire ;
Pour gagner un triomphe il faut une victoire.
Mais que je tâche en vain de flatter nos tourments !
Nos malheurs sont plus forts que ces déguisements. 1070
Leur excès à mes yeux paraît un noir abîme
Où la haine s'apprête à couronner le crime,
Où la gloire est sans nom, la vertu sans honneur,
Où sans un parricide il n'est point de bonheur ;
Et, voyant de ces maux l'épouvantable image, 1075
Je me sens affaiblir quand je vous encourage ;
Je frémis, je chancelle, et mon cœur abattu
Suit tantôt sa douleur, et tantôt sa vertu.
Mon frère, pardonnez à des discours sans suite,
Qui font trop voir le trouble où mon âme est réduite. 1080

1059. *Elle* et *lui*, représentant Rodogune et le trône, manque de clarté, d'autant plus que *lui* est appliqué à une chose inanimée.

1060. *Révolte* (en italien *rivolta*) signifie proprement *volte-face*. *Révolter* ou *se révolter* se disait de ceux qui passaient d'un parti ou d'une religion à l'autre. *Faire une révolte* n'est donc pas incorrect.

1066. *Ces biens*, c'est moins la possession du trône que celle de Rodogune.

1070. *Que ces déguisements*, c'est-à-dire que ces vaines paroles, par lesquelles j'essaye de me déguiser à moi-même mon malheur.

1073. *Une gloire sans nom*, une gloire sans honneur, la gloire qui sort du crime ; c'est ce qu'indique l'antithèse qui suit où *vertu* se rapproche du sens de *virtus*, énergie morale, mise au service du mal comme du bien.

SÉLEUCUS

J'en ferais comme vous, si mon esprit troublé
Ne secouait le joug dont il est accablé.
Dans mon ambition, dans l'ardeur de ma flamme,
Je vois ce qu'est un trône, et ce qu'est une femme,
Et, jugeant par leur prix de leur possession,   1085
J'éteins enfin ma flamme et mon ambition;
Et je vous céderais l'un et l'autre avec joie,
Si, dans la liberté que le ciel me renvoie,
La crainte de vous faire un funeste présent
Ne me jetait dans l'âme un remords trop cuisant.   1090
  Dérobons-nous, mon frère, à ces âmes cruelles,
Et laissons-les sans nous achever leurs querelles.

ANTIOCHUS

Comme j'aime beaucoup, j'espère encore un peu.
L'espoir ne peut s'éteindre où brûle tant de feu,
Et son reste confus me rend quelques lumières   1095
Pour juger mieux que vous de ces âmes si fières.
Croyez-moi, l'une et l'autre a redouté nos pleurs :
Leur fuite à nos soupirs a dérobé leurs cœurs,
Et si tantôt leur haine eût attendu nos larmes,
Leur haine à nos douleurs aurait rendu les armes.   1100

SÉLEUCUS

Pleurez donc à leurs yeux, gémissez, soupirez,
Et je craindrai pour vous ce que vous espérez.
Quoi qu'en votre faveur vos pleurs obtiennent d'elles,
Il vous faudra parer leurs haines mutuelles,
Sauver l'une de l'autre, et peut-être leurs coups,   1105
Vous trouvant au milieu, ne perceront que vous :
C'est ce qu'il faut pleurer. Ni maîtresse ni mère
N'ont plus de choix ici ni de lois à nous faire;

1108. « Il veut dire : Nous n'avons plus à choisir entre Cléopâtre et Rodogune. » (Voltaire.) « Ce n'est point là du tout la pensée de Séleucus; il veut dire : Ni Cléopâtre ni Rodogune n'ont plus désormais à choisir entre nous, puisque je vous fais roi et que je vous cède Rodogune. » (Palissot.)

Quoi que leur rage exige ou de vous ou de moi,
Rodogune est à vous, puisque je vous fais roi. 1110
Épargnez vos soupirs près de l'une ou de l'autre.
J'ai trouvé mon bonheur, saisissez-vous du vôtre :
Je n'en suis point jaloux, et ma triste amitié
Ne le verra jamais que d'un œil de pitié.

SCÈNE VI

ANTIOCHUS

Que je serais heureux si je n'aimais un frère ! 1115
Lorsqu'il ne veut pas voir le mal qu'il se veut faire,
Mon amitié s'oppose à son aveuglement :
Elle agira pour vous, mon frère, également,
Et n'abusera point de cette violence
Que l'indignation fait à votre espérance. 1120
La pesanteur du coup souvent nous étourdit :
On le croit repoussé quand il s'approfondit ;
Et, quoi qu'un juste orgueil sur l'heure persuade,
Qui ne sent point son mal est d'autant plus malade :
Ces ombres de santé cachent mille poisons, 1125
Et la mort suit de près ces fausses guérisons.
Daignent les justes dieux rendre vain ce présage !
Cependant allons voir si nous vaincrons l'orage,
Et si, contre l'effort d'un si puissant courroux,
La nature et l'amour voudront parler pour nous. 1130

1120. Antiochus veut dire que l'indignation de Séleucus a étouffé violemment son amour, mais que cette violence qu'il se fait pourrait être éphémère, et qu'il n'abusera pas d'une résolution aussi précipitée.

1122. *S'approfondit*, pénètre plus avant ; Corneille dit aussi « approfondir un abîme » (*Sertorius*, vers 840) pour le rendre plus profond.

ACTE QUATRIÈME

SCÈNE I
ANTIOCHUS, RODOGUNE.

RODOGUNE

Prince, qu'ai-je entendu ? parce que je soupire,
Vous présumez que j'aime, et vous m'osez le dire !
Est-ce un frère, est-ce vous dont la témérité
S'imagine...

ANTIOCHUS

      Apaisez ce courage irrité,
Princesse ; aucun de nous ne serait téméraire   1135
Jusqu'à s'imaginer qu'il eût l'heur de vous plaire :
Je vois votre mérite et le peu que je vaux,
Et ce rival si cher connaît mieux ses défauts.
Mais si tantôt ce cœur parlait par votre bouche,
Il veut que nous croyions qu'un peu d'amour le touche, 1140
Et qu'il daigne écouter quelques-uns de nos vœux,
Puisqu'il tient à bonheur d'être à l'un de nous deux.
Si c'est présomption de croire ce miracle,
C'est une impiété de douter de l'oracle,
Et mériter les maux où vous nous condamnez,   1145
Qu'éteindre un bel espoir que vous nous ordonnez.
Princesse, au nom des dieux, au nom de cette flamme...

RODOGUNE

Un mot ne fait pas voir jusques au fond d'une âme ;
Et votre espoir trop prompt prend trop de vanité
Des termes obligeants de ma civilité.   1150
Je l'ai dit, il est vrai ; mais, quoi qu'il en puisse être,
Méritez cet amour que vous voulez connaître.

Lorsque j'ai soupiré, ce n'était pas pour vous ;
J'ai donné ces soupirs aux mânes d'un époux ;
Et ce sont les effets du souvenir fidèle 1155
Que sa mort à toute heure en mon âme rappelle.
Princes, soyez ses fils, et prenez son parti.

ANTIOCHUS

Recevez donc son cœur en nous deux réparti ;
Ce cœur, qu'un saint amour rangea sous votre empire,
Ce cœur, pour qui le vôtre à tous moments soupire, 1160
Ce cœur, en vous aimant indignement percé,
Reprend pour vous aimer le sang qu'il a versé ;
Il le reprend en nous, il revit, il vous aime,
Et montre, en vous aimant, qu'il est encor le même.
Ah ! Princesse, en l'état où le sort nous a mis, 1165
Pouvons-nous mieux montrer que nous sommes ses fils ?

RODOGUNE

Si c'est son cœur en vous qui revit et qui m'aime,
Faites ce qu'il ferait s'il vivait en lui-même ;
A ce cœur qu'il vous laisse osez prêter un bras :
Pouvez-vous le porter et ne l'écouter pas ? 1170
S'il vous explique mal ce qu'il en doit attendre,
Il emprunte ma voix pour mieux se faire entendre.
Une seconde fois il vous le dit par moi :
Prince, il faut le venger.

ANTIOCHUS

                J'accepte cette loi.
Nommez les assassins, et j'y cours.

RODOGUNE

                            Quel mystère 1175
Vous fait, en l'acceptant, méconnaître une mère ?

1154. « Il est expliqué très clairement dans les premiers actes que jamais Rodogune n'a épousé Nicanor. Elle était promise à ce prince, et c'est dans ce sens qu'elle peut le nommer son époux. » (Palissot.) L'étymologie du mot *époux* est *sponsus*, fiancé. « *Espoux* est celuy qui n'est que fiancé, et ne se peut encore porter pour mari. » (Dictionnaire de Nicot.)

ANTIOCHUS

Ah! si vous ne voulez voir finir nos destins,
Nommez d'autres vengeurs ou d'autres assassins.

RODOGUNE

Ah! je vois trop régner son parti dans votre âme;
Prince, vous le prenez.

ANTIOCHUS

Oui, je le prends, Madame, 1180
Et j'apporte à vos pieds le plus pur de son sang,
Que la nature enferme en ce malheureux flanc.
Satisfaites vous-même à cette voix secrète
Dont la vôtre envers nous daigne être l'interprète :
Exécutez son ordre, et hâtez-vous sur moi 1185
De punir une reine et de venger un roi ;
Mais, quitte par ma mort d'un devoir si sévère,
Écoutez-en un autre en faveur de mon frère.
De deux princes unis à soupirer pour vous
Prenez l'un pour victime, et l'autre pour époux ; 1190
Punissez un des fils des crimes de la mère,
Mais payez l'autre aussi des services du père,
Et laissez un exemple à la postérité
Et de rigueur entière et d'entière équité.
Quoi! n'écouterez-vous ni l'amour ni la haine ? 1195
Ne pourrai-je obtenir ni salaire ni peine ?
Ce cœur qui vous adore, et que vous dédaignez...

RODOGUNE

Hélas! Prince.

ANTIOCHUS

Est-ce encor le Roi que vous plaignez ?
Ce soupir ne va-t-il que vers l'ombre d'un père ?

RODOGUNE

Allez, ou pour le moins rappelez votre frère : 1200
Le combat pour mon âme était moins dangereux
Lorsque je vous avais à combattre tous deux ;

Vous êtes plus fort seul que vous n'étiez ensemble ;
Je vous bravais tantôt, et maintenant je tremble.
J'aime ; n'abusez pas, Prince, de mon secret : 1205
Au milieu de ma haine il m'échappe à regret ;
Mais enfin il m'échappe, et cette retenue
Ne peut plus soutenir l'effort de votre vue.
Oui, j'aime un de vous deux malgré ce grand courroux,
Et ce dernier soupir dit assez que c'est vous. 1210
   Un rigoureux devoir à cet amour s'oppose :
Ne m'en accusez point, vous en êtes la cause ;
Vous l'avez fait renaître en me pressant d'un choix
Qui rompt de vos traités les favorables lois.
D'un père mort pour moi voyez le sort étrange : 1215
Si vous me laissez libre, il faut que je le venge ;
Et mes feux dans mon âme ont beau s'en mutiner,
Ce n'est qu'à ce prix seul que je puis me donner ;
Mais ce n'est pas de vous qu'il faut que je l'attende ;
Votre refus est juste autant que ma demande : 1220
A force de respect votre amour s'est trahi.
Je voudrais vous haïr s'il m'avait obéi,
Et je n'estime pas l'honneur d'une vengeance
Jusqu'à vouloir d'un crime être la récompense.
Rentrons donc sous les lois que m'impose la paix, 1225
Puisque m'en affranchir c'est vous perdre à jamais.
Prince, en votre faveur je ne puis davantage :
L'orgueil de ma naissance enfle encor mon courage,
Et, quelque grand pouvoir que l'amour ait sur moi,
Je n'oublierai jamais que je me dois un roi. 1230
Oui, malgré mon amour, j'attendrai d'une mère
Que le trône me donne ou vous ou votre frère.

1208. *Effort*, effet puissant. Voyez *Cinna*, vers 1091.
1217. « *Des feux qui se mutinent !* cela est impropre. » (Voltaire.) *Feux*, pris dans le sens d'*amour*, est si usité au xviie siècle que le sens figuré plus d'une fois a fait oublier le sens propre. Quant à *se mutiner de* (se révolter, s'irriter), Littré en cite de nombreux exemples, depuis Voiture jusqu'à Rousseau.

Attendant son secret, vous aurez mes désirs,
Et, s'il le fait régner, vous aurez mes soupirs :
C'est tout ce qu'à mes feux ma gloire peut permettre, 1235
Et tout ce qu'à vos feux les miens osent promettre.

ANTIOCHUS

Que voudrais-je de plus ? son bonheur est le mien :
Rendez heureux ce frère, et je ne perdrai rien.
L'amitié le consent, si l'amour l'appréhende.
Je bénirai le ciel d'une perte si grande ; 1240
Et, quittant les douceurs de cet espoir flottant,
Je mourrai de douleur, mais je mourrai content.

RODOGUNE

Et moi, si mon destin entre ses mains me livre,
Pour un autre que vous s'il m'ordonne de vivre,
Mon amour..... Mais adieu : mon esprit se confond. 1245
Prince, si votre flamme à la mienne répond,
Si vous n'êtes ingrat à ce cœur qui vous aime,
Ne me revoyez point qu'avec le diadème.

SCÈNE II

ANTIOCHUS.

Les plus doux de mes vœux enfin sont exaucés :
Tu viens de vaincre, amour ; mais ce n'est pas assez : 1250
Si tu veux triompher en cette conjoncture,
Après avoir vaincu, fais vaincre la nature,
Et prête-lui pour nous ces tendres sentiments
Que ton ardeur inspire au cœur des vrais amants,
Cette pitié qui force, et ces dignes faiblesses 1255
Dont la vigueur détruit les fureurs vengeresses.

1247.   Ces mêmes dignités
Ont rendu Bérénice *ingrate à* vos bontés. *(Bérénice,* I, III.)
1255. *Forcer,* dans le sens de *vaincre,* très usité au XVIIe siècle.

Voici la reine. Amour, nature, justes Dieux,
Faites-la-moi fléchir, ou mourir à ses yeux.

SCÈNE III
CLÉOPATRE, ANTIOCHUS, LAONICE.

CLÉOPATRE

Eh bien ! Antiochus, vous dois-je la couronne ?

ANTIOCHUS

Madame, vous savez si le ciel me la donne. 1260

CLÉOPATRE

Vous savez mieux que moi si vous la méritez.

ANTIOCHUS

Je sais que je péris si vous ne m'écoutez.

CLÉOPATRE

Un peu trop lent peut-être à servir ma colère,
Vous vous êtes laissé prévenir par un frère ?
Il a su me venger quand vous délibériez, 1265
Et je dois à son bras ce que vous espériez ?
Je vous en plains, mon fils, ce malheur est extrême ;
C'est périr en effet que perdre un diadème.
Je n'y sais qu'un remède ; encore est-il fâcheux,
Étonnant, incertain, et triste pour tous deux ; 1270
Je périrai moi-même, avant que de le dire :
Mais enfin on perd tout quand on perd un empire.

ANTIOCHUS

Le remède à nos maux est tout en votre main,
Et n'a rien de fâcheux, d'étonnant, d'incertain ;
Votre seule colère a fait notre infortune. 1275

1258. Pour comprendre, il faut transposer le pronom et dire : Faites-moi
la fléchir, ou mourir.

Nous perdons tout, Madame, en perdant Rodogune :
Nous l'adorons tous deux ; jugez en quels tourments
Nous jette la rigueur de vos commandements.
L'aveu de cet amour sans doute vous offense :
Mais enfin nos malheurs croissent par le silence,   1280
Et votre cœur, qu'aveugle un peu d'inimitié,
S'il ignore nos maux, n'en peut prendre pitié.
Au point où je les vois, c'en est le seul remède.

CLÉOPATRE

Quelle aveugle fureur vous-même vous possède ?
Avez-vous oublié que vous parlez à moi ?   1285
Ou si vous présumez être déjà mon roi ?

ANTIOCHUS

Je tâche avec respect à vous faire connaître
Les forces d'un amour que vous avez fait naître.

CLÉOPATRE

Moi, j'aurais allumé cet insolent amour ?

ANTIOCHUS

Et quel autre prétexte a fait notre retour ?   1290
Nous avez-vous mandés qu'afin qu'un droit d'aînesse
Donnât à l'un de nous le trône et la princesse ?
Vous avez bien fait plus, vous nous l'avez fait voir,
Et c'était par vos mains nous mettre en son pouvoir.
Qui de nous deux, Madame, eût osé s'en défendre,   1295
Quand vous nous ordonniez à tous deux d'y prétendre ?
Si sa beauté dès lors n'eût allumé nos feux,
Le devoir auprès d'elle eût attaché nos vœux.
Le désir de régner eût fait la même chose ;

1285. La tournure *parler à moi, à lui, à vous,* est employée quand on veut insister davantage sur l'idée de la personne. Cf. *Polyeucte,* III, II.

1286. *Ou si* était souvent construit ainsi, après une phrase interrogative :
   Tombé-je dans l'erreur *ou si* j'en vais sortir ? (*Othon,* vers 717.)

1291. *Que,* pour *autre chose que...* tournure elliptique familière à Corneille ; voyez aux vers 580 et 672 des constructions analogues de *que.*

Et, dans l'ordre des lois que la paix nous impose, 1300
Nous devions aspirer à sa possession
Par amour, par devoir, ou par ambition.
Nous avons donc aimé, nous avons cru vous plaire ;
Chacun de nous n'a craint que le bonheur d'un frère,
Et, cette crainte enfin cédant à l'amitié, 1305
J'implore pour tous deux un moment de pitié.
Avons-nous dû prévoir cette haine cachée
Que la foi des traités n'avait point arrachée ?

CLÉOPATRE

Non, mais vous avez dû garder le souvenir
Des hontes que pour vous j'avais su prévenir, 1310
Et de l'indigne état où votre Rodogune,
Sans moi, sans mon courage, eût mis votre fortune.
Je croyais que vos cœurs, sensibles à ces coups,
En sauraient conserver un généreux courroux,
Et je le retenais avec ma douceur feinte, 1315
Afin que, grossissant sous un peu de contrainte,
Ce torrent de colère et de ressentiment
Fût plus impétueux en son débordement.
Je fais plus maintenant : je presse, sollicite,
Je commande, menace, et rien ne vous irrite. 1320
Le sceptre, dont ma main vous doit récompenser,
N'a point de quoi vous faire un moment balancer :
Vous ne considérez ni lui ni mon injure ;
L'amour étouffe en vous la voix de la nature :
Et je pourrais aimer des fils dénaturés ! 1325

ANTIOCHUS

La nature et l'amour ont leurs droits séparés ;
L'un n'ôte point à l'autre une âme qu'il possède.

1310. *Hontes.* « Voltaire, dit Littré, a condamné cet emploi ; mais, outre les autorités, la raison et l'usage n'empêchent pas d'employer ce mot abstrait au pluriel. » Voyez *Pompée*, 388 et 1046.

1320. *Irriter*, au figuré, séduire, exciter, en parlant des personnes.

CLÉOPATRE
Non, non, où l'amour règne il faut que l'autre cède.
ANTIOCHUS
Leurs charmes à nos cœurs sont également doux.
Nous périrons tous deux s'il faut périr pour vous ;　　1330
Mais aussi...
CLÉOPATRE
Poursuivez, fils ingrat et rebelle.
ANTIOCHUS
Nous périrons tous deux s'il faut périr pour elle.
CLÉOPATRE
Périssez, périssez ! votre rébellion
Mérite plus d'horreur que de compassion.
Mes yeux sauront le voir sans verser une larme,　　1335
Sans regarder en vous que l'objet qui vous charme ;
Et je triompherai, voyant périr mes fils,
De ses adorateurs et de mes ennemis.
ANTIOCHUS
Eh bien ! triomphez-en, que rien ne vous retienne :
Votre main tremble-t-elle ? y voulez-vous la mienne ?　1340
Madame, commandez, je suis prêt d'obéir :
Je percerai ce cœur qui vous ose trahir ;
Heureux si par ma mort je puis vous satisfaire,
Et noyer dans mon sang toute votre colère !
Mais si la dureté de votre aversion　　1345
Nomme encor notre amour une rébellion,
Du moins souvenez-vous qu'elle n'a pris pour armes
Que de faibles soupirs et d'impuissantes larmes.
CLÉOPATRE
Ah ! que n'a-t-elle pris et la flamme et le fer !
Que bien plus aisément j'en saurais triompher !　　1350

1336. *Sans... que;* suppléez *autre chose.* Cf. *Pompée,* 168.
1341. Cette même locution, *je suis prêt d'obéir,* pour *prêt à obéir,* se retrouve, en termes identiques, dans *Horace* (1545) et *Don Sanche* (273).

Vos larmes dans mon cœur ont trop d'intelligence ;
Elles ont presque éteint cette ardeur de vengeance.
Je ne puis refuser des soupirs à vos pleurs ;
Je sens que je suis mère auprès de vos douleurs.
C'en est fait, je me rends, et ma colère expire. 1355
Rodogune est à vous, aussi bien que l'empire :
Rendez grâces aux dieux qui vous ont fait l'aîné :
Possédez-la, régnez.

ANTIOCHUS

O moment fortuné !
O trop heureuse fin de l'excès de ma peine !
Je rends grâces aux dieux qui calment votre haine. 1360
Madame, est-il possible ?

CLÉOPATRE

En vain j'ai résisté,
La nature est trop forte, et mon cœur s'est dompté.
Je ne vous dis plus rien ; vous aimez votre mère,
Et votre amour pour moi taira ce qu'il faut taire.

ANTIOCHUS

Quoi ! je triomphe donc sur le point de périr ! 1365
La main qui me blessait a daigné me guérir !

CLÉOPATRE

Oui, je veux couronner une flamme si belle.
Allez à la princesse en porter la nouvelle ;
Son cœur comme le vôtre en deviendra charmé :
Vous n'aimeriez pas tant si vous n'étiez aimé. 1370

ANTIOCHUS

Heureux Antiochus ! heureuse Rodogune !
Oui, Madame, entre nous la joie en est commune.

CLÉOPATRE

Allez donc ; ce qu'ici vous perdez de moments

1351. *Intelligence*, accord, connivence, se dit surtout au pluriel des *intelligences* qu'un ennemi entretient dans le camp de ses ennemis.

Sont autant de larcins à vos contentements ;
Et ce soir, destiné pour la cérémonie, 1375
Fera voir pleinement si ma haine est finie.

ANTIOCHUS

Et nous vous ferons voir tous nos désirs bornés
A vous donner en nous des sujets couronnés.

SCÈNE IV
CLÉOPATRE, LAONICE.

LAONICE
Enfin ce grand courage a vaincu sa colère.
CLÉOPATRE
Que ne peut point un fils sur le cœur d'une mère ! 1380
LAONICE
Vos pleurs coulent encore, et ce cœur adouci...
CLÉOPATRE
Envoyez-moi son frère, et nous laissez ici.
Sa douleur sera grande, à ce que je présume ;
Mais j'en saurai sur l'heure adoucir l'amertume.
Ne lui témoignez rien : il lui sera plus doux 1385
D'apprendre tout de moi, qu'il ne serait de vous.

SCÈNE V
CLÉOPATRE.

Que tu pénètres mal le fond de mon courage !
Si je verse des pleurs, ce sont des pleurs de rage,
Et ma haine, qu'en vain tu crois s'évanouir,

1374. *Sont*, placé entre un sujet singulier et un attribut pluriel, s'accorde avec ce dernier. *Ce que... de moments...* équivaut à : les moments que. Des *larcins à*, pour *faits à* est une tournure également remarquable.

Ne les a fait couler qu'afin de t'éblouir. 1390
Je ne veux plus que moi dedans ma confidence.
Et toi, crédule amant, que charme l'apparence,
Et dont l'esprit léger s'attache avidement
Aux attraits captieux de mon déguisement,
Va, triomphe en idée avec ta Rodogune ; 1395
Au sort des immortels préfère ta fortune,
Tandis que, mieux instruite en l'art de me venger,
En de nouveaux malheurs je saurai te plonger.
Ce n'est pas tout d'un coup que tant d'orgueil trébuche :
De qui se rend trop tôt on doit craindre une embûche, 1400
Et c'est mal démêler le cœur d'avec le front
Que prendre pour sincère un changement si prompt.
L'effet te fera voir comme je suis changée.

SCÈNE VI
CLÉOPATRE, SÉLEUCUS.

CLÉOPATRE

Savez-vous, Séleucus, que je me suis vengée ?

SÉLEUCUS

Pauvre princesse, hélas !

CLÉOPATRE

Vous déplorez son sort ! 1405
Quoi l'aimiez-vous ?

SÉLEUCUS

Assez pour regretter sa mort.

1395. *En idée*, en imagination ; sous-entendez : en réalité, tu ne triompheras pas longtemps.
1399. *Trébucher*, tomber. Cf. *Polyeucte*, vers 1574.
1401. *Front*, air, apparence ; le cœur, ce sont les sentiments cachés ; le front, c'est ce que la physionomie en laisse voir au dehors.
1406. *Assez pour regretter sa mort* veut dire : Je l'ai trop aimée, pour ne pas regretter sa mort ; mais je ne l'aime plus assez pour en être désespéré.

CLÉOPATRE

Vous lui pouvez servir encor d'amant fidèle ;
Si j'ai su me venger, ce n'a pas été d'elle.

SÉLEUCUS

O ciel ! et de qui donc, Madame ?

CLÉOPATRE

              C'est de vous,
Ingrat, qui n'aspirez qu'à vous voir son époux,   1410
De vous, qui l'adorez en dépit d'une mère,
De vous, qui dédaignez de servir ma colère,
De vous, de qui l'amour, rebelle à mes désirs,
S'oppose à ma vengeance, et détruit mes plaisirs.

SÉLEUCUS

De moi ?

CLÉOPATRE

      De toi, perfide ! Ignore, dissimule   1415
Le mal que tu dois craindre et le feu qui te brûle ;
Et si pour l'ignorer tu crois t'en garantir,
Du moins en l'apprenant commence à le sentir.
  Le trône était à toi par le droit de naissance ;
Rodogune avec lui tombait en ta puissance ;   1420
Tu devais l'épouser, tu devais être roi !
Mais, comme ce secret n'est connu que de moi,
Je puis, comme je veux, tourner le droit d'aînesse,
Et donne à ton rival ton sceptre et ta maîtresse.

SÉLEUCUS

A mon frère ?

CLÉOPATRE

        C'est lui que j'ai nommé l'aîné.   1425

SÉLEUCUS

Vous ne m'affligez point de l'avoir couronné ;
Et, par une raison qui vous est inconnue,
Mes propres sentiments vous avaient prévenue :

Les biens que vous m'ôtez n'ont point d'attraits si doux
Que mon cœur n'ait donnés à ce frère avant vous,   1430
Et si vous bornez là toute votre vengeance,
Vos désirs et les miens seront d'intelligence.

CLÉOPATRE

C'est ainsi qu'on déguise un violent dépit ;
C'est ainsi qu'une feinte au dehors l'assoupit,
Et qu'on croit amuser de fausses patiences   1435
Ceux dont en l'âme on craint les justes défiances.

SÉLEUCUS

Quoi ! je conserverais quelque courroux secret !

CLÉOPATRE

Quoi ! lâche, tu pourrais la perdre sans regret,
Elle de qui les dieux te donnent l'hyménée,
Elle dont tu plaignais la perte imaginée ?   1440

SÉLEUCUS

Considérer sa perte avec compassion,
Ce n'est pas aspirer à sa possession.

CLÉOPATRE

Que la mort la ravisse ou qu'un rival l'emporte,
La douleur d'un amant est également forte ;
Et tel, qui se console après l'instant fatal,   1445
Ne saurait voir son bien aux mains de son rival :
Piqué jusques au vif, il tâche à le reprendre ;
Il fait de l'insensible, afin de mieux surprendre ;

1434. *L'assoupit au dehors*, semble l'endormir, le suspendre. *Au dehors*, à l'extérieur, en apparence. Opposé à *en l'âme*, au fond du cœur.

1435. *Amuser*, occuper, en détournant sur autre chose. — *Patiences*, très rare au pluriel ; cependant Benserade l'a employé dans ce fameux sonnet de Job, qui, opposé au sonnet à Uranie, de Voiture, divisa la cour en Uranins et en Jobelins :

    Bien qu'il eût d'extrêmes souffrances
  On voit aller *des patiences*
    Plus loin que la sienne n'alla.
              (*Observations*, p. 239.)

1448. *Faire de l'insensible*, pour *faire l'insensible* ; les deux tournures

ACTE IV, SCÈNE VI

D'autant plus animé, que ce qu'il a perdu
Par rang ou par mérite à sa flamme était dû. 1450

SÉLEUCUS

Peut-être ; mais enfin par quel amour de mère
Pressez-vous tellement ma douleur contre un frère ?
Prenez-vous intérêt à la faire éclater ?

CLÉOPATRE

J'en prends à la connaître et la faire avorter ;
J'en prends à conserver malgré toi mon ouvrage 1455
Des jaloux attentats de ta secrète rage.

SÉLEUCUS

Je le veux croire ainsi ; mais quel autre intérêt
Nous fait tous deux aînés quand et comme il vous plaît ?
Qui des deux vous doit croire, et par quelle justice
Faut-il que sur moi seul tombe tout le supplice, 1460
Et que du même amour dont nous sommes blessés
Il soit récompensé, quand vous m'en punissez ?

CLÉOPATRE

Comme reine, à mon choix je fais justice ou grâce,
Et je m'étonne fort d'où vous vient cette audace,
D'où vient qu'un fils, vers moi noirci de trahison, 1465
Ose de mes faveurs me demander raison.

SÉLEUCUS

Vous pardonnerez donc ces chaleurs indiscrètes :
Je ne suis point jaloux du bien que vous lui faites,
Et je vois quel amour vous avez pour tous deux,
Plus que vous ne pensez, et plus que je ne veux : 1470
Le respect me défend d'en dire davantage.

étaient alors usitées dans le sens de *jouer le rôle de*. Voyez le vers 669.
J'ai *fait du* souverain et j'ai tranché du brave. (Rotrou, *Venceslas*, IV, II.)
1465. *Vers*, envers, à l'égard de. Cf. *Cinna*, 464.
1466. *Demander raison*, demander compte et non demander satisfaction.

Je n'ai ni faute d'yeux, ni faute de courage,
Madame ; mais enfin n'espérez voir en moi
Qu'amitié pour mon frère, et zèle pour mon roi.
Adieu.

SCÈNE VII

CLÉOPATRE.

De quel malheur suis-je encore capable ? 1475
Leur amour m'offensait, leur amitié m'accable,
Et contre mes fureurs je trouve en mes deux fils
Deux enfants révoltés et deux rivaux unis.
Quoi ! sans émotion perdre trône et maîtresse !
Quel est ici ton charme, odieuse princesse ? 1480
Et par quel privilège, allumant de tels feux,
Peux-tu n'en prendre qu'un et m'ôter tous les deux ?
N'espère pas pourtant triompher de ma haine :
Pour régner sur deux cœurs, tu n'es pas encor reine.
Je sais bien qu'en l'état où tous deux je les voi 1485
Il me les faut percer pour aller jusqu'à toi :
Mais n'importe ; mes mains, sur le père enhardies,
Pour un bras refusé sauront prendre deux vies ;
Leurs jours également sont pour moi dangereux :
J'ai commencé par lui, j'achèverai par eux. 1490
Sors de mon cœur, nature, ou fais qu'ils m'obéissent :
Fais-les servir ma haine, ou consens qu'ils périssent.
Mais déjà l'un a vu que je les veux punir.

1472. *Faute*, manque, ne s'emploie plus que dans les locutions *faire faute*, *faute de ;* mais Descartes écrivait : « Ils ont *faute* d'organe. » (*Discours de la Méthode*). — « S'il vient *faute* de vous, mon fils, je ne veux plus rester au monde. » (*Le Malade imaginaire*, I, IX.)

1480. *Charme*, au sens propre; il y a quelque chose de surnaturel, aux yeux de Cléopâtre, dans une séduction assez forte pour faire oublier le trône. « *Appas*, dit Ménage, se dit des beautés qui attirent, et *charmes* de celles qui agissent par une vertu occulte et magique. » (*Observations.*)

Souvent qui tarde trop se laisse prévenir.
Allons chercher le temps d'immoler mes victimes, 1495
Et de me rendre heureuse à force de grands crimes.

ACTE CINQUIÈME

SCÈNE I

CLÉOPATRE

Enfin, grâces aux dieux, j'ai moins d'un ennemi.
La mort de Séleucus m'a vengée à demi ;
Son ombre, en attendant Rodogune et son frère,
Peut déjà de ma part les promettre à son père. 1500
Ils le suivront de près, et j'ai tout préparé
Pour réunir bientôt ce que j'ai séparé.
O toi, qui n'attends plus que la cérémonie
Pour jeter à mes pieds ma rivale punie,
Et par qui deux amants vont d'un seul coup du sort 1505
Recevoir l'hyménée, et le trône, et la mort,
Poison, me sauras-tu rendre mon diadème ?
Le fer m'a bien servie, en feras-tu de même ?
Me seras-tu fidèle ? Et toi, que me veux-tu,
Ridicule retour d'une sotte vertu, 1510
Tendresse dangereuse autant comme importune ?

1495. *Le temps*, l'occasion favorable. Cf. *Polyeucte*, vers 366.
1497. *J'ai moins d'un ennemi*, construction remarquable, pour: *J'ai un ennemi de moins*.
1510. *Sotte*, dans la bouche de Cléopâtre, cesse d'être trivial. « Toute la dignité de l'homme est en la pensée ; mais qu'est-ce que cette pensée ? qu'elle est *sotte !* » (Pascal, *Pensées*, XXIV, 58 *bis.*)

Je ne veux point pour fils l'époux de Rodogune,
Et ne vois point en lui les restes de mon sang,
S'il m'arrache du trône et la met en mon rang.
Reste du sang ingrat d'un époux infidèle, 1515
Héritier d'une flamme envers moi criminelle,
Aime mon ennemie, et péris comme lui.
Pour la faire tomber, j'abattrai son appui :
Aussi bien sous mes pas c'est creuser un abîme
Que retenir ma main sur la moitié du crime ; 1520
Et, te faisant mon roi, c'est trop me négliger
Que te laisser sur moi père et frère à venger.
Qui se venge à demi court lui-même à sa peine :
Il faut ou condamner ou couronner sa haine.
Dût le peuple en fureur pour ses maîtres nouveaux 1525
De mon sang odieux arroser leurs tombeaux,
Dût le Parthe vengeur me trouver sans défense,
Dût le ciel égaler le supplice à l'offense,
Trône, à t'abandonner je ne puis consentir :
Par un coup de tonnerre il vaut mieux en sortir ; 1530
Il vaut mieux mériter le sort le plus étrange.
Tombe sur moi le ciel, pourvu que je me venge !
J'en recevrai le coup d'un visage remis :
Il est doux de périr après ses ennemis,
Et, de quelque rigueur que le destin me traite, 1535

1523. Marty-Laveaux explique *peine* par chagrin, malheur ; ne l'expliquerait-on pas mieux par *châtiment* ? Cléopâtre veut dire : la vengeance, lorsqu'elle est incomplète, risque de ne pas être impunie.
1524. *Couronner*, mettre le comble à, accomplir jusqu'au bout.
1530. « M. de Pomponne demanda s'il ne pourrait point avoir l'honneur de parler au roi et savoir, de sa bouche, quelle faute avait attiré ce *coup de tonnerre*. » (Mme de Sévigné, lettre du 22 novembre 1679.)
1532. Cyrano de Bergerac a imité ce vers dans son *Agrippine* :
Périsse l'univers, pourvu que je me venge !
1533. *Remis*, de *remissus*, reposé, tranquille. Cf. *Polyeucte*, vers 1040.
1534. Dans son *Hercule mourant* (1632), Rotrou avait écrit :
On se perd doucement quand on perd ce qu'on hait,
Et qui tue en mourant doit mourir satisfait... (II, III.)
1535. *Traiter de* pour *traiter avec*. Cf. *Polyeucte*, vers 137.

Je perds moins à mourir qu'à vivre leur sujette.
Mais voici Laonice ; il faut dissimuler
Ce que le seul effet doit bientôt révéler.

SCÈNE II
CLÉOPATRE, LAONICE.

CLÉOPATRE

Viennent-ils, nos amants ?

LAONICE

                Ils approchent, Madame :
On lit dessus leur front l'allégresse de l'âme ;   1540
L'amour s'y fait paraître avec la majesté,
Et, suivant le vieil ordre en Syrie usité,
D'une grâce en tous deux tout auguste et royale,
Ils viennent prendre ici la coupe nuptiale,
Pour s'en aller au temple, au sortir du palais,   1545
Par les mains du grand prêtre être unis à jamais.
C'est là qu'il les attend pour bénir l'alliance.
Le peuple tout ravi par ses vœux le devance,
Et pour eux à grands cris demande aux immortels
Tout ce qu'on leur souhaite au pied de leurs autels, 1550
Impatient pour eux que la cérémonie
Ne commence bientôt, ne soit bientôt finie.
Les Parthes à la foule aux Syriens mêlés,
Tous nos vieux différends de leur âme exilés,
Font leur suite assez grosse, et d'une voix commune 1555

1544. Cette coupe est à peu près le seul accessoire dont les comédiens du temps de Corneille eussent besoin pour jouer *Rodogune.*

1553. Littré cite Amyot : « Et y avoit des sergens des bastons en leurs mains, pour faire retirer la presse et serrer ceulx qui se jetteroient *à la foule* trop en avant par les carrefours. » (*Paul Émile*, 55.) — « *A la foule,* adv.; entrer *à la foule,* sortir *à la foule.* »(Richelet, 1680.)

1554. Cette tournure est analogue à l'ablatif absolu des Latins.

Bénissent à l'envi le prince et Rodogune.
Mais je les vois déjà : Madame, c'est à vous
A commencer ici des spectacles si doux.

SCÈNE III

CLÉOPATRE, ANTIOCHUS, RODOGUNE, ORONTE,
LAONICE, Troupe de Parthes et de Syriens.

CLÉOPATRE

Approchez, mes enfants : car l'amour maternelle,
Madame, dans mon cœur vous tient déjà pour telle, 1560
Et je crois que ce nom ne vous déplaira pas.

RODOGUNE

Je le chérirai même au delà du trépas.
Il m'est trop doux, Madame, et tout l'heur que j'espère,
C'est de vous obéir et respecter en mère.

CLÉOPATRE

Aimez-moi seulement ; vous allez être rois, 1565
Et s'il faut du respect, c'est moi qui vous le dois.

ANTIOCHUS

Ah ! si nous recevons la suprême puissance,
Ce n'est pas pour sortir de votre obéissance :
Vous régnerez ici quand nous y régnerons,
Et ce seront vos lois que nous y donnerons. 1570

CLÉOPATRE

J'ose le croire ainsi ; mais prenez votre place :
Il est temps d'avancer ce qu'il faut que je fasse.

(Ici Antiochus s'assied dans un fauteuil, Rodogune à sa gauche, en même rang, et Cléopâtre à sa droite, mais en rang inférieur, et qui marque quelque inégalité. Oronte s'assied aussi à la gauche de Rodogune, avec la même différence ; et Cléopâtre, cependant qu'ils prennent leurs places, parle à l'oreille de Laonice, qui s'en va quérir une coupe pleine de vin empoisonné. Après qu'elle est partie, Cléopâtre continue :)

1564. Cette construction ne serait plus correcte : on dit *respecter quelqu'un* et *obéir à quelqu'un*.

Peuple qui m'écoutez, Parthes et Syriens,
Sujets du roi son frère, ou qui fûtes les miens,
Voici de mes deux fils celui qu'un droit d'aînesse 1575
Élève dans le trône et donne à la princesse.
Je lui rends cet État que j'ai sauvé pour lui,
Je cesse de régner; il commence aujourd'hui.
Qu'on ne me traite plus ici de souveraine;
Voici votre roi, peuple, et voilà votre reine, 1580
Vivez pour les servir, respectez-les tous deux,
Aimez-les, et mourez, s'il est besoin, pour eux.
Oronte, vous voyez avec quelle franchise
Je leur rends ce pouvoir dont je me suis démise :
Prêtez les yeux au reste, et voyez les effets 1585
Suivre de point en point les traités de la paix.

(Laonice revient avec une coupe à la main.)

ORONTE

Votre sincérité s'y fait assez paraître,
Madame, et j'en ferai récit au roi mon maître.

CLÉOPATRE

L'hymen est maintenant notre plus cher souci.
L'usage veut, mon fils, qu'on le commence ici : 1590
Recevez de ma main la coupe nuptiale,
Pour être après unis sous la loi conjugale;
Puisse-t-elle être un gage envers votre moitié
De votre amour ensemble et de mon amitié!

ANTIOCHUS, *prenant la coupe.*

Ciel! que ne dois-je point aux bontés d'une mère! 1595

CLÉOPATRE

Le temps presse, et votre heur d'autant plus se diffère.

1576. On dirait aujourd'hui : élève au trône, sur le trône ; sur cette construction, voyez *Cinna*, 220, et *Polyeucte*, 1188.
1585. Même notre grand roi, ce foudre de la guerre,
  Le front ceint de lauriers, daigne bien quelquefois
  Prêter *l'œil et l'oreille* au théâtre françois. (*Illusion*, V, v.)

ANTIOCHUS, *à Rodogune*

Madame, hâtons donc ces glorieux moments :
Voici l'heureux essai de nos contentements.
Mais, si mon frère était le témoin de ma joie...

CLÉOPATRE

C'est être trop cruel de vouloir qu'il la voie : 1600
Ce sont des déplaisirs qu'il fait bien d'épargner,
Et sa douleur secrète a droit de l'éloigner.

ANTIOCHUS

Il m'avait assuré qu'il la verrait sans peine.
Mais n'importe, achevons.

SCÈNE IV

CLÉOPATRE, ANTIOCHUS, RODOGUNE, ORONTE
TIMAGÈNE, LAONICE, Troupe.

TIMAGÈNE

Ah ! Seigneur !

CLÉOPATRE

Timagène,
Quelle est votre insolence ?

TIMAGÈNE

Ah ! Madame !

ANTIOCHUS, *rendant la coupe à Laonice.*

Parlez. 1605

TIMAGÈNE

Souffrez pour un moment que mes sens rappelés...

1598. *Essai* veut dire ici *avant-goût* :

Et d'un cruel refus l'insupportable injure
N'était qu'un faible *essai* des tourments que j'endure.
(*Phèdre*, IV, VI.)

ACTE V, SCÈNE IV

ANTIOCHUS

Qu'est-il donc arrivé ?

TIMAGÈNE

Le prince votre frère...

ANTIOCHUS

Quoi ! se voudrait-il rendre à mon bonheur contraire ?

TIMAGÈNE

L'ayant cherché longtemps afin de divertir
L'ennui que de sa perte il pouvait ressentir,   1610
Je l'ai trouvé, Seigneur, au bout de cette allée
Où la clarté du ciel semble toujours voilée.
Sur un lit de gazon, de faiblesse étendu,
Il semblait déplorer ce qu'il avait perdu ;
Son âme à ce penser paraissait attachée ;   1615
La tête sur un bras languissamment penchée,
Immobile et rêveur, en malheureux amant...

ANTIOCHUS

Enfin, que faisait-il ? Achevez promptement.

TIMAGÈNE

D'une profonde plaie en l'estomac ouverte
Son sang à gros bouillons sur cette couche verte...   1620

CLÉOPATRE

Il est mort ?

TIMAGÈNE

Oui, Madame.

CLÉOPATRE

Ah ! destins ennemis,
Qui m'enviez le bien que je m'étais promis,

1609. *Divertir*, détourner, distraire ; en ce sens on disait même, comme Rotrou : *divertir la mort* de quelqu'un.
1619. *Estomac* était alors employé dans le style tragique. Cf. *le Cid*, 1499.
1622. *Envier* a ici le sens du latin *invidere*, refuser :
   Pourquoi m'enviez-vous l'air que vous respirez ? (Racine, *Bérénice*, IV, v.)

Voilà le coup fatal que je craignais dans l'âme,
Voilà le désespoir où l'a réduit sa flamme.
Pour vivre en vous perdant il avait trop d'amour, 1625
Madame, et de sa main il s'est privé du jour.

TIMAGÈNE, à *Cléopâtre*

Madame, il a parlé : sa main est innocente.

CLÉOPATRE, à *Timagène*.

La tienne est donc coupable, et ta rage insolente,
Par une lâcheté qu'on ne peut égaler,
L'ayant assassiné, le fait encor parler ! 1630

ANTIOCHUS

Timagène, souffrez la douleur d'une mère,
Et les premiers soupçons d'une aveugle colère.
Comme ce coup fatal n'a pas d'autres témoins,
J'en ferais autant qu'elle, à vous connaître moins.
Mais que vous a-t-il dit ? Achevez, je vous prie. 1635

TIMAGÈNE

Surpris d'un tel spectacle, à l'instant je m'écrie ;
Et soudain, à mes cris, ce prince, en soupirant,
Avec assez de peine entr'ouvre un œil mourant ;
Et ce reste égaré de lumière incertaine
Lui peignant son cher frère au lieu de Timagène, 1640
Rempli de votre idée, il m'adresse pour vous
Ces mots où l'amitié règne sur le courroux :
  « Une main qui nous fut bien chère
  « Venge ainsi le refus d'un coup trop inhumain.
  « Régnez, et surtout, mon cher frère, 1645
  « Gardez-vous de la même main.
« C'est... » La Parque à ce mot lui coupe la parole ;
Sa lumière s'éteint, et son âme s'envole ;

1641. *Idée*, image, sens étymologique.
1647. Ces petits vers semblent déplacés à un tel moment ; mais Corneille y avait recours non seulement dans la comédie, mais dans la tragédie, et précisément dans les situations pathétiques.

Et moi, tout effrayé d'un si tragique sort,
J'accours pour vous en faire un funeste rapport. 1650

ANTIOCHUS

Rapport vraiment funeste, et sort vraiment tragique,
Qui va changer en pleurs l'allégresse publique !
O frère, plus aimé que la clarté du jour !
O rival, aussi cher que m'était mon amour !
Je te perds, et je trouve, en ma douleur extrême, 1655
Un malheur dans ta mort plus grand que ta mort même.
O de ses derniers mots fatale obscurité !
En quel gouffre d'horreur m'as-tu précipité ?
Quand j'y pense chercher la main qui l'assassine,
Je m'impute à forfait tout ce que j'imagine ; 1660
Mais, aux marques enfin que tu m'en viens donner,
Fatale obscurité, qui dois-je en soupçonner ?
« Une main qui nous fut bien chère ! »
Madame, est-ce la vôtre, ou celle de ma mère ?
Vous vouliez toutes deux un coup trop inhumain ; 1665
Nous vous avons tous deux refusé notre main :
Qui de vous s'est vengée ? est-ce l'une, est-ce l'autre,
Qui fait agir la sienne au refus de la nôtre ?
Est-ce vous qu'en coupable il me faut regarder ?
Est-ce vous désormais dont je me dois garder ? 1670

CLÉOPATRE

Quoi ! vous me soupçonnez ?

RODOGUNE

Quoi ! je vous suis suspecte ?

ANTIOCHUS

Je suis amant et fils, je vous aime et respecte ;
Mais, quoi que sur mon cœur puissent des noms si doux,

1649. *Tragique*, funeste, comme au vers 1651. Cf. *le Cid*, vers 829.
1653. *La clarté du jour*, comme au vers 1648, *la lumière* ; locution familière aux anciens : *Vita frater amabilior*. (Catulle.)

A ces marques enfin je ne connais que vous.
As-tu bien entendu ? dis-tu vrai, Timagène ? 1675

TIMAGÈNE

Avant qu'en soupçonner la princesse ou la reine,
Je mourrais mille fois; mais enfin mon récit
Contient, sans rien de plus, ce que le prince a dit.

ANTIOCHUS

D'un et d'autre côté l'action est si noire
Que, n'en pouvant douter, je n'ose encor la croire. 1680
O quiconque des deux avez versé son sang,
Ne vous préparez plus à me percer le flanc.
Nous avons mal servi vos haines mutuelles,
Aux jours l'une de l'autre également cruelles;
Mais, si j'ai refusé ce détestable emploi, 1685
Je veux bien vous servir toutes deux contre moi :
Qui que vous soyez donc, recevez une vie
Que déjà vos fureurs m'ont à demi ravie.

RODOGUNE

Ah! Seigneur, arrêtez !

TIMAGÈNE

Seigneur, que faites-vous ?

ANTIOCHUS

Je sers ou l'une ou l'autre, et je préviens ses coups. 1690

CLÉOPATRE

Vivez, régnez heureux.

ANTIOCHUS

Otez-moi donc de doute,
Et montrez-moi la main qu'il faut que je redoute,
Qui pour m'assassiner ose me secourir,

1679. *D'un et d'autre côté*, Corneille supprime volontiers l'article.
1688. Antiochus veut-il dire qu'il ne vit plus qu'à moitié ? Il faut voir plutôt dans ses paroles un touchant regret de la mort de Séleucus, qui était une moitié de lui-même : *vitæ dimidium* (Horace). — Après ce vers, l'édition de 1692 ajoute ce jeu de scène : *Il tire son épée et veut se tuer.*

Et me sauve de moi pour me faire périr.
Puis-je vivre et traîner cette gêne éternelle, 1695
Confondre l'innocente avec la criminelle,
Vivre, et ne pouvoir plus vous voir sans m'alarmer,
Vous craindre toutes deux, toutes deux vous aimer ?
Vivre avec ce tourment, c'est mourir à toute heure.
Tirez-moi de ce trouble, ou souffrez que je meure, 1700
Et que mon déplaisir, par un coup généreux,
Épargne un parricide à l'une de vous deux.

CLÉOPATRE

Puisque, le même jour que ma main vous couronne,
Je perds l'un de mes fils, et l'autre me soupçonne,
Qu'au milieu de mes pleurs, qu'il devrait essuyer, 1705
Son peu d'amour me force à me justifier,
Si vous n'en pouvez mieux consoler une mère
Qu'en la traitant d'égal avec une étrangère,
Je vous dirai, Seigneur (car ce n'est plus à moi
A nommer autrement et mon juge et mon roi), 1710
Que vous voyez l'effet de cette vieille haine
Qu'en dépit de la paix me garde l'inhumaine,
Qu'en son cœur du passé soutient le souvenir,
Et que j'avais raison de vouloir prévenir.
Elle a soif de mon sang, elle a voulu l'épandre : 1715
J'ai prévu d'assez loin ce que j'en viens d'apprendre ;
Mais je vous ai laissé désarmer mon courroux.
    (A Rodogune.)
Sur la foi de ses pleurs, je n'ai rien craint de vous,
Madame, mais, ô dieux ! quelle rage est la vôtre !
Quand je vous donne un fils, vous assassinez l'autre, 1720
Et m'enviez soudain l'unique et faible appui
Qu'une mère opprimée eût pu trouver en lui !

1695. *Cette gêne*, cette torture.
1702. Sur le sens de *parricide*, voir *Horace*, vers 320.
1708. *D'égal, ex æquo*, est ici pris adverbialement, et reste invariable.
 Il n'en prend point le titre, et les *traite d'égal*. (*Sertorius*, vers 455.)

Quand vous m'accablerez, où sera mon refuge ?
Si je m'en plains au roi, vous possédez mon juge,
Et s'il m'ose écouter, peut-être, hélas ! en vain   1725
Il voudra se garder de cette même main.
Enfin, je suis leur mère, et vous leur ennemie :
J'ai recherché leur gloire, et vous leur infamie,
Et si je n'eusse aimé ces fils que vous m'ôtez,
Votre abord en ces lieux les eût déshérités.   1730
C'est à lui maintenant, en cette concurrence,
A régler ses soupçons sur cette différence,
A voir de qui des deux il doit se défier,
Si vous n'avez un charme à vous justifier.

   RODOGUNE, *à Cléopâtre*
Je me défendrai mal : l'innocence étonnée   1735
Ne peut s'imaginer qu'elle soit soupçonnée,
Et n'ayant rien prévu d'un attentat si grand,
Qui l'en veut accuser sans peine la surprend.
Je ne m'étonne point de voir que votre haine
Pour me faire coupable a quitté Timagène.   1740
Au moindre jour ouvert de tout jeter sur moi,
Son récit s'est trouvé digne de votre foi.
Vous l'accusiez pourtant, quand votre âme alarmée
Craignait qu'en expirant ce fils vous eût nommée :
Mais de ses derniers mots voyant le sens douteux,   1745
Vous avez pris soudain le crime entre nous deux.
Certes, si vous voulez passer pour véritable
Que l'une de nous deux de sa mort soit coupable,

1730. *Abord*, arrivée. Cf. *Polyeucte,* vers 207.

1731. *Concurrence*, concours de deux actions, de deux entreprises, de deux intérêts, dit Marty-Laveaux, qui ne cite pas cet exemple, où le sens paraît un peu différent. *Concurrence* ne pourrait se traduire ici ni par *concours*, ni par *occurrence*, mais plutôt par *rivalité, débat.*

1734. Si vous n'avez un charme surnaturel pour vous justifier.

1747. *Passer pour* équivaut à *regarder comme.* « Quand on a les qualités principales, il faut *passer* les gens *pour* bons, dans la difficulté de trouver des hommes parfaits. » (Mme de Sévigné, lettre de mai 1690.)

Je veux bien par respect ne vous imputer rien ;
Mais votre bras au crime est plus fait que le mien, 1750
Et qui sur un époux fit son apprentissage
A bien pu sur un fils achever son ouvrage.
Je ne dénierai point, puisque vous les savez,
De justes sentiments dans mon âme élevés :
Vous demandiez mon sang, j'ai demandé le vôtre : 1755
Le roi sait quels motifs ont poussé l'une et l'autre ;
Comme par sa prudence il a tout adouci,
Il vous connaît peut-être, et me connaît aussi.
    (A Antiochus.)
Seigneur, c'est un moyen de vous être bien chère
Que pour don nuptial vous immoler un frère : 1760
On fait plus, on m'impute un coup si plein d'horreur,
Pour me faire un passage à vous percer le cœur.
    (A Cléopâtre.)
Où fuirai-je de vous après tant de furie,
Madame ? et que ferait toute votre Syrie,
Où, seule et sans appui contre mes attentats, 1765
Je verrais... ? Mais, Seigneur, vous ne m'écoutez pas !

ANTIOCHUS

Non, je n'écoute rien, et dans la mort d'un frère
Je ne veux point juger entre vous et ma mère :
Assassinez un fils, massacrez un époux,
Je ne veux me garder ni d'elle ni de vous. 1770
Suivons aveuglément ma triste destinée :
Pour m'exposer à tout, achevons l'hyménée.
Cher frère, c'est pour moi le chemin du trépas :
La main qui t'a percé ne m'épargnera pas ;
Je cherche à te rejoindre, et non à m'en défendre, 1775

1754. *Élevés*, qui se sont élevés dans mon âme.
1762. *Passage à*, moyen voie pour Cf. *Pompée*, vers 1432.
1763. *Fuir de*, pour *fuir loin de*, *s'éloigner de*. Cf. *le Cid*, vers 757.

Et lui veux bien donner tout lieu de me surprendre :
Heureux si sa fureur, qui me prive de toi,
Se fait bientôt connaître en achevant sur moi,
Et si du ciel, trop lent à la réduire en poudre,
Son crime redoublé peut arracher la foudre ! 1780
Donnez-moi...

    RODOGUNE, *l'empêchant de prendre la coupe.*

        Quoi ! Seigneur !

        ANTIOCHUS

                Vous m'arrêtez en vain :
Donnez.

        RODOGUNE

    Ah ! gardez-vous de l'une et l'autre main !
Cette coupe est suspecte, elle vient de la reine ;
Craignez de toutes deux quelque secrète haine.

        CLÉOPATRE

Qui m'épargnait tantôt ose enfin m'accuser ! 1785

        RODOGUNE

De toutes deux, Madame, il doit tout refuser.
Je n'accuse personne, et vous tiens innocente ;
Mais il en faut sur l'heure une preuve évidente :
Je veux bien à mon tour subir les mêmes lois.
On ne peut craindre trop pour le salut des rois. 1790
Donnez donc cette preuve ; et, pour toute réplique,
Faites faire un essai par quelque domestique.

    CLÉOPATRE, *prenant la coupe.*

Je le ferai moi-même. Eh bien ! redoutez-vous

1776. *Donner lieu*, donner occasion, latinisme : voir *Polyeucte*, IV, III.
1778. On dit absolument *achever* (de parler), *achever* (de faire) :
   Achève : les derniers n'ont rien qui dégénère. (Corneille, *Au roi.*)
1792. *Essai*, au sens propre, *épreuve*, c'est l'action de déguster les mets et les breuvages avant un autre, en général avant un prince, *prælibare, explorare gustu* ; voyez Tacite (*Annales*, XIII, 16.)

Quelque sinistre effet encor de mon courroux ?
J'ai souffert cet outrage avecque patience.   1795

ANTIOCHUS, *prenant la coupe des mains de Cléopâtre,
après qu'elle a bu.*

Pardonnez-lui, Madame, un peu de défiance :
Comme vous l'accusez, elle fait son effort
A rejeter sur vous l'horreur de cette mort ;
Et, soit amour pour moi, soit adresse pour elle,
Ce soin la fait paraître un peu moins criminelle.   1800
Pour moi, qui ne vois rien, dans le trouble où je suis,
Qu'un gouffre de malheurs, qu'un abîme d'ennuis,
Attendant qu'en plein jour ces vérités paraissent,
J'en laisse la vengeance aux dieux qui les connaissent,
Et vais sans plus tarder...

RODOGUNE

Seigneur, voyez ses yeux   1805
Déjà tous égarés, troubles et furieux,
Cette affreuse sueur qui court sur son visage,
Cette gorge qui s'enfle. Ah ! bons dieux ! quelle rage !
Pour vous perdre après elle, elle a voulu périr.

ANTIOCHUS, *rendant la coupe à Laonice ou à quelque autre.*

N'importe : elle est ma mère, il faut la secourir.   1810

CLÉOPATRE

Va, tu me veux en vain rappeler à la vie ;
Ma haine est trop fidèle, et m'a trop bien servie :
Elle a paru trop tôt pour te perdre avec moi ;
C'est le seul déplaisir qu'en mourant je reçoi :
Mais j'ai cette douceur dedans cette disgrâce   1815

1797. *Faire son effort à*, construction assez rare, pour *s'efforcer de* :
  Celui qui doit vous perdre ainsi, malgré son sort,
  A s'approcher de vous *fait encor son effort*. (*Don Sanche*, vers 976.)

1806. *Tout égarés* se lit pour la première fois dans l'édition que Thomas Corneille donna des œuvres de son frère en 1692 ; mais les éditions publiées du vivant de Corneille portent : *tous égarés*. L'accord de *tout* avec le nom était presque de règle, au XVIIe siècle, et Ménage le défend contre Vaugelas.

De ne voir point régner ma rivale en ma place.
Règne : de crime en crime enfin te voilà roi.
Je t'ai défait d'un père, et d'un frère, et de moi :
Puisse le ciel tous deux vous prendre pour victimes,
Et laisser choir sur vous les peines de mes crimes ! 1820
Puissiez-vous ne trouver dedans votre union
Qu'horreur, que jalousie, et que confusion !
Et, pour vous souhaiter tous les malheurs ensemble,
Puisse naître de vous un fils qui me ressemble !

ANTIOCHUS

Ah ! vivez pour changer cette haine en amour. 1825

CLÉOPATRE

Je maudirais les dieux s'ils me rendaient le jour.
Qu'on m'emporte d'ici : je me meurs, Laonice.
Si tu veux m'obliger par un dernier service,
Après les vains efforts de mes inimitiés,
Sauve-moi de l'affront de tomber à leurs pieds. 1830

Elle s'en va, et Laonice lui aide à marcher.

ORONTE

Dans les justes rigueurs d'un sort si déplorable,
Seigneur, le juste ciel vous est bien favorable :
Il vous a préservé, sur le point de périr,
Du danger le plus grand que vous puissiez courir,

1824.   Quoque non aliud queam
    Pejus precari, liberos similes patri
    Similesque matri. (Sénèque, *Médée*, I, I.)

1826. « Un jour où Mlle Dumesnil avait mis dans les imprécations de Cléopâtre toute l'énergie dont elle était dévorée, le parterre tout entier, par un mouvement d'horreur, aussi vif que spontané, recula devant elle (on était alors debout au parterre), de manière à laisser un grand espace vide entre ses premiers rangs et l'orchestre. Ce fut aussi à cette représentation, à l'instant où, prête à expirer dans les convulsions de la rage, Cléopâtre prononce ce vers terrible :
    Je maudirais les dieux s'ils me rendaient le jour,
que Mlle Dumesnil se sentit frappée d'un grand coup de poing dans le dos par un vieux militaire placé sur le théâtre ; il accompagna ce trait de délire, qui interrompit le spectacle et l'actrice, de ces mots énergiques : « *Va, chienne, à tous les diables !* » et lorsque la tragédie fut finie, Mlle Dumesnil

Et, par un digne effet de ses faveurs puissantes, 1835
La coupable est punie, et vos mains innocentes.

ANTIOCHUS

Oronte, je ne sais, dans son funeste sort,
Qui m'afflige le plus, ou sa vie, ou sa mort ;
L'une et l'autre a pour moi des malheurs sans exemple :
Plaignez mon infortune. Et vous, allez au temple 1840
Y changer l'allégresse en un deuil sans pareil,
La pompe nuptiale en funèbre appareil,
Et nous verrons après, par d'autres sacrifices,
Si les dieux voudront être à nos vœux plus propices.

le remercia de son coup de poing comme de l'éloge le plus flatteur qu'elle eût jamais reçu. » (Lemazurier, *Galerie des acteurs du Théâtre-Français*, t. II.)

1838. *Qui* pris neutralement pour *ce qui*. Cf. *Nicomède*, 275.

FIN

NICOMÈDE

TRAGÉDIE

NOTICE

I

Nicomède est un drame historique, antique par le fond, moderne par l'accent. Pour en bien pénétrer le double caractère, il ne faut oublier ni que Corneille devenait par la pensée le contemporain des Romains qu'il fait parler et agir, ni qu'il était par le fait le spectateur de la Fronde. Est-ce à dire qu'en cette œuvre, si curieuse par la fusion de tant d'éléments divers, il faille voir, avec quelques-uns, une allusion directe aux événements de la Fronde? Non sans doute, mais les évènements ont fait valoir l'œuvre, parce que l'esprit du temps y vivait.

En peignant Nicomède, n'a-t-il pas songé à ce prince de Condé, prisonnier alors, mais qui devait bientôt sortir de sa prison « comme un homme qui était plus en état de faire grâce que de la demander (1) » ? Mazarin assurément n'est pas Flaminius, pas plus qu'Arsinoé n'est Anne d'Autriche. Mais tout parallèle de ce genre une fois écarté, il faut convenir que les contemporains n'avaient pas à chercher bien loin les allusions qu'ils applaudissaient au passage. Cet étranger qui s'immisce dans les affaires d'un pays où il commande en maître, ce jeune héros qui se dresse devant lui pour l'arrêter et le braver, ce glorieux emprisonnement, cette sédition populaire qu'émeut Laodice pour délivrer son amant, toutes ces situations et ces incidents n'étaient pas sans analogie avec ceux d'une crise dont Corneille était le témoin attentif. Mais croyons-en le poète lui-même, lorsqu'il écrit : « Mon principal but a été de peindre la politique des Romains au dehors. »

1. *Mémoires de La Rochefoucauld.*

Corneille distinguait deux catégories de sujets historiques : « Il m'était beaucoup moins permis, écrivait-il, dans *Horace* et dans *Pompée*, dont les histoires ne sont ignorées de personne, que dans *Rodogune* et dans *Nicomède*, dont peu de gens savaient les noms avant que je les eusse mis sur le théâtre. La seule mesure qu'on y peut prendre, c'est que tout ce qu'on y ajoute à l'histoire et tous les changements qu'on y apporte ne soient jamais plus incroyables que ce qu'on en conserve dans le même poème (1). » Il ne songeait donc pas à dissimuler les libertés qu'il avait prises avec une histoire aussi obscure : « J'ai beaucoup osé dans *Nicomède :* Prusias, son père, l'avait voulu faire assassiner dans son armée ; sur l'avis qu'il en eut par les assassins mêmes, il entra dans son royaume, s'en empara, et réduisit ce malheureux prince à se cacher dans une caverne, où il le fit assassiner lui-même. Je n'ai pas poussé l'histoire jusque-là, et après l'avoir peint trop vertueux pour l'engager dans un parricide, j'ai cru que je pouvais me contenter de le rendre maître de la vie de ceux qui le persécutaient, sans le faire passer plus avant. » Ainsi, il y a une vérité de fait que Corneille dédaigne ; il y a une vérité dramatique qu'il s'efforce de rendre vivante aux yeux de l'intelligence. Il ne suffit donc pas de dire, avec Naudet : « Justin fournit l'idée ; les figures sont empruntées à Tite-Live, Polybe, Appien. » Au fond, la matière était ingrate, et Corneille ne la féconda qu'en la faisant tout à fait sienne.

De tous les personnages de *Nicomède*, Prusias est celui dont les traits historiques sont le moins altérés. Mais tout en restant fortement individuel, il est élevé à la dignité de type, et personnifie tous ces rois avilis sous la tutelle impérieuse du sénat. Qu'on lise dans Tite-Live (2) le récit du voyage de Prusias à Rome. Accompagné de son fils Nicomède, le roi de Bithynie va d'abord tout droit au Forum ; là, il déclare qu'il est venu rendre hommage aux dieux tutélaires de Rome, et il accable les Romains de félicitations

---

1. *Discours de la tragédie.*
2. Livres XXXVII, 44 et XLI, 52, 59. Cf. Polybe, xxix, 11 ; xxxi, 14 ; Valère Maxime, VI, 4, 3.

pour leurs récentes victoires de Macédoine et d'Illyrie. Dans le sénat, aux mêmes compliments démesurés il joint quelques humbles requêtes. Son ambition est modeste : il supplie qu'on lui permette d'acquitter un vœu en immolant dix grandes victimes, qu'on daigne renouveler avec lui le traité d'alliance déjà conclu, et aussi, en passant, qu'on lui accorde une portion du territoire conquis sur Antiochus. Puis il présente aux pères conscrits son fils Nicomède, qui n'est point donné là comme un ennemi farouche de Rome. Avec une bienveillance souriante, le sénat lui accorde tout... à la réserve du territoire, qu'on lui fait seulement espérer. Pour Nicomède, on lui tend une main amie. « *Facile Nicomedis commendationem accipere. Quanta cura regum amicorum liberos tueatur populus Romanus documento Ptolemæum, Ægypti regem, esse.* » Eux aussi, les sénateurs, jouent ici la comédie, et se disent tuteurs indulgents alors qu'ils sont maîtres impérieux. C'est ce que Corneille a très bien compris et fait comprendre ; c'est ce qu'après lui Bossuet confirmait. « Ils mettaient sous le joug les rois et les nations, sous couleur de les protéger et de les défendre (1). » Montesquieu n'a guère fait que répéter Corneille et Bossuet lorsqu'il écrit : « Quoique le titre de leur allié fût une espèce de servitude, il était néanmoins très recherché : car on était sûr que l'on ne recevrait d'injures que d'eux, et l'on avait sujet d'espérer qu'elles seraient moindres. Ainsi, il n'y avait point de service que les peuples et les rois ne fussent prêts à rendre, ni de bassesses qu'ils ne fissent pour l'obtenir (2). »

Lorsque Prusias, comblé de présents, qu'il refusa pour lui et accepta pour son fils Nicomède, quitta Rome après y avoir séjourné trente jours, il y laissa une réputation de servilité sur laquelle Polybe et Tite-Live sont d'accord. Mais le Prusias de l'histoire est une âme basse et cupide, facilement cruelle, un tyran odieux à son peuple, un Oriental prêt à toutes les trahisons comme à toutes les lâchetés, allié des Romains parce que son intérêt l'y oblige, mais allié fort peu sûr et fort peu naïf.

1. *Discours sur l'histoire universelle,* 3ᵉ partie.
2. *Considérations sur la grandeur et la décadence des Romains,* ch. vi.

Pourquoi le poète s'est-il appliqué à mettre uniquement en lumière sa complaisance pusillanime ? C'est que l'antithèse se faisait plus frappante entre ce monarque dégradé et ce fils généreux qui saura être roi ; c'est qu'en l'un nous voyons revivre non seulement Prusias II le Chasseur, mais tous les Attale et les Ptolomée, comme en l'autre les Annibal et les Mithridate.

Le drame étant ainsi conçu, Corneille était conduit à modifier les données essentielles du récit historique. Rien de moins significatif que cette histoire, si l'on y regarde de près. Tout s'y réduit à une querelle de famille, et la question se pose en ces termes : Lequel, du père ou du fils, sera vainqueur, c'est-à-dire lequel tuera l'autre ? Posée par Corneille, la question est plus haute : Nicomède sera-t-il livré aux Romains ? Mais, dès qu'elle se pose ainsi, tout change : odieux surtout chez les historiens, Prusias doit être surtout ridicule chez Corneille. Si Prusias n'est ni assez scélérat pour vouloir, ni assez fort pour pouvoir être un assassin, la terreur n'est jamais assez vive pour faire perdre de vue le sujet véritable, qui est l'antagonisme tout politique de Nicomède et de Flaminius.

Pour écarter de nous toute horreur tragique trop pesante, Corneille n'a pas jugé qu'il suffît de montrer le vieux roi asservi aux Romains, il le montre encore asservi à sa femme Arsinoé. L'histoire nous apprend, il est vrai, qu'il se maria deux fois, mais ne nomme aucune de ses deux femmes. Mère ambitieuse et complice des Romains, Arsinoé les aidera puissamment dans leur lutte contre Nicomède ; femme de Prusias, elle atténuera, en la partageant, la responsabilité morale de certains actes. Et les menées de cette marâtre, loin de nous distraire de l'action essentielle, nous y ramèneront sans cesse : car à son beau-fils Nicomède, l'ennemi des Romains, elle oppose le protégé des Romains, son fils Attale. Rome est toujours à l'horizon. Ici encore pourtant l'histoire ne donnait pas même un nom. Des fils étaient nés du second mariage de Prusias ; mais on les élevait à Rome, et ils y séjournaient au moment même où éclata le conflit entre Prusias et son fils aîné. Pourquoi Corneille en a-t-il fait revenir celui qu'il appelle Attale ? C'est, il nous l'apprend lui-même, pour opposer à Nicomède un rival appuyé de toute la faveur des Romains. « Lorsqu'ils accordaient la paix à quelque prince, ils prenaient quelqu'un de ses frères ou de ses enfants en otage, ce qui leur donnait le moyen de troubler le royaume à leur fantaisie. Quand ils avaient le plus proche héritier, ils intimidaient le possesseur; s'ils n'avaient qu'un prince d'un degré éloigné, ils s'en servaient pour animer les révoltes des peuples (1). » Ce que Montesquieu érige en loi de la politique romaine, Corneille l'avait deviné par l'intuition du génie.

Un roi servile, une mère ambitieuse, qui a besoin de la complicité des Romains, un prince ingénu, façonné à l'obéissance dès ses premières années, voilà les alliés que va trouver Flaminius dans son œuvre de division et de lente conquête. On sait que Corneille, meilleur historien d'ordinaire, a transformé en fils de Caïus Flaminius Nepos, le vaincu du lac Trasimène, ce Titus Quinctius Flaminius, diplomate sceptique et lettré, qui rendit si généreusement à la Grèce la liberté dont elle ne savait plus jouir. C'est Flaminius qui arracha au débile Prusias la mort d'Annibal. Il n'y a rien de commun entre ce patricien et la famille plébéienne du consul Flaminius. Il est, d'ailleurs, peu de fautes plus heureuses. Flaminius n'est pas seulement l'interprète de la politique du sénat; c'est son père qu'il venge en poursuivant tour à tour Annibal qui l'a tué, et Nicomède, disciple d'Annibal.

Ce Nicomède II, qui ne recula point devant le meurtre de son père, et mérita d'être appelé, par dérision, Philopator, devait être une sorte de despote asiatique assez farouche et vindicatif. Par un anachronisme de trente-six ans, Corneille a fait Nicomède disciple d'Annibal, « pour lui prêter plus de valeur et plus de fierté contre les Romains ».

II

Le double caractère, à la fois tragique et comique, de *Nicomède*, suffit à expliquer les destinées diverses de ce drame original. Au xviie siècle, surtout dans cette première partie du siècle à laquelle il est si bien approprié, il est compris et

---

1. Montesquieu, *Considérations*, ch. vi.

applaudi. Au xviiie, il étonne plus qu'il n'émeut des lettrés plus étroitement classiques. Au xixe, il est, pour ainsi dire, réhabilité et glorifié, avec une ostentation peut-être intéressée, par le chef de l'école nouvelle.

Rien ne prouve, quoique M. Picot l'affirme (1), que le peu de succès de *Don Sanche* ait décidé Corneille à s'éloigner des Espagnols pour revenir à l'antiquité, à une antiquité, d'ailleurs, aussi espagnole parfois encore que romaine. Mais tout s'accorde à prouver que le succès de *Nicomède* ne fut pas éphémère. Pendant le seul règne de Louis XIV, *Nicomède* ne fut-il pas joué 138 fois à la ville et 12 fois à la cour ? Certains vers de *Nicomède* n'étaient-ils pas passés en proverbe et ne s'offraient-ils pas d'eux-mêmes à l'esprit d'une Sévigné (2) ? Molière ne s'en est-il pas souvenu dans le *Malade imaginaire*, peut-être dans *Tartufe* ? Le 24 octobre 1658, c'est par la représentation de *Nicomède* que Molière paraissait pour la première fois devant la cour dans la salle des gardes du vieux Louvre. En 1651, ce sont les comédiens de l'hôtel de Bourgogne qui, croit-on, avaient joué *Nicomède* d'original. Dans *l'Impromptu de Versailles*, Molière raille la solennité emphatique du débit de Montfleury dans le rôle de Prusias.

S'il n'est pas exact de dire, avec Voltaire, que *Nicomède* fut oublié au théâtre pendant plus de quatre-vingts ans, il est certain qu'au xviiie siècle la tragédie cornélienne parut plus rarement sur la scène, et qu'on l'y goûta moins à une époque si éloignée de la Fronde. Voltaire en critiquait le style burlesque ; la Harpe jugeait que cet alliage du tragique et du familier est marqué au coin de la barbarie. L'acteur Lekain, qui se fit admirer dans le rôle de Nicomède, nous a laissé dans ses *Mémoires* des *Observations générales sur la diction des rôles de Nicomède et corrections proposées sur les dits rôles*. A l'exemple de Voltaire, il condamne de haut tous les idiotismes de la langue cornélienne, mal comprise ; il élimine avec un soin scrupuleux toutes les façons de parler qui lui semblent trop voisines de la comédie, comme si l'originalité de la pièce ne consistait pas

---

1. *Bibliographie cornélienne.*
2. Voyez ses lettres à Guitaut du 20 avril 1683 et de 1685.

en cela même. L'excuse de Lekain, c'est qu'il ne sentait point et qu'on ne sentait point autour de lui la ridicule inconvenance de ces tentatives. C'est un an après sa mort que Tronchin commençait la publication de l'ouvrage en cinq volumes qu'il intitule si étrangement *Mes récréations dramatiques*. Dix pièces de Corneille y sont raccourcies de près de cinq mille vers ; quant aux vers retouchés ou changés, ils sont innombrables. Au début même de notre siècle, dans ses *Changements pour Nicomède*, Andrieux ose encore habiller à la mode de l'Empire les fiers alexandrins de Corneille. A l'en croire, c'est Talma qui lui avait demandé ces rajeunissements équivoques.

La querelle des classiques et des romantiques, loin de faire oublier *Nicomède*, apporta un regain de gloire au poète, en qui les rénovateurs du drame saluaient volontiers un précurseur. Dans la préface-manifeste de *Cromwell*, Victor Hugo déplorait que l'auteur du *Cid*, harcelé par Scudéry, l'Académie et Chapelain, se fût cru forcé « de mentir à lui-même et de se jeter dans l'antiquité », lui, ce génie tout moderne, tout nourri du moyen âge et de l'Espagne. Il ne retrouvait ni la Rome véritable ni le vrai Corneille dans ces tragédies plus castillanes encore que romaines ; mais il hasardait une exception en faveur de *Nicomède*, « si moqué du dernier siècle pour sa fière et naïve couleur ».

AU LECTEUR

Voici une pièce d'une constitution assez extraordinaire : aussi est-ce la vingt et unième que j'ai fait voir sur le théâtre ; et après y avoir fait réciter quarante mille vers, il est bien malaisé de trouver quelque chose de nouveau, sans s'écarter un peu du grand chemin et se mettre au hasard de s'égarer. La tendresse et les passions, qui doivent être l'âme des tragédies, n'ont aucune part en celle-ci ; la grandeur de courage y règne seule et regarde son malheur d'un œil si dédaigneux qu'il n'en saurait arracher une plainte. Elle y est combattue par la politique, et n'oppose à ses artifices qu'une prudence généreuse, qui marche à visage découvert, qui prévoit le péril sans s'émouvoir, et ne veut point d'autre appui que celui de sa vertu et de l'amour qu'elle imprime dans les cœurs de tous les peuples. L'histoire qui m'a prêté de quoi la faire paraître en ce haut degré est tirée de Justin ; et voici comme il la raconté à la fin de son trente-quatrième livre (1) :

« En même temps Prusias, roi de Bithynie, prit dessein de faire assassiner son fils Nicomède, pour avancer ses autres fils qu'il avait eus d'une autre femme, et qu'il faisait élever à Rome ; mais ce dessein fut découvert à ce jeune prince par ceux mêmes qui l'avaient entrepris : ils firent plus, ils l'exhortèrent à rendre la pareille à un père si cruel et faire retomber sur sa tête les embûches qu'il lui avait préparées, et n'eurent pas grande peine à le persuader. Sitôt donc qu'il fut entré dans le royaume de son père, qui l'avait appelé auprès de lui, il fut proclamé roi ; et Prusias, chassé du trône, et délaissé même de ses domestiques, quelque soin qu'il prît de se

---

1. Livre XXXIV, IV. Cf. Appien, *Mithr.* 2-7, et Diodore, Fragm. des livres XXV, XXXII.

cacher, fut enfin tué par ce fils, et perdit la vie par un crime aussi grand que celui qu'il avait commis en donnant les ordres de l'assassiner. »

J'ai ôté de ma scène l'horreur d'une catastrophe si barbare, et n'ai donné ni au père ni au fils aucun dessein de parricide. J'ai fait ce dernier amoureux de Laodice, afin que l'union d'une couronne voisine donnât plus d'ombrage aux Romains, et leur fît prendre plus de soin d'y mettre un obstacle de leur part. J'ai approché (1) de cette histoire celle de la mort d'Annibal, qui arriva un peu auparavant chez ce même roi, et dont le nom n'est pas un petit ornement à mon ouvrage. J'en ai fait Nicomède disciple, pour lui prêter plus de valeur et plus de fierté contre les Romains ; et, prenant l'occasion de l'ambassade où Flaminius fut envoyé par eux vers ce roi, leur allié, pour qu'on remît entre leurs mains ce vieil ennemi de leur grandeur, je l'ai chargé d'une commission secrète de traverser ce mariage qui leur devait donner de la jalousie. J'ai fait que, pour gagner l'esprit de la Reine, qui, suivant l'ordinaire des secondes femmes, avait tout pouvoir sur celui de son vieux mari, il lui ramène un de ses fils, que mon auteur m'apprend avoir été nourri à Rome. Cela fait deux effets ; car, d'un côté, il obtient la perte d'Annibal par le moyen de cette mère ambitieuse, et, de l'autre, il oppose à Nicomède un rival appuyé de toute la faveur des Romains, jaloux de sa gloire et de sa grandeur naissante.

Les assassins qui découvrirent à ce prince les sanglants desseins de son père m'ont donné jour à d'autres artifices pour le faire tomber dans les embûches que sa belle-mère lui avait préparées ; et pour la fin, je l'ai réduite en sorte que tous mes personnages y agissent avec générosité, et que les uns rendant ce qu'ils doivent à la vertu, et les autres demeurant dans la fermeté de leur devoir, laissent un exemple assez illustre et une conclusion assez agréable.

La représentation n'en a point déplu ; et comme ce ne sont pas les moindres vers qui soient partis de ma main, j'ai sujet d'espérer que la lecture n'ôtera rien à cet ouvrage de la répu-

---

1. On dirait aujourd'hui *j'ai rapproché*.

tation qu'il s'est acquise jusqu'ici, et ne le fera point juger indigne de suivre ceux qui l'ont précédé. Mon principal but a été de peindre la politique des Romains au dehors, et comme ils agissaient impérieusement avec les rois leurs alliés ; leurs maximes pour les empêcher de s'accroître, et les soins qu'ils prenaient de traverser (1) leur grandeur, quand elle commençait à leur devenir suspecte à force de s'augmenter et de se rendre considérable par de nouvelles conquêtes. C'est le caractère que j'ai donné à leur république en la personne de leur ambassadeur Flaminius, qui rencontre un prince intrépide, qui voit sa perte assurée sans s'ébranler, et brave l'orgueilleuse masse de leur puissance, lors même qu'il en est accablé. Ce héros de ma façon sort un peu des règles de la tragédie, en ce qu'il ne cherche point à faire pitié par l'excès de ses malheurs ; mais le succès a montré que la fermeté des grands cœurs, qui n'excite que de l'admiration dans l'âme du spectateur, quelquefois est aussi agréable que la compassion que notre art nous commande de mendier par leurs misères. Il est bon de hasarder un peu, et ne s'attacher pas toujours si servilement à ses préceptes, ne fût-ce que pour pratiquer celui de notre Horace :

Et mihi res, non me rebus, submittere conor (2).

Mais il faut que l'événement (3) justifie cette hardiesse ; et dans une liberté de cette nature on demeure coupable, à moins que d'être fort heureux.

1. *Traverser*, se mettre à la traverse de quelque chose, y faire obstacle.
2. *Epîtres*, I, 1. Horace dit *subjungere.*
3. *L'événement*, l'issue de l'entreprise.

EXAMEN

Voici une pièce d'une constitution assez extraordinaire; aussi est-ce la vingt et unième que j'ai mise sur le théâtre (1)... Ce héros de ma façon sort un peu des règles de la tragédie, en ce qu'il ne cherche point à faire pitié par l'excès de ses infortunes; mais le succès a montré que la fermeté des grands cœurs, qui n'excite que de l'admiration dans l'âme du spectateur, est quelquefois aussi agréable que la compassion que notre art nous ordonne d'y produire par la représentation de leurs malheurs. Il en fait naître toutefois quelqu'une, mais elle ne va pas jusqu'à tirer des larmes. Son effet se borne à mettre les auditeurs dans les intérêts de ce prince, et à leur faire former des souhaits pour ses prospérités.

Dans l'admiration qu'on a pour sa vertu, je trouve une manière de purger les passions dont n'a point parlé Aristote, et qui est peut-être plus sûre que celle qu'il prescrit à la tragédie par le moyen de la pitié et de la crainte. L'amour qu'elle nous donne pour cette vertu que nous admirons nous imprime de la haine pour le vice contraire. La grandeur de courage de Nicomède nous laisse une aversion de la pusillanimité; et la généreuse reconnaissance d'Héraclius, qui expose sa vie pour Martian, à qui il est redevable de la sienne, nous jette dans l'horreur de l'ingratitude.

Je ne veux point dissimuler que cette pièce est une de celles pour qui j'ai le plus d'amitié. Aussi n'y remarquerai-je que ce défaut de la fin, qui va trop vite, comme je l'ai dit ailleurs (2), et où l'on peut même trouver quelque inégalité de mœurs en Prusias et Flaminius, qui, après avoir pris la fuite

1. Toute la première partie de l'Examen est la répétition à peu près textuelle de l'Avis au lecteur; je la supprime ici.
2. « Prusias et Flaminius, dans le cinquième acte de *Nicomède*, n'ont pas tout le loisir dont ils auraient besoin pour se rejoindre sur la mer, consulter ensemble et revenir à la défense de la reine.» (*Discours des trois unités.*)

sur la mer, s'avisent tout d'un coup de rappeler leur courage, et viennent se ranger auprès de la reine Arsinoé, pour mourir avec elle en la défendant. Flaminius y demeure en assez méchante posture, voyant réunir toute la famille royale, malgré les soins qu'il avait pris de la diviser, et les instructions qu'il en avait apportées de Rome. Il s'y voit enlever par Nicomède les affections de cette reine et du prince Attale, qu'il avait choisis pour instruments à traverser sa grandeur, et semble n'être revenu que pour être témoin du triomphe qu'il remporte sur lui. D'abord j'avais fini la pièce sans les faire revenir, et m'étais contenté de faire témoigner par Nicomède à sa belle-mère grand déplaisir de ce que la fuite du roi ne lui permettait pas de lui rendre ses obéissances (1). Cela ne démentait point l'effet historique, puisqu'il (2) laissait sa mort en incertitude ; mais le goût des spectateurs, que nous avons accoutumés à voir rassembler tous nos personnages à la conclusion de cette sorte de poèmes, fut cause de ce changement, où je me résolus pour leur donner plus de satisfaction, bien qu'avec moins de régularité.

1. *Ses obéissances*, ses devoirs. Corneille aimait ces pluriels abstraits.
2. *Il*, véritable neutre, cela.

PERSONNAGES :

PRUSIAS, roi de Bithynie.
FLAMINIUS, ambassadeur de Rome.
ARSINOÉ, seconde femme de Prusias.
LAODICE, reine d'Arménie.
NICOMÈDE, fils aîné de Prusias, sorti du premier lit.
ATTALE, fils de Prusias et d'Arsinoé.
ARASPE, capitaine des gardes de Prusias.
CLÉONE, confidente d'Arsinoé.

La scène est à Nicomédie.

NICOMÈDE

TRAGÉDIE

ACTE PREMIER

SCÈNE I
NICOMÈDE, LAODICE

LAODICE

Après tant de hauts faits, il m'est bien doux, Seigneur,
De voir encor mes yeux régner sur votre cœur ;
De voir, sous les lauriers qui vous couvrent la tête,
Un si grand conquérant être encor ma conquête,
Et de toute la gloire acquise à ses travaux   5
Faire un illustre hommage à ce peu que je vaux.
Quelques biens toutefois que le ciel me renvoie,
Mon cœur épouvanté se refuse à la joie ;
Je vous vois à regret, tant mon cœur amoureux
Trouve la cour pour vous un séjour dangereux.   10
Votre marâtre y règne, et le Roi votre père
Ne voit que par ses yeux, seule la considère,
Pour souveraine loi n'a que sa volonté ;
Jugez après cela de votre sûreté.
La haine que pour vous elle a si naturelle   15

---

7. *Renvoie.* Envoie en sens contraire, en revanche des tristesses passées.
15. On remarquera cette construction du verbe *avoir* suivi d'un adjectif, vrai latinisme, dont M. Godefroy, cite cet autre exemple : « Le duc de Savoie commença à munir de garnisons toutes les places fortes *qu'il avait voisines* des troupes françaises. » (Richelieu, *Mémoires*, XX.)

A mon occasion encor se renouvelle.
Votre frère, son fils, depuis peu de retour...

NICOMÈDE

Je le sais, ma princesse, et qu'il vous fait la cour.
Je sais que les Romains, qui l'avaient en otage,
L'ont enfin renvoyé pour un plus digne ouvrage ; 20
Que ce don à sa mère était le prix fatal
Dont leur Flaminius marchandait Annibal ;
Que le Roi par son ordre eût livré ce grand homme,
S'il n'eût par le poison lui-même évité Rome,
Et rompu par sa mort les spectacles pompeux 25
Où l'effroi de son nom le destinait chez eux.
Par mon dernier combat je voyais réunie
La Cappadoce entière avec la Bithynie,
Lorsqu'à cette nouvelle, enflammé de courroux
D'avoir perdu mon maître, et de craindre pour vous, 30
J'ai laissé mon armée aux mains de Théagène,
Pour voler en ces lieux au secours de ma reine.
Vous en aviez besoin, Madame, et je le voi,
Puisque Flaminius obsède encor le Roi.
Si de son arrivée Annibal fut la cause, 35
Lui mort, ce long séjour prétend quelque autre chose,
Et je ne vois que vous qui le puisse arrêter,
Pour aider à mon frère à vous persécuter.

16. *A mon occasion*. à mon sujet. « Tant de peuples qui ont souffert à *votre occasion*, les soulagez-vous ? » (Massillon, *Carême, Pâques*)
24. Rome est ici un être moral, qui a sa politique et ses rancunes.
25. Il faut comprendre : Et prévenu par sa mort la honte d'être traîné à Rome pour y servir de spectacle, dans le cortège du triomphateur.
33. *Je voi* pour *je vois*. Non seulement ce n'est pas une licence poétique, mais cette forme se rapproche beaucoup plus de l'étymologie latine. L's finale n'existait, au début, qu'à la seconde personne ; c'est par analogie que, peu à peu, l'usage l'a appliquée à la première.
34. *Obséder*, signifie proprement : faire le siège d'une personne.
36. *Prétendre*, pris activement pour *avoir des prétentions à* n'est pas rare au XVII° siècle. Mais il est plus rare de le voir employé, comme ici, avec un nom de chose, dans le sens de *avoir pour objet*.
37. Je ne vois plus que vous qui la *puisse* défendre.
(*Iphigénie*, III, v.)

LAODICE

Je ne veux point douter que sa vertu romaine
N'embrasse avec chaleur l'intérêt de la Reine : 40
Annibal, qu'elle vient de lui sacrifier,
L'engage en sa querelle, et m'en fait défier.
Mais, Seigneur, jusqu'ici j'aurais tort de m'en plaindre ;
Et, quoi qu'il entreprenne, avez-vous lieu de craindre ?
Ma gloire et mon amour peuvent bien peu sur moi, 45
S'il faut votre présence à soutenir ma foi,
Et si je puis tomber en cette frénésie
De préférer Attale au vainqueur de l'Asie ;
Attale, qu'en otage ont nourri les Romains,
Ou plutôt qu'en esclave ont façonné leurs mains, 50
Sans lui rien mettre au cœur qu'une crainte servile
Qui tremble à voir un aigle et respecte un édile !

NICOMÈDE

Plutôt, plutôt la mort, que mon esprit jaloux
Forme des sentiments si peu dignes de vous !
Je crains la violence, et non votre faiblesse ; 55
Et si Rome une fois contre nous s'intéresse...

LAODICE

Je suis reine, Seigneur, et Rome a beau tonner,
Elle ni votre roi n'ont rien à m'ordonner :
Si de mes jeunes ans il est dépositaire,
C'est pour exécuter les ordres de mon père : 60
Il m'a donnée à vous, et nul autre que moi
N'a droit de l'en dédire, et me choisir un roi.
Par son ordre et le mien, la reine d'Arménie
Est due à l'héritier du roi de Bithynie,

---

42. *En*, de Flaminius, que la mort d'Annibal engage dans la querelle de la reine, attache à son parti. Pour l'ellipse du pronom personnel, *me fait* (me) *défier*, voir *le Cid*, 1720.

56. *S'intéresse*, prend parti contre nous. Cf. *le Cid*, 302.

62. *De l'en dédire*, de l'en désavouer :
   Les rois impunément *dédisent leurs sujets*. (*Pertharite*, II, III.)

Et ne prendra jamais un cœur assez abjet 65
Pour se laisser réduire à l'hymen d'un sujet.
Mettez-vous en repos.

NICOMÈDE

Et le puis-je, Madame,
Vous voyant exposée aux fureurs d'une femme
Qui, pouvant tout ici, se croira tout permis
Pour se mettre en état de voir régner son fils ? 70
Il n'est rien de si saint qu'elle ne fasse enfreindre.
Qui livrait Annibal pourra bien vous contraindre,
Et saura vous garder même fidélité
Qu'elle a gardée aux droits de l'hospitalité.

LAODICE

Mais ceux de la nature ont-ils un privilège 75
Qui vous assure d'elle après ce sacrilège ?
Seigneur, votre retour, loin de rompre ses coups,
Vous expose vous-même et m'expose après vous.
Comme il est fait sans ordre, il passera pour crime,
Et vous serez bientôt la première victime 80
Que la mère et le fils, ne pouvant m'ébranler,
Pour m'ôter mon appui se voudront immoler.
Si j'ai besoin de vous de peur qu'on me contraigne,
J'ai besoin que le Roi, qu'elle-même vous craigne.
Retournez à l'armée, et, pour me protéger, 85
Montrez cent mille bras tous prêts à me venger.
Parlez la force en main, et hors de leur atteinte :
S'ils vous tiennent ici, tout est pour eux sans crainte;

---

75. C'est-à-dire : les droits de la nature sont-ils pour vous une garantie, une protection suffisante contre elle ?

77. *Loin de rompre ses coups*, loin de faire avorter ses entreprises.

83. *De peur qu'on me contraigne*, sans *ne* comme aux vers 156 et 187, *craindre que*. Dans ses notes sur Vaugelas, Thomas Corneille recommande l'emploi de la négation dans ces phrases; mais Marty-Laveaux remarque que chez Pierre Corneille l'omission de *ne* dans ces locutions était un parti pris, puisqu'il corrigeait certains vers pour en ôter la négation.

Et ne vous flattez point ni sur votre grand cœur,
Ni sur l'éclat d'un nom cent et cent fois vainqueur : 90
Quelque haute valeur que puisse être la vôtre,
Vous n'avez en ces lieux que deux bras comme un autre,
Et fussiez-vous du monde et l'amour et l'effroi,
Quiconque entre au palais porte sa tête au Roi.
Je vous le dis encor, retournez à l'armée ; 95
Ne montrez à la cour que votre renommée ;
Assurez votre sort pour assurer le mien ;
Faites que l'on vous craigne, et je ne craindrai rien.

NICOMÈDE

Retourner à l'armée ! ah ! sachez que la Reine
La sème d'assassins achetés par sa haine. 100
Deux s'y sont découverts, que j'amène avec moi
Afin de la convaincre et détromper le Roi.
Quoiqu'il soit son époux, il est encor mon père,
Et, quand il forcera la nature à se taire,
Trois sceptres, à son trône attachés par mon bras, 105
Parleront au lieu d'elle, et ne se tairont pas.
Que si notre fortune, à ma perte animée,
La prépare à la cour aussi bien qu'à l'armée,
Dans ce péril égal qui me suit en tous lieux,
M'envierez-vous l'honneur de mourir à vos yeux ? 110

LAODICE

Non, je ne vous dis plus désormais que je tremble,
Mais que, s'il faut périr, nous périrons ensemble.
 Armons-nous de courage, et nous ferons trembler
Ceux dont les lâchetés pensent nous accabler.
Le peuple ici vous aime, et hait ces cœurs infâmes ; 115

---

89. *Ne vous flattez point sur* : ne comptez point, par une illusion orgueilleuse, sur... Sur la négation avec *ni* répété, voyez *Cid*, vers 1780.
  Ce n'est *point ni* mon choix *ni* l'éclat de ma race
    Qui me font, grande Reine, espérer cette place. (*Don Sanche*, 149.)
110. *Envier* a ici le sens du latin *invidere*, refuser.

Et c'est être bien fort que régner sur tant d'âmes.
Mais votre frère Attale adresse ici ses pas.

NICOMÈDE

Il ne m'a jamais vu : ne me découvrez pas.

SCÈNE II
LAODICE, NICOMÈDE, ATTALE

ATTALE

Quoi ! Madame, toujours un front inexorable !
Ne pourrai-je surprendre un regard favorable,
Un regard désarmé de toutes ces rigueurs,
Et tel qu'il est enfin quand il gagne les cœurs ?

LAODICE

Si ce front est mal propre à m'acquérir le vôtre,
Quand j'en aurai dessein, j'en saurai prendre un autre.

ATTALE

Vous ne l'acquerrez point, puisqu'il est tout à vous.

LAODICE

Je n'ai donc pas besoin d'un visage plus doux.

ATTALE

Conservez-le, de grâce, après l'avoir su prendre.

LAODICE

C'est un bien mal acquis que j'aime mieux vous rendre.

ATTALE

Vous l'estimez trop peu pour le vouloir garder.

LAODICE

Je vous estime trop pour vouloir rien farder.

123. *Est mal propre,* n'est pas propre à. *Mal* a ici la valeur d'une négation. Le *front,* c'est la physionomie qui manifeste au dehors les sentiments du cœur. *Le vôtre,* votre cœur. Les vers suivants manquent aussi de netteté : *prendre un autre,* un autre front. *Vous ne l'acquerrez point,* ce cœur.

Votre rang et le mien ne sauraient le permettre :
Pour garder votre cœur je n'ai pas où le mettre ;
La place est occupée, et je vous l'ai tant dit,
Prince, que ce discours vous dût être interdit :
On le souffre d'abord, mais la suite importune. 135

ATTALE

Que celui qui l'occupe a de bonne fortune !
Et que serait heureux qui pourrait aujourd'hui
Disputer cette place, et l'emporter sur lui !

NICOMÈDE

La place à l'emporter coûterait bien des têtes,
Seigneur : ce conquérant garde bien ses conquêtes, 140
Et l'on ignore encor parmi ses ennemis
L'art de reprendre un fort qu'une fois il a pris.

ATTALE

Celui-ci toutefois peut s'attaquer de sorte
Que, tout vaillant qu'il est, il faudra qu'il en sorte.

LAODICE

Vous pourriez vous méprendre.

ATTALE

Et si le roi le veut ? 145

LAODICE

Le Roi, juste et prudent, ne veut que ce qu'il peut.

ATTALE

Et que ne peut ici la grandeur souveraine ?

LAODICE

Ne parlez pas si haut : s'il est roi, je suis reine,
Et vers moi tout l'effort de son autorité
N'agit que par prière et par civilité. 150

---

134. *Vous dût être,* vous devrait être. On ne distinguait pas, avant le xviie siècle, entre l'imparfait du subjonctif et le conditionnel.
144. *Il,* dans le second vers, se rapporte à Nicomède.
149. *Vers* pour *envers*. (Cf. *Horace,* vers 1153.)

ATTALE

Non, mais agir ainsi souvent c'est beaucoup dire
Aux reines comme vous qu'on voit dans son empire,
Et si ce n'est assez des prières d'un roi,
Rome, qui m'a nourri, vous parlera pour moi.

NICOMÈDE

Rome, Seigneur !

ATTALE

Oui, Rome ; en êtes-vous en doute ? 155

NICOMÈDE

Seigneur, je crains pour vous qu'un Romain vous écoute ;
Et si Rome savait de quels feux vous brûlez,
Bien loin de vous prêter l'appui dont vous parlez,
Elle s'indignerait de voir sa créature
A l'éclat de son nom faire une telle injure, 160
Et vous dégraderait peut-être dès demain
Du titre glorieux de citoyen romain.
Vous l'a-t-elle donné pour mériter sa haine
En le déshonorant par l'amour d'une reine ?
Et ne savez-vous plus qu'il n'est princes ni rois 165
Qu'elle daigne égaler à ses moindres bourgeois ?
Pour avoir tant vécu chez ces cœurs magnanimes,
Vous en avez bientôt oublié les maximes.
Reprenez un orgueil digne d'elle et de vous ;
Remplissez mieux un nom sous qui nous tremblons tous, 170
Et, sans plus l'abaisser à cette ignominie
D'idolâtrer en vain la reine d'Arménie,
Songez qu'il faut du moins, pour toucher votre cœur,

---

166. Le *bourgeois*, c'était l'homme du *bourg*, de la ville fortifiée, par opposition au *villain*, qui était l'homme de la *villa*, du lieu ouvert de la campagne : *bourgeois* équivalait donc à *citoyen*. Ce que dit Nicomède, Emilie, dans *Cinna* (III, IV), l'avait dit presque dans les mêmes termes.

170. *Remplissez mieux* : par vos paroles et par vos actes montrez-vous plus digne de porter un nom..., soyez à la hauteur des devoirs qu'il impose :

Pour *remplir ce grand nom* as-tu besoin d'un maître ?
(*Pertharite*, 912.)

La fille d'un tribun ou celle d'un préteur ;
Que Rome vous permet cette haute alliance, 175
Dont vous aurait exclu le défaut de naissance,
Si l'honneur souverain de son adoption
Ne vous autorisait à tant d'ambition.
Forcez, rompez, brisez de si honteuses chaînes ;
Aux rois qu'elle méprise abandonnez les reines, 180
Et concevez enfin des vœux plus élevés,
Pour mériter les biens qui vous sont réservés.

ATTALE

Si cet homme est à vous, imposez-lui silence,
Madame, et retenez une telle insolence.
Pour voir jusqu'à quel point elle pourrait aller, 185
J'ai forcé ma colère à le laisser parler ;
Mais je crains qu'elle échappe, et que, s'il continue,
Je ne m'obstine plus à tant de retenue.

NICOMÈDE

Seigneur, si j'ai raison, qu'importe à qui je sois ?
Perd-elle de son prix pour emprunter ma voix ? 190
Vous-même, amour à part, je vous en fais arbitre.
Ce grand nom de Romain est un précieux titre,
Et la Reine et le Roi l'ont assez acheté
Pour ne se plaire pas à le voir rejeté,
Puisqu'ils se sont privés, pour ce nom d'importance, 195
Des charmantes douceurs d'élever votre enfance.
Dès l'âge de quatre ans ils vous ont éloigné ;
Jugez si c'est pour voir ce titre dédaigné,
Pour vous voir renoncer, par l'hymen d'une reine,

---

183. *Être à quelqu'un*, c'était appartenir à sa maison. Corneille lui-même écrivait à Richelieu : « Depuis que j'ai l'honneur d'être à Votre Eminence. » (Épître d'*Horace*.)

190. *Perd-elle*, la raison perd-elle, tournure condamnée par nos grammairiens. *Elle* se rapporte au nom indéterminé *raison* (*si j'ai raison*), que ne précède pas l'article. (Cf. *Horace*, 1477.)

195. *Pour ce nom d'importance*, pour ce nom si considéré.

A la part qu'ils avaient à la grandeur romaine. 200
D'un si rare trésor l'un et l'autre jaloux...

ATTALE

Madame, encore un coup, cet homme est-il à vous ?
Et pour vous divertir est-il si nécessaire
Que vous ne lui puissiez ordonner de se taire ?

LAODICE

Puisqu'il vous a déplu vous traitant de Romain, 205
Je veux bien vous traiter de fils de souverain.
En cette qualité, vous devez reconnaître
Qu'un prince votre aîné doit être votre maître,
Craindre de lui déplaire, et savoir que le sang
Ne vous empêche pas de différer de rang, 210
Lui garder le respect qu'exige sa naissance,
Et, loin de lui, voler son bien en son absence...

ATTALE

Si l'honneur d'être à vous est maintenant son bien,
Dites un mot, Madame, et ce sera le mien ;
Et si l'âge à mon rang fait quelque préjudice, 215
Vous en corrigerez la fatale injustice.
Mais, si je lui dois tant en fils de souverain,
Permettez qu'une fois je vous parle en Romain.
Sachez qu'il n'en est point que le Ciel n'ait fait naître
Pour commander aux rois, et pour vivre sans maître ; 220
Sachez que mon amour est un noble projet
Pour éviter l'affront de me voir son sujet ;
Sachez...

LAODICE

Je m'en doutais, Seigneur, que ma couronne
Vous charmait bien du moins autant que ma personne ;
Mais, telle que je suis, et ma couronne et moi, 225
Tout est à cet aîné qui sera votre roi,

220. Ces deux vers sont de *Cinna* (vers 1001 et 1002).

Et, s'il était ici, peut-être en sa présence
Vous penseriez deux fois à lui faire une offense.

ATTALE

Que ne puis-je l'y voir ! mon courage amoureux...

NICOMÈDE

Faites quelques souhaits qui soient moins dangereux, 230
Seigneur : s'il les savait, il pourrait bien lui-même
Venir d'un tel amour venger l'objet qu'il aime.

ATTALE

Insolent ! est-ce enfin le respect qui m'est dû ?

NICOMÈDE

Je ne sais de nous deux, Seigneur, qui l'a perdu.

ATTALE

Peux-tu bien me connaître et tenir ce langage ? 235

NICOMÈDE

Je sais à qui je parle, et c'est mon avantage
Que, n'étant pas connu, Prince, vous ne savez
Si je vous dois respect, ou si vous m'en devez.

ATTALE

Ah ! Madame, souffrez que ma juste colère...

LAODICE

Consultez-en, Seigneur, la reine votre mère ; 240
Elle entre.

SCÈNE III

NICOMÈDE, ARSINOÉ, LAODICE, ATTALE, CLÉONE

NICOMÈDE

Instruisez mieux le Prince votre fils,

---

237. *N'étant point connu*, comme je ne suis pas connu de vous, sorte de proposition absolue, comme dans *Polyeucte*, II, vi.

S'il n'a reçu du Ciel l'influence secrète,
Si son astre, *en naissant*, ne l'a formé poëte. (*Art poétique*, I.)

Madame, et dites-lui, de grâce, qui je suis :
Faute de me connaître, il s'emporte, il s'égare,
Et ce désordre est mal dans une âme si rare :
J'en ai pitié.

ARSINOÉ

Seigneur, vous êtes donc ici ? 245

NICOMÈDE

Oui, Madame, j'y suis, et Métrobate aussi.

ARSINOÉ

Métrobate ! ah ! le traître !

NICOMÈDE

Il n'a rien dit, Madame,
Qui vous doive jeter aucun trouble dans l'âme.

ARSINOÉ

Mais qui cause, Seigneur, ce retour surprenant ?
Et votre armée ?

NICOMÈDE

Elle est sous un bon lieutenant ; 250
Et quant à mon retour, peu de chose le presse.
J'avais ici laissé mon maître et ma maîtresse :
Vous m'avez ôté l'un, vous, dis-je, ou les Romains,
Et je viens sauver l'autre et d'eux et de vos mains.

ARSINOÉ

C'est ce qui vous amène ?

NICOMÈDE

Oui, Madame, et j'espère 255
Que vous m'y servirez auprès du Roi mon père.

ARSINOÉ

Je vous y servirai comme vous l'espérez.

NICOMÈDE

De votre bon vouloir nous sommes assurés.

---

249. *Qui,* quelle chose, quelle cause? C'est le *quid* des Latins.

ACTE I, SCÈNE III

ARSINOÉ
Il ne tiendra qu'au Roi qu'aux effets je ne passe.
NICOMÈDE
Vous voulez à tous deux nous faire cette grâce ? 260
ARSINOÉ
Tenez-vous assuré que je n'oublierai rien.
NICOMÈDE
Je connais votre cœur; ne doutez pas du mien.
ATTALE
Madame, c'est donc là le prince Nicomède?
NICOMÈDE
Oui, c'est moi qui viens voir s'il faut que je vous cède.
ATTALE
Ah! Seigneur, excusez si, vous connaissant mal... 265
NICOMÈDE
Prince, faites-moi voir un plus digne rival.
Si vous aviez dessein d'attaquer cette place,
Ne vous départez point d'une si noble audace;
Mais, comme à son secours je n'amène que moi,
Ne la menacez plus de Rome ni du Roi. 270
Je la défendrai seul, attaquez-la de même,
Avec tous les respects qu'on doit au diadème.
Je veux bien mettre à part, avec le nom d'aîné,
Le rang de votre maître, où je suis destiné,
Et nous verrons ainsi qui fait mieux un brave homme, 275
Des leçons d'Annibal, ou de celles de Rome.
Adieu : pensez-y bien, je vous laisse y rêver.

---

259. *Aux effets*, aux actes, même sens qu'au vers 958.
265. *Mal connaître* et *méconnaître* ne diffèrent pas au fond. Ici, *mal connaître*, c'est ne pas connaître ; *mal* a le sens négatif du latin *male*.
275. *Qui*, ce qui; voyez la note du vers 259. — *Un brave homme*, un homme brave, un homme d'honneur et de cœur. Cf. *le Cid*, vers 1424.

SCÈNE IV
ARSINOÉ, ATTALE, CLÉONE

ARSINOÉ

Quoi! tu faisais excuse à qui m'osait braver!

ATTALE

Que ne peut point, Madame, une telle surprise?
Ce prompt retour me perd, et rompt votre entreprise. 280

ARSINOÉ

Tu l'entends mal, Attale : il la met dans ma main.
Va trouver de ma part l'ambassadeur romain ;
Dedans mon cabinet amène-le sans suite,
Et de ton heureux sort laisse-moi la conduite.

ATTALE

Mais, Madame, s'il faut...

ARSINOÉ

Va, n'appréhende rien, 285
Et, pour avancer tout, hâte cet entretien.

SCÈNE V
ARSINOÉ, CLÉONE

CLÉONE

Vous lui cachez, Madame, un dessein qui le touche!

ARSINOÉ

Je crains qu'en l'apprenant son cœur ne s'effarouche :
Je crains qu'à la vertu par les Romains instruit,
De ce que je prépare il ne m'ôte le fruit, 290.

---

278. *Tu faisais excuse*, tu offrais des excuses à, tu t'excusais auprès de·
Pour vous, je ne veux point, Monsieur, *vous faire excuse.*
(Molière, *Ecole des maris*, III, x.)
286. *Avancer*, c'est activer, accélérer l'accomplissement d'une entreprise.

Et ne conçoive mal qu'il n'est fourbe ni crime
Qu'un trône acquis par là ne rende légitime.

CLÉONE

J'aurais cru les Romains un peu moins scrupuleux,
Et la mort d'Annibal m'eût fait mal juger d'eux.

ARSINOÉ

Ne leur impute pas une telle injustice : 295
Un Romain seul l'a faite, et par mon artifice.
Rome l'eût laissé vivre, et sa légalité
N'eût point forcé les lois de l'hospitalité.
Savante à ses dépens de ce qu'il savait faire,
Elle le souffrait mal auprès d'un adversaire ; 300
Mais, quoique, par ce triste et prudent souvenir,
De chez Antiochus elle l'ait fait bannir,
Elle aurait vu couler sans crainte et sans envie
Chez un prince allié les restes de sa vie.
Le seul Flaminius, trop piqué de l'affront 305
Que son père défait lui laisse sur le front ;
Car je crois que tu sais que, quand l'aigle romaine
Vit choir ses légions au bord du Trasimène,
Flaminius, son père, en était général,
Et qu'il y tomba mort de la main d'Annibal ; 310
Ce fils donc, qu'a pressé la soif de la vengeance,

---

297. Contre Voltaire, M. Godefroy prouve que *légalité* a été souvent employé dans le sens de *loyauté*, droiture. Guy-Patin dit de Naudé : « Il était fort bon ami, fort égal et fort *légal*. » Ce mot se trouve avec cette acception dans le Dictionnaire de Richelet et dans celui de l'Académie, édition de 1718 ; il n'en a été retiré que dans l'édition de 1762.

306. Sur cette confusion de Flaminius et Flamininus, voyez l'introduction.

310. « Supposition gratuite du poète ; l'histoire ne dit point qu'Annibal ait tué de sa main le consul Flaminius. Mais on passe sur l'invention parce que, sans cette circonstance, la défaite et la mort de Flaminius suffiraient à motiver le ressentiment d'un fils. Ce qui choque davantage, c'est la prétention d'Arsinoé d'être la cause première de la mort d'Annibal, c'est la fausse apologie de Rome, que dément toute l'histoire. » (Naudet.)

S'est aisément rendu de mon intelligence :
L'espoir d'en voir l'objet entre ses mains remis
A pratiqué par lui le retour de mon fils ;
Par lui j'ai jeté Rome en haute jalousie 315
De ce que Nicomède a conquis dans l'Asie,
Et de voir Laodice unir tous ses États,
Par l'hymen de ce prince, à ceux de Prusias :
Si bien que, le sénat prenant un juste ombrage
D'un empire si grand sous un si grand courage, 320
Il s'en est fait nommer lui-même ambassadeur,
Pour rompre cet hymen et borner sa grandeur.
Et voilà le seul point où Rome s'intéresse.

CLÉONE

Attale à ce dessein entreprend sa maîtresse !
Mais que n'agissait Rome avant que le retour 325
De cet amant si cher affermît son amour ?

ARSINOÉ

Irriter un vainqueur en tête d'une armée
Prête à suivre en tous lieux sa colère allumée,
C'était trop hasarder, et j'ai cru pour le mieux
Qu'il fallait de son fort l'attirer en ces lieux. 330
Métrobate l'a fait, par des terreurs paniques,
Feignant de lui trahir mes ordres tyranniques,
Et, pour l'assassiner se disant suborné,
Il l'a, grâces aux Dieux, doucement amené.
Il vient s'en plaindre au Roi, lui demander justice, 335
Et sa plainte le jette au bord du précipice.
Sans prendre aucun souci de m'en justifier,

---

312. *S'est rendu de mon intelligence*, est entré dans mes sentiments.
314. *A pratiqué*, a ménagé, préparé le retour. Voyez le vers 1008.
330. Le *fort* de quelqu'un, c'est le lieu où il se sent le plus fort, où il est le plus en sûreté, le plus à l'aise.
332. *De lui trahir*, de lui révéler ; c'est le latin *tradere alicui*.

Je saurai m'en servir à me fortifier.
Tantôt, en le voyant, j'ai fait de l'effrayée,
J'ai changé de couleur, je me suis écriée ; 340
Il a cru me surprendre, et l'a cru bien en vain,
Puisque son retour même est l'œuvre de ma main.

CLÉONE

Mais, quoi que Rome fasse, et qu'Attale prétende,
Le moyen qu'à ses vœux Laodice se rende ?

ARSINOÉ

Et je n'engage aussi mon fils en cet amour 345
Qu'à dessein d'éblouir le Roi, Rome et la cour.
Je n'en veux pas, Cléone, au sceptre d'Arménie :
Je cherche à m'assurer celui de Bithynie,
Et, si ce diadème une fois est à nous,
Que cette reine après se choisisse un époux. 350
Je ne la vais presser que pour la voir rebelle,
Que pour aigrir les cœurs de son amant et d'elle.
Le Roi, que le Romain poussera vivement,
De peur d'offenser Rome, agira chaudement,
Et ce prince, piqué d'une juste colère, 355
S'emportera sans doute, et bravera son père.
S'il est prompt et bouillant, le Roi ne l'est pas moins ;
Et, comme à l'échauffer j'appliquerai mes soins,
Pour peu qu'à de tels coups cet amant soit sensible,
Mon entreprise est sûre, et sa perte infaillible. 360
Voilà mon cœur ouvert, et tout ce qu'il prétend.
Mais dans mon cabinet Flaminius m'attend :
Allons, et garde bien le secret de la Reine.

CLÉONE

Vous me connaissez trop pour vous en mettre en peine.

ACTE DEUXIÈME

SCÈNE I.

PRUSIAS, ARASPE

PRUSIAS

Revenir sans mon ordre, et se montrer ici ! 365

ARASPE

Sire, vous auriez tort d'en prendre aucun souci,
Et la haute vertu du prince Nicomède
Pour ce qu'on peut en craindre est un puissant remède ;
Mais tout autre que lui devrait être suspect :
Un retour si soudain manque un peu de respect, 370
Et donne lieu d'entrer en quelque défiance
Des secrètes raisons de tant d'impatience.

PRUSIAS

Je ne les vois que trop, et sa témérité
N'est qu'un pur attentat sur mon autorité :
Il n'en veut plus dépendre, et croit que ses conquêtes 375
Au-dessus de son bras ne laissent point de têtes ;
Qu'il est lui seul sa règle, et que, sans se trahir,
Des héros tels que lui ne sauraient obéir.

ARASPE

C'est d'ordinaire ainsi que ses pareils agissent :
A suivre leur devoir leurs hauts faits se ternissent, 380

---

366. *Aucun*, venant de *aliquis unus*, n'était pas négatif à l'origine, mais l'est devenu. Furetière le définit : « pronom relatif qui, à l'affirmative, signifie *quelqu'un*, et à la négative, *personne*. » (Dictionnaire, 1690.)

380. Le sens est : *il leur semble* que suivre leur devoir, ce serait ternir l'éclat de leurs hauts faits.

Et ces grands cœurs, enflés du bruit de leurs combats,
Souverains dans l'armée et parmi leurs soldats,
Font du commandement une douce habitude,
Pour qui l'obéissance est un métier bien rude.

PRUSIAS

Dis tout, Araspe, dis que le nom de sujet 385
Réduit toute leur gloire en un rang trop abjet ;
Que, bien que leur naissance au trône les destine,
Si son ordre est trop lent, leur grand cœur s'en mutine ;
Qu'un père garde trop un bien qui leur est dû,
Et qui perd de son prix étant trop attendu ; 390
Qu'on voit naître de là mille sourdes pratiques
Dans le gros de son peuple, et dans ses domestiques,
Et que, si l'on ne va jusqu'à trancher le cours
De son règne ennuyeux et de ses tristes jours,
Du moins une insolente et fausse obéissance, 395
Lui laissant un vain titre, usurpe sa puissance.

ARASPE

C'est ce que de tout autre il faudrait redouter,
Seigneur, et qu'en tout autre il faudrait arrêter.
Mais ce n'est pas pour vous un avis nécessaire :
Le prince est vertueux, et vous êtes bon père. 400

PRUSIAS

Si je n'étais bon père, il serait criminel :
Il doit son innocence à l'amour paternel ;
C'est lui seul qui l'excuse et qui le justifie,

---

381. « *Bruit* est là pour *gloire,* renommée ; et la renommée, le bruit des louanges, enflent le cœur. » (Clément, *Sixième lettre à M. de Voltaire.*)
383. Il faudrait ici, ce semble, non pas *font*, mais *se font.*
386. Au vers 66, on a vu *réduire à.* On disait aussi *réduire en* ou *dans.* « La ville est *réduite dans* une grande misère. » (Fénelon, *Vies des anciens philosophes*, Bias.) — Sur *abjet* pour *abject*, voyez le vers 65.
388. *Si son ordre est trop lent*, si l'ordre de la nature fait trop attendre l'héritier du trône. C'est cette situation qui est exposée au début du *Venceslas* de Rotrou.

Ou lui seul qui me trompe et qui me sacrifie :
Car je dois craindre enfin que sa haute vertu 405
Contre l'ambition n'ait en vain combattu,
Qu'il ne force en son cœur la nature à se taire.
Qui se lasse d'un roi peut se lasser d'un père ;
Mille exemples sanglants peuvent nous l'enseigner :
Il n'est rien qui ne cède à l'ardeur de régner, 410
Et, depuis qu'une fois elle nous inquiète,
La nature est aveugle, et la vertu muette.
   Te le dirai-je, Araspe ? il m'a trop bien servi ;
Augmentant mon pouvoir, il me l'a tout ravi :
Il n'est plus mon sujet qu'autant qu'il le veut être, 415
Et qui me fait régner en effet est mon maître.
Pour paraître à mes yeux son mérite est trop grand :
On n'aime point à voir ceux à qui l'on doit tant.
Tout ce qu'il a fait parle au moment qu'il m'approche,
Et sa seule présence est un secret reproche : 420
Elle me dit toujours qu'il m'a fait trois fois roi,
Que je tiens plus de lui qu'il ne tiendra de moi,
Et que, si je lui laisse un jour une couronne,
Ma tête en porte trois que sa valeur me donne.
J'en rougis dans mon âme, et ma confusion, 425
Qui renouvelle et croît à chaque occasion,
Sans cesse offre à mes yeux cette vue importune,
Que qui m'en donne trois peut bien m'en ôter une ;
Qu'il n'a qu'à l'entreprendre, et peut tout ce qu'il veut.
Juge, Araspe, où j'en suis s'il veut tout ce qu'il peut. 430

---

410. Si toutefois sans crime et sans m'en indigner
Je puis nommer amour une *ardeur de régner*. (*Don Sanche*, 104.)
411. *Depuis que*, dès que. (Cf. *Polyeucte*, 615.)
416. *En effet*, dans la réalité : voyez la note du vers 259.
419. *Au moment qu'il*, où il m'approche : *eo tempore quum...*
426. C'est un effort d'amour qui toujours *renouvelle*.
(Corneille, *Imitation*, IV 677.)

ARASPE

Pour tout autre que lui je sais comme s'explique
La règle de la vraie et saine politique.
Aussitôt qu'un sujet s'est rendu trop puissant,
Encor qu'il soit sans crime, il n'est pas innocent :
On n'attend point alors qu'il s'ose tout permettre ; 435
C'est un crime d'État que d'en pouvoir commettre,
Et qui sait bien régner l'empêche prudemment
De mériter un juste et plus grand châtiment,
Et prévient, par un ordre à tous deux salutaire,
Ou les maux qu'il prépare, ou ceux qu'il pourrait faire. 440
Mais, Seigneur, pour le Prince, il a trop de vertu ;
Je vous l'ai déjà dit.

PRUSIAS

Et m'en répondras-tu ?
Me seras-tu garant de ce qu'il pourra faire
Pour venger Annibal, ou pour perdre son frère ?
Et le prends-tu pour homme à voir d'un œil égal 445
Et l'amour de son frère et la mort d'Annibal ?
Non, ne nous flattons point, il court à sa vengeance ;
Il en a le prétexte, il en a la puissance ;
Il est l'astre naissant qu'adorent mes États ;
Il est le dieu du peuple, et celui des soldats. 450
Sûr de ceux-ci, sans doute il vient soulever l'autre,
Fondre avec son pouvoir sur le reste du nôtre ;
Mais ce peu qui m'en reste, encor que languissant,
N'est pas peut-être encor tout à fait impuissant.
Je veux bien toutefois agir avec adresse, 455

---

431. *Comme s'explique*, comment se déploie, *sese explicat*.; au sens propre et figuré : « On voit les branches, les feuilles, les fleurs et les fruits *s'expliquer* et se développer. » (Bossuet, *Connaissance de Dieu et de soi-même*.)

Ainsi la tragédie agit, marche et *s'explique*.
(Boileau, *Art poétique*, III.)

436. *En pouvoir commettre*, pouvoir commettre des crimes d'État.
445. *D'un œil égal*, d'un œil indifférent, *æquis oculis*, *æquo animo*.

Joindre beaucoup d'honneur à bien peu de rudesse,
Le chasser avec gloire, et mêler doucement
Le prix de son mérite à mon ressentiment :
Mais, s'il ne m'obéit, ou s'il ose s'en plaindre,
Quoi qu'il ait fait pour moi, quoi que j'en voie à craindre, 460
Dussé-je voir par là tout l'État hasardé...

ARASPE

Il vient.

SCÈNE II

PRUSIAS, NICOMÈDE, ARASPE

PRUSIAS

Vous voilà, Prince ! et qui vous a mandé ?

NICOMÈDE

La seule ambition de pouvoir en personne
Mettre à vos pieds, Seigneur, encore une couronne,
De jouir de l'honneur de vos embrassements, 465
Et d'être le témoin de vos contentements.
Après la Cappadoce heureusement unie
Aux royaumes du Pont et de la Bithynie,
Je viens remercier et mon père et mon roi
D'avoir eu la bonté de s'y servir de moi, 470
D'avoir choisi mon bras pour une telle gloire,
Et fait tomber sur moi l'honneur de sa victoire.

PRUSIAS

Vous pouviez vous passer de mes embrassements,
Me faire par écrit de tels remerciements,
Et vous ne deviez pas envelopper d'un crime 475
Ce que votre victoire ajoute à votre estime.

---

467. *Après la Cappadoce unie,* latinisme familier à Corneille et préféré par lui à la construction plus lourde *après que*. Cf. *Cid*, 1208, 1523.

476. Au XVIIe siècle, *estime* était employé au sens passif de *bonne renommée*. Cf. *Cid*, 365.

Abandonner mon camp en est un capital,
Inexcusable en tous, et plus au général,
Et tout autre que vous, malgré cette conquête,
Revenant sans mon ordre, eût payé de sa tête. 480

NICOMÈDE

J'ai failli, je l'avoue, et mon cœur imprudent
A trop cru les transports d'un désir trop ardent :
L'amour que j'ai pour vous a commis cette offense,
Lui seul à mon devoir fait cette violence.
Si le bien de vous voir m'était moins précieux, 485
Je serais innocent, mais si loin de vos yeux
Que j'aime mieux, Seigneur, en perdre un peu d'estime,
Et qu'un bonheur si grand me coûte un petit crime,
Qui ne craindra jamais la plus sévère loi,
Si l'amour juge en vous ce qu'il a fait en moi. 490

PRUSIAS

La plus mauvaise excuse est assez pour un père,
Et sous le nom d'un fils toute faute est légère.
Je ne veux voir en vous que mon unique appui :
Recevez tout l'honneur qu'on vous doit aujourd'hui.
L'ambassadeur romain me demande audience ; 495
Il verra ce qu'en vous je prends de confiance ;
Vous l'écouterez, Prince, et répondrez pour moi.
Vous êtes aussi bien le véritable roi ;
Je n'en suis plus que l'ombre, et l'âge ne m'en laisse
Qu'un vain titre d'honneur qu'on rend à ma vieillesse ; 500
Je n'ai plus que deux jours peut-être à le garder :
L'intérêt de l'État vous doit seul regarder.

---

492. Les fautes des enfants blessent légèrement :
Une larme, un soupir les efface aisément. ((Rotrou, *Sœur*, IV, ii.)
493. « *Unique* veut dire non pas que Prusias se croit sans autre appui que Nicomède, mais que Nicomède lui semble un appui excellent, tellement supérieur à tous les autres qu'il les efface et paraît être seul. *Unicus* se prenait très souvent en ce sens dans la langue latine. » (Naudet.)

Prenez-en aujourd'hui la marque la plus haute;
Mais gardez-vous aussi d'oublier votre faute,
Et, comme elle fait brèche au pouvoir souverain, 505
Pour la bien réparer, retournez dès demain.
Remettez en éclat la puissance absolue ;
Attendez-la de moi comme je l'ai reçue,
Inviolable, entière, et n'autorisez pas
De plus méchants que vous à la mettre plus bas. 510
Le peuple qui vous voit, la cour qui vous contemple,
Vous désobéiraient sur votre propre exemple.
Donnez-leur-en un autre, et montrez à leurs yeux
Que nos premiers sujets obéissent le mieux.

NICOMÈDE

J'obéirai, Seigneur, et plus tôt qu'on ne pense ; 515
Mais je demande un prix de mon obéissance.
 La reine d'Arménie est due à ses États,
Et j'en vois les chemins ouverts par nos combats.
Il est temps qu'en son ciel cet astre aille reluire :
De grâce, accordez-moi l'honneur de l'y conduire. 520

PRUSIAS

Il n'appartient qu'à vous, et cet illustre emploi
Demande un roi lui-même, ou l'héritier d'un roi;
Mais, pour la renvoyer jusqu'en son Arménie,
Vous savez qu'il y faut quelque cérémonie :
Tandis que je ferai préparer son départ, 525
Vous irez dans mon camp l'attendre de ma part.

NICOMÈDE

Elle est prête à partir sans plus grand équipage.

---

503. *La marque la plus haute*, pour : acquittez-vous de l'emploi le plus haut de la royauté, en parlant à l'ambassadeur au nom de l'Etat. *En* se rapporte à l'idée contenue dans les cinq vers précédents.
 506. *Pour la bien réparer*, pour bien réparer cette brèche. Mais *brèche* est un complément indéfini dans la locution *faire brèche*. Voyez le vers 190.
 519. *En son ciel*, dans l'Arménie, qui est le vrai ciel de cet astre.
 527. *L'équipage*, c'est proprement la réunion des choses nécessaires pour voyager, et en général les préparatifs de voyage.

PRUSIAS

Je n'ai garde à son rang de faire un tel outrage.
Mais l'ambassadeur entre, il le faut écouter;
Puis nous verrons quel ordre on y doit apporter. 530

SCÈNE III.
PRUSIAS, NICOMÈDE, FLAMINIUS, ARASPE.

FLAMINIUS

Sur le point de partir, Rome, Seigneur, me mande
Que je vous fasse encor pour elle une demande.
Elle a nourri vingt ans un prince votre fils,
Et vous pouvez juger des soins qu'elle en a pris
Par les hautes vertus et les illustres marques 535
Qui font briller en lui le sang de vos monarques.
Surtout il est instruit en l'art de bien régner :
C'est à vous de le croire, et de le témoigner.
Si vous faites état de cette nourriture,
Donnez ordre qu'il règne : elle vous en conjure, 540
Et vous offenseriez l'estime qu'elle en fait
Si vous le laissiez vivre et mourir en sujet.
Faites donc aujourd'hui que je lui puisse dire
Où vous lui destinez un souverain empire.

PRUSIAS

Les soins qu'ont pris de lui le peuple et le sénat 545
Ne trouveront en moi jamais un père ingrat :
Je crois que pour régner il en a les mérites,
Et n'en veux point douter après ce que vous dites;
Mais vous voyez, Seigneur, le prince son aîné,
Dont le bras généreux trois fois m'a couronné; 550
Il ne fait que sortir encor d'une victoire,

---

539. *Si vous faites état*, si vous faites cas. *Nourriture* est pris ici dans le sens d'*éducation*. « Si ma disgrâce leur a fait perdre des avantages du côté de la fortune, elle leur en a donné du côté de la bonne *nourriture* et de l'esprit. » (Bussy, *Lettre à M*^me *de Sévigné*, 28 janvier 1672.)

Et pour tant de hauts faits je lui dois quelque gloire :
Souffrez qu'il ait l'honneur de répondre pour moi.

NICOMÈDE

Seigneur, c'est à vous seul de faire Attale roi.

PRUSIAS

C'est votre intérêt seul que sa demande touche. 555

NICOMÈDE

Le vôtre toutefois m'ouvrira seul la bouche.
De quoi se mêle Rome, et d'où prend le sénat,
Vous vivant, vous régnant, ce droit sur votre État ?
Vivez, régnez, Seigneur, jusqu'à la sépulture,
Et laissez faire après ou Rome, ou la nature. 560

PRUSIAS

Pour de pareils amis il faut se faire effort.

NICOMÈDE

Qui partage vos biens aspire à votre mort;
Et de pareils amis, en bonne politique...

PRUSIAS

Ah! ne me brouillez point avec la République;
Portez plus de respect à de tels alliés. 565

NICOMÈDE

Je ne puis voir sous eux les rois humiliés,
Et, quel que soit ce fils que Rome vous renvoie,
Seigneur, je lui rendrais son présent avec joie.
S'il est si bien instruit en l'art de commander,
C'est un rare trésor qu'elle devrait garder, 570
Et conserver chez soi sa chère nourriture

558. *Vous vivant, vous régnant*, ce n'est pas ici seulement un latinisme, dit M. Godefroy, c'est encore un reste de la syntaxe de notre vieille langue : « Voiant toz » (Herbers, *Dolopathos*), *videntibus omnibus*.
571. *Qu'elle devrait garder, et conserver sa nourriture*, brusque rupture de construction qu'entraîne la rapidité de la pensée. — Au vers 539, on a vu *nourriture* pris dans le sens d'*éducation*; ce mot est pris ici dans le sens d'*alumnus* (*alo*), qui, proprement, signifie *la personne qu'on a élevée*.

Ou pour le consulat, ou pour la dictature.

FLAMINIUS *(à Prusias).*

Seigneur, dans ce discours qui nous traite si mal,
Vous voyez un effet des leçons d'Annibal ;
Ce perfide ennemi de la grandeur romaine 575
N'en a mis en son cœur que mépris et que haine.

NICOMÈDE

Non, mais il m'a surtout laissé ferme en ce point
D'estimer beaucoup Rome, et ne la craindre point.
On me croit son disciple, et je le tiens à gloire ;
Et quand Flaminius attaque sa mémoire, 580
Il doit savoir qu'un jour il me fera raison
D'avoir réduit mon maître au secours du poison,
Et n'oublier jamais qu'autrefois ce grand homme
Commença par son père à triompher de Rome.

FLAMINIUS

Ah ! c'est trop m'outrager !

NICOMÈDE

N'outragez plus les morts. 585

PRUSIAS

Et vous, ne cherchez point à former de discords :
Parlez, et nettement, sur ce qu'il me propose.

NICOMÈDE

Eh bien ! s'il est besoin de répondre autre chose,
Attale doit régner, Rome l'a résolu,
Et, puisqu'elle a partout un pouvoir absolu, 590
C'est aux rois d'obéir alors qu'elle commande.
Attale a le cœur grand, l'esprit grand, l'âme grande,
Et toutes les grandeurs dont se fait un grand roi ;

---

579.   Puis-je croire
    Que vous *tiendrez* enfin ma flamme *à* quelque gloire ? (*Attila*, 1786.)
586. Dans ses *Remarques*, Vaugelas dit que le mot *discord* est un de ceux
« que l'on emploie en vers, et non pas en prose ».

Mais c'est trop que d'en croire un Romain sur sa foi.
Par quelque grand effet voyons s'il en est digne, 595
S'il a cette vertu, cette valeur insigne :
Donnez-lui votre armée, et voyons ces grands coups ;
Qu'il en fasse pour lui ce que j'ai fait pour vous ;
Qu'il règne avec éclat sur sa propre conquête,
Et que de sa victoire il couronne sa tête. 600
Je lui prête mon bras, et veux dès maintenant,
S'il daigne s'en servir, être son lieutenant.
L'exemple des Romains m'autorise à le faire :
Le fameux Scipion le fut bien de son frère,
Et lorsque Antiochus fut par eux détrôné, 605
Sous les lois du plus jeune on vit marcher l'aîné.
Les bords de l'Hellespont, ceux de la mer Égée,
Le reste de l'Asie à nos côtés rangée,
Offrent une matière à son ambition...

FLAMINIUS

Rome prend tout ce reste en sa protection, 610
Et vous n'y pouvez plus étendre vos conquêtes
Sans attirer sur vous d'effroyables tempêtes.

NICOMÈDE

J'ignore sur ce point les volontés du Roi :
Mais peut-être qu'un jour je dépendrai de moi,
Et nous verrons alors l'effet de ces menaces. 615
 Vous pouvez cependant faire munir ces places,
Préparer un obstacle à mes nouveaux desseins,
Disposer de bonne heure un secours de Romains ;
Et si Flaminius en est le capitaine,
Nous pourrons lui trouver un lac de Trasimène. 620

605. C'est au mont Sipyle qu'Antiochus fut vaincu par Scipion l'Asiatique, sous qui servait Publius Scipion. Ce souvenir se présente naturellement à l'esprit de Nicomède : car c'est Publius Scipion qui a vaincu Annibal, et c'est chez Antiochus qu'Annibal s'était d'abord réfugié.
608. Les nations de l'Asie rangées des deux côtés de nos frontières.
616. *Munir*, fortifier : c'est le latin *munire*.

PRUSIAS

Prince, vous abusez trop tôt de ma bonté :
Le rang d'ambassadeur doit être respecté,
Et l'honneur souverain qu'ici je vous défère...

NICOMÈDE

Ou laissez-moi parler, Sire, ou faites-moi taire.
Je ne sais vous répondre autrement pour un roi 625
A qui dessus son trône on veut faire la loi.

PRUSIAS

Vous m'offensez moi-même en parlant de la sorte,
Et vous devez dompter l'ardeur qui vous emporte.

NICOMÈDE

Quoi ! je verrai, Seigneur, qu'on borne vos États,
Qu'au milieu de ma course on m'arrête le bras, 630
Que de vous menacer on a même l'audace,
Et je ne rendrai point menace pour menace !
Et je remercierai qui me dit hautement
Qu'il ne m'est plus permis de vaincre impunément !

PRUSIAS (à Flaminius)

Seigneur, vous pardonnez aux chaleurs de son âge ; 635
Le temps et la raison pourront le rendre sage.

NICOMÈDE

La raison et le temps m'ouvrent assez les yeux,
Et l'âge ne fera que me les ouvrir mieux.
Si j'avais jusqu'ici vécu comme ce frère,
Avec une vertu qui fût imaginaire 640
(Car je l'appelle ainsi quand elle est sans effets,
Et l'admiration de tant d'hommes parfaits,
Dont il a vu dans Rome éclater le mérite,
N'est pas grande vertu si l'on ne les imite),
Si j'avais donc vécu dans ce même repos 645

---

635. *Aux chaleurs de son âge*, à la fougue indiscrète de la jeunesse.

Qu'il a vécu dans Rome auprès de ses héros,
Elle me laisserait la Bithynie entière,
Telle que de tous temps l'aîné la tient d'un père,
Et s'empresserait moins à le faire régner
Si vos armes sous moi n'avaient su rien gagner. 650
Mais, parce qu'elle voit avec la Bithynie
Par trois sceptres conquis trop de puissance unie,
Il faut la diviser, et, dans ce beau projet,
Ce prince est trop bien né pour vivre mon sujet !
Puisqu'il peut la servir à me faire descendre, 655
Il a plus de vertu que n'en eut Alexandre,
Et je lui dois quitter, pour le mettre en mon rang,
Le bien de mes aïeux ou le prix de mon sang.
Grâces aux Immortels, l'effort de mon courage
Et ma grandeur future ont mis Rome en ombrage : 660
Vous pouvez l'en guérir, Seigneur, et promptement;
Mais n'exigez d'un fils aucun consentement :
Le maître qui prit soin d'instruire ma jeunesse
Ne m'a jamais appris à faire une bassesse.

FLAMINIUS

A ce que je puis voir, vous avez combattu, 665
Prince, par intérêt plutôt que par vertu.
Les plus rares exploits que vous ayez pu faire
N'ont jeté qu'un dépôt sur la tête d'un père;
Il n'est que gardien de leur illustre prix,
Et ce n'est que pour vous que vous avez conquis, 670
Puisque cette grandeur à son trône attachée
Sur nul autre que vous ne peut être épanchée.

646. « *Ses héros* sont les héros de Rome dans l'intention de l'auteur, et les héros d'Attale par la construction grammaticale des mots. » (Naudet.) Nous croyons que Naudet se trompe, et que le sens est bien : ses héros à lui, Attale, ces hommes parfaits qu'il admire et qu'il propose pour modèles.
657. *Quitter à*, abandonner à. « J'ai *quitté* ma plume *à* ma fille avec plaisir. » (Sévigné à Bussy, 28 octobre 1685.)
J'aurais même regret qu'il *me quittât* l'empire. (Racine, *Thébaïde*, IV, 1.)
669. *Gardien* est ici de trois syllabes ; la quantité dissyllabique est aujourd'hui la seule correcte.

ACTE II, SCÈNE III

Certes, je vous croyais un peu plus généreux :
Quand les Romains le sont, ils ne font rien pour eux.
Scipion, dont tantôt vous vantiez le courage, 675
Ne voulait point régner sur les murs de Carthage,
Et de tout ce qu'il fit pour l'empire romain
Il n'en eut que la gloire et le nom d'Africain.
Mais on ne voit qu'à Rome une vertu si pure :
Le reste de la terre est d'une autre nature. 680
　Quant aux raisons d'État qui vous font concevoir
Que nous craignons en vous l'union du pouvoir,
Si vous en consultiez des têtes bien sensées,
Elles vous déferaient de ces belles pensées :
Par respect pour le Roi je ne dis rien de plus. 685
Prenez quelque loisir de rêver là-dessus ;
Laissez moins de fumée à vos feux militaires,
Et vous pourrez avoir des visions plus claires.

NICOMÈDE

Le temps pourra donner quelque décision
Si la pensée est belle, ou si c'est vision. 690
Cependant...

FLAMINIUS

　　　Cependant, si vous trouvez des charmes
A pousser plus avant la gloire de vos armes,
Nous ne la bornons point ; mais, comme il est permis
Contre qui que ce soit de servir ses amis,
Si vous ne le savez, je veux bien vous l'apprendre, 695
Et vous en donne avis pour ne vous pas surprendre.
　Au reste, soyez sûr que vous posséderez
Tout ce qu'en votre cœur déjà vous dévorez ;

---

687. Corneille joue ici sur les mots : au propre, les feux militaires, ce sont les feux que les soldats allument dans leur camp ; au figuré, ce sont les fumées de la gloire, qui montent, pour ainsi dire, à la tête de Nicomède.

698. 　Je les voyais tous trois se hâter sous un maître,
　Qui, chargé d'un long âge, a peu de temps à l'être,
　Et tous trois à l'envi s'empresser ardemment
　A qui *dévorerait* ce règne d'un moment. (*Othon*, 44.)

39.

Le Pont sera pour vous avec la Galatie,
Avec la Cappadoce, avec la Bithynie. 700
Ce bien de vos aïeux, ce prix de votre sang,
Ne mettront point Attale en votre illustre rang ;
Et, puisque leur partage est pour vous un supplice,
Rome n'a pas dessein de vous faire injustice.
Ce prince régnera sans rien prendre sur vous. 705
(à Prusias)
La reine d'Arménie a besoin d'un époux,
Seigneur ; l'occasion ne peut être plus belle :
Elle vit sous vos lois, et vous disposez d'elle.

NICOMÈDE

Voilà le vrai secret de faire Attale roi,
Comme vous l'avez dit, sans rien prendre sur moi. 710
La pièce est délicate, et ceux qui l'ont tissue
A de si longs détours font une digne issue.
Je n'y réponds qu'un mot, étant sans intérêt.
Traitez cette princesse en reine comme elle est :
Ne touchez point en elle aux droits du diadème, 715
Ou pour les maintenir je périrai moi-même.
Je vous en donne avis, et que jamais les rois,
Pour vivre en nos États, ne vivent sous nos lois,
Qu'elle seule en ces lieux d'elle-même dispose.

PRUSIAS

N'avez-vous, Nicomède, à lui dire autre chose ? 720

NICOMÈDE

Non, Seigneur, si ce n'est que la Reine, après tout,
Sachant ce que je puis, me pousse trop à bout.

PRUSIAS

Contre elle, dans ma cour, que peut votre insolence ?

701. La Bithynie est le bien des aïeux de Nicomède, c'est par droit de conquête qu'il possède les trois autres royaumes.
711. *La pièce*, la fourberie. Littré et Marty-Laveaux croient que *pièce* signifiait : petit complot comparé à une pièce de théâtre, mais le mot *tissue* semble indiquer une autre figure, celle d'une pièce d'étoffe.

NICOMÈDE

Rien du tout, que garder ou rompre le silence.
Une seconde fois, avisez, s'il vous plaît, 725
A traiter Laodice en reine comme elle est :
C'est moi qui vous en prie.

SCÈNE IV
PRUSIAS, FLAMINIUS, ARASPE

FLAMINIUS

Eh quoi! toujours obstacle ?

PRUSIAS

De la part d'un amant ce n'est pas grand miracle.
Cet orgueilleux esprit, enflé de ses succès,
Pense bien de son cœur nous empêcher l'accès ; 730
Mais il faut que chacun suive sa destinée.
L'amour entre les rois ne fait pas l'hyménée,
Et les raisons d'État, plus fortes que ses nœuds,
Trouvent bien les moyens d'en éteindre les feux.

FLAMINIUS

Comme elle a de l'amour, elle aura du caprice. 735

PRUSIAS

Non, non, je vous réponds, Seigneur, de Laodice :
Mais enfin elle est reine, et cette qualité
Semble exiger de nous quelque civilité.
J'ai sur elle, après tout, une puissance entière ;
Mais j'aime à la cacher sous le nom de prière. 740
Rendons-lui donc visite, et, comme ambassadeur,
Proposez cet hymen vous-même à sa grandeur.
Je seconderai Rome, et veux vous introduire.
Puisqu'elle est en nos mains, l'amour ne vous peut nuire.
Allons de sa réponse à votre compliment 745
Prendre l'occasion de parler hautement.

730. L'excès de la douleur *m'empêche* la parole.
(Racan, *Bergeries*, IV, 5.)

ACTE TROISIÈME

SCÈNE I
PRUSIAS, FLAMINIUS, LAODICE

PRUSIAS

Reine, puisque ce titre a pour vous tant de charmes,
Sa perte vous devrait donner quelques alarmes :
Qui tranche trop du roi ne règne pas longtemps.

LAODICE

J'observerai, Seigneur, ces avis importants ; 750
Et, si jamais je règne, on verra la pratique
D'une si salutaire et noble politique.

PRUSIAS

Vous vous mettez fort mal au chemin de régner.

LAODICE

Seigneur, si je m'égare, on peut me l'enseigner.

PRUSIAS

Vous méprisez trop Rome, et vous devriez faire 755
Plus d'estime d'un roi qui vous tient lieu de père.

LAODICE

Vous verriez qu'à tous deux je rends ce que je doi,
Si vous vouliez mieux voir ce que c'est qu'être roi.
Recevoir ambassade en qualité de reine,
Ce serait à vos yeux faire la souveraine, 760

---

748. *Sa perte*, la perte de ce titre, la perspective de le perdre, en résistant aux volontés de Rome.
749. *Trancher de*, c'est *prendre des airs de*. Cf. *Polyeucte*, 1457.

Entreprendre sur vous, et dedans votre État
Sur votre autorité commettre un attentat :
Je la refuse donc, Seigneur, et me dénie
L'honneur qui ne m'est dû que dans mon Arménie.
C'est là que, sur mon trône, avec plus de splendeur, 765
Je puis honorer Rome en son ambassadeur,
Faire réponse en reine, et comme le mérite
Et de qui l'on me parle, et qui m'en sollicite.
Ici c'est un métier que je n'entends pas bien :
Car hors de l'Arménie enfin je ne suis rien ; 770
Et ce grand nom de reine ailleurs ne m'autorise
Qu'à n'y voir point de trône à qui je sois soumise,
A vivre indépendante, et n'avoir en tous lieux
Pour souverains que moi, la raison et les Dieux.

PRUSIAS

Ces Dieux, vos souverains, et le Roi votre père 775
De leur pouvoir sur vous m'ont fait dépositaire,
Et vous pourrez peut-être apprendre une autre fois
Ce que c'est en tous lieux que la raison des rois.
Pour en faire l'épreuve, allons en Arménie :
Je vais vous y remettre en bonne compagnie ; 780
Partons, et, dès demain, puisque vous le voulez,
Préparez-vous à voir vos pays désolés ;
Préparez-vous à voir par toute votre terre
Ce qu'ont de plus affreux les fureurs de la guerre,
Des montagnes de morts, des rivières de sang. 785

LAODICE

Je perdrai mes États, et garderai mon rang ;

---

763. *Je la refuse*, je refuse l'ambassade : le mot *ambassade* se trouve, au vers 759, mais sans rien qui le détermine, dans la locution *recevoir ambassade*. Voyez le vers 190. — *Je me dénie*, je me refuse à moi-même.
780. En *bonne compagnie*, en compagnie nombreuse : c'est-à-dire qu'il lui donnera pour escorte une armée.

Et ces vastes malheurs où mon orgueil me jette,
Me feront votre esclave, et non votre sujette :
Ma vie est en vos mains, mais non ma dignité.

PRUSIAS

Nous ferons bien changer ce courage indompté, 790
Et quand vos yeux, frappés de toutes ces misères,
Verront Attale assis au trône de vos pères,
Alors, peut-être, alors vous le prierez en vain
Que pour y remonter il vous donne la main.

LAODICE

Si jamais jusque-là votre guerre m'engage, 795
Je serai bien changée et d'âme et de courage.
Mais peut-être, Seigneur, vous n'irez pas si loin :
Les Dieux de ma fortune auront un peu de soin ;
Ils vous inspireront, ou trouveront un homme
Contre tant de héros que vous prêtera Rome. 800

PRUSIAS

Sur un présomptueux vous fondez votre appui ;
Mais il court à sa perte, et vous traîne avec lui.
   Pensez-y bien, Madame, et faites-vous justice :
Choisissez d'être reine, ou d'être Laodice,
Et, pour dernier avis que vous aurez de moi, 805
Si vous voulez régner, faites Attale roi.
Adieu.

---

787. L'expression de *vastes malheurs*, dit M. Godefroy, est une réminiscence d'un poète latin cher à Corneille, de Sénèque le Tragique, lequel a dit : *vastum malum* (*Herc. Œ.*, 1232) et *vastum nefas* (*Ibid.*, 767). S'il n'est pas sûr que l'expression soit une réminiscence de Sénèque, il est certain qu'elle est un latinisme. Mais il semble aussi qu'il y ait une intention ironique dans l'emploi de ce terme. Laodice veut faire entendre à Prusias qu'elle n'a nulle frayeur des malheurs *démesurés* qu'il lui prédit.

794. *Donner la main* a ici un double sens : car l'expression s'accorde bien avec la métaphore *remonter*, et le vers, pris de ce biais, signifie : qu'il vous tende la main pour vous aider à remonter sur le trône. D'autre part, *donner la main* équivaut souvent, chez Corneille, à *épouser*.

SCÈNE II

FLAMINIUS, LAODICE

FLAMINIUS

Madame, enfin une vertu parfaite...

LAODICE

Suivez le Roi, Seigneur, votre ambassade est faite ;
Et je vous dis encor, pour ne point vous flatter,
Qu'ici je ne la dois ni la veux écouter.   810

FLAMINIUS

Et je vous parle aussi, dans ce péril extrême,
Moins en ambassadeur qu'en homme qui vous aime,
Et qui, touché du sort que vous vous préparez,
Tâche à rompre le cours des maux où vous courez.
J'ose donc, comme ami, vous dire en confidence   815
Qu'une vertu parfaite a besoin de prudence,
Et doit considérer, pour son propre intérêt,
Et les temps où l'on vit, et les lieux où l'on est.
La grandeur de courage, en une âme royale,
N'est, sans cette vertu, qu'une vertu brutale,   820
Que son mérite aveugle, et qu'un faux jour d'honneur
Jette en un tel divorce avec le vrai bonheur
Qu'elle-même se livre à ce qu'elle doit craindre,
Ne se fait admirer que pour se faire plaindre,
Que pour nous pouvoir dire, après un grand soupir : 825
« J'avais droit de régner, et n'ai su m'en servir. »
Vous irritez un roi dont vous voyez l'armée

---

820. *Une vertu brutale*, c'est un courage follement impétueux.
821. *Un faux jour*, une fausse idée de l'honneur. Proprement, le jour, c'est la manière dont un objet est éclairé ; le faux jour, c'est donc la lumière qui éclaire mal l'objet, ou, au figuré, l'idée qui trompe l'esprit.
822. *Divorce*, ici, est voisin du sens étymologique de séparation, rupture, comme dans ce vers d'*Attila* (V. vi) :

> Tous ses sens d'avec lui font un soudain *divorce*.

Nombreuse, obéissante, à vaincre accoutumée ;
Vous êtes en ses mains, vous vivez dans sa cour.

LAODICE

Je ne sais si l'honneur eut jamais un faux jour, 830
Seigneur ; mais je veux bien vous répondre en amie.
  Ma prudence n'est pas tout à fait endormie ;
Et, sans examiner par quel destin jaloux
La grandeur de courage est si mal avec vous,
Je veux vous faire voir que celle que j'étale 835
N'est pas tant qu'il vous semble une vertu brutale ;
Que, si j'ai droit au trône, elle s'en veut servir,
Et sait bien repousser qui me le veut ravir.
  Je vois sur la frontière une puissante armée,
Comme vous l'avez dit, à vaincre accoutumée ; 840
Mais par quelle conduite, et sous quel général ?
Le Roi, s'il s'en fait fort, pourrait s'en trouver mal,
Et, s'il voulait passer de son pays au nôtre,
Je lui conseillerais de s'assurer d'une autre.
Mais je vis dans sa cour, je suis dans ses États, 845
Et j'ai peu de raison de ne le craindre pas.
Seigneur, dans sa cour même, et hors de l'Arménie,
La vertu trouve appui contre la tyrannie.
Tout son peuple a des yeux pour voir quel attentat
Font sur le bien public les maximes d'État : 850
Il connaît Nicomède, il connaît sa marâtre,
Il en sait, il en voit la haine opiniâtre ;
Il voit la servitude où le Roi s'est soumis,
Et connaît d'autant mieux les dangereux amis.

---

832. Qui ne se souvient ici du sonnet de Trissotin ? Est-ce la métaphore que Molière entendait critiquer, ou ne raillait-il que l'enthousiasme d'Armande ? Corneille avait traversé la société précieuse, et son style se ressent de ce commerce ; mais il serait excessif de blâmer ici, avec Voltaire, une figure qui semble aujourd'hui si naturelle.
835. *Que j'étale*, que je déploie avec ostentation (à vous en croire).
841. *Par quelle conduite*, sous la conduite de quel chef ?
850. *Quel attentat font sur le bien public*, quelle atteinte portent à l'intérêt public les maximes d'une politique aussi tyrannique et brutale.

Pour moi, que vous croyez au bord du précipice, 855
Bien loin de mépriser Attale par caprice,
J'évite les mépris qu'il recevrait de moi
S'il tenait de ma main la qualité de roi.
Je le regarderais comme une âme commune,
Comme un homme mieux né pour une autre fortune, 860
Plus mon sujet qu'époux, et le nœud conjugal
Ne le tirerait pas de ce rang inégal.
Mon peuple, à mon exemple, en ferait peu d'estime.
Ce serait trop, Seigneur, pour un cœur magnanime :
Mon refus lui fait grâce, et, malgré ses désirs, 865
J'épargne à sa vertu d'éternels déplaisirs.

FLAMINIUS

Si vous me dites vrai, vous êtes ici reine :
Sur l'armée et la cour je vous vois souveraine.
Le Roi n'est qu'une idée, et n'a de son pouvoir
Que ce que par pitié vous lui laissez avoir. 870
Quoi! même vous allez jusques à faire grâce !
Après cela, Madame, excusez mon audace;
Souffrez que Rome enfin vous parle par ma voix :
Recevoir ambassade est encor de vos droits;
Ou, si ce nom vous choque ailleurs qu'en Arménie, 875
Comme simple Romain souffrez que je vous die
Qu'être allié de Rome, et s'en faire un appui,
C'est l'unique moyen de régner aujourd'hui;
Que c'est par là qu'on tient ses voisins en contrainte,
Ses peuples en repos, ses ennemis en crainte; 880
Qu'un prince est dans son trône à jamais affermi

---

861. *Plus mon sujet qu'époux,* que mon époux, tournure elliptique. Dans *Attila* (II, II), Honorie, qui aime Valamir, refuse de l'épouser tant qu'il sera le vassal du roi des Huns :

Enfin, je veux un roi : regardez si vous l'êtes ;
Et, quoi que sur mon cœur vous ayez d'ascendant,
Sachez qu'il n'aimera qu'un prince indépendant.

869. *N'est qu'une idée,* une apparence, un fantôme de roi. Voyez le vers 1641 de *Rodogune*. On disait aussi en prose : « Ce ne sont plus rien que des idées ou des fantômes, des façons de chevaux. » (Molière, *Avare*, III, v.)

Quand il est honoré du nom de son ami ;
Qu'Attale, avec ce titre, est plus roi, plus monarque,
Que tous ceux dont le front ose en porter la marque,
Et qu'enfin...

LAODICE

Il suffit ; je vois bien ce que c'est : 885
Tous les rois ne sont rois qu'autant comme il vous plaît;
Mais, si de leurs États Rome à son gré dispose,
Certes pour son Attale elle fait peu de chose,
Et qui tient en sa main tant de quoi lui donner,
A mendier pour lui devrait moins s'obstiner. 890
Pour un prince si cher sa réserve m'étonne :
Que ne me l'offre-t-elle avec une couronne ?
C'est trop m'importuner en faveur d'un sujet,
Moi qui tiendrais un roi pour un indigne objet,
S'il venait par votre ordre, et si votre alliance 895
Souillait entre ses mains la suprême puissance.
Ce sont des sentiments que je ne puis trahir :
Je ne veux point de rois qui sachent obéir,
Et, puisque vous voyez mon âme tout entière,
Seigneur, ne perdez plus menace ni prière. 900

FLAMINIUS

Puis-je ne pas vous plaindre en cet aveuglement ?
Madame, encore un coup, pensez-y mûrement :
Songez mieux ce qu'est Rome, et ce qu'elle peut faire,
Et, si vous vous aimez, craignez de lui déplaire.
Carthage étant détruite, Antiochus défait, 905
Rien de nos volontés ne peut troubler l'effet :
Tout fléchit sur la terre, et tout tremble sur l'onde ;
Et Rome est aujourd'hui la maîtresse du monde.

---

882. *Son ami* est trop éloigné de Rome, à laquelle il se rapporte.
883. Voyez ce que, dans *Cinna*, Emilie dit à Cinna hésitant (vers 990, 998).
886. *Autant comme*, pour *autant que*. Cf. *Polyeucte*, 912.
897. *Que je ne puis trahir*, que je ne puis démentir lâchement.

LAODICE

La maîtresse du monde ! Ah ! vous me feriez peur,
S'il ne s'en fallait pas l'Arménie et mon cœur, 910
Si le grand Annibal n'avait qui lui succède,
S'il ne revivait pas au prince Nicomède,
Et s'il n'avait laissé dans de si dignes mains
L'infaillible secret de vaincre les Romains.
Un si vaillant disciple aura bien le courage 915
D'en mettre jusqu'au bout les leçons en usage :
L'Asie en fait l'épreuve, où trois sceptres conquis
Font voir en quelle école il en a tant appris.
Ce sont des coups d'essai, mais si grands que peut-être
Le Capitole a droit d'en craindre un coup de maître, 920
Et qu'il ne puisse un jour...

FLAMINIUS

Ce jour est encor loin,
Madame, et quelques-uns vous diront, au besoin,
Quels dieux du haut en bas renversent les profanes,
Et que, même au sortir de Trébie et de Cannes,
Son ombre épouvanta votre grand Annibal. 925
Mais le voici, ce bras à Rome si fatal.

SCÈNE III
NICOMÈDE, LAODICE, FLAMINIUS

NICOMÈDE

Ou Rome à ses agents donne un pouvoir bien large,
Ou vous êtes bien long à faire votre charge.

---

910. La construction *il s'en faut telle chose*, semble d'abord assez particulière, dit M. Godefroy; au fond, elle ne diffère pas de la forme *il s'en faut beaucoup*, *il s'en faut quelque chose* : « La Valteline est à nous, et *s'il s'en faut quelque chose*, ce n'est qu'un fort qui n'est pas meilleur que les autres qui se sont rendus. » (Malherbe, *Lettre à Racan*, 18 janvier 1625.)

923. « Flaminius veut parler des dieux à qui le Capitole était dédié, qui le défendirent contre les Gaulois lorsque ces barbares se croyaient déjà maîtres de Rome. Par une figure hardie, il suppose qu'après les journées malheureuses de Trébie et de Cannes l'ombre seule de ce Capitole, si révéré des Romains, suffit pour effrayer Annibal. » (Palissot.)

FLAMINIUS

Je sais quel est mon ordre, et si j'en sors ou non,
C'est à d'autres qu'à vous que j'en rendrai raison. 930

NICOMÈDE

Allez-y donc, de grâce, et laissez à ma flamme
Le bonheur à son tour d'entretenir Madame :
Vous avez dans son cœur fait de si grands progrès,
Et vos discours pour elle ont de si grands attraits,
Que sans de grands efforts je n'y pourrai détruire 935
Ce que votre harangue y voulait introduire.

FLAMINIUS

Les malheurs où la plonge une indigne amitié
Me faisaient lui donner un conseil par pitié.

NICOMÈDE

Lui donner de la sorte un conseil charitable,
C'est être ambassadeur et tendre et pitoyable. 940
    Vous a-t-il conseillé beaucoup de lâchetés,
Madame ?

FLAMINIUS

    Ah ! c'en est trop, et vous vous emportez.

NICOMÈDE

Je m'emporte ?

FLAMINIUS

    Sachez qu'il n'est point de contrée
Où d'un ambassadeur la dignité sacrée...

NICOMÈDE

Ne nous vantez plus tant son rang et sa splendeur : 945
Qui fait le conseiller n'est plus ambassadeur ;
Il excède sa charge, et lui-même y renonce.
Mais dites-moi, Madame, a-t-il eu sa réponse ?

---

930. *Rendre raison*, chez Corneille veut dire *rendre compte ;*
    Achève seulement de me *rendre raison*
    De ce qui t'arriva depuis sa pâmoison. (*Clitandre*, 687.)
940. *Pitoyable*, qui a de la pitié. Cf. *Horace*, 973.

LAODICE

Oui, Seigneur.

NICOMÈDE

Sachez donc que je ne vous prends plus
Que pour l'agent d'Attale, et pour Flaminius ; 950
Et, si vous me fâchiez, j'ajouterais peut-être
Que pour l'empoisonneur d'Annibal, de mon maître.
Voilà tous les honneurs que vous aurez de moi :
S'ils ne vous satisfont, allez vous plaindre au Roi.

FLAMINIUS

Il me fera justice, encor qu'il soit bon père, 955
Ou Rome, à son refus, se la saura bien faire.

NICOMÈDE

Allez de l'un et l'autre embrasser les genoux.

FLAMINIUS

Les effets répondront. Prince, pensez à vous.

SCÈNE IV

NICOMÈDE, LAODICE

NICOMÈDE

Cet avis est plus propre à donner à la Reine.
Ma générosité cède enfin à sa haine : 960
Je l'épargnais assez pour ne découvrir pas
Les infâmes projets de ses assassinats ;
Mais enfin on m'y force, et tout son crime éclate.
J'ai fait entendre au Roi Zénon et Métrobate,
Et, comme leur rapport a de quoi l'étonner, 965
Lui-même il prend le soin de les examiner.

---

957. *De l'un et l'autre*, de Prusias et de Rome ; mais *embrasser les genoux de Rome* est une métaphore hardie.
958. *Les effets*, les actes ; voyez la note du vers 259.
959. *Plus propre*, plus convenable, opportun. — *A donner*, à être donné.

LAODICE

Je ne sais pas, Seigneur, quelle en sera la suite :
Mais je ne comprends point toute cette conduite,
Ni comme à cet éclat la Reine vous contraint.
Plus elle vous doit craindre, et moins elle vous craint; 970
Et plus vous la pouvez accabler d'infamie,
Plus elle vous attaque en mortelle ennemie.

NICOMÈDE

Elle prévient ma plainte, et cherche adroitement
A la faire passer pour un ressentiment,
Et ce masque trompeur de fausse hardiesse 975
Nous déguise sa crainte, et couvre sa faiblesse.

LAODICE

Les mystères de cour souvent sont si cachés
Que les plus clairvoyants y sont bien empêchés.
Lorsque vous n'étiez point ici pour me défendre,
Je n'avais contre Attale aucun combat à rendre ; 980
Rome ne songeait point à troubler notre amour :
Bien plus, on ne vous souffre ici que ce seul jour,
Et, dans ce même jour, Rome, en votre présence,
Avec chaleur pour lui presse mon alliance.
Pour moi, je ne vois goutte en ce raisonnement 985
Qui n'attend point le temps de votre éloignement,
Et j'ai devant les yeux toujours quelque nuage
Qui m'offusque la vue, et m'y jette un ombrage.
Le Roi chérit sa femme, il craint Rome, et pour vous,
S'il ne voit vos hauts faits d'un œil un peu jaloux, 990
Du moins, à dire tout, je ne saurais vous taire
Qu'il est trop bon mari pour être assez bon père.

---

969. *Ni comme*, ni comment, ni pourquoi. *A cet éclat*, à cette manifestation éclatante de vos sentiments pour elle, à cette rupture ouverte.
978. *Bien empêchés*, embarrassés pour en pénétrer les secrets.
980. *Rendre combat* pour *livrer combat*. Cf. *Cinna*, 1343.
985. *Ne voir goutte* (pas même une goutte, si peu que ce soit) est devenu trivial, mais ne l'était pas d'abord. On disait aussi *n'entendre goutte*.

Voyez quel contretemps Attale prend ici !
Qui l'appelle avec nous ? quel projet ? quel souci ?
Je conçois mal, Seigneur, ce qu'il faut que j'en pense ;   995
Mais j'en romprai le coup, s'il y faut ma présence.
Je vous quitte.

SCÈNE V
NICOMÈDE, ATTALE, LAODICE

ATTALE

Madame, un si doux entretien
N'est plus charmant pour vous quand j'y mêle le mien.

LAODICE

Votre importunité, que j'ose dire extrême,
Me peut entretenir en un autre moi-même :   1000
Il connaît tout mon cœur, et répondra pour moi,
Comme à Flaminius il a fait pour le Roi.

SCÈNE VI
NICOMÈDE, ATTALE

ATTALE

Puisque c'est la chasser, Seigneur, je me retire.

NICOMÈDE

Non, non, j'ai quelque chose aussi bien à vous dire.
Prince, j'avais mis bas, avec le nom d'aîné,   1005
L'avantage du trône où je suis destiné,
Et, voulant seul ici défendre ce que j'aime,
Je vous avais prié de l'attaquer de même,
Et de ne mêler point surtout dans vos desseins
Ni le secours du Roi, ni celui des Romains.   1010

---

993. Attale *prend mal son temps* pour rompre cet entretien.
1005. *J'avais mis bas*, j'avais renoncé à l'avantage de la naissance.

Mais, ou vous n'avez pas la mémoire fort bonne,
Ou vous n'y mettez rien de ce qu'on vous ordonne.
ATTALE
Seigneur, vous me forcez à m'en souvenir mal,
Quand vous n'achevez pas de rendre tout égal.
Vous vous défaites bien de quelques droits d'aînesse : 1015
Mais vous défaites-vous du cœur de la princesse,
De toutes les vertus qui vous en font aimer,
Des hautes qualités qui savent tout charmer,
De trois sceptres conquis, du gain de six batailles,
Des glorieux assauts de plus de cent murailles ? 1020
Avec de tels seconds rien n'est pour vous douteux.
Rendez donc la princesse égale entre nous deux :
Ne lui laissez plus voir ce long amas de gloire
Qu'à pleines mains sur vous a versé la victoire,
Et faites qu'elle puisse oublier une fois 1025
Et vos rares vertus et vos fameux exploits ;
Ou contre son amour, contre votre vaillance,
Souffrez Rome et le Roi dedans l'autre balance :
Le peu qu'ils ont gagné vous fait assez juger
Qu'ils n'y mettront jamais qu'un contrepoids léger. 1030
NICOMÈDE
C'est n'avoir pas perdu tout votre temps à Rome,
Que vous savoir ainsi défendre en galant homme :
Vous avez de l'esprit, si vous n'avez du cœur.

SCÈNE VII
ARSINOÉ, NICOMÈDE, ATTALE, ARASPE
ARASPE
Seigneur, le Roi vous mande.

1021. Le *second*, c'est celui qui seconde, qui assiste quelqu'un, surtout dans un duel, mais aussi dans toute entreprise :
> Je n'ai jamais souffert de *second* que mon bras. (*Œdipe*, 1180.)

1022. Au vers 1427 on retrouvera ce même adjectif, *égal*, dans ce même sens d'*impartial* (animé de sentiments toujours égaux, équitables).

NICOMÈDE
Il me mande ?
ARASPE
Oui, Seigneur.
ARSINOÉ
Prince, la calomnie est aisée à détruire. 1035

NICOMÈDE
J'ignore à quel sujet vous m'en venez instruire,
Moi qui ne doute point de cette vérité,
Madame.

ARSINOÉ
Si jamais vous n'en aviez douté,
Prince, vous n'auriez pas, sous l'espoir qui vous flatte,
Amené de si loin Zénon et Métrobate. 1040

NICOMÈDE
Je m'obstinais, Madame, à tout dissimuler ;
Mais vous m'avez forcé de les faire parler.

ARSINOÉ
La vérité les force, et mieux que vos largesses.
Ces hommes du commun tiennent mal leurs promesses :
Tous deux en ont plus dit qu'ils n'avaient résolu. 1045

NICOMÈDE
J'en suis fâché pour vous, mais vous l'avez voulu.

ARSINOÉ
Je le veux bien encore, et je n'en suis fâchée
Que d'avoir vu par là votre vertu tachée,
Et qu'il faille ajouter à vos titres d'honneur
La noble qualité de mauvais suborneur. 1050

NICOMÈDE
Je les ai subornés contre vous à ce conte ?

1051. Corneille écrit toujours *à ce conte* pour *d'après cela*.

ARSINOÉ
J'en ai le déplaisir, vous en aurez la honte.
NICOMÈDE
Et vous pensez par là leur ôter tout crédit ?
ARSINOÉ
Non, Seigneur, je me tiens à ce qu'ils en ont dit.
NICOMÈDE
Qu'ont-ils dit qui vous plaise, et que vous vouliez croire?
[1055
ARSINOÉ
Deux mots de vérité, qui vous comblent de gloire.
NICOMÈDE
Peut-on savoir de vous ces deux mots importants?
ARASPE
Seigneur, le Roi s'ennuie, et vous tardez longtemps.
ARSINOÉ
Vous les saurez de lui : c'est trop le faire attendre.
NICOMÈDE
Je commence, Madame, enfin à vous entendre : 1060
Son amour conjugal, chassant le paternel,
Vous fera l'innocente, et moi le criminel.
Mais...
ARSINOÉ
Achevez, Seigneur : ce mais, que veut-il dire?
NICOMÈDE
Deux mots de vérité, qui font que je respire.
ARSINOÉ
Peut-on savoir de vous ces deux mots importants? 1065
NICOMÈDE
Vous les saurez du Roi; je tarde trop longtemps.

1058. Ils ne sont pas venus, nos deux rois ? qu'on leur die
Qu'ils se font trop attendre, et qu'Attila *s'ennuie*. (*Attila*, I.)
Dans les deux exemples, *s'ennuyer* a le sens de *s'impatienter*.
1066. Dans cette fin de scène, les vers s'opposent symétriquement aux vers : le vers 1064 répète en le modifiant le vers 1056 ; le vers 1065 reproduit le vers 1057; enfin, dans le vers 1066, Nicomède renvoie ironiquement à Arsinoé les vers 1058 et 1059 qu'Araspe et Arsinoé lui adressaient.

SCÈNE VIII
ARSINOÉ, ATTALE

ARSINOÉ

Nous triomphons, Attale, et ce grand Nicomède
Voit quelle digne issue à ses fourbes succède.
Les deux accusateurs que lui-même a produits,
Que pour l'assassiner je dois avoir séduits, 1070
Pour me calomnier subornés par lui-même,
N'ont pu bien soutenir un si noir stratagème :
Tous deux m'ont accusée, et tous deux avoué
L'infâme et lâche tour qu'un prince m'a joué.
Qu'en présence des rois les vérités sont fortes! 1075
Que pour sortir d'un cœur elles trouvent de portes!
Qu'on en voit le mensonge aisément confondu!
Tous deux voulaient me perdre, et tous deux l'ont perdu.

ATTALE

Je suis ravi de voir qu'une telle imposture
Ait laissé votre gloire et plus grande et plus pure; 1080
Mais, pour l'examiner, et bien voir ce que c'est,
Si vous pouviez vous mettre un peu hors d'intérêt,
Vous ne pourriez jamais, sans un peu de scrupule,
Avoir pour deux méchants une âme si crédule.
Ces perfides tous deux se sont dits aujourd'hui 1085
Et subornés par vous, et subornés par lui :
Contre tant de vertus, contre tant de victoires,
Doit-on quelque croyance à des âmes si noires?
Qui se confesse traître est indigne de foi.

ARSINOÉ

Vous êtes généreux, Attale, et je le voi, 1090
Même de vos rivaux la gloire vous est chère.

ATTALE

Si je suis son rival, je suis aussi son frère;

Nous ne sommes qu'un sang, et ce sang dans mon cœur
A peine à le passer pour calomniateur.

ARSINOÉ

Et vous en avez moins à me croire assassine,   1095
Moi, dont la perte est sûre à moins que sa ruine!

ATTALE

Si contre lui j'ai peine à croire ces témoins,
Quand ils vous accusaient je les croyais bien moins.
Votre vertu, Madame, est au-dessus du crime.
Souffrez donc que pour lui je garde un peu d'estime. 1100
La sienne dans la cour lui fait mille jaloux,
Dont quelqu'un a voulu le perdre auprès de vous,
Et ce lâche attentat n'est qu'un trait de l'envie
Qui s'efforce à noircir une si belle vie.
Pour moi, si par moi-même on peut juger d'autrui, 1105
Ce que je sens en moi, je le présume en lui.
Contre un si grand rival j'agis à force ouverte,
Sans blesser son honneur, sans pratiquer sa perte.
J'emprunte du secours, et le fais hautement;
Je crois qu'il n'agit pas moins généreusement,   1110
Qu'il n'a que les desseins où sa gloire l'invite,
Et n'oppose à mes vœux que son propre mérite.

ARSINOÉ

Vous êtes peu du monde, et savez mal la cour.

ATTALE

Est-ce autrement qu'en prince on doit traiter l'amour?

1094. *Passer pour*, activement, voulait dire : *regarder comme*. Cf. *Rodogune*, 1747. — Molière dit : « Cette gente *assassine* » (*Etourdi*, I,vi). Mais, au sens propre, l'exemple de Corneille est presque unique.
1096. *A moins que sa ruine*, à moins que nous ne le perdions.
1101. *La sienne*, son estime ; mais ici *estime* est pris évidemment dans le sens passif de *renommée*, tandis qu'au vers précédent le même mot est compris au sens actif d'*estime qu'on a pour quelqu'un*.
1108. *Sans pratiquer sa perte*, sans chercher à l'obtenir par des *pratiques*, des moyens détournés : « Ainsi les protestants de France *pratiquaient* dès lors le secours de ceux d'Allemagne. » (Bossuet, *Défense des Variations*.)
1113. *Savoir la cour*,c'est proprement avoir les manières de la cour : Son père *sait la cour*. (*Menteur*, 1249.) Mais ici l'on doit entendre au sens moral : « Peu au courant des choses du monde, vous ignorez les intrigues de la cour. »

ARSINOÉ

Vous le traitez, mon fils, et parlez en jeune homme. 1115

ATTALE

Madame, je n'ai vu que des vertus à Rome.

ARSINOÉ

Le temps vous apprendra, par de nouveaux emplois,
Quelles vertus il faut à la suite des rois.
Cependant, si le Prince est encor votre frère,
Souvenez-vous aussi que je suis votre mère, 1120
Et, malgré les soupçons que vous avez conçus,
Venez savoir du Roi ce qu'il croit là-dessus.

ACTE QUATRIÈME

SCÈNE I

PRUSIAS, ARSINOÉ, ARASPE

PRUSIAS

Faites venir le Prince, Araspe.
         (Araspe rentre.)
                    Et vous, Madame,
Retenez des soupirs dont vous me percez l'âme.
Quel besoin d'accabler mon cœur de vos douleurs, 1125
Quand vous y pouvez tout sans le secours des pleurs?
Quel besoin que ces pleurs prennent votre défense?
Douté-je de son crime ou de votre innocence?

Et reconnaissez-vous que tout ce qu'il m'a dit
Par quelque impression ébranle mon esprit? 1130

ARSINOÉ

Ah! Seigneur, est-il rien qui répare l'injure
Que fait à l'innocence un moment d'imposture?
Et peut-on voir mensonge assez tôt avorté
Pour rendre à la vertu toute sa pureté?
Il en reste toujours quelque indigne mémoire 1135
Qui porte une souillure à la plus haute gloire.
Combien en votre cour est-il de médisants?
Combien le Prince a-t-il d'aveugles partisans,
Qui, sachant une fois qu'on m'a calomniée,
Croiront que votre amour m'a seul justifiée? 1140
Et si la moindre tache en demeure en mon nom,
Si le moindre du peuple en conserve un soupçon,
Suis-je digne de vous? et de telles alarmes
Touchent-elles trop peu pour mériter mes larmes?

PRUSIAS

Ah! c'est trop de scrupule, et trop mal présumer 1145
D'un mari qui vous aime et qui vous doit aimer.
La gloire est plus solide après la calomnie,
Et brille d'autant mieux qu'elle s'en vit ternie.
Mais voici Nicomède, et je veux qu'aujourd'hui...

SCÈNE II

PRUSIAS, ARSINOÉ, NICOMÈDE, ARASPE, GARDES

ARSINOÉ

Grâce, grâce, Seigneur! à notre unique appui! 1150

1134. *Pour rendre*, construction hardie. Le sujet logique, c'est *avortement*, dont l'idée est contenue dans les mots de *mensonge avorté* : pour que l'avortement de ce mensonge rende toute sa pureté à la vertu.
1142. *Le moindre* pouvait et peut encore être substantif :
  On s'illustre à braver un lâche conquérant,
  Et *le moindre* du peuple en devient le plus grand. (Victor Hugo.)

Grâce à tant de lauriers en sa main si fertiles!
Grâce à ce conquérant, à ce preneur de villes!
Grâce...

NICOMÈDE

De quoi, Madame? est-ce d'avoir conquis
Trois sceptres que ma perte expose à votre fils?
D'avoir porté si loin vos armes dans l'Asie   1155
Que même votre Rome en a pris jalousie?
D'avoir trop soutenu la majesté des rois?
Trop rempli votre cour du bruit de mes exploits?
Trop du grand Annibal pratiqué les maximes?
S'il faut grâce pour moi, choisissez de mes crimes : 1160
Les voilà tous, Madame, et si vous y joignez
D'avoir cru des méchants par quelque autre gagnés,
D'avoir une âme ouverte, une franchise entière,
Qui dans leur artifice a manqué de lumière,
C'est gloire et non pas crime à qui ne voit le jour   1165
Qu'au milieu d'une armée, et loin de votre cour,
Qui n'a que la vertu de son intelligence,
Et, vivant sans remords, marche sans défiance.

ARSINOÉ

Je m'en dédis, Seigneur : il n'est point criminel.
S'il m'a voulu noircir d'un opprobre éternel,   1170
Il n'a fait qu'obéir à la haine ordinaire
Qu'imprime à ses pareils le nom de belle-mère.
De cette aversion son cœur préoccupé
M'impute tous les traits dont il se sent frappé.

1152. Louis lui-même, effroi de tant de princes,
Preneur de murs, subjugueur de provinces. (La Fontaine.)
1154. *Expose,* livre aux mains d'Attale.
1160. Choisissez parmi ces crimes celui qui a besoin de pardon.
1167. *Il n'a que la vertu de son intelligence,* qui soit d'intelligence avec lui, il ne peut compter que sur la vertu pour le défendre.
1172. « La reine, sa belle-mère, *malgré ce nom odieux,* trouva en elle, non seulement un respect, mais encore une tendresse que ni le temps ni l'éloignement n'ont pu altérer. » (Bossuet, *Oraison de Marie-Thérèse.*)
1173. *Préoccupé,* latinisme : son cœur, prévenu contre Nicomède.

Que son maître Annibal, malgré la foi publique, 1175
S'abandonne aux fureurs d'une terreur panique,
Que ce vieillard confie et gloire et liberté
Plutôt au désespoir qu'à l'hospitalité,
Ces terreurs, ces fureurs, sont de mon artifice.
Quelque appas que lui-même il trouve en Laodice, 1180
C'est moi qui fais qu'Attale a des yeux comme lui ;
C'est moi qui force Rome à lui servir d'appui ;
De cette seule main part tout ce qui le blesse,
Et pour venger ce maître et venger sa maîtresse ;
S'il a tâché, Seigneur, de m'éloigner de vous, 1185
Tout est trop excusable en un amant jaloux.
Ce faible et vain effort ne touche point mon âme.
Je sais que tout mon crime est d'être votre femme ;
Que ce nom seul l'oblige à me persécuter :
Car enfin, hors de là, que peut-il m'imputer ? 1190
Ma voix, depuis dix ans qu'il commande une armée,
A-t-elle refusé d'enfler sa renommée ?
Et, lorsqu'il l'a fallu puissamment secourir,
Que la moindre longueur l'aurait laissé périr,
Quel autre a mieux pressé les secours nécessaires ? 1195
Qui l'a mieux dégagé de ses destins contraires ?
A-t-il eu près de vous un plus soigneux agent
Pour hâter les renforts et d'hommes et d'argent ?
Vous le savez, Seigneur, et, pour reconnaissance,
Après l'avoir servi de toute ma puissance, 1200
Je vois qu'il a voulu me perdre auprès de vous :
Mais tout est excusable en un amant jaloux,
Je vous l'ai déjà dit.

1176. « L'empire des habitudes latines domine trop Corneille ici : *fureurs* est pris au sens de *furor*, folie, démence, égarement d'esprit. » (Naudet.) Deux vers plus bas, ce mot est remplacé par le mot *désespoir*. C'est donc l'égarement du désespoir, qui aura décidé Annibal à se donner la mort.
1182. *Lui*, au vers précédent, se rapporte à Nicomède, et ici à Attale.
1196. Il semble plus naturel de dire *dégager d'un danger ou des fers*, comme aux vers 1654 et 1724, que *dégager des destins* ; mais ces destins contraires sont les difficultés dont Arsinoé prétend l'avoir aidé à sortir. C'est le latin *expedire*.

PRUSIAS

Ingrat, que peux-tu dire?

NICOMÈDE

Que la Reine a pour moi des bontés que j'admire.
Je ne vous dirai point que ces puissants secours   1205
Dont elle a conservé mon honneur et mes jours,
Et qu'avec tant de pompe à vos yeux elle étale,
Travaillaient par ma main à la grandeur d'Attale;
Que par mon propre bras elle amassait pour lui,
Et préparait dès lors ce qu'on voit aujourd'hui.   1210
Par quelques sentiments qu'elle aye été poussée,
J'en laisse le ciel juge, il connaît sa pensée;
Il sait pour mon salut comme elle a fait des vœux;
Il lui rendra justice, et peut-être à tous deux.
    Cependant, puisqu'enfin l'apparence est si belle,   1215
Elle a parlé pour moi, je dois parler pour elle,
Et pour son intérêt vous faire souvenir
Que vous laissez longtemps deux méchants à punir.
Envoyez Métrobate et Zénon au supplice.
Sa gloire attend de vous ce digne sacrifice :   1220
Tous deux l'ont accusée, et, s'ils s'en sont dédits
Pour la faire innocente et charger votre fils,
Ils n'ont rien fait pour eux, et leur sort est trop juste
Après s'être joués d'une personne auguste,
L'offense une fois faite à ceux de notre rang   1225
Ne se répare point que par des flots de sang :
On n'en fut jamais quitte ainsi pour s'en dédire.
Il faut sous les tourments que l'imposture expire;
Ou vous exposeriez tout votre sang royal
A la légèreté d'un esprit déloyal.   1230
L'exemple est dangereux et hasarde nos vies,

1226. *Point que*, sinon par. Voyez *le Cid*, 766.

S'il met en sûreté de telles calomnies.

ARSINOÉ

Quoi! Seigneur, les punir de la sincérité
Qui soudain dans leur bouche a mis la vérité,
Qui vous a contre moi sa fourbe découverte, 1235
Qui vous rend votre femme et m'arrache à ma perte,
Qui vous a retenu d'en prononcer l'arrêt ;
Et couvrir tout cela de mon seul intérêt !
C'est être trop adroit, Prince, et trop bien l'entendre.

PRUSIAS

Laisse là Métrobate, et songe à te défendre : 1240
Purge-toi d'un forfait si honteux et si bas.

NICOMÈDE

M'en purger! moi, Seigneur! vous ne le croyez pas!
Vous ne savez que trop qu'un homme de ma sorte,
Quand il se rend coupable, un peu plus haut se porte,
Qu'il lui faut un grand crime à tenter son devoir, 1245
Où sa gloire se sauve à l'ombre du pouvoir.
Soulever votre peuple, et jeter votre armée
Dedans les intérêts d'une reine opprimée ;
Venir, le bras levé, la tirer de vos mains,
Malgré l'amour d'Attale et l'effort des Romains, 1250
Et fondre en vos pays contre leur tyrannie
Avec tous vos soldats et toute l'Arménie,
C'est ce que pourrait faire un homme tel que moi,
S'il pouvait se résoudre à vous manquer de foi.
La fourbe n'est le jeu que des petites âmes, 1255
Et c'est là proprement le partage des femmes.

1232. *S'il met en sûreté*, le poète confond calomniateurs et calomnies.
1235. *Vous a sa fourbe découverte*, vous a découvert sa fourberie. Sur cette construction ancienne, voyez *le Cid*, 798.
1239. *L'entendre* équivaut à s'entendre en affaires, en politique, en ruses. *Le* est ici pris neutralement, pour : entendre la chose, s'y entendre.
1242. *Vous ne le croyez pas*, vous ne croyez pas que je songe à m'en justifier, et non point : vous ne croyez pas à ce forfait.

Punissez donc, Seigneur, Métrobate et Zénon;
Pour la Reine ou pour moi, faites-vous-en raison.
A ce dernier moment la conscience presse;
Pour rendre compte aux Dieux tout respect humain
[cesse, 1260
Et ces esprits légers, approchant des abois,
Pourraient bien se dédire une seconde fois.

ARSINOÉ

Seigneur...

NICOMÈDE

Parlez, Madame, et dites quelle cause
A leur juste supplice obstinément s'oppose;
Ou laissez-nous penser qu'aux portes du trépas   1265
Ils auraient des remords qui ne vous plairaient pas.

ARSINOÉ

Vous voyez à quel point sa haine m'est cruelle :
Quand je le justifie, il me fait criminelle;
Mais sans doute, Seigneur, ma présence l'aigrit,
Et mon éloignement remettra son esprit;   1270
Il rendra quelque calme à son cœur magnanime,
Et lui pourra sans doute épargner plus d'un crime.
 Je ne demande point que par compassion
Vous assuriez un sceptre à ma protection,
Ni que, pour garantir la personne d'Attale,   1275
Vous partagiez entre eux la puissance royale :
Si vos amis de Rome en ont pris quelque soin,
C'était sans mon aveu, je n'en ai pas besoin.
Je n'aime point si mal que de ne pas vous suivre,
Sitôt qu'entre mes bras vous cesserez de vivre,   1280
Et sur votre tombeau mes premières douleurs

1258. *Faites-vous-en raison*, tirez-en vengeance, faites-vous justice.
1261. *Des abois*, de leur dernière heure. Cf. *Cinna*, 855.
1274. *A ma protection*, pour ma protection, pour me protéger.
1279. *Je n'aime point si mal que*... assez mal pour ne pas vous suivre.

Verseront tout ensemble et mon sang et mes pleurs.

PRUSIAS

Ah! Madame!

ARSINOÉ

Oui, Seigneur, cette heure infortunée
Par vos derniers soupirs clora ma destinée,
Et puisque ainsi jamais il ne sera mon roi, 1285
Qu'ai-je à craindre de lui ? Que peut-il contre moi ?
Tout ce que je demande en faveur de ce gage,
De ce fils qui déjà lui donne tant d'ombrage,
C'est que chez les Romains il retourne achever
Des jours que dans leur sein vous fîtes élever ; 1290
Qu'il retourne y traîner, sans péril et sans gloire,
De votre amour pour moi l'impuissante mémoire.
Ce grand Prince vous sert, et vous servira mieux
Quand il n'aura plus rien qui lui blesse les yeux ;
Et n'appréhendez point Rome ni sa vengeance : 1295
Contre tout son pouvoir il a trop de vaillance ;
Il sait tous les secrets du fameux Annibal,
De ce héros à Rome en tous lieux si fatal
Que l'Asie et l'Afrique admirent l'avantage
Qu'en tire Antiochus, et qu'en reçut Carthage. 1300
Je me retire donc, afin qu'en liberté
Les tendresses du sang pressent votre bonté,
Et je ne veux plus voir ni qu'en votre présence
Un prince que j'estime indignement m'offense,
Ni que je sois forcée à vous mettre en courroux 1305
Contre un fils si vaillant et si digne de vous.

1284. Il est impossible de ne pas se rappeler ici une scène célèbre du *Malade imaginaire* : « BÉLINE. Mon Dieu ! il ne faut point vous tourmenter de tout cela. S'il vient faute de vous, mon fils, je ne veux plus rester au monde. — ARGAN. M'amie ! — BÉLINE. Oui, mon ami, si je suis assez malheureuse pour vous perdre... — ARGAN. Ma chère femme ! — BÉLINE. La vie ne me sera plus de rien. — ARGAN. M'amour ! — BÉLINE. Et je suivrai vos pas pour vous faire connaître la tendresse que j'ai pour vous. — ARGAN. M'amie, vous me fendez le cœur ! »

1287. *De ce gage*, d'Attale ; c'est le latin *pignus*.

SCÈNE III
PRUSIAS, NICOMÈDE, ARASPE.

PRUSIAS

Nicomède, en deux mots, ce désordre me fâche.
Quoi qu'on t'ose imputer, je ne te crois point lâche.
Mais donnons quelque chose à Rome qui se plaint,
Et tâchons d'assurer la Reine qui te craint. 1310
J'ai tendresse pour toi, j'ai passion pour elle,
Et je ne veux pas voir cette haine éternelle,
Ni que des sentiments que j'aime à voir durer
Ne règnent dans mon cœur que pour le déchirer.
J'y veux mettre d'accord l'amour et la nature, 1315
Être père et mari dans cette conjoncture...

NICOMÈDE

Seigneur, voulez-vous bien vous en fier à moi ?
Ne soyez l'un ni l'autre.

PRUSIAS

    Et que dois-je être ?

NICOMÈDE

           Roi.
Reprenez hautement ce noble caractère.
Un véritable roi n'est ni mari ni père ; 1320
Il regarde son trône, et rien de plus. Régnez ;
Rome vous craindra plus que vous ne la craignez.
Malgré cette puissance et si vaste et si grande,
Vous pouvez déjà voir comme elle m'appréhende,
Combien en me perdant elle espère gagner, 1325
Parce qu'elle prévoit que je saurai régner.

1309. *Donner* a souvent alors le sens du latin *condonare*, concéder.
1310. *D'assurer*, de rassurer, comme au vers 1534. Cf. *Horace*, 1211.
1318. *L'un ni l'autre*, pour *ni l'un ni l'autre* ; le premier *ni* est pour ainsi dire contenu dans la négation *ne*.

PRUSIAS

Je règne donc, ingrat, puisque tu me l'ordonnes !
Choisis : ou Laodice, ou mes quatre couronnes.
Ton roi fait ce partage entre ton frère et toi ;
Je ne suis plus ton père, obéis à ton roi. 1330

NICOMÈDE

Si vous étiez aussi le roi de Laodice,
Pour l'offrir à mon choix avec quelque justice,
Je vous demanderais le loisir d'y penser ;
Mais enfin, pour vous plaire, et ne pas l'offenser,
J'obéirai, Seigneur, sans répliques frivoles, 1335
A vos intentions, et non à vos paroles.
  A ce frère si cher transportez tous mes droits,
Et laissez Laodice en liberté du choix.
Voilà quel est le mien.

PRUSIAS

              Quelle bassesse d'âme,
Quelle fureur t'aveugle en faveur d'une femme ? 1340
Tu la préfères, lâche ! à ces prix glorieux
Que ta valeur unit au bien de tes aïeux !
Après cette infamie es-tu digne de vivre ?

NICOMÈDE

Je crois que votre exemple est glorieux à suivre :
Ne préférez-vous pas une femme à ce fils 1345
Par qui tous ces États aux vôtres sont unis ?

PRUSIAS

Me vois-tu renoncer pour elle au diadème ?

NICOMÈDE

Me voyez-vous pour l'autre y renoncer moi-même ?
Que cédé-je à mon frère en cédant vos États ?
Ai-je droit d'y prétendre avant votre trépas ? 1350

1335. *Frivoles* a ici le sens de *superflues*, qu'il a souvent chez Corneille.

Pardonnez-moi ce mot, il est fâcheux à dire :
Mais un monarque enfin comme un autre homme expire;
Et vos peuples alors, ayant besoin d'un roi,
Voudront choisir peut-être entre ce prince et moi.
  Seigneur, nous n'avons pas si grande
                              [ressemblance   1355
Qu'il faille de bons yeux pour y voir différence,
Et ce vieux droit d'aînesse est souvent si puissant
Que, pour remplir un trône, il rappelle un absent.
Que si leurs sentiments se règlent sur les vôtres,
Sous le joug de vos lois j'en ai bien rangé d'autres, 1360
Et, dussent vos Romains en être encor jaloux,
Je ferai bien pour moi ce que j'ai fait pour vous.

PRUSIAS
J'y donnerai bon ordre.

NICOMÈDE
                    Oui, si leur artifice
De votre sang pour vous se fait un sacrifice;
Autrement vos États, à ce prince livrés,   1365
Ne seront en ses mains qu'autant que vous vivrez.
Ce n'est point en secret que je vous le déclare;
Je le dis à lui-même, afin qu'il s'y prépare :
Le voilà qui m'entend.

PRUSIAS
                    Va, sans verser mon sang,
Je saurai bien, ingrat, l'assurer en ce rang,   1370
Et demain...

SCÈNE IV
PRUSIAS, NICOMÈDE, ATTALE, FLAMINIUS,
ARASPE, Gardes.

FLAMINIUS
Si pour moi vous êtes en colère,

1363. *Leur artifice*, leur perfidie. Le sens est : Oui, si les machinations de mes ennemis vous poussent à leur sacrifier vous-même votre fils.

Seigneur, je n'ai reçu qu'une offense légère.
Le sénat en effet pourra s'en indigner;
Mais j'ai quelques amis qui sauront le gagner.

PRUSIAS

Je lui ferai raison, et dès demain Attale
Recevra de ma main la puissance royale :
Je le fais roi de Pont, et mon seul héritier.
Et quant à ce rebelle, à ce courage fier,
Rome entre vous et lui jugera de l'outrage :
Je veux qu'au lieu d'Attale il lui serve d'otage,
Et, pour l'y mieux conduire, il vous sera donné
Sitôt qu'il aura vu son frère couronné.

NICOMÈDE

Vous m'envoirez à Rome !

PRUSIAS

On t'y fera justice.
Va, va lui demander ta chère Laodice.

NICOMÈDE

J'irai, j'irai, Seigneur, vous le voulez ainsi,
Et j'y serai plus roi que vous n'êtes ici.

FLAMINIUS

Rome sait vos hauts faits et déjà vous adore.

NICOMÈDE

Tout beau, Flaminius ! je n'y suis pas encore :
La route en est mal sûre, à tout considérer,
Et qui m'y conduira pourrait bien s'égarer.

1375

1380

1385

1390

1375. *Je lui ferai raison*, je lui donnerai satisfaction ; voyez le vers 581.
1378. Lekain remarque que *héritier* et *fier* ne riment pas, et que pourtant Racine, dans *Mithridate* (III, I) a fait rimer *fiers* et *foyers*. Ménage appelle ces rimes des rimes normandes. Rotrou, qui n'est pas Normand, fait rimer *fier* avec *entier* et *papier* (*Agésilas*, IV, II; *Bélisaire*, IV, III) *hier* avec *nier* (*Clarice*, I, II).
1383. *Vous envoirez*, comme au vers 1629. Cette orthographe est la seule acceptée au xvii° siècle.
1387. *Vous adore*; c'est le sens du latin *adorare*, admirer avec vénération :
Déjà de ma faveur on *adore* le bruit. (Racine, *Britannicus*, V, III.)

PRUSIAS

Qu'on le remène, Araspe, et redoublez sa garde.
(A Attale.)
Toi, rends grâces à Rome, et sans cesse regarde
Que, comme son pouvoir est la source du tien,
En perdant son appui tu ne seras plus rien.
Vous, Seigneur, excusez si, me trouvant en peine 1395
De quelques déplaisirs que m'a fait voir la Reine,
Je vais l'en consoler, et vous laisse avec lui.
Attale, encore un coup, rends grâce à ton appui.

SCÈNE V

FLAMINIUS, ATTALE

ATTALE

Seigneur, que vous dirai-je après des avantages
Qui sont même trop grands pour les plus grands cou-
[rages? 1400
Vous n'avez point de borne, et votre affection
Passe votre promesse et mon ambition.
Je l'avouerai pourtant, le trône de mon père
Ne fait pas le bonheur que plus je considère :
Ce qui touche mon cœur, ce qui charme mes sens, 1405
C'est Laodice acquise à mes vœux innocents.
La qualité de roi, qui me rend digne d'elle...

FLAMINIUS

Ne rendra pas son cœur à vos vœux moins rebelle.

ATTALE

Seigneur, l'occasion fait un cœur différent :

1391. *Remener* (reconduire) là où nous mettrions *ramener*. De même, *redoubler* est souvent employé pour *doubler*. Cf. *Horace*, 1124.
1404. *Que plus je considère*, que j'estime le plus, archaïsme poétique :
   Car le vers *plus* coulant est le vers *plus* parfait.
              (Du Bellay, *le Poète courtisan*.)

D'ailleurs, c'est l'ordre exprès de son père mourant, 1410
Et, par son propre aveu, la reine d'Arménie
Est due à l'héritier du roi de Bithynie.

FLAMINIUS

Ce n'est pas loi pour elle; et, reine comme elle est,
Cet ordre, à bien parler, n'est que ce qui lui plaît.
Aimerait-elle en vous l'éclat d'un diadème 1415
Qu'on vous donne aux dépens d'un grand prince qu'elle
[aime?
En vous qui la privez d'un si cher protecteur?
En vous qui de sa chute êtes l'unique auteur?

ATTALE

Ce prince hors d'ici, Seigneur, que fera-t-elle?
Qui contre Rome et nous soutiendra sa querelle? 1420
Car j'ose me promettre encor votre secours.

FLAMINIUS

Les choses quelquefois prennent un autre cours;
Pour ne vous point flatter, je n'en veux pas répondre.

ATTALE

Ce serait bien, Seigneur, de tout point me confondre,
Et je serais moins roi qu'un objet de pitié 1425
Si le bandeau royal m'ôtait votre amitié.
Mais je m'alarme trop, et Rome est plus égale :
N'en avez-vous pas l'ordre?

FLAMINIUS

Oui, pour le prince Attale,
Pour un homme en son sein nourri dès le berceau;
Mais pour le roi de Pont il faut ordre nouveau. 1430

ATTALE

Il faut ordre nouveau! Quoi! se pourrait-il faire

1418. *Sa chute*, la chute de Nicomède; la construction est équivoque
1427. *Rome est plus égale*, est plus constante à la fois et plus juste dans
ses desseins, *æqualis, æqua*. Voyez la note du vers 1022.

ACTE IV, SCÈNE V

Qu'à l'œuvre de ses mains Rome devînt contraire?
Que ma grandeur naissante y fît quelque jaloux?

FLAMINIUS

Que présumez-vous, Prince? et que me dites-vous?

ATTALE

Vous-même, dites-moi comme il faut que j'explique 1435
Cette inégalité de votre république.

FLAMINIUS

Je vais vous l'expliquer, et veux bien vous guérir
D'une erreur dangereuse où vous semblez courir.
Rome, qui vous servait auprès de Laodice,
Pour vous donner son trône eût fait une injustice : 1440
Son amitié pour vous lui faisait cette loi ;
Mais par d'autres moyens elle vous a fait roi,
Et le soin de sa gloire à présent la dispense
De se porter pour vous à cette violence.
Laissez donc cette reine en pleine liberté, 1445
Et tournez vos désirs de quelque autre côté.
Rome de votre hymen prendra soin elle-même.

ATTALE

Mais s'il arrive enfin que Laodice m'aime?

FLAMINIUS

Ce serait mettre encor Rome dans le hasard
Que l'on crût artifice ou force de sa part : 1450
Cet hymen jetterait une ombre sur sa gloire.
Prince, n'y pensez plus, si vous m'en pouvez croire ;
Ou, si de mes conseils vous faites peu d'état,
N'y pensez plus du moins sans l'aveu du sénat.

ATTALE

A voir quelle froideur à tant d'amour succède, 1455

1436. *Cette inégalité* signifie : cette inconstance peu équitable dans la politique romaine, qui devrait être plus égale, plus suivie.
1450. *Dans le hasard que l'on crût ;* ce serait faire courir à Rome ce risque que l'on crût à *une* ruse ou à *un* coup de force de sa part.

Rome ne m'aime pas : elle hait Nicomède ;
Et lorsqu'à mes désirs elle a feint d'applaudir,
Elle a voulu le perdre, et non pas m'agrandir.

FLAMINIUS

Pour ne vous faire pas de réponse trop rude
Sur ce beau coup d'essai de votre ingratitude, 1460
Suivez votre caprice, offensez vos amis :
Vous êtes souverain, et tout vous est permis :
Mais, puisque enfin ce jour vous doit faire connaître
Que Rome vous a fait ce que vous allez être,
Que, perdant son appui, vous ne serez plus rien, 1465
Que le Roi vous l'a dit, souvenez-vous-en bien.

SCÈNE VI

ATTALE

Attale, était-ce ainsi que régnaient tes ancêtres ?
Veux-tu le nom de roi pour avoir tant de maîtres ?
Ah ! ce titre à ce prix déjà m'est importun :
S'il nous en faut avoir, du moins n'en ayons qu'un. 1470
Le Ciel nous l'a donné trop grand, trop magnanime,
Pour souffrir qu'aux Romains il serve de victime.
Montrons-leur hautement que nous avons des yeux,
Et d'un si rude joug affranchissons ces lieux.
Puisqu'à leurs intérêts tout ce qu'ils font s'applique, 1475
Que leur vaine amitié cède à leur politique,
Soyons à notre tour de leur grandeur jaloux,
Et comme ils font pour eux, faisons aussi pour nous.

1457. *Applaudir à*, latinisme. (Cf. *Horace*, 21.)
1478. *Faire* est souvent pris absolument chez Corneille pour *agir*.

ACTE CINQUIÈME

SCÈNE I

ARSINOÉ, ATTALE

ARSINOÉ

J'ai prévu ce tumulte, et n'en vois rien à craindre :
Comme un moment l'allume, un moment peut l'éteindre,
Et si l'obscurité laisse croître ce bruit, 1481
Le jour dissipera les vapeurs de la nuit.
Je me fâche bien moins qu'un peuple se mutine
Que de voir que ton cœur dans son amour s'obstine,
Et, d'une indigne ardeur lâchement embrasé, 1485
Ne rend point de mépris à qui t'a méprisé.
Venge-toi d'une ingrate, et quitte une cruelle,
A présent que le sort t'a mis au-dessus d'elle.
Son trône, et non ses yeux, avait dû te charmer :
Tu vas régner sans elle ; à quel propos l'aimer ? 1490
Porte, porte ce cœur à de plus douces chaînes.
Puisque te voilà roi, l'Asie a d'autres reines,
Qui, loin de te donner des rigueurs à souffrir,
T'épargneront bientôt la peine de t'offrir.

ATTALE

Mais, Madame...?

ARSINOÉ

Eh bien ! soit, je veux qu'elle se rende :
Prévois-tu les malheurs qu'ensuite j'appréhende ? [1495
Sitôt que d'Arménie elle t'aura fait roi,
Elle t'engagera dans sa haine pour moi,

1479. *Ce tumulte*, ce mouvement populaire.

Mais, ô dieux! pourra-t-elle y borner sa vengeance?
Pourras-tu dans son lit dormir en assurance ? 1500
Et refusera-t-elle à son ressentiment
Le fer et le poison pour venger son amant?
Qu'est-ce qu'en sa fureur une femme n'essaie ?

ATTALE

Que de fausses raisons pour me cacher la vraie!
Rome, qui n'aime pas à voir un puissant roi, 1505
L'a craint en Nicomède, et le craindrait en moi.
Je ne dois plus prétendre à l'hymen d'une reine
Si je ne veux déplaire à notre souveraine;
Et, puisque la fâcher ce serait me trahir,
Afin qu'elle me souffre, il vaut mieux obéir. 1510
Je sais par quels moyens sa sagesse profonde
S'achemine à grands pas à l'empire du monde.
Aussitôt qu'un État devient un peu trop grand,
Sa chute doit guérir l'ombrage qu'elle en prend.
C'est blesser les Romains que faire une conquête, 1515
Que mettre trop de bras sous une seule tête;
Et leur guerre est trop juste après cet attentat
Que fait sur leur grandeur un tel crime d'État.
Eux, qui pour gouverner sont les premiers des hommes,
Veulent que sous leur ordre on soit ce que nous sommes,
Veulent sur tous les rois un si haut ascendant, [1521
Que leur empire seul demeure indépendant.

1503. . . . . . . *Notumque furens quid femina possit.* (Virgile.)
Qu'une femme est à craindre et hait obstinément!
(Rotrou, *Bélisaire*, III, 2.)
1514. *Guérir l'ombrage* semble d'abord une métaphore hasardée; mais aux vers 660 et 988, on a vu *ombrage* dans le sens figuré, d'où sont sortis la locution *prendre ombrage* et l'adjectif *ombrageux*. On retrouvera plus bas (vers 1523) ce même sens figuré, qui a fait oublier ici le sens propre.
1516. *Trop de bras sous une seule tête,* trop de sujets sous un seul roi.
1521. En astrologie, dit Littré, l'ascendant est le signe du zodiaque qui monte sur l'horizon au moment de la naissance d'un homme. On crut que le caractère et la destinée dépendaient de cette coïncidence, et *ascendant* prit le sens d'*influence sidérale*, d'où le sens général d'*influence*.

Je les connais, Madame, et j'ai vu cet ombrage
Détruire Antiochus et renverser Carthage.
De peur de choir comme eux, je veux bien m'abaisser, 1525
Et cède à des raisons que je ne puis forcer.
D'autant plus justement mon impuissance y cède,
Que je vois qu'en leurs mains on livre Nicomède.
Un si grand ennemi leur répond de ma foi ;
C'est un lion tout prêt à déchaîner sur moi. 1530

ARSINOÉ

C'est de quoi je voulais vous faire confidence :
Mais vous me ravissez d'avoir cette prudence.
Le temps pourra changer ; cependant prenez soin
D'assurer des jaloux dont vous avez besoin.

SCÈNE II

FLAMINIUS, ARSINOÉ, ATTALE

ARSINOÉ

Seigneur, c'est remporter une haute victoire 1535
Que de rendre un amant capable de me croire :
J'ai su le ramener aux termes du devoir,
Et sur lui la raison a repris son pouvoir.

FLAMINIUS

Madame, voyez donc si vous serez capable
De rendre également ce peuple raisonnable. 1540
Le mal croît ; il est temps d'agir de votre part,
Ou quand vous le voudrez, vous le voudrez trop tard.
Ne vous figurez plus que ce soit le confondre
Que de le laisser faire, et ne lui point répondre.

1526. *Que je ne puis forcer*, que ne je puis vaincre.
1534. *Assurer* pour *rassurer*, comme au vers 1310. — *Des jaloux*, les Romains, qui ne souffrent aucune grandeur auprès de la grandeur romaine.

Rome autrefois a vu de ces émotions, 1545
Sans embrasser jamais vos résolutions.
Quand il fallait calmer toute une populace,
Le sénat n'épargnait promesse ni menace,
Et rappelait par là son escadron mutin
Et du mont Quirinal et du mont Aventin, 1550
Dont il l'aurait vu faire une horrible descente,
S'il eût traité longtemps sa fureur d'impuissante,
Et l'eût abandonnée à sa confusion,
Comme vous semblez faire en cette occasion.

ARSINOÉ

Après ce grand exemple en vain on délibère : 1555
Ce qu'a fait le sénat montre ce qu'il faut faire,
Et le Roi... Mais il vient.

SCÈNE III

PRUSIAS, ARSINOÉ, FLAMINIUS, ATTALE

PRUSIAS

Je ne puis plus douter,
Seigneur, d'où vient le mal que je vois éclater :
Ces mutins ont pour chefs les gens de Laodice.

FLAMINIUS

J'en avais soupçonné déjà son artifice. 1560

ATTALE

Ainsi votre tendresse et vos soins sont payés !

FLAMINIUS

Seigneur, il faut agir, et, si vous m'en croyez...

1545. *Émotion* n'a pas tout à fait le même sens qu'*émeute*. Une émotion, c'est le prélude d'une révolte, d'abord sourde, puis ouverte.
1550. C'est sur ces collines que s'était plus d'une fois retiré « l'escadron mutin » de la plèbe, dans ses démêlés avec les patriciens.
1551. *Dont*, d'où ; c'est le sens étymologique, *de unde*. — *Descente* est assez rare dans le sens d'*action de descendre*.

SCÈNE IV

PRUSIAS, ARSINOÉ, FLAMINIUS, ATTALE, CLÉONE

CLÉONE

Tout est perdu, Madame, à moins d'un prompt remède :
Tout le peuple à grands cris demande Nicomède ;
Il commence lui-même à se faire raison, 1565
Et vient de déchirer Métrobate et Zénon.

ARSINOÉ

Il n'est donc plus à craindre, il a pris ses victimes :
Sa fureur sur leur sang va consumer ses crimes ;
Elle s'applaudira de cet illustre effet,
Et croira Nicomède amplement satisfait. 1570

FLAMINIUS

Si ce désordre était sans chefs et sans conduite,
Je voudrais, comme vous, en craindre moins la suite :
Le peuple par leur mort pourrait s'être adouci ;
Mais un dessein formé ne tombe pas ainsi :
Il suit toujours son but jusqu'à ce qu'il l'emporte ; 1575
Le premier sang versé rend sa fureur plus forte ;
Il l'amorce, il l'acharne, il en éteint l'horreur,
Et ne lui laisse plus ni pitié ni terreur.

1565. *A se faire raison*, à se faire justice : voyez le vers 1258.

1568. *Sur leur sang va consumer ses crimes*, va éteindre dans leur sang sa rage criminelle.

1574. *Un dessein formé*, conçu par une volonté consciente d'elle-même, par opposition à ce « tumulte » que la reine croyait éphémère.

1575. Nous croyons que *le* n'est pas au neutre, et se rapporte bien à *but* ; mais le mot *but*, remarque Godefroy, est ici pour l'objet qu'on se propose comme but, et *emporter* est pour *remporter*.

1577. *Il l'amorce*, il l'attire. *Amorce*, voulant dire appât, attrait, *amorcer*, c'est attirer en flattant, *allicere*. — *Acharner* signifiant proprement : donner aux chiens, aux oiseaux de proie le goût de la chair, il est naturel qu'au figuré le même verbe ait le sens actif de *irriter contre*.

SCÈNE V

PRUSIAS, FLAMINIUS, ARSINOÉ, ATTALE, CLÉONE, ARASPE

ARASPE

Seigneur, de tous côtés le peuple vient en foule ;
De moment en moment votre garde s'écoule, 1580
Et, suivant les discours qu'ici même j'entends,
Le Prince entre mes mains ne sera pas longtemps ;
Je n'en puis plus répondre.

PRUSIAS

Allons, allons le rendre,
Ce précieux objet d'une amitié si tendre.
Obéissons, Madame, à ce peuple sans foi, 1585
Qui, las de m'obéir, en veut faire son roi,
Et du haut d'un balcon, pour calmer la tempête,
Sur ses nouveaux sujets faisons voler sa tête.

ATTALE

Ah, Seigneur !

PRUSIAS

C'est ainsi qu'il lui sera rendu :
A qui le cherche ainsi, c'est ainsi qu'il est dû. 1590

ATTALE

Ah ! Seigneur, c'est tout perdre, et livrer à sa rage
Tout ce qui de plus près touche votre courage,
Et j'ose dire ici que Votre Majesté
Aura peine elle-même à trouver sûreté.

PRUSIAS

Il faut donc se résoudre à tout ce qu'il m'ordonne, 1595
Lui rendre Nicomède avecque ma couronne :

1580. *S'écouler* emporte l'idée d'une dispersion lente et insensible, qui est loin d'être une fuite soudaine.

A pas lents, l'œil baissé, les amis *s'écoulèrent*. (Lamartine, *Jocelyn*.)

ACTE V, SCÈNE V

Je n'ai point d'autre choix, et, s'il est le plus fort,
Je dois à son idole ou mon sceptre ou la mort.

FLAMINIUS

Seigneur, quand ce dessein aurait quelque justice,
Est-ce à vous d'ordonner que ce prince périsse ? 1600
Quel pouvoir sur ses jours vous demeure permis ?
C'est l'otage de Rome, et non plus votre fils :
Je dois m'en souvenir quand son père l'oublie,
C'est attenter sur nous qu'ordonner de sa vie :
J'en dois compte au sénat, et n'y puis consentir. 1605
Ma galère est au port, toute prête à partir,
Le palais y répond par la porte secrète :
Si vous le voulez perdre, agréez ma retraite :
Souffrez que mon départ fasse connaître à tous
Que Rome a des conseils plus justes et plus doux, 1610
Et ne l'exposez pas à ce honteux outrage
De voir à ses yeux même immoler son otage.

ARSINOÉ

Me croiriez-vous, Seigneur, et puis-je m'expliquer ?

PRUSIAS

Ah ! rien de votre part ne saurait me choquer :
Parlez.

ARSINOÉ

Le Ciel m'inspire un dessein dont j'espère 1615
Et satisfaire Rome et ne vous pas déplaire.
S'il est prêt à partir, il peut en ce moment
Enlever avec lui son otage aisément :
Cette porte secrète ici nous favorise.
Mais, pour faciliter d'autant mieux l'entreprise, 1620
Montrez-vous à ce peuple, et, flattant son courroux,

1604. *Attenter sur nous*, porter atteinte à nos droits. Voyez le vers 374.
1610. *Des conseils*, une politique ; c'est le sens du mot latin *consilium*.
1621. *Flatter* veut dire à la fois *tromper* en déguisant la vérité d'une manière avantageuse pour celui à qui l'on s'adresse, et *apaiser*.

Amusez-le du moins à débattre avec vous ;
Faites-lui perdre temps, tandis qu'en assurance
La galère s'éloigne avec son espérance.
S'il force le palais, et ne l'y trouve plus, 1625
Vous ferez comme lui le surpris, le confus ;
Vous accuserez Rome, et promettrez vengeance
Sur quiconque sera de son intelligence.
Vous envoirez après, sitôt qu'il sera jour,
Et vous lui donnerez l'espoir d'un prompt retour, 1630
Où mille empêchements, que vous ferez vous-même,
Pourront de toutes parts aider au stratagème.
Quelque aveugle transport qu'il témoigne aujourd'hui,
Il n'attentera rien tant qu'il craindra pour lui,
Tant qu'il présumera son effort inutile. 1635
Ici la délivrance en paraît trop facile,
Et s'il l'obtient, Seigneur, il faut fuir vous et moi ;
S'il le voit à sa tête, il en fera son roi ;
Vous le jugez vous-même.

PRUSIAS

Ah ! j'avouerai, Madame,
Que le Ciel a versé ce conseil dans votre âme. 1640
Seigneur, se peut-il voir rien de mieux concerté ?

FLAMINIUS

Il vous assure et vie, et gloire, et liberté,
Et vous avez d'ailleurs Laodice en otage ;
Mais qui perd temps ici perd tout son avantage.

PRUSIAS

Il n'en faut donc plus perdre : allons-y de ce pas. 1645

1622. *Débattre* est ici pris absolument, comme au vers 127 de *Médée* : « On *débat.* »
1623. *Perdre temps*, construction elliptique dont on trouve de fréquents exemples chez Corneille.
1629. *Vous envoirez*, voyez le vers 1383. Dans ses *Observations sur les Remarques de Vaugelas*, Thomas Corneille dit que quelques-uns écrivent *j'enverrai* : « Je ne sais, ajoute-t-il, si cette prononciation est reçue de tout le monde; mais je voudrais toujours écrire *j'envoirai.* » — *Après*, pour *après lui*, tour encore familier au peuple.
1631. *Où*, moment où, tandis que.., cependant que, comme disait Corneille

ARSINOÉ

Ne prenez avec vous qu'Araspe et trois soldats :
Peut-être un plus grand nombre aurait quelque infidèle.
J'irai chez Laodice et m'assurerai d'elle.
Attale, où courez-vous ?

ATTALE

     Je vais de mon côté
De ce peuple mutin amuser la fierté,   1650
A votre stratagème en ajouter quelque autre.

ARSINOÉ

Songez que ce n'est qu'un que mon sort et le vôtre,
Que vos seuls intérêts me mettent en danger.

ATTALE

Je vais périr, Madame, ou vous en dégager.

ARSINOÉ

Allez donc. J'aperçois la reine d'Arménie.   1655

SCÈNE VI

ARSINOÉ, LAODICE, CLÉONE

ARSINOÉ

La cause de nos maux doit-elle être impunie ?

LAODICE

Non, Madame, et pour peu qu'elle ait d'ambition,
Je vous réponds déjà de sa punition.

ARSINOÉ

Vous qui savez son crime, ordonnez de sa peine.

LAODICE

Un peu d'abaissement suffit pour une reine :   1660

1650. *Amuser*, occuper en abusant par une diversion, ou repaître d'espérances illusoires ; voyez un peu plus haut le vers 1622. Cf. *Rodogune*, 1435

  Pison peut cependant *amuser* leur fureur. (*Othon*, 1619.)

C'est déjà trop de voir son dessein avorté.

ARSINOÉ

Dites, pour châtiment de sa témérité,
Qu'il lui faudrait du front tirer le diadème.

LAODICE

Parmi les généreux il n'en va pas de même :
Ils savent oublier quand ils ont le dessus, 1665
Et ne veulent que voir leurs ennemis confus.

ARSINOÉ

Ainsi, qui peut vous croire aisément se contente.

LAODICE

Le Ciel ne m'a pas fait l'âme plus violente.

ARSINOÉ

Soulever des sujets contre leur souverain,
Leur mettre à tous le fer et la flamme en la main, 1670
Jusque dans le palais pousser leur insolence,
Vous appelez cela fort peu de violence ?

LAODICE

Nous nous entendons mal, Madame, et je le voi,
Ce que je dis pour vous, vous l'expliquez pour moi.
Je suis hors de souci pour ce qui me regarde, 1675
Et je viens vous chercher pour vous prendre en ma garde,
Pour ne hasarder pas en vous la majesté
Au manque de respect d'un grand peuple irrité.
Faites venir le Roi, rappelez votre Attale,
Que je conserve en eux la dignité royale : 1680
Ce peuple en sa fureur peut les connaître mal.

1664. *Généreux* est ici pris substantivement. On avait alors plus qu'aujourd'hui la liberté de transformer les adjectifs en substantifs : « Pensant en faire *un généreux*, n'en ferons-nous point un rebelle? » (Bossuet, *Panégyrique de saint Thomas de Cantorbéry*.) M. Godefroy cite une idylle héroïque de Saint-Amand, intitulée *la Généreuse. Les généreux*, ce sont les « âmes bien nées ».

1681. Sur *connaître mal*, voyez le vers 265. Ici cette expression n'est pas prise au sens propre : si le peuple *méconnaissait* Attale et Arsinoé, ce serait par manque d'égards pour leur dignité.

ARSINOÉ

Peut-on voir un orgueil à votre orgueil égal ?
Vous, par qui seule ici tout ce désordre arrive,
Vous, qui dans ce palais vous voyez ma captive,
Vous, qui me répondrez au prix de votre sang   1685
De tout ce qu'un tel crime attente sur mon rang,
Vous me parlez encore avec la même audace
Que si j'avais besoin de vous demander grâce !

LAODICE

Vous obstiner, Madame, à me parler ainsi,
C'est ne vouloir pas voir que je commande ici,   1690
Que, quand il me plaira, vous serez ma victime.
Et ne m'imputez point ce grand désordre à crime :
Votre peuple est coupable, et dans tous vos sujets
Ces cris séditieux sont autant de forfaits ;
Mais pour moi, qui suis reine, et qui, dans nos querel-
    [les, 1695
Pour triompher de vous, vous ai fait ces rebelles,
Par le droit de la guerre il fut toujours permis
D'allumer la révolte entre ses ennemis :
M'enlever mon époux, c'est vous faire la mienne.

ARSINOÉ

Je la suis donc, Madame, et, quoi qu'il en advienne,   1700
Si ce peuple une fois enfonce le palais,
C'est fait de votre vie, et je vous le promets.

LAODICE

Vous tiendrez mal parole, ou bientôt sur ma tombe
Tout le sang de vos rois servira d'hécatombe.
Mais avez-vous encor parmi votre maison   1705
Quelque autre Métrobate, ou quelque autre Zénon ?

1692. *Imputer à crime*, c'est le latin *crimini vertere*. Cf. *Cinna*, 463.
1693. Suppléez *seul* : votre peuple seul est coupable.
1699. *C'est vous faire la mienne*, c'est vous faire mon ennemie. Mais le vers précédent donne *ses ennemis*, au masculin.

N'appréhendez-vous point que tous vos domestiques
Ne soient déjà gagnés par mes sourdes pratiques?
En savez-vous quelqu'un si prêt à se trahir,
Si las de voir le jour, que de vous obéir? 1710
Je ne veux point régner sur votre Bithynie :
Ouvrez-moi seulement les chemins d'Arménie,
Et, pour voir tout d'un coup vos malheurs terminés,
Rendez-moi cet époux qu'en vain vous retenez.

ARSINOÉ

Sur le chemin de Rome il vous faut l'aller prendre; 1715
Flaminius l'y mène, et pourra vous le rendre :
Mais hâtez-vous, de grâce, et faites bien ramer,
Car déjà sa galère a pris le large en mer.

LAODICE

Ah! si je le croyais!...

ARSINOÉ

N'en doutez point, Madame.

LAODICE

Fuyez donc les fureurs qui saisissent mon âme : 1720
Après le coup fatal de cette indignité,
Je n'ai plus ni respect ni générosité.
Mais plutôt demeurez pour me servir d'otage
Jusqu'à ce que ma main de ses fers le dégage.
J'irai jusque dans Rome en briser les liens, 1725
Avec tous vos sujets, avecque tous les miens;
Aussi bien Annibal nommait une folie
De présumer la vaincre ailleurs qu'en Italie.
Je veux qu'elle me voie au cœur de ses États
Soutenir ma fureur d'un million de bras, 1730

1709. *A se trahir*, à trahir ses propres intérêts, à agir contre lui-même.
1710. *Si las que de vous obéir*, assez las de la vie pour vous obéir.
Quoi! vous m'estimez donc *si lâche que de* vivre ? (*Médée*, 1469.)
1728. Cf. Justin, I, XXX, ch. v. et Racine, *Mithridate*, 835-36.

Et, sous mon désespoir rangeant sa tyrannie...

ARSINOÉ

Vous voulez donc enfin régner en Bithynie?
Et, dans cette fureur qui vous trouble aujourd'hui,
Le Roi pourra souffrir que vous régniez pour lui?

LAODICE

J'y régnerai, Madame, et sans lui faire injure. 1735
Puisque le Roi veut bien n'être roi qu'en peinture,
Que lui doit importer qui donne ici la loi,
Et qui règne pour lui des Romains ou de moi?
Mais un second otage entre mes mains se jette.

SCÈNE VII

ARSINOÉ, LAODICE, ATTALE, CLÉONE

ARSINOÉ

Attale, avez-vous su comme ils ont fait retraite? 1740

ATTALE

Ah! Madame!

ARSINOÉ

Parlez.

ATTALE

Tous les dieux irrités
Dans les derniers malheurs nous ont précipités.
Le Prince est échappé.

LAODICE

Ne craignez plus, Madame :
La générosité déjà rentre en mon âme.

ARSINOÉ

Attale, prenez-vous plaisir à m'alarmer? 1745

1731. Accablant la tyrannie sous les coups portés par mon désespoir.
1736. *Qu'en peinture*, qu'en apparence. Corneille, précise le sens de cette locution au vers 988 d'*Agésilas* :
    ‹ Général *en idée* et monarque *en peinture*.
Molière a dit également « un monarque *en peinture* » (*Fâcheux*, I, x);
Racine : un « juge *en peinture* » (*Plaideurs*, II, xii).₁

ATTALE

Ne vous flattez point tant que de le présumer.
Le malheureux Araspe, avec sa faible escorte,
L'avait déjà conduit à cette fausse porte ;
L'ambassadeur de Rome était déjà passé,
Quand dans le sein d'Araspe un poignard enfoncé 1750
Le jette aux pieds du Prince. Il s'écrie, et sa suite,
De peur d'un pareil sort, prend aussitôt la fuite.

ARSINOÉ

Et qui dans cette porte a pu le poignarder ?

ATTALE

Dix ou douze soldats qui semblaient la garder.
Et ce Prince...

ARSINOÉ

Ah ! mon fils ! qu'il est partout des traîtres ! 1755
Qu'il est peu de sujets fidèles à leurs maîtres !
Mais de qui savez-vous un désastre si grand ?

ATTALE

Des compagnons d'Araspe, et d'Araspe mourant.
Mais écoutez encor ce qui me désespère.
J'ai couru me ranger auprès du Roi mon père ; 1760
Il n'en était plus temps : ce monarque étonné
A ses frayeurs déjà s'était abandonné,
Avait pris un esquif pour tâcher de rejoindre
Ce Romain, dont l'effroi peut-être n'est pas moindre.

SCÈNE VIII

PRUSIAS, FLAMINIUS, ARSINOÉ, LAODICE, ATTALE, CLÉONE

PRUSIAS

Non, non, nous revenons l'un et l'autre en ces lieux 1765
Défendre votre gloire, ou mourir à vos yeux.

ARSINOÉ

Mourons, mourons, Seigneur, et dérobons nos vies
A l'absolu pouvoir des fureurs ennemies ;
N'attendons pas leur ordre, et montrons-nous jaloux
De l'honneur qu'ils auraient à disposer de nous.   1770

LAODICE

Ce désespoir, Madame, offense un si grand homme
Plus que vous n'avez fait en l'envoyant à Rome :
Vous devez le connaître, et, puisqu'il a ma foi,
Vous devez présumer qu'il est digne de moi.
Je le désavouerais s'il n'était magnanime,   1775
S'il manquait à remplir l'effort de mon estime,
S'il ne faisait paraître un cœur toujours égal.
Mais le voici : voyez si je le connais mal.

SCÈNE IX

PRUSIAS, NICOMÈDE, ARSINOÉ, LAODICE,
FLAMINIUS, ATTALE, CLÉONE.

NICOMÈDE

Tout est calme, Seigneur : un moment de ma vue
A soudain apaisé la populace émue.   1780

PRUSIAS

Quoi! me viens-tu braver jusque dans mon palais,
Rebelle ?

NICOMÈDE

C'est un nom que je n'aurai jamais.
Je ne viens point ici montrer à votre haine
Un captif insolent d'avoir brisé sa chaîne ;

1770. Refusons à nos ennemis (*envions*-leur, comme dit parfois Corneille)
la satisfaction glorieuse qu'ils auraient à disposer de nos destinées.
1776. *L'effort*, la haute idée que je me fais de son caractère.
1784. *Insolent de*, insolemment fier de..., tournure très rare.

Je viens en bon sujet vous rendre le repos 1785
Que d'autres intérêts troublaient mal à propos.
Non que je veuille à Rome imputer quelque crime :
Du grand art de régner elle suit la maxime,
Et son ambassadeur ne fait que son devoir
Quand il veut entre nous partager le pouvoir. 1790
Mais ne permettez pas qu'elle vous y contraigne;
Rendez-moi votre amour, afin qu'elle vous craigne;
Pardonnez à ce peuple un peu trop de chaleur
Qu'à sa compassion a donné mon malheur;
Pardonnez un forfait qu'il a cru nécessaire, 1795
Et qui ne produira qu'un effet salutaire.
 Faites-lui grâce aussi, Madame, et permettez
Que jusques au tombeau j'adore vos bontés.
Je sais par quel motif vous m'êtes si contraire :
Votre amour maternel veut voir régner mon frère, 1800
Et je contribuerai moi-même à ce dessein,
Si vous pouvez souffrir qu'il soit roi de ma main.
Oui, l'Asie à mon bras offre encor des conquêtes,
Et pour l'encourager mes mains sont toutes prêtes :
Commandez seulement, choisissez en quels lieux, 1805
Et j'en apporterai la couronne à vos yeux.

ARSINOÉ

Seigneur, faut-il si loin pousser votre victoire,
Et qu'ayant en vos mains et mes jours et ma gloire,
La haute ambition d'un si puissant vainqueur
Veuille encor triompher jusque dedans mon cœur ? 1810
Contre tant de vertu je ne puis le défendre ;
Il est impatient lui-même de se rendre.
Joignez cette conquête à trois sceptres conquis,
Et je croirai gagner en vous un second fils.

1793. *Chaleur* se dit chez Corneille de tout mouvement impétueux.
1798. *J'adore.* Nous avons vu, au vers 1387, ce même mot employé
dans le sens du latin *adorare*, avec la seule idée de respect.

PRUSIAS

Je me rends donc aussi, Madame, et je veux croire 1815
Qu'avoir un fils si grand est ma plus grande gloire.
Mais, parmi les douceurs qu'enfin nous recevons,
Faites-nous savoir, Prince, à qui nous vous devons.

NICOMÈDE

L'auteur d'un si grand coup m'a caché son visage ;
Mais il m'a demandé mon diamant pour gage, 1820
Et me le doit ici rapporter dès demain.

ATTALE

Le voulez-vous, Seigneur, reprendre de ma main ?

NICOMÈDE

Ah ! laissez-moi toujours à cette digne marque
Reconnaître en mon sang un vrai sang de monarque.
Ce n'est plus des Romains l'esclave ambitieux, 1825
C'est le libérateur d'un sang si précieux.
Mon frère, avec mes fers vous en brisez bien d'autres,
Ceux du Roi, de la Reine, et les siens, et les vôtres.
Mais pourquoi vous cacher en sauvant tout l'État ?

ATTALE

Pour voir votre vertu dans son plus haut éclat ; 1830
Pour la voir seule agir contre notre injustice,
Sans la préoccuper par ce faible service,
Et me venger enfin ou sur vous ou sur moi,
Si j'eusse mal jugé de tout ce que je voi.
Mais, Madame...

1828. *Les siens*, ceux de Laodice, qui dans toute cette scène reste silencieuse.

1832. Au vers 1173, on a vu *préoccupé* dans le sens de *prévenu*. Il est regrettable que ce mot si bien fait (*præoccupare*, occuper d'avance, s'emparer d'avance de l'esprit par une opinion) ne soit plus en usage : *prévenir* n'a pas tout à fait le même sens ; *influencer* est un bien mauvais mot. Les meilleurs écrivains disaient : « Je ne prétends pas de *préoccuper* votre jugement. » (Balzac, livre VIII, Lettre 24.) — « Tout cela n'aboutit qu'à rendre une âme faible et timide et qu'à la *préoccuper* contre les meilleures choses. » (Fénelon, *Éducation des filles*, III.)

ARSINOÉ

Il suffit, voilà le stratagème 1835
Que vous m'aviez promis pour moi contre moi-même.
(*A Nicomède.*)
Et j'ai l'esprit, Seigneur, d'autant plus satisfait,
Que mon sang rompt le cours du mal que j'avais fait.

NICOMÈDE, *à Flaminius*

Seigneur, à découvert, toute âme généreuse
D'avoir votre amitié doit se tenir heureuse ; 1840
Mais nous n'en voulons plus avec ces dures lois
Qu'elle jette toujours sur la tête des rois :
Nous vous la demandons hors de la servitude,
Ou le nom d'ennemi nous semblera moins rude.

FLAMINIUS, *à Nicomède*

C'est de quoi le sénat pourra délibérer : 1845
Mais cependant pour lui j'ose vous assurer,
Prince, qu'à ce défaut vous aurez son estime,
Telle que doit l'attendre un cœur si magnanime,
Et qu'il croira se faire un illustre ennemi,
S'il ne vous reçoit pas pour généreux ami. 1850

PRUSIAS

Nous autres, réunis sous de meilleurs auspices,
Préparons, à demain, de justes sacrifices,
Et demandons aux dieux, nos dignes souverains,
Pour comble de bonheur, l'amitié des Romains.

1847. *A ce défaut*, à défaut de son amitié.
1851. C'est à peu près de même que, dans *Polyeucte*, Félix, satisfait à aussi peu de frais que Prusias, termine la pièce :
   Nous autres, bénissons notre heureuse aventure.

INDEX
de la Langue de Corneille

DANS CES SEPT TRAGÉDIES

A

A, dans le sens de *en* suivi du participe présent : *Cid*, 5, 78, 327, 434, 580, 1261, 1488; *Cinna*, 108, 317, 474; *Polyeucte*, 161, 895, 947; *Rodogune*, 693, 941, 978, 1634; *Nicomède*, 380, 1455, 1770.

A, dans : *Cid*, 405, 419, 428, 1085, 1100, 1479; *Horace*, 150, 451, 1504; *Cinna*, 196, 821, 1067, 1097, 1136, 1149, 1222; *Polyeucte*, 677, 699, 739, 1290, 1442; *Pompée*, 393, 1092, 1202; *Rodogune*, 223, 1446; *Nicomède*, 478, 753, 912.

A, envers : *Horace*, 544; *Polyeucte*, 786.

A, pour : *Cid*, 20, 982, 1080, 1218, 1419, 1444; *Horace*, 94, 134, 337, 424, 433, 1457; *Cinna*, 297, 679, 860, 952, 1012; *Polyeucte*, 71, 370, 618, 704, 1023, 1064, 1096, 1524, 1669; *Pompée*, 1296, 1458; *Rodogune*, 335, 1189, 1734, 1762, 1798; *Nicomède*, 46, 338, 1245, 1852.

A, par : *Cid*, 1375; *Horace*, 59, 134, 647, 1386, 1556; *Cinna*, 904, 1216; *Pompée*, 464.

A, avec, sur : *Cid*, 1298; *Horace*, 305; *Cinna*, 143.

Abjet, abject, infime ; *Cinna*, 1207; *Pompée*, 1224 ; *Nicomède*, 65, 386.

Abois (les), le dernier reste, le dernier effort, la dernière extrémité : *Cinna*, 855; *Rodogune*, 274; *Nicomède*, 1261.

Abord, action d'aborder : *Cid*, 1087, 1106; *Pompée*, 214.

Abord, attaque ou arrivée : *Cid* : 1087 ; *Polyeucte*, 207; *Pompée*, 214, 730, 1639; *Rodogune*, 1730.

Absent de, éloigné de : *Cid*, 1835.

Accabler, au sens favorable : *Cinna*, 883, 1708.

Accommoder, concilier : *Cid*, 464.

Accord (être d') avec un nom de chose pour sujet : *Cid*, 1808; *Horace*, 1737.

Accorder, concilier, mettre d'accord : *Horace*, 267; *Pompée*, 1630.

Accorder (s') se réconcilier ; *Cid*, 463 ; *Polyeucte*, 1388.

Acquérir une personne, la conquérir : *Cinna*, 56. 712, 770, 1036.

Adresse, ruse, feinte : *Rodogune*, 803, 848.

Affaiblir, neutre, s'affaiblir : *Pompée*, Remerciement à Mazarin ; *Rodogune*, 1076.

Affliger, sens très fort de consterner, abattre : *Horace*, 90.

Agent, au propre et au figuré : *Polyeucte*, 127 ; *Nicomède*, 927, 1197.

Aigreur, chagrin : *Cinna*, 642 ; *Pompée*, 1601, 1788.

Aigrir, irriter : *Cinna*, 206, 303, 1213, 1618 ; *Nicomède*, 352, 1269.

Allégeance, soulagement : *Cid*, 690; *Pompée*, 1533.

Allègement, soulagement : *Cid*, 920; *Horace*, 837.

Aller à, jusqu'à, s'attaquer à : *Pompée*, 882.

Aller au-dessous de, rester au-dessous de : *Horace,* 1578.

Aller (S'en), suivi d'un infinitif : *Cinna,* 226.

Aller (S'en), suivi d'un participe passé : *Cinna,* 953.

Amitié, amour : *Horace,* 167, 777 ; *Cinna,* 349 ; *Polyeucte,* 1165.

Amollir, S'amollir, attendrir, s'attendrir : *Horace,* 663 ; *Polyeucte,* 1694 ; *Rodogune,* 728.

Amorce, appât au moral, tout ce qui attire : *Cid,* 130 ; *Horace,* 924 ; *Cinna,* 1681 ; *Pompée,* 1333 ; *Rodogune,* 852.

Amour, au féminin : *Cid,* 1762 ; *Horace,* 59, 115 ; *Polyeucte,* 313, 689, 1163, 1243 ; *Pompée,* 230 ; *Rodogune,* 1048, 1559.

Amusement, diversion : *Rodogune,* 314.

Amuser, abuser par une diversion : *Rodogune,* 1435 ; *Nicomède,* 1622, 1650.

Animer, exciter, irriter, **S'animer,** s'irriter : *Cid,* 304 ; *Horace,* 1647, 1655 ; *Cinna,* 835, 1128, 1213, 1661 ; *Polyeucte,* 693 ; *Pompée,* 133 ; *Rodogune,* 249, 508, 1449.

Appareil, préparatifs pompeux : *Horace,* 648 ; *Rodogune,* 428, 1842.

Apparence, vraisemblance : *Cinna,* 701 ; *Polyeucte,* 1041.

Appât, au moral, ce qui attire et séduit : *Cid,* 1548 ; *Cinna,* 659, 879 ; *Polyeucte,* 90, 1158, 1769 ; *Nicomède,* 1180.

Applaudir à quelqu'un : *Horace,* 21 ; *Nicomède,* 1457.

Approches, au moral et au pluriel : *Horace,* 784.

Approfondir (S'), pénétrer plus profondément : *Rodogune,* 1122.

Armer, absolument : *Pompée,* 366 ; *Rodogune,* 871.

Aspect, orientation du regard : *Polyeucte,* 927.

Aspirer à, dit en mauvaise part : *Cinna,* 370 ; *Polyeucte,* 1139.

Assassine, féminin d'assassin : *Nicomède,* 1095.

Assassiner, au sens moral : *Cid,* 925 ; *Horace,* 576 ; *Polyeucte,* 1580, 1585 ; *Rodogune,* 740.

Assiette, au moral, état d'esprit : *Cinna,* 1304.

Assurance, sécurité, certitude : *Horace,* 199, 855, 1552 ; *Polyeucte,* 25.

Assurément, avec assurance, fermeté : *Polyeucte,* 676.

Assurer, rendre plus sûr ou plus solide, fortifier, rassurer : *Cid,* 1370 ; *Horace,* 1211 ; *Cinna,* 596, 1621 ; *Polyeucte,* 226, 1198, 1746 ; *Pompée,* 210, 908 ; *Rodogune,* 456 ; *Nicomède,* 1310, 1370, 1534.

Assurer que (S'), être assuré que, compter que : *Cinna,* 1421 ; *Pompée,* 1451.

Assurer (S') de ou **sur quelque chose** ou quelqu'un : *Polyeucte,* 141, 348 ; *Rodogune,* 394, 787.

Atteinte, blessure, au moral : *Cid,* 292, 794 ; *Pompée,* 970.

Attendre de, s'attendre à : *Horace,* 230.

Attenter, pris activement ou absolument : *Polyeucte,* 740 ; *Pompée,* 836 ; *Rodogune,* 633 ; *Nicomède,* 1034, 1686.

Aucun, au pluriel : *Horace,* 124 ; *Pompée,* 1631.

Aucun, non négatif ; **Aucunement,** en quelque sorte : *Rodogune,* 904 ; *Nicomède,* 366.

Auparavant que, avant que : *Pompée,* 652.

Aussitôt que, suivi d'un participe passé : *Cid,* 1263 ; *Cinna,* 1066.

Autant que (Être), avoir le même sens ou la même valeur : *Cid,* 1223.

Autant comme, autant que : *Polyeucte,* 912 ; *Pompée,* 1482 ; *Rodogune,* 979, 1511 ; *Nicomède,* 886.

Autre, pour *aucun autre, un autre* : *Cid,* 1147 ; *Horace,* 546, 547 ; *Cinna,* 1512 ; *Pompée,* 160, 1415, 1416.

Autre, non précédé de l'article : *Horace,* 494, 808 ; *Rodogune,* 1679.

Avancer, faire des progrès, réussir : *Polyeucte,* 992.
Avancer, hâter : *Cinna,* 727 ; *Polyeucte,* 235 ; *Pompée,* 224 ; *Rodogune,* 1572 ; *Nicomède,* 286.
Avant que de, suivi d'un infinitif : *Cid,* 1288, 1389 ; *Horace,* 562 ; *Cinna,* 723, 831, 1441, 1628.
Avant que, suivi d'un infinitif : *Cid,* 1334 ; *Polyeucte,* 815, 1373 ; *Pompée,* 610 ; *Rodogune,* 1676.
Avecque, avec : *Cid,* 857 ; *Polyeucte,* 532 ; *Pompée,* Remerciement à Mazarin et 909 ; *Rodogune,* 1795 ; *Nicomède,* 1596, 1726.
Aventure, dans le sens tragique ; *Cid,* 110 ; *Horace,* 1103 ; *Polyeucte,* 1811 ; *Pompée,* 533 ; *Rodogune,* 319. 688.
Aveu, permission, consentement : *Horace,* 921, 1587 ; *Nicomède,* 1454.
Avouer, autoriser, approuver, reconnaître : *Horace,* 828, 1327 ; *Polyeucte,* 196.
Aye, pour *ait* : *Cinna,* 1260, 1283 ; *Pompée,* Examen.

B

Balancé (Être), hésiter : *Cid,* 42.
Bas (Être), être à bas : *Pompée,* 572.
Bas (Mettre), renoncer à, dépouiller : *Cinna,* 407 ; *Pompée,* 1367 ; *Nicomède,* 1005.
Bas (Mettre à), renverser : *Polyeucte,* 848 ; *Pompée,* 1266.
Beau (Tout), dans le style tragique : *Horace,* 1009 ; *Cinna,* 125 ; *Polyeucte,* 1215 ; *Pompée,* 881 ; *Nicomède,* 1388.
Besoin, circonstance critique : *Cid,* 230, 1479 ; *Cinna,* 1149 : *Polyeucte,* 677, 1088.
Blanchi, au figuré, qui a vieilli dans... : *Cid,* 239 ; *Cinna,* 995.
Blesser, blessé, au sens moral, dit surtout de l'amour : *Cid,* 66 ; *Horace,* 119 ; *Cinna,* 861 ; *Polyeucte,* 85, 105, 198 ; *Pompée,* 1806 ; *Rodogune,* 322, 700, 705, 1366, 1461 ; *Nicomède,* 1108, 1183, 1294.
Bonace, au moral, état tranquille : *Cid,* 450.
Braver, absolument : *Horace,* 130.
Brouiller, troubler, confondre : *Polyeucte,* 241, 733.
Bruit (Faire), du bruit, retentir : *Horace,* 1713.
Butte à (Être en) : *Polyeucte,* 82 ; *Pompée,* 65.

C

Calomnier quelqu'un **de** : *Polyeucte,* 1500.
Captif, captive, captiver, dit de l'esclavage amoureux : *Cinna,* 1025 ; *Polyeucte,* 170 ; *Pompée,* 400, 1280 ; *Rodogune,* 908.
Caresse, Caresser, au figuré : *Cid,* 1194 ; *Cinna,* 934, 1241.
Cavalier, chevalier : *Cid,* 82, 427, 786, 1401 ; *Polyeucte,* Epître.
Cependant, pendant ce temps : *Cid,* 1822 ; *Horace,* 345 ; *Polyeucte,* 361 ; *Pompée,* 1807.
Cependant que.... : *Cid,* 1319 ; *Polyeucte,* 365 ; *Pompée,* Remerciement à Mazarin, et 179.
Chaleur, dit de tout sentiment passionné : *Cid,* 838, 873, 1253 ; *Horace,* 280, 1761 ; *Polyeucte,* 936, 1333 ; *Pompée,* 433, 1137, 1449 ; *Rodogune,* 1016, 1467 ; *Nicomède,* 635, 1793.
Change, changement, surtout au

moral : *Cid*, 1062 ; *Horace*, 155, 816 ; *Polyeucte*, 1561.

Charme, avec le sens d'influence plus ou moins mystérieuse et magique : *Cid*, 921 ; *Horace*, 819 ; *Polyeucte*, 254 ; *Pompée*, 1462 ; *Rodogune*, 1480, 1734.

Chef, tête : *Cid*, 598, 727, 1372 ; *Pompée*, 839.

Choir, tomber : *Cid*, 382, 521 ; *Horace*, 1682 ; *Cinna*, 1531 ; *Pompée*, 88, 1200 ; *Rodogune*, 180, 1820 ; *Nicomède*, 308, 1525.

Citoyen, concitoyen : *Cinna*, 661 ; *Pompée*, 1188 ; *Rodogune*, 180.

Cœur, courage, générosité : *Cid*, 261, 611 ; *Cinna*, 1172 : *Pompée*, 727, 1564 ; *Nicomède*, 1033.

Combat (Rendre, Donner) : *Cid*, 1514 ; *Cinna*, 1343 ; *Polyeucte*, 1597 ; *Nicomède*, 980.

Combler, pris en mauvaise part ; *Cid*, 1226 ; *Horace*, 1063 ; *Rodogune*, 184, 566, 685.

Comme, comment : *Cid*, 174 ; *Horace*, 864, 1068, 1450 ; *Polyeucte*, 993, 1519 ; *Pompée*, 953, 1063, 1197 ; *Rodogune*, 347, 759, 760, 761, 762, 1403 ; *Nicomède*, 431, 1435, 1740.

Commencer de : *Horace*, 29 ; *Cinna*, 618.

Commettre, confier : *Horace*, 559 ; *Cinna*, 1123 ; *Polyeucte*, 919 ; *Rodogune*, 268.

Comptable de.. à, responsable envers : *Horace*, 1027.

Compter à quelque chose, à rien : *Polyeucte*, 1178.

Conclure, achever : *Horace*, 175 : *Cinna*, 164.

Confidence, confiance : *Polyeucte*, 137.

Confident, pris adjectivement ; ses plus confidents : *Cinna*, 295.

Confondre (Se), se troubler et se disperser : *Cid*, 1286 ; *Rodogune*, 1245.

Congé, consentement : *Horace*, 1586 ; *Cinna*, 896.

Connaître, reconnaître : *Horace*, 826 ; *Cinna*, 1346, 1717 ; *Pompée*, 1525, 1740.

Connaître mal, méconnaître : *Nicomède*, 265, 1681.

Conseil (Prendre un), prendre une résolution : *Cinna*, 292, 873 ; *Polyeucte*, 879 ; *Rodogune*, 167.

Consentir, actif : *Rodogune*, 746, 883, 1239.

Consentir de : *Rodogune*, 96.

Consentir que : *Cinna*, 1298 ; *Polyeucte*, 374 ; *Rodogune*, 1492.

Conspirer, au moral, être d'accord avec : *Horace*, 1549 ; *Rodogune*, 752.

Conspirer, activement : *Cinna*, 788.

Consulter, délibérer, hésiter : *Cid*, 820 ; *Horace*, 462 ; *Cinna*, 1219, 1220 ; *Pompée*, 644.

Consulter (Se), être consulté : *Cinna*, 510.

Contribuer, pris activement : *Horace*, 1715.

Convier à, inviter à, au figuré : *Cinna*, 273, 1701 ; *Polyeucte*, 109.

Couler dans, neutre, pénétrer dans : *Polyeucte*, 727.

Couler, actif, insinuer : *Rodogune*, 300.

Couler (Se), au figuré, se glisser : *Rodogune*, 46.

Couleur, teint : *Cid*, 667, 1124, 1342.

Couleur, prétexte : *Cid*, 1407 ; *Pompée*, 910.

Coup (Encore un), encore une fois : *Cid*, 992, 1642 ; *Polyeucte*, 403, 961 ; *Nicomède*, 202, 902.

Courage, cœur : *Cid*, 98, 594, 521, 910, 1601 ; *Horace*, 611, 1529 : *Cinna*, 78, 206, 318, 746, 1406, 1537 ; *Polyeucte*, 170, 332, 409, 741, 777, 889, 1184, 1568 ; *Pompée*, 293, 389, 426, 513, 558, 621, 950, 1114 ; *Rodogune*, 155, 330, 1134, 1228, 1379, 1387 ; *Nicomède*, 229, 320, 659, 790, 796, 819, 834, 1378, 1400, 1592.

Couronner, sens mystique : *Polyeucte*, 641, 1228.

Couronner, mettre le comble à : *Cinna*, 1558 ; *Rodogune*, 152, 1524.

Coutumier, accoutumé : *Polyeucte*, 1160.

Crayon, esquisse : *Cinna*, 204.

Croire, activement, obéir à, suivre

l'impulsion de : *Pompée*, 379 ; *Nicomède*, 482.
Croire de (Trop), avoir trop bonne opinion de : *Horace*, 383.
Croître, activement, pour *accroître* : *Cid*, 740, 862, 1383 ; *Cinna*, 498, *Polyeucte*, 309 ; *Pompée*, 1002, 1542.
Croyance à (Donner), donner créance à, croire : *Cinna*, 1255 ; *Polyeucte*, 6.
Cruel à : *Cinna*, 353 ; *Polyeucte*, 517 ; *Nicomède*, 1267.
Cuisant, dans le style tragique, appliqué au chagrin, au malheur, etc. : *Cid*, 128 ; *Cinna*, 39, 803 ; *Rodogune*, 1090.

D

De, sur : *Horace*, 117.
De, par : *Cid*, 183, 185 ; *Horace*, 352, 1005, 1260 ; *Cinna*, 79, 514, 1088, 1134, 1428, 1457 ; *Polyeucte*, 54, 1077, 1195, 1274 ; *Pompée*, 85, 99, 779, 792, 859, 1073, 1162 ; *Rodogune*, 815 ; *Nicomède*, 1730.
De, avec : *Horace*, 1652 ; *Cinna*, 147, 157, 1043 ; *Polyeucte*, 137. 483, 832, 855 ; *Rodogune*, 1535, 1543.
De, suivi de l'infinitif, pour *en* suivi du participe présent : *Cinna*, 1012.
Débonnaire, d'humeur douce : *Cinna*, 383.
Débris, au singulier, figurément et au propre : *Pompée*, 7, 1494.
Déçu, en parlant de la crainte : *Cid*, 57 ; *Cinna*, 309.
Dedans, préposition, pour *dans* : *Cid*, 138, 812 ; *Horace*, 1320 ; *Pompée*, 38, 1805 ; *Rodogune*, 416, 1391, 1815, 1821 ; *Nicomède*, 283, 761, 1028. 1248, 1810.
Défaut de (Au), à défaut de, à mon défaut, etc. : *Cinna*, 1360 ; *Polyeucte*, 1102 ; *Nicomède*, 1847.
Démon, inspiration bonne ou mauvaise : *Horace*, 286 ; *Pompée*, 1483.
Démon, génie qui préside à la destinée : *Cinna*, 434.
Dénier, nier, refuser : *Cinna*, 450, 1321 ; *Rodogune*, 1753 ; *Nicomède*, 763.
Déplaisir, dans le sens de *chagrin* : *Cid*, 116, 139, 638, 656, 796, 1164 ; 1357, 1576 ; *Horace*, 11, 133, 179, 871, 949, 1459 ; *Cinna*, 1194, 1368 ; *Polyeucte*, 115, 480, 871, 1067 ; *Pompée*, 228, 1169, 1463, 1533, 1661, 1771 ; *Rodogune*, 90, 129, 1601, 1701, 1814 ; *Nicomède*, 866, 1052, 1396.
Déplorable, appliqué aux personnes : *Horace*, 1370 ; *Pompée*, 15 ; *Rodogune*, 143.
Déplorer quelqu'un : *Horace*, 801, 1344.
Depuis que, dès que : *Polyeucte*, 615 ; *Nicomède*, 411.
Dessous, préposition, pour *sous* : *Cid*, 532, 1527 ; *Horace*, 989 ;]*Cinna*, 421 ; *Polyeucte*, 514 ; *Pompée*, 372, 483, 893.
Dessus de (Avoir le), l'emporter sur : *Cid*, 1339.
Dessus, préposition, pour *sur* : *Pompée*, 86, 251, 922, 1350 ; *Rodogune*, 282, 1540 ; *Nicomède*, 626.
Destiné pour, destiné à : *Pompée*, 99 ; *Rodogune*, 1375.
Détaché, désintéressé, indifférent : *Polyeucte*, 1641.
Détester, maudire : *Horace*, 104, 799 ; *Cinna*, 1107.
Détruire, avec un nom de personne pour régime : *Cinna*, 98 ; *Nicomède*, 1524.
Dévaler, descendre : *Rodogune*, 499.
Devenir, suivi d'un participe passé ; *ma vertu devient réduite...* ; *ma main en devient profanée* etc. : *Horace*, 1395, 1423 ; *Cinna*, 827 ; *Rodogune*, 1369.

Devers, vers : *Polyeucte*, 827.
Devoir à, être obligé envers : *Cid*, 322.
Dextérité, adresse : *Cinna*, 284 ; *Rodogune*, 388.
Die, subjonctif archaïque pour *dise* : *Cid*, 1133 ; *Horace*, 831 ; *Cinna*, 61 ; 1378 ; *Polyeucte*, 1707 ; *Pompée*, 1610 ; *Rodogune*, 135 ; *Nicomède*, 876.
Diffamer une chose, la déprécier : *Cid*, 892.
Discord, discorde, querelle : *Cid*, 476, 1612 ; *Horace*, 814 ; *Nicomède*, 586.
Discours, au figuré et au pluriel, éloquence, effet puissant : *Horace*, 577.
Dispenser à, autoriser à : *Polyeucte*, 797.
Dispenser à (Se), se permettre de : *Rodogune*, 337.
Disputer, discuter : *Cinna*, 769.
Divertir, détourner : *Rodogune*, 1609.
Divorce, au sens moral, désunion :
Horace, 299 ; *Pompée*, 1243 ; *Nicomède*, 822.
Donner à, accorder à, sacrifier à : *Cid*, 1200 ; *Horace*, 1705 ; *Polyeucte*, 118 ; *Pompée*, 1792 ; *Rodogune*, 317 ; *Nicomède*, 1309.
Donner, causer : *Horace*, 1186 ; *Rodogune*, 806.
Donner, s'élancer au combat : *Horace*, 282.
Dont, par lequel, lesquels, etc ; *Horace*, 1429 ; *Cinna*, 56, 432, 714, 1008 ; *Polyeucte*, 20 ; *Pompée*, 13, 1095, 1691 ; *Rodogune*, 558, 676, 718, 969, 1321 ; *Nicomède*, 22, 1206, 1615.
Dont, d'où : *Nicomède*, 1551.
Douter comment, ne pas savoir comment : *Horace*, 1458.
Douteux, irrésolu : *Polyeucte*, 67.
Droit de (Avoir), avoir lieu de, être capable de : *Horace*, 190 ; *Polyeucte*, 616, 1590 ; *Rodogune*, 1602, *Nicomède*, 920,
Durer, en parlant des personnes : *Horace*, 1003.

E

Échapper (S'), se laisser entraîner par une passion : *Polyeucte*, 437.
Éclater, resplendir : *Pompée*, 677.
Écorce, extérieur des choses : *Horace*, 1559.
Effectif, réel : *Polyeucte*, Abrégé du martyre de saint Polyeucte ; *Pompée*, 1279.
Effet, acte, réalité, réalisation : *Cid*, 184, 391 ; *Horace*, 870, 1750 ; *Cinna*, 824, 912, 913, 1445 ; *Polyeucte*, 42, 235, 668, 699, 928 ; *Pompée*, 150, 714 ; *Rodogune*, 1403, 1538 ; *Nicomède*, 259, 595, 958, 1569.
Effet (En), dans la réalité, vraiment : *Horace*, 465 ; *Nicomède*, 416,
Efficace, efficacité : *Polyeucte*, 30.
Efforcer à (S'), *Horace*, 1685.
Effort à (Faire son) : *Rodogune*, 1797.
Effort, effet puissant : *Cinna*, 1691 ; *Rodogune*, 1208 ; *Nicomède*, 1776.
Effort (Se faire un) : *Cid*, 1170 ; *Polyeucte*, 1354, 1596, 1689.
Égal, impartial : *Horace*, 91 ; *Nicomède*, 1022, 1417.
Égal, constant avec soi-même ; *Horace*, 1565.
Égal. (Traiter d'), appliqué à un nom féminin : *Rodogune*, 1708.
Égal de (A l'), autant que : *Horace*, 1056.
Égal de (A l'), en comparaison de : *Horace*, 882.
Élection, choix : *Rodogune*, 917.
Élire, choisir : *Cid*, 43.
Éloigner, activement, s'éloigner de : *Pompée*, 741.
Emporter, (S') S'emporter à, se laisser entraîner à : *Horace*, 695 ; *Cinna*, 122 ; *Polyeucte*, 834.
Emporter (S') dans : *Pompée*, 646, 648.
Encore que, bien que : *Cid*, 749 ;

Horace, 473, 1333; *Polyeucte*, 1338; *Nicomède*, 434, 453, 955.

Endroit de (A l'), à l'égard de : *Cinna*, 255.

Enfermé de, cerné par : *Horace*, 1005.

Ennui, trouble, chagrin : *Cid*, 448, 465, 487, 847, 971, 1024, 1599 ; *Horace*, 834, 1613 ; *Cinna*, 860, 1283; *Polyeucte*, 23, 772 ; *Pompée*, 467, 1687 ; *Rodogune*, 1802.

Ennuyé, lassé ou attristé: *Cinna*, 765.

Ennuyer (S'), s'impatienter : *Nicomède*, 1058.

Énorme, hors de toute mesure : *Horace*, 1417, 1733, 1740 ; *Pompée*, 1098.

Enragé, pris substantivement : *Pompée*, 508.

Ensemble, tout ensemble, en même temps : *Cid*, 316 ; *Horace*, 720 ; *Cinna*, 652, 1624; *Pompée*, 788 ; *Rodogune*, 1554.

Ensuite de, à la suite de : *Cid*, Avertissement, et 548.

Entreprendre, absolument : *Cinna*, 437, 1505.

Entreprendre, activement, s'attaquer à quelqu'un : *Nicomède*, 324.

Envier, refuser : *Cid*, 1242; *Horace*, 769 ; *Rodogune*, 1622, 1721 ; *Nicomède*, 110.

Épandre, répandre : *Cid*, 91 ; *Horace*, 1262 ; *Cinna*, 1234 ; *Polyeucte*, 489, 1775 ; *Pompée*, 949 ; *Rodogune*, 582, 800, 1715.

Espérer de, suivi d'un infinitif : *Cinna*, 876.

Esprit, pour âme : *Cid*, 498, 1165 ; *Pompée*, 1281.

Esprits, l'âme ou les sentiments : *Cinna*, 631 ; *Polyeucte*, 483, 579; *Pompée*, 860, 1195 ; *Nicomède*, 1261.

Essayer à, pour : essayer de : *Horace*, 129.

Estime, bonne réputation : *Cid*, 365 ; *Pompée*, 182 ; *Rodogune*, 635 ; *Nicomède*, 476, 1101.

Estomac, poitrine : *Cid*, 1499 ; *Rodogune*, 1619.

Étage, condition : *Horace*, 843.

Étaler, déployer au grand jour, montrer dans tout son jour: *Cinna*, 1398 ; *Polyeucte*, 1116, 1119 ; *Pompée*, 528 ; *Rodogune*, 737; *Nicomède*, 835.

État de (Faire), faire cas de : *Cid*, Avertissement; *Horace*, 515; *Cinna*, 775 ; *Nicomède*, 539, 1453.

Étonnement, frayeur ou stupeur : *Horace*, 964 ; *Polyeucte*, 995, 1313; *Pompée*, 865.

Étonner, avec un sens plus fort que le sens actuel : *Cid*, 751, 1433 ; *Horace*, 671, 932 ; *Cinna*, 123, 661, 955; *Polyeucte*, 85, 361 ; *Pompée*, 3, 339, 1615 ; *Rodogune*, 646, 1735 ; *Nicomède*, 1761.

Étonner (S') avec la même énergie de sens : *Horace*, 7 ; *Cinna*, 1662.

Étrange, extraordinaire, terrible : *Cid*, 308, 841 ; *Horace*, 632, 1453 ; *Cinna*, 1510 ; *Pompée*, 1518 ; *Rodogune*, 1215, 1531.

Événement, résultat, issue : *Horace*, 977 ; *Rodogune*, 188; *Nicomède*, Au lecteur.

Évitable : *Pompée*, 1109.

Excuser à, excuser envers : *Horace*, 544.

Exorable à, qui se laisse fléchir par : *Cinna*, 902.

Expiré : *Polyeucte*, 231.

Exposer à, livrer à : *Rodogune*, 510 ; *Nicomède*, 1154.

Exténué, affaibli : *Polyeucte*, 698.

F

Fâcher, se fâcher, avec un sens plus fort que le sens actuel : *Horace*, 616, 1628 ; *Rodogune*, 467 ; *Nicomède*, 1307.

Fâcheux à, suivi d'un infinitif, difficile à, pénible à : *Polyeucte*, 1539 ; *Nicomède*, 1351.

Faible de, faible d'avoir, affaibli pour avoir : *Horace*, 585.
Faire, agir, combattre : *Cid*, 1455; *Nicomède*, 1478.
Faire le, Faire de, jouer le rôle de : *Cid*, 339. *Rodogune*, 669, 1448 ; *Nicomède*, 339, 1626.
Faire à (C'est à) il ne reste plus qu'à : *Cinna*, 140 : *Polyeucte*, 1508.
Fantaisie, imagination : *Polyeucte*, 733.
Fard, au figuré : *Cinna*, 628 ; *Polyeucte*, 1427, 1541, 1546, 1570 ; *Rodogune*, 733.
Fête (Se faire de), se mêler avec empressement à ce qui ne nous regarde pas : *Cid*, Examen.
Fier, confier : *Cinna*, 1121 ; *Rodogune*, 886.
Flatter, apaiser, adoucir : *Cid*, 1046 ; *Horace*, 71, 834 ; *Rodogune*, 1069 ; *Nicomède*, 1621.
Force à (Faire de la). contraindre : *Pompée*, 1697.
Forcer, vaincre : *Cid*, 1624, 1654 ; *Cinna* ; 1056 ; *Polyeucte*, 1601 ; *Pompée*, 1222, 1309 ; *Rodogune*, 1255 ; *Nicomède*, 179, 1526.
Forcer à (Se), se contraindre à : *Pompée*, 1584.
Foudre, au masculin : *Cid*, 390 ; *Horace*, 1315, 1010, 1012 ; *Polyeucte*, Epître, 713, 1017, 1738 ; *Pompée*, 769, 1400 ; *Rodogune*, 459, 581, 675.
Foudroyer, absolument : *Polyeucte*, 1688.
Foule (A la), en foule : *Rodogune*, 1553.
Fourbe, fourberie : *Cinna*, 1416 ; *Polyeucte*, 1447 ; *Pompée*, 485 ; *Nicomède*, 291, 1068, 1235, 1255.
Franchise, liberté : *Cinna*, 1221.
Fuir de, s'éloigner de : *Cid*, 757 ; *Rodogune*, 1763.
Fumée, au figuré : *Horace*, 459 ; *Pompée*, 222 : *Rodogune*, 960.
Funeste, avec l'idée de mort, *funus* : *Cid*, 801, 913 ; *Horace*, 1403 ; *Cinna*, 558 ; *Pompée*, 1471 ; *Rodogune*, 414, 1650, 1651, 1837.

G

Gagner, conquérir une personne : *Cid*, 1815 ; *Cinna*, 732, 1034 ; *Rodogune*, 1044.
Gagner sur, Gagner sur quelqu'un **que,** obtenir de lui que : *Cinna*, 1274 ; *Polyeucte*, 608 ; *Pompée*, 1767.
Garder que, prendre garde que : *Cid*, 997, 1685 ; *Cinna*, 1230.
Gauchir, biaiser : *Pompée*, 1232.
Gémeaux, jumeaux : *Rodogune*, 10.
Gêne, tourment : *Cinna*, 694 ; *Rodogune*, 1695.
Gêner, tourmenter, sens très fort : *Cid*, 105, *Cinna*, 389, 797, 923 ; *Polyeucte*, 1471 ; *Rodogune*, 18, 267, 1053.
Généreux, pris substantivement : *Horace*, 798 ; *Cinna*, 479 ; *Nicomède*, 1664.
Génie (Bon) : *Horace*, 128.
Génie, nature : *Cinna*, 546, 1014.
Germain, parent : *Pompée*, 1168.
Glace, froideur, au propre et au figuré : *Cid*, 209, 256 ; *Horace*, 207 ; *Polyeucte*, 886 : *Rodogune*, 300.
Gloire, sentiment de l'honneur et du devoir : *Cid*, 847, 1682, 1711, 1766, 1797, 1817 : *Horace*, 581, 1433, 1594 ; *Cinna*, 816, 1417, 1641, 1690 ; *Polyeucte*, 550, 551, 553, 1060, 1344, 1406, 1446 ; *Pompée*, 1218 ; *Rodogune*, 1234 ; *Nicomède*, 1080, 1220, 1766.
Gloire (céleste) : *Polyeucte*, 1263, 1522, 1679.
Goutte (Ne voir) : *Nicomède*, 985.
Grâces à ; *Pompée*, 845 ; *Rodogune*, 1497, *Nicomède*, 334, 659.
Gros, substantif, troupe : *Polyeucte*, 278.

H

Hasard, péril : *Cid*, 665, 976 ; *Cinna* 126 ; *Polyeucte*, 612, 892 ; *Pompée*, 579 ; *Rodogune*, 79 ; *Nicomède*, 1449.
Hasard (Mettre au), risquer : *Polyeucte*, 665.
Hasarder, exposer au péril : *Cid*, 1530, 1750 ; *Cinna*, 7, 127 : *Polyeucte*, 352 ; *Pompée*, 35, 468 ; *Nicomède*, 461, 1231, 1677.
Haut, en bonne part, élevé ; *Cid*, 30, 513 ; *Cinna*, 1715 : *Nicomède*, 175, 503, 1535, 1830.
Haut, en mauvaise part, excessif : *Cid*, 1671 ; *Nicomède*, 315.
Haut (Porter), exalter : *Cid*, 1053 ; *Rodogune*, 93.
Haut (Le porter), s'enorgueillir ; *Cid*, 352.
Hautement, au figuré : *Horace*, 969, 1744 ; *Pompée*, 1444.
Heur, bonheur : *Cid*, 988, 1035, 1836 ; *Horace*, 58, 359, 1256, 1499 ; *Cinna*, 611, 1473 ; *Polyeucte*, 99, 566, 1207 ; *Pompée*, 1789 ; *Rodogune*, 54. 115, 926, 977, 1136, 1563, 1596.
Honte, modestie : *Cid*, 1229.
Hostie, victime ; *Horace*, 768 ; *Polyeucte*, 1720.
Humeur, caractère : *Polyeucte*, 904, 1567 ; *Pompée*, 260, 725 ; *Rodogune*, 379.

I

Idée, image, apparence, *Polyeucte*, 731, 1145 ; *Pompée*, 50 ; *Rodogune*, 1641 ; *Nicomède*, 869.
Impénétrable, inflexible : *Polyeucte*, 1691.
Imputer, ou s'imputer à crime : *Cinna*, 463 ; *Pompée*, 672, 901 ; *Rodogune*, 1660 ; *Nicomède*, 1692.
Indice, dénonciation : *Cinna*, 1686 ; *Pompée*, 1361.
Indignité, outrage, excès : *Horace*, 309 ; *Pompée* 363, 647, 887, 1371, 1675 ; *Rodogune*, 245, 573, 907 ; *Nicomède*, 1721.
Inégal, inconstant : *Cinna*, 255.
Inégal à, inférieur à : *Polyeucte*, 394.
Inégalité, inconstance, injustice : *Cid*, 1315 ; *Nicomède*, 1436.
Ingrat à, envers : *Pompée*, 461 ; *Rodogune*, 1247.
Injurieux, injuste : *Cid*, 1361 ; *Polyeucte*, 1394.
Injurieux à, injuste envers : *Polyeucte*, 1394.
Intelligence, accord, complicité, Etre de l'intelligence de quelqu'un : *Rodogune*, 1351 ; *Nicomède*, 1167, 1628.
Intéresser, s'intéresser en ou dans, intéresser, s'intéresser à : *Horace*, 1496 ; *Pompée*, 1218, 1602.
Intéresser pour (S') : *Cid*, 429, 1103, 1349 ; *Cinna*, 1174, 1361 ; *Polyeucte*. 342 ; *Rodogune*, 1032.
Intéresser contre (S') : *Cid*, 302 ; *Nicomède*, 56.
Intérêt, part que quelqu'un prend à quelque chose, rôle qu'il y joue : *Cid*, 822 ; *Horace*, 1464.
Intérêt pour (Prendre), intérêt dans, intérêt en (Avoir) : *Cid*, 75, 381 ; *Horace*, 1670.
Invaincu : *Cid*, 418 ; *Horace*, 1013.

J

Jour (Respirer le) : *Horace*, 29 ; *Cinna*, 1458.
Journée, bataille, jour de bataille : *Cid*, 194, 541 ; *Horace*, 107.
Jusques à, Jusques ici, jusqu'à, jusqu'ici, **jusques à quand** : *Horace*, 540 ; *Cinna*, 412, 1513, 1559, 1587 ; *Polyeucte*, 325, 1545 ; *Rodogune*, 583, 1148 ; *Nicomède*, 871, 1798.

L

Las, hélas : *Horace*, 715 ; *Polyeucte*, 756 ; *Pompée*, 1329.
Légalité, loyauté, probité : *Nicomède*, 297.
Lieu de (Avoir ou **Donner)**, avoir des raisons pour, donner occasion de ; **Laisser lieu de** : *Cinna*, 1677 ; *Polyeucte*, 1224, 1227; *Pompée*, 812, 1545.
Lors, alors : *Cid*, 1264 ; *Horace*, 179, 1566 ; *Pompée*, 1317 ; 332 *Rodogune*, 604.
Lourd, maladroit : *Polyeucte*, 1458.
Luire à, briller pour : *Rodogune*, 1.

M

Main (Donner la), épouser : *Horace*, 338, 1182 ; *Pompée*, 1030, 1364 ; *Rodogune*, 22 ; *Nicomède*, 794.
Main (Être dans la) à la disposition de, **Avoir en main** : *Polyeucte*, 907 ; *Rodogune*, 495 1273.
Mal, devant un adjectif dans le sens de *peu* : *Horace*, 1772 ; *Cinna*, 706 ; *Polyeucte*, 273 ; *Pompée*, 484 ; *Rodogune*, 295.
Manie, fureur, vraie folie : *Cid*, 457 ; *Polyeucte*, 830, 1323, 1573 ; *Pompée*, 437.
Mélancolie, désespoir : *Cinna*, 858.
Mêler dans (Se) : *Pompée*, 27 ; *Rodogune*, 260.
Même, sans l'article : *Horace*, 612, 954, 1330; *Cinna*, 1596; *Polyeucte*, 897, 1598; *Pompée*, 589, 1112, 1336, 1409 ; *Rodogune*, 355, 376, 599, 643, 891.
Même, devant le substantif ; la même vertu, pour : la vertu même, etc. : *Cid*, 399, 1388 ; *Cinna* 1469 ; *Rodogune*, 619.
Mêmes, adverbe : *Polyeucte*, 838.
Mémoire, souvenir de la postérité : *Horace*, 356 ; *Cinna*, 1697 ; *Pompée*, 17.
Mésestimer, dédaigner : *Horace*, 249.
Mettre à faire pis, défier de faire pis : *Horace*, 427.
Mine, l'extérieur : *Polyeucte*, 1451.
Miroir, modèle : *Horace*, 455.

Moindre de (Le), pris substantivement, le plus humble : *Nicomède*, 1142.
Moins de (Avoir), avoir de moins, en moins : *Rodogune*, 1497.
Moins (Du), au moins : *Nicomède*, 173, 224.
Moins de (A), devant un substantif : *Rodogune*, 511.
Moins que de (A), suivi d'un infinitif : *Cid*, 887.
Moins, le moins : *Polyeucte*, 1276.
Moitié, dit de l'un des deux époux ou fiancés : *Horace*, 1349, 1606 ; *Cinna*, 1334; *Polyeucte*, 1166 ; *Pompée*, 1027, 1460, 1532 ; *Rodogune*, 1593.
Mol, mou : *Horace*, 970 ; *Cinna*, 487.
Monument, tombeau : *Pompée*, 254.
Moteur, appliqué à la divinité : *Cid*, 1665 ; *Cinna*, 1749.
Mouvement, impression vive, sentiment passionné : *Cid*, 575, 760 ; *Horace*, 74, 1648, 1650, 1735 ; *Cinna*, 19, 492, 1272 ; *Polyeucte*, 455, 1771 ; *Rodogune*, 333, 434.
Munir, fortifier : *Nicomède*, 616.
Moqué, au passif : *Rodogune*, 816.
Mutiner (Se), au figuré, se révolter : *Cinna*, 1090 ; *Rodogune*, 1217; *Nicomède*, 388.
Mutiné, révolté, au moral : *Cinna*, 124.

N

Ne, supprimé dans des tournures diverses : *Horace*, 558 ; *Nicomède*, 83, 156.
Né (Bien), généreux : *Cid*, 405 ; *Polyeucte*, 968.
Nef, navire : *Pompée*, 94.
Neveu, petit-fils, descendant : *Horace*, 290, 1030 ; *Pompée*, 1387.
Ni, négation surabondante : *Cid*, 1780 ; *Nicomède*, 89, 90, 1010.
Ni, pour *et: Cinna* 1658.

Non plus, pas plus : *Cinna*, 1386.
Non plus que, pas plus que : *Horace*, 608.
Nourrir, élever : *Cid*, 589, 1040, 1560 ; *Rodogune*, 441, 731 ; *Nicomède*, Au lecteur, Examen et 49, 154, 533, 1429.
Nourriture, éducation : *Nicomède*, 539.
Nourriture, élève : *Nicomède*, 571.

O

Objet, appliqué à la personne aimée : *Polyeucte*, 458, 571 ; *Pompée*, 655 ; *Rodogune*, 140, 921.
Obliger, lier : *Horace*, 157 ; *Polyeucte*, 1407.
Obstiner à (S'), devant un substantif : *Pompée*, 790 ; *Nicomède*, 188.
Offrir (S'), au sens mystique, offrir sa vie à Dieu : *Polyeucte*, 660, 684, 708.
Oppresser, opprimer : *Cinna*, 850.
Oter quelqu'un **de** : *Cid*, 767 ; *Polyeucte*, 1226.
Où, auquel, auxquels, à quoi : *Cid*, 289, 791, 1614, 1647 ; *Cinna*, 444, 456, 1045 ; *Polyeucte*, 50, 1342, 1522, 1768 ; *Pompée*, Remerciement à Mazarin, et 197, 887, 915, 1204, 1313, 1325, 1682, 1733 ; *Rodogune*, 132, 147, 165, 330, 520, 1080, 1145, 1624 ; *Nicomède*, 26, 274, 323, 853, 1006, 1111.
Où, dans lequel, dans lesquels, etc. : *Cid*, 289, 1602 ; *Horace*, 879 ; *Cinna*, 22, 1046, 1132, 1139, 1304 ; *Polyeucte*, 66, 352, 727, 728, 1240 ; *Pompée*, 838 ; *Rodogune*, 235, 565, 629, 722, 796, 1054, 1072, 1073, 1165, 1311 ; *Nicomède*, 787, 937,
Où, vers lequel, etc. : *Cinna*, 490 ; *Nicomède*, 1438.
Outre (Plus) : *Polyeucte*, 1129.
Oyez, écoutez, **j'orrai** : *Cid*, 832 ; *Cinna*, 1755 ; *Polyeucte*, 840 ; *Pompée*, 271.

P

Panique, adjectif : *Cid*, 628 ; *Cinna*, 305, 669 ; *Pompée*, 1774 ; *Nicomède*, 331, 1176.
Parmi, suivi d'un nom au singulier : *Polyeucte*, 193 ; *Pompée*, 1350.
Parricide, dit de tout grand crime contre l'état, les parents, etc. : *Horace*, 320, 1532 ; *Cinna*, 597, 817, 1182 ; *Pompée*, 6 ; *Rodogune*, 720, 1702.
Parricide, substantif, se disant de l'auteur de tout grand crime : *Horace*, 1532 ; *Cinna*, 251, 817, 1594 ; *Polyeucte*, 782 ; *Rodogune*, 1036, 1074.
Parricide, adjectif : *Horace*, 1522 ; *Rodogune*, 875.
Parler à moi, à lui, à vous, me parler, lui parler, vous parler : *Horace*, 206 ; *Polyeucte*, 788 ; *Pompée*, 268 ; *Rodogune*, 1285.

43

INDEX

Part de (Faire), à quelqu'un, lui communiquer, en parlant d'un sentiment : *Horace*, 684.

Partie, adversaire, terme de droit : *Cid*, 940.

Partie, entreprise : *Horace*, 1216.

Passage à, moyen, voie pour passer à quelque chose : *Pompée*, 1432.

Passer en, se changer en : *Pompée*, 880.

Passer, dépasser : *Cid*, 360, 1786 ; *Horace*, 200, 202, 1571 ; *Nicomède*, 1402.

Passer à, jusqu'à, dans, en venir à ; *Horace*, 540 ; *Polyeucte*, 1171 ; *Pompée*, 1076.

Passer pour, regarder comme : *Cinna*, 485 ; *Nicomède*, 1094.

Passer pour, faire passer pour : *Rodogune*, 1747.

Pencher, activement : *Cid*, 16, 1701.

Penser, substantif : *Cid*, 337 ; *Horace*, 214, 708, 1352 ; *Polyeucte*, 393, 1005, 1049, 1059 ; *Rodogune*, 1615.

Peste, appliqué à une personne : *Polyeucte*, 783 ; *Pompée*, 586.

Peu que j'ai (Si), le peau que j'ai : *Polyeucte*, 761.

Peu bien de (Un), ironiquement beaucoup de : *Pompée*, 635.

Peu que de quelqu'un (C'est trop), ce n'est pas assez de : *Cid*, 1564.

Pièce, ruse : *Nicomède*, 711.

Piteusement, de manière à inspirer la pitié : *Pompée*, 57.

Piteux, digne de pitié, dans le style tragique : *Horace*, 1210.

Pitoyable, digne de pitié : *Pompée* 1469 ; *Rodogune*, 475.

Pitoyable, qui ressent de la pitié ou qui l'exprime : *Horace*, 973 ; *Polyeucte*, 1010 ; *Nicomède*, 940.

Plaindre, pris absolument, se plaindre : *Horace*, 1046.

Plaindre une chose, la regretter : *Horace*, 479.

Plaît, plaira, etc. (Il) suivi d'un verbe à l'infinitif, sans *de* : *Horace*, 1510 ; *Rodogune*, Epître, et 460.

Plein, complet, parfait : *Horace*, 1718 ; *Cinna*, 468, 805 ; *Pompée*, 912.

Plus, désormais : *Cid*, 612 ; *Horace*, 1244 ; *Cinna*, 592, 1495 ; *Pompée*, 659, 1047 ; *Rodogune*, 8 ; *Nicomède*, 171,

Plus, pour *le plus* ; *Horace*, 1731 ; *Cinna*, 1084 ; *Polyeucte*, 597 ; *Nicomède*, 1404.

Point... ni, négations surabondantes : *Cid*, 1779, 1780 ; *Horace*, 918 ; *Nicomède*, 89.

Point que (A ce), A tel point que, *Cid*, 88 ; *Cinna*, 829.

Pompe, tout appareil éclatant : *Cid*, 1137 ; *Horace*, 1151.

Pompeux, au propre : *Polyeucte*, 766 ; *Rodogune*, 1.

Pompeux, au figuré : *Cid*, 516 ; *Horace*, 648 ; *Polyeucte*, 557, 1118.

Portée, mesure de ce dont on est capable : *Pompée*, 626.

Porter, supporter : *Horace*, 1450, 1458.

Porter trop haut (Le) : le prendre de trop haut : *Cid*, 352.

Porter haut une chose, la relever, en faire cas : *Cid*, 1053 ; *Pompée*, 93.

Posséder, absolument : *Rodogune*, 1449.

Pouvoir à (Faire son), faire son possible pour : *Cid*, 560.

Pour, suivi d'un infinitif : pour être, parce que tu es, qu'il est, etc. : *Cid*, 1572 ; *Horace*, 900 ; *Cinna*, 424, 455, 990 ; *Pompée*, 78.

Pour... que, pour grands, si grands que, etc. : *Cid*, 157 ; *Pompée*, 1547.

Pousser, pris au figuré dans des sens divers : *Cid*, 760 ; *Horace*, 744 ; *Cinna*, 368 ; *Polyeucte*, 343, 440, 1334 ; *Pompée*, 222, 1080, 1672 ; *Rodogune*, 960.

Pratiquer, préparer par des pratiques secrètes : *Nicomède*, 314, 1108.

Prendre à [Se], s'attaquer à : *Cid*, 1436 ; *Horace*, 541, 817 ; *Pompée*, 878.

Preneur de villes, conquérant : *Nicomède*, 1152.

Presser, au figuré, accabler, tourmenter : *Horace*, 1355, 1383, 1767.
Presser (Se), être oppressé : *Horace*, 527.
Prêt à, près de : *Horace*, 681, 781 ; *Polyeucte*, 123, 744, 1132 ; *Rodogune*, 297.
Prêt de, près de : *Horace*, 471 ; *Cinna*, 491 ; *Pompée*, 88, 1160.
Prêt de, prêt à : *Horace*, 1486, 1545 : *Pompée*, 1160, 1681 ; *Rodogune*, 1341.
Prétendre, pris activement : *Cid*, 1605, 1689 ; *Horace*, 1381 ; *Cinna*, 1352, 1499 ; *Polyeucte*, 384, 1462 ; *Pompée*, 415 ; *Rodogune*, 83 ; *Nicomède*, 36, 361.

Priser, estimer : *Cid*, 1831 ; *Cinna*, 998, 1057 ; *Polyeucte*, 963, 1366.
Propre (Mal), peu propre : *Cinna*, 706 ; *Rodogune*, 295 ; *Nicomède*, 123.
Prosterner, activement : *Pompée*, 722.
Province, État, royaume : *Cid*, 1122 ; *Horace*, 1747 ; *Cinna*, 425, 1253, 1773 ; *Polyeucte*, 1176 ; *Pompée*, 62, 1010 ; *Rodogune*, 788.
Public (Le), la chose publique, l'État : *Cid*, 1200 ; *Horace*, 443 ; *Cinna*, 518.
Purger, purifier, excuser, **se purger**, se justifier : *Polyeucte*, 47 *Nicomède*, 1241, 1242.

Q

Que, pour *où* ; Au moment que, le jour que, etc. : *Cid*, 454 ; *Horace*, 987 ; *Polyeucte*, 11 ; *Pompée*, 1245, 1488, 1556 ; *Rodogune*, 705, 1703 ; *Nicomède*, 419, 646.
Que (Point... que), autre chose que, autrement que, sinon : *Cid*, 766, 807 ; *Horace*, 772, 1015 ; *Cinna*, 204, 598, 1405 ; *Polyeucte*, 1167 ; *Pompée*, 140, 168, 856, 1475, 1476, 1694 ; *Rodogune*, 500, 672, 1248, 1291, 1336 ; *Nicomède*, 1226.
Que, dont : *Cinna*, 1459 ; *Pompée*, 488.
Querelle, cause engagée, parti : *Cid*, 244, 293, 1443, 1486, 1662 ; *Horace* 376, 1707 ; *Rodogune*, 644 ; *Nicomède*, 42, 1420.
Quérir, chercher : *Polyeucte*, 1097.
Qu'est-ce ci : *Horace*, 679 ; *Polyeucte*, 1367.
Qui, se rapportant à une chose, comme pronom relatif : *Horace*, 52, 741, 1425 ; *Cinna*, 531, 743, 1191, 1218, 1672, 1700 ; *Polyeucte*, 803 ;

Pompée, 70, 72 ; *Rodogune*, 774 ; *Nicomède*, 772.
Qui, quoi, équivalant au *quid* interrogatif des Latins : *Horace*, 657 ; *Polyeucte*, 1542, 1717 ; *Rodogune*, 1034 ; *Nicomède*, 249, 275.
Qui qu'il soit, quel qu'il soit : *Cid*, 1457.
Qui que ce soit qui : *Cid*, 1464 ; *Rodogune*, 349.
Qui que (De) : *Horace*, 655.
Quitte dit d'une personne, dégagé : *Cid*, 897 ; *Rodogune*, 1187.
Quitte, dit d'une chose : *Cid*, 1766.
Quitter à, abandonner à quelqu'un : *Nicomède*, 657.
Quoi (Comme), comment : *Rodogune*, 347.
Quoi que... de (quoi que mon amour ait sur moi de pouvoir, quelque pouvoir qu'ait sur moi mon amour) : *Cid*, 819, 1835.
Quoi que (A) : *Cid*, 1805 ; *Polyeucte*, 591.
Quoi que (De) : *Cid*, 843, 929, 945 ; *Polyeucte*, 1611.

R

Race, descendant : *Cid*, 1211.
Rage (En) : *Polyeucte*, 1504.
Rages, au pluriel : *Polyeucte*, 242.
Raison que (C'est bien la), il est bien raisonnable, naturel que : *Rodogune*, 611.
Raison (Rendre), rendre compte : *Nicomède*, 930.
Raison (Demander), demander compte : *Rodogune*, 1466.
Raison de (Faire), rendre raison de : *Nicomède*, 581.
Raison (Tirer sa), tirer vengeance : *Cid*, 331.
Raison (Faire), satisfaire : *Pompée*, 936 ; *Nicomède*, 1375.
Raison de (Se faire) · se venger : *Nicomède*, 1258, 1565.
Rang, importance : *Cid*, 1199 ; *Horace*, 957; *Pompée*, 139.
Rappeler, sens du latin *revocare* : *Cinna*, 1345 ; *Polyeucte*, 301, 578 ; *Pompée*, 274, 521.
Ravaler, rabaisser : *Cid*, 1515.
Ravaler, (Se), s'abaisser, descendre à, jusqu'à : *Polyeucte*, 393 ; *Rodogune*, 420.
Rebeller (Se), se révolter : *Cid*, 1661 ; *Polyeucte*, 1070.
Réclamer, invoquer : *Polyeucte*, 237, 915.
Reconnaître quelqu'un, lui prouver sa reconnaissance : *Pompée*, 153.
Redoublement, pris absolument : *Polyeucte*, 1625.
Redoubler, actif, doubler, augmenter ; se redoubler, neutre, s'accroître : *Horace*, 1124 ; *Cinna*, 176, 474.
Réduire en, réduire à, ramener à : *Nicomède*, 386.
Regard (Pour mon), à mes yeux, en ce qui me concerne : *Horace*, 1065.
Remener, ramener, reconduire : *Nicomède*, 1391.
Remettre, reconduire : *Cid*, 735.
Remettre à (Se), se reposer sur *Cinna*, 1012.
Remettre, abandonner, confier : *Cinna*, 95, 105 ; *Rodogune*, 910.
Remettre, retarder : *Polyeucte*, 52.
Remettre, remis, apaiser, apaisé : *Cid*, 139, 383 ; *Horace*, 149 ; *Polyeucte*, 1040 ; *Rodogune*, 1533 ; *Nicomède*, 1270.
Remise, retard : *Polyeucte*, 23, 1655.
Remuement, mouvement populaire : *Pompée*, 1143.
Renouveler, neutre, se renouveler : *Nicomède*, 426.
Renverser, renoncer à : *Cinna*, 1759.
Répondre à..., être à la hauteur de : *Cid*, 206 ; *Horace*, 1576 ; *Polyeucte*, 720.
Résigner, abandonner : *Polyeucte*, 1300.
Résoudre, pris activement : *Cid*, 49, 389 ; *Horace*, 511 ; *Cinna*, 794.
Résoudre d'une chose, **Se résoudre de** : *Pompée*, 33, 356 ; *Rodogune*, 254.
Respirer une chose, la désirer vivement : *Horace*, 1272 ; *Pompée*, 1429.
Ressentiment, tout sentiment vif : *Horace*, 1301 ; *Cinna*, 1651 ; *Polyeucte*, 801.
Retourner, pris absolument, revenir, partir : *Horace*, 518, 538 ; *Nicomède*, 506.
Retrancher, trancher : *Polyeucte*, 226.
Revancher de (Se), prendre sa revanche de : *Cid*, 1798.
Rêver, pris activement : *Polyeucte*, 4, 1169.
Rien non négatif ; *Pompée*, 288 ; *Rodogune*, 701.
Rien, suivi d'un adjectif sans *de* *Cid*, 417.

Rire à quelqu'un, dit de l'occasion qui sourit : *Pompée*, 627, 631.

Rompre, empêcher, arrêter; **se rompre,** être rompu, détruit : *Cinna,* 359, 830, 975, 1580, *Polyeucte,* 56, 64, 65, 1501, 1715 ; *Pompée,* 1080, 1743; *Rodogune.,* 84, ,807; *Nicomède,* 25, 77, 280, 322.

Rompu, défait : *Horace,* 297.

Ruine, perte, en parlant d'une personne : *Polyeucte,* 565, 730, 1038, 1439, 1757.

S

Sainement, sagement: *Horace* 877.

Saint, pur: *Cinna,* 1629 ; *Rodogune,* 81, 1159.

Saisir de, mettre en possession de, terme de droit : *Pompée,* 227.

Sang, race, descendant, fils ou fille : *Cid,* 264, 266 ; *Horace,* 100, 1001 1143, 1326, 1340, 1634, 1677; *Cinna,* 60, 238, 1546 t624 ; *Polyeucte,* 923, 1173 ; *Pompée,* 934, 1124, 1438; *Rodogune,* 1029, 1513, 1515 ; *Nicomède,* 1093, 1229, 1364, 1824, 1838.

Satisfaire, absolument ou **satisfaire à** quelqu'un ou à quelque chose : *Cid,* 591, 898, 1546 ; *Horace,* 1629 ; *Cinna,* 1660 ; *Polyeucte,* 1407.

Satisfaire (Se), se donner satisfaction à soi-même : *Cid,* 1044.

Satisfaire de (Se), être satisfait de : *Horace,* 124.

Seconder, venir après, suivre : *Horace,* 1575.

Sentiment, ressentiment : *Horace,* 1766.

Sentiment, zèle, dévouement : *Pompée,* 1508.

Seoir (Se), s'asseoir, être assis : *Cinna,* 1479 ; *Pompée,* 1300.

Servir, pris absolument pour *être esclave* : *Cinna,* 980 ; *Pompée,* 201.

Soin, souci, inquiétude : *Cid,* 1009 ; *Horace,* 116, 713 ; *Cinna,* 47 ;

Pompee. 927, 1763 ; *Rodogune,* 526, 569, 585.

Solliciter, tenter : *Cid,* 1246 ; *Polyeucte,* 508 ; *Rodogune,* 356.

Songer, activement, voir en songe : *Polyeucte,* 14.

Stupide, dans le style tragique : frappé de stupeur : *Horace,* 1711 ; *Cinna,* 1541 ; *Rodogune,* 719.

Submission, soumission : *Cid,* 359, 584.

Suborneur, adjectif, qui égare et corrompt : *Cid,* 337, 835 ; *Rodogune,* 193.

Subsister, maintenir son crédit : *Cinna,* 1496 ; *Polyeucte,* 1472.

Succéder, réussir : *Cinna,* 1273 ; *Pompée,* 1236.

Succès, tout résultat, bon ou mauvais : *Cid,* 71, 1338, 1409, 1650 ; *Horace,* 18, 274, 336, 767, 1578, 1784 ; *Cinna,* 253, 261, 727 ; *Polyeucte,* 354, 847; *Rodogune,* 26.

Suite (De), avec suite : *Horace,* 219.

Superbe, substantif, orgueil: *Pompée,* 195.

Superbe, adjectif, orgueilleux : *Horace,* 349.

Superbe, substantif, orgueilleux, *Pompée,* 1164.

Sur, par dessus, plus que: *Cinna,* 1425.

Sus, *Horace,* 657,

T

Tâcher à, tâcher de : *Cid,* 389 ; *Horace,* 1358 ; *Cinna,* 1094, 1333, 1340 ; *Polyeucte,* 16, 1474, 1510, 1717, 1766 ; *Pompée,* Examen ; *Rodogune,* 181, 838, 1287, 1447 ; *Nicomède,* 814.

43.

Tâcher, activement : *Rodogune*, 1042.
Tandis, pendant ce temps, en attendant : *Horace*, 1153, 1156.
Tant que, jusqu'à ce que : *Cid*, 994.
Temps (Perdre) : *Cinna*, 213, 1259 ; *Nicomède*, 1623, 1644.
Temps (Gagner) : *Polyeucte*, 1575.
Temps (Tout d'un), en même temps : *Horace*, 1134 ; *Cinna*, 1135, 1776.
Temps, occasion. **Prendre le temps**, saisir l'occasion : *Polyeucte*, 366 ; *Pompée*, 1140 ; *Rodogune*, 1495.
Tenir à bonheur, à malheur : *Polyeucte*, 392 ; *Pompée*, 1413 ; *Rodogune*, 986, 1142 ; *Nicomède*, 579.
Terre (En), sur la terre : *Polyeucte*, 1745.
Terre (Par), jeter par terre, tomber par terre : *Horace*, 176 ; *Polyeucte*, 853, 1112.
Terroir, territoire : *Cinna*, 634.
Tête, pour *personne* : *Cid*, 1198, 1726 ; *Rodogune*, 784.
Tout, sans l'article avant le nom : *Horace*, 904 ; *Polyeucte*, 921.
Tout, suivi d'un adjectif ou d'un participe pour *quoique*, quel que, que : *Horace*, 599 ; *Cinna*, 336.
Trahir à, livrer à, sacrifier à : *Polyeucte*, 899.
Traiter de, traiter avec : *Polyeucte*, 137, 832 ; *Rodogune*, 1535.
Trame de la vie, vie : *Cid*, 798 ; *Horace*, 1616.
Trancher, interrompre : *Cid*, 40 ; *Horace*, 501 ; *Polyeucte*, 1372.
Trancher de, se donner les airs de : *Polyeucte*, 1457 ; *Pompée*, 838 ; *Nicomède*, 749.
Travailler, tourmenter : *Horace*, 1211.
Travailler (Se), se fatiguer à : *Cid*, 1009.
Travaux, exploits : *Cid*, 1784 ; *Cinna*, 1524 ; *Polyeucte*, 547 ; *Rodogune*, 1067 ; *Nicomède*, 5.
Travaux, peines : *Horace*, 194 ; *Polyeucte*, 1090 ; *Rodogune*, 570, 584, 991, 999.
Traverse, épreuve, difficulté : *Horace*, 95, 1203 ; *Polyeucte*, 145.
Trébucher, tomber : *Polyeucte*, 1574 ; *Pompée*, 32 ; *Rodogune*, 1309.

U

Un, sans article : *Cid*, 1653 ; *Horace*, 333 ; *Rodogune*, 1679.
Un (L') et **l'autre**, suivi d'un verbe au singulier : *Cinna*, 797, 1086 ; *Polyeucte*, 830, 1809 ; *Pompée*, 1727 ; *Rodogune*, 431, 447, 608, 1039, 1097, 1839.
Unique, avec *plus* (mon plus unique bien) : *Horace*, 141.

V

Vers, envers : *Cid*, 1220 ; *Horace*, 1153, 1748 ; *Cinna*, 464, 818 ; *Polyeucte*, 1401 ; *Pompée*, Remerciement à Mazarin, et 1059 ; *Rodogune*, 1465 ; *Nicomède*, 149.
Vertu, force d'âme, valeur : *Cid*, 80, 389, 1296, 1515 ; *Horace*, 6, 439, 504, 522, 553, 670, 968, 1064, 1068, 1085, 1143, 1159, 1355, 1378, 1395, 1556, 1568, 1628, 1650 ; *Cinna*, 312, 684, 833, 1042, 1300. 1375, 1394 ; *Polyeucte*, 285, 306, 348, 487 ; *Rodogune*, 152, 983 ; *Nicomède*, 1830.
Vif, vivant : *Cinna*, 1538.

Visage, appliqué aux choses : *Cid*, 55.

Voile de navire, masculin : *Pompée*, 743.

Voir que, voyez que, voyez comment, reconnaissez que : *Horace*, 128 ; *Polyeucte*, 521 ; *Rodogune*. 661, 709.

Voir que, prendre garde que : *Polyeucte*, 1504.

Vouloir, substantif : *Cid*, 1780 : *Horace*, 817 ; *Polyeucte*, 1430.

Y

Y, à lui, à elle : *Horace*, 904 ; *Cinna*, 711 ; *Rodogune*, 1296.

TABLE

Avertissement v
Tableau de la vie et des œuvres de Corneille . . . vii
   Notice sur *le Cid* 1
   A Madame de Combalet 17
   Avertissement du *Cid* 19
   Examen du *Cid* 28
Le Cid 37
   Notice sur *Horace* 149
   A Monseigneur le cardinal duc de Richelieu . . 139
   Extrait de Tite-Live 142
   Examen d'*Horace* 150
Horace 156
   Notice sur *Cinna* 235
   Notice sur l'épître à Monsieur de Montoron . . 245
   Epître à Monsieur de Montoron 246
   Examen de *Cinna* 248
   Extrait du *De clementia* de Sénèque 251
   Extrait de Montaigne, *Essais*, liv. I, chap. xxiii . 254
Cinna ou la Clémence d'Auguste 258
   Notice sur *Polyeucte* 338
   Epître à la Reine régente 348
   Abrégé du martyre de saint Polyeucte 351
   Examen de *Polyeucte* 355

POLYEUCTE MARTYR 361

    Notice sur *Pompée* 448
    Au lecteur de *Pompée* 460
    Epitaphium Pompeii Magni (Lucain). 4
    Icon Pompeii Magni (*Velleius Paterculus*). . . 462
    Icon C.-J. Cæsaris. 463
    Examen de *Pompée* 464
    Remerciement à Monseigneur le cardinal Mazarin . 467
    Epître à Monseigneur l'éminentissime cardinal
      Mazarin 470

POMPÉE. 472

    Notice sur *Rodogune* 550
    Epître à Monseigneur le Prince 556
    Avertissement de *Rodogune* 559
    Examen de *Rodogune* 563

RODOGUNE, PRINCESSE DES PARTHES. 569

    Notice sur *Nicomède* 650
    Au lecteur de *Nicomède* 657
    Examen de *Nicomède* 660

NICOMÈDE. 663

    INDEX DE LA LANGUE DE CORNEILLE DANS CES SEPT TRA-
      GÉDIES 747

PARIS. — IMP. FERD. IMBERT, 7, RUE DES CANETTES.

www.ingramcontent.com/pod-product-compliance
Lightning Source LLC
Chambersburg PA
CBHW061733300426
44115CB00009B/1208